U1016019

第二届
全国哲学社会科学话语体系建设
理论研讨会

论文集

上

全国哲学社会科学话语体系建设协调会议办公室　编

中国人民大学出版社
·北京·

加强哲学社会科学学术话语体系创新研究（代序言）

中国人民大学党委书记　靳诺

一、哲学社会科学学术话语体系构建是一项重要的战略任务，要进一步加强顶层设计

以习近平同志为核心的党中央非常重视哲学社会科学及话语体系和话语权建设。十八大报告指出，要深入实施马克思主义理论研究和建设工程，建设哲学社会科学创新体系。哲学社会科学创新体系，包括学术观点的创新，也包括学术体系的创新。2013 年 8 月，习近平总书记在全国宣传思想工作会议上指出，要加强话语体系建设，着力打造融通中外的新概念、新范畴、新表述，增强在国际上的话语权。2013 年 10 月，刘云山同志在马克思主义理论研究和建设工程工作座谈会上强调，要大力推动学术话语体系创新，掌握话语权，提高影响力。2013 年 11 月，党的十八届三中全会强调，要加强对外话语体系建设，推动中华文化走向世界。

建设哲学社会科学学术话语体系是以习近平同志为核心的党中央站在时代高度有针对性地提出的一项战略任务，是国家在新时期，在哲学社会科学领域有前瞻性地展开的一项顶层设计，具有十分重要的里程碑意义。

学术是制高点。学术理论和思想，是话语体系的内容和内核，是各种社会思潮和社会价值观念的重要源泉。西方发达国家的话语体系，承继了西方社会自启蒙运动以来近 400 年的各种思想文化流派，在世界范围内有广泛影响，对人类发展进程做出了突出贡献，对此我们要有清醒认识。理论研究和学术研究本身是讲道理、讲内涵的科学研究方式，学术是最有影响力、渗透性的，因为学术背后是思想，思想是超越国别、超越文化的。学术研究都是高端对话，直接影响国内外政界、商界、学界的社会精英，而这些人才是掌握话语权的人，这些社会精英阶层的话语权对中国的话语权影响很大。西方国家对我国进行思想文化渗透的一个重要手法，就是打着“学术研究”的旗号，以理论探讨和学术研究的名义，运用西方话语体系推销其世界观、价值观，在所谓自由、民主、人权等问题上刁难我们。就国内而言，当前哲学社会科学领域的一个重要问题是，党的理

论创新成果与哲学社会科学学术理论研究之间还没有很好地融通转化，未能深入揭示当代中国马克思主义的学术价值，未能深化理论创新成果的学理阐释，有深度、有说服力的学术理论研究成果还不多，贴标签、低水平重复的现象比较突出。与国家经济社会发展和目前国家综合实力及享有的国际地位相比，我国的哲学社会科学学术理论研究还不够完备，存在较大差距。因此，构建哲学社会科学话语体系必须从学术研究和理论建树的高度，进行长期的、深入的培育和涵养。

话语体系是基础平台。话语体系既是形式也是内容。理论学术观点是哲学社会科学的内容，话语体系是思想理论的外在表达形式，包括概念、范畴、表述等。话语体系从表面上看是一个“怎么说话，说什么话”的问题，实质上涉及思维方式、思想认同、价值立场等重大问题。没有好的话语体系做支撑，再好的内容也表达不出来，或者表达出来自己没底气、别人不认同，内容就会落空。成熟的话语体系可以解释社会现象、建构社会实践、设置学术规则、进行价值判断、引领社会发展。当前，我国哲学社会科学领域较少出现重大理论突破，不能满足国家经济社会发展的战略性需要，其中一个重要原因，就是缺乏成熟的话语体系和基础平台，各学科的研究各自为战、互不接轨，不能统一协调、综合攻关。在世界舆论话语权西强我弱的情势下，应对西方国家的西化、分化，没有自己独立的学术话语体系，就只能疲于应付，处于被动。国内一些研究者因为没有自己独立的话语体系，转而认为西方的学术话语体系更为先进、更具普世性，套用西方的学术概念和话语体系来解释中国道路、分析中国问题、预测中国未来，丧失了理论自觉和理论自信，最终也很难取得对中国发展有实际价值的研究成果。跟随没有前途，引领才是方向。被动地在西方的话语体系中辩解没有意义。自主设置议题，抛出自己让世界瞩目、让西方信服的理论观点，建立自成体系的话语系统，才是上策。因此，开展哲学社会科学话语体系研究，是一项学术理论研究领域的基础性工程，与每一个研究者相关，需要每一个研究者参与，对每一个研究者有利。

创新是哲学社会科学学术话语体系的要旨。纵观古今中外，没有任何一个国家或民族，可以通过简单套用别人的制度和模式得到发展、获得成功。一个没有创新精神的民族，是一个没有前途的民族。套用西方的一套学术概念和话语体系来解释中国道路、分析中国问题、预测中国发展，没有出路。哲学社会科学的很多重要概念是西方先提出来的，我们要用不可避免，但是要有我们自己的解释和立场，否则就会“食洋不化”，陷于被动；要深入中国最生动最丰富的大发展、大实践，通过扎实深入的基础研究，提炼和创造具有中国特色、经得起历史和实践检验的新概念、新范畴。通观世界全局，中国已经走出了一条典型的不同于西方社会的强国之路、发展之路、开创之路，国际社会对中国的成功实践高度评价、密切关注，纷纷探寻“中国奇迹”背后的理论创造和价值支撑。中国对自己发展道路中的价值理念和制度理论是最有发言权的，中国的人文社会科学研究者要有高度的理论自觉和制度自信，加强学术话语体系创新意识，运用中国化的话语体系阐述中国理论、中国学术、中国道路、中国经验。哲学社会科学学术话语体系创新，直接关系着新时期我国哲学社会科学研究能否抢占世界学术制高点、掌握学术话语主动权。让中国话语在世界学术领域占有一席之地，这是学术自强的重要方面，也是当代学人的重要历史责任和使命。

二、当前繁荣和发展哲学社会科学的一项重要任务，就是大力推进话语体系的全面创新

1840年鸦片战争后，原来相对封闭的国门被西方列强打开。近代知识分子救国心切，将各种西方学说思想诸如进化论、民族主义、社会主义、自由主义、激进主义和保守主义、革命与和平改革等纷纷引进中国，古今之间、新旧之间、中外之间相互混杂、矛盾、冲突，呈现了兼具多样性和复杂性的中国近代思想。同时，随着中国近代学科研究机构也即大学的建立，西方的自然科学和哲学社会科学在近代中国得到了思想启蒙性质的传播，并在反对、摈弃、反思传统学术话语体系和观点的基础上，嵌入式地初步构建了中国近代哲学社会科学学术话语体系。

1949年前后，中国共产党领导中国人民取得了新民主主义革命的胜利，并且历史性地选择了社会主义道路。反对帝国主义、封建主义和官僚资本主义的革命是这一时期的主要特点，马克思主义中国化、中国革命斗争理论和社会革命理论成为这一时期的主流价值理论。在1952年开始的学术机构调整和各高校专业院系大调整的基础上，中国在哲学社会科学领域内逐步形成了以毛泽东思想为旗帜的学术革命话语体系。

1978年改革开放以来，中国哲学社会科学再度与世界哲学社会科学接轨，中国的社会经济建设和中国特色社会主义道路取得了举世瞩目的伟大成就。进入新世纪以来，中国学术机构发展迅猛，大学教育也从精英教育转向普及教育，互联网和新技术对信息传播和价值传递产生了深刻影响，以马克思主义中国化为灵魂的哲学社会科学繁荣发展，取得了显著的成就。

同时，随着对外学术交流的不断扩大和改革开放的不断深入，我们发现，西方理论学术话语在国际学术话语体系中仍占据主导地位，已经影响和限制了我国哲学社会科学学术研究的进一步独立发展。中国社会经济的进步和综合实力的提高，对哲学社会科学理论创新和学术话语体系构建的要求越来越明显。我国出版的著作、发表的论文数量排在了世界前列，汉语已经成为世界第二大使用语言。但中国学术“走出去”缺少被世界广泛接受的中国学术话语。与中国伟大的时代和实践伟大的发展相比，与中国不断上升的综合国力和经济实力以及源远流长的文化相比，我们的哲学社会科学创新特别是学术

话语体系创新还相对滞后。伟大的时代产生伟大的思想，伟大的实践产生伟大的理论，存在的差距就是我们发展的空间。时代和历史对我们中国哲学社会科学界提出了要求，哲学社会科学学术话语体系创新研究已经出现了历史性契机，拥有前所未有的广阔研究平台和发展前景。

三、哲学社会科学学术话语体系创新立意要高远、胸怀要博大，科学地对待各种学术资源

中国哲学社会科学及其话语体系百余年的发展历程告诉我们，在学术话语上要有所建树创新，应该“立足现实、开发传统、借鉴国外、创造特色”，妥善处理好各种学术资源与话语体系之间的辩证关系。

我们要继承和弘扬中华文化精髓，善于汲取传统文化精华。学术话语体系必然植根于特定的思想文化背景。越是民族的，才越是世界的。中国学术话语体系的创新和构建，不能割裂中华传统文化最根本的精神基因和中华民族的精神标识，这是我们最深厚的，取之不尽、用之不竭的文化软实力。要坚持古为今用、推陈出新，进一步梳理、萃取传统文化的精华，赋予其与时代发展相适应、与主流价值一致的科学内涵，加以传承和弘扬；要善于捕捉和提炼当前仍然活跃在中国人生活和思想中的文化传统，使之成为学术话语体系的重要来源，在充分彰显民族特色中构建自己的话语体系。十八大以来，习近平总书记提出了一系列新理论、新思想、新观点、新论断，在吸收传统文化精华，创新话语体系方面为我们做出了典范和表率。

正确对待“四书五经”和马克思主义之间的中国近代思想成果和学术话语。中国近代的很多学者学贯中西、融通古今，他们之中不乏道济苍生、心系天下的学术大师，在传统与现代理念、中国与西方文明的冲突碰撞中，他们客观记载了中国近代的历史活动、思想创造，进行了不懈的思考、奋斗和探索，给我们留下了非常宝贵的思想财富。他们中的大多数人虽然还没有掌握马克思主义的思想，但是对中国现代化、对中国文明进步发展是有卓越思想贡献的。这一批人的思想硕果，很多也不是通过简单的西学东渐过程，不是通过简单照搬照抄西方思想，而是基于中国实际和中国文化的创造、创新，给近代中国乃至世界思想发展注入了新的血液，也给中国的哲学社会科学学术话语体系基础构建打下了扎实的基础，需要我们继续予以正确评判、借鉴、承继。

注重与以汉语言为基础的中华文化圈的借鉴融通。哲学社会科学学术话语体系研究构建，必须与东方文化、亚洲地域、汉语及其辐射的中华文化圈结合起来研究，才能更有典型性、代表性和生命力。学术话语体系不仅要与西方话语体系对话，而且要与中华文化圈话语体系相容。既要坚持中国马克思主义的学术话语体系，发挥中国学术话语体

系在中华文化圈的学术辐射和影响力，又要客观评价和吸收中华文化圈其他区域学术话语体系的优点和成功要素。比较、吸收、借鉴我国港澳台地区，新加坡地区等中华文化圈，以及主要亚洲国家的学术话语体系，应该是课题研究的一项重要内容和一个重要方面。

借鉴和吸收国外经验和国外价值，正确对待西方话语体系。既要深刻认识到中国哲学社会科学学术话语体系的创新与构建，一个重要目标是改变西强我弱的话语权现状，摆脱西方学术话语体系的垄断和钳制，又要清醒认识到我们不可能绕开国际社会的主流话语体系，必须面对它、剖析它、利用它、超越它，进而建立能与之平等对话和交流的中华学术话语体系。追随别人的话语体系仰人鼻息，和立足于自己原创的话语体系与人对话，大不一样。我国哲学社会科学话语体系在原创性、影响力上还有很大不足，必须以包容开放、兼收并蓄的态度，认真学习借鉴西方话语体系的有益成分，积极吸收借鉴人类文明优秀成果，坚持“以我为主，为我所用”的原则，丰富发展当代中国哲学社会科学的内容与形式。

四、坚持以马克思主义中国化理论为指导，从中国特色社会主义丰富的实践中汲取营养

马克思主义及其中国化的最新成果，是我国哲学社会科学最根本的理论基础，也是话语体系建设的重要思想和话语来源。马克思主义是中国哲学社会科学的最大优势和灵魂。哲学社会科学学术话语体系的研究，首先是中国特色社会主义理论的话语体系研究。要深入实施马克思主义理论研究和建设工程，充分发挥其在创新哲学社会科学学术话语体系方面的示范和引领作用。

高度的马克思主义理论自觉和理论自信是建设和创新哲学社会科学的思想基础和研究前提。要紧紧围绕坚持和发展马克思主义，坚持和发展中国特色社会主义，始终与中国实际相结合，与时代特征相结合，对新的实践和新的时代特征作出新的概括和有说服力的论证，并用国内外人民听得懂、听得进、能接受的表达方式表述出来，在创新话语体系的过程中丰富马克思主义和中国特色社会主义理论体系，丰富哲学、社会学、政治学、法学、新闻学等哲学社会科学各学科的话语体系。

中国特色社会主义伟大实践是创新中国哲学社会科学学术话语体系的活水源头。学术话语体系不是闭门造车，不是不问世事，实践的发展就是最生动的马克思主义。要继续解放思想，实事求是，与时俱进，尊重最广大人民的首创精神和实践创造，进行理论概括、总结和提炼，在回答新时代提出的新课题中构建哲学社会科学学术话语体系，在中国特色社会主义伟大实践中进行理论创造和话语创新。

立足中国实践、总结中国经验、解决中国问题，是实现中国哲学社会科学学术话语体系创新的关键。要深刻把握新时期中国政府治理体系创新的新进展、社会主义核心价值观和价值理念的新进展，深刻把握工业化、城镇化、信息化、农业现代化发展的新问题，充分认识国际金融危机的持续影响，充分认识领土、领海、岛屿争端升级和国家利益交集复杂化、多元化，充分认识国际网络安全问题凸显等新变化，在世界各种文化交流、交融、交锋，人们价值观念多元、多样、多变的新挑战、新环境下，深入研究中国特色社会主义道路、理论体系和制度，研究科学发展与社会和谐问题，研究利益协调和改善民生问题，研究依法治国和政治文明问题，研究生态文明、网络安全问题，妥善回应国际关切。要以马克思主义、马克思主义中国化、中国特色社会主义理论体系为统领和灵魂，运用中国化的话语体系阐释中国理论、中国学术、中国道路，不断概括出理论联系实际的、科学的、开放融通的新概念、新范畴、新表述，打造有中国特色、民族特点、世界胸怀、时代特征的学术话语体系。

五、学术话语体系创新是一项系统工程和百年大计，要持之以恒、久久为功

哲学社会科学学术话语体系创新是一项系统工程，涉及环境支撑因素、背景平台因素、系统支持因素。这要求我们尊重国内基础概念和基础理论研究的成果，借鉴人类文明成果，研究学术话语体系的内容要件；梳理和探讨国内学术机制，包括学术创新、学术管理、项目评价的相关制度，研究如何为学术创新提供更加科学的制度环境和学术规范；分析和探讨大学、科研院所、智库机构、学术期刊评价机构，从组织的角度研究适于学术话语体系创新的机构环境；分析和探讨哲学社会科学的人才队伍建设与学术团队培养，研究适于学术话语体系建设的人才培养机制和激励机制；分析和探讨哲学社会科学学术话语体系构建的社会环境、国际环境、学术环境、理论研究基础、制度保障效果、组织设计因素、体系架构要素，为学术话语体系的构建奠定坚实基础。

学术话语体系创新也是一项严谨的学术工程。学者要有改革的意识、开放的胸怀、宽容的精神、兼收的气度，维护学术自由，倡导学术争鸣，在动态的探索与争鸣中，打造出经得起历史和实践考验，能与世界融合对话的哲学社会科学学术话语体系。科研项目的结项时间肯定是有限的，但学术话语体系的创新和构建是一项战略和长期的系统工程，冰冻三尺非一日之寒，不可能毕其功于一役。需要我们做好长期规划和计划，开展长期的战略钻研和累积。要杜绝速成与跃进的做法，切忌急功近利、急于求成。要尊重学术规律，注重学术规范和学术道德，弘扬甘坐冷板凳的治学精神，倡导扎实的学风。

目 录

对外文化传播中的话语创新*

■ 韩　震**

［摘　要］要创新对外表达中国立场和中国声音的话语方式，提升我们对外文化传播的能力，就必须做到：基于中国的历史传统和社会发展现实，提炼出适合描述中国道路、反映中国力量、体现中国价值、表现中国精神的中国话语；立足反映中华民族生生不息的日常生活和文化传统，提炼出能够打动“他者”心灵的人间生活话语；紧跟社会发展和文明进步的步伐，适时地提出具有原创性和时代特征的话语议题；对接经济全球化的世界格局和包容人类命运共同体，凝练出能够让世界理解的具有世界历史意义的话语；最后，还应重视提升用外语讲述中国话语、传播中华文化的能力。

［关键词］话语体系；文化传播；跨文化交流；创新能力

人类历史充分证明，没有先进文化的引领，一个国家、一个民族就不可能屹立于世界民族之林，就不可能成为黑格尔所说的“具有世界历史意义”的民族。环顾当今世界，文化已经成为综合国力竞争的重要内容。占据文化制高点，提升国家文化软实力，关系到我国在世界格局中的国际地位和国际影响力，关系到“两个一百年”奋斗目标和中华民族伟大复兴中国梦的实现。要提高文化软实力和文化影响力，不仅迫切需要把我国这个有丰富文化资源的文明古国、文化大国转变成为具有强劲文化创新能力的文化强国，还要创造性地提升我们的文化传播能力。

---

* 全国文化名家暨“四个一批”人才自主选题项目“中国话语体系的构建与文化影响力研究”阶段性成果。

** 韩震，北京外国语大学党委书记、中国文化走出去协同创新中心主任、马克思主义学院教授。

实际上，在全球化的时代，文化的传播已经不仅仅是传播，文化创新与文化传播已经统一在同一个过程之中了，因为文化生成的问题阈和创新的语境已经国际化或全球化了，文化的创新只能在不同文化的交流互鉴中得以实现。经济全球化、新科技革命和信息技术的发展使世界处在一个大变革的转折点上，在这个转折点谁能够掌握文化引导力量和话语权，谁就能够掌控文化创造和传播的过程。作为哲学社会科学研究者，我们必须认真寻找和创新对外表达中国立场和中国声音的话语方式，提升我们对外文化传播的能力。

首先，在推进对外文化传播的创新过程中，我们必须基于中国的历史传统和社会发展现实，提炼出适合描述中国道路、反映中国力量、体现中国价值、表现中国精神的中国话语。

在21世纪，不能寄希望于某一种文化能拯救世界，更需要文化之间的交流互鉴、相互合作。交流的作用表现在：一是通过其他文化能够更好地反思自己的文化，重新界定自己的文化；二是通过其他文化可以拓展自己的文化视野，就如伽达默尔所说的视野融合；三是文化之间的相互借鉴，可以丰富各民族文化的内涵；四是激发文化的创造力。

我们参与文化交流互鉴的前提，就是必须有自己自觉而清晰的中国文化的表达，有我们自己作为主体的“前理解结构”。我们必须以“贴切我们想法的话”对话“他们”，而不是用“贴切他们想法的话”去对话“他们”。如果“我”已经变成“他”，那就没有必要与“他”对话了。正如荷兰学者洛伦兹所说的，“认同即意味着相同，差异即意味着不同或他者；因此认同和差异互为前提，没有认同就无所谓差异，没有差异就谈不上认同”①。中国文化是在中国的疆域中展开，在神州大地和广阔的海疆上，一代代中国人用自己历史性的实践活动创造了灿烂的中华文明。正如习近平同志《在文艺工作座谈会上的讲话》中指出的，“历史和现实都证明，中华民族有着强大的文化创造力。每到重大历史关头，文化都能感国运之变化、立时代之潮头、发时代之先声，为亿万人民、为伟大祖国鼓与呼。中华文化既坚守本根又不断与时俱进，使中华民族保持了坚定的民族自信和强大的修复能力，培育了共同的情感和价值、共同的理想和精神”②。在中国的文化传统宝库中，有丰富而深邃的哲学和伦理思想，有多姿多彩的文学艺术形态，有生生不息的民间文化，所有这些都是我们提炼新时代话语的前提资源。有自己独立的话语体系是参与话语对话的前提。如果我们没有自己的话语，那么就会成为或被人视为只是别人思想的应声虫③，并且逐渐失去自主思考的能力。

---

① ［荷］克里斯·洛伦兹：《比较历史学理论框架的初步思考》，载《山东社会科学》，2009（7），42页。

② 习近平：《在文艺工作座谈会上的讲话》，载《人民日报》，2015-10-15。

③ 欧美人往往自诩文化的自觉者，而其他民族则不具备自主能力。就如美籍学者萨义德揭露的，“东方学的局限……乃伴随弃除、抽离、剥光其他文化、民族或地区的人性……它不仅认为东方乃为西方而存在，而且认为东方永远凝固在特定的时空之中。东方学描述东方和书写东方……以致东方文化、政治和社会历史的所有时期都仅仅被视为对西方的被动回应。西方是积极的行动者，东方则是消极的回应者。西方是东方人所有行为的目击者和审判者”（［美］爱德华·W·萨义德：《东方学》，142页，北京，生活·读书·新知三联书店，2007）。

文化是一种反映社会生成活动的现象。要贴切我们的文化，就必须反映我们的现实社会和生活。在当代中国，表达中国文化的话语方式，必须反映中国特色社会主义的伟大实践。中国的话语必须依靠中国实践着的力量。依靠“中国力量”，即中国人民走出了一条“中国道路”即中国特色社会主义道路，创造了举世瞩目的“中国奇迹”，因此表达中国文化的话语也应该是反映创造中国奇迹历史进程的“中国话语”。一方面，全球化并没有消解国家主权，只是改变了主权国家之间的交往方式①；另一方面，全球化却使地方性知识和话语大行其道。就像西班牙中国问题专家胡里奥·里奥斯指出的，“在不丧失自身特点的情况下，中国制定了适应、复制和模仿它认为好的东西的计划，而不是盲目追随。中国当年不希望成为苏联，现在同样没有必要希望成为美国”，“中国必须走自己的道路”，“‘中国梦’是成为中国自己”②。由此可见，表达中国人民光荣与梦想的文化话语，应该是用中国话语表达中国自己的情感、梦想和价值追求。

任何话语都不是天生就具有普遍的世界影响力，西方所谓“普世的话语”本质上也是地方性知识的表达，其世界范围内的影响是他们建构话语霸权的结果。就如美籍匈牙利学者赫勒指出的，尽管福山声称冷战的结束意味着“历史的终结”，然而，事实的发展并不是如此。“相反，社会和政治领域的发展趋势却远不是齐一的或线性的。而且在将来也很难期望它如此。”③ 中国人必须走自己的路，说自己的话语，构筑自己的精神家园。我们已经过多地消费别人的话语，这容易让我们失去自主话语表达者的地位。正因如此，在中国因暂时的落伍而面临向何处去的时候，有些人曾经希冀走“全盘西化”的路，有些人企图通过“中体西用”的方式实现自强的目的。即使在新中国成立之后，我们也曾经说过，“苏联的今天就是中国的明天”，或者以“大跃进”的速度“赶美超英”。显然，一代代中国人都梦想实现中华民族的复兴，却在自己的梦境中拼接了别人花园中的景色。现在，我们成功地走出了自己的道路，就需要我们说出自己的话语，表达我们自己的价值观，这样才能成为自主自觉的文化创造者。作为自主自觉的民族文化共同体，我们必须注重话语方式研究，找到贴切表达中国文化的话语，这样才能重新掌握自己的话语权。

其次，在推进对外文化传播的创新过程中，我们必须立足反映中华民族生生不息的日常生活和文化传统，提炼出能够打动“他者”心灵的人间生活话语。

---

① 主权国家仍然是当今国际社会的权力的载体，经济全球化和区域化并不能完全消解国家的力量。就如约瑟夫·奈所说的，“信息革命、技术变革和全球化不会取代民族国家，但会让世界政治的行为体和所有问题变得更为复杂”（［美］约瑟夫·奈：《硬实力与软实力》，187页，北京，北京大学出版社，2005）。再如英国学者杰索普指出的，“……在当前全球化的以知识为基础的经济当中，民族国家仍然重要，它不是正在消亡，而是正在被重新想象、重新设计、重新调整以回应挑战……”（［英］鲍伯·杰索普：《重构国家、重新引导国家权力》，载《求是学刊》，2007（4），32页）。

② ［西］胡里奥·里奥斯：《“独创性”助中国取得经济成功》，载《参考消息》，2013-07-16。

③ ［美］阿格尼丝·赫勒：《现代性理论》，98～99页，北京，商务印书馆，2005。

要让中国文化的基本特征、价值和功能获得最广泛的理解，就必须回到作为文化基础的生活世界本身才行。这就首先要求，讲述中国文化的话语应该让人愿意听，听得进去，听了能理解，理解了能有同情的体悟。我们过去总认为对外传播是“高大上”的行为，总是以悬在空中的抽象原则作为话语的表达方式，从而让我们的对外表达话语失去了感性的生命色彩和触动情感的灵动。为什么“心有灵犀一点通”？那是因为有同样的生活、同样的情感、同样的希冀，才能产生心灵的共鸣。由此，我们的话语只有“深深融入人民生活，事业和生活、顺境和逆境、梦想和期望、爱和恨、存在和死亡，人类生活的一切方面”①，才能引起人们的共鸣，给人们以启迪。某些人在贬低我们的文宣方式时，把我们说成只会说概念化的套话和原则，尽管他们这样的说法是别有用心，但是也值得我们反思。我们要从批评中寻找提高自己话语能力的途径，我们不能把感性的生动拱手相让。我们必须牢记，概念是灰色的，而生活之树常青。

我们是历史唯物主义者。按照唯物史观，人民群众是历史的创造者。许多看似风光或惊心动魄的历史事件，实际上只是人类长河中翻腾的浪花。真正支撑文明进程的，都是那作为人民生活实景的劳作、养育子女的日常生活、闲暇审美活动的愉悦，如此等等。一回到这些问题中，大家就有了最基础也最具共性的话语领域。人民的生活既充满差异的多样性和创造力，又容易相互同情甚至共鸣地给予理解。话语的生活基础可以防止话语的模式化或僵化。政治是生活的集中体现，当政治话语反映人民生活的内容时，不同文化之间就更容易相互理解。对外传播无非是要表达自己的看法，以便与人沟通，让人理解自己。要让人理解，就要讲别人愿意听、听得进去、听得懂的话，那就要想尽办法找到共同的话题。要学会通过生活和实践的叙事，学会用人民群众的语言和人民群众的亲身经历来讲故事，让中国文化和中国人的梦想，通过鲜活的生活叙事和行动故事显现其理念的光辉和理想的力量，从而打动世界人民的心灵。

再次，在推进对外文化传播的创新过程中，我们必须跟上社会发展和文明进步的步伐，适时地提出具有原创性和时代特征的话语议题。

创新是一个民族进步的灵魂，是一个国家兴旺发达不竭的动力源泉。我们不仅要研究已经成为话题的话语，如“民主”“人权”“恐怖主义”“网络安全”以及“反恐”，等等，以便保持对话的过程和能力；我们还要学会创设新的话语和议题。话语的原创性也来自民族的创造力。议题设置能力决定了话语权，因为设置什么议题就已经决定了话语权的价值取向和标准。譬如，当欧美提出“人权高于主权”时，你即使批评这种观点，但在逻辑上也已经站在自我辩护的弱者地位上了。而我们提出国家不分大小，应该一律平等相待的话题，大国的霸权就需要为自己的霸道而辩解。

① 习近平：《在文艺工作座谈会上的讲话》，载《人民日报》，2015－10－15。

原创不是无源之水、无本之木，原创恰恰是依靠正本清源才能独辟蹊径，使创造力的活水源远流长。原创不是脱离基础构建空中楼阁，原创恰恰是基于传统的创新，使创新的活力奔腾在历史的主流之中。“问渠哪得清如许，为有源头活水来。”民族生命力的活水源头就在其历史传统之中，离开了民族传统我们就失去了创造力的源泉。中华民族的伟大复兴是民族文化的“再青春化”（黑格尔语），因此讲述中国文化的中国话语也是在传承中创新的。譬如，“和谐”价值观的话语就可以利用古代“和而不同”和“协和万邦”等思想资源，重新审议现代全球治理的问题。

话语的原创动力是基于实践和生活本体的，离开了实践和生活本身就没有真正的创造。只有通过坚守实践和生活的恒常之道，经过艰苦卓绝的探索，才能实现有生命力的原创性表达。具有原创性的话语，不只是经过精细包装和语词雕琢的东西，而且是来自生活实践本身的璞玉。实事求是，回到生活世界或事物本身，就能够找到话语的坚实基础和不竭的活力之源。因此，我们必须在实践和生活的创造与创新中，寻找话题和话语原创的基础与动力。

原创性的话语生命力基于其是否是面向未来的。如果没有面向未来的视角，就不能有创新。创新就是基于现实而面向未来的探索，原创性话语就是这种面向未来的创新性探索的表达而已。话题是为了解决社会问题，但是话题也会促进社会的变化。话题与社会是相互塑造的关系。我们需要设置有利于中国发展和人类文明进步的话题，这样才能够从根本上掌握议题设置权和话语权。譬如，当我们提出“打造人类命运共同体”的时候，我们就开始设置议题了。当我们说不能搞“我赢你输”的零和游戏，而只能走“合作共赢”的路径时，我们就开始谈论如何实现“人类命运共同体”的话语了。当我们提出“一带一路”“亚投行”等设想时，我们就开始创设新的话语了，这种创新才能独辟蹊径地拓展我们的国际合作空间，创造性地扩大我们的国际影响力。我们不能只是话语追随者，而要成为自主的话语讨论参与者。自主的话语讨论参与者，必须有设置话题和掌握话语标准的能力。

又次，在推进对外文化传播的创新过程中，我们必须对接经济全球化的世界格局和包容人类命运共同体，凝练出能够让世界理解的具有世界历史意义的话语。

中国的发展是中国的成就，但也是世界发展的重要组成部分，中国的发展有利于世界的发展。如果说西方的话语是“霸权话语”，其本质就是要用自己的话语消灭并替代其他话语，那么中国的话语则属于“和谐话语”，其实质则是建立各话语系统之间和而不同、相互交流的关系。西方霸权主义者自诩价值观是普世的，总想用各种方式甚至以武力粗暴地碾平差异世界似乎不平坦的道路。与西方不同的是，“古往今来，中华民族之所以在世界有地位、有影响，不是靠穷兵黩武，不是靠对外扩张，而是靠中华文化的强大感召力和吸引力”①。所谓“远人不服，则修文德以来之”的道理，就是中国的话语

① 习近平：《在文艺工作座谈会上的讲话》，载《人民日报》，2015-10-15。

特点。中国话语是中国的，但也是为世界添彩的话语，中国话语不是要取代其他话语，而是作为众多话语方式中的一种。中国话语不是西方的霸权话语，不是搞“我花开后百花杀”，而是希冀“万紫千红总是春”的状态。这正如毛泽东诗词表达的意境：“待到山花烂漫时，她在丛中笑。”

追求幸福生活和美好未来，是全人类的共同追求，也是推动文明进步的不竭动力。中国的和谐价值观具有世界普遍意义，因为这是适合国际对话和合作的话语。主张构建协和万邦与和谐世界的中国文化，并不是要与其他文化对立，而是循着自己的传统追寻有更加美好意义的发展道路。桑德尔的观点有一定的道理，按照他的看法，“全球市场的兴起以及全球性的环境问题，都要求我们发展一种全球性的公民品质——某种共享的政治伦理和相互责任，超越国家疆界的限制。然而，在如此广大的范围内，要培养一种强有力的社群感与公民义务感是困难的。因为大家容易认同的是那些与自己分享共同经验和传统的人们。而全球政治伦理，需要我们培养一种多元交叠的公民身份认同——某些要比对民族国家的认同更宽泛，有些更特殊”①。中国人民“各美其美，美人之美，美美与共，世界大同”的理想，不就为全球化时代的复合性认同开辟了道路嘛！

中国的发展是当今世界发展的重要组成部分。中国梦既是中国人民的追求，也是与世界人民的梦想相通的。中国的和平发展，有利于世界的和平与发展。从经济的互惠性质我们就可以看到这一点。中国的经济发展不仅成为拉动世界经济的主要引擎之一，而且中国市场作为第二大进口市场仍然具有扩张的广阔前景。另外，近 10 年来，我国对外直接投资的规模呈指数增长，这直接惠及对象国的经济发展和就业。目前，中国已经成为全球重要的对外投资国，对外投资额已经超过了外资引入额，这对促进世界经济特别是发展中国家经济发展起到重要的推动作用。因此，讲述中国文化的话语就要讲中国发展对世界发展有利的道理，要讲清楚世界能够理解并且从中能够感到鼓舞的话语。

中国梦是现实中国的理想，也是朝向文明进步和人类未来发展方向的理想。中国道路就是中国特色社会主义的道路，这条道路既是中国的康庄大道，也是与人类历史前进的方向相一致的。自古以来，中国就有“天下为公”“世界大同”的理想，因此中国梦与全人类的未来是契合的。中国道路是中国特色社会主义道路，而社会主义的价值追求是每个人自由而全面的发展。中国人民实现民族振兴的梦想是朝向理想社会的，而未来的理想社会应该是全世界人民自由、公正、合作、和谐的社会。因此，表达中国梦的中国话语不仅是中国的话语，也应该是表达人类未来发展方向的话语。这样的话语不仅是民族的，而且也具有世界历史性意义。

最后，在推进对外文化传播的创新过程中，我们也必须重视提升用外语讲述中国话

---

① 刘擎：《现代民主与公民政治——桑德尔教授访谈录》，载《中国图书评论》，2008（10），92 页。

语、传播中华文化的能力。随着中国综合国力和国际影响力的提升，“国际社会对中国的关注度越来越高，他们想了解中国，想知道中国人的世界观、人生观、价值观，想知道中国人对自然、对世界、对历史、对未来的看法，想知道中国人的喜怒哀乐，想知道中国历史传承、风俗习惯、民族特性，等等”①。这为我们推进对外文化传播创造了很好的条件，但是如何实现有效的传播仍然是值得我们思考的，还需要我们进行持久的探索。即使在纯粹的话语形式层面，我们也应该注意话语的交互理解的可能性。与外国人讲话，表达我们的利益追求和看法，我们就不能自说自话，而要使用外国人能够理解的说法或话语。讲述中国文化，不仅要讲中国话语，而且要讲能够打动世界的中国话语；不仅要学会用中国语言讲述中国文化和中国话语，还要学会用外国语言讲述中国文化和中国话语；不仅要用英语、法语、日语、德语等发达国家的语言讲述中国文化和中国话语，还要学会用亚非拉各发展中国家的语言讲述中国文化和中国话语。

在全球化背景下，向世界讲述中国文化，就需要掌握用外语讲中国话语的本事。不是说用外语讲就不是中国话语了，用外语讲好中国话语，能够更好地向世界讲述中国文化。正像新自由主义的话语翻译成汉语，仍然是地道的西方话语，用其他语言贴切而恰当地讲述中国文化，依然可以是真切的中国话语。中国已经成为一个全球性角色，而且国家利益也越来越具有全球性质，我们必须学会用各种语言表达我们的话语和利益。为了国家发展的战略利益，北京外国语大学克服各种困难，大力发展非通用语种的教学。目前，学校已经教授 70 多个外国语语种，而且学生在就业市场的竞争力突出；根据学校的规划，我们将在 2020 年开齐所有国家的官方语言，届时教授语种将达到 100 多个。北外以“把世界介绍给中国，让中国了解多样的世界；把中国介绍给世界，让世界理解变化的中国”作为自己的双重使命。2012 年，我们又联合其他学校、政府部门和其他社会机构组建了中国文化走出去协同创新中心，目的就是为了探索不仅用中国语言而且用世界各国其他语言讲述中国故事和中国话语的有效途径和方式，让世界理解中国文化，理解中国人的生活与精神追求。中心已经取得了一系列成果，譬如，在国务院新闻办公室倡导下进行的“社会主义核心价值观·关键词”丛书的编写与翻译，中央领导交办的“中华思想文化术语传播工程”的阶段性成果《中华思想文化术语》第 1 辑已经出版，第 2 辑也在编辑过程之中，很快就会问世。中心还先后发布《中国文化走出去年度研究报告（2012 卷）》《中国文化走出去年度研究报告（2015 卷）》，为中国文化走出去提供理论咨询和支撑。

总之，社会科学工作者应该承担起寻找和提炼中国话语方式的历史使命和责任。维特根斯坦曾经说：我们语言的界限就是我们世界的界限。借用他的话，我们可以说，我

① 习近平：《在文艺工作座谈会上的讲话》，载《人民日报》，2015-10-15。

们话语的局限就是我们思维方式的局限。要创新话语体系，就必须转变或改造我们的思维方式，话语方式的突破需要思维方式的突破。在全球化和信息化的时代，我们应该树立大传播观，跳出内外有别的传播模式，在“人类命运共同体”的框架下，寻找和构建真诚而贴切地表达中国人民的希望和期盼的话语，并让这种话语表达与世界人民的希望和期盼相契合，为世界和平和人类文明做出更大的贡献。

中国哲学话语体系的反思与建构

■ 欧阳康*

［**摘　要**］改革开放以来，中国哲学话语体系出现了多元分立的状态，存在着中国传统哲学、西方哲学和马克思主义哲学研究群体之间的话语差异，哲学研究工作者多囿于某一哲学领域从事研究或教学，彼此间少有实质性交往和深层次沟通，甚至存在“互不买账”的学科隔离与学科歧视。这就造成了中国哲学研究中的学科分化、领域分化和话语分化等问题。当前，中国哲学话语体系的整体构建应当立足于世界经济政治和社会文化的一体化发展，通过问题导向和问题聚焦，打破长期以来中国哲学多元分立甚至学科隔离的状态，推动哲学研究的视域扩展和交织互动。哲学问题导向有三个基本的向度：一是历史向度，即当代中国的哲学研究应当更加自觉地走向历史的深处以提升当代哲学的历史自觉；二是时代向度，即当代中国的哲学研究要自觉关注当代世界哲学的多元碰撞和整体互动；三是中国向度，即当代中国的哲学研究既须自觉探讨当代中国特色社会主义现代化的哲学需求，也应当能够为中华民族的和平崛起提供哲学支撑。当代中国哲学话语体系的构建，需要全体哲学工作者实现“视域融合”，自觉打破各种有形与无形的隔离状态，促使哲学研究在深度分化基础上高度综合。

［**关键词**］中国哲学话语；历史向度；时代向度；中国向度

* 欧阳康，华中科技大学党委原副书记、国家治理研究院院长、哲学研究所所长、哲学系教授，国务院学位委员会马克思主义学科评议组成员，国家哲学社会科学基金学科评审专家，教育部社会科学委员会委员，全国高校哲学教学指导委员会副主任。主要从事马克思主义哲学尤其是社会认识论研究。

构建当代中国哲学话语体系，绝不仅仅是以更好的话语方式来表述现有哲学内容的问题，而是对于新的哲学体系和哲学形态的构建过程，因而是一项非常复杂而又艰巨的哲学学术创新工程，为此必须自觉反思和努力超越当前中国哲学研究的内部分化与隔离状态，以强烈而又清晰的哲学问题为导向来拓展哲学研究的视域，在传统与现代、中国与世界、科技与人文的深度融和之中合理解读当代世界和中国问题，在把握时代脉搏，提升时代精神，引领文明进步的过程中凸显中国哲学的中国意义和世界意义。

一、超越当前中国哲学话语体系的三元分立状态

改革开放以来，中国的哲学研究取得了极大的进展，但就学科分布和研究方式而言，仍然处于中国哲学、西方哲学和马克思主义哲学三足鼎立并与其他分支哲学、部门哲学、领域哲学等的交织互动之中，相应地，中国哲学话语体系实际上仍然处于多元分立状态，存在着中国传统哲学、西方哲学和马克思主义哲学研究群体之间的话语差异，哲学研究工作者自觉不自觉地囿于一定的哲学二级学科，沿着该学科的规范从事研究和教学，彼此间少有实质性交往与深层次沟通，甚至存在“互不买账”的学科隔离与学科歧视。这种情况的产生和延续有其必然性，但所造成的分立甚至隔离则妨碍着当代中国哲学话语体系的整体建构，应当予以反思和超越。

历史地看，当前中国多元分立的哲学研究和话语体系是在近代以来中国哲学的漫长发展历程中形成的。近代以来尤其 20 世纪以来，中国的哲学（在中国的哲学）经历了也许是有史以来的最大分化与转变，并逐步形成了三元分立和三足鼎立的状态：一是以儒学为核心的中国传统哲学经过“五四”新文化运动的批判而逐渐失去其主导地位，经过“文化大革命”的根本否定而被指涉为负面思想文化的代表，在改革开放以后以“新儒学”或“国学”等形态而重新复出，但总体上处于与西学和马克思主义哲学的隐形比较与抗争之中，有时还不得不为“中国到底有没有哲学”之类的合法性问题而自我辩护；二是以科学主义和人本主义分流的西方哲学在近代以来迅速传入中国并获得相当重要的学术地位，虽在“文化大革命”中被作为资产阶级哲学而拒斥，但随着改革开放而迅速涌入，在学界成为显学，在民间发挥着越来越大的影响和作用；三是以列宁主义为引介的马克思主义哲学在十月革命后为中国共产党所接受并成为中国的主流哲学之一，以苏联教科书为蓝本的哲学教科书中的内容成为中国马克思主义哲学的主导形态并随着中共执政地位的确立而不断提升，在“文革”中甚至一度成为中国唯一的官方哲学。随着改革开放和社会多元化发展，马克思主义哲学教科书的地位有所削弱，马克思主义的中国化进程取得非常丰硕的成果，但其学术形态、教学形态与大众形态之间存在较大差

异，尤其是其官方主导地位和民间认同状态之间存在较大反差。

与中西马这三种主要哲学形态之间的复杂互动关系相适应，中国哲学话语体系也呈现出多样化的发展态势。与此同时，哲学的诸多分支学科，如宗教哲学、科技哲学、道德哲学、美的哲学、逻辑哲学等也都努力地开拓着自己的话语体系。这就造成了中国哲学研究中的学科分化、领域分化和话语分化。这种分立和分化状态一方面依据于经济社会文化的多元化发展态势，展示着社会的丰富性和多样性，另外一方面也妨碍着哲学研究的深化与整合，有必要在深度分化的基础上推动其高度综合。

二、以“哲学问题”为导向拓展当代中国哲学研究视域

中国哲学、西方哲学和马克思主义哲学各有其具体而又直接的研究对象，它们之间的学科隔离根源于近代以来中国与世界、马克思主义与非马克思主义、社会主义与资本主义之间的思想隔离和实际对立。深入拓展的经济全球化和世界一体化对当代中国哲学研究打破狭隘的学科隔离状态、构建整体性的中国哲学既提出了紧迫的要求，也提供了现实的可能。当代中国哲学话语体系的整体构建应当立足于世界经济政治和社会文化的一体化发展，通过问题导向和问题聚焦，打破我国哲学研究中的多元分立尤其是学科隔离状态，推动哲学研究的视域扩展和交织互动。这里所说的哲学问题导向有三个基本的向度：历史向度、时代向度和中国向度。

就历史向度而言，当代中国的哲学研究应当更加自觉地走向历史的深处以提升当代哲学的历史自觉。人类的哲学思维在历史上是一元发生还是多元发生的？不同的种族特性和民族哲学文化对哲学形态发生何等的基础性影响与作用？哲学智慧在人类智慧的提升进程和多层次体系中居于什么样的地位？哲学的系统发生如何在个体发生中得到遗留和传承？哲学思维的个体发生如何“重演”哲学的原始发生？等等。搞清楚这些问题，对于理解哲学的历史与今天甚至未来都有极为重要的意义，为此有必要在自然进化史、文明发生史、民族进步史、社会演变史和人类智慧史的交织、互制与互动中深度探讨人类哲学智慧多元发生、多线演进、多族互动、多派分化、多域实现的复杂进程和未来走向，加深对人类哲学思维发展宏观脉络、演进逻辑、主要环节和发展趋向的理解，在寻根究底、追踪溯源、探寻极限、寻求超越、瞻前窥远、预见未来等方面做出更大的努力，提升当代中国和世界的哲学史自觉。

就其时代向度而言，当代中国的哲学研究要自觉关注当代世界哲学的多元碰撞和整体互动。随着区域史、民族史、国度史向世界史、人类史、全球史的转变，到底引发了哪些世界性的哲学变革？科学主义与人本主义的分野在什么意义上是必然的和合理的？

在什么意义上是不合理的和应当消除的？经济全球化和世界一体化要求什么内容与形态的哲学？文明的冲突是否会带来哲学的冲突？高新科学技术所带来的信息化、网络化、虚拟化给人类哲学思维带来了什么？这都是当代人类所面临的世界性难题。为此，我们应当努力超越仅仅关注国别哲学史、民族哲学史、区域哲学史、流派哲学史的狭隘眼界，把国度哲学、民族哲学、地域哲学和流派哲学与人类文明发展进程内在联系起来，把握各国度、各民族、各地域、各流派哲学发生发展的背景和特殊性，探索当代科技进步和人文发展所提供的哲学资源，透析当代人类文明内部冲突对于哲学智慧所提出的挑战，努力把握现时代的时代精神及其精华，达到对于当代世界哲学的整体性把握与构建，提升当代哲学的世界自觉。

就其中国向度而言，当代中国的哲学研究既须自觉探讨当代中国特色社会主义现代化的哲学需求，也应当能够为中华民族的和平崛起提供哲学支撑。中华民族伟大复兴需要什么样的哲学思维和哲学指导？中华传统哲学思维与人类哲学思维发展大道有多远？外国先进思想文化与哲学在何种意义上应当和可能融入中国哲学？马克思主义哲学如何才能融入当代中国人的精神世界并成为其思想指导？世界现代化已有的多种模式哪些更能代表和引领人类文明发展趋向？社会主义制度到底应当在哪些方面优胜于和超越于非社会主义制度？中国道路在何种意义上和何等程度上顺应和代表着人类文明发展方向？当代中华民族一方面应当自觉总结反思中华文明进步的哲学成就，另一方面应当善于引领中华民族伟大复兴的历史进程，为此必须善于在中西马的良性健康互动中整合各种哲学资源，积极推动哲学与科技和人文的内在互动，立足当代中国实践做出新的哲学创造，为中华民族伟大复兴提供必要的智慧支持。

三、以“视域融合”构建当代中国哲学话语体系

哲学是智慧之学，致力于追寻最高的智慧。哲学思维具有致极性特点，始终活跃在已知与未知、有限与无限、确定与不确定的边界，致力于对已知、有限和确定性的超越。人民是哲学的主体，人民的精神境界和哲学素养决定着哲学的水平与形态。当代中国哲学话语体系的构建，既是当代哲学寻求超越的目标，也是哲学工作者自我超越的结果。为此，既需要全体哲学工作者的学术探索和自觉超越，也需要极大提高全民族的哲学素养。这里最为关键的是要自觉打破各种有形与无形的隔离状态，促成哲学研究在深度分化基础上的高度综合。

要自觉打破中西马的学科隔离和思想藩篱，探索整合古今中外优秀哲学与文化资源构建新哲学形态的可行途径。要自觉打破科技与人文间的隔离，把高科技与新人文内在

结合起来，以人文精神规范和引领科技发展，以科学精神丰富人文精神，在科技与人文的融汇中提升哲学的方法论自觉。要自觉打破理性与非理性间的隔离，把理性的激情与激情的理性内在整合起来，探索整合理性与非理性的有效途径。要自觉打破理论与实践间的隔离，善于把理论运用于实践，指导实践，在与实践的互动中将实践经验提升为哲学理论。要自觉打破论坛哲学、讲坛哲学与大众哲学间的隔离，让哲学研究的最新最好成果及时进入讲坛、走进大众，提升全民族的哲学素养，推动各界的视域融合，共同以哲学的方式讲好中国故事，展示中国风格，凸显中国气派，造就一个真正哲学的世界，中国的哲学也才能够真正成为世界的哲学。

中国道路的文化表达与话语建构

——论习近平总书记话语阐释的理论框架与思维特征

■ 冯鹏志*

[摘　要] 中国道路的史诗般崛起，为中华民族的伟大复兴奠定了雄厚的物质基础，也对当代中国和中国共产党提出了实现中国道路文化表达的重要历史使命。党的十八大以来，习近平总书记关于中国道路的一系列重要论述，不仅以开阔的历史眼界和使命意识开辟了“中国特色”的新的文化高度，也以普遍性与特殊性、民族性与世界性相统一的独具特色的话语建构，推动并深化了对中国道路的文化表达。概括而言，习近平总书记话语建构的基本特征就在于，通过确立并坚持以中国为历史、以中国为道路、以中国为价值和以中国为思维这样四个基本维度，为中国道路的文化表达提供了一种基本的理论阐释框架和思维方式引导。

[关键词] 中国道路；历史逻辑；实践本性；价值权利；文明思维

进入21世纪以来，面对当代中国的崛起和民族复兴，从文化的高度来阐释和表达中国道路成为一个具有重大意义的话语建设问题。一方面，我们的确需要从意义的层面合理地阐释并化解目前面临的诸多经济社会问题，以期在更高更远的文化愿景下重塑理想、形成共识；另一方面，中国也确有必要向世界阐明自己的价值选择和文化追求，以在更广阔的时空范围中获得更大的文化从容与国际认同。正是在这一背景下我们看到，

* 冯鹏志，中共中央党校哲学教研部主任、教授，研究方向为科技哲学、发展哲学、文化哲学。

十八大以来习近平总书记关于文化强国和“中国特色”的一系列重要论述，在系统阐明中国文化建设的方向、目标和战略的同时，又以独具特色的话语范畴来深刻呈现中国道路的历史性、主体性、实践性和思维特征，从而为中国道路的文化表达提供了基本的阐释框架和思维方式。

一、以中国为历史——把握中国道路的历史逻辑

习近平总书记指出，中国道路“是在改革开放30多年的伟大实践中走出来的，是在中华人民和国成立60多年的持续探索中走出来的，是在对近代以来170多年中华民族发展历程的深刻总结中走出来的，是在对中华民族5 000多年悠久文明的传承中走出来的”①。他还明确指出：“当代中国是历史中国的延续和发展，当代中国思想文化也是中国传统思想文化的传承和升华，要认识今天的中国、今天的中国人，就要深入了解中国的文化血脉，准确把握滋养中国人的文化土壤”②，“只有坚持从历史走向未来，从延续民族文化血脉中开拓前进，我们才能做好今天的事业”③。这一系列的重要论述，不仅从历史事实的层面清晰地揭示了中国道路的历史继承性和文化关联性，更重要的在于，它从历史哲学的高度深刻阐明了中国道路的内在的历史连续性，为中国道路的文化表达确立了一种基本的历史逻辑。

毫无疑问，中国道路的成功及其在世界历史进程中的异军突起，必然会使得如何把握中国道路的历史性，或者说以什么样的历史逻辑来阐释中国道路，成为实现中国道路的文化表达首先需要面对的基础性问题。而所谓“以中国为历史”的逻辑，概括地说，就是指中国道路的形成和拓展，既表现为中国自身所经历的艰苦卓绝的漫长历史过程的延续，也表现为全球化背景下中国与世界相互嵌入关系的日益深化和不断建构；既表现为在世界历史语境下中国历史的新的创造和新的推进，也表现为中国历史的当代建构对于世界历史的新的充实与新的扩展。显然，这样一种对于中国道路的新的历史理解方式，或者说理解中国道路的新的历史逻辑的形成，既体现了一种历史认知的客观理性态度，也展现为一种历史建构的主动文化自觉。

历史是一个国家或民族存在和延续的基础，也是其形成自我认识和文化表达的重要依据。因此，在坚持历史的客观性的基础上，通过塑造正确的历史观念、形成正确的历史认识和历史语言，为本国或本民族的整体发展进程确立合理的历史逻辑，从来都是一

① 习近平：《习近平谈治国理政》，39～40页，北京，外文出版社，2014。

②③ 习近平：《在纪念孔子诞辰2565周年国际学术研讨会暨国际儒学联合会第五届会员大会开幕会上的讲话》，见新华网，2014－09－24。

个国家或民族维护自身根本而长远的文化利益所应拥有的基本文化权利与责任。就此而言，坚持“以中国为历史”去展开历史维度上的中国道路的文化表达，有助于我们在中国道路的阐释上拒绝西方中心主义历史哲学包括“中国例外论”“历史终结论”“普世价值论”等的纠缠和误导，能够在面对各种各样的历史虚无主义或文化虚无主义思潮泛起时拥有足够的“历史底蕴”和“前进定力”。

二、以中国为道路——阐发中国道路的实践本性

习近平总书记指出，中国道路“是实现我国社会主义现代化的必由之路，是创造人民美好生活的必由之路”①。他还强调指出：“坚持独立自主，就要坚持中国的事情必须由中国人民自己作主张、自己来处理”②，“不论过去、现在和将来，我们都要把国家和民族发展放在自己力量的基点上，坚持民族自尊心和自信心，坚定不移走自己的路”③，“世界上没有两片完全相同的树叶。一个民族、一个国家，必须知道自己是谁，是从哪里来的，要到哪里去，想明白了、想对了，就要坚定不移朝着目标前进”④。这一系列重要论述，既显示了中国人作为中国道路的实践主体的自觉和自信，也从发展哲学的高度揭示了中国道路的实践本性，从而为中国道路的文化表达提供了一种基本的实践逻辑。

中国道路的形成和发展，是当代中国以前所未有的气魄和力度推动全民族实现思想解放、坚持全面改革发展并主动融入全球化的历史进程。这样的一个历史进程，在自觉顺应世界历史潮流的同时，又主动建构世界新秩序，体现了中国道路坚定的中国主体性和实践创造性。从历史的角度看，冷战的结束以及西方资本寻求全球扩张的逻辑和冲动，的确为中国的改革开放提供了必要的外部环境和时势条件，但中国道路本质上却是在始终坚持社会主义的原则和理想的前提下，通过激发全体人民求发展求进步的创造性激情和实践而走出来的。正因为如此，改革开放以来，我们在摸着石头过河的逻辑引导下，有效连接中国与世界，不断打通传统与现代，稳健地融合社会主义与市场经济；在民族复兴的历史新时期，我们又以饱含历史担当的“中国梦”和“四个全面”协调推进战略布局的顶层设计，成功地激发了亿万中国人成为当代中国建设发展主体的意志与激情。

中国道路的形成和扩展，在成功地推动了当代中国崛起的同时，也唤起并代表了中华民族和每一个中国人在精神上的崛起。这样一种双重崛起，既为中国道路在全球化背

① 习近平：《习近平谈治国理政》，9页，北京，外文出版社，2014。

②③ 习近平：《在纪念毛泽东同志诞辰120周年座谈会上的讲话》，见新华网，2013-12-26。

④ 习近平：《习近平谈治国理政》，171页，北京，外文出版社，2014。

景下的形成、深化和扩展提供了雄厚的物质基础和人文资源，也必然会为中国道路的进一步完善和发展注入中华民族共同体的主体意识和自主意识。换句话说，正是坚持了中国道路的实践主体本性，坚持了以中华民族和每一个中国人作为中国道路的实践主体，我们的物质文化建设才获得了实践上的意义和价值，我们的民族文化复兴才拥有了最坚实、最深厚的社会实践基础。

三、以中国为价值——坚守中国道路的权利与责任

习近平总书记指出："中华文明绵延数千年，有其独特的价值体系"①；"一个民族、一个国家的核心价值观必须同这个民族、这个国家的历史文化相契合，同这个民族、这个国家的人民正在进行的奋斗相结合，同这个民族、这个国家需要解决的时代问题相适应"②；"培育和弘扬社会主义核心价值观必须立足中华优秀传统文化。牢固的核心价值观，都有其固有的根本。抛弃传统、丢掉根本，就等于割断了自己的精神命脉。博大精深的中华优秀传统文化是我们在世界文化激荡中站稳脚跟的根基。中华文化源远流长，积淀着中华民族最深层的精神追求，代表着中华民族独特的精神标识，为中华民族生生不息、发展壮大提供了丰厚滋养"③。这一系列的重要阐述，既阐明当代中国核心价值观建设的内涵、方向和重点，也从价值哲学的层面宣示了中国道路的中国主体性，为中国道路的文化表达提供了权力与责任相统一的实践逻辑。

中国特色社会主义道路是当代中国共产党人和中华民族的卓越建构，同时也是五千年文明传统的现代呈现及其创造性转化。近代以来，在相当长的时期内，中华传统被西方强势的现代性的历史逻辑所无视（很大程度上也为国人自身所无视），也被力图论证和传播西方现代性的合理性和普遍性的所谓"普世价值观"所排斥。然而，随着非西方世界包括中国走上独立自主的现代化道路，随着连同西方性在内的区域性与民族性开始朝着全球性和人类性开放，不仅中国文化传统和中国道路的内在价值及其对重建人类文明秩序的价值与意义越来越凸显，而且中华文化和中国道路自身就蕴含着独立而完整的具有普遍性意义的价值也正在成为人们的共识。

有经济学家曾经指出，中国在 20 世纪所走出的中国道路之所以具有世界意义，就在于它注重并造就了平等的社会结构、选贤任能的体制、追求有效性而非纯洁性的制度建设和能够代表并实现最大多数人利益的中性政府。显然，平等、贤能、有效性和中

① 习近平：《习近平谈治国理政》，170 页，北京，外文出版社，2014。
② 习近平：《习近平谈治国理政》，171 页，北京，外文出版社，2014。
③ 习近平：《习近平谈治国理政》，164 页，北京，外文出版社，2014。

性，实际上就在某种意义上体现了中国道路的价值追求和价值实践。而从更长远广阔的历史脉络来看，中国文化本身所具有的自强不息和厚德载物精神以及推己及人、协和万邦等价值传统，已经在漫长的历史中造就了中国文化长河的价值走向和价值追求，它们保证了中华民族能够在哪怕几乎遭遇灭顶之灾的时候，也能够依靠自身持续而坚韧不拔的价值实践、价值创新和价值开放来解决系统内外的问题，从而使中华文明的演进始终保持了一种内在稳定而绵延的一致性、连贯性、适应性和超越性。

中国道路的形成和发展不是靠别的什么力量，而是靠中国人自己的奋斗、努力乃至牺牲所促成的事实，奠定了当代中国得以展开自身价值活动的社会实践基础，也从根本上确认了中华民族和中国人民对于形成自身的主导价值和核心价值观，并以之为标准和依据去进行价值判断、价值选择和价值创造的权利和责任。显然，这样的一种权利和责任，既不能由任何其他人来包办代替解决，也不能由某种抽象的“普世价值观”来“一言以蔽之”，而只能是一种“以中国为价值”的文化担当。

四、以中国为思维——扩展中国道路的文明自觉

在全球化加速推进和对外开放深入发展的时代，讲清楚中国道路的文化本质，最为核心的问题，就是要把中国道路放置到世界历史的大格局之中，从特殊性与普遍性的相互转化与生成中，来阐明中国道路最为根本的文化内核。习近平总书记指出：“中华文明是在中国大地上产生的文明，也是同其他文明不断交流互鉴而形成的文明”①；“不论是中华文明，还是世界上存在的其他文明，都是人类文明创造的成果”②；“历史告诉我们，只有交流互鉴，一种文明才能充满生命力。只要秉持包容精神，就不存在什么‘文明冲突’，就可以实现文明和谐。这就是中国人常说的：‘萝卜青菜，各有所爱。’”③；“让文明交流互鉴成为增进各国人民友谊的桥梁、推动人类社会进步的动力、维护世界和平的纽带”④。这一系列重要阐述，表达了习近平总书记对于文明概念本身以及如何处理不同文明之间关系的独到理解和基本态度，也从文化哲学的层面阐明了中国道路的文明自觉本性，为中国道路的文化表达提供了一种全新的文明思维。

中国道路的文明思维坚持的是“和而不同”的发展立场。“中国人早就懂得了‘和而不同’的道理。”⑤ 作为一种中国人在文化问题上所确立的伟大智慧，“和而不同”最

① 习近平：《习近平谈治国理政》，260页，北京，外文出版社，2014。

②③ 习近平：《习近平谈治国理政》，258页，北京，外文出版社，2014。

④ 习近平：《习近平谈治国理政》，262页，北京，外文出版社，2014。

⑤ 习近平：《习近平谈治国理政》，251页，北京，外文出版社，2014。

深刻的含义和启发，就是要在区分普遍与特殊的基础上，立足于特定的历史时期和社会发展的不同的阶段与水平，既保持与整个世界的协调性与建设性，又坚守中国作为中国道路建设和评价主体的独立与个性。而在目前，面对西方话语体系包括在某些时候某种舆论话语力图抢占话语权的情况，和而不同的发展立场既拒绝“以同代和”，也避免“因不同而不和”，从而始终牢牢地把握了中华民族在推进和表达中国道路上的主动权和主导权。

中国道路的文明思维追求的是“合作共赢”的发展目标。相比于资本主义长期以来所推行的自由主义和冷战思维，追求合作共赢无疑是中国道路的本质及其对未来世界文化交往的独特贡献。改革开放以来的 30 多年，也是中国道路把“最终实现共同富裕”这一社会主义的本质不断带入世界经济政治结构及其秩序重建的过程。今天中国所拥有的全球化的现实成就，很大程度上正是在这一理念的引导下坚持改革开放与和平发展的成果。显然，这一对社会主义本质的中国判断和中国实践，不仅体现着当代中国人的政治建设智慧，也在很大程度上建构着西方人对于中国道路的认识与判断。由此我们坚信，以“人民对美好生活的追求就是我们的奋斗目标”为核心的中国梦的提出以及它所揭示出来的全球化时代的中国现实，不仅将引导着中华文明的复兴，也必将更深刻地开启合作共赢的世界历史进程。

中国道路的文明思维实践和推广的是“交流互鉴”的发展原则。中国道路的文化表达，需要为中国道路的不断展开和深化提供合理而稳定的发展导向、价值追求和文化符号，其自身也需要在一个与人类文明发展相适应的更为广阔的历史时空中，形成稳定而合理的价值理念，由此才能够显示并具有实践上的合理性。正是在这里我们看到，中国的历史、中国的文化以及中国道路的形成与延续，不仅是我们民族和文明的基本价值的展开、实现和扩展过程，也是始终追求实现不同文明之间以“交流互鉴”为原则的历史互动过程。这一基本原则不是作为现代以来西方价值和文化话语的补充，而是其本身就是一种历经数千年延绵不绝而又自成体系的具有普遍性的规范体系和价值导向。因此，所谓中国道路的文明思维方式，就是要在延续、光大和传播这一基本原则的过程中，为身处全球化时代的多元文明交往和世界历史建构提供一种具有历史合理性和世界广阔性的文化选择。

五、结语

总的来看，习近平总书记对于中国道路的文化表达，不仅现实地呈现了中国道路的历史性、主体性、实践性和文明性，极大地扩展了中国在认识和把握自身发展道路上的文化视野，更为这样一种视野的形成和展开提供了丰富的历史意识、实践智慧、价值资源和文明情怀，形成了从文化哲学的维度上去判断和把握中国道路的基本分析框架。从某种意义上说，这实际上也为当代中国在一个更高层次上进行自身发展道路的文化论证和文化表达提供了一种全新的世界观。这样的一种世界观，不仅生成了对历史、价值、实践和文明等诸多构成发展道路的核心要素的中国自觉，也为这些概念的内涵和指向提供了超越西方中心主义话语的历史局限性、地域局限性和分析层次局限性的新的意义实践空间。

习近平总书记曾经指出："站立在960万平方公里的广袤土地上，吸吮着中华民族漫长奋斗积累的文化养分，拥有13亿中国人民聚合的磅礴之力，我们走自己的路，具有无比广阔的舞台，具有无比深厚的历史底蕴，具有无比强大的前进定力。"① 在我们看来，所谓中国道路的文化表达，其所指向和呈现的，正是这"广袤土地""文化养分"和"磅礴之力"，也是这"无比广阔的舞台""无比深厚的历史底蕴"和"无比强大的前进定力"。

① 习近平：《习近平谈治国理政》，25页，北京，外文出版社，2014。

创建中国特色理论　提升学术话语权

——构建中国宏观经济理论模型拓展经济学话语权

■ 王　健*

［摘　要］本文依据马克思再生产理论，分析了西方经济学之宏观经济学的缺陷，结合中国宏观经济运行实践，构建了中国宏观经济理论模型。这个新颖的模型，将马克思经济学中国化，以国际经济学界通行的研究方法拓展了社会主义市场经济的宏观经济学研究领域，能对中国宏观经济进行定量研究和实证分析并提出政策建议，尝试以中国宏观经济理论的创新来提升国际学术领域的话语权。

［关键词］宏观经济理论模型；话语权

前　言

提升中国哲学社会科学学术话语权，最为关键的是：在学术界各领域创建中国特色的理论及其模型。创建符合中国国情、能够阐明中国社会主义市场经济特征的理论体系及其理论模型，是在国际学术领域争夺话语权的基础。

当前，中国经济学界的马克思主义学者们对西方经济学的“破”大于“立”：一是

* 王健，国家行政学院政府经济研究中心主任，教授，博士生导师。

批判西方经济学理论的阶级性和辩护性；二是批评西方经济学过于抽象，脱离市场经济实际，更不符合中国经济实践，批判崇拜和照搬照抄西方经济学的学者们以西方经济学理论和政策指导中国经济运行；三是认为马克思经济学已预言了所有的资本主义经济现象，直接以马克思主义解释西方经济学的理论甚至政策。然而，单纯的理论批评和否定固然痛快淋漓，但是，无助于解决中国经济实践问题，在与国际学术界交流时，如同鸡与鸭对话，没有交集，甚至会招致国际学术界的不屑和鄙夷，无助于提升中国在国际经济学界的话语权。

提升中国在国际上的学术话语权，迫切需要经济学界“破”后致力于“立”，即以国际学术界通行的学术方式和学术话语体系，创建符合中国国情的特色理论，阐明中国社会主义市场经济的特点和规律，才能在国际学术界以理服人、有理有据地争夺话语权。

就中国经济学而言，当前迫切地需要以马克思主义为指导，借鉴西方经济学合理的成分，摒弃其错误，与时俱进地研究社会主义市场经济规律和国际经济格局的变化，创建有中国特色的经济理论及其模型，阐明社会主义市场经济运行的特点和规律，才能真正地提升中国在国际经济学术领域的话语权。

西方经济学的宏观经济理论及模型，不仅是20世纪50年代以后发达市场经济国家分析宏观经济运行及制定宏观经济政策的经典理论，而且成为中国改革开放以来、特别是20世纪90年代确定建立社会主义市场经济体制以后，分析宏观经济运行和制定宏观调控政策的通用理论。然而，照搬照抄西方经济学宏观经济模型分析中国宏观经济问题，常常难以解释中国宏观经济的产能过剩、内外需结构失衡、投资过度和消费不足等现实问题，中国的“经济学家意识到了西方的经济学解释不了中国的经济实践”①。

本文首次以马克思再生产理论为指导，借鉴和批判西方宏观经济模型的合理成分和缺陷，构建全新的、结合社会主义市场经济实际的中国宏观经济理论模型，以中国化的马克思主义经济学分析宏观经济运行并提出宏观调控政策。全文结构为：一是理论模型的假设；二是理论模型的基本原理及其方程组；三是宏观经济均衡条件及方程式；四是概述中国宏观经济模型的应用。

一、中国宏观经济理论模型的假设

中国宏观经济理论模型，在深入比较和兼收并蓄马克思再生产理论与西方经济学宏观经济模型的理论前提和假设的基础上，设置理论模型的假设。

---

① 郑永年：《没有知识体系的中国，不可能强大》，载《中国青年》，2013（12），45页。

（一）马克思简单再生产理论的假设

（1）产品交换价格与价值一致。（2）产品通过市场进行交换，实行等价交换原则。（3）反映技术构成的资本有机构成不变。（4）剩余价值率不变。（5）忽略对外贸易，仅考察一国范围内的经济。（6）不考虑政府干预经济。

（二）西方经济学宏观经济模型的假设

（1）成熟的市场，产品和劳动等都实行等价交换。（2）价格是市场机制的核心。（3）社会资本与劳动力的构成不变。（4）社会平均利润率不变。（5）忽略外贸，仅在一国范围内考察经济。

（三）中国宏观经济模型的前提和假设

中国宏观经济模型的假设，吸纳了马克思再生产理论与西方经济学宏观经济模型中相同或具有共性的假设：

（1）成熟的市场，产品和劳动市场实行等价交换。（2）价格是市场机制的核心。（3）资本有机构成不变。（4）社会平均利润率不变。（5）忽略外贸，仅在一国范围内考察经济。

假设（1）、（2）、（5）是马克思简单再生产理论与西方经济学宏观经济模型相同的假设。假设（3）、（4）是西方经济学宏观经济模型中与马克思简单再生产理论具有共性和相似性的假设。

本模型的假设（3）——马克思再生产理论的资本有机构成不变的假设，与西方宏观经济学理论的社会资本与劳动力的构成不变假设具有共性。资本有机构成不变，实际上是假定生产的技术水平不变。西方宏观经济模型的不考虑资本与劳动力构成变化的假设，实际上也是假定生产的技术水平不变。因此，马克思再生产理论的资本有机构成不变假设，与西方宏观经济理论的不考虑资本与劳动力构成变化假设，仅是表达的术语不同，实际上是相同的，即两大理论的假设具有共性。

本模型的假设（4）——社会平均利润率不变，源于西方宏观经济学假设，与马克思剩余价值率不变的假设具有相似性。按照马克思的价值转型理论，利润和剩余价值本来是同一个东西：在来源上是资本家剥削工人的结果；在数量上是一致的。所不同的是：剩余价值相对于预付可变资本而言；利润相对于全部预付资本而言。因此，就来源和本质而言，剩余价值率不变等价于社会平均利润不变，所以，两大理论的假设具有相似性。

二、中国宏观经济模型的基本原理

在上述假设下，融合马克思再生产理论和西方经济学宏观经济模型的基本原理，根据中国特色社会主义市场经济条件下宏观经济的特点，构建中国宏观经济的基本原理及其数理方程。

（一）马克思简单再生产的基本原理①

第Ⅰ部类产品及价值　$W_1=C_1+V_1+M_1$　(1—1)

第Ⅱ部类产品及价值　$W_2=C_2+V_2+M_2$　(1—2)

简单再生产能够持续进行，两大部类的当年全部产品必须通过交换来实现。第Ⅰ部类的生产资料价值 C 在第Ⅰ部类内部实现；第Ⅱ部类的可变资本 V 和剩余价值 M 在第Ⅱ部类内部实现；第Ⅰ部类的可变资本和剩余价值 $V+M$ 与第Ⅱ部类的不变资本 C 相交换实现；两大部类都在实物和价值上得到补偿和实现。两大部类产品价值的实现，是以货币为媒介的交换，正如马克思指出的："当再生产（无论是简单的，还是规模扩大的）正常进行时，由资本主义生产者预付到流通中去的货币，必须流回到它的起点（无论这些货币是他们自己的，还是借来的）。这是一个规律"②。

（二）西方宏观经济模型的基本原理

在西方宏观经济学的两部门模型中，如果居民户提供生产要素所得的收入全部用于购买厂商的产品，那么，经济就能以不变的规模连续地运行，形成一个国民收入流量的封闭环。③

现实经济中的国民收入流量环不是封闭的，既有注入也有漏出。居民户不会花光所有的收入，收入中会有一部分作为储蓄，这部分收入不再用于购买厂商的产品，因此，储蓄形成国民收入流量循环中的漏出。除厂商出售产品收入外，投资是厂商的另一收入

① 参见吴易风：《马克思主义经济数学模型研究》，175页，北京，中国人民大学出版社，2012。

② 《马克思恩格斯全集》，中文1版，第24卷，512页，北京，人民出版社，1972。

③ 参见王健：《现代经济学原理》，72～73页，北京，经济科学出版社，2010。

来源，厂商的投资构成国民收入流量循环中的注入。厂商可以利用投资和出售产品的收入支付生产要素报酬，生产更多的产品。在存在注入和漏出的情况下，为了保证国民收入流量顺利地循环，需要有金融机构作为中介，将国民收入的漏出转换成注入。金融机构可以将储蓄转换为投资，实现经济的连续运行。

就社会总供给而言，国民收入由消费和储蓄两部分组成，即社会总供给（AS）等于消费（C）和储蓄（S）之和：

$$AS=C+S \tag{1—3}$$

从社会总需求视角，国民收入由消费和投资构成，社会总需求（AD）是消费（C）和投资（I）的函数：

$$AD=C+I \tag{1—4}$$

当总供给等于总需求时，即 $AS=AD$ 时，国民收入流量的循环就可以顺利地实现。

（三）中国宏观经济模型的基本原理及其方程组

以马克思经济理论为指导，在修正西方经济学宏观经济模型的理论缺陷的基础上，结合中国社会主义市场经济实际，构建中国宏观经济模型及其方程组。

1. 西方经济学宏观经济模型的缺陷①

（1）产品总供求两式中的消费 C 相等，脱离宏观经济实际。

以价值视角分析产品市场供求，则年终统计生产出来的消费品价值恒等于被消费者购买的消费品价值，即产品供给公式 $AS=S+C$ 和产品需求公式 $AD=I+C$ 两式中的消费 C 是相等的。

实际上，产品总供求公式中的消费 C 并非总是相等的。就产品供给而言，消费 C 的准确表达为 C_S，那么，产品供给的公式为：$AS=S+C_S$。就产品需求而言，消费 C 的准确表达为 C_D，那么，产品需求的公式为：$AD=I+C_D$。两式中的消费 C_S 和 C_D 在宏观经济运行中通常是不相等的，经常出现消费品供大于求 $C_S>C_D$ 或者供小于求 $C_S<C_D$ 的现象，在市场上表现为消费生产过剩或者消费品生产不足，仅在极偶然的情况下相等。

（2）供求模型的“存货调整”难以解释产品价值更替。

西方宏观经济模型中的总需求分析，以“存货调整”的办法应对消费品供求不一致对国民收入的影响。在西方的国民收入统计中，从价值视角分析：存货的增加被认为是正投资，存货的减少被认为是负投资。如果消费品供给大于需求，即 $C_S>C_D$，卖不出

---

① 参见王健：《中国社会主义市场经济总供求模型》，载《福建论坛》，2014（9），6～7页。

去的消费品就会成为厂商的存货，即投资增加，消费品供求相等 $C_S=C_D$，可以统一用 C 表示；如果消费品需求大于供给，即 $C_S<C_D$，厂商的存货减少，即投资减少，消费品供求相等 $C_S=C_D$，可以统一用 C 表示。

然而，考虑到有形磨损和无形磨损，就价值更替而言，耐用消费品的存货和投资之间难以实现完全的转换。厂商当年没有销售出去的耐用消费品可以作为库存用于次年的销售，但是，考虑到耐用消费品在库存期间的有形磨损（库存时自然力和人力等因素的损坏）导致耐用消费品价格下降，以及无形磨损（出现了同类同质的便宜产品，或者出现了同类同价更高质的产品），都会导致耐用消费品价格下降，因而，库存的耐用消费品次年全部售出时，厂商获得价值少于上一年销售的价值，换言之，价值更替无法实现，存货和投资之间的转换有一部分没有实现。虽然现代技术进步可以让易腐败变质的非耐用消费品（如新鲜的牛奶和水果等）变得易于库存，但是，这也增加了非耐用消费品库存的成本。厂商当年库存的易腐败变质的非耐用消费品（如新鲜的牛奶和水果等）于次年全部售出时，在销售收入中必须扣除保鲜的成本，厂商实际获得的价值少于上一年销售的价值，换言之，价值补偿无法实现，存货和投资之间的转换有一部分没有实现。

（3）从实物更替考虑，理论缺陷更明显。

宏观经济模型在分析宏观经济时，忽略了实物更替。事实上，在宏观经济运行中，价值补偿的运行依附于实物的生产和交换，因此，在宏观经济分析中，既需要分析价值补偿，也需要分析实物更替。

就实物更替而言，当消费品的供给 C_S 和需求 C_D 不相等时，消费品的存货和投资之间实际上只能实现部分的转换：耐用消费品可以实现转换，厂商当年没有销售出去的产品可以作为库存用于次年的销售；但是，非耐用消费品则难以实现转换，厂商当年没有销售出去的易腐败变质的非耐用消费品（如新鲜的牛奶和水果等）有很多实际上无法保存到次年销售，这些产品要么加工成其他产品予以储存销售，要么只能浪费掉，即实物无法完全得到更替。

2. 对西方经济学宏观经济模型的修正

中国宏观经济模型可对西方经济学宏观经济模型的分析逻辑进行修正。西方经济学的宏观经济模型仅从价值视角分析宏观经济运行的逻辑有明显的漏洞：假定消费品与投资品完全可替代，才能实现消费供求相等，在总供求公式中都用 C 表示消费。但是，在市场经济国家宏观经济中，特别是在中国宏观经济中，消费的供给和需求常常是不相等的。因而，必须将宏观经济模型的 $I=C$ 修正为：$I+C_D=S+C_S$；或者修正为：$I=S$ 与 $C_D=C_S$。两式同时成立。

将此分析思路应用于中国宏观经济模型，具体表现为：第Ⅰ部类和第Ⅱ部类的产品供给价值为 P_iX_i（I_i（b_i），L_i（w_i/P_2，b_i））（$i=1$，2）；第Ⅰ部类和第Ⅱ部类的产品需求为 I_i（b_i）和 C_i（w_i，b_i）（$i=1$，2）；P_1X_1 与 $\sum I_i$ 可能相等（即投资品供给等于需求）也可能不相等（即投资品供给大于或小于需求）；P_2X_2 与 $\sum C_i$ 可能相等（即消费品供给等于需求）也可能不相等（即消费品供给大于或小于需求）。此修正实际上沿袭了马克思再生产理论从实物更替与价值补偿两方面研究宏观经济的思路。此分析思路不仅符合市场经济现实，而且能更清晰地分析经济结构，更能从本质上阐明宏观经济运行的普遍规律。

3. 中国宏观经济模型的分析视角和分析方法

中国宏观经济模型从供求结合出发，以实物更替和价值补偿视角，侧重运用结构分析方法研究宏观经济运行规律和特点。

（1）中国宏观经济模型从供求结合视角研究宏观经济。

马克思再生产理论和西方经济学宏观经济模型研究宏观经济的出发点不同，都具有明显的时代特征：马克思分析的资本主义市场经济正处于供给决定需求的时代，所以，马克思从供给出发研究社会总生产；西方经济学总供求模型诞生于资本市场经济进入需求决定供给的时代，有效需求不足是市场经济中的主要矛盾，所以，西方经济学的宏观经济模型从需求出发研究社会总生产。

中国宏观经济模型，需要根据中国经济现实，从供求结合视角研究宏观经济。当今中国经济，既有大量供给决定需求的经济部门的产品（如电视机、智能手机、电脑等，都是典型的供给决定需求的经济部门的产品，这些部门的产品容易形成抛弃型消费），也有更多的需求决定供给的经济部门的产品（如钢材、水泥、平板玻璃等，都是传统的需求决定供给的经济部门的产品，这些部门的产品容易出现产能过剩）。因此，中国宏观经济不仅具有供给决定需求的特征，更具有需求决定供给的特点，要从供求相结合出发研究社会主义市场经济宏观经济运行的规律和特性。

（2）中国宏观经济模型以马克思再生产理论的实物更替与价值补偿的视角分析宏观经济。

由于中国宏观经济需要从供求结合的视角进行研究，因而，既需要以实物更替和价值补偿视角分析宏观经济中供求基本平衡经济部门的运行，也需要以实物更替和价值补偿视角分析宏观经济中结构性产能不足经济部门的运行、特别是实物更替问题，更需要以实物更替和价值补偿视角分析宏观经济中结构性产能过剩经济部门的运行、尤其是价值补偿问题。

（3）中国宏观经济模型侧重应用结构分析法研究宏观经济运行。

中国宏观经济模型在以总量分析法研究宏观经济总量的同时，更需要以结构分析法研究宏观经济不同经济部门存在着的相互依赖、互为条件的关系，阐明宏观经济的基本结构，提出调整和提升经济结构的对策，使宏观经济能够顺利地运行、稳定地增长。

4. 中国宏观经济模型的基本原理及数理方程

（1）中国宏观经济模型的基本原理。

中国宏观经济模型阐释了中国社会主义市场经济条件下，宏观经济运行中社会产品实物更替和价值补偿的周而复始的运动过程。

模型在分析总供求的基础上，阐明中国宏观经济运行特点：社会产品价值的实现，无论是生产资料价值还是消费资料价值，都通过市场以货币为媒介进行交换，实现价值补偿和实物更替。进而，分析经济结构失衡、产能过剩和产能不足并存、经济周期波动等宏观经济问题，阐明中国宏观经济运行的基本特征和政策效应。

（2）中国宏观经济模型的数理方程。

以现代经济数学方法，构建中国宏观经济模型基本原理的数理方程为：

总供给：$AS=\sum P_iX_i\ [I_i\ (b_i),\ L_i\ (w_i/P_2,\ b_i)]\ (i=1,\ 2)$　　（1—5）

式中，P_i是各部类产品的价格，X_i是各部类的产品，w_i是每个部类的实际工资，b_i是每个部类的利润率。

总需求：$AD=I+C=\sum I_i\ (b_i)\ +\sum C_i\ (w_i,\ b_i)\ (i=1,\ 2)$　　（1—6）

式中，I_i是各部类的投资，社会总投资 $I=I_{1+}I_2$；C_i是各部类的消费，社会总消费 $C=C_1+C_2$。

货币需求：$LF=LF\ (I_1,\ I_2,\ C_1,\ C_2)$　　（1—7）

货币需求 LF 是两大部类投资和消费的函数（I_1，I_2，C_1，C_2）。

货币供给：$m = M/P$　　（1—8）

式中，m 是实际货币供给，M 是名义货币供给，P 是物价水平；$P=\alpha P_1+\ (1-\alpha)\ P_2$，$\alpha$ 是权重。

储蓄：$S=S\ (X_1,\ w_1,\ b_1,\ w_2,\ b_2)$　　（1—9）

式中，储蓄 S 是生产资料数量 X_1、第Ⅰ和第Ⅱ部类名义工资（w_1，w_2）和利润率（b_1，b_2）的函数。

劳动力供给：$L_{Si}=L_{Si}\ (w_i/P_2)\ (i=1)$　　（1—10）

式中，L_{Si}是劳动力市场的劳动力供给数量。第Ⅰ和第Ⅱ部类劳动力供给函数是实际工资（w_1/P_2，w_2/P_2）的函数。各部类的劳动力市场的供给 L_{Si} 是工资的函数，工资越高，愿意就业者越多，劳动市场供给越多；反之，则相反。

劳动力需求：$L_{Di}=L_{Di}\ (w_i/P_2,\ b_i)\ (i=1)$　　（1—11）

式中，各部类的劳动力需求 L_{Di} 是工资和利润率的函数，工资越低，利润率越高，企业对劳动力的需求越多；工资越高，利润率越低，企业对劳动力的需求越少。

三、中国宏观经济模型的均衡条件

中国宏观经济模型的均衡条件具有社会主义市场经济的特点。当经济均衡时，即 $AS=AD$ 时，有：

$$\sum P_i X_i\left[I_i(b_i),\ L_i(w_i/P_2,\ b_i)\right]=\sum I_i(b_i)+\sum C_i(w_i,\ b_i)$$

则宏观经济均衡条件为：

$$P_1X_1\left[I_1(b_i),\ L_1(w_1/P_2,\ b_1)\right]=\sum I_i(b_i)\ (i=1,\ 2) \tag{1—12}$$

$$\sum C_i(w_i,\ b_i)=P_2X_2\left[I_2(b_2),\ L_2(w_2/P_2,\ b_2)\right] \tag{1—13}$$

$$C_1(w_1,\ b_1)=I_2(b_2) \tag{1—14}$$

$$S(X_1,\ w_1,\ b_1,\ w_2,\ b_2)=\sum I_i(b_i)\ (i=1,\ 2) \tag{1—15}$$

$$LF(I_1,\ I_2,\ C_1,\ C_2)=M/P \tag{1—16}$$

$$L_i=L_{Si}(w_i/P_2)=L_{Di}(w_i/P_2,\ b_i)\ (i=1,\ 2) \tag{1—17}$$

公式（1—12）至（1—17）阐明中国宏观经济均衡条件。公式（1—12）至（1—15）阐明产品市场均衡条件，公式（1—16）阐明货币市场均衡条件，当此五式成立时，说明生产资料与消费品的实物和价值分别得到了更替与补偿，宏观经济能够顺利地运行。公式（1—17）阐明两部类劳动市场均衡条件。当总需求等于总供给时，经济实现均衡；当总需求大于总供给时，经济扩张；当总需求小于总供给时，经济收缩。

四、中国宏观经济模型的应用性和学术性

中国宏观经济模型（以下简称“模型”）可以直接应用于中国宏观经济分析，既可以解释中国经济高速增长的“奇迹”，也可以解释中国经济出现的问题。

1. 应用模型解释中国经济高速增长

改革开放以来，中国经济持续高速增长，中国已经发展成GDP世界第二的经济大国。在促进中国经济增长的因素中，内需刺激经济增长的因素包括消费和投资，其中，投资是经济增长的第一大动力。不仅国内投资多，而且外商在华投资规模也在递增，投资I增长速度最快，投资增速快于经济增长速度。在促进经济增长的三驾马车——投资、

出口和消费中，投资是经济增长中最重要的动力。

2. 应用模型分析中国经济的问题

第一，以模型分析产能过剩问题。改革开放以来，特别是近 20 年，投资推动中国经济高速增长，然而过度投资形成的过度供给导致产能过剩。许多属于第Ⅰ部类的投资品产业，特别是用本部类的投资品产业供大于求，出现产能过剩，与过剩产能相对应的是：这部分产品价值无法通过市场交换得到实现，实物更替也遇到困难。属于第Ⅰ部类的钢铁、电解铝、电石、铁合金、焦炭、汽车、水泥、电力、纺织、家电、房地产等传统产业产能过剩尤为突出。不仅传统产业产能过剩，而且光伏、风电等新兴产业也竞相投资，出现了严重的产能过剩。

第二，以模型分析国内消费不足问题。中国经济在高速增长过程中出现了投资率偏高、消费率偏低的特点，即消费不足的问题。由于中国投资迅速扩大，特别是投资 I 中的第一部类的投资 I_1 大于第二部类的投资 I_2，所以，经济中的资本有机构成相应地提高。资本有机构成 $I_i/(w_iL_i)$ 是由技术构成 i_iX_i/L_i 决定并反映着技术构成 i_iX_i/L_i 变化的资本价值构成。资本有机构成提高导致投资就业率下降，即新增投资能带动的就业 L_i 减少，居民的工资收入 w_i 增长速度低于经济增长速度，居民收入占 GDP 比重下降，消费率随之下降；投资过快增长导致产能过剩，进一步压低了就业率和居民实际收入 w_i/P_2，消费率进一步下降；因而，相对于投资和经济增长而言，消费增加缓慢，即消费 C 不足。

3. 应用模型对中国经济进行实证分析

将统计数据代入中国宏观经济模型的细化的、多产业模型，可以对中国宏观经济进行定量研究和实证分析，提出中国宏观调控政策。应用中国宏观经济模型，结合大数据时代的信息技术，还能进一步细化模型，将两部类模型扩展成多部门或多产业模型，分析经济结构、产业结构和劳动市场结构特点，以及财政政策和货币政策效应，进而提出优化经济结构、稳定经济增长的宏观调控政策。

4. 模型具有学术探索性，有助于提升学术话语权

中国宏观经济模型尝试建立中国自己的理论，增强中国在国际学术界的话语权。这个新颖的模型，突破当前国内学术界流行的以西方经济学的宏观经济理论模型认识、解释、分析中国宏观经济运行的惯例，立足中国特色社会主义市场经济实践，以定量化的、中国化的马克思主义为指导，以实物更替和价值补偿双重视角，应用现代经济数学方法分析中国宏观经济运行的总量、结构变动的规律及政策影

响，分析宏观经济运行的特征，阐明宏观经济基本结构，能够比西方经济学的模型更好地分析中国宏观经济运行特征和经济结构变化，提出切合中国宏观经济运行特点的对策。进而，为中国在国际宏观经济学术界提升话语权奠定理论基础，增强中国经济学在国际经济学术界的话语权。

大力提升中国哲学社会科学的国际话语权*

■ 贺耀敏 **

［摘　要］国际话语权突出表现为文化话语权，是一个国家思想文化体系的对外影响力。文化话语权的基本内核就是哲学社会科学学术话语权，而我国哲学社会科学在国际上的学术话语权还存在明显不足。因此，必须加强中国学术话语的国际传播，为中国发展营造良好的国际环境；必须扩大中外价值共识和利益汇合点，为中国发展争取更大的国际空间；必须搭建多种中外学术交流的国际平台，开展多层次国际对话与合作。要将中国人民的发展诉求和愿望集中凝练在中国哲学社会科学的学术话语权之中，积极推动中国的和平发展和世界新格局的形成。

［关键词］哲学社会科学；国际文化传播；学术话语权；学术创新

当今世界格局正处在一个大转变的前夜，工业革命以来特别是第二次世界大战以来形成的以西方国家为主导的世界格局，日益受到来自包括新兴经济体在内的发展中国家的质疑和挑战，基于西方价值的世界秩序及其治理模式也受到了广泛质疑。在新兴经济体各国的发展探索中，逐渐形成了具有自身特点和时代特点的发展理念、模式和道路，为广大亚非拉发展中国家和地区提供了宝贵的示范。当今世界对中国在国际经济事务中发挥更加重要作用的呼声越来越高，中国在未来经济发展

* 该文是教育部哲学社会科学研究重大课题“哲学社会科学学术话语体系创新研究”的阶段性成果。

** 贺耀敏，中国人民大学副校长，中国人民大学经济学院教授，博士生导师。主要科研领域是中国经济史、中华人民共和国经济史，以及新闻出版相关问题研究。

中对世界经济的依赖也将越来越紧密。扩大中外共识，增加利益交集，减少误解和对抗尤其重要。这其中，中国话语体系建设特别是学术话语体系建设将会起到十分重要的作用。

话语权是一个行为主体的思想文化价值体系的对外影响力，突出表现为文化影响力。我们说国际话语权的基本内核是文化话语权，而文化话语权的基本内核就是哲学社会科学学术话语权。当前我们面临的最重大的课题就是在国际上增强我国的国际话语权，国际话语权就是一个国家思想文化价值体系的对外影响力，集中表现为这个国家对外的文化影响力。如何构建中国的国际话语权，将中国人民的各种要求和愿望集中凝练在国际话语权之中，助推中国的和平发展和世界新格局的形成，从一定意义上讲也是我国哲学社会科学界的一项重要工作。

目前，我国哲学社会科学学术话语体系还存在着许多不容忽视的问题。(1) 西方理论学术话语在国际学术话语体系中仍占据主导地位，已经影响和限制了我国哲学社会科学学术研究的进一步发展。(2) 随着中国社会经济的发展和综合实力的提高，对哲学社会科学理论创新和学术话语体系构建的要求越来越迫切。我们需要有一套自己的话语体系，它是根植于中外文化的交流融通，根植于中国的悠久历史发展、深厚文化传统、发展实践经验和追求世界和平发展的情怀。(3) 我国出版的著作、发表的论文总量排在了世界前列，汉语已经成为世界第二大人群使用语言。但中国学术“走出去”工作却并不乐观，这其中既有我们研究水平和研究视角的问题，也有我们缺少被世界广泛接受的中国学术话语体系的问题。(4) 与中国伟大的时代和实践伟大的发展相比，与中国不断上升的综合国力和经济实力以及中国源远流长的文化相比，我们的哲学社会科学创新特别是学术话语体系创新还相对滞后。

一、加强中国学术话语的国际传播，为中国发展营造良好的国际环境

1. 加强中国学术话语的国际传播是中国发展的必然

新中国成立以来，中国的话语权构建经历了两个发展阶段，即改革开放之前和改革开放以来。在新中国成立后最初的几十年，我们一度因为比较恶劣的国际环境，特别是以美国为首的西方国家的封锁和围困、以苏联为首的前社会主义国家的排斥和打压，不太重视国际话语权的建设，不太重视营造一个有利于中国发展的国际环境，不太关注积极参与国际事务并推动世界格局的变化，使我们失去了全力营造一个有利于中国和平发

展的国际环境和充分运用国际发展资源的机会。①

改革开放以来，中国以前所未有的开放姿态、探索勇气和发展热情参与到经济全球化和各种国际事务之中，中国的国际形象和国际地位空前改善和提升。具体表现是多方面的：一是中国逐步放弃和改变了原来固守的片面的“独立自主、自力更生”的国家发展战略，从相对对外封闭到全面对外开放，从而扎实地确定了改革开放的新的国策，带动了中国轰轰烈烈的大发展；二是中国不仅不断深入调整自身的经济体制和经济政策，逐渐放弃了原有的高度集中的计划经济体制，而且结合自己的国情，学习和借鉴发达国家好的做法，逐步建立起了社会主义市场经济这一新的经济体制；三是中国不断深化对外开放，从吸收利用国外资金、技术和管理经验，到参加 WTO 谈判并加入该组织，从主要面向国内的发展，到带动和辐射周边国家乃至全世界的发展；四是中国相继举办了一系列重要的国际政治经济论坛和体育赛事，极大地改善和提升了中国的国家形象和国际影响力，例如中非合作论坛、中拉合作论坛、博鳌论坛、亚太经合组织会议（APEC）、奥运会等。

2. 中国学术话语体系的国际传播正当其时

中共十八大以来，中国整体话语权建设全面展开，中国以前所未有的广泛深入的学术研究、积极进取的外交姿态和灵活多样的国际参与，开展了全方位的国际学术和外交活动。以习近平为总书记的新一届中央领导集体十分重视发挥中国在国际政治经济秩序构建、全球治理格局和全球治理体制构建中的作用。2015 年 10 月 12 日，中央政治局专门就全球治理格局和全球治理体制进行第二十七次集体学习，清晰地展示了中国新一代政治家的全球眼光和思考。习总书记指出，要加强话语体系建设，着力打造融通中外的新概念、新范畴、新表述，增强在国际上的话语权。特别强调指出，我们参与全球治理的根本目的，就是服从服务于实现“两个一百年”奋斗目标、实现中华民族伟大复兴的中国梦。要审时度势，努力抓住机遇，妥善应对挑战，统筹国内国际两个大局，推动全球治理体制向着更加公正合理方向发展，为我国发展和世界和平创造更加有利的条件。尤其是最近几年我国提出了“一带一路”倡议、建立以合作共赢为核心的新型国际关系、坚持正确义利观、构建人类命运共同体等理念和举措，在国际社会引起了巨大的反响。

---

① 在当时那种严峻的形势下，以毛泽东为核心的党的第一代中央领导集体还是进行了大胆的理论创新，例如毛泽东提出的“一切反动派都是纸老虎”“全世界人民团结起来打倒美帝国主义及其一切走狗”的口号，“三个世界”划分的理论，毛泽东推动的与美国等西方国家的缓和等重大决策，周恩来在万隆会议上的有理有节的外交斗争、访问非洲各国的破冰外交以及中国恢复在联合国的合法地位的斗争等，这些还是给中国创造了一个相对安定和稳定的国际环境。

3. 积极回应世界发展面临的问题，增强中国话语权的国际影响力

我们今天的世界究竟发生了什么样的变化呢？许多学者都有深入的研究，政治家们也有深刻的洞察。习近平总书记指出，全球治理体制变革正处在历史转折点上。为什么这样讲？他指出：一是国际力量对比发生深刻变化，新兴市场国家和一大批发展中国家快速发展，国际影响力不断增强，是近代以来国际力量对比中最具革命性的变化。二是数百年来列强通过战争、殖民、划分势力范围等方式夺取利益和霸权，逐步向各国以制度规则协调关系和利益的方式演进。现在，世界上的事情越来越需要各国共同商量着办，建立国际机制、遵守国际规则、追求国际正义成为多数国家的共识。三是经济全球化深入发展，把世界各国利益和命运更加紧密地联系在一起，形成了你中有我、我中有你的利益共同体。很多问题不再局限于一国内部，很多挑战也不再是一国之力所能应对，全球性挑战需要各国通力合作来应对。

最近 30 多年间，世界不少经济学家对世界经济发展道路和中国经济发展道路，即典型性发展道路与非典型性发展道路问题进行了深刻的思考，这一问题的研究因中国经济的快速发展而更具有了重要的现实意义。从这些研究中我们得到的启示是：第一，改革开放以来中国经济的成长和成功得益于世界经济的发展和调整，外部因素是中国经济快速发展的最重要因素之一。第二，新的世界经济体系需要有中国等新兴经济体的参与才能最终形成，排斥新兴经济体的参与或者新兴经济体拒绝参与，都不会促进新的世界经济体系的形成。第三，中国未来的发展仍然需要更大程度、更大规模地参与到世界经济之中，从中为中国经济发展创造条件，为世界经济成长提供引擎。特别需要指出的是，在全球化条件下，中国的城市化进程和结构调整，不仅是中国发展的机遇，而且也是世界发展的机遇。

中国走出了一条不同于西方的所谓典型性道路的非典型性发展道路，因而具有了普遍的意义。当今世界，中国的发展日益成为国际社会关注的焦点。新中国 60 多年的发展特别是改革开放以来 30 多年的快速成长，创造了人类社会经济高度发展的奇迹。这一成果既加速了中国自身的经济高速成长和现代化步伐，也带动和惠及了广大同中国开展经济技术交流与合作的国家和地区，中国成为推动整个世界发展的重要动力之一。中国经济、社会的发展与中国文化的价值和话语体系也越来越受到国际社会的关注，越来越多的人开始理解和认同中国观点、中国主张和中国价值。要以中国发展新道路为核心，大力宣传和传播“中国发展道路”成功的非西方意义，总结和提炼这种发展道路中的核心价值观贡献，在世界经济格局中展现中国核心价值和话语体系的优势。

二、扩大中外价值共识和利益汇合点，为中国发展争取更大的国际空间

中国哲学社会科学要为建立国际话语权而努力，国际话语权的根本目标就是确立中国国际话语权的国际地位和影响力，通过制定中国国际话语权传播战略，有效化解中国和平发展中出现的各种冲突与矛盾，有效提升中国所应具有的国际新形象和国际影响力，有效展示中国承担的维护发展中国家根本利益和公平合理的国际政治经济秩序的国际责任。

中国的崛起已经是不争的事实。中国的快速崛起却是很多国家和人民至今仍然很难接受的事实。中国的经济总量在历史上曾经长时间遥遥领先于世界各国。据相关历史资料推算，中国的GDP总量占世界GDP总量的比重，1700年大约是23.1%（同期欧洲占23.3%），1820年大约是32.4%（同期欧洲占26.6%），1949年仅占1%，1955年占4.7%，1980年占2.5%，1999年占3.5%。新世纪以来中国经济总量的增长可以用突飞猛进来形容。按照世界银行的统计，在2013年世界GDP总量（74.9万亿美元）中，美国所占比重为22.4%（16.8万亿美元），中国所占比重为12.3%（9.24万亿美元）。如果按照购买力平价来计算，则中国的GDP所占比重更高。中国经济在世界经济中的位次也在迅速地发生着变化。2000年以前，中国经济总量的位次在世界各国中大约在第七位以后，2000—2004年升至第六位，2007—2009年升至第三位，2010年更升至第二位。中国经济总量超过美国上升成为世界第一位指日可待，世界经济格局将因此改写。

应对迅速崛起的经济总量，中国需要有适应这种增长所必需的文化自信，中国需要对于当今世界体系和世界格局的调整做出贡献。就中国自身来说，不断提高“三个自信”是确保中国崛起顺利实现的重要保障。

1. 充分尊重人类共同价值理想和追求，积极主张“中国话语权”，在国际话语格局中迅速扩展中国的影响力

近代以来，西方政治家都十分重视价值观的输出和话语权的争夺。可以说，没有价值观的输出和话语权的优势，西方要想主导国际事务是很困难的。近代西方世界的崛起尤其是美国霸权的形成，除了依靠国家经济与军事的硬实力之外，极力推行其价值观，垄断话语权，形成“话语霸权主义”起了重要作用。中国在实现民族伟大复兴和“中国梦”的过程中，必须以高度的文化自觉和文化自信，积极主动地在国际话语格局中宣传、声张中国话语，打破西方的话语霸权，提升中国的国际话语权。

2. 采取多种措施，大力推进中国文化“走出去”战略，形成中国核心价值观系列活动和产品输出的高潮

中国核心价值观在国际事务中的宣传和运用，既要学习西方国家在宣传其价值观过程中的有效途径和办法，也要不断创新，探索符合中国自身特点的路径。例如，以美国为代表的西方国家在宣传其自由、平等、民主等价值观时，往往通过“电影、流行音乐、电视、快餐、时装、主题公园”这些最贴近老百姓生活实际的文化形式潜移默化地进行，并在世界范围内形成了“西方化”“美国化”的趋势，这些文化形式传播、确认、强化着以美国为代表的西方“规范、价值观、信仰和生活方式”①。中国的核心价值观要在国际舞台上立足，尤其是在主导当今文化全球化趋势的西方世界立足，必须加大文化“走出去”的投入力度，扩大文化“走出去”的范围，在汉语、书籍、音乐、电影、体育、服饰等广义的文化层面大力普及中国文化，用具有吸引力的中国生活方式、文化和娱乐方式影响世界，努力形成“中国化”的趋势。

3. 系统设计和开展国家形象塑造与提升工程，提炼和打造中国话语体系并形成国际影响力

一个国家在全球治理中的话语权直接影响着这个国家对全球治理的发言权。掌握了一定的话语权，就掌握了对全球治理的参与权和发言权。中国核心价值和话语权是中国在国际事务中展示更加负责任的大国风范、突破现有的国际话语格局、切实构建中国国际话语体系和战略的根本依据。既要在解释中国实践和经验的基础上，进一步宣扬和展现中国价值体系对世界的普遍意义，在国际舞台上发出中国自己的声音，做出中国自身的价值判断，从而取得价值判断和价值批判的国际话语权；又要充分学习和运用国外成功经验，提高话语质量和话语展现技巧，创建有中国特色、同时又能为他人所接受的话语体系。这要求我们要及时总结中国核心价值观中与国际话语体系具有共识性价值的话语，改进话语运作和话语平台，争取在国际话语格局中有所突破，形成中国话语的国际影响力。

4. 讲好中国发展新理念、新优势、新动力、新空间的故事，打造中国发展的“升级版”

中国对于发展理念和发展道路的认识不断提高，积累了大量深刻的发展经验，这些经验许多都具有普遍的意义，对于广大非西方国家来说，都是具有重要借鉴意义的。一

---

① ［加］马修·弗雷泽：《软实力：美国电影、流行乐、电视和快餐的全球统治》，2页，北京，新华出版社，2006。

是我们提出的“尊重人民主体地位，发挥人民首创精神，保障人民各项权益，走共同富裕道路，促进人的全面发展，做到发展为了人民、发展依靠人民、发展成果由人民共享”的发展理念，可以说深入人心。二是我们发展的优势来自国内国外两个方面。国内来自中国正在进行国民经济及主要产业的转型升级，通过调整和优化经济结构与产业机构，焕发中国经济持续增长的活力。国外我们主张合作共赢，反对一切形式的贸易保护主义。三是我们发展的动力主要来自改革开放和科技创新。四是我们发展的空间主要是体现在扩大内需，打造自由贸易区，巩固和扩展周边区域经济带、“一带一路”和以世界为市场。习近平总书记提出要“维护和发展开放型世界经济”，中国不但要继续做世界的市场，同样要以世界为市场，与世界各国在经济领域实现互利共赢。五是实现中国发展的“升级版”，我们提出“要打造中国经济的升级版”，就是要切实转变经济发展方式，推进转型升级，加快结构调整，充分焕发中国经济发展的改革红利、人才红利和科技创新红利。更加注重社会公正和改善民生，应该说实现中国发展的“升级版”将是中国核心价值观的最完美体现。特别是习近平总书记提出实现“中国梦”的伟大理想以来，更是为我们扩大与世界各国发展的价值共识和利益交集创造了条件，中国的梦也是世界的梦，中国的发展离不开世界，世界也必将从中国的发展中获得巨大利益。

三、搭建多种中外学术交流的国际平台，开展多层次国际对话与合作

在最近 30 多年间，不少学者对世界发展道路和中国发展道路进行了深刻的思考，提出了许多很有价值和启发的观点。例如，台湾学者朱云汉教授就认为：金融危机以来的世界发展表明，以西方为中心的民主路径不适合当代新兴国家，国际社会应高度重视中国发展模式及中国崛起的深远影响，未来世界竞争的主轴将取决于各国的自身治理能力。类似的研究成果有很多，对于我们把握世界发展大趋势都很有帮助。从这些研究中我们得到的启示是：第一，中国的成长和成功得益于世界经济的发展和调整，外部因素是中国快速发展的最重要因素之一。第二，新的全球治理需要有中国等新兴国家的参与才能最终形成，排斥新兴国家的参与或者新兴国家拒绝参与，都不会促进新的全球治理格局的形成。第三，中国未来的发展仍然需要更大程度、更大规模地参与到全球化进程之中，在全球化条件下，中国的城市化进程和结构调整，不仅是中国发展的机遇，而且也是世界发展的机遇。第四，中国发展道路是非西方的非典型性的发展道路，其具有普遍的意义。

美国学者亨廷顿在《文明的冲突》一书中指出未来世界的冲突是几大文明之间的冲

突，这在很大程度上可以理解为几大文明之间核心价值观的冲突。在全球化进程中，随着经济和文化交流的加快，各个民族之间、各种文明之间的价值冲突更加广泛和明显。一方面，这种交流会使文明冲突在一定时间和范围内进一步激化；另一方面，这种交流也加速着世界经济和文化的多极化、多元化发展。正因为如此，我们在中国国际话语权传播方面有很大的工作空间。

1. 坚持倡导“共同价值”，提升中国立场的说服力

坚持和传播中国核心价值和话语权的最大挑战，来自西方长期输出和宣扬的基于西方资本主义制度的所谓“普世价值”，但实际上西方国家极力推行的所谓的“普世价值”是一种彻彻底底的强权价值观，是以价值观的绝对性代替价值观的相对性。西方竭力宣扬的“中国威胁论”，其实质就是西方一些利益集团打压、阻挠中国崛起的论调，暗藏险恶的用心。中国要更加积极地倡导“共同价值”理念，坚持和主张世界和平、和谐、合作。一是中国作为一个文明古国，从古代到近现代没有对其他国家实施过殖民侵略。和谐共处、和平发展是中国价值理念的重要组成部分。二是中国在国际相关问题上采取了公平、公正的立场，倡导遵守联合国宪章宗旨和国际关系基本准则，维护联合国的权威，坚持平等互利和不适用武力原则，反对任何形式的霸权主义和扩张政策。三是中国坚持维护安全稳定的国际环境，加强对恐怖主义、分裂主义和极端主义的打击。中国核心价值观在国际传播中要借鉴西方价值观的传播经验，不能成为狭隘的中国价值观，应该在国际交往格局中突出这种价值共识性，在共同利益的基础上开展多层次的合作，展示中国核心价值和话语权的灵活性、包容性与凝聚力。

这就为我国哲学社会科学工作者提出了严峻的研究任务，推动我们对有关重大国际问题加强研究。包括：一是要从顶层设计角度规划中国参与国际组织的战略思路，以更加积极的态度参与联合国及其相关国际机构的活动，坚决捍卫中国的国家利益，充分考虑广大发展中国家的切身利益，推动国际政治经济新秩序的形成；二是要从整体角度提升中国国际问题研究层次和水平，加强对相关国际问题的长期追踪研究，深入分析和探讨相关国际问题的历史和现状，加强相关国际问题发展演变的信息收集、客观研判和舆情分析，为中国客观准确判断形势创造必要条件；三是要从全局角度加快中国国际化人才队伍的培养，包括政治经济社会文化等各个领域的优秀的国际交流人才，鼓励更多人才出任各类国际组织职务，积极应对日益繁重复杂的国际交流与国际协调。通过更加积极的努力，为中国国际地位的提升创造条件。

2. 创新国际学术话语交流机制，形成非西方的重要对话平台

积极筹划和组织好我国学术界的国际交流与合作，加强学者之间和智库之间的稳定

的文化联系，特别是加强我国与相关国际组织、区域组织和地区的合作与联系，为我国国际地位的提升出谋划策。例如，习近平总书记最近两年来就我国与世界各国和地区的合作提出了一系列的重要论断，都需要我们深入地进行研究和宣传，如：在对待我国周边的重大问题上，提出了坚持与邻为善、以邻为伴，坚持睦邻、安邻、富邻，突出体现“亲、诚、惠、容”的理念；在对待亚洲安全问题上，中国倡导共同、综合、合作、可持续的亚洲安全观，努力走出一条共建、共享、共赢的亚洲安全之路；在对待欧洲问题上，中欧自建立全面战略伙伴关系以来，取得了积极的成效，中欧关系的影响已经超越双边，越来越具有全球性战略意义；在对待非洲各国关系上，要构建起新型战略伙伴关系，为此中国提出了“461”的中非合作框架；对于与阿拉伯国家和地区的关系，要弘扬丝绸之路精神，为发展增动力，为合作添活力，不断深化全面合作、共同发展的中阿战略合作关系，等等。

为了发挥中国作为一个负责任大国的责任和作用，一是要进一步加强中国领导人与世界各大国领导人的协商与对话，建立紧密而稳定的高峰对话机制，就国际重大事务开展交流与合作。特别是加强如中美领导人峰会、中欧领导人峰会、中俄领导人峰会等沟通对话机制，发挥中国作为负责任大国的影响与作用。二是推动中国领导人与各个全球性和区域性国际重要会议参与国建立紧密联系，加强中国与世界重要组织机构的交流与沟通，共同推进有关世界相关问题的协商与对话，如积极参与并办好上海合作组织峰会、亚太经合组织峰会、中非合作论坛、东亚峰会以及金砖五国峰会等，在国际双边多边活动中阐述中国立场和中国观点，表达中国的价值理念和话语体系。三是要更加积极地参与二十国集团领导人峰会等非中国主持的国际政治经济平台的活动，参与就是双赢。

3. 推动开展多渠道交流与传播，发出中国声音，传播中国价值

中国要树立一个发展中的大国、负责任的大国形象。中国是一个发展中的大国，中国的经济发展已经是世界经济增长的主要推动力之一，中国在应对国际金融危机等复杂情形下担负起一个负责任大国的重任。如果我们不怀偏见，就会发现，在西方文化扩张和传播过程中，执着和虔诚的传教士起了十分重要的作用，他们冒着生命危险传播宗教文化，最终使这种宗教在世界许多地方广泛传播开来。今天充当文化帝国的美国则通过宗教、教育、影视、体育、饮食等方式，将美国的文化价值理念传播到世界各地。新兴经济强国一定要借助一批专门的文化扩张与文化传播人士、机构，将具有相对优势的文化传播到世界各地。用各种途径消除文化传播的各种种族、民族的文化壁垒，增加中国文化的元素。没有文化的传播与认同，很难维护新兴经济强国在世界经济格局中的利益。也就是要用在世界文化格局中的优势力量来促进在世界经济格局中的优势扩大。

要有规划、有重点地鼓励中国相关组织和个人参加各类重要的非政府组织论坛，加强并提升中外民间外交和民间交流的层次与水平。例如，进一步组织搭建多层次、多渠道、多样化的国际交流平台，在日益紧密的交流中使更多的外国人士认识和了解中国的核心价值理念和价值体系，认识和了解中国人民的关切和利益诉求。

在国际关系和国际事务处理中，尤其是要充分考虑广大发展中国家的根本利益和利益诉求，推动广大发展中国家的经济发展和社会进步，这应该成为中国在国际舞台上义不容辞的职责。例如，为了帮助和支援非洲国家的经济发展，在必要的经济援助和经济投资之外，可以考虑以在中国若干高校建立非洲学院的方式，帮助非洲国家培养优秀技术与管理人才，服务于非洲国家的社会经济发展。

4. 争取更大国际共识，完善全球治理机制，为中国发展赢得更大空间

在关乎人类共同利益的国际事务中，强调人类共识、国际共识。原有的国际经济交往规则和政治、价值评价规则，是在西方国家价值体系上建立的，对广大发展中国家和其他文明国家的实际情况考虑不足。全球治理机制也不能是一成不变，应该与时俱进，因应全球化、信息化、多元化的发展而做出相应调整，以更利于世界事务的治理。包括中国在内的广大发展中国家和群体应该有与自己份额相应的话语权。中国要在诸如打击恐怖主义、国际裁军、限制核武器和生化武器、环境保护和治理、防治艾滋病和禁毒、世界粮食安全、能源问题等国际事务中，更加积极主动地发挥大国作用。

这就需要中国在全球治理机制中发挥重要作用。现存的全球治理机制形成于战后的冷战时期，应该与时俱进，因应全球化、信息化、多元化的发展而做出相应调整，以更利于世界事务的更好更有效的治理。在这其中，包括中国在内的广大发展中国家和群体应该有与自己份额相应的话语权。正像习近平总书记指出的那样："全球治理体制变革离不开理念的引领，全球治理规则体现更加公正合理的要求离不开对人类各种优秀文明成果的吸收。要推动全球治理理念创新发展，积极发掘中华文化中积极的处世之道和治理理念同当今时代的共鸣点，继续丰富打造人类命运共同体等主张，弘扬共商共建共享的全球治理理念。要加强能力建设和战略投入，加强对全球治理的理论研究，高度重视全球治理方面的人才培养。"

论哲学社会科学的学术话语创新*

■ 骆郁廷**

［摘　要］学术话语创新是提高我国哲学社会科学创新能力、增强我国哲学社会科学核心竞争力和国际影响力、提升国家软实力的战略需要，是新时期我国哲学社会科学面临的重大任务。深刻把握学术话语创新的科学内涵，正确认识和处理学术话语创新、学术话语体系创新和学术话语传播的关系，注重学术借鉴与独创的内在衔接、个体与集体的有机结合、中国与世界的思维转换、创新与应用的相互对接，才能有效提升学术话语创新能力，促进我国哲学社会科学学术话语的创新。

［关键词］哲学社会科学；学术话语；创新；软实力

学术话语创新是提高我国哲学社会科学创新能力、增强我国哲学社会科学核心竞争力和国际影响力、提升国家软实力的战略需要，是新时期我国哲学社会科学面临的重大任务。而要推动我国哲学社会科学的学术话语创新，就要深刻把握学术话语创新的科学内涵和本质要求，通过借鉴与独创的内在衔接、个体与集体的有机结合、中国与世界的思维转换、创新与应用的相互对接，切实提高我国哲学社会科学的学术话语创新能力。

---

* 本文系教育部哲学社会科学重大攻关项目招标课题“中国软实力建设与发展战略研究”（07JZD0003）的阶段性成果。

** 骆郁廷，武汉大学党委副书记、教授、博士生导师，武汉大学马克思主义学院教授委员会主任，马克思主义理论与中国实践协同创新中心学术委员会副主任，主要从事马克思主义理论、思想政治教育、文化软实力研究。

一、学术话语创新的时代价值

当前，在全球语境下，我国哲学社会科学的学术话语创新具有重要的时代价值。

1. 学术话语创新是时代赋予哲学社会科学的重大责任

哲学社会科学是研究客观世界特别是人类社会发展的重要科学。立足社会实践，分析社会生活的本质，揭示社会发展的规律，把握社会发展的趋势，形成反映社会生活本质、社会发展规律和社会发展趋势的学术话语，开阔人们的视野，活跃人们的思想，启迪人们的智慧，指导和推动人们的社会实践活动，促进社会的发展和进步，是哲学社会科学的本质功能和社会责任，也是哲学社会科学应有的社会贡献。哲学社会科学要更好地适应和服务社会的发展，就要不断从社会实践出发，透过现象看本质，把实践上升为理论，把经验上升为科学，不断创造和提出新的学术话语。

当今时代，随着我国改革开放的深化和社会主义市场经济的发展，我国社会出现了重大而深刻的社会变化，经济体制深刻变革，社会结构深刻变化，利益格局深刻变动，思想观念深刻转变。同时，随着世界范围内经济全球化、社会信息化和文化多样化的发展，世界形势也发生了重大而深刻的变化，对中国社会发展产生的影响日益加深，中国对世界发展的作用也日益加大。时代的发展，孕育了新的社会态势，产生了新的社会矛盾，呈现出新的社会现象，形成了新的社会特点，提出了新的社会课题，需要我国哲学社会科学工作者对社会发展过程中出现的新情况、新问题、新特点、新趋势进行系统而深入的理论探索，形成新的学术创见，提出新的学术话语，做出新的学术贡献，这是时代发展赋予我国哲学社会科学工作者的重大社会责任。我国的哲学社会科学工作者，要为中国哲学社会科学的繁荣、人类思想宝库的丰富、中国乃至世界的发展做出较大的贡献，就要矢志不渝地致力于学术话语的创新。

2. 学术话语创新是增强科研创新能力的迫切需要

学术话语创新是科研创新能力的重要体现，是学术研究核心竞争力的重要指标，是哲学社会科学创新的重要标志。判断一个国家哲学社会科学科研能力的强弱、发展水平的高低，不是要看它有多少从事哲学社会科学的人员，发表了多少哲学社会科学的论文，出版了多少哲学社会科学的著作，评出了多少哲学社会科学的奖励成果，而是要看它是否做出了新的学术贡献，特别是原创性贡献，产生了推动社会发展的重大社会影响和社会价值。而判断这种贡献的一个重要指标就是要看一个国家的哲学社会科学是否产生了具有广泛学术影响和社会影响的学术创新话语。每一个学术创新话语都是哲学社会科学学者在长期深入的学术探索基础上形成的学术思想的结晶，是对学术理论宝库的重要思想贡献，是学术原创力的重要显示。只有不断创新学术话语，贡献新的学术思想，深刻影响和推动社会的发展，才能不断提升哲学社会科学的学术话语权，增强哲学社会科学的创新能力和核心竞争力。

当前我国哲学社会科学领域存在的一个突出问题就是学术话语创新不足，习惯于沿用中国古代和西方国家的学术话语来分析当代中国的种种社会问题，分析当今世界的种种社会现象，或者满足于简单搬用马克思主义已有的学术话语来分析快速多变的当代社会，缺乏学术话语创新的意识、勇气和能力，很少提出能够深刻反映新的社会变化、透析社会生活本质、揭示社会发展规律、体现社会发展趋势的独创性学术话语。从世界范围来看，当今不少具有重大影响的哲学社会科学创新话语，主要源自西方发达国家。现在世界上很多有影响的学术话语都是西方国家的学者提出来的，如“民主”“自由”“人权”“软实力”“巧实力”“全球化”“金砖四国”“普世价值”“信息自由”“网络自由”“新自由主义”“国际经济不平衡理论”等，尽管这些学术话语不一定正确，但是一经提出和传播，都产生了不小的学术影响和社会影响，占据了学术话语的制高点，深刻影响了当今世界的社会格局和发展态势。

因此，我们要增强我国的哲学社会科学创新能力，提高我国哲学社会科学的学术话语权、社会影响力和国际竞争力，就要在不断推进哲学社会科学的学术话语创新上下功夫。

3. 学术话语创新是提高国家软实力的时代要求

学术话语创新不仅是哲学社会科学发展和学术原创力的重要标志，而且是国家软实力的重要体现。学术话语创新不仅是创造新的学术概念、学术观点、学术体系，更重要的是创造新的理论、新的思想、新的文化、新的价值观念，它对增强国家软实力具有重大影响。

国家软实力是国家综合实力和核心竞争力的重要组成部分。约瑟夫·奈指出：“软力量是通过吸引而非强迫或收买的手段来达己所愿的能力。它源于一个国家的文化、政治观念和政策的吸引力。”“国家的软力量主要来自三种资源：文化（在能对他国产生吸引力的地方起作用）、政治价值观（当它在海内外都能真正实践这些价值时）及外交政策（当政策被视为具有合法性及道德威信时）。”在国家软实力的构成中，文化、价值观、社会制度、外交政策等，价值观是核心，从根本上说，文化、社会制度、外交政策形成的软实力都受着价值观念的影响和主导，价值观念构成了文化、社会制度、外交政策的依据，决定着一定的文化、社会制度、外交政策是否具有吸引力，能否形成软实力，决定着整个国家软实力的强弱。而一个国家的价值观念创新能力，在很大程度上取决于哲学社会科学学术话语的创新能力，取决于哲学社会科学的学术创新话语能否为国家占主导地位的价值观念提供有力的理论支撑，取决于哲学社会科学的学术创新话语能否充实、丰富一定国家主导价值观的思想内涵，能否创新、发展国家主导价值观的理论表现形态，取决于学术创新话语能否有效承载、传递、传播一定的价值观念。只有不断推进哲学社会科学的学术话语创新，才能不断创新国家的价值观念，增强一定国家价值观念的吸引力，并增强由价值观所决定的一定国家的文化、社会制度、外交政策的吸引力，进而从根本上增强一个国家的软实力。

当前，我国软实力建设的一个软肋，就是学术话语创新不足，难以提出能够在国内外产生重大影响、能有效地指导和推进我国社会发展乃至影响世界形势发展的学术话语，即使提出了一些新的学术话语，有时也显得不够严谨、深刻和准确，常常与社会实际不相吻合，并与社会实践发生矛盾，严重制约了我国软实力的提升。因此，要把学术话语创新视为国家软实力发展的重要源泉，大力提升学术话语创新能力，不断创造反映我国社会发展需要和当今世界发展形势的新的学术话语，扩大我国哲学社会科学的学术影响力，从理论的高度提高我国的国家软实力。

二、学术话语创新的科学解析

学术话语创新日益成为我国哲学社会科学的一个热门话题，受到人们越来越多的关注，可对于什么是学术话语创新仍然是众说纷纭、莫衷一是，这种状况无疑会影响我国哲学社会科学的学术话语创新。

实际上，哲学社会科学的学术话语创新是指在深入探索研究客观世界和社会问题的基础上，形成反映客观世界特别是人类社会发展的重大问题、重大现象、重大关系的独到的思想见解，并提出高度浓缩这一思想见解的核心概念及深刻阐释核心思想的概念体系，使之成为学术界乃至社会高度关注、认可和使用的学术话语或话语体系，并在学术界和社会上获得越来越广泛的影响力和话语权。所以，哲学社会科学的学术话语创新不能等同于一般的学术概念创新，它同学术概念的创新密切相关，但又比学术概念的创新包含着更为丰富和深刻的思想内涵，需要我们很好地解析和把握。

1. 学术话语的概念创新

哲学社会科学学术话语创新的基础是学术概念创新。学术概念是人们在社会生活和社会实践基础上，通过学术研究提出的反映客观世界和社会发展的社会问题、社会现象、社会关系的具有一定学术内涵和思想见解的范畴，是人类认识之网的“网上纽结”，是学术话语体系的基础。黑格尔指出：“科学只有通过概念自己的生命才可以成为有机的体系”①。“真正的思想和科学的洞见，只有通过概念所作的劳动才能获得。只有概念才能产生知识的普遍性，而所产生出来的这种知识的普遍性，一方面，既不带有普通常识所有的那种常见的不确定性和贫乏性，而是形成了的和完美的知识，另一方面，又不是因天才的懒惰和自负而趋于败坏的理性天赋所具有的那种不常见的普遍性，而是已经发展到本来形式的真理，这种真理能够成为一切自觉的理性的财产。”② 概念因其具有真实的、确定的普遍性知识而成为科学有机体系的基础，科学创新往往源于学术概念创新。作为严肃而严谨的学术行为，学术概念创新是指随着社会生活和社会实践的发展，不断创造反映社会新问题、新现象、新关系、新趋势的新的学术概念。

并非任何新创造的学术概念都能成为新的学术话语。新的学术概念转化为新的学术话语，与学术概念的深刻性、关注度、认可度和影响力密切相关。新的学术概念要能成为新的学术话语，关键是在学术概念创新的过程中，要瞄准重大社会现象、重大社会问题、重大社会关系、重要发展趋势，进行系统深入的探索和总结，注重抽象、凝练和概括出反映当代社会发展重大社会现象、重大社会问题、重大社会关系、重要发展趋势的新的学术概念。因此，要把创新的学术概念转变为创新的学术话语，在学术概念创新的过程中就要处理好这样几个关系：一是重点和一般的关系。学术概念创新不仅要关注一般的社会现象、社会问题和社会关系，更要突出重点，关注重大的社会现象、社会问题和社会关系。反映一般的社会现象、社会问题和社会关系的概念虽然也是必要的，但它难以引起广泛的关注、产生广泛的影响。只有反映重大社会现象、社会问题和社会关系的创新学术概念，才能引起广泛的社会关注和人们强烈的思想共鸣，才能对现实社会生活和社会实践产生重大影响，才可能上升为社会广泛关注、认可和使用的学术话语。二是现象和本质的关系。学术概念创新是哲学社会科学工作者立足社会实践和社会生活，对社会生活的客观现象进行科学的抽象、总结和概括的结果，透过现象看本质是学术概念创新的基本要求。学术概念创新不能仅仅停留在社会生活的表象上，更不能停留在社会生活的假象上，而要对社会生活的真象，特别是具有普遍性的社会真实现象进行科学的分析和抽象，深刻揭示普遍社会现象后面的客观的、内在的、共同的本质。学术创新概念反映的社会现象的本质越深刻、越普遍，就越具有说服力和影响力，越能上升为得到广泛关注、认可和使用的新的学术话语。三是真知和伪知的关系。学术概念创新并不难，难的是创新的学术概念具有正确性、真理性，真实地反映了现实的社会生活和社会实践的本质，揭示了社会发展的客观规律和必然趋势。学术概念创新绝不是闭门造车的

① ［德］黑格尔：《精神现象学》（上卷），贺麟、王玖兴译，35页，北京，商务印书馆，1979。
② ［德］黑格尔：《精神现象学》（上卷），贺麟、王玖兴译，48页，北京，商务印书馆，1979。

结果，闭门造车也许能够轻而易举地创造出许多新的学术概念，但这种创造实际上是脱离社会实践、脱离社会生活的主观臆造，臆造出来的不是真知，而是伪知。这种主观臆造的所谓的学术新概念越多，就越容易模糊社会生活的本质，误导人们的社会实践，干扰和阻碍社会的发展。学术创新概念上升为学术创新话语的重要前提是学术新概念的正确性和真理性。学术新概念体现的正确性和真理性的程度越高，上升为学术界和社会广为关注、广受认可并产生广泛影响的学术新话语的可能性就越大；学术新概念的正确性和真理性的程度越低，上升为学术新话语的可能性就越低。主观臆造的错误的学术新概念，在其出现的时候，也许有的会产生一定的轰动效应，成为吸引眼球的学术新话语，但随着社会实践和社会生活对其谬误性的检验和确证，就会逐渐丧失其学术话语权，沦为学术垃圾。当然，学术概念创新的过程中，有的概念具有真理性和正确性，有的概念具有歪曲性和谬误性，有的概念则可能具有部分真理性。学术概念创新要坚持批判和克服具有歪曲性和谬误性的概念，改造和扬弃具有部分真理性的概念，创造具有正确性和真理性的概念，不断提高学术创新概念的影响力和话语权。

2. 学术话语的体系创新

学术话语创新不仅包括创造可能成为学术话语的核心学术概念，而且要创造与核心概念相应的学术概念体系。只有运用概念和概念体系进行思维和交流，才有可能使之真正成为具有广泛认可度、影响力和使用率的学术话语。

学术话语的体系创新，说到底，也就是要在创造新的核心概念的基础上，形成与核心概念相适应的新的学术概念体系，使新的学术概念体系转化为新的学术话语体系。为此，要解决好学术话语体系创新的两大问题：一是核心概念与概念体系的问题。在学术话语创新的过程中，即使提出了重要的核心概念，但没有与之相应的群属概念或概念体系，也很难转化为真正的创新学术话语和学术话语体系。核心概念和概念体系的关系，表明了研究的系统性、思维的逻辑性和思想的深刻性。一定的核心概念总会产生相应的群属概念或概念体系，相应的群属概念或概念体系总要具体论证、深化和支撑核心概念。核心概念的提出，表明了哲学社会科学工作者对社会重大问题、重大现象、重大关系的思想洞见，但如果没有相应的概念和概念体系，就无法形成对重大问题、重大现象、重大关系的深刻的思想观点和思想体系，就无法对重大问题、重大现象、重大关系作出深刻的令人信服的理论阐释，就无法表明哲学社会科学工作者对于社会重大问题、重大现象、重大关系的探索和思考的系统性、严谨性和深刻性，就难以上升为学术界和社会广泛认同的学术话语。二是独立的话语体系与外来的话语体系的关系问题。学术话语的体系创新，不仅要处理好概念和概念体系的关系，还要处理好独立的话语体系和外来的话语体系的关系。任何有生命力的学术话语体系，一定是学术研究者依据社会实践和独立思考，运用独特的研究方法开展独立研究的结果。这种体现为独立学术话语体系的研究成果，往往具有自身的学术特色，体现了学术研究者立足本国的社会实践，运用独特的研究方法，对特殊的研究领域进行独立研究所形成的具有独到见解的思想观点和知识体系。没有这种独创性，就难以形成独具特色的独立的学术话语体系。然而，真正的科学的学术话语体系，不仅要具有独创性，同时也应具有开放性，能够加强同外来学术话语的学术对话，在同外来学术话语体系对话和交流的过程中，拓展自己的视野，丰富自己的思想，检验自身学术话语体系的严谨性、科学性和真理性，并深入地研究和分析外来的学术话语体系，发现和了解外来学术话语体系的长处和短处、精华和糟粕，注重批判地吸收外来学术话语体系中的有益成分，加强学术话语体系的创造性转化，充实自身的学术话语体系，使之更加丰富、完善和科学。只有这样，才能真正促进我国的学术话语体系创新。

3. 学术话语的传播创新

学术话语创新不仅包括学术概念和概念体系创新，还包括学术话语传播创新。任何创新的学术概念、学术概念体系并不一定能自然而然地转变为学术话语体系，只有经过学术话语的传播创新，使一定的学术概念和学术概念体系通过学术交流和传播，为学术界乃至社会所关注、了解、认同和使用，才能上升为具有普遍影响力的学术话语，甚至上升为主导性的学术话语。学术话语的传播创新就是把学术活动中创造的新的学术概念和概念体系，通过一定的交流、沟通和传播方式，在学术界、社会上乃至国际上进行创造性传播，力图使之成为广泛性、普遍性和主导性的学术话语的过程。

学术概念及概念体系转变为学术话语的关键，是产生普遍的学术影响力乃至社会影响力，而普遍的学术影响力乃至社会影响力产生的前提则是广泛的学术传播与交流。学术传播与交流实际上是学术观点和思想观点的深入沟通，这一沟通的过程形式上表现为学术思想的交流、争鸣和交锋，实质上体现为在交流、争鸣和交锋的过程中追求、发现、发展和坚持真理的过程。真理愈辩愈明，真知与伪知、真理与谬误是相比较而存在，相斗争而发展的。毛泽东指出："正确的东西总是在同错误的东西作斗争的过程中发展起来的。真的、善的、美的东西总是在同假的、恶的、丑的东西相比较而存在，相斗争而发展的。当着某一种错误的东西被人类普遍地抛弃，某一种真理被人类普遍地接受的时候，更加新的真理又在同新的错误意见作斗争。这种斗争永远不会完结。这是真理发展的规律，当然也是马克思主义发展的规律。"① 不同学术概念及概念体系传播和交流的过程，就是不同学术观点相互传播和交流的过程，就是真知与伪知、真理与谬误相

① 《毛泽东文集》，第7卷，230～231页，北京，人民出版社，1999。

互比较、相互斗争的过程，也就是在证伪的同时追求真理、发现真理、发展真理和坚持真理的过程。愈是具有真理性的学术概念和学术话语体系，愈是有可能通过广泛的学术传播、深入的学术交流和实践的客观检验上升为具有普遍影响力的甚至主导性的学术话语体系。学术话语的传播创新，体现了真理发展的客观规律，也体现了学术概念和概念体系转变和上升为学术话语的内在需要。

学术话语的传播创新，要致力于打造学术话语的传播创新体系，改进学术话语传播创新的方式，提高学术话语传播创新的能力，增强学术话语传播创新的实效。为此，要处理好以下关系：第一，学术话语的话语体系创新和学术话语的传播体系创新的关系。学术话语创新不仅要注重学术话语的话语体系创新，还要注重学术话语的传播体系创新。学术话语传播体系创新是创新的学术话语体系真正上升为具有普遍影响力的学术话语体系的重要支撑。打造一流的学术话语传播创新体系，需要加大学术传播交流活动的投入力度，提高学术研究创新成果的翻译能力，扩大国内外学术交流活动的广度和深度，注重运用书籍、杂志、数字化图书馆等各种学术传媒进行学术话语创新体系的传播，特别要注重运用现代大众传媒尤其是网络传媒进行学术话语体系的广泛传播。学术话语体系通过大众传媒的创新传播，才能不仅在学术界，而且在社会上获得广泛的影响，真正成为具有普遍学术影响力和社会影响力的学术话语。第二，广泛参与学术交流和积极主导学术交流的关系。我国的对外学术交流活动中，往往自然科学的学术交流多于哲学社会科学的学术交流，而哲学社会科学的对外学术交流，往往参与别国举办的学术交流活动多，主动组织的学术交流活动比较少。在同国外学术界同行进行的学术交流活动中，很少发挥学术交流的主导作用，包括学术活动的主办、学术议题的设置、学术内容的组织等。要提高我国哲学社会科学的学术话语的影响力，就要在国际学术交流活动中不断增强学术交流活动的主动性和主导权。在学术活动的主办、学术议题的设置、学术观点的交流和学术话语的使用中，都要坚持发挥积极的主导作用，使国际学术交流成为我国创新的学术话语传播的重要途径。第三，传播正确学术观点与批判错误学术观点的关系。学术话语的创新传播，不仅要注重传播我国学术研究者的正确学术观点，使国外学术界的同行了解中国学者的创新的学术研究成果和学术思想，传播和扩大正确学术观点和学术思想的影响，还要注重在国际学术交流的过程中，开展必要的学术争鸣和交锋，运用正确的学术方法、学术观点和学术思想，分析和批判错误的学术观点、学术思想和学术思潮，在交流、争鸣和交锋中，用正确的学术观点和学术思想影响学术同行，克服错误的学术观点和学术思想，不断提高正确的学术观点和学术思想的影响力，使之成为在国际学术界乃至国际社会具有广泛影响力的学术话语。正确的学术思想和学术观点只有在同错误学术观点和学术思想的争鸣和交锋中，才能彰显其真理性和影响力。

三、学术话语创新的能力提升

深化哲学社会科学的理论研究，促进哲学社会科学的学术话语创新，重在提升哲学社会科学学术话语创新的能力。学术话语的创新能力往往与哲学社会科学研究中若干关系的处理密不可分。为此，要在正确处理这些关系的过程中探索学术话语创新能力的提升之道。

1. 借鉴与独创的内在衔接

提升哲学社会科学学术话语的创新能力，需要妥善处理好学术研究过程中借鉴与独创的关系，既要批判地借鉴古代和国外的学术话语，更要独立地创造具有特色的学术话语体系。

批判地借鉴古代和外国的学术话语，是哲学社会科学学术话语创新的重要前提。哲学社会科学和自然科学的发展一样，都要批判地借鉴作为前人和他人、古代和外国理论研究成果的学术话语，才能在既有成果的基础上不断深化理论研究，实现人类思想知识和学术话语的发展与创新。这是科学发展的客观规律。列宁曾经指出："马克思学说是人类在 19 世纪所创造的优秀成果——德国的哲学、英国的政治经济学和法国的社会主义的当然继承者。"① "马克思主义这一革命无产阶级的思想体系赢得了世界历史性的意义，是因为它并没有抛弃资产阶级时代最宝贵的成就，相反却吸收和改造了两千多年来人类思想和文化发展中一切有价值的东西。"② 只有批判地继承，才能有所创新；只有批判地借鉴，才能有所发展。只有站在前人的肩膀上，才能比前人站得更高、看得更远，更好地实现人类思想知识的创新发展，创造前人没有创造的学术话语，取得前人没有取得的创新理论成果。如果没有批判地继承和借鉴前人和他人、古代和外国的思想理论成果和学术话语，哲学社会科学的理论研究就会要么缺乏必要的学术话语支撑，难以开展严谨的科学研究；要么周而复始地从头开始，停留在理论研究的原点；要么重复进行脑力劳动，造成科学研究的巨大浪费，阻碍科学的深度发展；要么陷于狭隘思维，枯竭思想资源，窒息思想活力，禁锢哲学社会科学的创新发展。

哲学社会科学研究不仅要注重批判地借鉴前人和他人、古代和外国的学术话语，更要增强学术自觉、学术自信、学术自强，注重通过独创性研究形成独具特色的学术话语体系和思想体系。只有在批判地继承和借鉴前人和他人、古代和外国的思想理论成果和

① 《列宁专题文集·论马克思主义》，66～67 页，北京，人民出版社，2009。

② 《列宁专题文集·论社会主义》，167 页，北京，人民出版社，2009。

学术话语的基础上，坚持立足社会实践，注重从社会发展的客观需要和实际情况出发，运用科学的立场、观点和方法，研究重大的社会问题，揭示社会现象的本质，探索社会发展的客观规律，才能形成具有独到见解的思想观点、独创的理论成果和独特的学术话语体系。“马克思研究了人类社会发展的规律，认识到资本主义的发展必然导致共产主义，而主要的是他完全依据对资本主义社会所作的最确切、最缜密和最深刻的研究，借助于充分掌握以往的科学所提供的全部知识而证实了这个结论。”① 马克思主义科学思想体系既是批判性地继承和吸收人类包括资产阶级创造的一切有价值的东西的结果，更是立足资本主义社会发展和阶级斗争的实际，实事求是地进行独创性研究的结果。这一科学而具有原创性的学术话语体系和思想体系，深刻揭示了资本主义社会的客观实际和发展规律，体现了深邃的思想洞察力和历史预见性，因而具有广泛深远的学术影响力和社会影响力。可见，学术话语创新的能力源自社会实践基础上的独创性研究，没有独创的学术研究活动，就不能形成深刻反映社会实践的深邃的思想见解、独特的话语体系和科学的思想体系，也难以产生广泛、深远的学术影响和社会影响。

所以，实现借鉴和独创的内在衔接，才能不断提高哲学社会科学学术话语创新的能力。

2. 个体与集体的有机结合

学术话语创新能力的提升，既有赖于哲学社会科学研究过程中个人智慧和能力的发挥，更有赖于哲学社会科学研究过程中集体智慧和能力的发挥，必须把个体和集体学术研究的智慧和能力有机地结合起来。

哲学社会科学工作者的脑力劳动方式具有很强的个体性和独立性。哲学社会科学的学术话语创新，很大程度上依赖于学者的自主研究和独立思考，依赖于学者独立的创造性的脑力劳动。离开了哲学社会科学工作者的独立的创造性的脑力劳动，很难形成反映社会实践和发展规律的独创的学术话语体系。因而，在学术研究活动中，要充分发扬学术民主，尊重社会科学脑力劳动的特点，尊重学者的学术风格，尊重学者的学术自由，创造学者独立自由地进行学术研究的环境和条件，使其创新学术话语的潜力、活力和能力得到更好的发挥。

与此同时，哲学社会科学的学术话语创新更要注重发挥学术研究集体的智慧、能力和力量，形成学术话语创新的合力，提升学术话语创新的整体实力。当今社会，深化哲学社会科学的学术研究，创新哲学社会科学的学术话语，越来越离不开哲学社会科学研究的协同创新。这是因为，哲学社会科学需要研究的现实社会问题特别是重大社会问

① 《列宁专题文集·论无产阶级政党》，281页，北京，人民出版社，2009。

题，往往是跨领域、跨学科的问题，需要把不同领域、不同学科的专家学者组织起来，发挥各自优势进行协同攻关，实现学术创新。哲学社会科学研究的任务越来越繁重，一些重大研究项目与自然科学一样，往往研究的社会化程度越来越高，上升为重大的科学研究工程，单靠个体的手工劳动式的研究方式已经越来越难以适应现代哲学社会科学的发展趋势和内在要求，需要学者组成学术团队来共同承担哲学社会科学研究的重大课题，通过学术团队成员的分工合作，协同攻关，共同推进哲学社会科学研究的系统工程，完成繁重的哲学社会科学的研究任务。哲学社会科学研究的环境有了根本变化，对哲学社会科学的研究提出了新的更高的要求。在信息化时代，哲学社会科学研究的学术环境也日益信息化。面对海量的学术信息，无论是进行学术信息的科学的收集、整理、分析、筛选、凝练工作，吸收其中有价值的东西，还是在此基础上进行创造性的研究活动，都离不开哲学社会科学学术团队的创新研究，需要充分发挥哲学社会科学研究集体的智慧和力量；哲学社会科学的科学研究和学术话语创新的过程，是立足社会实践，把社会实践的经验上升到理论的高度，再把理论运用到实践中去，指导和推动社会实践，并在实践中检验和发展真理的过程，是从实践中来、到实践中去的过程，也是从群众中来、到群众中去的过程。这一研究过程，是研究者深入实践、深入社会、深入群众、学习群众，充分地吸收群众智慧和力量的过程，是哲学社会科学研究集思广益、勇于创新的过程。离开了广大群众的生动实践、丰富经验和鲜活语言，我们很难创造出具有原创性的哲学社会科学的学术话语。可见，深入实践，学习群众，总结经验，创新理论，创造新的学术话语，始终离不开学术集体智慧和力量的发挥。

因此，在哲学社会科学的研究中，只有始终把发挥个人的智慧和能力同发挥集体的智慧和能力有机结合起来，特别是把群众的经验和智慧集中起来，才能不断提高学术话语创新的能力。

3. 中国与世界的思维转换

中国的发展和世界的变化越来越紧密地结合在一起，中国与世界的依存与互动日益增强，中国发展对世界的作用和世界变化对中国的影响不断加大。哲学社会科学研究社会问题，创新学术话语，就要立足中国社会的发展和当代世界的变化，把中国和世界紧密结合起来，实现中国与世界的思维转换。

实现中国与世界的思维转换，就是说，在哲学社会科学研究中，要从思维的内容、思维的方式和思维的话语等方面注重转换。从思维内容的转换来说，就是研究中国问题时要有世界眼光，研究世界大势时要有中国立场。在经济全球化条件下，当代中国的发展与世界的发展紧密相连、密切互动、息息相关。中国的发展是在经济全球化进程加速条件下的发展，中国的发展越来越离不开世界的发展，中国的发展对世界的作用越来越大，世界的发展对中国的影响越来越大。研究当代中国的发展，一定要把它放在经济全球化的大背景下加以探索和把握，推进马克思主义中国化也要同经济全球化紧密联系起来。探索经济全球化进程中的马克思主义中国化问题，不仅要探索把马克思主义的普遍真理与当代中国特色社会主义实践结合起来，创造中国化的马克思主义创新理论成果，推动马克思主义“中国化”，运用马克思主义“化中国”，还要研究如何应用马克思主义立场、观点、方法分析当代世界的发展和变化，推动马克思主义“全球化”，运用马克思主义“化全球”，尤其要注重运用马克思主义立场、观点、方法，深入研究和分析经济全球化、政治多极化、社会信息化、文化多样化条件下中国和世界互动的关系，探索中国与世界互动关系的时代特点、客观规律和发展趋势，科学地回答当代中国和世界发展的重大问题，形成既反映当代中国发展道路又反映当代世界发展趋势的独特学术话语体系，为推动中国发展提供理论指导，为当代世界发展描绘科学图景。从思维方式的转换来看，就是要学会换位思考，既要从中国的实际出发，实事求是，独立思考，注重思维的独立性，坚持从中国的立场观察世界问题，形成中国对世界问题的独立见解，又要从世界的发展出发，把握趋势，开阔视野，增强思维的开放性，注重从世界的角度观察中国问题，回答世界关注的中国问题，消除世界对中国发展的困惑，加深世界对中国发展的广泛认同。只有把独立思维和开放思维结合起来，科学运用，适时转换，才能提高学术话语创新的能力，更加全面、科学而深刻地探索回答当代中国和世界发展的重大问题，尤其是中国与世界紧密依存、深度互动、相互促进、共同发展的关系问题，为推动世界的和平、发展、合作，形成共识，积累互信，增强动力。从思维话语的转换来看，学术话语创新不能自说自话，而要努力做到“中国话”和“世界语”的相互联系和转换，既要创造和运用反映我国社会主义现代化建设实践，体现中国传统、中国特色，具有中国气派、中国风格的话语来解释和回答当代中国和世界的发展及其相互关系的重大问题，又要注重借鉴和运用世界理解的语言来解释和回答当代中国和世界的发展及其相互关系的重大问题，把“中国话”翻译成“世界语”，把“世界语”融通于“中国话”，寻求特殊与普遍的价值联结，从而架起中国与世界的思想文化沟通的桥梁，有效地表达中国的诉求，解释中国的发展，塑造中国的形象，回答世界的问题，消解世界的困惑，为中国的和平发展创造良好的外部环境。

4. 创新与应用的相互对接

提高哲学社会科学的学术话语创新能力，就要把学术话语的创新和应用相互对接，既要注重学术话语的创新，又要注重学术话语的应用，把创新和应用的对接和转化作为不断增强学术话语创新能力的关键环节。

学术话语的创新与应用密切联系、相互促进。创新是学术话语应用的前提，没有创造性的理论研究，没有创新的理论成果，没有创新的学术概念和概念体系，就没有可资运用的独特学术话语，学术话语创新为学术话语应用提供了重要的理论支撑；应用是学术话语创新的旨归，没有创新学术话语的应用，就不能达到学术话语创新的目的，普及创新的学术话语，实现学术话语的大众化，也不能在实践中检验学术话语的科学性和真理性，并在实践中进一步充实和发展学术话语，促进学术话语创新。因此，只有在创新学术话语的同时注重应用，才能扩大学术话语的覆盖面和影响力，提高学术话语的应用率和认可度，使新的学术话语真正成为大众的学术话语，乃至成为占全社会主导地位的学术话语，也才能真正促进学术话语的创新。如果不注重应用，再好的学术创新话语也可能只是个别或者少数学者的“孤芳自赏”，难以真正转化为在学术界乃至社会上有广泛影响力的学术话语。学术创新话语只有通过应用实现大众化，才能成为在学界和社会具有广泛影响力的学术话语，也才能在创新中不断发展。

学术创新话语的应用，不仅是指个别和少数学者创造的学术创新话语，能够通过学术交流活动成为学术界共同认可和使用的话语；不仅是指学术创新话语转化为大众共同认可和使用的话语，成为影响大众思想和行为，指导大众分析和解决问题的思想武器；也不仅是指创新学术话语通过国际思想文化交流，成为影响世界舆论导向和世界人民价值取向的重要载体；更重要的，还在于把创新的学术话语转化为政府制定战略和决策的理论依据，甚至成为政府的战略和决策本身。创新的学术话语一旦成为政府制定战略和决策的理论依据，甚至转化为政府的战略和决策，就会成为具有一定权威性和执行力的学术话语，就会通过政府的决策过程和结果转化为在社会上具有广泛影响的学术话语。毛泽东的新民主主义理论及其学术话语一旦转化为党和国家的新民主主义的战略决策，就成为影响全社会各个阶级、阶层乃至整个中国社会历史进程的具有广泛影响力的学术话语。约瑟夫·奈的软实力概念和理论一旦被美国政府以巧实力战略纳入其中，并变为美国政府宣导和推行的国家战略，就成为学界、政界和社会中具有广泛影响力的学术话语。这些都说明，学术话语一旦付诸实践，就会产生巨大的影响力。

因此，提升哲学社会科学学术话语创新能力，必须始终坚持学术话语创新与学术话语应用的对接和统一。

讲好中国故事构建中国对外话语体系

■ 董 青*

［**摘 要**］本文介绍了国家行政学院举办“讲好中国故事”主题沙龙的基本经验和启示。沙龙以轻松的对话形式，通过契合需求的选题、巧妙引导的讨论、搭建成果分享的平台，向外国人介绍中国。沙龙的举办既达到了增进中外相互理解的目的，同时也成为了培养中国学者和干部对外沟通能力的平台，为在“三个自信”基础上构建中国特色的对外话语体系研究做了有益的探索。在此基础上，本文提出了关于如何更好地对外阐释中国道路的思考：要加强国家软实力建设的顶层设计和对外传播的宏观指导，确定对外传播大纲，坚持辩证思维和客观求实的传播方法，用数据、案例、生动具体的小故事阐述“中国道路的大道理”，同时要运用多样化的传播平台、渠道、载体，吸引国外受众的兴趣，整合各方力量，打造多元化的发声主体和国际沟通平台，构建国际传播的大格局。

［**关键词**］国际传播；中国话语；软实力

为在实际工作中贯彻落实党的十八大提出的坚定中国特色社会主义的道路自信、理论自信和制度自信，创新对外宣传方式，提升涉外培训质量，国家行政学院通过举办“讲好中国”主题沙龙，进行尝试和探索，并对如何更好地对外阐释中国道路进行了思考。

---

* 董青，国家行政学院国际部主任，主攻跨文化交流、国际交流与合作、对外经济贸易管理、组织行为学等。

一、举办“讲好中国故事”主题沙龙的基本经验和启示

国家行政学院国际部于2014年初策划并启动了“讲好中国故事”主题沙龙项目，迄今为止已成功举办了21期，参与者覆盖了70多个国家的500多名官员、专家学者、企业家、记者等关注中国问题的不同群体。参加过沙龙活动的中外学者、嘉宾和听众普遍反映效果较好，媒体评价也较高，认为是对“讲好中国故事，传播好中国声音，阐释好中国特色”做出的有益尝试。

（一）沙龙基本情况

“讲好中国故事”主题沙龙活动一般每月举行一次，每次约2小时。每期沙龙会选择一个“外国人最感兴趣的中国问题”为主题充分讨论：首先由主讲专家每人做15分钟的主题讲述，然后大部分时间是听众现场提问和互动。专家学者与听众分内外圈围坐，彼此距离接近。专家之间、专家和听众之间各自陈述观点，有思想的碰撞、善意的提醒甚至是温和的争论。大家在讨论中深化了对中国的理解，缩小了中外双方对同一个问题不同视角、不同文化的解读分歧，也增进了彼此之间的感情。

（二）沙龙的特点

一是选题契合需求。主题是沙龙活动的魂。沙龙围绕外国人“最关心、最感兴趣、最需要了解的中国故事”，深入讨论“中国的政治制度”“中国共产党与西方执政党的区别”“政治协商和多党合作”“人民代表大会”“为人民服务”“民主集中制”等，这些都是外国人最感兴趣却最容易被误解的热点问题，沙龙解答了外方的疑惑，阐释了中国的特色。

二是巧妙引导讨论。主持人强调“外国人来中国主要是想弄清楚中国做对了什么”“中国如何成功地应对了发展中遇到的问题”，旗帜鲜明地弘扬中国特色和体制的优越性，巧妙地引导正面研讨，回应负面质疑，把握正确方向，达到增信释疑的目的。

三是气氛轻松活跃。不同于一般的讲座和讲课，沙龙的特点在于交流充分，主题讲述、主持、点评与听众多向交流，参与感、口语化更强，形式更宽松，发言更自由，也更容易为听众所接受。

四是基础工作扎实。人是办好沙龙的决定性因素。沙龙邀请的中方主讲人都对相关

主题有着长期、深厚的研究，熟悉外国人的需求、心理和思维习惯，具备一定的对外沟通技巧和对外讲授经验。沙龙的主办者建立了一套评估、反馈机制，每次活动结束后，根据专家提问和听众反馈，进行针对性的改进，小到主讲者的语言神态，大到沙龙的选题、组织，都会持续跟踪，及时改进，不断提高沙龙的水平和质量。

五是建立成果平台。除新闻报道外，沙龙广泛运用新媒体平台，开辟了专题网页，实时更新“中国人讲中国”“外国人看中国”“沙龙速递”栏目，介绍沙龙活动的最新成果；开设了“中国故事”“理论研讨”“公共外交研究”专栏，专题介绍关于中国发展的重要论述、中外关系、中国最新发展成果以及关于中国特色社会主义的理论研讨文章；专设了“热点聚焦”，展示中外专家对中国特色的最新研究成果，引导沙龙会场之外的不间断讨论；通过“推荐视频”“推荐图书”和“英语学习”栏目，实时更新中国特色理论的英语翻译，推荐适合于外国人阅读的介绍中国的书籍和影视资料，供专家学者参用。网站试运行半年多来，点击次数超过 50 万。今后网页还将专门针对外国人需求，陆续开发英、法、西、俄等多语种版本，从中国要闻、政策解读、培训课程、文化沟通、生活速递等方面全方位传递与中国相关的信息，并致力于将其打造成为涉外培训网络平台。沙龙还注册了微信平台，定时推送“讲好中国故事”主题沙龙的专家观点和理论成果，适应不同的信息获取人群。今后，沙龙研讨的成果将用于开发包括微视频、动漫、电子书等在内的“讲好中国故事”对外传播资源库，供涉外培训教学使用。

（三）沙龙的启示

话语体系是软实力，通过构建中国特色的对外话语体系，对外讲好讲活讲深“中国故事”，是提高国际话语权、影响力，增强文化软实力的重要举措。“沙龙”是舶来品，举办“讲好中国故事”主题沙龙活动，用西方社会熟悉的形式和语言讲述中国的故事，对从做好公共外交的角度，提高国家文化软实力、增强对外话语权是有益的探索。

一是潜移默化地影响和引导了外国人。沙龙活动开放度高，外方参与比例大，交流氛围轻松活跃坦诚。通过沙龙这个平台，用外国人熟悉的方式和思维习惯介绍他们感兴趣的中国话题，能够把问题阐述清楚，促进双方理解和互信。今后通过参加沙龙的外国人之口向世界讲述中国故事，还可以起到事半功倍的效果。

二是培养了队伍。要讲好中国故事，必须要有一支过硬的传播队伍。国内的专家学者长期面对国内受众，容易形成思维定势。“讲好中国故事”主题沙龙是一个真正的中外互动交流平台，实战特点较强，通过中外专家同台讨论甚至真刀真枪地争论，活跃了专家学者的思维，开拓了眼界和视野，提供了提升能力和经验的难得机会。同时，沙龙也是国际传播舞台的练兵场，通过轻松氛围下与外国人的实际交流，提高了沟通能力和技巧，增强了大家的信心，是培养干部公共外交能力的一个重要平台。

三是为在“三个自信”基础上构建中国特色的对外话语体系研究奠定了基础。沙龙活动引导专家学者在不同社会制度、不同发展道路的比较中鉴别优劣、看清趋势，深化了对中国特色社会主义的政治认同、思想认同和感情认同。“要想给外国人讲清楚，先要自己弄清楚”，参加沙龙活动促使专家学者们深入思考“中国特色”“中国道路”“中国的经验和成就”“中国对世界发展的贡献”等重大理论问题，有力地推动了中国特色社会主义理论研究，同时学习了解外国人的心理和思维习惯，掌握对外传播技巧，把在发展中国特色社会主义理论过程中形成的一些创造性的概念通过中国故事的国际表达，让外国人听得懂、愿接受，不断增强其对中国国情、中国理念、中国道路的认可度。

二、对如何更好地对外阐释中国道路的思考和建议

在总结举办“讲好中国故事”主题沙龙活动经验的基础上，我们对如何更好地在国际上阐释中国道路进行了认真的分析研究。我们感到，在国际上阐释中国道路，既是迫在眉睫的政治任务，也是理论和实践创新的探索。要通过积极推动阐释中国道路的理论和实践，切实提高工作的科学性和实效性。

（一）加强宏观指导，制定国家规划

对外传播是一项政治性、战略性、全局性的系统工程，关系到中国改革开放事业发展以及争夺国际话语权的重大斗争，需要有明确的国家战略和规划，要通过对话维护国家利益、树立国家形象，更要能够引导国际舆论方向，提升中国道路的影响力。建议加强国家软实力建设的顶层设计，由中央有关部门牵头，统筹协调，组织制定国家对外宣讲中国道路的专项规划和长远战略，研究对外宣传的重点、任务和阶段性目标，逐步改善中国面临的外部舆论环境，增强中国道路的坚定信念和国家影响力。

（二）确定阐释中国道路的对外宣讲大纲

一是理论上要搞深搞透。应抓紧组织专门力量深入进行理论研究，从政治、经济、文化、历史等多视角把中国道路的内涵、外延、构成、内在逻辑等重大理论和实践问题阐释清楚，深化中国道路的理论基础，为对外工作提供坚实的理论支撑。

二是加强国际公关和国家形象推广策略的研究。深入细致地做好需求调研，了解国

外人士、政府官员和专家学者对中国道路的兴趣点和疑问点在哪里，了解不同人群的思想基础和认识起点，了解当前国际舆论的热点问题和国际上普遍关切的问题等，以增强对外宣讲的针对性和实际效果。

（三）研究沟通方式方法

阐释的目的是要让受众准确理解我们希望表达的内容，因此要研究国外受众的语言、习惯的表达方式、逻辑思维，尽可能按照对方能接受的方式进行沟通，这样对方就比较容易明白。

一是要坚持辩证思维和客观求实的方法。避免非此即彼、片面、极端的思维方式。坚持摆事实讲道理，以理服人。用事实说明中国独特的历史命运、独特的文化传统、独特的基本国情决定了中国要走适合自己特点的发展道路；用事实说明中国坚持和平发展、开放发展、共同发展，通过争取和平的国际环境发展自己，又以自身的发展维护和促进世界和平；由此说明中国的政治制度、经济制度和发展道路的选择。在具体讲述中，既要讲成绩，又要讲问题；既要讲正面，也要讲负面。在提出问题的同时，讲清楚解决问题的措施，增强宣讲的感召力和说服力。

二是要用数据、案例、生动具体的小故事阐述“中国道路的大道理”。用外国人熟悉的思维方式讲述中国故事，从讲历史入手讲现实，从讲文化入手讲政治，从简单的道理入手讲复杂的理论，正确处理好学术性、通俗性与鲜活性的关系。少讲理论，多讲故事，从小见大，通俗易懂，增强讲话的吸引力。要针对不同的对象讲不同的故事，注意针对不同国别、不同文化、不同历史背景、不同体制框架，在比较的基础上，探讨共同点，认识分歧点，把握切入点，并力求用对方听得懂的语言、表述方式进行平等交流和沟通，以增强信任、促进认同。

三是传播平台、渠道、载体要多样化，吸引国外受众的兴趣。高度关注新媒体的运用，研究网络时代的宣传技术、方法、规律，充分运用微博、微信、网络、世界知名社交网站等新媒体拓展传播手段，利用国外专业媒体和传播机构等渠道，加大中国声音的覆盖面。采取讲授与现场考察相结合的方式，邀请外国人来华学习考察感受了解中国道路。借助国际形象公关公司等机构的专业力量开发传播策略，制定传播手段。综合发掘社会各种资源，包括电影、电视剧、小说、画展、摄影等多种文化载体全方位向外推进。

（四）整合各方力量，发声主体多元化，构建国际传播的大格局

更好地在国际上阐释中国道路，是一项关系全党、全国、全民族的大事，社会各界

都有责任和义务向世界阐释中国道路，各行各业都要讲好中国故事。为此，要进一步优化资源配置，整合各方力量，形成中央统一领导，各方有序参与、紧密配合，各项工作有效运转的国际传播大格局。

一是要加强对政府工作人员的培养，包括外事素养、跨文化交流和各种涉外工作能力的培养，使之成为公共外交的主体力量。

二是培养知华、友华的国际力量，包括海外华人、华侨、来华留学生、研究中国问题的国际专家学者、长期在中国工作的外国人、国际媒体人等，加深他们对中国道路的理解，再通过他们向国外介绍中国。

三是要培育一支专业队伍，建立阐释中国道路的专家库，聚集、培养一批内晓国情、外知世界的专家。建设一支具有国际眼光，政治坚定，理论功底扎实，善于应对复杂问题，能通过对话深入浅出地介绍好中国道路的专家队伍。加强对青年力量的培养，充分发挥大学生和年轻人思维活跃、国际视野开阔、易于与外国人交流的特点，重点培养一批政治素养高、善于在国际平台和媒介上阐释中国的青年力量。同时，要发挥民间社会的智慧和创造力，在各个领域和社会各阶层培养向外界介绍中国道路的人才。

（五）打造多元化的国际沟通平台

一是充分利用国际组织平台，阐述中国道路。国际组织是专业信息交流的重要平台，也是行业标准的制定者，要有针对性、有规划地培养我国在国际组织中的工作人员，建立国际组织人才库及培养和培训机制，有计划地向国际组织输送中国人才。加强对国际组织工作人员的培养，使他们及时向国际社会传递中国声音，争取在国际组织中的话语权和主动权。同时，国际组织作为多边平台，有丰富的传播渠道和成熟的传播机制。要加强与联合国、世界银行、亚太经济合作组织、世界贸易组织等综合性、区域性、专业型多边机构的合作，利用多边渠道发出中国声音。

二是大力开展涉外培训，通过涉外培训平台加强与世界各国的治国理念交流，增进理解和互信。要充分发挥涉外培训机构的作用，加强对国外精英人才的培训。条件成熟的可考虑在国外与当地合作开办培训机构，加强涉外培训师资走出去培训的工作力度。

三是加强专门领域的国际对话。充分利用双边、多边国际交流平台，中外合作项目，各种官方和民间的对话机制，就中国政治、经济、社会政策等共同感兴趣的话题，开展研讨和对话。发挥友好城市、社会团体、文化交流等平台的作用，广泛联系、聚集人才，全方位、多渠道地对外阐释中国道路。

构建高校宣传思想工作话语体系：挑战、问题、对策

■ 徐志宏　郑文涛*

［摘　要］话语体系承载着特定的价值观念，具有意识形态属性。构建高校宣传思想工作话语体系是牢牢掌握高校意识形态工作领导权、管理权、话语权的关键所在。高校宣传思想工作话语体系建设面临着来自世界范围内意识形态斗争和国内多元社会思潮与价值观念的双重挑战，在增强价值观、话语权自信，构建话语体系学科合力，加强和改进文风以及增强对网络话语权的控制能力等方面还存在一些薄弱环节和问题。构建具有中国特色、时代特征的高校宣传思想工作话语体系，必须坚持以马克思主义为指导，坚持理论与实践相结合，坚持融合中华优秀传统文化，坚持借鉴吸收世界文明有益成果，坚持旗帜鲜明、理直气壮地开展思想教育，培养中国特色社会主义事业的合格建设者和可靠接班人。

［关键词］高校宣传思想工作；话语体系；挑战；问题；对策

话语体系承载着特定的价值观念，具有意识形态属性。高校作为意识形态的前沿阵地，肩负着学习研究宣传马克思主义、培养中国特色社会主义事业建设者和接班人的重要任务。构建高校宣传思想工作话语体系是牢牢掌握高校意识形态工作领导权、管理权、话语权的关键所在。如何应对高校宣传思想工作话语体系建设面临的挑战、认识存

* 徐志宏，首都师范大学党委副书记，教授，博士生导师。研究领域：马克思主义哲学、当代中国马克思主义哲学、马克思主义中国化研究等。

郑文涛，首都师范大学宣传部副部长，副研究员。

在的问题，如何通过反思问题寻求构建高校宣传思想工作话语体系的应对之策，是加强和改进新形势下高校宣传思想工作亟待解决的重要问题。

一、构建高校宣传思想工作话语体系面临的挑战

当前，世情、国情、党情、教情正在发生深刻变化。高校宣传思想工作话语体系的构建，也面临着一系列来自国际国内思想文化领域斗争的严峻挑战。

从国际环境来看，正如马克思早在19世纪所预言的那样，在各国经济走向世界经济的过程中，精神文化生产也将走向世界性。“资产阶级，由于开拓了世界市场，使一切国家的生产和消费都成为世界性的了……物质的生产是如此，精神的生产也是如此。”① 我们目前身处的是比马克思预言的竞争更激烈、风险更复杂、挑战更严峻的经济全球化、世界多极化的时代，与之伴随的是世界范围内各种思想文化交流交融交锋更加频繁，国际思想文化领域斗争更加隐晦复杂。当今世界，意识形态领域看不见硝烟的战争无处不在，政治领域没有枪炮的较量一直未停。特别是西方敌对势力从未放弃对我西化分化的战略图谋，千方百计利用各种方式和渠道加紧进行思想文化渗透，意识形态领域斗争的总体态势仍然是“西强我弱”“敌攻我守”。比如，他们在政治上宣扬“普世价值”论，在经济上鼓吹新自由主义论，在文化上推行西方文化霸权，在思想上进行隐秘的宗教渗透，在学术上扶植西方势力的代言人，等等。他们“把话语置于一种作为霸权的权力观中，置于一种作为霸权斗争的权力关系演化之中”②，把“和平演变”的政治意图包装于精致的思想话语体系之中，处心积虑地预设话题，制造事端，用双重性和欺骗性的话语表达，去诱导和迷惑民众改变信仰体系、价值观念，去攻击和挑衅我国的主流意识形态，动摇我国社会主义制度的思想根基。“凡是要推翻一个政权，总要先造成舆论，总要先做意识形态方面的工作。革命的阶级是这样，反革命的阶级也是这样。”③ 面对世界范围内意识形态斗争的这种复杂局面，高校作为人才培养的阵地，如何打破西方的思想主导和话语垄断，肩负起抓好意识形态工作的政治责任，这方面的挑战就更为直接和严峻。

从国内形势来看，改革开放和发展社会主义市场经济既带来了经济体制、社会结构、利益格局的深刻变革和调整，又全面激发了社会活力，带来了思想观念的深刻变化，人们思想活动的独立性、选择性、多变性、差异性不断增强，社会思想日趋多元、

① 《马克思恩格斯选集》，2版，第1卷，276页，北京，人民出版社，1995。

② ［英］诺曼·费尔克拉夫：《话语与社会变迁》，80页，北京，华夏出版社，2003。

③ 《建国以来毛泽东文稿》，第10册，194页，北京，中央文献出版社，1996。

多样、多变。社会矛盾问题与思想认识问题相互交织、相互叠加、相互影响，不可避免地使一些人容易在思想上产生混乱。比如，近年来，民主社会主义、历史虚无主义、极端民族主义、网络民粹主义等社会思潮兴起，个人主义、拜金主义、实用主义、功利主义、享乐主义等价值观念流行，这些错误思潮和观念“使得在中国原先的那个无所不在的政治权力社会已经大大萎缩”①，国家所倡导的主旋律和价值体系在一定程度上陷入了模糊化、边缘化的窘境，消解和弱化了主流意识形态的影响力。特别是青年大学生正处在世界观、人生观、价值观养成的关键时期，这方面的影响尤为突出。滚动调查结果显示②，对“必须坚持马克思主义在我国意识形态领域的指导地位，不能搞指导思想的多元化”“我国必须坚持人民代表大会制度，而不能搞‘三权分立’”等观点表示“说不清楚”和“不赞同”的学生占比为25%左右；对“我国必须坚持走中国特色社会主义道路，不能搞民主社会主义和资本主义”表示“说不清楚”“不太赞同”“很不赞同”的学生比例都维持在15%左右；对“中国共产党是中国特色社会主义事业的领导核心”表示“说不清楚”“不太赞同”“很不赞同”的学生比例也维持在13%左右。这显然与我们立德树人的目标有一定差距，迫切需要高校直面现实挑战，不断创新宣传思想工作，守好意识形态阵地。

二、构建高校宣传思想工作话语体系存在的问题

2015年，中办、国办印发了《关于进一步加强和改进新形势下高校宣传思想工作的意见》，对高校宣传思想工做出了进一步安排，对如何加强高校哲学社会科学话语体系建设也提出了明确要求。面对新挑战新形势新任务，构建高校宣传思想工作话语体系还存在一些薄弱环节和问题。

一是在价值观、话语权方面相对缺乏自信。改革开放以来，随着对外学术交流的日益扩大和深入，西方学术理论和话语体系对我国的影响日益加深。部分知识分子、理论工作者和高校教师盲目崇奉西方的理论学术话语，甚至热衷于照搬照套西方的理论，不顾我国的具体国情和现实条件，直接套用西方的学术概念和话语体系去分析中国问题、研究中国道路、解释中国经验，离开了西方的学术理论、概念和模式就无法表达自己的学术思想，这是一种“外来教条主义”的错误倾向。造成这种不良倾向的根源，就在于我们还缺乏高度的理论自觉和理论自信，学术话语体系的创新意识还不强，对学术话语体系创新研究还不够深入。高校宣传思想工作如何破除对西方的学术依赖与话语崇拜，

① 黄力之：《中国话语——当代审美文化史论》，174页，北京，中央编译出版社，2001。

② 数据来源于2014年北京大学生思想状况滚动调查结果。

不断提升中国话语的感染力、影响力，这方面的工作还任重道远。

二是构建话语体系的学科合力有待增强。高校哲学社会科学学科门类齐全，专业繁多，其育人功能和话语体系建设的成效对促进高校宣传思想工作发挥着重要作用。哲学社会科学的意识形态属性，决定了它的话语体系建设必须以马克思主义为指导。需要强调的是，这里所说的指导，是指马克思主义的立场、观点、方法渗透到哲学、法学、经济学、教育学等每一门哲学社会科学学科的话语体系建设之中。然而，我们有时只是把马克思主义简单地作为与其他哲学社会科学学科并列的一门学科，而从根本上忽略了其对其他学科的指导作用。“这样做的后果只能是马克思主义阵地的日益缩小，马克思主义的指导地位逐渐弱化，马克思主义话语体系很难体现到其他哲学社会科学学科之中并真正发挥指导作用。”① 因此，如何坚持以马克思主义为指导，发挥高校自身优势，形成学科话语体系建设的合力，逐步构建起具有中国特色、时代特征的高校哲学社会科学学术理论体系和学术话语体系，仍然面临着许多问题。

三是需要进一步加强和改进文风。“对于一个人、一个政党、一个政权、一个民族来说，语言特别能体现他的质量、品格、气象与气数，你一张口就暴露了你是谁，想瞒都瞒不住。”② 在当前社会文化日益多元和活跃的背景下，我们的主流话语在一定程度上还存在着“党八股”的色彩，无论是在思想政治理论课的主课堂上还是在对师生日常的思想教育活动中，经常会表现出一种自我封闭、自说自话的倾向，缺乏吸引力、亲和力和感染力。习近平总书记曾经指出：“讲符合实际的话不讲脱离实际的话，讲管用的话不讲虚话，讲有感而发的话不讲无病呻吟的话，讲反映自己判断的话不讲照本宣科的话，讲明白通俗的话不讲故作高深的话。这就要求我们的文件、讲话和文章，力求反映事物的本来面目，分析问题要客观、全面，既要指出现象，更要弄清本质；阐述对策要具体、实在，要有针对性和可操作性。”③ 显然，我们离这样的要求还有一定的距离。

四是对网络话语权的控制能力堪忧。当前互联网已经成为舆论斗争的主战场。调查显示，大学生已经成为引领网络“微生活”潮流的主力军，有85%的学生使用微博微信，大学生网络化生存程度日益加深。以互联网为代表的新媒体具有信息开放、独立表达、即时互动、无界无域、传播迅速等特性，借助于此，一些不良思潮和错误观点找到了炒作的空间，它们歪曲党的历史、丑化党的领袖、攻击党的体制、抹黑英雄模范、嘲讽现实社会、炒作负面新闻，加之一些网络“大V”蓄意策划煽动，释放出不容忽视的负能量，潜移默化地影响着社会公众特别是广大青年学生，妨碍了社会主义核心价值观的培育，冲击和消解了主流意识形态的影响。高校宣传思想工作在如何科学认识和把握

① 邓纯东：《用马克思主义引领哲学社会科学话语体系建设》，载《思想理论教育导刊》，2014（4），58页。

② 李书磊：《再造语言》，载《战略与管理》，2001（2），111页。

③ 习近平：《努力克服不良文风 积极弘扬优良文风》，载《求是》，2010（10），5页。

网络舆情形成发展的规律和趋势，如何构建和打造符合网络传播特点的话语体系、抢占网络舆论制高点等方面还有不小的差距，亟待加强和改进。

三、构建高校宣传思想工作话语体系的对策思考

话语权掌握在谁的手里、体现什么人的需要、为谁服务是话语体系建设的根本问题。构建高校宣传思想工作话语体系必须紧紧围绕这一根本问题，重点把握好以下几点：

一是，坚持以马克思主义为指导，是构建高校宣传思想话语体系的根本原则。

马克思主义是我们立党立国的根本指导思想。高校处于意识形态斗争的前沿，是学习、宣传、研究马克思主义的重要阵地。不言而喻，高校宣传思想战线必须始终坚持正确的政治方向和舆论导向，切实增强马克思主义的理论自觉和理论自信，真正打牢马克思主义的“主心骨”。这里我们强调的是，构建高校宣传思想工作话语体系必须坚持党性和科学性的统一，从马克思主义的世界观、历史观出发，去观察问题、认识问题。但是在具体构建的方法上、视角上，又应该是多元的、多样的。正如恩格斯强调指出的：“马克思的整个世界观不是教义，而是方法。它提供的不是现成的教条，而是进一步研究的出发点和供这种研究使用的方法。”① 学科建设是构建高校宣传思想工作话语体系的重要支撑。高校哲学社会科学学科门类齐全，各学科都有其特定的研究对象、逻辑范畴、话语体系。我们要注意防止和克服两种倾向，一种是借口创新话语体系而否定马克思主义的指导地位，另一种是借口坚持马克思主义指导地位而忽视或教条化、机械式地对待话语体系建设。繁荣发展高校哲学社会科学，必须要在世界观和方法论的最高层面上坚持马克思主义的一元论，而在学科建设的具体领域上允许具体研究方法的多元化，努力超越话语体系构建中的学科分化和隔离状态。唯如此，才能使马克思主义话语体系体现到每一门学科建设之中并真正发挥指导作用，逐步破除西方的学术思想和话语垄断，确保高校宣传思想工作话语体系建设沿着正确方向前进。

二是，坚持理论与实践相结合，是构建高校宣传思想工作话语体系的重要基础。

“批判的武器当然不能代替武器的批判，物质力量只能用物质力量来摧毁；但是理论一经掌握群众，也会变成物质力量。理论只要说服人，就能掌握群众；而理论只要彻底，就能说服人。”② 要使理论能够彻底地说服人，就必须使理论扎根于实践，使理论本身真正为群众所认知、所理解、所接受。话语体系建设不是抽象的理论思辨和封闭的逻

① 《马克思恩格斯文集》，第10卷，691页，北京，人民出版社，2009。
② 《马克思恩格斯文集》，第1卷，11页，北京，人民出版社，2009。

辑论证，而是与丰富的社会实践密不可分的思想表达活动。中国特色社会主义的伟大实践是高校宣传思想工作话语体系的源头活水。高校必须要以高度的历史使命感和社会责任感，弘扬理论联系实际的优良学风，充分发挥自身的学科、人才优势，从高校师生的思想特点和实际出发，树立问题导向，增进问题意识，深入研究经济社会发展中的全局性、战略性、前瞻性问题，人民群众普遍关注的热点、焦点、难点问题，做好理论阐发、解疑释惑工作，弘扬主旋律，传播正能量，真正“坚持用中国的理论研究和话语体系解读中国实践、中国道路，不断概括出理论联系实际的、科学的、开放融通的新概念、新范畴、新表述，打造具有中国特色、中国风格、中国气派的哲学社会科学学术话语体系”①，在理论与实践的双向互动中积极建设和创新高校宣传思想工作话语体系，进一步增强广大师生的理论认同、政治认同、情感认同，凝心聚力共筑中国梦。

三是，坚持融合中华优秀传统文化，是构建高校宣传思想工作话语体系的关键环节。

历史是最好的教科书。“一个民族，一个国家，必须知道自己是谁，是从哪里来的，要到哪里去，想明白了、想对了，就要坚定不移朝着目标前进”②。中华文化源远流长，积淀着中华民族最深层的精神追求，代表着中华民族独特的精神标识，这是我们最深厚的文化软实力。“话语根源于人们的生活方式和文化习惯，但同时也影响着人们的生活方式和文化习惯”③。话语体系建设必须牢牢植根于中华优秀文化的沃土之中，认真汲取其中的合理元素，反映中国人的文化、思维和语言，打上中华优秀传统文化的烙印。党的十八大以来，习近平总书记的系列讲话、文章、著作等，形成了特色鲜明、独具个性的风格，令人耳目一新，深受人民群众喜爱，其中一个重要的原因就在于他善于吸取中华优秀传统文化的思想精华，古为今用，推陈出新，并赋予其鲜活的时代价值和意蕴，给人以思想启迪、精神鼓舞。这也为高校宣传思想工作话语体系建设提供了生动范本。高校作为优秀文化传承的重要载体和思想文化创新的重要源泉，有着得天独厚的继承和弘扬中华优秀传统文化的学科资源和人才优势，要不断增强以文化人、以文育人的责任意识和担当意识，着力打造同我们历史文化和民族精神相承接、具有强大思想引领力和现实解释力的话语体系，培育民族精神，提高国民素质，树立文化自信，坚定不移地守护大学的精神家园，切实履行好文化传承创新功能。

四是，坚持借鉴吸收世界文明有益成果，是构建高校宣传思想工作话语体系的重要补充。

在当今西方话语仍然占据国际话语体系主导地位的背景下，高校作为各种思想文化创

① 李长春：《在马克思主义理论研究和建设工程工作会议上的讲话》，见 http：//cpc.people.com.cn。

② 习近平：《青年要自觉践行社会主义核心价值观》，载《人民日报》，2014-05-05。

③ ［英］诺曼·费尔克拉夫：《话语与社会变迁》，1页，北京，华夏出版社，2003。

造、传播的集散地，必须增强政治敏锐性和理论鉴别力，坚持以马克思主义为指导，本着“为我所用、对我有利”的原则，以开放包容、兼收并蓄的姿态，批判地借鉴和吸收世界文明的有益成果。但是，我们坚决不能奉行“拿来主义”，照抄照搬西方的理论和话语，否则只会削弱和丧失自己的话语权，成为西方世界观、价值观的“传声筒”。我们要善于对西方的理论体系、学术概念做出马克思主义的界定、分析和判断，既要积极吸收借鉴国外理论学术及其表达方式的精华，有效汲取西方话语体系中的有益成分，又要立足自身国情，赋予中国精神和内涵。“这就提出了我们话语体系建设的一个重要任务是：对西方一些已经流行开来、我们已接受的话语体系，要有一个全面、系统的中国界定，界定其内容、特征，使其与西方原本的有吸收、借鉴关系，也有独自的特色和区别，有自己赋予的更先进、对中国更有益的内容”①。同时，我们也要注重把“走出去”与“引进来”有机结合起来，主动加强与国外大学、国际学术机构、知名学术团体的沟通交流，善于运用国外受众易于理解和接受的形式和手段，努力做到“中国立场、国际表达”，讲好讲活讲深中国故事，不断增强中国哲学社会科学在国际上的亲和力、感染力和影响力。

五是，坚持旗帜鲜明、理直气壮地开展思想教育，是构建高校宣传思想工作话语体系的必然要求。

宣传思想阵地，如果正确的思想不去占领，错误的思想就会占领，如果马克思主义思想不去占领，各种非马克思主义甚至反马克思主义的思想就必然去占领。高校宣传思想工作必须紧紧聚焦“为谁培养人、培养什么人、如何培养人”这一重大问题，牢固树立政治意识和阵地意识，坚持立德树人，不断加强和改进大学生思想政治教育工作，真正做到守土有责、守土负责、守土尽责，这也是构建高校宣传思想工作话语体系的题中应有之义和必然要求。对重大政治原则和大是大非问题，支持什么、反对什么，必须旗帜鲜明、态度坚定，决不能似是而非、模棱两可。对学术问题，要发扬民主，以理服人，做到学术研究无禁区、讲授宣传有纪律。对思想认识问题，应该摆事实、讲道理，加强正面宣传，有针对性地加以引导。对互联网、移动终端等新媒体传播的错误观点，必须主动出击，积极作为，不能沉默失语、没有声音。高校宣传思想工作话语体系要真正发挥作用，还要重点解决好马克思主义大众化的问题。列宁指出：最高限度的马克思主义等于最高限度的通俗化。② 要始终坚持大众化方向，贴近实际、贴近生活、贴近师生，充分考虑青年学生的成长规律、思想特点以及思维习惯和语言习惯，用通俗易懂、喜闻乐见的形式和语言，坚持不懈地对师生进行正面教育、正面引导、正面灌输，使中国特色社会主义理论体系入脑入心，真正做到以科学的理论武装人、以正确的舆论引导人、以高尚的精神塑造人，培养中国特色社会主义事业的合格建设者和可靠接班人。

---

① 邓纯东：《用马克思主义引领哲学社会科学话语体系建设》，载《思想理论教育导刊》，2014（4），58页。

② 参见《列宁全集》，中文2版，第36卷，467页，北京，人民出版社，1985。

努力打造融通中外的新概念新范畴新表述

——学习习近平总书记对外演讲的重要精神和理念

■ 孙敬鑫*

［摘　要］十八大以来，习近平总书记提出了"着力打造融通中外的新概念新范畴新表述"的要求，并在一系列对外演讲中做出表率。总书记的对外演讲具有独特的风格，取得了非常好的国际反响。他坚持用融通中外拉近沟通距离，用"大白话"讲述大道理，用外方诗词谚语阐释中国理念，用中外交往的事例拉近彼此情感，用自己的故事展现真挚情谊，针对不同地区和人群讲述不同故事。总书记的对外演讲，给对外传播工作带来很多启示，比如，在内容上，应该勇于在核心问题上展示中国观点；在方法上，应该更加巧妙地讲好中国故事；在重点上，应该不断提高对领导人形象的塑造和传播能力；在技巧上，应注意"内外有别、外外有别"。我们应认真学习总书记对外演讲的技巧，在实践和研究工作中，抓好融通中外这个关键，努力占领新媒体国际话语权高地，并在国际社会着力塑造大国道义感召力。

［关键词］总书记；对外演讲；融通中外

党的十八大以来，以习近平同志为核心的党中央高度重视对外话语体系创新工作，明确提出了"加强话语体系建设，着力打造融通中外的新概念新范畴新表述"的要求。习近平同志多次在对外场合就世界局势、中国改革发展稳定、中外关系、全球和地区热

---

* 孙敬鑫，中国外文局对外传播研究中心副研究员、传播战略研究室副主任，研究方向为国际传播、政党形象。

点问题等发表一系列重要讲话，提出了很多既内涵深刻又通俗易懂的重要理念和表述，在国际社会引起强烈反响，有效传递了中国声音。

一、总书记对外演讲的主要风格

在一系列对外演讲中，习近平总书记阐释了中国独立自主的道路观、和平发展的世界观、义利并举的价值观、交流互鉴的文明观、和谐共生的秩序观，发出了构建中美新型大国关系、共建“丝绸之路经济带”、建设“21 世纪海上丝绸之路”、树立新型亚洲安全观等倡议，提出了对非工作“真、实、亲、诚”四字方针，和对周边工作“亲、诚、惠、容”四字方针，等等。这些对外演讲表现出高超的传播技巧，收到了良好的舆论效果。

1. 用融通中外拉近沟通距离

总书记在对外演讲场合中，既坚持世界眼光、战略思维，又秉承民族特色、中国情怀。他在演讲中，立足于中国国情，注重弘扬和传播中华民族的优秀传统文化，让中国元素、中国文化以及中国故事、中国话语自然流淌。同时，又能顺应时代潮流，善于从当代世界的大势中把握发展趋势和走向，在国际风云变幻中从容淡定、沉着稳健。他还经常将访问国家和地区的语言、文化习俗融入演讲中。在坦桑尼亚演讲时，他一开口用“哈巴里”打招呼，用“阿桑特民萨那”来谢谢大家；在印度世界事务委员会演讲时，用“纳玛斯代”向大家问好，用“丹尼瓦得”向大家致谢……这都很好地传达了中国尊重世界文明多样性、相互借鉴、取长补短的包容互鉴精神。

2. 用“大白话”讲述大道理

总书记讲话最鲜明的一个语言特色是口语化、接地气。他经常用“大白话”来讲大道理，形象生动，通俗易懂，充满了浓郁的生活气息。比如，他用“鞋子合不合适，自己穿了才知道”讲一个国家发展道路的选择，用“同样一桌饭，即使再丰盛，8 个人吃和 80 个人吃、800 个人吃是完全不一样的”来阐明对中国发展现状的清醒认识，用“萝卜青菜各有所爱”比喻文明的多样性，用“碗与勺子难免相碰”来形容与周边国家的关系，用“和平犹如空气和阳光，受益而不觉，失之则难存”来阐释和平的重要性。

3. 用外方诗词谚语阐释中国理念

在阐释一系列倡议和主张时，总书记也经常使用成语、歌词，特别是访问国的谚语，这也展现出他独特的语言风格。比如，出访俄罗斯时，他提到了俄罗斯的谚语——“大船必能远航”。在出访拉美时，他又说到了拉美的谚语——“朋友要老，好酒要陈”。在出访非洲时，他提到了非洲诗人的诗句——“向前走，非洲，让我们听到你歌声中胜利的节奏!”在印尼演讲时，总书记一句“金钱易得，朋友难求”，引来台下听众的阵阵掌声。

4. 用中外交往的事例拉近彼此情感

总书记在演讲中善于用讲故事、举事例、摆事实的方式同频共振、凝聚共识、拉近情感。有学者统计，总书记在几次演讲中，讲故事的篇幅基本上占到了演讲总篇幅的10%左右。这样富有情节性的演讲内容可以很好地拉近两国的关系，增加亲切感，给人一种双方相互了解很深的感觉。例如，他在莫斯科的演讲中，生动讲述了抗日战争时期苏联飞行大队长库里申科来华同中国人民并肩作战等三个说明“两国人民相互支持和帮助”的事例；在墨西哥演讲时，用米卢带领中国足球闯进世界杯比赛和墨西哥跳水队在中国教练指导下取得好成绩的事例，阐述了两国人民的友好交往；在印度演讲时，他提到了天竺高僧迦叶摩腾、竺法兰来到中国洛阳以及玄奘西行、郑和在七次远航中六抵印度的故事。

5. 用自己的故事展现真挚情谊

总书记的讲话高屋建瓴，但不居高临下。他善于用聊天式、谈心式的语气娓娓道来、触及心灵，并用自己的亲身故事展现真性情、抒发大情怀。在出国访问的多次演讲中，他常常会透露出不少极具个人色彩的细节，比如，“我是一个足球迷”，“家乡在陕西”，“第六次踏上非洲大陆”，“年轻时读过很多俄罗斯文学作品”，“上山放羊，我揣着书，把羊圈在山坡上，就开始看书，锄地到田头，开始休息一会儿时，我就拿出《新华字典》记一个字的多种含义，一点一滴积累”，“泰戈尔的《吉檀迦利》《飞鸟集》《园丁集》《新月集》等诗集我都读过，许多诗句让我记忆犹新……”这些个人化的信息使得大国领导人的形象更加鲜活、饱满、生动起来，也让演讲现场气氛轻松起来，增加了亲和力。

6. 针对不同地区和人群讲述不同故事

针对不同国家的受众特点开展传播，是提升传播效果的重要因素。总书记的演讲非常注重因时而异、因地而异。如在拉美谈论足球，在法国谈论法兰西文化，在非洲谈论当地热播的中国电视剧《媳妇的美好时代》，在印度谈及中印两国在各领域的相似性和互补性，等等，这种做法准确把握了中国与他国之间的内在关联性，激发了受众的共鸣，增强了对外传播的针对性和实效性。

二、总书记对外演讲的重要启示

通过学习总书记系列讲话精神，尤其是他的对外演讲，我们认识到，总书记的讲话风格是一面旗帜、一个标杆、一面镜子，对增强对外传播工作的亲和力、吸引力和感染力，有很重要的启示和引领作用。

1. 在对外传播的内容上，应该勇于在核心问题上展示中国观点

此前一段时间，外界对我们外宣工作的诟病之一是认为我们对外所传递的观点经常是模棱两可、不知所云，我们自己也时常抱着“只可意会、不可言传”的心态，导致外界无法准确了解我们的态度和主张。特别是在一些全球性问题和事关中国改革发展稳定大局的关键问题上，我们在回应外界关切和主动对外传播时，必须态度鲜明、观点清楚，否则极容易出现被动应对和混乱失语的局面。

2. 在对外传播的方法上，应该更加巧妙地讲好中国故事

现在，我们已经越来越注意到讲故事的重要性。但是讲什么样的故事，如何讲故事，在什么场合讲，由谁去讲……这些具体问题还有待于进一步回答。从总书记讲故事的技巧中我们看到，在国际双边和多边场合讲，对着各国精英阶层讲，讲与别人的切身利益相关的故事，讲当下中国和未来中国发展道路的故事，讲有理念和价值支撑的故事，由权威人士和专业人士去讲……这些做法值得我们进一步探索和完善。

3. 在对外传播的重点上，应该不断提高对领导人形象的塑造和传播能力

领导人的形象是政党和国家形象的重要组成部分。同时，领导人也是传播和展示国家形象的极其重要的载体，特别是领导人在对外场合上的言行举止，一举一动都是外界关注的焦点。对于外宣工作者来说，应抓住领导人出席对外场合的机会，与外交外事外贸等部门一起，提前设置议题，加大对活动本身的参与和宣传报道力度，宣传报道好领导人的形象，牢牢把握国际话语权和定义权。

4. 在对外传播的技巧上，应注意“内外有别、外外有别”

国外受众同国内受众不同，不同国家、民族、宗教的受众有着各不相同的信息需求和接受习惯，需要改变此前的“大一统”对外传播格局，精确发力、精准传播。必须坚

持“内外有别、外外有别”的原则，加强受众研究，做到因地制宜、因人制宜、因语制宜，才能做到了解受众、赢得受众，最终引领受众。实现精准传播，同样也需要准确把握中国与其他国家之间的内在关联性，努力扩大利益交汇点，这样才能激发受众共鸣，从而增强我们对外传播的针对性和有效性。

三、在工作中认真贯彻总书记对外讲话精神

认真学习和贯彻落实总书记对外演讲的重要方法和经验，在未来一段时间，我们应着重做好以下几方面工作：

一是深入学习和研究总书记对外演讲技巧。

总书记的对外演讲，蕴含着深刻的重要外宣理念，体现了高超的外宣技巧和设置议题的能力，是中国与世界对话的新范本。我们要组织专门力量进行研究，通过座谈会、交流会、课题招标等形式，全面、深入、具体地梳理其中的经验和规律，形成系列书面成果，并以此指引我们的对外宣传报道和图书出版等对外文化交流工作。

二是抓好融通中外这个关键。

讲好中国故事，传播好中国声音，展示好中国形象，关键是能够实现融通中外。融通中外，就是我们对外传播的信息、观点和理念既要符合中国国情，有鲜明的民族特色和时代特色；又要与国外习惯的话语体系、表述方式相对接，符合外宣“三贴近”的要求，在“民族的”与“世界的”两者之间做好平衡。因此，要站在人类文明发展的高度，以世界各国人民喜闻乐见的话语观察问题、分析问题、解决问题，也就是我们所倡导的“中国故事、国际表达”。

三是进一步提炼和打造对外话语体系。

我们必须在一些全球性问题和事关中国改革发展稳定大局的关键问题上，敢于亮剑、主动发声，态度鲜明、观点清楚，否则极容易出现被动应对和混乱失语的局面。我们要重点围绕中国国情、中国道路、中国理念、中国制度、中国特色等重大课题以及民主人权、民族宗教等西方对我长期存在“认知错位”的关键问题开展研究攻关，建立话语构建、翻译、传播三方工作交流机制，建立核心政治话语研究、外译和发布机制，加强相关部门之间的沟通以及对外交流，争取在中国话语的翻译和表达上取得新突破。

四是占领新媒体国际话语权高地。

当前，网络和数字技术裂变式发展，带来媒体格局的深刻调整和舆论生态的重大变化，新兴媒体发展之快、覆盖之广超乎想象。随着数字化和全球化的进一步发展，网络国际空间必将更加成熟，在国际社会生活中的作用更加重要，国家在其中获得话语权将

具有重要的战略意义。因此，争夺国际话语权，尤其要注重适应信息技术革命的新潮流，加大对新媒体的建设力度，发挥其独特而重要的作用。建议开展中国新媒体对外话语权建设的顶层设计，大力发展网络媒体、手机媒体、流媒体等新兴媒体，加强各类新平台新终端的建设，推动主流媒体和新兴媒体的深度融合发展。

五是在国际社会着力塑造大国道义感召力。

长期以来，我国国际传播过于强调服务内政和外交的现实需要，短期实用性和目的性较强，但尚缺少大国道义感召力，影响了我们的国家形象和软实力建设。在新的历史阶段，要将塑造大国道义感召力作为国际传播能力建设的战略重点。要坚持道路自信、理论自信、制度自信，多阐释命运共同体、亚洲新安全观、正确的义利观等新理念。针对海外流行的中国是“惹得起、靠不住”等错误观点，积极反映中国对人类共同体命运和全球事务的认识、思考和担当，以展现中国的负责任的大国形象。

浅议我国对外宣传交流的政治话语体系问题

■ 范大祺*

[摘　要] 众所周知，国际话语体系的建设与传播长期处于“西强我弱”的格局，中国话语的影响力与我国的经济实力不相称是不争的事实。这一方面源于西方势力对我国的话语空间进行严重挤压，另一方面也由于我国自身的话语体系仍存在着亟待突破的诸多瓶颈。因此，习近平总书记谈到宣传思想工作时强调：“重点要抓好理念创新、手段创新、基层工作创新，努力以思想认识新飞跃打开工作新局面。”① 有鉴于此，本文将聚焦我国对外宣传交流的政治话语体系谈一些浅薄的看法，希望我国的外宣工作能够早日捅破观念上的窗户纸，“增强主动性、掌握主动权、打好主动仗”②。

[关键词] 对外政治话语体系；对外宣传；传播手段；交流效果；政治文化土壤

说　明

在全球化的大背景下，一个国家上至高级政要、下至黎民百姓，都对本国在国际上的话语权高度关心。这不仅因为话语权是一个国家经济、政治、文化等各方面实力

* 范大祺，中共中央编译局中央文献翻译部日文处副处长、一级翻译，天津外国语大学中央文献翻译研究基地研究员，中共中央编译局国家高端智库“马克思主义理论与当代实践”重点研究领域中央文献翻译与中国对外话语体系建设重点研究方向核心团队成员，主要研究方向为对外政治话语体系建设问题研究。

①② 习近平：《在全国宣传思想工作会议上的讲话》，见中央政府门户网站，2013-08-20。

的综合体现，也因为它牵扯了国际认同与尊重、民族自信与自豪的敏感神经。其背后隐含着国与国之间地位、实力的角逐，记录了国家利益与意识形态的竞技。因此，所谓话语权毫无疑问就是影响力的代名词，是由一个国家客观的经济基础、政治现状与文化实力等各方面所决定的。此外，话语体系自身的健全与完善也是提升本国话语权的重要基础和关键因素。话语体系是一个国家或民族思想理论体系和文化知识体系外在的表达形式，它受起到支配作用的文化思想理论体系和知识体系的制约。其逻辑结构由相关的概念、术语、判断、规律、范畴所形成的思想理论体系所决定。因此，有什么样的思想理论体系和文化知识体系，就有什么样的由其实质内容所决定的话语体系。而一个国家的政治话语体系则既是该国政治思想理论的外在表达形式，又植根于该国的政治文化土壤。我们构建对外宣传交流的政治话语体系（以下简称“对外政治话语体系”）的目的是让国外受众能够充分理解我们的政治文化土壤并乐于接受我们的政治思想理论。客观来说，我们的政治话语体系还远未达到国外受众想了解、听得懂、愿接受的程度，并且我国的政治话语体系建设从一开始就面临着西方话语权垄断的阻碍和干扰，面对诸多学者“西方政治制度至上”理论的挑战以及“中国政治制度落后”观念的挑剔，更遑论那些戴着有色眼镜或特殊心态看待中国的政客。从这个角度讲，构建对外政治话语体系之意义又是极为重大的，因为它肩负着打破意识形态界限和宣传中国特色道路、理论、制度的历史使命。因此，我国的对外政治话语体系建设任重而道远、迫切而艰巨。

一、对外政治话语体系概述

1. 改革开放 30 多年来对外政治话语体系建设的进步

新中国成立之后到改革开放以前，我国政治学理论成果或者说马克思主义中国化的成果就是毛泽东思想，与之相对应，当时对外政治话语体系建设的最大成果就是《毛泽东选集》（以下简称《毛选》）的翻译。1961 年中共中央设立的毛泽东著作翻译室（现中共中央编译局文献部的前身）翻译的多语种版《毛选》四卷是我国对外政治话语体系的奠基之石、开山之作和传世经典。先说传世经典，彼时全国最好的华侨翻译家、政治学研究者呕心沥血而成的这部《毛选》四卷多语种译本早已成为翻译界的“圣籍”，时至今日，仍是翻译界教学与研究的第一范本；再说奠基之石，《毛选》四卷是中国对外政治话语体系建设的起点，它让全世界人民了解到中国共产党和中国各族人民是如何推翻三座大山，摆脱了受压迫、受奴役的屈辱历史，从而走上了社会主义的发展道路；而称之为开山之作，是因为随后的“中国特色社会主义理论体系，就是包括邓小平理论、

‘三个代表’重要思想、科学发展观在内的科学理论体系，是对马克思列宁主义、毛泽东思想的坚持和发展”①，即对邓小平、江泽民、胡锦涛、习近平等党和国家领导人著作以及重要文献的翻译，都是在为中国对外政治话语体系建设添砖加瓦。

如前所述，改革开放以来，随着社会主义市场经济的蓬勃发展，我国的经济建设取得了举世瞩目的成就，并且在改革开放的实践中，形成和发展了中国特色社会主义理论，进而创造性地提出了一系列重要概念，比如小康社会、以人为本、集体人权、科学发展、协商民主、新型大国关系、和谐世界、中国梦等。而由这些重要概念组成的中国特色社会主义理论，是改革开放以来我国在话语体系建设方面取得的巨大成果。通过几代翻译人和传媒人的努力，中国特色社会主义理论的提法已经令世人耳熟能详。在全世界的任何一个角落，但凡提到中国的经济奇迹时，人们总愿意归结为中国模式、中国道路、中国特色，并以此来解释这个古老而文明的大国里所发生的一切天翻地覆的变化。这本身就是我国对外政治话语体系建设所取得的显著成效。伴随着中国经济的继续腾飞，中国特色社会主义理论必将愈发富有魅力，并倒逼促使我国对外政治话语体系进一步完善与成熟，从而有助于增强我国在国际上的话语权和影响力，最终提升我国的国际地位。

2. 对外政治话语体系建设仍与我国地位不相称

虽然改革开放以来特别是近年来我国对外政治话语体系在不断发展并逐步完善，但仍与我国的经济地位不符。全国人大新闻发言人傅莹在清华—布鲁金斯公共政策研究中心举办的中美智库高层论坛上的演讲中指出：“中国是一个新崛起的国家，我们在很多方面不太熟悉，或者是不太认可。比如一些我们提出的概念听起来很不错，让人感到很激动，但在翻译上我们还存在困难。通常是翻译完后，原有的意义就丢失了。”② 这从一个侧面反映了我国对外政治话语体系尚处于“毛坯房”阶段，很多重要的概念都只是独立存在的钢筋或混凝土支柱，它们之间没有很强的衔接性和连续性，看起来就不甚完美，解释起来就更加费劲，甚至受到极大的不可译性的困扰。比如“四个全面”战略布局，外国人通常接触到这个概念就是一头雾水，既然已经是全面了，为什么还要有“四个”？其实用“全面建成小康社会、全面深化改革、全面依法治国、全面从严治党”四者来指导我们的各项工作是毫无问题的，但从对外政治话语体系的角度来讲，则需明确它们之间存在着的密切的逻辑关系，并在第一时间将这样的理论具体化、精准化、内涵化、丰富化，才能达到最好的传播效果。事实上，在公开报道中，习近平首次将“四个

① 周宇豪：《马克思主义中国化话语体系变迁的政治学考察》，载《新闻界》，2013（19）。

② 傅莹：《在清华—布鲁金斯公共政策研究中心举办的“中美智库高层论坛”上的演讲》，见观察者网站，2015-04-22。

全面”并提，是2014年12月在江苏调研考察期间。他当时强调，“协调推进全面建成小康社会、全面深化改革、全面推进依法治国、全面从严治党，推动改革开放和社会主义现代化建设迈上新台阶”①。从那时起，理论界对这四根支柱之间是“齐头并进”的关系还是“目的—方式—保障”的关系就众说纷纭。直到2015年2月2日，在省部级主要领导干部学习贯彻十八届四中全会精神全面推进依法治国专题研讨班开班仪式的讲话中，习近平才第一次论述了四者之间的关系：“全面建成小康社会是我们的战略目标，全面深化改革、全面依法治国、全面从严治党是三大战略举措。”② 算是给四者关系的初步讨论一锤定音。这说明我们的政治话语体系自身还处于一个成长的阶段，而对外政治话语体系自然也就有一个相对滞后的构建过程。

3. 传统文化的根深蒂固、马克思主义的舶来性质以及马克思主义中国化的动态进程，决定了中国政治话语体系本身的特殊性和复杂性

众所周知，传统文化对中国的影响是世界上其他任何国家都无法想象的。具体到政治话语体系上来说，就是我们对政治思想理论的表述不可避免地带有独有的文化特征。比如反腐败斗争的“壮士断腕”“老虎、苍蝇一起打”，邓小平的“黑猫白猫论”以及毛泽东最为经典的“纸老虎论”，还有内涵不断丰富的“小康社会”，这些都需要反反复复的文化输出才能形成特定的概念，通常不仅仅是对外政治话语体系建设方面的努力，甚至还需要外交等方面的强势推动。另外，虽然传统文化对我们的影响根深蒂固，但我国政治思想理论的基础即马克思主义却是地地道道的舶来品，而且最早是经由日文翻译过来的“中转输入品”，再加上几十年来结合中国具体实际的本土化，使得我国政治思想理论本身就兼具特殊性和复杂性。因此，部分学者以西方话语体系来推介中国经验，往往导致研究成果的失真与偏狭。而从我国政治话语体系的现状看，中国化的马克思主义理论仍需通过系统有效的方式向国际社会推介。要想依据政治学的发展规律提升话语能力，首先应立足于我国政治实践，聚焦解决中国问题，以中国问题的解决影响人类共同问题的解决。当然，构建政治话语体系是一个漫长而艰苦的过程，政治学研究者既不能妄自菲薄，也不必急于求成，而应坚持理论自信、道路自信和制度自信，在不断研究全局性、战略性和前瞻性重大理论与现实问题的基础上，构建中国特色、中国风格和中国气派的政治学科体系和话语体系，为从实际出发促进我国政治建设和政治发展提供理论服务。只有政治话语体系自身得到发展和完善，对外政治话语体系才能具备足够的底气和底蕴。

---

① 习近平：《在江苏调研考察期间的讲话》，载《解放日报》，2014-12-15。

② 习近平：《在省部级主要领导干部学习贯彻十八届四中全会精神全面推进依法治国专题研讨班开班仪式的讲话》，见人民网，2015-02-04。

二、我国对外政治话语体系中存在的问题与不足

1. 说自己的理论多，看别人的反应少

近年来，我国在提高国际传播能力和对外话语体系建设方面投入极大，尤其是在中国特色社会主义理论的外宣工作方面更是不遗余力。中国共产党第十一次全国代表大会（1977 年）以来的各次党代会的主要文件和第五届全国人民代表大会第一次会议（1978 年）以来的各次会议的主要文件均被译成各种外文，以期将党和国家的重要方针和政策及时向国外受众推介，从而争取话语的主动权。从时间上来看，这是和改革开放的起步阶段完全吻合的。由此可见，新时期以来中央对理论外宣工作是高度重视的。但实事求是地说，我们在搜集国外舆情，特别是针对我国社会主义理论外宣成果的反馈方面仍然十分不到位。比如刚才提到的“四个全面”战略布局，国内受众和国外受众在理解方面是有差异的。国内的政治文化土壤和多年来的语言习惯使我们自然而然地感受到了“四个全面”作为中央治国理政基本思路的重大战略意义，但国外的媒体甫一听之，更关心的则是四者之间的相互关系及其中的重点在哪里，进而推导出中国未来的政治走向。其实，按道理来说，这本身是一个非常好的契机，正好可以利用国外受众的好奇心态将“四个全面”各自的内涵和彼此的关联作为一个完整的理论体系实施有效的“对外传播”。但遗憾的是，在笔者行文之际，除了习近平“一个目标三个举措”的定位之外，针对四者的权威性论述并不多见。即便如此，仍有很多理论家注意到了国外受众的着眼点，试图细化四者之间的关系。比如国家行政学院教授许耀桐分析说：“全面建成小康社会，是整个国家要实现的近期目标；全面深化改革，是我们推进全面实现小康目标的一个根本动力；全面推进依法治国是根本保障；习近平去年底考察江苏的时候提出‘全面从严治党’，这是点睛之笔、神来之笔。如果没有这一笔，其他都不能实现，有了这一笔其他就都鲜活起来。”① 而根据上海市人大常委会副秘书长杨佳瑛的论述，“四个全面”是分别从“以人为本、探索实践、遵循规律、抓住关键”四个角度四管齐下式的战略布局。② 国防大学政治部主任李升泉则撰文称：“‘四个全面’不是简单并列的关系，具有‘总分总’的逻辑结构。全面建成小康社会是奋斗目标，是我们实现社会主义现代化和中华民族伟大复兴中国梦的阶段性目标，具有战略统领和目标牵引作用。全面深化改革与全面推进依法治国同为支撑，共同支撑和推动奋斗目标的实现。全面深化改革是

---

① 转引自朱书缘：《习近平首次集中阐述“四个全面”，宣示治国理政全新布局》，见人民网—中国共产党新闻网，2015-02-03。

② 参见杨佳瑛：《实事求是推进“四个全面”》，载《学习时报》，2015-05-04。

实现奋斗目标的根本路径、关键一招、强大动力，全面推进依法治国是实现奋斗目标的基本方式和可靠保障。中国共产党是中华民族伟大复兴的领导核心，全面从严治党具有全局性、根本性，只有通过全面从严治党，才能使我们党坚强起来，才能在全面建成小康社会、全面深化改革、全面推进依法治国的进程中发挥领导核心作用，因而全面从严治党是实现前三个全面的坚强保证。”① 虽然学者们给出的都是一家之言，但这样的讨论是非常有意义的，能够使四者的关系愈发清晰起来，从而构筑一个完整的理论体系，同时也就能让对外政治话语体系更加丰满，经得起受众的推敲和探究。

2. 说中国的道理多，讲中国的故事少

在全国宣传思想工作会议上，习近平指出：“要精心做好对外宣传工作，创新对外宣传方式，打造融通中外的新概念、新范畴、新表述，讲好中国故事，传播好中国声音。”② 事实上，这一理论指南反映了我们对外政治话语体系中讲故事能力不强的缺陷。长期以来，世界传播领域话语体系为西方主导，发达国家既是世界话语的主产地，又是传播渠道的主控者，内容与手段的双重操控形成了话语霸权，塑造了媒介世界的现实图景，进而遥控着“历史”的生成。而裹挟着西方意识形态的故事加工厂更是深谙与受众产生共鸣之道，它们特别善于用讲故事的手段传播和渗透它们的政治理念。比如好莱坞“铁匣子中的美国价值观”攻城略地，在不断吞噬全球传播商业利润的同时，推行了西方思想文化和价值观，致使其政治影响力弥漫全球。另外，国际上关于中国的报道，无论选择角度、新闻素材，还是叙事结构、观点安排上，无不充斥着西方观念、标准、立场和逻辑，连“中国议题”也往往为西方媒体所设置。近年来，一些带着“有色眼镜”的西方媒体利用汶川地震、北京奥运、能源问题、昆明暴恐等重大事件、突发热点进行意识形态的干预和操控，使中国故事不仅得不到真实的呈现，还常常被误读、歪曲甚至“妖魔化”，影响了国际社会对于中国的评价，也损害了中国的大国形象。其实，我们完全应该在讲好中国故事方面投入更大的精力，将改革开放的成果和体制机制的优越性用讲故事的方式传播开去，争取收到事半功倍的效果。比如 APEC 蓝、海地维和、也门撤侨和反腐败斗争等，这些故事讲好了，会比枯燥的理论说教更能够树立良好的中国形象。

3. 说领导的讲话多，谈个人的分析少

这些年，我们通常有这样的误区：所谓对外政治话语体系建设就是将领导人的大部头著作和重要讲话翻译成多语种外文，然后在国家级媒体上进行传播。事实上，我国在对外政治话语体系建设上的确习惯于以宣传领导人的讲话为主。自《毛选》四卷开始，

---

① 李升泉：《“四个全面”新时期治国理政总方略》，见人民网—人民日报，2015-01-28。

② 习近平：《在全国宣传思想工作会议上的讲话》，见中央政府门户网站，2013-08-20。

《周恩来选集》（上、下卷）、《刘少奇选集》（上、下卷）、《朱德选集》、《邓小平文选》（一至三卷）、《陈云文选》（一至三卷）、《江泽民文选》（一至三卷）等构成了我国对外政治话语体系的主要框架。但众所周知，领导人的讲话和文章多数是在特定历史条件下或外部环境中有针对性的论述，是我们了解和掌握当时的大政方针和客观史实的第一手资料。而作为中国特色的社会主义理论体系，是需要政治学研究者进行细致的分析、解构、整合甚至重组的。具体来说，邓小平理论、“三个代表”重要思想、科学发展观、“四个全面”战略布局不是相互割裂的，而是一个有机结合的整体。目前，我们的政治学研究者在这方面投入的精力比较有限，即便是致力于此的研究者也更多是结合当前领导人提出的政治思想理论进行分析和阐述，很少有人在基础理论体系的构建上深入探索，最终使我们的政治话语体系呈现出铁路式的串联状态，而非建筑式的立体状态。尽管如此，这种分析型阐述在对外政治话语体系建设中仍未受到足够的重视，我们在外宣和交流过程中仍然偏好于推介领导人的最新指示和讲话精神，而没有集中我们在宣传手段和传播渠道方面的优势与力量，将那些极具说服力和非常有见地的研究成果广而告之。反之，国外的政治话语体系建构更多的是靠其智库或有影响力的学者来完成，他们的演讲或文章往往是媒体竞相报道和传播的主要素材。从这个角度讲，我们的对外政治话语体系更像由一条条封闭环路组成的干线交通，而缺乏毛细血管式的联络线衔接，致使我们的对外政治话语有体无系、有网无络。另外，我们在宣扬自身的政治文化土壤方面力道绵软且匮乏，常见的多是领导人直接引用带有浓郁传统文化风格的古诗古词古语，而国内受众与国外受众的反应却大相径庭。有时候国内探讨得如火如荼，国外的反响却平静如水。比如，每年总理的记者招待会后，我们都要热议翻译的机敏与老道、才学与智慧，考究“行百里者半九十”这样的词句现场翻译得是不是传神到位，但我们却很难获得国外受众的热烈响应。最经典的例子是 2015 年李克强总理在政府工作报告中提出的“大道至简，有权不可任性”。在国内，针对这十个字的讨论汗牛充栋，然而来自国外的反馈却基本等于零。究其原因，就是我们的传统政治文化土壤的影响力太过薄弱，无法引起别人的共鸣。而每次碰到对外政治话语中涉及传统文化的，都要先做一番灌输基础文化的努力，通常是中文简简单单几个字，外文难以取舍一大段，最终对外传播的效果还不尽如人意。因此，对外政治话语体系建设的原点在于文化根基，文化的输出才是王道，价值观的广泛认同才是核心，中国模式的成功才是原动力。

三、对外政治话语体系的探索与创新

1. 加强交流方式与传播手段的创新

刚才提到，我们的对外政治话语体系以对外宣传领导人著作及讲话和介绍会议重要文献为主，模式呆板且单一。再加上交流和传播往往是单向的，对方是否接收到？接收到什么程度？接收的部分又接受了多少？这些都没有明确的调查结果。因此，我们必须加强交流方式与传播手段的创新，不是单纯的以量制胜，而是要以效果作为对外政治话语体系建设的绩效标准。在交流方式上，因为怕犯政治错误而对政治话语“硬传播”的情况屡见不鲜，可否考虑在对外推介这些政治话语时，更多地介绍一些该政治话语产生的背景，而不是一味地靠高频率轰炸进行强制性输出？比如“四个全面”中的“全面建成小康社会”，在面对外国受众时，更多地强调这是“两个一百年”目标中的第一个没有太大的现实意义，而是应该着重介绍什么是我们心目中的小康社会，为什么要建成小康社会，怎样去建成小康社会，等等。简单地说，我们心目中的小康社会就是富强、民主、文明、和谐、美丽的中国；与之相对应，建成小康社会的实质就是要取得经济、政治、社会、文化、生态等各个领域全面而均衡的发展；而要建成小康社会，措施和保障就是深化改革、依法治国、从严治党等。通过这种解读式的传播，“小康社会”的概念就会立体并丰满起来，而对外政治话语体系的脉络也会逐渐清晰起来。同时，在对外交流时不能只顾着照本宣科，而是要注重和国外受众的互动，做到有问有答、越辩越明。要珍惜每一个对方提出质疑的机会，因为这恰恰是别人关注我们的表现。要利用别人感兴趣的时机恰当地推介我们的政治话语，而不是简单的“我说你听”、各执一词。另外，在传播手段上，也不能仅仅依赖新华社、中央台等国家级媒体正襟危坐式的发布，也要采用灵活多样、特色鲜明的宣传手段。比如，出品一些对比中美政治体制的动画片系列，出版一些普及中国特色社会主义理论的漫画式读物，利用网络等新媒体传播一些声画并茂、生动有趣的政治“软新闻”，甚至可以在电视上推出一些结合时事解读政治热词的幽默脱口秀，等等。总之，只有改善并创新对外交流的方式和传播的手段，增强交流和传播的吸引力，使我们的宣传更“接地气”，才能使我们的对外政治话语体系更具生命力。

2. 加强科学性和针对性，以宣传交流效果为导向

不可否认，在国际传播领域，我国的政治话语处于弱势，既没有形成世界承认的独立政治话语体系，也没有获得国外受众的普遍认可。这一方面是由于一些外国受众固执地认为中国的媒介都是官方御用，自觉不自觉地给我们的传播制品打上了意识形态的标签；另一方面也是由于我们缺乏对于传播对象选择、接受心理的了解，使得我们的政治话语在不同文化理念的公众面前，既缺乏可读性，也缺乏吸睛力。因此，从科学性来讲，我们的对外政治话语体系建设既要尊重翻译的客观规律，又要考虑国外受众的阅读习惯，更要顾及他们的政治文化土壤，善于采撷人性中最容易产生共鸣的东西为我所用，以达到最好的宣传交流效果。比如，在论述社会主义市场经济体制和“三个代表”

重要思想等重要的政治话语时，要着重结合马克思主义中国化的研究成果和中国特色的具体实际，区分中国与世界主要经济体的不同，强调中国道路与中国制度的必然化，最终得出自信的中国理论。而在论述和谐社会和科学发展观等重要的政治话语时，则要考虑到这是具备普世价值的理念，可以借鉴西方相近的理论，来阐明我们对社会公平、二次分配、环境保护、生态建设、结构调整等政治话语的理解。总之，科学性地建设我们的对外政治话语体系是宣传交流效果最大化的客观需要。另外，从针对性上来讲，我们的对外政治话语体系建设要有的放矢，符合引导国外受众更加全面客观地认识当代中国这一主观要求。比如，针对英美受众介绍我国的行政体制时，就要充分考虑到英国是议会制、单一制，而美国是总统制、联邦制，针对二者的政治话语就要有所区分。面对英国公众时，可以先介绍我国中央和地方之间的关系，再介绍人民代表大会制度，这样从相似讲到不同，就会让英国受众更容易理解和接受。而面对美国公众时，则可以先介绍我国的行政首长负责制，再介绍人民代表大会和一府两院之间的关联，就能让美国受众更清楚我们的行政体制与他们自身相比有何异同。最后要说明的是，科学性和针对性是建立在对对方充分了解的基础之上的，只有知己知彼，科学性和针对性才有意义。对外政治话语体系从来不是孤芳自赏、自说自话，一定要有足够的可信度和说服力，科学性和针对性是获得对方认可的手段和步骤所应遵循的原则，是提高对外交流和传播效果的最有效武器。

3. 加强思想建设与人才培养

从前文分析的我国对外政治话语体系中存在的问题与不足可以看出，无论是说自己的理论多、看别人的反应少，还是说中国的道理多、讲中国的故事少，抑或是说领导的讲话多、谈个人的分析少，归根到底都是自身的思想建设与人才培养不充分所致。一方面，要搞好对外政治话语体系建设，必须首先做好“对内宣传教育”，强化专家学者、新闻媒体、翻译人员的政治素养。另一方面，对外政治话语体系建设还必须依靠具有坚定的政治理想与信念的队伍去执行和实施，因此培养一支理论水平高、政策把握准、知识结构完整、外宣经验丰富的人才队伍是对外政治话语体系建设的当务之急。先说思想建设，这个问题需要分两个层次来看：第一，我们的政治理论还存在着完善和改进的巨大空间，这就要求我们的政治学研究者将经由中国特色社会主义实践总结出来的中国特色社会主义理论及时归纳、科学总结、合理建构、完美诠释，为对外政治话语体系建设夯实基础；第二，积极挖掘并传递中国传统文化的思想精髓、传播社会主义核心价值观，是建立对外政治话语体系从而提升中国话语权并实现良好国际交流的起点。其实，党的十八届三中全会审议通过的《中共中央关于全面深化改革若干重大问题的决定》已经明确指出：要“扩大对外文化交流，加强国际传播能力和对外话语体系建设，推动中华文化走向世界”。由此可见，对外政治话语体系作为对外话语体系的重要一环，不仅本身就和中华传统文化密不可分，而且两者之间是具有相乘效果的。中国的政治话语本身就凝结了传统文化的无限魅力，而政治话语的对外传播在一定程度上也能促进中国传统文化的辐射和影响。但无论如何，对外政治话语体系都必须植根于中国政治文化土壤，对中国政治文化土壤的宣传必须得到重视并且在必要时先行。否则我们的对外政治话语体系就会像离开土壤的苗木一样，无本可依、弱不禁风。再说人才培养，对外政治话语体系建设既需要提高政治学研究者、媒体相关业者、翻译从业人员的整体素质，也需要培养各个领域的高级精英人才。只有这样，才不会将我们的对外政治话语体系简单地固化为领导人的话语体系。也就是说，理论塑造人才、媒介传播人才、话语转化人才都是对外政治话语体系建设的必备基石。从国外的经验来看，他们的政治话语传播并不是依赖于最高行政领导的演讲，而是由一大批学者和专家来完成。比如，美国著名学者弗朗西斯·福山和托马斯·弗里德曼就分别用《历史的终结》和《世界是平的：一部二十一世纪简史》，从哲学与社会科学的角度为西方新自由主义的政治经济理念摇旗呐喊，在全世界造成了广泛而深远的影响。总之，对外政治话语体系作为美丽的金字塔尖离不开政治文化的塔基和政治话语体系建设者的设计与施工，如果我们眼里只盯着塔尖的效果而忽略了对塔基和建设者的关注，那就是本末倒置，也就不可能呈现出完美的塔尖。

结　语

以上就是笔者对我国对外政治话语体系的粗浅分析，行文的最终目的并非是为了指摘目前我国的对外政治话语体系究竟有多么不完美，也并非希冀笔者的意见和建议能够起到立竿见影的效果，更不奢求马上就可以改善我国对外政治话语体系的现状，只是诚挚地盼望看到此文的人能够从一个新的视角和新的维度来认识和思考这个问题，能够通过这篇文章在理解和看待对外政治话语体系建设这一当前的理论热点问题时获得一些启发和借鉴。的确，我国的对外政治话语体系建设目前正处于艰难跋涉的阶段，但相信随着中国道路、中国模式的不断成功，我国的对外政治话语体系建设一定会稳步前行。

党的思想理论阵地的坚守

——简论话语体系建设中的“文献声音”

■ 麻伯颜　王艺霖*

［摘　要］十八大以来，党中央从国内改革发展稳定的大局出发，着眼国际国内舆论形势，把话语体系建设提到了新的战略高度。党的文献工作者作为党的思想理论战线的一支队伍，在话语体系建设中要发出“文献声音”，一是要努力发挥党的文献库功能，为学习和研究党的理论和历史文献，学习和研究党和国家方针政策与重大决策，构建融通中外的新概念、新范畴、新表述提供翔实、权威的文本依据；二是要努力发挥党的文献的思想库功能，对党的理论创新成果进行学理阐释，用马克思主义中国化的理论成果武装全党和教育人民；三是要努力发挥舆情导向功能，维护和宣传好党的历史和党的领袖人物。本文围绕习近平同志对党的文献工作“三句话、六个好”的总要求，对新形势下加强话语体系建设，发出“文献声音”的重要性、工作重点以及应注意的问题进行了思考。

［关键词］话语体系；党的文献；中国特色

2013年8月，习近平总书记在全国宣传思想工作会议上指出，要加强话语体系建设，着力打造融通中外的新概念新范畴新表述，增强在国际上的话语权。2013年12月，中央政治局就提高国家文化软实力研究进行第十二次集体学习时，习近平再次指出，

* 麻伯颜，中央文献研究室科研管理部学术处副处长，编辑。
王艺霖，中央文献研究室助理编辑。

“提高国家文化软实力，要努力提高国际话语权。要加强国际传播能力建设，精心构建对外话语体系，发挥好新兴媒体作用，增强对外话语的创造力、感召力、公信力，讲好中国故事，传播好中国声音，阐释好中国特色”①。十八届三中全会《决定》也强调，要加强国际传播能力和对外话语体系建设，推动中华文化走向世界。十八大以来，党中央从国内改革发展稳定的大局出发，着眼国际国内舆论形势，把话语体系建设提到了新的战略高度。

一、党的文献工作在话语体系建设中的功能定位

话语体系建设不仅是说什么和怎么说的问题，更关乎思想观念和价值理念的构建。“提高国家文化软实力，要努力传播当代中国价值观念。当代中国价值观念，就是中国特色社会主义价值观念，代表了中国先进文化的前进方向。我国成功走出了一条中国特色社会主义道路，实践证明我们的道路、理论体系、制度是成功的。要加强提炼和阐释，拓展对外传播平台和载体，把当代中国价值观念贯穿于国际交流和传播方方面面。”② 习近平总书记把中国道路、中国理论、中国制度纳入了当代中国价值观念的范畴。新形势下，话语体系建设的核心是指中国特色社会主义话语体系建设，它包括中国道路、中国理论、中国制度话语体系建设。

党的文献工作是党的事业的重要组成部分，是党的思想理论建设的基础性、战略性工程。中国共产党在长期的实践中形成的大量的文献，特别是党的主要领导人的重要文献，记录了党领导中国革命、建设、改革艰辛探索的奋斗历史，记录了党在不同历史条件下完成伟大艰巨任务积累的宝贵经验，记录了马克思主义中国化的历史进程和理论成果，是几代中国共产党人的智慧结晶，是治党治国治军的精神财富，形成了中国话语的重要内容。如何通过编辑出版党的历史文献集和现实文献集，进一步深入研究阐释党的历史和理论，宣传、学习、研究老一辈革命家的生平业绩和精神风范，让书写在文献资料上的文字活跃起来，是我们在新形势下讲好中国故事、发出文献声音，加强话语体系建设所要解决的重要命题。

在话语体系建设中发出“文献声音”，一是要努力发挥党的文献库功能，为学习和研究党的理论和历史文献，学习和研究党和国家方针政策与重大决策，构建融通中外的新概念、新范畴、新表述提供翔实、权威的文本依据；二是要努力发挥党的文献的思想库功能，对党的理论创新成果进行学理阐释，用马克思主义中国化的理论成果武装全党

① 《习近平谈治国理政》，162页，北京，外文出版社，2014。

② 《习近平谈治国理政》，161页，北京，外文出版社，2014。

和教育人民；三是要努力发挥舆情导向功能，维护和宣传好党的历史和党的领袖人物。总之，党的文献工作要充分利用文献编辑研究成果讲好中国故事、传播好中国声音、阐释好中国特色。

二、话语体系建设中“文献声音”的重要性

1. 编辑党和国家主要领导人著作集、党的重要文献集，不仅是对中国特色社会主义话语体系核心理念的直观展示，而且有利于话语传播主体从党的历史和党的领袖生平思想中寻求话语自信

马克思主义及其中国化最新成果，是话语体系建设的重要思想和话语源泉。党的文献具体鲜明地记录了马克思主义中国化的历史进程和理论成果。马克思主义中国化的两次历史性飞跃及其两大理论成果——毛泽东思想和中国特色社会主义理论体系，集中体现在以《毛泽东选集》《邓小平文选》《江泽民文选》《科学发展观重要论述摘编》和十八大以来党的重要文献集等为代表的党的重要文献中。尤其是党的十八大以来，习近平总书记围绕坚持和发展中国特色社会主义、实现中华民族伟大复兴的中国梦发表了一系列重要讲话，提出了许多新思想、新观点、新论断、新要求。中央文献研究室编辑出版了《习近平关于实现中华民族伟大复兴的中国梦论述摘编》《习近平关于党的群众路线教育实践活动论述摘编》《习近平关于全面深化改革论述摘编》《习近平关于党风廉政建设和反腐败斗争论述摘编》《习近平关于全面依法治国论述摘编》。这些文献，展示了中国道路、中国理论、中国制度的形成过程、发展脉络和深刻内涵，为增强全党全国各族人民的道路自信、理论自信、制度自信，汇聚起推进中国特色社会主义伟大事业的强大精神力量，提供了重要教材。

2. 研究老一辈革命家思想生平和党的重要文献，是总结中国经验、阐释中国理论、解读中国道路、打造中国话语的重要途径

中国特色社会主义道路是中国共产党带领全国各族人民在长期的探索和艰苦卓绝的实践中走出来的。老一辈革命家的思想生平和党的重要文献见证了我们党领导人民所走过的路、做过的事，记录着这一路走来所形成的基本经验、基本方法、基本路径。一直以来，我们党都特别重视话语体系建设。毛泽东等老一辈革命家将马克思主义普遍真理同中国革命的具体实践相结合，形成了具有中国特色的革命话语体系。改革开放以来，马克思主义中国化不断取得理论创新成果，并在实践运用中取得成功。邓小平围绕“什么是社会主义，怎样建设社会主义”科学回答了社会主义的本质、根本任务、发展动

力、发展道路、发展阶段等一系列重大理论和现实问题，构建起中国特色社会主义话语体系的基本框架。以江泽民同志为核心的党的第三代中央领导集体围绕“建设什么样的党，怎样建设党”，以胡锦涛同志为核心的党中央围绕“实现什么样的发展，怎样发展”提出的一系列新思想、新观点，进一步丰富了中国特色社会主义话语体系的实质内容和深刻内涵。党的十八大以来，习近平总书记的系列重要讲话，对中国特色社会主义理论体系又有了新的发展，是指导具有许多新的历史特点的伟大斗争的鲜活的马克思主义。可以说，党的领袖人物和老一辈革命家都是中国话语体系的开创者、实践者和传播者。因此，加强老一辈革命家思想生平和党的重要文献研究，是我们用中国的理论和话语体系解读中国历史、中国实践、中国道路，总结中国经验的必经之路，有利于帮助我们领会精神实质，用精神武装头脑、指导实践，增强我们的话语自信，从而破除对西方的话语依赖与话语崇拜，掌握中国话语的主动权。

3. 宣传党的领袖人物，普及党的历史传统，有助于主流意识形态话语传播，增强人们的认同感和归属感，增强做中国人的骨气和底气

党的领袖人物和老一辈革命家为党、为国家、为人民不懈奋斗的一生，以及他们所建立的丰功伟绩，是同中国历史和中国实践紧密相连的，是中国故事的重要组成部分，是中国精神的具体体现。无论是毛泽东同志身上高瞻远瞩的政治远见、坚定不移的革命信念、勇于开拓的非凡魅力、炉火纯青的斗争艺术、杰出高超的领导才能①，还是邓小平同志信念坚定、热爱人民、实事求是、开拓创新、战略思维、坦荡无私的崇高品格②，抑或陈云同志坚守信仰、党性坚强、一心为民、实事求是、刻苦学习的精神③，无不承载着中国共产党人的崇高品德、优良作风和思想价值观念。在“西强我弱”的世界话语形势下，在实现中华民族伟大复兴中国梦的进程中，宣传好党的领袖人物，普及党的历史知识和传统，对于人们强身补“钙”、坚定理想信念、获取力量源泉、培育和弘扬社会主义核心价值观以及主流意识形态话语传播起着重要作用。

三、发出话语体系建设中的“文献声音”

习近平同志强调，要把党的领袖人物宣传好、维护好，把党的文献编辑好、出版好，把党的历史和理论研究好、阐释好，这为做好新形势下党的文献工作指明了方向，

---

① 参见《在纪念毛泽东同志诞辰120周年座谈会上的讲话》，载《人民日报》，2013-12-27。

② 参见《在纪念邓小平同志诞辰110周年座谈会上的讲话》，载《人民日报》，2014-08-21。

③ 参见《在纪念陈云同志诞辰110周年座谈会上的讲话》，载《人民日报》，2015-06-13。

同时也进一步向党的文献工作者提出了如何在话语体系建设中发出“文献声音”的新课题。

1. 坚持党性原则，以现实问题为导向，大力创新党的文献编辑和出版工作，增强中国特色社会主义话语体系的说服力和感染力

党的文献编辑是党的历史和理论研究、宣传的基本前提和必要准备，是一项政治性和科学性很强的工作。无论是老一辈革命家的著作、年谱、传记和画册，还是党的历史文献集和当代文献集，都是中国政治话语传播的一部分。党的文献编辑出版要坚持实事求是的原则，把握好正确的政治话语导向。

增强中国特色社会主义话语体系的说服力和感染力，让党的文献活起来，一是要及时记载正在进行的新的实践和积累的新鲜经验，及时编辑出版十八大以来以习近平同志为核心的党中央的重要思想理论。与时代同步，才能更好地为坚持和发展中国特色社会主义提供历史借鉴和现实依据。置身当代伟大实践之中，构建新概念、新范畴、新表述，才可以少一些主观推断，多一些历史现场感，才能增加话语的可信度和感召力。二是要及时推出高质量的通俗性文献读物，推动党的文献著作走出去。一直以来，党的文献学术性、理论性和研究性较强，比较适合专业理论研究者和党员干部阅读。而对于普通大众、青少年学生来说，他们也是中国特色社会主义事业的亲历者、参与者、见证者，必然也是中国特色社会主义话语的传播者。在讲好中国故事、传播好中国声音的过程中，普通的话语传播主体发挥的作用不容小觑。所以文献工作者要根据普通大众和青少年学生的思维方式和学习特点，为他们量身定制一批可读性强、有吸引力的普及性读物，为他们学习、宣传党史和党的路线方针政策提供权威读本。

2. 立足实践，以话语创新实现政治话语、学术话语和大众话语的有机统一，推动党的历史和理论研究成果的有效转化

中国特色社会主义伟大实践是打造中国话语体系的着力点和立足点。所以话语体系建设应以我们正在做的事情、正在进行的实践为中心，着眼于对重大现实问题的理论思考，不断对新的实践和新的发展进行经验概括和理论升华。用中国理论阐释中国实践，用中国实践升华中国理论。既要讲发展中的成就，传递正能量，也要直面“发展中的问题”“成长中的烦恼”。对于文献工作者来说，话语体系建设的重点就是要用中国的话语把老一辈革命家思想生平和党的重要文献研究好，尤其是要把十八大以来以习近平同志为核心的党中央的重要文献、治国理政的新理念新思路新举措介绍好、阐释好、传播好，形成一套完整的、准确的话语表达方式。

党的思想理论、路线、方针、政策属于政治话语的范畴，一般概括性强，意识形态

色彩浓，较抽象晦涩，导致对内传播时大众难以接受和理解。而国内外话语又由于社会制度、文化背景和意识形态的不同存在一定的差异，所以对外传播有时又难免会陷入自说自话、“鸡同鸭讲”的困境。“射箭要看靶心，弹琴要看听众。”在对外话语传播的前提下，党的历史和理论研究必须根据不同的传播受众和传播语境，对政治话语进行转化，实现政治话语、学术话语、大众话语的有机统一。

实现政治话语、学术话语、大众话语的有机统一，就是既要用科学精准、学理性强、具有中国特色的学术语言反映中国特色社会主义的实践探索和理论成果，又要用大众听得懂、可接受的名词概念、思维方式和表达方式，比如名言、警句、俗语、谚语、成语和故事等来解释党的路线方针政策，传播党的意识形态。新一届中央领导集体的政治话语就呈现出明显的大众化倾向。比如，习近平同志用“人民对美好生活的向往，就是我们的目标”强调执政理念，用“人心是最大的政治”强调执政规律，用“打铁还需自身硬”阐明执政“铁律”，用“鞋子合不合脚，自己穿了才知道”来回应走自己道路的合理性，这些话语生动活泼又平实亲切，朴实无华却掷地有声，让人印象深刻。再如中央文献研究室为庆祝建党 90 周年拍摄的电视理论文献片《中国道路》，通过解读党领导中国革命、建设和改革不同时期形成的重要文献，对中国共产党 90 年的思想历程进行梳理，反映了我们党在不同历史时期为解决中国现实课题，在一些重大问题上的探索和思考；语言朴实清新，很生动有力地回应了国内外对“中国道路”“中国模式”的讨论。这种用电视载体把理论和文献结合起来的做法，就是一次文献研究成果转化的有益尝试。只有把党的历史和理论研究好，才能更好地推动研究成果的转化利用，才能更好地进行对外话语传播。

3. 强化互联网思维，创新话语传播的方法和手段，宣传好党的领袖人物的生平业绩和精神风范；勇于亮剑、敢于斗争，守好舆论话语阵地，维护好党的领袖人物形象

2014 年 2 月 27 日，习近平主持召开中央网络安全和信息化领导小组第一次会议时提出，做好网上舆论工作是一项长期任务，要创新改进网上宣传，运用网络传播规律，弘扬主旋律，激发正能量，大力培育和践行社会主义核心价值观，把握好网上舆论引导的时、度、效，使网络空间清朗起来。① 随着互联网技术和应用的飞速发展，我国已经成为一个网络大国，网络已经深入人们工作生活的方方面面，很多人特别是年轻人获取信息的方式都来源于网络。在“人人都有麦克风、人人都是通讯社”的年代，传统的传播方式在话语权竞争的诸多方面都已经不占优势，如果不进行改革创新，将越来越难以

① 参见《人民日报》，2014－02－28。

适应传播生态的剧烈变化。但也不能不顾实际情况和发展需要，简单地将传统媒体与新媒体技术嫁接。因此，在新形势下，我们要根据受众的心理特点、情感所需、利益诉求、关注所在，适应信息网络化的特点，强化互联网思维，加强正面引导，使文献宣传的影响力最大化。

首先，就宣传内容而言，在大众话语和对外话语传播的语境下，党的领袖人物宣传要将领袖人物的生平事迹和思想理论形象化、具体化、故事化。把领袖人物还原成普通人，以百姓视角讲述他们的工作生活，展现他们“接地气”、平民化的一面，才能拉近与人民群众的心理距离。故事最能打动人，讲述领袖人物生平思想中与群众现实需求相关的故事，把他们的世界观、人生观、价值观、工作方法、思维方式与现代普通人的追求和困惑联系起来，用领袖人物的人格魅力和精神风范吸引人、感染人、影响人，有助于增强凝聚力和向心力，使政治话语传播更加深入人心、获得认同、形成共鸣。比如，电视剧《历史转折中的邓小平》在领袖人物刻画上就改变了以往“高高在上”和符号化、概念化的政治领袖荧幕形象。剧中对邓小平工作场景和家庭生活的描写（如第一集开篇呈现在观众面前的是雷雨交加的深夜，小平夫妇正在为身有残疾的儿子邓朴方擦身体），突出了这位伟人深深的家庭情结和浓厚的平民气质。在党史知识宣传上，不刻意回避历史，敢于揭秘，直面政治，通过一系列虚构人物展现普通人和大时代紧密相连的命运变化和精神成长，把党的路线方针政策与人民生活、百姓期待、社情民意勾连。一切都那么真实自然，在社会上获得了很不错的反响，在主流意识形态话语传播上取得了很大的突破。

其次，从宣传形式来看，要充分发挥新媒体立体式、全天候、全覆盖、高效率的传播优势，推动传统媒体和新媒体的深度融合。以往党的领袖人物和党的思想理论宣传更多依靠的是报纸、书籍、新闻、期刊、影视作品、主题展览等传统的宣传手段。不可否认，传统的传播手段在安全性上具有优势，但是在传播效率、传播成本上和新媒体相比却有着很大的差异。因此，我们要从新媒体的运行方式、话语方式等规律中汲取养分，加强宣传创意，实行多媒体互动，让网站、微博、微信、手机报、客户端等多个载体同步运行。门户网站不仅要全面展示文献编研成果，还要进一步通过网站点击量和浏览轨迹进行大数据分析，适时了解舆情动态和网民关注热点。数字化时代的到来促使人们的阅读方式越来越碎片化，所以可以适时将文字传播转换成图片、影像和声音输出。比如根据网络热点主动出击，定期设置主题，通过撰写短小精悍的宣传性文章，制作微电影、微视频、图片集、电子期刊等，来讲述领袖人物的小故事，普及文献基本常识，回应公众疑惑，加强网络互动，提高舆论引导能力。微博、微信是当前新媒体传播的主要载体，以其及时性、快捷性、互动性的优势赢得了大众的青睐，利用公众平台发布信息、传递思想可达到事半功倍的效果。此外，还可以通过开发和党史知识、领袖人物有关的益智游戏或者手机客户端，增强传播受众的主动参与性。这种以小见大的做法，可以让话语传播由硬到软，转刚为柔，从而做到潜移默化、“润物细无声”。只有真正站在话语客体的角度想问题，实现话语主客体之间的良性互动和有效沟通，才能提高党的文献宣传的亲和力，使政治话语的传播更加入脑入心。

再次，党的文献工作者还必须密切关注、分析研判当前意识形态领域与领袖人物有关的动态和问题，增强主动性，掌握主动权，在关键时刻不失语。面对国内外各种歪曲党的历史、抹黑党的领袖、企图颠覆共产党领导和社会主义制度的倾向、观点，文献是最好的证明，史实是挫败谣言最有力的武器。我们要用党的文献史料讲清楚理论依据、实践依据和情感依据，对错误观点、错误倾向、歪曲事实、谎语谣言进行及时纠正，帮助人们划清是非界限、澄清模糊认识，维护好党的领袖人物，守护好舆论话语阵地。

四、结语

随着中国经济的快速持续发展和综合国力的大幅提升，“中国道路”和“中国奇迹”背后的故事引来国际社会的广泛关注。对于中国的发展实践和发展理念，我们最有发言权。党的文献工作要牢牢把握职责定位，坚守思想理论阵地，在打造具有中国特色、中国风格、中国气派的话语体系中发出响亮的“文献声音”。

当代中国主流价值观话语权提升的几个问题*

■ 方爱东**

［摘 要］当代中国主流价值观就是中国特色社会主义价值观，由终极价值观、核心价值观和基本价值观构成。话语权是一种基于一定的话语得到广泛理解和认同而产生的使人自愿服从和跟随的“软权力”，提升当代中国主流价值观话语权对于增强我国文化软实力具有重要意义。当代中国主流价值观话语权提升有着三重路向：一是坚定价值观自信，提升话语自觉；二是创新话语内容，提升话语质量；三是扩大对外传播，提升话语效果。

［关键词］当代中国主流价值观；话语权；提升

“话语”是人们在社会交往中所运用的语言和言语方式。20世纪中期，哈里斯突破了以往有关话语的抽象研究，首次提出了“话语分析”概念，人们开始重视话语与社会的关系、与情境的联系，将话语分析运用于研究实际交往中的话语使用。福柯进一步在意识形态、政治等问题的研究中运用话语分析的方法，认为“话语即权力”，把话语当作一种影响、支配、控制他人的手段和工具。新世纪以来，国外有关“话语权”的思想观点也影响到国内学界，学者们虽有不同的阐述，但大多认可话语权不同于外在的、强

---

* 基金项目：国家社科基金“当代中国主流价值观话语权生成机制及运行研究”（15BKS084）；安徽省社科规划项目“提升社会主义核心价值观国际影响力研究”（AHSK11－12D37）；安徽省高等教育振兴计划项目“弘扬核心价值观名师工作室”（2014SZKMSGZS0017）。

** 方爱东，安徽大学科学发展观研究中心主任、教授、博士生导师，安徽省学术与技术带头人。安徽省马克思主义学会副会长，安徽省科学社会主义学会副会长。研究方向：当代中国主流价值观建设。

制性的"硬权力"，而是一种基于一定的话语得到广泛理解和认同而产生的使人自愿服从和跟随的"软权力"。因而，话语权实质上是一种权力关系，具体表现为一定的"话语"的建构权、解释权和控制权。

改革开放以来，我国的经济建设取得举世瞩目的巨大成就，我国成为世界第二大经济体，话语权也在逐步显现，如由我国主导的亚投行创始会员国最终达到了 57 个，表明我国的国际号召力提升，我国开始成为世界经济规则的制定者。但与此同时，我们面临的尴尬境地是，在意识形态领域、在价值观方面，国际社会长期形成的"西方话语霸权"格局并没有根本改变，西方大国始终利用其掌控的话语权，宣扬着它们的"普世价值"观，甚至由它们来设置"民主""人权"等"中国议题"。如何提升当代中国价值观念的话语权，增强其吸引力、凝聚力和影响力，是亟待解决的重大问题。目前，当代中国主流价值观念话语权提升面临的主要问题是：一是多元的话语主体的建设问题。在不断提升官方话语主体的话语能力的同时，培育具有价值观自信自觉的、广泛的话语主体具有十分重要的意义。二是话语内容与话语方式的创新问题。当代中国主流价值观的话语如何在最大程度上被话语对象所理解和接受，尤其是在中西文化差异的语境下，这一问题尤为关键。三是如何充分利用各种传播渠道和平台以提升国际传播力问题。

一、如何坚定价值观自信，提升话语自觉

话语权总是要关涉话语由"谁"说的问题，话语建构的责任总是由一定的主体来承担。话语建构主体对自身的价值观是否自信，对于当代中国主流价值观话语权的提升至关重要。有自信，才有自觉的坚守与弘扬。价值观自信是对自身价值观发展的历史与现实的理性认知、对价值观建设的已有成就的由衷自豪、对自身价值观创新能力的高度信任、对价值观未来发展目标的坚定信仰。刘云山指出，我们的价值观自信来自于马克思主义的正确指引，来自于中华优秀传统文化的丰厚滋养，来自于中国特色社会主义的成功实践，来自于对人类文明优秀成果的吸收借鉴。① 只有自信，才有执着的坚守、锐意的创新，才能在话语权构建进程中保持定力与韧性。自信的失落，会使一个国家和民族缺乏争夺价值观话语权的激情与从容，面对西方的话语霸权，要么拜倒在普世价值的脚下不能自立，要么茫然四顾迷失自我、昧于世界文明潮流而甘于自闭。

坚定价值观自信，首先要在理论上阐明当代中国主流价值观的科学性与合法性。全球化背景下，各种社会思潮涌动，价值观的渗透与反渗透的博弈日趋激烈，西方大国凭

① 参见刘云山：《价值观自信是保持民族精神独立性的重要支撑》，见 http：//news. xinhuanet. com/politics/2014-09/13/c_1112468560. htm。

借价值观方面的话语优势，鼓吹自己价值观的普世意义。坚定价值观自信，一方面必须认清我们自己的价值观，认清当代中国主流价值观建设之于中国文化软实力的增强、中国国家形象的提升、民族复兴“中国梦”的实现的重大意义，认清当代中国主流价值观不同于各种社会思潮价值观的社会属性、理论内涵、精神实质及其民族特性和中国特色，认清当代中国主流价值观吸纳、超越于中西优秀传统价值观的先进性，比如，当代中国主流价值观如何吸收了人类文明发展成果中关于自由、平等、民主、法治的理念，吸收了古今中外文化中深厚蕴含、代代相传的爱国、敬业、诚信、友善的优秀品质，并结合时代特征和实践发展将其发扬光大，等等；另一方面，必须辨清目前在我国影响较大的各种形形色色的价值观的精神实质及其消极作用，如历史虚无主义、自由主义、民主社会主义等社会思潮价值观的理论实质、发展的源流、经济政治等政策上的表现、实际的影响与危害等，避免迷信与盲从。其次，要在实践中发挥当代中国主流价值观的引领作用。“哲学家们只是用不同的方式**解释**世界，问题在于**改变**世界。”① 价值观自信还来自于理论指导下实践的巨大成功，价值观如何能够在实践中产生较大的作用、较好的效果，反过来会极大地增强人们的价值观自信。发挥当代中国主流价值观的引领作用必须解决三个重要问题：一是如何增强当代中国主流价值观的大众认同；二是如何以当代中国主流价值观引领大众文化的健康发展；三是如何实现当代中国主流价值观对当前影响较大的各种社会思潮的价值整合。三者互为前提、相辅相成，一定意义上可以说，大众认同是基础，实现对大众文化的价值引领和对社会思潮的价值整合是路径，促进形成更加积极、健康的社会价值观。这些问题的解决必然极大地增强我们的价值观自信。

话语权的提升不仅取决于话语主体是否有价值观自信，还取决于话语主体的价值观自觉，即话语主体是否认识到当代中国主流价值观话语权建构的重要性紧迫性、是否有高度的责任感和使命感。作为话语权的主体要素，话语主体有多层次的构成，建构当代中国主流价值观话语权，应充分发挥多元主体的作用。第一，执政党是主流价值观话语权提升的主要推动者和引导者。执政党应高度重视主流价值观话语权建设，要有鲜明的政治主张和强有力的决策、措施；要把培养党员队伍作为执政党引导主流价值观话语权建设的重要保障和依托，率先垂范，榜样引导，形成广泛的辐射作用。中国共产党历来重视主流价值观话语权建设。新中国成立以来，社会主义价值观的主导力、凝聚力、引领力和影响力在曲折中发展。改革开放后，党的几代中央领导集体都高度重视中国特色社会主义价值观话语权建设，尤其是十六届六中全会提出社会主义核心价值体系的命题以来，当代中国主流价值观话语权建设进入了新时代。第二，政府是主流价值观话语权提升的主导力量。当今世界，文化软实力已成为国家综合实力极其重要的内容，作为文

① 《马克思恩格斯选集》，2版，第1卷，57页，北京，人民出版社，1995。

化软实力核心部分的价值观建设的重要性日益凸显，主流价值观话语权建设不能缺位。政府应通过拥有的行政权力，积极构建推进主流价值观话语权提升的体制机制，以制度安排、政策导向保障主流价值观的权威性和至上性。第三，相关的文化机构和组织是主流价值观话语权提升的重要力量。目前世界上几乎所有的国家都存在较为庞大的文化机构和组织，担负着国家和民族间的文化交流与对话责任。这些文化机构和组织具有相对较大的能动性、自由度和广泛性，在传播各自组织的核心思想和理念方面的影响力日益扩大，是主流价值观话语权建设不可忽视的重要力量。近年来，在推动中华文化“走出去”的进程中，中国海外文化中心发挥了重要的作用。作为中国设在境外的文化交流机构，海外文化中心担负着组织、培训和信息服务等职能，这些职能发挥着推动驻在国人民更好地了解中国的历史、文化、经济社会发展成就及价值观的作用。自 1988 年中国第一批海外文化中心成立以来，经过 20 多年的发展，我国已建成覆盖五大洲的 16 个中国文化中心。① 这些文化中心在发展的同时也面临着经费、人员、成效不足和分布不均等问题，如何克服、解决这些问题，发挥海外中国文化中心有效传播当代中国主流价值观的作用？我们应认真思索并提出相应的对策。第四，广大人民群众是主流价值观话语权提升的基本力量。社会的价值观只有被广大人民群众理解、认同并追随和践行，才能真正成为社会的主流价值观，这种主流价值观对于广大人民群众来说才有公信力、才有话语权。因此，如何采取有效的措施，提高广大人民群对于主流价值观的认同度和践行力是关键。

二、如何创新话语内容，提升话语质量

一定话语内容的存在是话语权形成的前提和基础，话语质量好坏影响着话语权力。如果话语本身内容具有科学合理性和价值正当性，那么自然容易说服人。目前价值观领域流行的自由、民主、平等、人权、法治等的话语都源自西方。中国要取得与负责任大国形象相匹配的话语权，必须立足中国自身的文化传统、经济社会发展的实际，向国际社会贡献自己的话语。改革开放后兴起的“价值热”，使人们比以往更关注主流价值观建构问题，学界的研究大致经历了三个研究阶段：一是 20 世纪 80 年代至本世纪初的关于价值观的基础理论和社会主义价值观建构问题的研究；二是十六届六中全会以来关于社会主义核心价值观问题的研究；三是对习近平在中共中央政治局第十二次集体学习时提出的“当代中国价值观念”的研究。经过三个阶段的发展，尤其是十八大对社会主义

① 参见卫志民、陈璐：《提升海外中国文化中心的传播能力》，载《红旗文稿》，2015（4）。

核心价值观基本内容的确立为当代中国主流价值观话语权研究奠定了文本基础。创新话语内容应着重解决两个问题：

其一，科学地建构话语内容。在理论逻辑上，话语内容通过一定的语言及结构表达特定的观点、思想和理论知识体系。因而，话语权首先来自于价值观自身话语内容的科学性及其所具备的解释力、说服力。这种解释力、说服力以价值正当性为基础。价值正当性不仅表现为形式上的严谨与完善，更表现为实质上的符合历史发展规律、体现社会发展方向的价值取向。缺失价值正当性的话语内容是难以取得社会共识而形成话语权的。西方大国之所以在价值观方面拥有强势话语权，除了经济、科技和军事等硬实力因素，主要原因在于资本主义历史发展进程中形成的“话语特性”与它们强大的“话语能力”，即各种价值观领域的新概念、新范畴如“民主”“自由”“平等”和“博爱”等的创新和解释能力、价值议题的设置和评判能力、价值规则的制定和把握能力、价值观的认同度等，以及基于上述能力之上的话语引导能力，开创了一个不同于封建专制的崭新时代。提升当代中国主流价值观话语权本质上不同于西方国家对霸权的追逐，但是要想增强我国文化软实力，塑造良好的大国形象，也必须创新话语内容，创造出一系列具有中华民族的特点与风格的新概念和新表述。

当代中国主流价值观就是中国特色社会主义价值观，由终极价值观，核心价值观和经济、政治、文化、社会、生态等领域的基本价值观三个层次构成。科学地建构三个层次的话语内容意义重大。在言语行为理论看来，人并不能直观、经验地把握世界，世界是什么样的，与用什么样的话语描述是分不开的，语言是我们认识世界的中介。话语内容的科学性既要求话语所反映的内容、思想和实践具有科学性，又要求话语本身概念准确、逻辑严密和蕴含科学性，还要求话语的构建方式具有科学性。这就要求我们，一方面，必须遵循科学的原则和方法。在宏观上，创新当代中国主流价值观话语内容应遵循“四个自觉”的原则：自觉挖掘、运用马克思主义的价值资源，夯实当代中国主流价值观话语的理论基础；自觉根据时代的需要与实践的发展，培育和整合各种新的价值资源，不断丰富和发展当代中国主流价值观话语；自觉挖掘优秀的中华民族传统价值资源，赋予其时代的新阐释、新内涵，实现传统与现代的对接；自觉吸收、借鉴人类文明发展取得的有益价值资源，实现当代中国主流价值观话语和人类价值话语的共通与融合。在微观上，自觉地运用“理论与实际相结合”的方法，遵循理论在实践中发展的内在逻辑，将当代中国主流价值观话语内容的构建根植于中国特色社会主义现代化建设的实际运动之中；自觉地运用“质与量相协调”的方法，在“质”的规定性上集中反映社会主义性质，在“量”的规定性上最广泛地代表人民群众的多样价值诉求；自觉地运用“内与外相呼应”的方法，努力做到“中国立场、国际表达”，在国内最大限度地凝聚社会共识，在国际进一步形成与我国国际地位相称的文化软实力。“只有首先赢得中国人民的喜爱，具有中国风格、中国气派，才能堂堂正正地走向世界和屹立于世界文化之林。”① 另一方面，必须科学地凝练话语内容。话语是一定的思想理论体系的外在表达，但不仅仅如此。一定的话语更是经过选择的历史内容，不同的话语内容体现着不同的利益关系。当代中国主流价值观的话语内容构建，绝不是话语的汇集、概念的翻新，其精神实质必须是对鲜活的中国特色社会主义实践的科学反映与凝练，这就需要对当代中国主流价值观内涵、内容进行深入、系统的研究；需要着重对人的自由而全面发展的“终极价值目标”，24字的“核心价值观”和经济、政治、社会、生态和社会等领域的“基本价值观”的内容进行概括、阐释，并通过简明扼要的语言表达定型。事实上，我们已经开始了这项工作。党的十八大报告提出的“富强、民主、文明、和谐；自由、平等、公正、法治；爱国、敬业、诚信、友善”24个字的表述，以马克思主义经典作家对社会主义核心价值观的探索为理论渊源，立足中国特色社会主义实践，扬弃中西方优秀文化价值传统，从国家、社会、个体三个层面凝练了社会主义的核心价值目标、价值取向和价值准则，体现了社会主义性质，构成了较为系统的价值观念体系，为主流价值观话语权的确立奠定了良好的文本基础。以此为基础，我们的话语内容还要研究当代中国主流价值观的“人的自由而全面发展”的“终极价值目标”的当代内涵，以及经济、政治、文化、社会和生态等方面的“基本价值观”的内涵与外延。

其二，合理地阐释话语内容。话语包含着一定的语言及结构，语言及结构可以是相对稳定的，但其中所蕴含的意义在交流与传播中并不是固定的，而是敞开的、有待于阐释的。话语权很大程度上表现为对话语意义的解释权，拥有了话语意义的解释权，也就是话语主体能够以自己对话语的理解、意图去影响他人。现代传播已不再是话语信息的同质性流动，其中活跃着话语意义的传播、解释、对话与夺取。我们在阐释主流价值观话语过程中，首先要坚持话语内容的先进性。当代中国主流价值观话语既要能反映马克思主义的内在理论逻辑，又要能反映中国现代化建设的实践逻辑，还要能体现中西优秀传统文化的固有逻辑，并在三者的张力中形成高度的理论先进性。当代中国主流价值观与资本主义社会主流价值观、封建主义社会主流价值观有本质的区别。但就字面而言，法治、自由、平等、民主、公正等观念，比较早地广泛存在和运用于资本主义社会。对于这些概念的内涵，必须赋予其科学社会主义的丰富而科学的内涵。以“自由”为例，自启蒙运动以来，针对封建时代农民依附于地主的“非自由”状况，资产阶级倡导的充分肯定人的价值的“自由”理念具有巨大的历史进步意义。但是，随着资本主义的进一步发展，尤其是在垄断阶段，其“自由”价值观却日益呈现出工具性、形式性、自发性和个人性等“沉沦”的状态。社会主义“自由”价值观念“超越”资本主义“自由”价

① 《十四大以来重要文献选编》(下)，2152页，北京，人民出版社，1999。

值观念，在于其有机结合了“目的自由”与“工具自由”，不断提升“实质自由”的水平，合理利用“形式自由”的作用，严格规范“自发自由”，最终提高“自觉自由”的程度与水平。同时，和谐、爱国、敬业、诚信、友善等概念深深扎根于中华优秀传统文化，也必须赋予其时代的崭新内涵，决不应当做出过时甚至背离中国特色社会主义方向的阐释。其次，要提高话语内容的说服力。“理论一经掌握群众，也会变成物质力量。理论只要说服人［ad hominem］，就能掌握群众；而理论只要彻底，就能说服人［ad hominem］”①。主流价值观只有对现实实践做出彻底的科学性解释，才能说服人。就国内而言，社会转型时期，由深度调整的社会利益结构引发的价值冲突，要求主流价值观话语必须为化解群众的思想困惑、价值困惑等提供具有说服力、感染力的论据和论证。就国际而言，在多元化价值观的交流、交融与交锋中，针对国际上各种复杂的价值形态，对我国主流价值观的误解、误读甚至诋毁，主流价值观话语要能够给予说明、辩清以至揭露。再次，要推进话语方式的大众化。要将话语表达的理论性与通俗性相结合，用深入浅出的方式将话语内容讲清、讲透；要将精英式讲述转变为生活化语态，以理服人、以情动人、春风化雨；要增强话语时代感和包容性，能够将非主流语言如网络语言等进行合理引导和转换，兼容并蓄和消化吸收反映时代精神和回答时代课题的话语。

三、如何扩大对外传播，提升话语效果

在中共中央政治局第十二次集体学习时，习近平强调，“提高国家文化软实力，要努力传播当代中国价值观念。当代中国价值观念，就是中国特色社会主义价值观念，代表了中国先进文化的前进方向。我国成功走出了一条中国特色社会主义道路，实践证明我们的道路、理论体系、制度是成功的。要加强提炼和阐释，拓展对外传播平台和载体，把当代中国价值观念贯穿于国际交流和传播方方面面”②。提升当代中国主流价值观话语权，不仅需要加强“说什么”问题的研究，而且需要探索“如何说”问题。

首先，秉持“中国立场、国际表达”的传播理念。在传播当代中国主流价值观的过程中，一方面，必须坚持主流价值观的“中国立场”，即社会主义性质；另一方面，也要采取“国际表达”的传播方式，既要理解又不囿于国际惯例和话语规范，打破西方国家力图设置的“普世价值观”壁垒，努力提高价值观领域的议题设置能力，增强当代中国主流价值观有关民主、自由、人权等方面的话语内容的解释力和影响力，能够被世界

---

① 《马克思恩格斯选集》，2版，第1卷，9页，北京，人民出版社，1995。

② 参见人民网：《建设社会主义文化强国，着力提高国家文化软实力》，见 http：//www.zgdsw.org.cn/n/2014/0102/c218988－24003107.html。

上更多的人认识、理解和认同。

其次，充分利用现代传播技术手段，增强传播力。西方大国凭借着强大的硬实力，通过庞大的文化产业、大众传媒向其他国家和地区传播、渗透其价值观，占领着“话语权”高地。美国前国务卿基辛格始终坚持认为，“美国不能只是为了维持力量均势而在世界上继续有目的地存在下去，除此之外，还要推广美国的观念和价值”①。虽然中西方有着不同的价值观传播理念，但我们可以借鉴西方利用现代传播技术手段和隐性渗透传播方式的有益经验。在现代社会，文化产业、大众媒体等日益引领和塑造主流价值观的形成，影响着主流价值观话语权，“美国的文化产业占GDP高达25%，占全世界文化产业高达43%，美国广播和收费电视的收入，占世界同类文化产业收入约56%，其收费电视的收入占世界同类文化产业收入约85%，其电影票房的收入占世界电影业的收入大约55%”②。发达的文化产业为传播美国的思想文化及其价值观提供了强大的载体和平台。此外，美国充分利用各种报纸、电视、电台、广播、电影以及互联网等大众传媒潜移默化地传播其主流价值观。尤其是互联网的开放、分散、互动、海量、无界等特点，为话语权的辐射提供了十分广阔的空间。主流价值观如不能有效地占领、主导这一阵地，将极大地影响主流价值观的话语权。今天，以手机、平板电脑等为终端的“移动网络”能够将移动通信和互联网合二为一，微信朋友圈、微博粉丝群、新闻跟帖互动等信息传播与交流方式的出现，具有去中心化、互动化、隐匿化、大众化等新特点，对主流价值观的传播提出了新要求。面对新兴媒体快速发展的态势，如何进行好的管理和运用，对主流价值观的传播来说，既是挑战也是机遇。

再次，构筑多元的传播平台，形成复合传播模式。当代中国主流价值观话语权的提升，很大程度上也就是其对外的吸引力、感染力、传播力、影响力的增强。这就要求我们拓展话语覆盖领域，着力构建多元平台，提高传播当代中国主流价值观的能力和水平。以往，文化外交主要由国家外交机构来进行，当今国际传播主体日趋多元、渠道日渐多样、方式日益丰富。中国在传播平台建设方面，除了前述提到的文化产业、大众媒介等传播传播平台和渠道之外，还应构筑其他多元的传播平台：一是要构建顺畅的“官方平台”。全球化进程中的国家综合实力的竞争，并不都是零和游戏，很多情况下可以求同存异、实现共赢。要进一步加强政府间的对话、交流与沟通，通过国家的对外交流、合作和援助计划，国际间的正式和非正式的官方互访活动等，增进了解与理解，提升主流价值观的影响力。二是要特别注意“民意渠道”（国内外的民意力量）。近年来，中国民间对西方的一些带有偏见和成见的媒体报道所作出的强烈反应与诉求，体现了中国民间国际话语渠道的逐步打开。要进一步加强中国非政府组织与国际非政府组织、民

① Henry Kissinger, *Years of Upheaval*, Boston: Little Brown Company, 1982, p. 242.

② 王英：《美国如何建立社会主流价值观》，载《学习时报》，2012-03-19。

意机构、民间特别活动等的接触和沟通，通过彼此交流扩大国际话语权。三是要能够主动设置议题，使国际话语的议题和议程的设置对我们更有利，使我们从原来的世界“文明议题”的被动的“回应者”，转向某些世界“文明议题”的“提出者”，行使我们的话语权。努力争取人们普遍关注、影响较大的自由、民主、人权等重要概念定义权、解释权等。

最后，重视对传播效果的评价与反馈。通过多种渠道和平台传播的主流价值观话语是否得到传播对象的认识、理解以至认同，有何种反应、有无互动等即传播效果如何，直接关系着话语权提升问题。如果没有得到传播对象任何实际上的反应，就是毫无效果；如果话语在某种程度上被关注或得到相应互动，这涉及话语最终起到了何种性质的作用的问题。对传播效果的评判是非常重要的工作，但以往我们重视不够。应加强对话语效果的评价和反馈，推动话语主体及时调整话语内容和话语方式，提高传播效率。在效果评价方面，一是建立客观的评价标准，检测预期话语效果与实施状况；二是选择适宜的评价主体，将权威评价与民众评价相结合。在效果反馈方面：建立完整的信息上报、分析、研判体系，及时了解和收集信息，保证信息的客观、公正；建立良好的信息交流、互动平台，保证沟通渠道的畅通等。

关于构建中国经济学体系和学术话语体系的若干思考

■ 张 宇*

［摘　要］理论是实践的反映。中国特色社会主义事业的蓬勃发展和中华民族的伟大复兴，仍然要求并伴随着理论的繁荣昌盛。打造具有中国特色、中国风格、中国气派的经济学体系和学术话语体系，是中国经济学面临的重大而迫切的时代课题。创建中国经济学的首要任务是坚持和发展马克思主义的政治经济学，同时又必须坚持马克思主义的与时俱进的品格，根据中国改革开放的实践不断推进马克思主义政治经济学的发展创新；要立足中国，发展与中国的历史、文化、制度和实践相适应的经济学理论和学术话语体系，正确对待西方经济学，吸取国外优秀成果；要坚持百花齐放、百家争鸣，开放融通、兼容并包；理论工作者应大胆创新，为建设社会主义现代化强国和中华民族的伟大复兴提供理论支持。

［关键词］中国经济学体系和学术话语体系；马克思主义政治经济学；中国特色社会主义事业

在新中国成立以来革命和建设成就的基础上，自中共十一届三中全会以来，中国成功地走出了一条有中国特色的社会主义经济发展的新道路，中国经济显示的蓬勃生机和活力为全世界所瞩目，“中国模式”“中国经验”“中国道路”成为全世界关注的焦点。如何正确总结中国改革开放的伟大实践，打造具有中国特色、中国风格、中国气派的经

* 张宇，男，中国人民大学经济学院院长，二级教授，中国特色社会主义经济建设协同创新中心研究员，从事马克思主义政治经济学、社会主义经济理论和中国经济改革与发展研究。

济学体系和学术话语体系，增强中国经济学的自觉自信，是当前中国经济学界面临的重大而紧迫的时代课题。

一、在实践的基础上推进理论的发展

理论是实践的反映。当代中国的经济学是与中国特色社会主义经济建设的实践紧密相连的，它一方面深刻地反映着中国改革开放和经济发展的历史进程与实践要求，另一方面又为中国的改革开放和经济发展提供了理论上的支持，推动着实践向前发展。

早在新中国成立之初，针对当时经济建设照搬苏联模式的问题，毛泽东就提出，“任何国家的共产党，任何国家的思想界，都要创造新的理论，写出新的著作，产生自己的理论家，来为当前的政治服务，单靠老祖宗是不行的”①。他号召全党要以苏联的经验教训为鉴戒，推动马列主义同中国实际“进行第二次结合”。为此，他写下了《论十大关系》《工作方法六十条（草案）》等指导经济建设的重要文献，努力探索中国自己的社会主义建设道路。他还多次向全党干部建议，读斯大林写的《苏联社会主义经济问题》和苏联科学院经济研究所编写的《政治经济学教科书》第三版“社会主义”部分，强调“研究政治经济学问题，有很大的理论意义和现实意义”，并对社会主义政治经济学的一系列重大问题进行了探索，提出了许多宝贵思想和重要观点，如：政治工作是一切经济工作的生命线；以农业为基础，工业为主导，农、轻、重工业协调发展；统筹兼顾、适当安排，注意综合平衡；要实行中央与地方并举，充分发挥两个积极性；要处理好国家、集体和个人的关系，使各方各得其所；消除两极分化，实现共同富裕；价值法则是一个伟大的学校，是建设社会主义的有用工具；“向科学进军”“实行技术革命”，全面实现农业、工业、国防和科学技术的现代化；自力更生为主，争取外援为辅；等等。这些思想和观点对中国社会主义政治经济学的发展做出了重要贡献。

改革开放以来，中国经济社会发生了深刻变革和快速发展，创造了人类历史上少有的发展奇迹，为世界发展做出了历史性贡献，为当代经济学的发展提供了极为典型和无比丰富的素材。同时，中国是一个具有广袤的土地、众多的人口、悠久的历史并处于发展和转型中的社会主义大国，面临着工业化、信息化、市场化、全球化和社会主义制度的改革几重重大的历史变革在同一个时代的交织和叠加，中国实践和中国道路的复杂性、丰富性和特殊性是其他任何国家都不能与之相比的。伟大的实践呼唤着理论的创新，中国经济学发展面临着前所未有的历史机遇。在这一过程中，中共十一届三中全会

① 《毛泽东文集》，第8卷，109页，北京，人民出版社，1999。

以来，中国共产党把马克思主义基本原理与改革开放新的实践相结合，创立了中国特色社会主义经济理论。1984 年 10 月《中共中央关于经济体制改革的决定》通过之后，邓小平就评价这个《决定》“写出了一个政治经济学的初稿，是马克思主义基本原理和中国社会主义实践相结合的政治经济学”①。

30 多年过去了，中国特色社会主义经济理论伴随着实践的蓬勃发展取得了长足的进步，初步形成了完整的理论体系，其主要内容包括：社会主义的本质是解放生产力、发展生产力，消灭剥削、消除两极分化，最终达到共同富裕；以公有制为主体、多种所有制经济共同发展的社会主义初级阶段的基本经济制度的理论；社会主义基本制度与市场经济相结合的社会主义市场经济体制的理论；以按劳分配为主体、多种分配方式并存和公平与效率统一的收入分配制度的理论；积极参与经济的全球化同坚持独立自主相结合的对外开放理论；坚持走中国特色新型工业化、信息化、城镇化、农业现代化道路，相互协调、良性互动、深度融合的经济发展理论；使市场在资源配置中起决定作用和更好发挥政府作用的理论等。中国特色社会主义经济理论是马克思主义政治经济学在当代中国的发展。

这一时期，在经济理论和学术界，人们逐渐摆脱了传统计划经济思想的束缚，把理论的重心转向了对于现实经济运行过程的分析，转向了对改革和发展重大问题的研究和探讨，中国经济学的发展出现了繁荣的局面。从理论和实践的关系看，经济研究的成果可以分为以下三个层次。

第一个层次是对策性研究，如关于宏观管理体制改革、企业改革、金融改革、财政改革、价格改革、汇率改革、收入分配体制改革、劳动与社会保障制度等方面的调研报告和改革方案，以及关于国民经济发展计划、宏观经济政策和各种经济管理办法的对策报告和政策建议等。从理论结构上来讲，这些研究看似属于浅层次的对策性的研究，与现实经济问题相距较近，与基本经济理论也相距较远。尽管如此，其意义却是不可低估的，它们不仅为党和政府的经济决策提供了第一手资料和参考依据，同时还为中国经济学的发展和创新提供了重要的原料。比如，联产承包责任制度的采用、国有企业现代企业制度的建立、自主创新政策的提出等重大的理论和政策，都是在这些对策研究的基础上产生的。

第二个层次是中国经济体制改革与经济发展基本理论的研究，如：20 世纪 80 年代初期关于生产力与生产关系、社会主义生产目的、经济效果、按劳分配、计划与市场关系、农村土地所有制等问题的讨论；20 世纪 80 年代中期以后关于社会主义有计划商品经济、经济运行机制和运行模式、经济改革的整体思路、通货膨胀与经济增长的关系等

---

① 《邓小平文选》，1 版，第 3 卷，83 页，北京，人民出版社，1993。

问题的讨论；20世纪90年代以后关于社会主义市场经济的实质与特征、国有经济的地位与作用、现代企业制度的内涵和形式、按劳分配与按生产要素分配的关系、经济全球化的实质与影响等的讨论；进入新世纪后关于完善社会主义市场经济体制的思路、效率和公平关系、新型工业化道路、第三次工业革命、政府和市场关系、中国模式和中国道路，以及中国经济学的理论体系和学术话语体系的讨论等。这些研究推进了人们对中国经济改革与发展规律的认识，推动了中国特色社会主义经济理论的发展。

第三个层次是经济学一般理论的研究，如关于经济学方法论、价值理论、货币理论、企业理论、增长理论、危机理论等问题的研究。这种研究看似抽象，与现实经济联系较远，但对于科学认识经济发展的规律和制定正确的经济政策有重要意义。如理论界对深化劳动和劳动价值论的讨论就是针对如何认识社会主义市场经济中国有企业的自主权的确立、价格形成机制的形成、收入分配制度的改革等问题而展开的；关于产权和企业理论的讨论，是为了解决国有企业治理结构和制度设计的理论基础而展开的；对于当代资本主义经济的性质和发展趋势的研究，直接关系着我们如何认识中国特色社会主义所处的国际环境和历史方位，以及如何制定正确的对外开放战略。

总的来看，上述几个层次的研究都取得了丰硕的成果，推动了中国经济学理论的发展，也为中国改革开放实践做出了重要的贡献，成就是巨大的，功绩不可抹杀。

毋庸讳言，中国的经济学从总体上看还是不成熟的，在学术研究中，基础理论薄弱，照搬照抄西方经济学理论的现象严重，“玄、虚、浮”的毛病突出，经济学理论的研究和学术创新还明显落后于实践和时代的要求。这从一定意义上讲也是正常的。“对人类生活形式的思索，从而对它的科学分析，总是采取同实际发展相反的道路。这种思索是从事后开始的，就是说，是从发展过程的完成的结果开始的”①。在社会主义市场经济体制还没有成熟定型之前、在中国社会主义现代化建设还没有完成之前，我们自然不可能形成关于社会主义经济的完善成熟的理论。但是，只要我们坚持正确的方向，立足中国实践，扎根中国历史，面向中国问题，并从中总结经验、构建话语、提炼思想、创新理论，就一定能够做出无愧于时代和人民的理论成就，为人类的发展做出更大贡献。

二、坚持以马克思主义为指导

构建中国经济学体系和学术话语体系的首要任务，就是要坚持和发展马克思主义政治经济学或经济学。列宁曾经指出，政治经济学是马克思主义理论最深刻、最全面、最

① 《马克思恩格斯全集》，中文1版，第23卷，92页，北京，人民出版社，1972。

详尽的证明和运用。恩格斯曾经指出，无产阶级政党的全部理论来自对政治经济学的研究。在中国特色社会主义经济建设中，马克思主义经济学具有特殊的不可替代的重要意义。

（1）科学的世界观和方法论。马克思主义经济学的科学性首先在于它的科学的世界观，这就是辩证唯物主义和历史唯物主义。在辩证唯物主义和历史唯物主义的世界观的基础上，马克思主义经济学形成了分析经济现象的科学方法论，包括：生产力决定生产关系、经济基础决定上层建筑的原理；在历史形成的社会经济结构的整体制约中分析个体经济行为的原理；以生产资料所有制为基础确定整个社会经济制度的性质的原理；依据经济关系来理解与说明政治法律制度和伦理规范，以及通过社会实践实现社会经济发展合规律与合目的的统一的原理；等等。这些原理为我们科学认识纷繁复杂的经济现象提供了科学的世界观和方法论。

（2）正确的立场和价值观。"为什么人"的问题，是我们做好一切经济工作的出发点和落脚点，也是不同经济制度相区别的根本标志。马克思主义政治经济学是劳动的政治经济学，鲜明地代表了广大劳动群众的利益，它把经济发展的规律性与人们实践的目的性有机统一起来，科学地证明了社会主义代替资本主义的历史必然性，并在此基础上提出了消灭剥削、消除两极分化，实现人的自由全面发展和社会成员共同富裕的社会理想，解决了我们发展经济的目的和意义这样根本的问题。

（3）社会生产的一般规律。马克思主义政治经济学揭示了社会生产的一般规律，提出了许多重要的理论，如关于劳动时间的节约是人类首要的经济规律的理论，关于按比例分配社会劳动的理论，关于生产的首要性以及生产与分配、交换和消费相互关系的理论，关于提高劳动生产率的途径和方法的理论，关于劳动过程的一般内容和基本要素的理论，关于分工协作发展规律的理论，关于社会再生产两大部类的划分及其相互关系理论，等等。关于这些见解的科学价值，我们可以举一个例子来说明，即如何认识发展的实质。马克思对发展的实质曾经提出过这样的认识，即社会的发展归根到底是生产力的发展，而生产力的发展等于劳动时间的节约，等于个人才能的发展，等于科学日益成为生产的主要动因，等于人与自然的和解，等于可支配的自由时间的增加，等于个性的自由全面发展。这个论断将生产力的发展、社会发展和人的发展有机地统一起来了，对于我们当前推动科学发展有重要启示。

（4）商品生产和市场经济的一般规律。有人认为，马克思的《资本论》主张计划经济，因而，对发展社会主义市场经济没有指导意义。这完全是一种误解。实际上，《资本论》的研究对象恰恰是资本主义市场经济，而不是计划经济。马克思主义政治经济学深入研究了商品经济和市场经济，分析了价值、货币、价格、供求、竞争，以及成本、利润、信用、利息、地租等经济现象的本质和运动规律，特别是资本的本质和运动规律，这些规律如果抽去资本主义生产关系，对社会主义市场经济也是适用的。马克思主义政治经济学在当代的一个重大发展和贡献，就是提出了社会主义市场经济理论，并在实践中成功地建立了社会主义市场经济体制。社会主义市场经济是对资本主义市场经济的扬弃，它既体现了市场经济的普遍原则，又体现了社会主义制度的基本特征，使社会主义制度的优越性和市场经济的长处都得到了更好发挥，这样就从理论和实践上超越了以私有制为基础的资本主义市场经济的流俗教条。

（5）资本主义经济的本质和运动规律。马克思主义经济学阐明了资本主义产生、发展和灭亡的历史趋势，提出了许多关于资本主义经济的重要理论，如剩余生产理论、剩余价值分配理论、资本积累理论、资本循环周转理论、社会资本再生产理论、资本主义经济危机理论等。资本主义经济发展的历史和现实一再证明，只要还存在资本主义制度，只要还存在资本和劳动的关系，马克思主义关于资本主义经济的基本原理就不会过时。学习马克思主义政治经济学关于资本主义经济的理论，对于我们科学认识当代资本主义经济的本质特征和发展趋势，把握世界发展的趋势，从统筹国内国际两个大局出发，更健康有效地推进对外开放，在全球化的条件下推进我国的社会主义现代化建设都是至关重要的。

（6）共产主义和社会主义的经济特征。马克思和恩格斯通过对资本主义生产方式矛盾运动规律和发展趋势的深刻分析，揭示了未来共产主义和社会主义经济关系的基本特征，包括实现个人自由全面发展，生产资料公有制代替私有制，按需分配和按劳分配，实现社会成员的共同富裕，有计划按比例地发展社会生产，消灭城乡之间、工农之间以及脑力劳动和体力劳动之间三大差别等重要思想，阐明了社会主义运动的一般目的和实质，指明了社会历史发展的基本趋势，成为社会主义革命和社会主义建设的重要指南。中国特色社会主义经济理论就是依据这些思想建设的。

对于马克思主义经济学在认识当前现实经济生活中的科学价值，我们不妨举两个例子来说明。

第一个例子是如何认识所谓“中等收入陷阱”问题。“中等收入陷阱”是世界银行在 2006 年《东亚经济发展报告》中首次提出的，指的是新兴经济体的人均 GDP 在突破 1 000 美元的“贫困陷阱”之后进入中等收入行列，但在向高等收入行列迈进的过程中，快速发展期间积累的矛盾将会集中爆发，经济发展既不能继续又无法摆脱原有增长模式，国家处于经济长期徘徊、停滞而无法进入高等收入国家行列的局面。不少学者认为，经过 30 多年的快速发展，中国经济在取得巨大成就的同时，也面临着贫富差距拉大、产业结构落后、城乡差距和地区差距较大等诸多挑战，上述问题表明中国目前正处于由中等收入向高等收入过渡的发展阶段，并很有可能陷入“中等收入陷阱”，并把跨越“中等收入陷阱”作为推进中国经济改革与发展的一个重要目标和基本依据。以马克思主义经济学的观点看，上述认识存在着一定的误区。因为这一理论把世界上不同国家、不同制度、不同资源禀赋和历史文化传统下经济发展面临的问题和发展规律混为一谈，把不同层次和领域的问题，如生产力、生产关系、经济政策、政治制度等混为一谈，把本质和现象混为一谈，既缺乏理论依据又缺乏事实根据，无助于我们对问题的清晰把握。正如恩格斯所说的那样："人们在生产和交换时所处的条件，各个国家各不相同，而在每一个国家里，各个世代又各不相同。因此，政治经济学不可能对一切国家和一切历史时代都是一样的……谁要想把火地岛的政治经济学和现代英国的政治经济学置于同一规律之下，那末，除了最陈腐的老生常谈以外，他显然不能揭示出任何东西。因此，政治经济学本质上是一门**历史的**科学。"①

以马克思主义经济学的观点看，所谓"中等收入陷阱"现象并不是一个所有国家都要经历的普遍规律，而是资本主义世界体系中不发达国家经济发展中所面临的特殊矛盾。马克思在论述作为资本主义发展较为落后国家的德国所面临的特殊矛盾时曾经指出："在其他一切方面，我们（指德国——引者注）也同西欧大陆所有其他国家一样，不仅苦于资本主义生产的发展，而且苦于资本主义生产的不发展。"② 马克思的这一论述不仅准确揭示了 19 世纪初期德国经济发展所面临的困境，也准确地揭示了当代发展中国家所遭遇的"中等收入陷阱"问题的实质。"苦于资本主义生产的不发展"，指的是许多发展中国家在从前资本主义社会向资本主义制度转变的过程中，存在着大量旧制度残余，如自然经济、君主专制、政教合一、种族主义、部落制度等，阻碍了资本主义经济的发展，由此产生了一系列经济社会问题。"苦于资本主义生产的发展"，则指发展中国家伴随着资本主义制度的形成，剥削、两极分化、经济危机等资本主义的弊病日益暴露。特别是由于广大发展中国家处于资本主义世界体系的外围，与处于中心的发达资本主义国家相比，在经济、政治、文化、科技、军事等各个方面都处于依附地位，长期受发达资本主义或帝国主义国家的剥削、支配和控制，处于殖民和半殖民的状态，丧失了自主发展的能力，从而导致经济长期停滞。这就是所谓"中等收入陷阱"的真相。由此得出的结论是什么呢？那就是，坚定不移地走自主发展的道路，把立足点放在依靠自身力量的基础上，坚持中国人民自己选择的社会制度和发展道路，把增强自主创新能力作为国家发展战略，贯穿到现代化建设各个方面，这就是摆脱所谓"中等收入陷阱"的根本途径。

第二个例子是如何认识全球化的实质、影响和对策问题。20 世纪 90 年代以后，经济全球化的潮流迅猛发展，如何准确把握全球化的实质和发展趋势，制定明智合理的应对策略，成为摆在我们面前的一个无法回避的重大课题。在此问题上，目前存在着自由

① 《马克思恩格斯全集》，中文 1 版，第 20 卷，160～161 页，北京，人民出版社，1971。

② 《马克思恩格斯全集》，中文 1 版，第 23 卷，8～9 页，北京，人民出版社，1972。

贸易理论、民族主义理论、现代化理论、文明冲突理论等许多不同的理论，但都不能科学说明全球化的本质。比如，自由贸易理论片面强调全球化的好处，把经济全球化看作一个互惠互利、平等自愿和各国的收益趋向均衡的过程；而民族主义理论又过分强调全球化的危害，对全球化采取了排斥的态度；文明冲突理论则过分夸大文化的作用和不同文明之间的冲突。与上述这些理论不同，马克思主义对于全球化问题提供了一个科学的系统的解释：(1) 以历史唯物主义为基础，从生产力与生产关系的矛盾运动中解释了全球化现象产生和发展的必然规律和客观过程。(2) 把近代以来的全球化理解为一种特殊的社会历史现象，当作资本主义经济关系不断扩张的产物。(3) 揭示了全球化的矛盾性后果，即一方面是生产社会化在全球的展开对生产力的发展有积极作用，另一方面是资本主义基本矛盾在全球的发展会产生许多消极影响。(4) 承认全球化过程中各民族之间的相互依赖和共同利益，同时也强调了发达资本主义中心国对落后的外围国家的剥削和它们之间存在的对立。(5) 具有鲜明的阶级立场，坚持从无产阶级和广大劳动群众的利益出发分析全球化的利弊得失，制定应对全球化的政策。(6) 坚信人类社会最终要走向全球的或世界的历史，各民族之间最终要走向融合和统一，并把这一理想与资本主义向共产主义的过渡联系起来。(7) 兼顾国际主义与民族主义，既强调全世界无产阶级的共同利益和各民族之间的相互依赖，又承认各民族的差异以及它们之间的独立、平等和自决权。(8) 认同全球化的趋势，把对外开放当作中国的一项基本国策，然而又绝不无条件地放弃国家的独立性和自主性，而是努力在全球化中实现自主发展或实施以国家为基点的开放战略。马克思主义的全球化理论科学揭示了全球化的本质和发展规律，是我们正确推进对外开放重要的理论基础。

由此可见，离开了马克思主义的指导，离开了马克思主义经济学作为理论基础，我们就不可能科学认识当今资本主义经济和社会主义经济的运动规律，不可能取得中国特色社会主义经济建设的胜利，也不可能正确总结和认识中国经济体制改革的经验。

三、推动马克思主义经济学的发展创新

马克思主义是不断发展的科学。发展中国的经济学必须坚持马克思主义的与时俱进的品格，根据改革开放的实践不断推进马克思主义经济学的发展创新。

首先，要科学对待马克思主义经济学，特别是马克思主义经典作家关于未来社会主义经济的理论，要注意以下几点。(1) 马克思主义的基本观点必须坚持，如关于生产资料公有制代替私有制、实现社会的共同富裕等，背离了这些理论，就等于放弃了科学社会主义的基本原则。(2) 马克思主义经典作家著作中的一些观点由于种种主观和客观的

原因被忽略或简单化了，如关于“人的自由全面发展”的观点和“重建个人所有制”观点等。对于这些观点，要正本清源。(3) 马克思主义经典作家的理论中有一些与当前现实不符的具体观点，应当实事求是地根据实践的发展加以修正，如马克思和恩格斯也有关于社会主义不存在商品货币关系的论述。(4) 由于历史条件所限，有许多新情况和新问题是当时马克思主义经典作家所没有深入讨论和研究过的，应当根据马克思主义的立场观点和方法，进行深入研究，作出科学的解释和说明，如经济信息化问题、社会主义市场经济问题等。

其次，要把理论与中国特色社会主义经济建设的实际相结合，不断推进马克思主义经济学的中国化。马克思主义经济学中国化的主要途径是：

一是对科学社会主义基本原理的运用。如在坚持以生产资料公有制和按劳分配为基础的前提下，从中国的实际出发探索公有制和按劳分配的具体的实现机制、适用范围和实现过程，建立国有企业的现代企业制度和农村土地承包制度，丰富了科学社会主义的基本原理。

二是对科学社会主义基本原理的发展。如根据中国的特殊国情和历史发展阶段，创造性地提出了社会主义初级阶段基本经济制度、全面建设小康社会、建设社会主义新农村、对资本主义国家实行对外开放等新的理论，发展了科学社会主义的基本原理。

三是对科学社会主义基本原理的创新。如未来社会不存在商品货币和实行计划经济的原则，是科学社会主义的一个基本原则。我们从实际出发修改了这一原则，提出了社会主义市场经济理论，这是对马克思主义和科学社会主义理论的重大创新。

再次，要把理论与当今时代相结合，推动马克思主义经济学的时代化，特别是要从中国的实践经验出发，推动马克思主义经济学基本理论的发展创新。我们可以举一个例子来说明，就是社会主义制度优越性的评价标准问题。生产力决定生产关系是马克思主义经济学的一个基本原理，改革开放以来我们据此提出了生产力标准作为检验一切工作和改革成效的根本标准这一重要观点。这无疑是正确的。但是，由此也产生了一个问题，即如何看待生产力的发展与社会主义制度完善之间的关系，也就是人们通常所说的客观事实与价值判断、规范经济学与实证经济学的关系问题。

问题的根源在于科学社会主义的理论中始终存在的一个内在的尖锐矛盾，即根据历史唯物主义的观点，社会存在决定社会意识，生产力决定生产关系，因此，生产力的发展自然是社会进步的根本动力和判断制度变迁进步与否的根本标准。另外，社会主义又是一种实践中的运动，一种需要通过顽强的追求奋斗才能实现的美好理想，因此，如果没有伟大的价值追求和目标引导，如果人们对于所从事的社会主义运动的目标毫无热情和向往，那么，社会主义的实践还有什么意义？这个矛盾从科学社会主义诞生的那天起始终困扰着社会主义者们。社会主义运动史上许多错误的认识，都是因为不能正确认识和处理这个矛盾造成的。

生产力标准与价值标准的矛盾在当前中国经济改革的发展中日益凸显。一方面是经济总量以近10%的速度持续快速发展30多年，另一方面是贫富两极分化、腐败广泛蔓延、道德利己主义泛滥、资本主义因素明显增长。这样，生产力的标准和制度或价值标准的关系是否一致的问题就突出地摆在了人们面前，我们不得不深入思考这样一系列重大的理论问题，包括什么是生产力的发展，生产力的发展如何衡量，生产力决定生产关系的依据和机制是什么，生产关系反作用于生产力的性质和效果，等等。最重要的一点是，判断一种社会经济制度先进或落后，是不是只有生产力一个标准，生产力的标准和制度标准或价值标准是什么关系？对于这些基本理论问题，如果不进行深入的研究并得出科学的认识，就会产生指导思想上的混乱，甚至发生重大的方向性的偏差。近年来，我国理论界围绕着这些问题展开了深入的讨论，并取得了有益的成果。比如，有的学者提出，评价社会主义经济制度需要有两条标准，即要实现生产力标准与价值标准的统一。在实际的生活中，我国经历了四种情况：一是将两个标准统一起来，社会主义经济与社会顺利发展。二是表面上重视生产力的发展，但违反生产力发展的规律搞“大跃进”；表面上重视社会主义和共产主义的价值取向，但违反生产关系的发展规律刮“共产风”，造成生产力的损失和人民的灾祸。三是忽视生产力的发展，片面强调社会主义道路，“割资本主义尾巴”，结果是普遍贫穷的社会主义，既偏离了生产力标准，又扭曲了价值标准。四是重视和强调生产力标准，但忽视社会主义价值标准，结果会出现贫富分化，偏离消除两极分化、实现共同富裕的要求，甚至出现动摇和损害社会主义经济制度的情况。① 总结历史经验教训，社会主义制度下两个问题应该统一起来。邓小平同志提出社会主义本质，就是把两个标准统一起来。他说社会主义的本质是解放生产力、发展生产力，这是生产力标准；消灭剥削、消除两极分化，达到共同富裕，这就是价值标准。社会主义要消灭剥削、消除两极分化，要共同富裕，这是一个价值标准。有的学者则不同意上述见解，坚持生产力标准的唯一性。无论人们的看法如何，可以肯定的是，对于这一问题的讨论和研究是非常必要的，是需要根据理论和实践的发展不断深化认识的。

四、正确借鉴西方经济学

马克思主义经济学历来是在与西方资产阶级经济学的不断对话和交锋中产生和发展

---

① 参见卫兴华：《论社会主义生产力标准和价值标准的统一》，载《经济学动态》，2010（10）。

的。正如列宁所说，“马克思主义同‘宗派主义’毫无相似之处，它绝不是离开世界文明发展大道而产生的一种故步自封、僵化不变的学说。恰恰相反，马克思的全部天才正是在于他回答了人类先进思想已经提出的种种问题。他的学说的产生正是哲学、政治经济学和社会主义极伟大的代表人物的学说的直接继续”①。推进中国经济学体系和学术话语体系的建设必须正确借鉴西方经济理论，处理好马克思主义经济学与西方经济学的关系。

首先应当承认，西方经济学有其合理的、有用的一面，需要我们认真学习借鉴，这主要表现在以下三个方面。

(1) 西方经济学的各个分支，都或多或少地反映了市场经济和资源配置的一些规律，如关于价格运动的理论、关于增长与波动的理论、关于货币金融的理论、关于国际贸易的理论、关于利率和汇率变动的理论、关于产业组织的理论、关于企业和制度变迁的理论等。对于这些具体的经济现象和经济运行规律的研究，西方经济学理论的发展已经有了几百年的历史，研究的领域不断扩展，研究的内容越来越细，新理论、新观点层出不穷，促进了人类对经济生活运动规律的认识。

(2) 西方经济学的分析方法，如边际分析方法、统计和计量方法、投入产出方法、实验的方法和目前流行的博弈论等，对于经济科学的发展具有积极意义。特别是数学方法得到了广泛的运用，是现代西方经济学的一个重要特征。数学方法的广泛运用可以将理论的假设、推理和结论清晰、准确地表达出来，如果正确地加以运用，对经济理论的发展无疑是有益的。

(3) 西方经济学的各派理论体现了不同时代的不同的人对当时经济生活的本质及其运动规律的思考，这些理论即使被证明是不正确的，但是对于我们总结经验教训和了解经济思想的发展也是有价值的。比如，19 世纪英国自由贸易理论与保护贸易理论的争论反映了当时工业资本家与地主阶级的不同利益；德国历史学派与英国古典学派的争论，则反映了那个时代相对落后的德国资本主义与先进的英国资本主义之间的不同要求。

西方经济学的这种合理性和有用性，决定了我们对西方经济学不能采取完全否定和排斥的态度，而必须认真学习和科学借鉴。但是，对于西方经济学绝不能照抄照搬、盲目崇拜，更不能把它当作唯一科学的理论，而必须批判性地加以借鉴，有条件地加以运用，吸收其合理的因素，摒弃其意识形态的因素。这是因为：

第一，西方经济学历来具有二重性，既有合理有用的一面，也有不可否认的意识形态因素，这在基本理论中表现得尤其明显。如西方经济学中的“经济人假说”、主观价值论、要素价值理论、人力资本理论、完全竞争理论、自由至上等重要理论等，都直接

① 《列宁全集》，中文 2 版，第 23 卷，41 页，北京，人民出版社，1990。

是为资本主义制度作辩护的，既不能被事实和经验所证实，在逻辑上也存在严重的缺陷，但符合经济当事人的利益和要求，因此在资本主义国家得到了流行。马克思对资产阶级庸俗经济学的批评恰当地道出了这些理论的实质，“问题不再是这个或那个原理是否正确，而是它对资本有利还是有害，方便还是不方便，违背警章还是不违背警章。不偏不倚的研究让位于豢养的文丐的争斗，公正无私的科学探讨让位于辩护士的坏心恶意”①。西方经济学所包含的意识形态色彩，也为当代的一些西方经济学家所承认。如诺贝尔经济学奖获得者、美国经济学家索洛说过这样的话：社会科学家和其他人一样，也具有阶级利益、意识形态的倾向以及一切种类的价值判断。但是，所有的社会科学的研究，和材料力学或化学分子结构的研究不同，都与上述的（阶级）利益、意识形态和价值判断有关。不论社会科学家的意愿如何，不论他是否觉察到这一切，甚至他力图避免它们，他对研究主题的选择，他提出的问题，他没有提出的问题，他的分析框架，他使用的语言，很可能在某种程度上反映了他的（阶级）利益、意识形态和价值判断。

第二，西方经济学学派林立，观点各异，并不存在被一切时代和一切人都普遍认可的所谓科学理论。例如，虽然也是主流经济学家，但斯蒂格利茨就对新古典经济学持强烈的批评态度。他认为，新古典经济学的理论存在着许多根本的缺陷，如：没有认识到激励问题的重要意义，过高地估计了价格的作用，没有认识到资本配置中的困难，对于分散化和竞争的作用与功能缺乏正确的理解，忽视了技术创新在经济中的作用，等等。同为新自由主义经济学，也存在着以米塞斯、哈耶克为代表的新奥地利学派，以坎南、罗宾斯等为代表的伦敦学派，以弗里德曼等为代表的芝加哥学派，以科斯、诺斯等为代表的新制度主义等不同的学派。他们虽然由于倡导私有制和自由市场经济而形成了一个学术共同体，但在一些具体问题上又相互批评、互为敌手。比如，新制度经济学家认为，新古典经济学是关于市场运作的理论，而不是关于市场生成的理论，它舍弃了时间，抽象掉了制度，因而是不完善的。奥地利学派则认为，市场机制并不是资源配置的机制，而是知识和信息交流的机制，由于知识和信息是主观的，而且是以分散的状态为个人所掌握，因此，所谓的一般均衡是不存在的。西方经济学各个学派之间的这种争论从学术上讲是正常现象，另外也说明，这里并不存在所谓的普适性的科学真理。

第三，西方经济学的一些即使是在一定时期看属于正确的理论，也是以一定的假设条件、历史经验、价值取向、文化背景和逻辑结构为前提，不能照搬照抄，而必须结合中国的实际。瑞典著名经济学家冈纳·缪尔达尔曾指出：这些（西方）经济学术语是从西方世界的生活方式、生活水平、态度、制度和文化中抽象出来的，它们用于分析西方世界可能有意义，并可能得出正确的结论；但是在欠发达国家这样做显然不会得出正确

① 《马克思恩格斯全集》，中文1版，第23卷，17页，北京，人民出版社，1972。

的结论。比如，作为一种市场经济，需要具有一些一般性的要素或基本的框架，如独立的企业、充分的竞争、自由的价格等，把这些因素加以进一步抽象，形成了理想的完全竞争市场的理论。但是，在现实的经济生活中，这些要素或框架的形成是需要条件和时间的，并且很难完全具备。所谓的"理想的市场""完全竞争的市场"就只能看作一种理论假说，而不能作为现实决策的基础。又如，自由贸易理论是主流经济学的一个基本原理，但是，在现实中只有在一个国家在国际市场上具有竞争优势的时候，它才会采用自由贸易的政策，而在它在进行资本原始积累、建立自己的工业体系的时候，则都倾向于实行保护关税制度。因此，无论是英国、德国、法国，还是美国，都毫无例外地实行过保护关税制度。

问题的复杂性在于，西方经济学中的有用成分和意识形态成分并不是分开的，而往往是混合在一起的，因此，如果我们缺乏科学的鉴别力，不进行仔细的甄别，就很容易将西方经济学中的有害的东西当作有用的成分加以学习运用，而真正合理有用的东西则反而可能被忽视。可以举两个例子说明。

一是如何认识政府与市场的关系。在这一问题上目前流行着许多观点，如："大市场、小政府""小政府、大社会"；政府管得越少越好，只能为市场和企业服务，只能提供公共产品而不能承担其他更多职能；在市场经济中，政府是裁判员、服务员，而不是运动员，所以，除了维护市场秩序和提供公共服务外，不应当承担更多的职能；等等。这些观点从表面上看，是讨论经济体制的，是反映资源配置规律的，但实际上却体现着新自由主义的意识形态。这是因为，在资本主义制度下，市场的作用就是资本的作用，特别是垄断资本的作用。正如马克思早就指出的那样，所谓的自由贸易，实质上是资本的自由，它要排除一切仍然阻碍着资本前进的民族障碍。对社会生产过程的任何有意识的社会监督和调节，都被说成侵犯资本家的财产权、自由和自决的"独创性"。当代美国著名学者乔姆斯基一针见血地指出，新自由主义的理论和政策，"代表了极端富裕的投资者和不到 1 000 家庞大公司的直接利益"，只不过是少数富人为限制民众的权利而斗争的现代称谓而已。保罗·克鲁格曼把新自由主义运动的实质概括为"将时间往回调，逆转那些抑制不平等的经济政策"，把美国带回到大危机前由少数富豪统治的时代。

二是如何认识经济效率。在现代西方经济学中，效率被公认为一个纯粹客观的概念，与价值判断完全无关，用效率来评价人们的经济活动似乎天经地义。然而，事实并非如此。实际上，人们的道德判断和效率评价之间存在着复杂的、常常很不明确的相互影响。就效率评价而言，不仅效率概念本身总要以某种常常有争议的假设为前提，而且当一个具体的社会安排满足其中一种效率标准时，对它的重要性和意义的评价也是与人们的价值判断直接相关的。其主要原因在于，效率的高低是与成本和收益或投入和产出比较或衡量的结果，但是对于什么是成本和什么是收益的问题，不同历史、文化和制度背景下的人有着不同的认识。原始人的效率不同于奴隶主的效率，封建主的效率不同于资本家的效率，国家的宏观效率不同于企业的微观效率，短期的效率不同于长期的效率，技术的效率不同于货币的效率。比如，制造污染的化工厂得到的收益可能造成了被污染企业的成本；耗竭地球资源而增加财富使当代人获得收益，却会造成后代人的巨大损失；工资是工人的收益却是资本的成本，利润是资本的收益却是劳动的付出；对于某些特定的地区、企业和个人进行的经济补贴（如对贫困地区、基础产业和失业人群等的补贴）虽然不符合市场短期效率的要求，却有利于提高宏观的动态的效率；等等。

近年来，中国经济学界流行着一种新的教条主义思想。这种思想认为，整个世界上的经济学只有一种，这就是西方的主流经济学，它是科学的、普适的，是无民族、无国界的，毫无疑问地相信它、学习它，就是中国经济学发展的方向；不折不扣地贯彻它、实践它，就是中国经济改革的方向。这是一种新的蒙昧主义。不摆脱这种教条主义和蒙昧主义，就不可能真正树立理论上的自觉和自信。保罗·克鲁格曼在2008年金融危机后曾论道：宏观经济学在过去30多年的研究成果，说得好听点是毫无用处的，说得难听点甚至是有害的。约瑟夫·斯蒂格利茨说得更为直白：新自由市场原教旨主义一直是为某些利益服务的政治教条，它从来没有得到经济学理论的支持，现在也变得清楚了的是它也没有得到历史经验的支持，吸取这个教训或许是现在乌云密布的世界经济的一线希望。西方的主流学者对自己的理论尚且能实事求是地进行评价，我们中国经济学界的一些学者怎么能对这些西方的理论如此迷信呢？

理论是对现实生活的反映和对实践经验的总结，必然要随着现实和实践的发展而发展。从来就不存在可以脱离开特定的历史背景和现实生活的永恒的普适的经济学。经济学的发展和人类文明的发展一样，从来就是不同时代不同国家的人们根据自己的实践和经验，在思想和理论上相互交流、碰撞、融合的结果，绝不只是哪个国家和哪些个人的专利。在人类历史的发展中，中华民族从来就不是、现在更不应当仅仅是他国理论的亦步亦趋的模仿者和追随者，而应当有所发明、有所创造、有所贡献。任何照搬照抄别国理论与经验的做法，都必然会在丰富多彩和生机蓬勃的实践面前折戟碰壁。特别需要注意的是，盲目崇拜和照抄照搬西方理论和经验的危害，不仅在于它脱离中国的实际，无法解答中国的问题，更在于它会使我们成为某些错误思想的附庸和奴隶，丧失思想理论的自主性和创造性，甚至会把西方国家的特殊经验、特殊利益和意识形态当作所谓的普世价值推广甚至强加于中国，危害中国特色社会主义事业。对此，必须高度警惕，绝不可掉以轻心。

五、开放融通、兼容并包

像所有的科学一样，中国经济学的繁荣发展也需要百花齐放、百家争鸣、开放融通、兼容并包，在多元中求主导，在多样中求共识，在超越中引潮流。遗憾的是，在当前中国的经济学界，开放融通、兼容并包似乎并不是主流，而追求所谓的标准化和与国际接轨的做法似乎成了一种时髦。抛开经济学所具有的时代性、实践性和阶级性不谈，所谓的标准化和接轨说也存在着明显的误区。且不说不同国家和不同时代流行的理论是不一样的，即使是同一个时代同一个国家，例如当今的美国，经常也是学派林立、观点各异、此起彼伏、此消彼长。如果说要标准化和与国际接轨，那么，的确存在一个用哪个“轨”、怎么“接”的难题。事实上，当前许多人所主张的标准化指的只是美国化，更具体地说，是新古典化。然而，新古典经济学绝不是完美无缺、可以通用的理论，而是存在着严重的缺陷，主要表现为：重逻辑、轻历史、重形式、轻内容，否认不同社会制度和历史条件下人们行为的差异，排除了技术、制度、政治、文化等各种复杂因素对经济生活的影响，把追求自身利益最大化的所谓经济人当作考虑所有问题的出发点，把资本主义的市场经济当作人类永恒不变的经济形式，把抽象的数理逻辑当作判断经济学是否科学的主要标准，等等。对这种理论，我们只能有条件地吸收、有批判地借鉴，不能把它作为与国际接轨的唯一标准。

这里，需要对所谓的主流经济学有一个正确的态度。一般来说，所谓的主流经济学，就是得到了大多数经济学家和政策制定者的认可和赞同的经济学说。以此标准来看，西方主流经济学在中国的影响日益增大已经是一个不争的事实。抛开主流经济学的严重弊端不谈，单从思想和学术发展的途径来讲，过分崇拜主流经济学而贬斥非主流经济学也是有害的。这是因为，所谓的主流与非主流是一个相对的历史的概念，并不是固定不变的。某种经济学理论由于符合当时的统治阶级的利益和价值观而成为一定时期的主流理论和政策主张；而随着历史条件的变化，这种理论的主流地位就可能被另外的理论所代替。某种处在非主流地位的新理论在适当的条件下也可能会变成主流的理论。例如，16 世纪英国和法国流行的是重商主义，17 世纪至 19 世纪流行的是古典经济学，19 世纪末到 20 世纪初流行的是新古典经济学，资本主义世界经济大危机后凯恩斯主义则成为主流经济学。20 世纪 70 年代以后，由于资本主义内部经济和社会矛盾的发展，凯恩斯主义有所失势，主张自由市场的货币主义和理性预期学派开始成为主流。主流与非主流的这种变化当然以后也不会停止。此外，在同一时期的不同的国家中，主流经济学也是不一样的。比如，19 世纪英国流行的是以亚当·斯密和大卫·李嘉图为代表的古典经济学；而在德国历史学派一直居于主流地位；在日本，由于其特殊的历史环境，在 20 世纪以来的经济学教育和研究中，马克思主义经济学一直占有重要的地位。

此外，受统治阶级的利益和价值观的局限，主流经济学并不见得就一定比非主流的经济学更科学、更有道理。例如，19 世纪 30 年代以后，为了调和日益尖锐的阶级矛盾，以詹姆斯·穆勒、麦克库洛赫庸、西尼尔、凯里、巴斯夏等为代表的当时的资产阶级经济学家们抛弃了科学的古典政治经济学，建立了马克思所说的庸俗经济学，庸俗经济学在当时成为主流的经济学理论。然而，这绝不表明庸俗经济学比古典经济学更科学，恰恰相反，在马克思看来，古典经济学力求探索资本主义生产方式的内部联系，透过经济现象寻求客观经济规律，后者则满足于描绘资本主义生产方式的外在联系，抓住颠倒地表现出来的现象外表来否认现象背后的客观经济规律。古典经济学从来没有只限于反映资本主义经济关系中生产和经营当事人的观念，而是力图揭示在这种当事人的观念和行为背后起支配作用的经济关系和客观规律；庸俗经济学则只是限于把资产阶级生产和经营当事人的观念加以系统化和学理化，并且宣布为永恒的真理。古典经济学是批判的经济学，表现出科学上的诚实，敢于说出具有进步性、革命性的资产阶级想说的话；庸俗经济学则是辩护的经济学，它不是无所畏惧地追求科学真理，而是让科学去迎合和适应资产阶级的私利。在当代，主流的新古典经济学的科学性也是很有疑问的。且不说包括制度经济学、新政治经济学、演化经济学、激进经济学等众多学派在内的非主流经济学对这一理论进行了多方面的深刻的批评，就连斯蒂格利茨这样的主流经济学家也认为，以亚当·斯密“看不见的手”为基础的新古典经济学不仅在转型经济和制度选择中用处很小，即使在解释发达的市场经济方面也存在着根本的局限。对于中国的经济学者来说，我们更没有理由脱离开中国经济学建设与发展的根本任务去盲目追捧西方的主流经济学，更不应当把它当作唯一的真理来强加于中国的现实。

发展中国的经济学，构建中国的经济学体系和学术话语体系，必须克服这种片面的标准化、国际化的教条主义思想，走开放融通、兼容并包、广泛学习的道路。

——要向一切民族、一切国家学习，不仅要学习借鉴发达国家经济发展的经验和理论，也要学习借鉴广大发展中国家经济发展的经验和理论。

——要向历史和传统学习，既要学习国内外经济发展的历史，也要学习国内外经济理论和思想发展的历史，继承先人们创造的思想遗产，尊重历史形成的文化传统。

——要向所有的科学学习，既要学习一切自然科学的成果，也要学习包括哲学、政治学、历史学、社会学、文学艺术等在内的各门人文社会科学的成果。

——要向各门各派学习，既要学习包括新古典经济学、新凯恩斯经济学等在内的主流经济学，也要学习包括后凯恩斯经济学、制度经济学、演化经济学、激进经济学等在内的非主流经济学。

——要向实践和群众学习，既要学习人民群众在社会主义建设中创造的新鲜经验，也要学习指导和推动实践发展的党和政府的路线方针政策，以及有关决策部门、研究机构和专家学者的调研报告与政策咨询等。

六、把握一般与特殊的辩证法

西方主流经济学的一个重要的方法论特点是崇尚普遍性、一般性，排斥特殊性、个别性，热衷于从假设公理、演绎、模型出发思考问题，习惯于用教科书中抽象的理论原理裁剪丰富多彩的现实，而这些所谓的一般原理又是以特别的理论特别是新古典经济学为基础的。在这样的思维逻辑的支配下，就形成了这样一种关于中国经验的标准阐释：中国经验至多是“转型经济学”，即向资本主义完美市场的过渡阶段，没有经济学的普遍意义。发展＝市场化＝自由化，最终走向是城市化、全球化；服务业将挤出农业和制造业；国家的边界和作用都将消亡；只有个人（消费者兼生产者与投资者）与企业永存；资本主义最终战胜社会主义的理由是人的自私本性；苏联和中国前30年的社会主义工业化的实验是历史性的错误；等等。还有，如果说中国经济获得了成功，那应该归功于对主流经济学一般原理的有效应用，如发展了私有经济、市场调节、对外开放等；而中国经济面临的问题则是由于偏离了这些一般原理，如保留了国有经济、政府干预、独立自主等，这些问题不解决，中国经济迟早会出现崩溃的局面。总之，一切不符合主流经济学标准模型的做法，都被看作对一般规则的偏离和扭曲。很明显，这样的思维逻辑是完全错误和极其有害的，是典型的形而上学猖獗。

我们知道，共性是以个性为基础的，普遍性寓于特殊性之中，这对所有的理论都是适用的。现代西方的经济学，从它在一定程度上反映市场经济运动规律的方面看，具有共性或普遍性；从另外一些方面看，又具有个别性或特殊性。且不说西方经济学学派林立、观点各异，能够被人们普遍认可的一般理论很少，即使是一些人们普遍认为比较正确的理论也是以一定的时空结构为前提的。社会经济系统之间既存在时间的区别，又存在空间的不同，这就是所谓的“历史与地理特性问题”。总的来说，现代西方经济学是以市场经济为基础产生发展起来的，对于非市场经济体系如原始社会、奴隶社会、封建社会和计划经济并不适用。即使是对于市场经济，由于存在着社会主义市场经济与资本主义市场经济的区别，其适用性也是需要仔细斟酌的。资本主义的市场经济又是目前为止最发达的市场经济，因而，人们很容易以它为样板，把资本主义市场经济的特殊规律当作普遍规律或“国际惯例”。但实际的情况并不是这样，资本主义市场经济同样是一般与特殊的统一，服从于一般与特殊的辩证法。众所周知，劳动力成为商品、资本雇佣劳动、剩余价值的生产、平均利润的形成、垄断资本的出现、普遍的生产过剩的世界性经济危机，所有这些都不是市场经济与生俱来的现象，而是小商品生产向资本主义商品生产过渡的产物。而在以公有制为基础的社会主义市场经济中，上述现象虽然不可能完全消失，但至少在很大程度上受到了调节和制约，发生了重要的变化，同时还出现了一些新的经济规律和运行特点。

这里特别需要强调的是，从中国的实践经验中概括形成的中国特色社会主义经济理论也不仅仅是中国独有的特殊的东西，更不能简单地将其当作一种个案或例外。毫无疑问，中国经济改革和发展的经验首先是中国特殊国情的产物，特殊的经济结构、政治结构、历史文化传统以及特殊的路线方针政策乃至领导集团的特殊的风格，都是中国特色的重要元素。因此，中国的经验并不一定适用于所有的国家。但是，我们不能因此而把中国特色与一般性或普遍性对立起来、割裂开来，这样的做法不符合辩证法。共性寓于个性之中。实际上，中国经济改革和发展中的所有重要议题，如工业化、信息化、城市化、宏观经济稳定、市场体系的发育、企业治理结构的创新、中央与地方的关系、对外开放、民主政治的建设、传统文化的继承与发展等，是每个国家特别是发展中国家都要面临的共同问题，这些问题的产生、发展和有效解决当然也有其一般规律，因此，中国经验中必然包含着某些具有普遍和一般意义的东西。有一个例子可以充分说明这一点。众所周知，在一个很长的历史时期中，无论是在社会主义国家，还是在资本主义国家，人们对市场经济的认识都存在很大的狭隘性、片面性，认为市场经济仅仅适合资本主义，只有资本主义才能搞市场经济，社会主义不能搞市场经济。这种认识严重妨碍了人们的眼界。中国共产党以巨大的理论和历史勇气突破了这一传统的观点，提出了社会主义市场经济理论，建立了社会主义市场经济体制，在人类历史上第一次实现了社会主义与市场经济的结合，既体现了市场经济的普遍原则，又体现了社会主义制度的基本特征，实现了效率和公平、计划和市场、自主和开放、公有制主体地位和多种所有制共同发展的结合，发挥了社会主义制度的优越性和市场经济的长处。社会主义市场经济理论的提出，不仅是对马克思主义和科学社会主义理论的重大贡献，也为当今世界试图摆脱贫困、实现国家发展的广大发展中国家选择发展道路提供了重要的启示和借鉴意义。因而，它既是特殊的，也是普遍的。类似的例子还有许多。人们普遍认为，中国经济改革和发展的实践开阔了经济学研究的视野，丰富了经济学研究的思路，深化了人们对市场经济和制度变迁过程的认识，对西方主流经济学的许多所谓一般理论提出了挑战。当代中国经济学的一个重要任务，就是从中国的经验中提炼思想、创新理论，使特殊性上升为一般性，从而推动经济学理论的发展。

七、逻辑与历史相统一

崇尚普遍性和一般性、排斥特殊性和个别性的一个必然结果，就是崇尚逻辑演绎，排斥历史分析。把资本主义市场经济当作某种先验的超历史的现象，这是资产阶级经济学从亚当·斯密和李嘉图开始就已经形成的一个重要传统，在这一点上，现代西方经济学可以说是有过之而无不及。根据这种观点，资本主义社会形成的市场制度不是历史发展的产物，而是历史发展的起点；不是生产发展的结果，而是生产发展的前提；不是从客观历史条件中产生出来的，而是自然的人类本性造成的。同样，以资本主义当事人的认识和思想表达为基础的西方主流经济学，则被看作亘古不变的永恒真理。比如，经济人假说被看作无须证明的公理，私有制被看作人类利己本性的表现，自由契约被看成天赋人权，成本收益分析被看作人类一切行为的出发点，比较优势理论被看作和物理学的定理一样超历史的科学原理。在这种思想的影响下，经济思想史和经济史的教学与研究受到了严重削弱，数典忘祖、抛弃传统、生吞活剥、照搬照抄的历史虚无主义严重泛滥。显然，用这样的思想指导改革，难免不出现颠覆性错误，难免不走改旗易帜的邪路。

政治经济学在本质上是一门历史科学，正如恩格斯所说的："人们在生产和交换时所处的条件，各个国家各不相同，而在每一个国家里，各个世代又各不相同。因此，政治经济学不可能对一切国家和一切历史时代都是一样的……谁要想把火地岛的政治经济学和现代英国的政治经济学置于同一规律之下，那末，除了最陈腐的老生常谈以外，他显然不能揭示出任何东西。因此，政治经济学本质上是一门**历史的**科学。它所涉及的是历史性的即经常变化的材料；它首先研究生产和交换的每一个发展阶段的特殊规律，而且只有在完成这种研究以后，它才能确立为数不多的、适合于一切生产和交换的、最普遍的规律。"① "历史从哪里开始，思想进程也应当从哪里开始，而思想进程的进一步发展不过是历史过程在抽象的、理论上前后一贯的形式上的反映；这种反映是经过修正的，然而是按照现实的历史过程本身的规律修正的"②。熊彼特也曾说过：如果一个人不掌握历史事实，不具备适当的历史感或所谓历史经验，他就不可能指望理解任何时代(包括当前)的经济现象。总结中国的改革经验，发展中国的经济学理论，必须认真研究中国的历史，从历史中汲取营养。正如习近平指出的那样："中华民族5 000多年文明史，中国人民近代以来170多年斗争史，中国共产党90多年奋斗史，中华人民共和国60多年发展史，改革开放30多年探索史，这些历史一脉相承，不可割裂。脱离了中国的历史，脱离了中国的文化，脱离了中国人的精神世界，脱离了当代中国的深刻变革，是难以正确认识中国的。"中国的经济学是从中国的经济史和经济思想史的丰厚土壤中生长出来的，只有深深扎根历史的丰厚土壤，中国经济学的发展才能根深叶茂、生生不息。

---

① 《马克思恩格斯全集》，中文1版，第20卷，160～161页，北京，人民出版社，1971。

② 《马克思恩格斯全集》，中文1版，第13卷，532页，北京，人民出版社，1962。

众所周知，改革开放后30多年以来形成的中国特色社会主义道路是以改革开放前30年社会主义建设的历史为基础的，党在社会主义建设中取得的独创性理论成果和巨大成就，为新的历史时期开创中国特色社会主义提供了宝贵经验、理论准备、物质基础。看不到前30年与后30年之间的这种紧密的联系，就不可能把握中国经济改革的内在逻辑。在分析中国渐进式改革获得成功的原因时，国内外的学者们都注意到了这样一个事实，即：中国渐进式改革的成功与改革开始时具备的一些有利的初始条件有很大关系。世界银行在对中国经济的考察报告《90年代的改革和计划的作用》一书中曾经把中国改革所具有的有利的初始条件归结为改革前物质投资的滞后收益。比如，农业在人民公社时期已具备了适当的物质、销售和人力等方面的基础设施，但它缺乏激励因素，因而一旦个人激励措施得以引入，国家的作用得以改革，产出的迅速提高就不足为奇了。又如，在工业领域，1949年以后工业化程度有了很大提高，尤其是重工业和大中型国营企业得到了很大发展，这一方面意味着中国已有一个进行建设的相当规模的工业基础，另一方面意味着一旦投资政策下放，就会有许多轻工业投资机会。这方面的例子是很多的，可以说是比比皆是。

认识当代中国的经济改革，不仅不能脱离几十年社会主义革命和建设的历史，也不能脱离几千年中华民族发展的历史。中国是一个有着悠久历史的文明古国，根深蒂固的传统、博大精深的文化为社会的转轨提供了丰富而深厚的历史遗产。历史宛如看不见的手，引导着时代变革的方向。关于中国传统文化与市场经济和现代化的关系，人们众说纷纭，认识莫衷一是。但是，对于两者之间存在着内在联系，恐怕人们是很难加以否认的。比如，中国传统文化是以家族主义为核心的，改革以来农村实行的以家庭承包为基础的土地经营制度实际上是古老的家族主义的一种新的形式；此外，在相当长的一个时期里，中国的社会保障特别是农村的社会保障是以传统的大家庭为基础的，因而，在很大程度上节约了政府和企业的社会保障费用，促进了居民储蓄率的提高，对于推动经济增长是十分有利的。

理论是实践的反映。中国特色社会主义事业的蓬勃发展和中华民族的伟大复兴，必然要求并伴随着理论的繁荣。而增强中国经济学的理论自信，发展与中国的历史、文化、制度和实践相适应的具有中国特色和时代特点的经济学理论和学术话语体系，则是中国的理论繁荣不可或缺的重要内容。新的理论和话语体系有待于我们的探索、开拓和创新，但其方向应当是明确无疑的，这就是，以马克思主义为指导，学习吸收国外优秀成果，立足中国、面向世界，扎根历史、服务现实，开放融通、兼容并包，为建设社会主义现代化强国和中华民族的伟大复兴提供理论支持。

中国特色学术话语体系构建思路

■ 秦　宣*

[摘　要] 创新和发展中国特色学术话语体系，是提升中国在国际学术领域的话语权、主导权的前提，是当代中国学术界的重大责任。探索建立中国特色的学术话语体系，是一项十分严肃的学术工作，也是学术界一项长期的历史任务。中国学术界必须增强理论自觉和理论自信，自觉承担起这一历史责任，必须以马克思主义为指导，了解当今世界和当代中国学术话语体系的现状，分析其中存在的问题，找到解决问题的出路与方法。

[关键词] 中国特色话语体系；理论自觉；理论自信；学术话语

2012年6月2日，李长春同志《在马克思主义理论研究和建设工程工作会议上的讲话》明确提出了“打造具有中国特色、中国风格、中国气派的哲学社会科学学术话语体系”的时代课题。到底如何构建中国特色的学术话语体系，是当代中国知识分子必须认真思考的问题。我们认为，打造中国特色的学术话语体系，必须以马克思主义为指导，了解当今世界和当代中国学术话语体系的现状，分析其中存在的问题，找到解决问题的出路与方法。中国学术界必须增强理论自觉和理论自信，自觉承担起这一历史责任。

* 秦宣，中国人民大学二级岗位教授，博士生导师，教育部重点研究基地中国人民大学中国特色社会主义理论体系研究中心主任，中国人民大学《教学与研究》杂志社主编。

一、正确认识改革开放以来我国哲学社会科学发展取得的成就

中国长达30多年的改革开放，有一条非常重要的经验，就是“摸着石头过河”，大胆地试、大胆地闯。这种“摸着石头过河”，突出了实践经验的积累，突出了探索试验的作用，但绝不是盲目的。在这一过程中，我们至少以三个标杆为参照系进行了理论创新，或者说我们至少摸着三块石头在过河：一是前苏联东欧国家社会主义改革发展的经验教训；二是新中国成立以来中国社会主义建设的历史经验和“文革”的惨痛教训；三是西方国家现代化建设的文明成果和经验教训。

改革开放初期，邓小平曾明确指出：“从许多方面来说，现在我们还是把毛泽东同志已经提出、但是没有做的事情做起来，把他反对错了的改正过来，把他没有做好的事情做好。今后相当长的时期，还是做这件事。当然，我们也有发展，而且还要继续发展。”① 由此可见，改革从一开始，我们党就一再告诫自己，不能再犯苏联东欧犯过的错误，不能再犯毛泽东犯的错误，更不能犯类似“文化大革命”的错误，也不能重走西方国家走过的老路，但必须吸收借鉴人类一切文明成果。为了保证改革开放沿着正确的方向前进，邓小平提出了“四项基本原则”，其中第一条就是坚持马克思列宁主义、毛泽东思想。同时，邓小平还强调，我们要坚持的马克思主义，必须是切合中国实际的马克思主义，我们要搞的社会主义，必须是中国特色的社会主义。为此，邓小平提出，要科学把握马克思主义的精髓，准确把握毛泽东思想的科学体系，要立足于马克思主义与当代中国实际的结合。

正是由于我们对马克思主义有了正确的理解，对人民群众在改革开放中创造的成功经验有了科学认识，所以我们党在把马克思主义与中国具体实际相结合的过程中，创立了中国特色社会主义理论体系，开辟了马克思主义在中国发展的新境界。现在，有很多人认为，改革开放以来，我们党一直在摸着石头过河，没有理论创新，这显然是不对的。如果没有理论创新，就不可能有中国特色社会主义理论体系。

在中国特色社会主义理论体系形成和发展的过程中，哲学社会科学工作者做出了重要贡献。中国特色社会主义理论体系包含一系列独创性成果，进一步深化了对共产党执政规律、社会主义建设规律和人类社会发展规律的认识。这一理论在党的思想路线，社会主义的根本任务，社会主义的发展阶段、发展战略、发展动力、根本目的、经济建设、政治建设、文化建设、社会建设、国防和军队建设、祖国统一、外交和国际战略、

① 《邓小平文选》，2版，第2卷，300页，北京，人民出版社，1994。

领导核心和依靠力量等方面丰富和发展了马克思主义。而在这一系列独创性的理论创新的背后，都凝结着广大哲学社会科学工作者的智慧和探索。所以，在我们今天强调要加强理论创新、构建中国特色的学术话语体系时，不能忽视广大哲学社会科学工作者的贡献。

党的十六大以来，我们党把发展繁荣哲学社会科学放在了十分重要的位置：

2004 年，中共中央出台《中共中央关于进一步繁荣发展哲学社会科学的意见》，强调了繁荣发展哲学社会科学的重要性，提出了繁荣发展哲学社会科学的总体目标，即“努力建设面向现代化、面向世界、面向未来，具有中国特色的哲学社会科学”，并组织实施了马克思主义理论研究和建设工程。这项工程实施八年来，已经在基础理论研究、马克思主义理论学科建设、人才培养等方面取得了显著的成就。

2007 年，党的十七大报告明确提出：“繁荣发展哲学社会科学，推进学科体系、学术观点、科研方法创新，鼓励哲学社会科学界为党和人民事业发挥思想库作用”。2011 年，党的十七届六中全会通过的《中共中央关于深化文化体制改革推动社会主义文化大发展大繁荣若干重大问题的决定》，特别提到了繁荣发展哲学社会科学的问题，强调“建设具有中国特色、中国风格、中国气派的哲学社会科学”。

2012 年 6 月，李长春同志在马克思主义理论研究和建设工程工作会议上明确提出，要打造具有中国特色、中国风格、中国气派的哲学社会科学学术话语体系，进一步明确了哲学社会科学的未来发展方向。

这一切说明，我们党对繁荣发展哲学社会科学是十分重视的。

二、理性看待当前我国哲学社会科学学术话语体系存在的问题

尽管改革开放以来，我国的哲学社会科学发展取得了较大成就，但不可否认的是，与马克思主义理论创新的步伐相比，与时代发展的要求相比，与我国经济社会发展的实践要求相比，我国学术话语体系还存在着诸多的问题。

第一，改革开放以来的中国哲学社会科学学术话语体系基本上是西方理论的翻译、解释和运用。改革开放后，随着中国对外学术交流的进一步扩大，中国再次大规模学习西方理论。西方学术话语体系成为中国哲学社会科学的主导理论，引进西方学术话语体系并用西方学术话语体系解释中国问题成为时髦。一时间，西方学术话语体系和研究方法成为学术正统。在这种情况下，不但马克思主义的思想、观点和方法受到一定程度的削弱，而且中国本土思想和学术话语也渐渐被人忽略。结果，不仅没有产生具有世界影响的学术大师和思想大师，而且也缺乏能够与 20 世纪上半叶诸多学术大师相媲美的学

术大师，以至于我们今天不得不把培养中国学术大师当作繁荣发展哲学社会科学的一项重要任务。

第二，中国在国际学术领域的话语权趋弱。由于我们大量引进西方学术话语体系，失去了中国学术的独立精神和特有风格，因此，在国际学术界，中国哲学社会科学的地位不高，中国的学术话语权甚至还不如20世纪下半期。20世纪50年代，毛泽东发表《论十大关系》，西方报纸曾争相转载；60年代的“文化大革命”虽然错了，却对西方国家的新社会运动产生了重要影响；70年代，毛泽东提出“三个世界”理论，更是引起世界各国的关注，至今还有相当大的影响。可今天，我国的经济实力强了，国际影响大了，但话语权却下降了。中国有五千年文明史，但中国文化的影响趋弱；中国的经济总量跃居全球第二，但综合国力并未达到世界第二；中国的哲学社会科学在国家文化软实力中所占份额甚少，并未对世界产生太大的影响。

第三，中国的对外宣传处于盲目无序状态。一是我们把宣传重点搞错了。比如说，有所作为和韬光养晦是新时期我国外交的重要方针。有所作为是战略而不是策略，而韬光养晦是策略而不是战略。战略是可以公开的，策略是必须隐蔽的；战略是全局的，而策略是局部的；战略是长期的，而策略是短期的、短暂的。但我们在宣传中正好搞反了，到处宣传韬光养晦，这本来是中国人的一个策略，具有隐蔽性，没有必要对外宣传。结果我们反复讲，造成了不少误会。海外流行的各种威胁论，虽然是由于许多误解造成的，但这种误解的产生与我们的对外宣传有一定的关系。二是我国内外宣传存在着两个话语体系，在国内大讲特讲马克思主义、中国特色社会主义，但在国外却刻意回避马克思主义和社会主义，只讲中国传统文化和中国改革开放。我们担心国外对我们进行意识形态渗透，也害怕别人以为我们在搞意识形态渗透，结果意识形态的安全受到极大的挑战。

第四，我国的学术话语中有些概念范畴外国人无法理解，国内普通百姓也无法理解。如在理论宣传过程中，“本质”“核心”“灵魂”“精髓”“关键”等概念经常出现，如果直译成外文，外国人根本看不懂。如果意译，内容似乎又很相似，外国人更看不懂。国内普通百姓也经常纳闷，这些概念的区别到底在哪里。比如说，现在讨论的“中国特色”“中国风格”“中国气派”，当外国人让我们解释时，我们也很难说清楚。结果，我们的意识形态话语出现了“概念漂浮”或“话语空转”，既不能向外扩散，又不能向基层传播。

为什么会出现这种情况，原因是多方面的，概括起来，主要有如下几个方面：

一是西方话语长期主导着国际学术话语权。这种状况在很大程度上导致了中国的学术话语出不去、走不远，中国的形象被歪曲、遭丑化，中国在国际上面临有理无处说、有理说不出去的局面。

二是改革开放以来，中国的学术话语体系以引进西方话语体系为主，缺乏独立自主的创新精神，没有着力探索有中国特色的学术话语体系。

三是中国当代的学术体制严重制约了学术的创新和发展，如高校和科研机构存在着比较严重的行政化管理，重数量轻质量的现象比较普遍。

四是当下许多学者急功近利，把学术当作了职业，甚至当作了副业，并未当作事业，因而缺乏创新的动力。

五是全社会还没有真正形成尊重知识、尊重人才的风气，知识分子多依附于资本或权力，缺乏独立的人格。在这样一种学术生态环境中，无法建构中国当代学术话语体系。

三、科学判断当前建立哲学社会科学学术话语体系的形势

当前，建立中国特色的哲学社会科学学术话语体系，既面临着严峻的挑战，也面临着良好的机遇。

从不利条件看，主要表现在两个方面：

一是西方的学术话语仍然在国际学术话语体系中占据主导地位。在经济全球化的背景之下，西方国家的资本在流向全世界的同时，其理论研究的方法与范式也流向世界，西方的学术话语体系也往往引领全球话语的潮流，这种状况不利于广大发展中国家建立自己的学术话语体系。

二是我国学术界还缺乏高度的理论自觉和理论自信，缺乏学术话语体系创新的意识，对学术话语体系的构建研究不够深入，研究成果也不多，基础不够扎实。

可以说，在中国综合实力日益增长、各国之间的竞争越来越表现为软实力竞争的今天，能否打破西方学术话语霸权、通过建立自身的话语体系提升中国的国际话语权，直接关系到中国的和平崛起和中华民族的伟大复兴，已成为当代中国面临的重大而迫切的问题。

但我们也必须承认，创建中国特色的学术话语体系，也有不少有利条件，面临着难得的机遇：

第一，长期主导国际学术话语体系的西方话语体系正遭遇严峻挑战。在经济全球化和信息网络化的条件下，世界各国优秀文明成果不断传播，各种思想文化相互激荡。世界范围内各种思想文化交流、交融、交锋更加频繁，国际思想文化领域斗争依然深刻而复杂，由西方发达国家主导国际舆论的格局没有根本改变。2008 年爆发的国际金融危机，动摇和打破了世人对西方学术话语体系的迷信，西方学者也开始对西方学术话语体

系进行反思。危机之中，美国等西方国家综合国力和国际影响力明显下降，西方的发展模式和价值观念遭到前所未有的质疑和挑战。这无疑为中国建构自己的学术话语体系创造了良好的外部环境。

第二，中国特色社会主义伟大实践为理论工作开辟了新的广阔天地，提供了不可多得的宝贵资源，也使得哲学社会科学具备了创建自身话语体系的土壤和条件。中国30多年的改革开放取得举世瞩目的伟大成就，创造了世界发展史上的伟大奇迹，对世界产生了日益重大的影响。世界正以前所未有的目光聚焦中国、正视中国、关注中国，国际社会更加希望倾听中国的声音，各国对中国的倚重和合作正在不断增加。与以往任何时候相比，与其他任何国家相比，当代中国都更有条件、更有可能不断产生新的理论创造。胡锦涛总书记指出："中国特色社会主义道路必将在党和人民的创造性实践中不断拓展，中国特色社会主义制度必将在深化改革、扩大开放中不断完善。这一过程必将为理论创新开辟广阔前景。"①

第三，中国道路的成功经验蕴含着许多深刻道理，为构建中国特色学术话语体系奠定了坚实基础。中国特色社会主义发展道路具有世界意义，为人类共同面临的问题提供了可供选择的方案。在目前西方为世界提供的全球化模式和国家建设模式出现困境的背景下，中国的国家建设经验与和平发展道路，实际上为大部分发展中国家的国家建设和对外关系提供了一种有力的选择。这一选择过程本身，就为国际社会科学学术话语体系的中国转向提供了巨大的可能性和机会。

第四，我们已经形成了中国特色社会主义理论体系，具备了构建中国特色话语体系的基本条件。一种独立的学术话语体系必须建立在相对成熟的理论体系之上，必须具有特定的话语表达方式。中国特色社会主义发展道路积累了丰富的可以转化为学术议程和话题的实践资源，使得"冷战"结束以来国际学术界围绕中国发展中的"谜题"产生了许多辩论话题。改革开放新时期逐步形成和发展起来的中国特色社会主义理论体系，为建立中国特色学术话语体系奠定了理论基础。此外，中国的国际学术界话语权虽然不大，但中国是世界上少数拥有初步独立的社会科学体系的国家之一，奠定了构建中国特色话语体系的重要学科基础。

四、积极探索创立中国特色哲学社会科学学术话语体系的思路

创新和发展中国特色学术话语体系，是提升中国在国际学术领域的话语权、主导权

① 胡锦涛：《在庆祝中国共产党成立90周年大会上的讲话》，11页，北京，人民出版社，2011。

的前提，是当代中国学术界的重大责任。探索建立中国特色的学术话语体系，是一项十分严肃的学术工作，也是学术界一项长期的历史任务，需要中国学人的长期努力和不懈探索。当前，我们应着力做好以下工作：

第一，要有高度的理论自觉和理论自信，不断加强对中国当代学术话语体系的理论探讨和研究。理论自觉和理论自信是构建中国特色学术话语体系的前提。中国作为一个具有独特历史文化的发展中大国，在学术上不能总跟着别人的话语体系走，否则会产生学术依附。中国作为一个爱好和平的大国，也不能借助西方的霸权话语体系，否则会损坏中国的国际形象。许多发展中国家知识分子普遍用西方学术话语体系来解构本土价值和知识，结果失去了国家价值认同。因此，中国学者必须具有高度的理论自觉。中国是世界上唯一历经几千年文明没有中断的国家，也是唯一在短短几十年内靠自身努力创造了现代化奇迹的国家。中国的革命、建设、改革走的是一条世界上独一无二的道路，借用西方学术话语解释不了中国发展道路，只有依靠中国学者自身的努力。因此，中国学者必须有高度的理论自信。构建学术话语体系本身就是一个严肃的学术问题，需要加强理论研究和探索，而作为从事哲学研究和社会科学理论研究的学者应当承担起这方面的重任。

第二，要有崇高的社会责任，加强对中国特色社会主义理论体系的研究。成熟的理论体系是构建独具特色的学术话语体系的必备条件。广大理论工作者要敏锐把握时代的要求和实践的呼唤，立足中国实际，从历史与现实、理论与实践、国际与国内以及不同学科的结合中，对中国特色社会主义进行深入透彻的研究和阐述，对科学发展观等重大战略思想进行深入阐释，对中国改革开放和现代化建设的成功经验作出深刻揭示，对国际社会广泛关注的中国道路作出科学解释，对克服前进道路上面临的风险和挑战进行深入的理论探讨，不断丰富我国哲学社会科学的学术思想和理论体系，把中国发展模式的优势转化为学术话语的优势，为中国特色社会主义事业发展提供坚实的理论支撑，不断增强中国特色社会主义道路的感召力、吸引力和凝聚力。

第三，要努力概括出理论联系实际的、科学的、开放融通的新概念、新范畴、新表述。独立的学术话语体系是由核心概念铸造起来的。核心概念的确立，一是通过对已有的概念给予新解释，例如流行的民主、自由、平等、公正、人权、正义、法治等；二是对未被重视的概念进行深挖掘，例如政治哲学中的公私关系、国际关系中的亚洲体系等；三是在历史和实践中提出新概念，例如和谐社会、和谐世界、节约型社会等；四是注意学术话语语境的转换，要具有国际视野和时代眼光，充分关注经济全球化、科技信息化这种国际背景和时代背景，注意传统学术话语的现代阐释；五是实现学术话语内容的转换，注意学术语言向群众语言的转换（大众化）、向少数民族语言的转换（本土化）、向世界语言的转换（国际化）。

第四，要实现西方学术话语的中国化。在西方话语仍然主宰国际话语体系的大背景之下，建立中国特色的哲学社会科学话语体系，必须注重与世界话语体系的对接，必须充分借鉴世界各国和国际社会一切进步的思想和经验，并在此基础上根据中国的实际加以创造性地转化和发展。为此，我们必须加强对国外学术前沿问题的了解，在实现马克思主义中国化的同时，实现西方学术话语体系的中国化。一味地照搬西方学术话语肯定是不对的，但完全离开西方话语体系自主创新也是片面的。因此，一方面，我们既要避免“非意识形态化”，脱离政治一味强调所谓的中立，不加分析地强调所谓的“普世价值”，盲目套用当下流行的西方学术话语，一定要掌握马克思主义在意识形态领域的话语权。另一方面，又要避免“泛意识形态化”，把一切都贴上意识形态的标签，因为这样做，无法与西方话语体系进行对话和交流。因此，中国学者要具有“中国立场”，要善于“世界表达”。

第五，要掌握构建中国特色学术话语体系的方法。构建当代中国学术话语体系，根本目的在于总结中国历史经验，解决中国现实问题，服务中国未来发展，扩大中国国际影响。因此，构建中国特色学术话语体系，一要认真汲取中国优秀历史文化中的合理元素，剔除其糟粕，挖掘和阐释其中符合时代精神、具有普遍意义的思想精华，使之成为创新和发展中国特色话语体系的重要源流；二要立足于当代，着眼于解决中国现实问题，致力于时代精神的中国表达；三要面向未来，着力探索影响中国经济社会发展的战略性、全局性、前瞻性问题，取得学术原创性和开拓性的成果；四是面向世界，广纳世界学术成果，让中国学术走向世界，让世界倾听中国的声音，让中华文明巍然屹立于世界文明之林。

此外，为了建构中国特色的学术话语体系，我们还应该积极探索有利于建构中国学术话语体系的体制机制，建立中国自己的社会科学独立评价体系，营造有利于学术创新的良好氛围。

在解构“西方话语”中建构中国话语体系

田鹏颖*

[摘　要] 中国崛起正面临西方话语垄断、扼制和挤压。如果中国话语体系没有世界话语权，那么中华民族伟大复兴的“中国梦”就有被西方话语淹没或吞噬之虞。如果按照西方逻辑应对“西方话语”，就可能落入西方“话语陷阱”而没有出路。我们必须在世界视野、当代视野、历史视野、未来视野下解构“西方话语”，建构中国话语体系。“西方模式”只是“之一”而不是“唯一”。“西方模式”也许只适合西方，但并非普世。“西方模式”只能借鉴，但不能克隆。“中国模式”完全有信心为人类对更好社会制度的探索提供“中国方案”。

[关键词] 中国特色社会主义；世界话语权；中国模式；中国方案

中国崛起面临着一个无法回避或绕开的关卡，即西方话语垄断，这种话语垄断无时不在扼制和挤压中国话语。如果我们长期没有中国话语体系或虽然有中国话语体系，但这种话语体系没有世界话语权，那么中国便难以实现真正的崛起，纵然“中国道路”光明而正确，纵然“中国事业”兴旺而发达，也会被西方话语视为邪路和威胁，中华民族伟大复兴的中国梦也不无被西方话语淹没或吞噬之虞，并最终转入西方现代性模式。

在这种背景下，我们按照西方逻辑应对“西方话语”没有出路，只会落入陷阱。因此，必须坚定中国特色社会主义道路自信、理论自信、制度自信、文化自信，在解构

* 田鹏颖，哲学博士，东北大学马克思主义学院院长、教授、博士生导师。主要研究方向：马克思主义理论、思想政治教育等。

“西方话语”中建构中国话语体系。必须拿起马克思主义理论武器，在建构中国话语体系这场“具有许多新的历史特点的伟大斗争”中，确立世界视野、历史视野、时代视野、未来视野，有所创造，有所作为。这是摆在我们面前的一个重大而紧迫的时代课题。

一、在解构“西方话语”中建构中国话语体系，必须确立把握中国话语体系的世界视野

西方模式是不是人类社会走向现代化的唯一模式？回答这个问题需要回到马克思。

马克思认为，民族史向世界史的转变并不是人们的主观臆想，而是一个基本的不争的历史事实。“历史向世界历史的转变，不是‘自我意识’、宇宙精神或者某个形而上学怪影的某种纯粹的抽象行动，而是完全物质的、可以通过经验证明的行动，每一个过着实际生活的、需要吃、喝、穿的个人都可以证明这种行动”①。当然，马克思世界历史理论关注的焦点既在这一基本历史事实之中，又不在这一基本事实之中，而主要在于“从抽象到具体”，深入揭示世界历史这一基本事实形成的动力、本质和规律。

1. 在世界视野中把握中国特色社会主义道路

如果说，在前世界历史时代，各个民族基本上都是在孤立、封闭、平行、隔绝状态下演进和发展，那么在世界历史时代，这种局面就被完全打破了，各个民族（国家）的发展无不受到世界历史整体发展的整合。因而，前现代、现代、后现代的关系问题便日益成为世界历史时代的“时代声音”。马克思明确指出：“工业较发达的国家向工业不发达的国家所显示的，只是后者未来的景象”②。在马克思世界历史理论视野中，人类社会不管哪个国家和民族都回避不了现代化，都摆脱不了现代性的“纠缠”。西方如此，中国亦然。如果说，19世纪40年代的世界历史已经成为事实，那么从清末的洋务运动到戊戌变法“新政”，从孙中山先生领导的辛亥革命到中国共产党领导的新民主主义革命，从社会主义革命、建设到中国特色社会主义道路的开辟，则构成了中国现代化道路艰辛探索的波澜壮阔的生动画卷。

2. 在世界视野中把握中国特色社会主义理论体系

马克思世界历史理论的优长之处不仅在于从本体论上颠倒了黑格尔的世界历史理

① 《马克思恩格斯选集》，2版，第1卷，89页，北京，人民出版社，1995。
② 《资本论》，第1卷，8页，北京，人民出版社，2004。

论，而且在于提醒自己并警示后人“西欧资本主义起源的历史概述”，不是指称“一般发展道路”，他的世界历史理论也不是“历史哲学理论”，更不可能“提供可以适用于各个历史时代的药方或公式”① 解决不同时代、不同国家的现代化道路问题，只能是特殊药方、特殊公式、特殊模式、特殊理论。马克思的科学社会主义理论如果束之高阁，不接地气，纵然科学和伟大，都将因其脱离时代和实际而成为历史摆设。因此，任何国家的现代化理论都既要关注本土问题和民族问题，又要关注世界问题和全球问题，特别要在本土与世界相互关联的视野中关注本土问题和世界问题。改革开放30多年来，中国人民在文化精神层面，通过积极的和开放的文化交流、碰撞与交融，以民族文化和世界文化水乳交融形成的新文化精神来丰富当代马克思主义的文化先进性，并站在世界历史制高点审视西方理性文化精神，试图突破“西方”文化霸权，以求获得包含中国文化价值和力量的新的全球化的文化精神；在实践理性层面上，确立了全球化语境和世界视野中的中国问题视域，从而赋予“中国经验”“中国话语”更加丰富的理论蕴涵，充分提升“中国道路”中积累的“中国经验”，提炼具有中国特色的哲学思想和时代命题；在理论理性层面，坚持马克思恩格斯经典理论同中国实际和时代特征相对话、中国特色社会主义理论与世界各种马克思主义和非马克思主义的社会历史理论相交流，不断弘扬中国特色社会主义理论体系与时俱进的理论品格、着眼全球的理论视野和紧贴时代的理论价值，向世人展示中国特色社会主义理论体系的时代魅力。

3. 在世界视野中把握中国特色社会主义制度

19世纪40年代，马克思和恩格斯在批判德意志意识形态时指出：“为了清楚地表明这整个青年黑格尔派运动的渺小卑微、地域局限性，特别是为了揭示这些英雄们的真正业绩和关于这些业绩的幻想之间的令人啼笑皆非的显著差异，就必须站在德国以外的立场上来考察一下这些喧嚣吵嚷”②。马克思“必须站在德国以外的立场上来考察”的世界历史立场和视野，启示我们在中国与世界的相互关系、特殊国情与一般世情的相互选择中深刻把握“中国制度”。在马克思的视野中，社会制度是一种社会历史性存在，即“亚细亚的、古代的、封建的和现代资产阶级的生产方式”③ 以及未来的共产主义的生产方式所形成的社会制度形态。需要指出的是，中国社会主义基本制度就其理论指向而言，无疑属于产品经济和共产主义制度这一范畴。但现实的社会形态必然受社会生产力性质和水平的决定和制约，客观地与市场经济有着无可“摆脱”的现实关联，甚至市场在资源配置上发挥决定性作用，而与马克思恩格斯当年设计的社会主义存在一定差别。

---

① 《马克思恩格斯选集》，2版，第1卷，74页，北京，人民出版社，1995。
② 《马克思恩格斯选集》，2版，第1卷，63页，北京，人民出版社，1995。
③ 《马克思恩格斯选集》，2版，第2卷，33页，北京：人民出版社，1995。

中国特色社会主义制度把市场配置资源这一决定性手段与富强、民主、文明、和谐的社会主义国家的价值共识结合起来，把市场经济形态与自由、平等、公正、法治的社会主义社会的价值取向结合起来，把市场经济基本规律与爱国、敬业、诚信、友善的社会主义公民个人价值准则结合起来，让一切劳动、知识、技术、管理、资本的活力竞相迸发，让一切创造社会财富的源泉充分涌流，让改革发展的成果更多更公平惠及全体人民，向世人展示了人类社会文明更加广阔的发展前景——“这不但是给占世界总人口四分之三的第三世界走出了一条路，更重要的是向人类表明，社会主义是必由之路，社会主义优于资本主义”①。

概括地说，西方模式是人类现代化模式“之一”，而绝不是“唯一”。

二、在解构“西方话语”中建构中国话语体系，必须确立把握中国话语体系的历史视野

西方模式是最优的吗？这要回到历史中去。

纵观历史风云，那些自觉或被迫克隆“西方模式”的国家在几十年的“探险”中，基本上实现了从希望到失望再到绝望的痛苦转变。中国道路虽然是一条在质疑和挑战中不断突围与突破的道路，但更是一条在危机和忧患中开辟与发展出来的光明道路。

1. 在历史视野中把握改革开放30多年的伟大实践

30多年的改革开放将中国特色社会主义送入世界的视野。从此，“关注中国”越来越成为一个世界共识，这不仅因为中国特色社会主义开创了民族国家走向现代化的新路径，改变了以欧美为主导的单向演进的现代化历程，不仅因为中国特色社会主义为世界提供了一种新型社会制度的发展模式，更因为这个拥有世界1/5人口的大国日益屹立于世界先进民族之林所必然带来的深刻的变革、剧烈的转型、前所未有的挑战。

21世纪以来，以美国为首的西方国家聚焦中国的发展跨越，提出“中国威胁论”“中国崩溃论”“中国责任论”“中国傲慢论”，有的甚至认为中国在搞“国家资本主义”等。但中国的发展总是颠覆那些理论家的预言，修正了教科书的论断，革新了固有的观念，撕碎了西方的唱衰。曾几何时，笃信中国共产党“经济上只能是零分”的西方，今天谈论最多的是中国的经济成就；30多年前那些“看空”中国改革的人，今天却把走出危机的希望寄托于中国体制；30多年前“只有社会主义才能救中国”的表述，今天又衍

① 《邓小平文选》，1版，第3卷，225页，北京，人民出版社，1993。

生出“只有中国才能救社会主义”的说法。30 多年后，中国这艘巨轮在“战略关键期”“转型碰撞期”“特殊敏感期”“寻找驱动期”“危险高发期”“矛盾叠加期”“速度换档期”中穿行。2005 年中国经济总量超过意大利，2006 年超过英国，2007 年超过法国，2008 年超过德国，2010 年超日本，成为世界第二大经济体。时代场景的转换，意味着历史使命的更替。21 世纪第二个十年，中国航船正在“全面建成小康社会，全面深化改革，全面依法治国，全面从严治党”的战略布局中破浪前行。

2. 在历史视野中把握中华人民共和国成立 60 多年的持续探索

新中国成立后，以毛泽东为核心的党的第一代中央领导集体带领人民，在迅速医治战争创伤、恢复国民经济的基础上，不失时机地创造性地完成了由新民主主义革命向社会主义革命的转变，成功实现了中国历史上最深刻最伟大的社会变革。社会主义基本制度的确立，为当代中国一切发展进步奠定了根本政治前提和制度基础。

社会主义基本制度确立以后，面对在中国建设社会主义这一崭新时代课题，毛泽东对适合中国情况的社会主义建设道路进行了艰苦探索。我国社会发生了翻天覆地的变化，并为我们探索建设中国特色社会主义的道路积累了经验、提供了条件，奠定了坚实的理论和实践基础。尽管中国社会主义经历了很多的曲折，甚至犯过包括“大跃进”“人民公社化”“文化大革命”这样的颠覆性错误，但正如习近平总书记指出的：“没有前 30 年取得的伟大成就，不可能有后来的改革开放。没有前 30 年的严重失误，不可能找到中国特色社会主义道路。有了改革开放前后 30 年的正反两方面经验，中国自信才更加坚定”。

3. 在历史视野中把握 170 多年中华民族发展历程的深刻总结

近代以来，无数仁人志士围绕着中华民族伟大复兴的两个时代主题——民族独立、人民解放与国家富强、民族振兴、人民幸福而奋斗。孙中山先生领导的辛亥革命，推翻了长达 2 000 多年的封建帝制。中国共产党自从 1921 年诞生，便真正带领人民完成了民族独立、人民解放这个历史任务。从 1840 年到 1949 年新中国成立是 109 年，到新中国成立 100 周年即 2050 年左右，将建成富强民主文明和谐的社会主义现代化国家。实践证明，中国近代以来，要实现中华民族伟大复兴的中国梦，离开了中国特色社会主义不行，离开了中国共产党的领导不行。

4. 在历史视野中把握社会主义 500 年的跌宕起伏

在社会主义 500 年的历史求索中，从空想社会主义到科学社会主义发展的飞跃，是人类社会主义认识史上的一次伟大的历史变革，由此催生了世界社会主义运动。列宁创建了第一个苏维埃共和国，使科学社会主义从理论形态转变成了实践。到了第二次世界大战硝烟散尽，一大批社会主义国家诞生，使科学社会主义实践从一国变为多国。半个多世纪的奋斗与抗争，历经反复、历经曲折，既经历了苏东剧变，世界社会主义陷入了低潮，又创造了中国特色社会主义的伟大奇迹。2008 年国际金融危机以来，“中国模式”受到世界普遍关注、普遍认同、普遍称赞。世界社会主义运动发展已经出现新转机、新气象、新希望、新曙光。世界人民之所以对社会主义未来前途抱有信心，在很大程度上导因于中国特色社会主义的成功实践。

5. 在历史视野中把握中华民族 5 000 多年悠久文明的传承

中国特色社会主义是科学社会主义的理论逻辑和中国社会发展的历史逻辑的统一。这个理论逻辑就是科学社会主义与中国实际和时代特征相结合的逻辑。这个历史逻辑就是中国人民弃旧图新，超越自我的逻辑。而中华民族 5 000 多年灿烂辉煌的文明则构成了这两个逻辑的文化基因和历史底色。习近平总书记反复强调，要“引导人们更加全面客观地认识当代中国、看待外部世界。宣传阐释中国特色，要讲清楚每个国家和民族的历史传统、文化积淀、基本国情不同，其发展道路必然有着自己的特色；讲清楚中华文化积淀着中华民族最深沉的精神追求，是中华民族生生不息、发展壮大的丰厚滋养；讲清楚中华优秀传统文化是中华民族的突出优势，是我们最深厚的文化软实力；讲清楚中华特色社会主义植根于中华文化沃土、反映中国人民意愿、适应中国和时代发展进步要求，有着深厚历史渊源和广泛现实基础”①。这四个“讲清楚”，深刻指明了中华优秀传统文化是中国特色社会主义的根本源泉，构建中国特色话语体系必须立足中华民族优秀传统文化。

概括地说，通过从历史到现实的综合考察，我们发现西方模式不是最优。

三、在解构“西方话语”中建构中国话语体系，必须确立把握中国话语体系的当代视野

西方模式是可以复制和传导的吗？这需要回到当代。

许多西方中心论者固执地认为，肇始于欧洲的现代化模式不仅充满活力，而且具有可复制性，而相对于早就进入现代文明的西方人而言，亚洲和非洲是野蛮和文明边缘地区，只有通过从文明中心向文明边缘拓展、征服、殖民和教化，才能走进所谓的现代

① 《习近平谈治国理政》，155～156 页，北京，外文出版社，2014。

文明。

西方的话语中的这些观点，既不符合时宜，又不符合事实。应当看到，世界几千年风云变幻，历经沧桑，实现大同，这既是中国传统文化的终极关怀，也是马克思主义对未来社会的美好向往和价值追求。然而，“实现大同”的道路选择则是多元的，正所谓只有“殊途”才能“同归”。这既是人类现代化进程壮美图景的真实反映，也是人类追求美好未来而无法改变的历史逻辑，更是我们应当具有的把握中国话语体系的当代视野。

纵观人类文明发展的历史，我们不难发现，把人们隔离开来，甚至导致冲突的关键元素往往不是千山万水，不是大海深壑，而是相互认知、理解上的隔膜与差异。正如习近平总书记所指出的：“世界上有 200 多个国家和地区，2 500 多个民族和多种宗教。如果只有一种生活方式，只有一种语言，只有一种音乐，只有一种服饰，那是不可想象的”①。这对我们把握世界文明发展模式、发展道路的统一性和多样性，把握中国特色社会主义世界话语权，具有重要的方法论意义。

1. 在当代视野中构建中国话语体系，必须明确文明可以交融和借鉴

文明多彩、文明平等、文明包容，这是马克思主义文明观。人类创造和发展的多姿多彩的文明，从茹毛饮血到田园农耕、从工业革命到信息社会所描绘的文明图谱无法否认；世界上不存在十全十美的文明，也不存在一无是处的文明，这一事实也无法否认。“当今世界，人类生活在不同文化、种族、肤色、宗教和不同的社会制度所组成的世界里，各国人民形成了你中有我、我中有你的命运共同体”②，所以，“一切文明成果都值得尊重，一切文明成果都要珍惜”③。

2. 在当代视野中构建中国话语体系，必须明确文明不能照搬和克隆

德国哲学家莱布尼茨说过，“世界上本来就没有两片完全相同的树叶”。每一种文明都是独特的。在文明问题上，生搬硬套、削足适履不仅是不可能的，而且是十分有害的。放眼当代世界，我们发现，德国、法国、新加坡、日本、韩国、巴西、阿根廷、南非等国在实现现代文明的道路上摸爬滚打，不断探索，在不同的发展阶段，不同的政治、经济和文化环境中，选择了不同的发展道路和发展方式，可谓各有特色、各展所长、各有千秋，这是人类现代化的本来图景。

3. 在当代视野中构建中国话语体系，必须发展 21 世纪中国的马克思主义

中国特色社会主义是实践、理论、制度的有机结合，既把成功的实践上升为理论，

① 《习近平谈治国理政》，262 页，北京，外文出版社，2014。

② 《习近平谈治国理政》，261 页，北京，外文出版社，2014。

③ 《习近平谈治国理政》，259 页，北京，外文出版社，2014。

又以正确的理论指导实践，还把实践中已见成效的方针、政策及时上升为党和国家制度。习近平总书记指出："要根据时代变化和实践发展，不断深化认识，不断总结经验，不断实现理论创新和实践创新良性互动，在这种统一和互动中发展21世纪中国的马克思主义"。因此，必须通过重构贯穿马克思主义基本立场、观点、方法的话语体系，把一个正在实现民族复兴并且已经取得巨大成就的繁荣昌盛的中国展示给全世界，让世界人民了解中国人民艰苦奋斗的历程和取得的伟大成就，了解中国道路和中国经验，了解中国模式的真谛和内涵。必须以一个崭新的视角思考中国和世界的前途与命运，使现有的政治经济社会知识范式发生转变，使包括当代中国马克思主义理论话语体系在内的中国特色社会主义话语体系成为影响世界发展的强势话语，得到全世界大多数人民的普遍认同。

概括地说，"西方模式"不能传导和复制，"中国模式"可以博采众长。

四、在解构"西方话语"中建构中国话语体系，必须确立把握中国话语体系的未来视野

西方模式是终极的吗？这需要我们展望未来。

在马克思的视野中，世界上的任何事物都是过程集合体。任何现代化模式都不是一成不变的，所谓"变则通"。"中国道路"既是实存的，又无时不处于过程之中。这不仅因为中国的现代化"尚未成功"、还在路上，更因为中国作为一个以马克思主义为"理论基础"的社会主义国家，存在着一个批判和超越既有现代性的内在诉求。这种超越性诉求，由于以人类解放为终极目标，由于能够站在人类的高度合理地处理人类主体与民族主体的辩证关系，便使我们要实现的现代化、现代性被赋予了一种全新的规定，即在扬弃既有现代性弊端的基础上重写现代性或重塑现代性。

1. 在未来视野中把握中国特色社会主义，必须正确处理自觉坚持与自我发展的关系

随着苏联的解体、苏联式道路的历史性关闭，中国特色社会主义实际上已成为21世纪世界社会主义运动的旗帜。"中国道路"已经不单是与中国人民的幸福和发展攸关的战略抉择，更承载着全世界包括发达资本主义国家备受异化之苦的广大人民群众的希望。当人们开始反思和拷问现代性形而上学和西方话语价值取向的合理性，并把"中国道路"与"西方道路"相提并论时，"中国道路"的世界历史性意义也就不证自明了。但从对西方话语的反思追问到承认（接纳）"中国话语"还有相当的距离，需要付出艰苦的学术努力。特别是新旧矛盾叠加，中国特色社会主义必将不断自己完善和自我修复，自觉检视发展过程中的各种失误，客观地分析我们面临的各种困难和问题，积极吸

纳一切有利于和平、和谐发展的经验和教训，主动调整和完善发展战略，排除各种干扰，稳步前进，真正体现建设中国特色社会主义的家国情怀、大国情怀、天下情怀。

2. 在未来视野中把握中国特色社会主义，必须正确处理民族主体与人类主体的关系

我国现在还处于并长期处于社会主义初级阶段。当前世界性金融危机不仅对包括西方国家的世界各国，而且对我国也造成很大影响，可能使许多国际矛盾更加尖锐、更加突出。中国特色社会主义将面临可以预见和难以预见的困难与风险，必须有足够的预判和充分的思想理论准备。这就需要我们认真研究和处理好民族主体与人类主体的辩证关系，积极倡导从人类整体利益出发，合理对待和处理各个民族国家之间关系的观念，既不必刻意为“特色”而特色，更不能狭隘地把人类现代文明的共同成果拒斥为“西方文明”“西方模式”；既要客观上承认各个国家维护自己利益的现实必要性和合理性，维护好中国的现实利益，又要高度警惕和防止民族主义的鼓噪，以“最大的诚意、最大的耐心、最大的努力”维护世界和平与地区和平，坚持和发展中国特色社会主义。

3. 在未来视野中把握中国特色社会主义，必须正确处理社会主义与资本主义的关系

当今世界话语体系当中，“西方话语”长期占据着相当重要的垄断地位，执着“掌管”着世界话语的演化方向和发展态势。因此，在解构“西方话语”中建构中国话语体系，从一定意义上说就是在处理中国特色社会主义与资本主义的关系。这也是21世纪中国马克思主义面临的重大理论和实践问题。无论在战略上还是在策略上，都应当以“命运共同体”为底线思维，既强调和坚持“中国特色”，又要坚持为我所用。真正实现各个民族国家平等相待、彼此尊重，让“中国特色”的历史价值在人类历史宏阔发展进程中真切体现，让马克思世界历史理论的当代实践在中华民族伟大复兴进程中充分展开，不断增强中国特色社会主义文化软实力，构建具有强大世界话语权的中国话语体系。

总之，我们必须创造性地规避和解构“西方话语”，从而确立把握中国特色社会主义的世界视野、历史视野、当代视野、未来视野，在实现中华民族伟大复兴的中国梦的历史进程中，在推进全面建成小康社会、全面深化改革、全面依法治国、全面从严治党的“四个全面”战略布局中，牢牢把握中国特色社会主义世界话语权。

构建中国特色社会主义国际话语体系探窥

■ 孟宪生　关凤利*

［摘　要］构建中国特色社会主义国际话语体系是中国哲学社会科学话语体系建设的重要组成部分，是中国哲学社会科学肩负的重大政治使命，对提升中国哲学社会科学话语体系的对外传播力和影响力具有深远的战略意义。中国特色社会主义国际话语体系遵循“中国思想、‘世界’表达”的基本理路，紧扣“中国梦”的合理内核，集中阐述“中国特色社会主义”这一核心命题的表达系统。它集中体现保持自我本真，传播中国声音；创新中国话语，寻求话语共识；扭转话语逆差，增强中国话语权的价值诉求。构建中国特色社会主义国际话语体系，关键是要正确处理好多元性与包容性、民族性与世界性、制度特性与发展共性的关系，在对传统文化的价值基底与西方话语的合理成分的巧妙结合中，创建融通中外的世界话语表达方式。

［关键词］中国特色社会主义；国际话语体系；中国思想；中国梦

党的十八届三中全会通过的《中共中央关于全面深化改革若干重大问题的决定》提出了“加强国际传播能力和对外话语体系建设”的论断，凸显了构建中国特色社会主义国际话语体系的重要性和紧迫性。构建中国特色社会主义国际话语体系是中国哲学社会科学话语体系建设的重要组成部分，是中国哲学社会科学肩负的重大政治使命，对提升中国哲学社会科学话语体系的对外传播力和影响力具有深远的

* 孟宪生，东北师范大学马克思主义学部教授、博士生导师，研究方向：中国化马克思主义基本理论与实践。
关凤利，东北师范大学马克思主义学部副教授，研究方向：社会主义和谐发展理论与实践。

战略意义。

话语体系内在地包含着“话语”和“体系”两个概念范畴，但是，它不是二者的简单组合、罗列。话语体系是由一系列概念、范畴、理论等基本要素构成，通过一定的表达方式用以阐述特定思想观念的表达系统，它具有文化和政治双重特性。一个国家的话语体系不是单个人思想观念的呈现，而是一个国家政治、经济、文化、社会等综合因素的现实反映，是一个民族思想观念、价值文化的系统表达，是一个国家综合国力的重要影响因素。一个国家的话语体系能否在国际社会上找到立足点，将直接关系到这个国家话语权的强弱，关系到整个国家的世界影响力。在合作与竞争交融的时代环境下，中国必须建构自己的世界话语体系，争取在国际上获得更多的话语权。

一、中国特色社会主义国际话语体系的基本内涵

构建具有世界影响力的中国话语体系必须立足于中国特色社会主义的理论与实践，深刻阐释中国特色社会主义国际话语体系的基本内涵。

话语体系是特定思想理论的表达系统，与一个国家的核心理论、指导思想密切相关，是一个国家基本理念、价值诉求的集中表达。中国特色社会主义国际话语体系是遵循“中国思想、‘世界’表达”的基本理路，以“中国梦”为合理内核，围绕中国特色社会主义道路、理论体系、制度，集中阐述“中国特色社会主义”这一核心命题的表达系统。概括来说，中国特色社会主义国际话语体系的基本内涵集中体现在基本理路、合理内核、核心命题三个方面，把握了这三个基本点也就深刻领会了中国特色社会主义国际话语体系的内涵。

（一）中国特色社会主义国际话语体系的基本理路

中国特色社会主义国际话语体系内在地包含着“中国思想，‘世界’表达”的基本理路。这种理路包括两个要点：一是中国特色社会主义国际话语体系的话语核心——“中国思想”，即向世界传播我们中国独特的理念；二是中国特色社会主义国际话语体系的表达方式——“世界表达”，即采用融通中外的创新性话语表达方式。中国特色社会主义国际话语体系要想在世界话语体系中发挥作用，首先必须为其他国家所理解和认可。但是，由于各个国家的语言形式、思维方式以及历史文化的差异，如若用传统的中国话语表达方式来对外表达中国的理论观点、价值诉求，则很难被其他国家所理解和接

受。毛泽东曾指出："射箭要看靶子，弹琴要看听众。做宣传的人，对于自己的宣传对象没有调查、没有研究、没有分析，乱成一顿，是万万不行的"①。同样，中国话语体系要被世人广泛接受就必须用其他国家所能理解的话语来表达。中国特色社会主义国际话语体系一个重要的突破就是要遵循"世界化"的创新性表达方式来深刻阐述中国独特的价值理念和精神姿态。习近平指出："要精心做好对外宣传工作，创新对外宣传方式，着力打造融通中外的新概念、新范畴、新表述，讲好中国故事，传播好中国声音。"②"融通中外"的新表述实际上就是一种为世界各国所普遍理解和接受的创新性话语表达方式。这种创新性的话语表达方式就是中国特色社会主义国际话语体系。

（二）中国特色社会主义国际话语体系的合理内核

中国梦不仅是体现国家情怀、民族情怀和个人情怀相统一的梦，而且内在地包含着和平、发展、合作、共赢的价值理念，是中国与世界各国实现话语对接的重要"契合点"。习近平在同美国总统奥巴马共同会见记者时讲道："中国梦实现国家富强、民族振兴、人民幸福，是和平、发展、合作、共赢的梦，与包括美国梦在内的世界各国人民的美好梦想相通。"③这表明，"中国梦"所内含的"国家富强、民族振兴、人民幸福"不仅是中国人民的追求，也是世界各国人民的普遍诉求。"中国梦"是中外各国的"汇通话语"，它能够使其他国家与中国产生共鸣。"中国梦"不仅有助于凝聚中国力量、团结中国人民，而且有利于通约中外话语、寻求中外共识。在国际舞台上，一个国家不论其话语内容有多"精彩"，如果找不到与其他国家的"契合点"，终将不会得到世界各国的认可，那么这个国家必然会在国际话语中"失语"。中国特色社会主义国际话语体系以"中国梦"为合理内核，能够让世界各国明确：中华民族伟大复兴的中国梦是和平、发展的国家梦，它的实现不会威胁世界；"中国梦"是开放、包容的世界梦，寻求的是与世界各国的合作共赢，它的实现会促进共同发展。这就有助于与其他各国产生共鸣，实现话语对接。"中国梦"具有大众化、国际化的话语特点，是政治话语与学术话语的结合，达到了中国话语与世界话语的融通，是中国特色社会主义国际话语体系的合理内核。

（三）中国特色社会主义国际话语体系的核心命题

任何话语体系都有需要表达的核心命题。中国特色社会主义国际话语体系实质

① 中共中央文献研究室、新华通讯社编：《毛泽东新闻工作文选》，78页，北京，新华出版社，1983。
② 《习近平谈治国理政》，156页，北京，外文出版社，2014。
③ 《习近平谈治国理政》，279页，北京，外文出版社，2014。

上是能够准确反映中国特色社会主义实质内容的观念系统，并通过我们创造性的表达方式予以概括、阐述。中国特色社会主义是中国发展进步的根本方向，它是马克思主义基本原理与中国具体实际相结合的产物，是中国历史发展的必然选择，是中国发展崛起的根本所在。我们强调坚持和发展中国特色社会主义，就是在中国话语体系中充分体现“社会主义”和“中国特色”。只有坚持“社会主义”，我们才不会走改旗易帜的“邪路”；只有坚持“中国特色”，我们才不会走封闭僵化的“老路”；只有坚持“中国特色社会主义”这一核心命题，中国话语体系才不会失去“灵魂”。针对当前一些资本主义国家不接受“中国特色社会主义”甚至大肆鼓吹“中国威胁论”，把中国妖魔化这一现状，中国特色社会主义国际话语体系的核心命题就是要向世界各国阐述清楚选择中国特色社会主义道路的必然性，向世界各国表达清楚坚持中国特色社会主义理论体系的正确性，向世界各国解释清楚确立中国特色社会主义制度的合理性。

二、中国特色社会主义国际话语体系的价值诉求

中国特色社会主义国际话语体系承载着中华民族的文化特质，蕴含着中国人民的理想追求，集中体现了中国的精神气质和价值诉求。西方资本主义话语体系遵循“唯我独尊”“话语霸权”的“斗争性”价值理念；相反，中国特色社会主义国际话语体系集中体现了“相互尊重”“话语多元”的“和谐性”价值理念。以“和谐”理念为基本遵循，努力传播中国声音、寻求话语共识、增强中国话语权、实现与世界各国文明对话是中国特色社会主义国际话语体系的基本价值诉求。

（一）保持自我本真，传播中国话语

改革开放30多年以来，我国综合国力不断提升，中国特色社会主义各项事业取得了巨大成就，中国的国际影响力显著增强，世界日益高度关注中国实践、中国声音、中国发展。但是，当前西方国家从西方的政治立场、思维方式、意识形态出发来看待中国发展，视中国为最大的威胁，甚至攻击诋毁中国。从价值观较量的角度来看，构建中国特色社会主义国际话语体系就是运用中国智慧，立足中国实践，向世界“讲好中国故事，传播中国话语”，努力向世界讲述一个真实的中国，让世界了解中国、接受中国。习近平主席以身示范，出访多国并努力向世界讲述中国的特殊国情，系统阐述中国道路、中国制度，宣传中国价值。习近平指出：“提高国家文化软实力，要努力传播当代

中国价值理念。”① 中国特色社会主义国际话语体系实质上就是要向世人展示在社会主义道路、理论体系、制度方面形成的中国特色；就是要彰显“协和万邦、天下大同”的中国气派；就是要展现“开放包容、和平崛起”的中国姿态。当今世界是一个开放的世界，各种社会思潮不断交融激荡，中国特色社会主义虽然遭到各种不公正的评判，但是，我们任何时候都不会为了迎合别国而抛弃“自我”、失掉“本真”。“履不必同，期于适足；治不必同，期于利民。”② “一个国家发展道路合不合适，只有这个国家的人民才最有发言权。”③ 历史证明，中国今天取得的一切成就都离不开对中国特色社会主义道路的坚持，离不开中国特色社会主义制度的确立，离不开中国特色社会主义理论体系的科学指导，也离不开我们对中华文化、中国价值的坚守。

（二）创新中国话语，寻求话语共识

一个国家的话语体系要想在国际社会中发挥作用，首先必须要获得世界各国的理解和认同。构建中国特色社会主义国际话语体系必然要以“寻求话语共识”为基本诉求。当今世界是开放的世界，中国的发展离不开世界，世界的发展也需要中国。但是，由于世界各国语言表达、文化历史、思维方式存在较大差异，要实现各个国家的交流互动，获得世界对中国话语的认可，并非易事。这就需要我们努力创建为其他国家所理解接受的话语表达方式，实现话语主体与受众客体的思想对接。海德格尔曾明确指出“语言是存在的家”，这里的语言绝非简单的工具，而是生成着的“存在”，这充分说明，人类有意义的东西要通过语言来表达，人与人、国与国之间的沟通交流也必须以能够为双方共同理解的语言为基础。事实上，语言是文化的载体，任何一种语言都蕴含着深厚的文化，是文化的历史积淀。要实现不同国家的语言对接，就必须寻求不同民族文化的融合。习近平指出，“引导人们更加全面客观地认识当代中国、看待外部世界。对世界形势发展变化，对世界上出现的新事物新情况，对各国出现的新思想、新观点、新知识，我们要加强宣传报道，以利于积极借鉴人类文明创造的有益成果”④。中国特色社会主义国际话语体系就是要通过创新观点、创新理论、创新话语，来创建融通中外的话语表达方式，进而找到中外话语契合点，实现文明对话，寻求话语共识。这种创新主要是基于中国特色社会主义的成功实践，在继承中华优秀传统文化的基础上高度关注国外受众群体的思维方式而实现的。

---

① 《习近平谈治国理政》，161 页，北京，外文出版社，2014。

② 《魏源集·默觚下》。

③ 《习近平谈治国理政》，315 页，北京，外文出版社，2014。

④ 《习近平谈治国理政》，155 页，北京，外文出版社，2014。

（三）扭转话语逆差，增强中国话语权

话语权是一个国家综合实力的集中展现，是国家形象的具体表达。一个国家在国际社会中话语权的强弱将直接影响整个国家的世界影响力。“作为世界文明大国，中国不能没有自己的话语权，更不能缺少引领时代发展和世界潮流的话语权。”① 当前，一些西方国家自恃经济实力强大，大肆输出文化、价值观，实行“话语霸权”，致使在国际话语权竞争中出现了“西强东弱”的局面。西方国家实行“文化霸权”，实际上就是要借助文化软实力奴役他国，瓦解人们的精神支柱，以实现对别国的思想统治。东欧剧变、苏联解体实际上充分显示了西方国家意识形态输出的“威力”。然而，中国有着深厚的文化根基和独特的精神气魄，不会被西方的“精神迷药”所蛊惑。当前，我们构建中国特色社会主义国际话语体系的一个核心目的就是努力扭转话语逆差、增强中国话语权。中国特色社会主义国际话语体系要始终以中国特色社会主义为立足点，集中阐述中国特色社会主义道路是中国历史和人民的选择，符合人类社会发展规律，是被实践证明了的符合中国实际的现代化发展道路。这条道路对于其他国家寻求具有自己特色的发展路径有着重要的启示和借鉴作用，这就为我们增强国际话语权提供了有力的现实基础。中国特色社会主义国际话语体系始终以中国特色社会主义理论体系为核心理论，强调中国特色社会主义理论是马克思主义与中国具体实际和时代特征相结合的理论结晶，是能够解决实际问题、促进实践发展的理论。中国特色社会主义理论体系对思想源头的继承和发展为其他国家解决指导思想困境提供了重要的方法论借鉴，这就为我们增强国际话语权提供了有力的理论基础。中国特色社会主义国际话语体系系统阐述了中国特色社会主义制度的合理性，始终强调中国特色社会主义制度是符合中国实际的特色制度，它为中国各项事业的顺利发展提供了重要保障。我国的根本制度、基本制度以及特色法律体系的生成路径为世界欠缺有效制度供给的国家提供了有益借鉴，这就为我们增强国际话语权创造了有力的政治基础。

三、构建中国特色社会主义国际话语体系的关键所在

在构建中国特色社会主义国际话语体系时，关键是要正确处理好多元性与包容性、民族性与世界性、制度特性与发展共性的关系。在处理这些关系时，注重对传统文化的

① 陈金龙：《在讲好中国故事中提高国际话语权》，载《光明日报》，2015-01-15。

创造性转换和创新性发展；密切关注国际形势，统筹国际国内两个大局，创建融通中外的中国特色世界话语表达方式。

（一）正确处理多元性与包容性的关系

融通中外是构建中国特色社会主义国际话语体系的重要关节点。任何话语体系要想实现融通国内外，首先就必须有海纳百川的精神气魄。只有尊重文化差异并勇于接纳其他国家的文明成果，才能集百家之长，创建为世界所认可的话语体系。每个国家都有自己的语言风格和文化传统，人与人、国家与国家的交流更多地要通过语言来实现。事实上，“对外宣传是跨语言、跨文化的传播，对外话语体系就是沟通不同文化、促进文明互鉴的桥梁”①。当今世界各国无论是在文化还是在思想上都呈现出多元化趋势，要想使中国特色社会主义话语在世界舞台上发挥作用，最重要的就是要以包容的姿态来构建被其他国家所理解和接受的话语体系。一方面，我们要尊重世界文化的多元性，尊重外国受众群体的文化传统和思维习惯，积极学习借鉴人类文明成果，以开放包容的姿态创新话语表达方式；另一方面，我们又要在吸纳、包容人类文明成果的过程中充分彰显中华文化的特色。强调中国在构建对外话语体系中要保持自我本真，同时尊重其他国家和民族坚持自己文明的本色。习近平指出：“文明因交流而多彩，文明因互鉴而丰富。文明交流互鉴，是推动人类文明进步和世界和平发展的重要动力。”② 中华文化的包容性离不开世界文明的多元性，中国特色社会主义国际话语体系的构建也需要世界各国文明的交流互鉴。

（二）正确处理民族性与世界性的关系

构建中国特色社会主义国际话语体系的一个重要方面是要处理好民族性与世界性的关系。一个国家的话语体系要被世界所理解，就需要创新出为其他国家所理解和接受的话语表达方式，但更为重要的是要传达自己国家的文化与价值。我们不能为了与别国进行对话就失掉自我本色。中国特色社会主义国际话语体系最为关键的就是在世界舞台上充分彰显中国本色，这就需要我们正确处理好民族性与世界性的关系。“民族的也是世界的，世界的也是民族的”，中华优秀传统文化中蕴含着丰富的有价值的话语、词汇，这是我们创新话语表达的重要文化基础。我们要重视对中国优秀传统文化的继承，既要根据实际对那些内涵深刻但形式陈旧的词汇、语言进行创造性转化，又要依据时代精神

① 蒋建国：《加强对外话语体系建设要把握好五个重点》，载《人民日报》，2015-06-12。

② 《习近平谈治国理政》，258页，北京，外文出版社，2014。

对中华传统文化进行创新性发展。同时，我们不能只注重民族特色而忽略世界性。任何民族性的存在只有被其他国家接受认可才能真正具有世界性意义。中国特色社会主义国际话语体系必须在保持中华民族特色的同时与世界话语接轨，要努力打造既有民族特色又能被世界各国广泛接受的话语表达方式。我们既要有高度的理论自觉，更要树立宏伟的世界眼光，立足中国问题，凸显中国经验对于解决人类社会发展问题所具有的普遍价值。以寻求解决中国面临的国际问题为出发点，积极应对人类社会普遍关注的问题，这样既具有说服力又具有国际感召力。习近平强调指出，“我们将始终不渝走和平发展道路，始终不渝奉行互利共赢的开放战略，不仅致力于自身发展，也强调对世界的责任和贡献；不仅造福中国人民，而且造福世界人民”①。中国特色社会主义国际话语体系的构建既要注重接“中国地气”，继承中华优秀传统文化，以解决中国实际问题为基点，努力贴近中国实际、贴近人民生活；又要注重接“世界地气”，立足时代特色，关注人类社会普遍面对的世界性问题，努力贴近受众群体思维方式，创建世界化表达方式。努力做到传统与现代的结合，实现民族性与世界性的统一。

（三）正确处理制度特性与发展共性的关系

正确处理好制度特性和发展共性的关系是建构中国特色社会主义国际话语体系的内在要求。中国特色社会主义国际话语体系的一个主要目的就是要向世界阐释中国特色制度的重要意义。正如“世界上没有完全相同的两片树叶”一样，任何两个国家的社会制度也不会完全相同。“正像我们不能要求所有花朵都变成紫罗兰这一种花，我们也不能要求有着不同文化传统、历史遭遇、现实国情的国家都采用同一种发展模式。”② 我们尊重世界各国的制度特色，同时也倡导在建构对外话语体系中彰显中国制度特色。中国特色社会主义制度首先是根据中国历史条件、现实国情和中国文化而确立的，它必然具有中国风格，体现中国姿态，蕴含中国价值。虽然世界各国制度有所不同，但是，在为促进本国发展提供保障上是高度一致的，尽管发展的最终目的不完全相同。透过制度特性寻求发展共性，这样才能顺利找到中外话语契合点，我们建构的话语体系才具有公信力、说服力和感召力。习近平曾指出：“中国走和平发展道路，其他国家也都要走和平发展道路，只有各国都走和平发展道路，各国才能共同发展，国与国才能和平相处。”③ 从这段话不难看出，以世界各国普遍寻求发展的共性为出发点，有利于中国与世界各国特别是西方国家产生共鸣，为我们建构中国特色社会主义国际话语体系找到重要突破口。

---

① 《习近平谈治国理政》，248 页，北京，外文出版社，2014。

② 《习近平谈治国理政》，315 页，北京，外文出版社，2014。

③ 《习近平谈治国理政》，248 页，北京，外文出版社，2014。

文化软实力视角下的中国执政党话语的调整与转化*

■ 朱俊瑞 赵宬斐**

［摘 要］中国执政党的话语能力作为政党文化软实力重要的组成部分，伴随着文化发展的需求做出了与时俱进的调整和转化，实现了由“革命”到“建设”，再由“建设”到“改革”与“发展”的螺旋式上升与互促共融。在新时期，中国执政党话语能力建设不仅呈现出实践性、开放性和引导性等特征，同时更加注重话语的示范性和包容性内容，坚持用中国特色、中国风格与中国气派的现代性话语解读好、宣传好和传播好中国特色社会主义道路与中国特色政党制度建设，有效引领与整合多元、差异的社会思潮，牢牢掌握意识形态领导权，以获取广泛认同与支持，进一步巩固其执政地位。

［关键词］文化软实力；政党话语能力；共识

十八大报告提出：“文化实力和竞争力是国家富强、民族振兴的重要标志。”① 这为我党继承传统优良的话语，同时在新时期、新条件下丰富和创新话语，来引领时代文化，寻求文化认同和提升执政合法性，提供了指南与依据。

---

* 本文系浙江省社科规划课题“多元舆论场中党的舆情调控与引导机制研究”（14NDJC003Z）和国家社科基金规划项目“基层党内‘选举民主’与‘协商民主’协同机制研究”（13BDJ036）阶段性研究成果。

** 朱俊瑞，杭州师范大学政治与社会学院院长、教授，博士后。研究方向：政治思想史。

赵宬斐，杭州师范大学教授，政治学博士后。研究方向：政党政治与现代性。

① 胡锦涛：《坚定不移沿着中国特色社会主义道路前进 为全面建成小康社会而奋斗》，33页，北京，人民出版社，2012。

一、文化软实力视角下的政党话语诉求

政治文化是文化与政治联姻的产物，从一定程度上讲，文化是政治存在和发酵的母体，政治又可以通过舆论的引导对文化发展施加影响，但政治更需要文化的滋补与培育，需要其提供价值理念和精神诉求。美国学者阿尔蒙德和维巴在研究中认为，民主政府需要“依赖于人们对政治程序的取向——依赖于政治文化。除非政治文化能够支撑一个民主的系统，不然，这个系统成功的机会是很渺茫的”①。政治文化既能决定一个国家民众对待政治参与的态度，影响民众的参与途径和方式，又能为民众提供一种有效的政治生活方式、一种具有厚重历史感的世界观与哲学观、一种浓郁的人文价值关怀和独特的引导性与规范性话语体系。在诸多的政治范畴中，政治文化已外化为各种话语样态，这些话语实质上就是一种典型的“软实力”，具有一定的认同力、感召力、凝聚力与亲和力，显然文化可以通过“话语”这类“软实力”得以展现。“软实力”概念最初是由美国学者小约瑟夫·奈提出的。② 在政治领域中，“软实力”主要是指政治制度的吸引力、政治观的感召力、政治文化的感染力和意识形态的教化力等。尤其在全球化和信息网络的时代，一些政治主体为了生存、竞争和发展，更加重视“软实力”建设。作为政治文化的凝集者与体现者的政党来说，其文化价值观念和诉求始终处于政党文化的核心和关键地位。

政党的文化价值观念和政治行为发挥的作用大小，主要通过政党话语表达得以承载与传播。因此，现代政党大都很重视自身话语能力建设，希望通过不断提升话语能力巩固其合法支持与认同，通过话语展现政党的吸引力、辐射力、渗透力、同化力、竞争力、向心力、塑造力、建构力、革新力和创造力等方面。其中最为重要的是：话语可以为政党提供价值信仰、政治理念和合法性的政治认同，尤其是在政党的意识形态中，话语始终起着举足轻重的作用。环顾世界，无论是在国际与国内，各国政党都在利用各种方法与途径争夺话语权、实施话语权战略以及维护话语文化利益，因为谁拥有话语权，谁就能通过议题设置占据舆论制高点，控制与引导舆论。可以说，话语权已经成为提升

---

① ［美］加布里埃尔·阿尔蒙德、西德尼·维巴：《公民文化：五国的政治态度和民主》，586页，杭州，浙江人民出版社，1989。

② “软实力”的概念是由美国哈佛大学教授小约瑟夫·奈提出来的。1990年，他分别在《政治学季刊》和《外交政策》杂志上发表《变化中的世界力量的本质》和《软实力》等一系列论文，提出了“软实力”的概念。“软实力”指的是一种能力，它能通过吸引力而非威逼或利诱达到目的，是一国综合实力中除传统的、基于军事和经济实力的硬实力之外的另一组成部分。“软实力”包括政治制度的吸引力、价值观的感召力和文化的感染力等无形的“实力”。在信息时代，“软实力”正变得比以往更为突出。

政党文化软实力的新的着力点。

对于中国执政党来说，其价值理念与价值追求，以及如何引领社会文化发展，又如何获得较高的社会认同与支持，主要是通过话语表达与传播，将信仰、理想、目标与观念进行有效社会化，同时又依据话语的教化功能将民众各种思想观点进行充分整合、吸收，融入执政纲领中，通过政策实践将政党的价值理想与政策纲要转变为现实；另外，党的话语风格、话语气魄、话语方式和话语诉求还能够产生引导和示范效应，会成为公众效仿的对象，从而在“润物细无声”的过程中引导与规范社会大众文化的健康有序发展。

二、文化软实力视域中党的话语结构特征及其转化

从文化软实力这一视角来看，中国执政党的话语体系实质上是一个完整的话语表达系统，既包括一系列的概念、范畴、词汇，又包括表达内容、表达方式和表达形式，并随着时间和执政环境的变迁进行与时俱进的调整与转化，才能更有效地引领与整合社会中多元与差异的思潮，牢牢掌握意识形态领导权，以获取广泛认同与支持，进一步巩固其执政地位。

（一）中国执政党话语结构特征

中国执政党话语的最大特征，就是用务实的话语表述、承载和传播中国社会主义特色的道路、理论和制度。在当今时代，中国执政党话语最突出的本质与特点就是“中国特色社会主义”。中国特色社会主义是中国执政党高举的话语旗帜。中国执政党的话语就是用符合中国特色社会主义的一系列的范畴、命题和结构去表达、承载和传播，并具有外在的务实性、包容性、引导性、认同性、科学性和宣传性等表现力。中国执政党话语既要展示出马克思主义的话语精髓，又接受中国历史文化深厚的浸润，同时又能打上鲜明的时代烙印。其话语结构特征主要表现为实践性、开放性、一致性、教化性和包容性等几个方面。

（1）实践性。丰富鲜活的中国实践，始终是执政党话语产生的源头活水。执政党话语始终根植于实践，坚持从实践中来，而不是从教条和本本中来，具有从实践中产生、在实践中发展又为实践所检验的鲜明特色。（2）开放性。执政党话语始终是伴随着实践发展而不断丰富和发展的开放体系，不是空洞、僵化、单调和自我封闭；开放、包容与进取是其话语生命力的基本依托，又是话语生命力和创造力的重要来源。（3）一致性。

执政党话语的一致性主要表现为政党内部一致的话语体系。在当今多元差异的语境下，可能出现诸多的分歧和冲突，更需要政党用统一与一致的科学话语去引导和示范，以凝聚人心和稳定秩序。（4）教化性。执政党话语的一个突出的功能就是进行有效的政治宣传与教化，维护其意识形态，促成党员、民众信仰统一，化解党内外矛盾与冲突，凝聚人心，有效增强党员、民众的自豪感与归属感。（5）包容性。执政党话语既能够在整个社会各个领域和阶层得以广泛的传播，又能够为群众认同和接受，显然是政党话语的包容性功能起着主要作用。中国执政党始终立足当前实践，坚持对中国道路、理论和制度的自信，用中国特色、风格和气派的包容性话语解读好、宣传好、传播好中国道路，凝聚民智民力。执政党话语的这种实践性、开放性、一致性、教化性和包容性并不是分开与孤立的，而是相互交错、相互促进，共同构成了中国执政党话语的结构性特征。这种结构性特征主要通过党的历届代表大会报告的主题得以呈现，反映出执政党的党纲、党章及政策的历史延续性、现实的调整性与发展的适应性。

（二）中国执政党话语的转化与调整

中国执政党推进话语结构性转向与调整，既是其精神创造力发挥作用的依据，也是其开拓创新能力的过程，更是其不断提升内在思想活力不可或缺的重要实践路径。回顾建党以来的话语的发展与演进，可以简要概括为四次重要的话语结构性转化与调整：一是革命性话语；二是建设性话语；三是改革话语；四是新时期话语。从革命话语到建设性话语、从改革话语到新时期话语是螺旋式叠加与演进的。

一是以建设性话语代替革命话语。中国执政党在科学总结过去革命斗争经验的基础上，创造性地推进了马克思主义话语中国化的进程，形成了系统的“革命”话语体系，同时用“革命”话语的宏大叙事，指引一个半殖民地半封建的东方大国通过革命走向辉煌胜利。革命话语孕育着的反叛精神和创新能力在于，它要确立的不是“另一个”政治秩序、民族复兴与国家建构，而是“另一种”政治秩序、民族独立与国家建构。在此过程中“革命被建构成为一种与自由、解放、翻身、新生等意涵相关联的主流政治文化”①。革命充满了“辩证法”“意识形态”“不间断”“英雄气概”和“浪漫激情”特征，为马克思主义的现代性革命话语在中国的运用，带来新的语言表达想象空间、新的思想特征、新的思维方式和新的行动风格，并赋予其拯救世界于水火中的宏大使命。在实现了民族独立与国家建构后，执政党的革命话语主题开始适时地转向建设性话语主题，主要是加强政治制度和社会现代化建设；但由于中国执政党在新的历史主题与环境状况下

① 王奇生：《中国近代通史：国共合作与国民革命（1924—1927）》，第7卷，535页，南京，江苏人民出版社，2006。

实施话语主题转换经验不足、借鉴性不够等，使日益膨胀的“以阶级斗争为纲”的话语体系逐渐占据了建设话语体系发展的空间，这种宏大的革命话语叙事一直持续到20世纪70年代末，才真正转向“建设”意义的主题。其后，“改革”“开放”渐渐成为党的建设话语范畴中的主流话语。

二是以新时期话语丰富改革话语。从20世纪70年代末起，随着中国执政党对“改革”“开放”和建设性话语的大力宣传与推进，一时间“改革和开放”“发展是硬道理”“三个有利于”标准和“一个中心、两个基本点”等成为人们耳熟能详的新话语。以经济绩效为表征的话语展现，也成为执政党合法性最雄厚的诠释。中国执政党一直坚持与时俱进，从不故步自封，在推进“建设”和“改革”话语的同时，又适时地提出“科学执政”“依法执政”“民主执政”“以人为本”“科学发展”与“和谐社会”等新时期话语，这也为党加强和巩固自身的执政合法性提供了进一步的支持和保证。尤其是党的十六大报告提出“已经从领导人民为夺取全国政权而奋斗的党，成为领导人民掌握全国政权并长期执政的党；已经从受到外部封锁和实行计划经济条件下领导国家建设的党，成为对外开放和发展社会主义市场经济条件下领导国家建设的党”。这两大转变不仅意味着党的历史使命、中心任务、领导方法和职能角色等多方位的变化，同时也迫切要求执政党建设理论的创新与发展，需要以新的话语承载和传播其理论创新的成果，承载和传播中国特色社会主义的一系列新思想、新观点和新论断；需要以新的话语在国际舞台塑造其务实亲民的大党形象与风格。以“科学发展”“和谐社会”和“以人为本”等为表征的话语不仅迅速构成了中国执政党新时期的主流话语，同时也进一步增强了党的话语自觉、自信与自强。

三、文化风险境遇下执政党话语面临的挑战

随着全球化、现代性迅速扩展，特别是在互联网日新月异的今天，在社会结构、社会阶层迅速变化的同时，又遭遇着“数字化王国”① 的浸润。当今的社会一如德国学者乌尔里希·贝克认为的，是“风险社会”。而风险社会又与媒介、文化的发展存在密切关联，呈现出文化风险的诸多特征：一是人们的话语表达得到了最充分的张扬与诠释，人们可以在任何时间、任何地点就任何问题与任何对象进行互动式表达与交流；二是社会思想文化和意识形态领域发生重大变化，现实话语与网络话语交织在一起，话语表达的平面化、自由化与多样化等所造成的分歧与冲突层出不穷；三是人们日益陷入一种紧

① 参见刘文富：《网络政治——网络社会与国家治理》，198～199页，北京，商务印书馆，2002。

张不安的文化焦虑与冲突之中，各种思潮、各种观念层出不穷，如何用核心价值观去塑造与引领社会越来越成为执政党面临的重大课题；四是人们的文化价值观及其政治价值观念的认同日益凸显出来；五是人们在关涉个性、自我和认同等方面进行话语表达时，表现出种种极端化倾向，往往不惜冒着道德风险、政治风险、法律风险乃至生命风险。这种文化风险境况为执政党如何进一步提升话语能力提供了一个新的历史机遇，但所造成的文化问题及风险也愈益增多，无疑给中国执政党的话语内涵、话语能力、话语创新、话语权和话语建构等带来诸多的挑战与困难。

（一）话语表达的分歧与冲突带来的挑战

在传统话语体系中，话语资源主要为政党所掌控，话语权也主要由政党来分配与调度。随着全球化、网络化和社会化的发展，话语表达的主体日趋多元化，话语表达的内容和形式也日趋多样性。可以说，话语无所不在、无时不有，各种话语之间的博弈产生了不同意识形态观的冲突与交锋；话语的分歧与冲突，无疑给政党话语能力建设带来巨大的挑战。政党话语作为“社会公器”不仅是治国理政的重要政治资源，同时又是安抚社会情绪的“稳压器”，只有顺应时代潮流，正视时代的挑战，表达时代的呼声，以符合社会主流需求的价值观、理念，才能受到民众的欢迎，才能引领好社会舆论。

（二）“网络话语”崛起带来的挑战

互联网时代形成的话语表达，随着微博、微信等新媒介的发展，越来越为人们所关注。与传统话语权相比，“网络话语”突显了社会性的特质与功能。不少人就是以网络生活为主题，通过“键盘语言”抒发情怀和表达诉求。“网络话语”不仅是对时代变迁的记录，更是社会文化的载体，它日益凸显出网络群体的思维习惯与言语风格，同时也传达出属于这个时代的，而且深刻影响着人们的生活世界与思想道德的信息。“网络话语”呈现出简约性、直观感性、快捷性和互通性等特征，往往以轻松活泼、幽默风趣、没有规则、自成方圆和戏谑调侃的语态，表现出话语背后的叛逆性、前卫性、丰富性、自由性、多元性和批判性的一面。而且“网络话语”还具有一定的权力属性，主要表现为话语主体的意志表达可以通过网络形成强大的影响力，从而对政治主体造成强大的舆论压力，产生了巨大的社会性批判力量。同时，“网络话语”因话语表达失范，又可能产生侮辱、诽谤、谩骂和非理性行为；尤其是在涉及民族、民生和公共问题时，毫无理性和规束可言，畸形使用话语，甚至演变成网络暴力，这是典型的现代性文化风险特征。执政党在提升话语能力的同时，要十分重视对“网络话语”的规范与引导。

（三）媒介化“去中心化”与“群体偏好”带来的挑战

在传统和经典现代性社会中，媒介主要是作为权力掌控者进行话语表达、宣传和引导的一种治理性工具。而今，在以新媒体为主要内容和特征的现代性和后现代社会中，媒介正成为人们在生产、生活中时刻不能分离的一个中介物，这种以媒介为中心的生活方式，表现为媒介化生存。媒介已经深入人们生活的方方面面，构成了人们生存的环境，成为人们生存的方式和状态。媒介化社会、媒介化政治、媒介化人、媒介化生存和媒介化关系已成为当今时代的一道道重要景观。媒介化同样对文化业产生着重大影响，使文化发展遭遇到解构化风险。解构意味着颠覆、去中心化，解构导致无中心、多元、差异与变动。这种解构实质上就是试图打破社会既存的解构和秩序以追求差异化、自主化。在媒介化时代，人们所感受的更多的冲动是冲破边界与等级，正如美国学者马克·波斯特所言：“媒介往往会改变其所探讨的事物，改变了原本与指称性之间的同一性。”① “去中心化”与“群体偏好”是媒介文化时代两个最明显的特征。媒介化可以造成传统的话语表达“去中心化”，这对传统意义上的“话语霸权”造成了前所未有的冲击。传统话语对“新闻”和“重大事件”的解释与定性的权威地位进一步遭受削弱；媒介化同样也能造成“群体偏好”的话语特征，话语背后的一些亚文化、网络民粹主义、非公共性和媒介审判冲动，聚集在一起必然导致“群体偏好”的冲击。如果不科学有序引导这种“群体偏好”的话语表达，放任“群体偏好”释放的情绪化、感性化甚至偏激化的舆论，必然会给政党的舆论引导造成诸多困难。

（四）执政党的传统话语结构与功能遭遇挑战

当前，中国社会正在转向“从高度组织化国家—社会一体化的社会形态向国家—社会分立的多元社会转变，在这个过程中，一个重要的变化是利益结构的分化与重组”②。社会结构不断分化，逐渐形成的不同阶层、群体带来的是各种意见和话语诉求，必定对执政党传统话语表达的结构与功能产生挤压。中国执政党传统意义上的话语表达具有一定的“卡里斯玛”式英雄浪漫主义和革命乐观主义情怀：一是对意识形态实施高度控制，刻意拉大意识形态之间的距离，以保持自己鲜明的意识形态特色，凸显政纲、主张的独立性与特殊性；二是话语表达的上下一致，宣传口径统一，发挥话语表达的团结凝聚功能、激励动员功能、教化塑造功能和规范约束功能等。随着时空的转向和文化风险

① ［美］马克·波斯特：《第二媒介时代》，42页，南京，南京大学出版社，2000。

② 王凯：《转型中国：媒体、民意与公共政策》，93页，上海，复旦大学出版社，2005。

的降临，传统的权力话语体系和话语表达的结构与功能显然遭受进一步的挤压与削弱。话语表达的主体多元，表达的内容、形式、方式日益多样性，表达的观点、看法日趋分歧冲突，会直接削弱政党话语的吸引力、控制力与强制力。以往依靠某一种媒介就可以强势掌控社会，实现“舆论一律”的时代已经过去；当今，意见市场空前活跃，人们对时政、切身利益更加关注，话语表达的政治诉求与利益诉求更加具有现实性和具体性。人们对时政越关注，就越倾向于表达，甚至出现了关心即要表达即要诉说的局面。现实社会出现的热点问题、重大舆情、群体事件、突发性事件和敏感性事件等都为民众的话语表达提供了契机，人们对现实生活中的政党权威享有至高无上地位的政治观念开始动摇，对政党的认同也逐渐减弱，这些变化无疑会对中国执政党的话语造成一定的合法性危机。

四、加强执政党话语能力建设，提升其文化软实力

今天，在世界范围内各种思想文化交流与交锋更加频繁的大背景下，执政党必须切实增强忧患意识和风险意识，加强话语能力建设，提升其文化软实力。党的话语能力建设既要做到由“革命”到“建设”、由“建设”到“改革”和“发展”的互促共进与螺旋式上升，又要做到能够充分代表民众最根本的利益满足与最广泛的精神需求；既要充分展现马克思主义当代人文关怀精神和科学的理论品格，又能够强化当前社会主流意识形态的理性权威，增强其指导力、教化力、凝聚力、亲和力与号召力，自觉应对时代的变迁和话语的差异与分歧所造成的一些挑战与困难。

（一）在全球化与网络化境遇中增强话语权主导地位

全球化、网络化开放的空间中，各种思潮共存与相互激荡，各种意识形态、价值观、社会思潮传播分歧与冲突层出不穷。面对今天这样一个多元与差异的“话语”叙事与文本，如何提升党的话语能力是当务之急。美国学者雷默曾说：“中国要加强与世界的沟通与了解，多谈谈国家的创新、不断涌现的新思想以及应对诸多问题的新举措，效果都要比古老传统好得多”①。中国执政党在话语能力建设方面，应不断寻求新的途径和新的方式，尤其要注重学习和借鉴其他政党在话语能力建设方面的一些科学有效的做法，通过对话、交流与合作，寻求与其他政党话语的对接和超越。在复杂多变的国际话

① ［美］乔舒亚·库珀·雷默等：《中国形象：外国学者眼里的中国》，35页，北京，社会科学文献出版社，2006。

语对话交流中，要坚持有理、有利、有节的原则，做到柔性与弹性的结合；在面对话语权危机的时候，应当主动求变，从话语分歧、冲突转向话语整合、协商，从单向传递转向对话交流，积极建立伙伴关系，抢占话语主导权；尤其是在涉及一些敏感话题的时候，要提前、主动设置好话语议题，加强对话语议题的调控，确保议题的内容与目标的明确性，这样做不仅利于执政党能够理性地在政党政治领域内积极开阔视野、拓展思路，以保持与“国际语境”衔接的发展态势，还有利于执政党更好地适应全球化、网络化带来的知识、文化、思想和现代性意识等方面的变奏，使其在党际对话与交流中显示出独特的中国气度与作风。

（二）提升新时期执政党话语的引导力

提升话语引导力的前提：一要加强执政党话语的聚化与涵化能力建设，即有效地确立执政党话语在多元差异话语生态中的主导地位，彰显社会主义核心价值体系在多样话语生态中的核心意义，以吸引、凝聚和引导差异性话语；二要加强执政党话语的内化与转化能力建设，把执政党的话语资源内化于民众的心胸，转变为民众的文化素养、自觉的心理认同与支持；三要最大限度地挖掘话语资源，寻找最能表达新的时代精神和价值理念的话语元素，并对这些话语元素进行新的糅合与重铸，大力推进传统话语的现代转化，注重话语表达与现代传媒技术的结合，以此来强化新时期执政党话语的合法性功能和理性权威。只有“洞达世界之大势，权衡较量，外之既不后于世界之思潮，内之仍弗失固有之血脉，取今复古，别立新宗”①，才能促进话语的更新创造，才能促进话语具有时代性、现代性与民族特色，才能不断实现自我超越，提升执政党的文化软实力。

（三）积极打造与完善理性的公共话语场

当今，各种网络社区、平台，尤其是作为网络时代代表的新媒体，为多元文化和多元思想的生存提供了充分的空间，人们充分利用各种现实与虚拟的空间，针对现实生活中的各种问题，以特定的语言表达形式和手段说出话语。话语一旦形成，便拥有了一定的释义，形成了特定的规范和概念，构建了具有特色的各种话语场域；这些话语场域交错连接，便会制造出一个民意生长与表达的公共话语场。人们希望借助这种公共话语场，进行各种形式的表达和诉求。中国执政党要充分利用好公共话语场资源，完善公共话语场的规则，确保其健康有效运转，以容纳“异质性”，听到不同群体、不同阶层的

---

① 《鲁迅全集》，第1卷，56页，北京，人民文学出版社，1981。

“话语”，确保听到不同演讲者对不同主题的不同意见：一是培植公共话语资源。公共话语空间蕴含着丰富的民智资源，这些资源是宝贵的财富。这些民智资源过去由于缺乏一个良好的渠道去吸纳和利用，导致许多有价值的民间智慧无法发挥其应有的作用。执政党一定要充分利用、充分挖掘和集中民智资源，确保公共话语空间——民间智慧的集散地得到最便利和最有效的利用。二是注重公共意识培养。公共意识的培养主要是从公共舆论、公共协商和公共话语等方面进行的；公共意识培养需要有更多的“公共情怀”，多从人道、人性、人味的角度去言说和引导，坚持话语正义观，坚持从人文主义立场去思考民众的生存状态。三是加强公共话语的沟通与协商。加强公共话语的沟通与协商，促进相互间的交往与合作十分必要。中国执政党的话语责任与任务就是把现实和虚拟社会中的多元话题与意见逐渐集中整合，让理性的声音逐渐成为主导，实现多元话语表达的互动与融合。四是提升公共话语的镜鉴作用。充分感知公共话语在释放过程中的民生、民情和民意，通过公共话语场了解当前社会的舆论焦点、热点以及民众情绪倾向与话语表达倾向等，把握社会发展变化的特点和方向，从而制定有效的措施来解决问题。

（四）以包容性话语凝聚社会共识

话语表达不是简单地传送信息、指示与释义，而是多元话语主体的共同经历、共同参与和共同创造。中国执政党在话语能力建设方面，要高度重视话语的包容性，使话语表达具有兼收并蓄和达观持中的气度。党的十八大报告“倡导富强、民主、文明、和谐，倡导自由、平等、公正、法治，倡导爱国、敬业、诚信、友善，积极培育和践行社会主义核心价值观”① 正好为如何建构包容性话语提供了前提与依据。当前，中国执政党的主张是人与社会全面发展为主旨的马克思主义话语，实现了以实践为轴心的宏大叙事向以人与人的和谐生活与发展为中心的倡导民生、民本的话语叙事的转换。这种内在的逻辑转换，就是以政党话语推进现代多元共存与共进的社会和谐话语发展，以求最大限度地凝聚共识，才能在博采众长中凝聚起社会的最大合力，在多元中树立主导，在多样中谋求共识。

---

① 胡锦涛：《坚定不移沿着中国特色社会主义道路前进 为全面建成小康社会而奋斗》，31～32页，北京，人民出版社，2012。

新常态下的社会主义总体意识形态安全链*

■ 张建设　李丽鹏**

[摘　要] 话语的表述与话语权的提升需要平台，没有平台提供不了说话的权利。意识形态斗争是长期、复杂和多变的，敌对势力在意识形态领域渗透，从冷战思维到“颜色革命”再到淡化意识形态，呈现出新常态。意识形态安全防范也应进入新常态，新常态下的社会主义意识形态安全链是一个整体之链，不是单一的。新常态下的社会主义意识形态安全整体之链的构建关乎旗帜、关乎道路、关乎国家政治安全。

[关键词] 意识形态；新常态；意识形态安全；意识形态话语权

面对全球化、市场化、网络化的影响和冲击，中国的主流意识形态建设面临着严峻挑战，构成国家意识形态的安全问题。习近平总书记在党的十八届三中全会上强调指出：“我们在改革开放上决不能有丝毫动摇，改革开放的旗帜必须继续高高举起，中国特色社会主义道路的正确方向必须牢牢坚持。”① 这就表明了中国特色社会主义建设要举

---

* 本文系 2015 国家社科基金重大项目“掌握意识形态工作领导权、话语权、管理权研究”（2015MZD048）和 2016—2018 年安徽省高等教育振兴计划思想政治教育综合改革项目“高校网络文化建设”（Szzgjh4－2）阶段性成果。

** 张建设，合肥工业大学马克思主义学院教授，研究方向：马克思主义理论与当代中国意识形态问题研究。
李丽鹏，合肥工业大学党委学生工作部综合科科长，研究方向：大学生思想政治教育。

① 《习近平在中共十八届三中全会上的讲话》，见 http：//cpc.people.com.cn/n/2013/1113/c64094－23521588.html。

什么旗、走什么路，中国特色社会主义道路需要意识形态话语维系，意识形态话语决定着一个国家的道路走向。为此，习近平总书记告诫我们，要准确把握国家安全形势变化新特点、新趋势，坚持总体国家安全观，走出一条中国特色的国家安全道路。① 总体国家安全观内在地包含着意识形态的安全，对西方意识形态强势话语需要做出积极反映。构筑意识形态安全之链意在加强我国意识形态安全。中国作为负责任的发展中大国，力图固守意识形态安全的同时，必须要拥有自己的话语权。走自己的路，说自己的话，改变弱势话语局面，中国特色社会主义建设不能没有马克思主义话语。

"非意识形态化"和"意识形态终结论"等"淡化"意识形态的理论已经成为冷战后意识形态领域斗争的新常态，其本身就是一种"意识形态"显现，是西方敌对势力加紧对我国实施的"西化""分化"的理论先声。质而言之，就是要求我们放弃马克思主义在社会意识形态领域的主导地位。意识形态工作是党和国家一项极端重要的工作。针对反华和敌对势力的进攻，我们不能有丝毫的让步，构建社会主义总体意识形态安全之链应该成为新常态。

一、新常态下总体国家安全观和社会主义总体意识形态安全

中央十分重视新形势下的意识形态工作，强调宣传思想工作就是要巩固马克思主义在意识形态领域的指导地位，要牢牢掌握意识形态工作领导权、话语权。意识形态话语决定着一个国家的道路走向，中国特色社会主义道路需要意识形态话语维系，中国的发展引起世界瞩目，中国不仅在经济上一跃成为全球第二大经济体，经济实力提高以后，其他诸如政治力、文化力、外交力、国际影响力这些软实力也要跟上去。"东方醒狮"要发声，新形势下中国作为负责任的发展中大国必须要拥有自己的话语权。意识形态领域历来是敌对势力同我们激烈争夺的重要阵地，如果这个阵地出了问题，就可能导致社会动乱甚至丧失政权。习近平总书记在全国宣传思想工作会议上强调："一个政权的瓦解往往是从思想领域开始的，政治动荡、政权更迭可能在一夜之间发生，但思想演化是个长期过程。思想防线被攻破了，其他防线就很难守得住。"②

冷战后国际形势的日益严峻，丝毫没有因为冷战的结束而消停。"颜色革命"可以说是冷战的代名词，"颜色革命"日益成为意识形态领域斗争的新常态。格鲁吉亚、吉尔吉斯斯坦、乌克兰、埃及、伊拉克、利比亚、叙利亚等都是发生过"颜色革命"的国

① 参见《习近平今年4月15日上午主持召开中央国家安全委员会第一次会议并发表重要讲话》。见 http：//gxszk. ahedu. gov. cn/include/content. php？ id=2196。

② 《习近平的执政理念》，见 http：//news. xinhuanet. com/politics/2014-09/19/c_127007367. htm。

家，现在看来苏联解体、东欧剧变、中东动荡似乎都与美国脱不了干系。“颜色革命”不仅摧毁了一些国家的经济基础，还瓦解或消解了这些国家的意识形态。现在看来，美国是一个失去对手则颇有失落感的国家。随着中国的和平崛起，美国又高调宣示加快实施重返亚太战略的步伐，矛头直指中国已无忌讳：不断挑唆周边国家折腾、消耗、牵制中国，试图对中国也来个“颜色革命”。

从维护国家安全的战略高度去透视意识形态领域的现实状况，准确把握国家安全形势变化新特点、新趋势，习总书记审时度势，在主持召开的中央国家安全委员会第一次会议上第一次提出“总体国家安全观”的概念，坚持“总体国家安全观”不再片面强调某个个别领域，而是从整体思维角度提出了对维护国家安全具有的重要意义。

意识形态安全无疑是值得人们关注的重要问题。近年来，西方当代强势话语已构成了对我国意识形态安全的挑战，意识形态安全防范不能不引起人们的关注。新形势下，要清醒地认识到“西方现代意识形态家们”（在这里所使用的“西方现代意识形态家们”概念，就是指当代西方带有强烈的意识形态倾向而又极力鼓吹“非意识形态化”和“意识形态终结论”的理论家们）打出所谓“非意识形态化”和“意识形态终结论”等旗号，以淡化意识形态为目的。在当前国内国际形势的复杂性、多变性状态下，倡导所谓“淡化”意识形态理论能成为可能吗？西方学者的“非化”和“终结论”理论不管怎样评说或解释，我们都可从“西方现代意识形态家们”那里看到它们带有极强的意识形态指向性。“非化”和“终结论”本身就是一种“意识形态”，是西方敌对势力加紧对我国实施的“西化”“分化”的理论先声。质而言之，就是要求我们放弃马克思主义在社会意识形态领域的主导地位。

社会主义总体意识形态安全之链的构建关乎旗帜、关乎道路、关乎国家政治安全。意识形态斗争是长期、复杂和多变的，敌对势力在意识形态领域渗透，从冷战思维到“颜色革命”再到淡化意识形态，呈现出新常态。意识形态安全防范也应进入新常态，构建新常态下的社会主义总体意识形态安全链十分重要。

二、构建社会主义总体意识形态安全链

意识形态安全不能在口头上说说而已，而是一个如何实实在在地去做的问题。从长远来看，除了要争得意识形态话语权，更重要的是要建立起行之有效的社会主义总体意识形态安全链——包括意识形态安全主体意识之链、意识形态安全学习之链、意识形态安全宣传之链、意识形态安全批判之链和意识形态安全话语之链。新常态下的社会主义意识形态安全链是一个整体之链，不是单一的。

社会主义意识形态安全是“总体国家安全观”的重要内容。社会主义意识形态安全链是一个相互联系的总体之链，不是片面强调单一的某个的作用，任何一个方面都维系不了总体意识形态安全；社会主义总体意识形态安全链是逻辑之链，一环扣一环，环环相扣，步步深入。

第一是构建意识形态安全——主体意识之链。面对执政考验，全体党员、干部及当代大学生要有主体意识和坚定信念，不断提升意识形态安全的主体意识。

党员、干部及当代大学生是社会公民，但不是一般公民，他们是社会主义意识形态安全主体意识的承担者。一般公民首先要有合法性思想认识和行为，法不禁止者皆可为之，这是对公民的最低要求。对于意识形态安全主体意识的承担者，还必须有更高的要求，他们除了具备一般公民所具备的合法性思想以外，还要有责任意识、使命意识，这是时代赋予他们的，主体意识不能丧失，主体角色不能混乱。更要有坚定中国特色社会主义的自信和巩固马克思主义在意识形态领域指导地位的自信。当前一些领导干部腐败如此严重，一个很重要的原因是放松了学习，放松了自我教育，没有一如既往地保持党的纯洁性，问题的严重性正在于此。

高校肩负培养中国特色社会主义建设者和接班人的崇高使命。大学生是一个特殊群体，是社会主义建设事业的有生力量。国家的未来，民族的希望，实现中华民族伟大复兴的中国梦，归根到底要靠青年。作为意识形态安全主体意识的承担者，要通过不懈努力，扎扎实实做好每一项工作，完成“接力赛”中最优秀的一棒。

全体党员和党政领导干部及当代大学生要有坚定信念，坚持走中国特色社会主义道路，认清新常态下总体意识形态安全是国家安全的一个重要组成部分，总体意识形态安全对于国家安全具有重要的意义。

第二是构建意识形态安全学习之链。构建意识形态安全学习之链就是认真学习马克思、恩格斯、列宁有关意识形态理论，掌握从毛泽东到习近平党的几代领导人关于社会主义意识形态理论的有关论述，自觉进行马克思主义基本理论教育，加强马克思主义学习型政党建设。

习总书记在中央政治局第十一次集体学习时强调：“学哲学、用哲学，是我们党的一个好传统。”“我们党在政治上的一大优势与特点就是一贯强调以马克思主义及其中国化的科学理论成果作为指导。我们党自成立起就高度重视在思想上建党，其中十分重要的一条就是坚持用马克思主义哲学教育和武装全党。”①

党的各级领导干部特别是高级领导干部首先应从政治的高度深刻认识基本理论学习的必要性与紧迫性，切实增强基本理论学习的自觉性与主动性，精通辩证唯物主义和历

---

① 《习近平在中共中央政治局第十一次集体学习时的讲话》，见 http：//politics. people. com. cn/n/2013/1205/c1024－23747366. html。

史唯物主义、马克思主义经典著作，“把系统掌握马克思主义基本理论作为看家本领”，否则就不合格。毛泽东在党的六届六中全会上指出：“如果我们党有一百个至二百个系统地而不是零碎地、实际地而不是空洞地学会了马克思列宁主义的同志，就会大大地提高我们党的战斗力”①。

第三是构建意识形态安全宣传之链。宣传思想部门承担着守土有责、守土负责、守土尽责的重要职责。党的各级领导干部除了要加紧自身的理论学习外，还要自觉意识到党的宣传思想工作的重要性。习总书记在全国宣传思想工作会议上，深刻阐述了宣传思想工作长远发展的重大理论和现实问题，明确了新形势下宣传思想工作的方向目标、重点任务和基本遵循。

“意识形态工作极端重要，事关党的前途命运，事关国家长治久安，事关民族凝聚力和向心力。”②这三个“事关”，言简意赅，却道出了意识形态安全的忧患意识，同时也指明了要用马克思主义意识形态引领社会、凝聚人心、推动社会发展的作用。

高校是意识形态工作的前沿阵地。中央办公厅、国务院办公厅于2015年1月印发《关于进一步加强和改进新形势下高校宣传思想工作的意见》，提出做好高校宣传思想工作，把加强高校意识形态建设作为工程来建设，指出这是一项战略工程、固本工程、铸魂工程，在这里同样也用了三个“事关”来说明高校宣传思想工作的重要性：事关党对高校的领导，事关全面贯彻党的教育方针，事关中国特色社会主义事业后继有人。这三个“事关”，指明了高校意识形态工作的全局性战略性意义，进一步增强了我们做好高校意识形态工作的坚定性和不断巩固马克思主义在高校的指导地位。

意识形态工作是党和国家一项极端重要的工作，宣传思想工作就是要巩固马克思主义在意识形态领域的指导地位，巩固全党全国人民团结奋斗的共同思想基础。可以说，随着社会深刻变革和对外开放不断扩大，宣传思想工作发生了很大变化，但以上两个“巩固”却不能变。抓住这两个“巩固”，宣传思想工作就有了立足点、聚焦点、着力点，有了这三“点”才能做到三个自信：道路自信、理论自信、制度自信，从而牢固树立实现中华民族伟大复兴的中国梦这一共同理想。

第四是构建意识形态安全批判之链。构建意识形态安全批判之链对于主流意识形态建设和引领社会思潮意义重大。面对着新形势下国内外敌对势力在思想文化及政治上的侵蚀和渗透，我们不可能做任何退却和让步，只能把其当作真正的对手来看待。我们必须牢牢掌握意识形态工作的主动权，打好“冷战”后意识形态领域的攻坚战。

一是要“意识”意识形态，即对意识形态再认识，消除意识形态歧义性，特别是走

① 《毛泽东选集》，2版，第2卷，533页，北京，人民出版社，1991。

② 《习近平：在全国宣传思想工作会议上的重要讲话》，见 http：//www.wenming.cn/xj_pd/ssrd/201308/t20130820_1422721.shtml。

出意识形态纷争的误区。二是要反思、批判虚假的意识形态——对“冷战”后意识形态话语嬗变做出积极应对。所谓“全球话语”和“普世价值”，看来都是以“淡化”或“弱化”意识形态为主旨，实则是意识形态性的张扬。“淡化”或“弱化”意识形态论作为指向性极强的意识形态是非科学的，意识形态既没有走向毁灭，也没有终结，却呈现出更为强烈的意识形态性，只不过“说词”较为隐晦罢了。意识形态话语虽有变化，但万变不离其宗，都是对马克思主义意识形态的“淡化”和“弱化”，西方意识形态话语嬗变带来的是对意识形态话语适应的困惑，我们亦面临着如何重建适应时代变化的话语权，因此对各种“淡化意识形态”的理论的批判是必需的。

第五是构建意识形态安全话语之链。中国的发展引起世界瞩目，“东方醒狮”要发声，软实力肯定要不断增强。以习近平同志为核心的党中央正肩负着全面唤醒这头狮子的历史使命。当今世界变化正在改变着世界格局与世界话语体系，世界多极化的格局如果再容忍一种话语现状的存在是相当危险的，但西方国家拥有强势话语仍是不争事实，发展中国家必须要争得话语权，改变弱势话语局面。

作为负责任大国的中国正在争取更多的国内国际话语权，有实力才有话语权，有话语权就有了参与权和决定权。在新的历史时代和世界秩序正在来临之际，中国必须向世人释放一个信号：坚持马克思主义意识形态指导，坚持走中国特色社会主义道路，对内构建社会主义和谐社会，即“和谐中国”，“和谐中国”是中国现代化发展战略的需要；在国际事务中树立负责任的发展中大国的形象意识和参与意识，扩大中国在处理国际关系中的话语权，对外共促世界和平，即“和谐世界”。“和谐中国”与“和谐世界”思想体现了中国内外政策的高度统一，“双和理论”既是对西方国家一直针对我国进行“西化”“分化”话语的积极回应，也是当今中国时代话语的展示和对意识形态安全的维护。

话语的表述与话语权的提升需要平台，没有平台提供不了说话的权利。2014 年底，中国成功举办北京 APEC 会议。接下来，中国国家主席习近平又出席二十国集团（G20）领导人峰会。会议众望所归，阻止了日本举办 2016 年峰会，同时确认峰会在中国举行，这与 13 年之前在上海举办的 APEC 会议话语表述明显不同，如果说上海会议虽然争得了话语的平台但还显得底气不足的话，而今中国在国际事务上的主动权和话语权随着经济迅猛增长不断提升，中国日益成为极具影响力的参与者。从倡议成立亚洲基础设施投资银行、推动建立亚太自由贸易区，到宣布为重振“丝绸之路”设立新的专项基金，提出“一带一路”战略目标，中国已从 2001 年上海 APEC 议题的参与者，变成 2014 年北京 APEC 议题的制定者，从舞台之侧的伴舞者逐渐变成舞台中心的领舞者之一。中国的崛起标志着一种多极化的国际新秩序日渐形成。美国曾竭力向盟国施压，阻止其加入由中国倡导并筹建的亚投行，令“山姆大叔”伤透脑筋的是，不仅阻止无效，还适得其反，英国反倒成为首个申请加入亚投行的亚洲地区以外的国家，之后接踵而至的欧洲国家法国、德国、意大利、卢森堡和瑞士也同意加入亚投行。更多其他国家也会有相继加入的可能。新世界的轮廓正在形成，美国作为唯一的超级大国占据着支配地位的那个单极世界的构想已经开始黯然失色，世界重心东移的趋势已不可逆转。这是因为，中国的崛起标志着一种多极化的国际新秩序日渐形成，中国的和平崛起已经对世界产生了重大影响，树立了良好的大国形象。中国在运用和平发展的构想来促进一个多极世界的形成，各国将以一种比较民主的方式来决定国际事务。中国人民坚持走和平发展道路，也真诚希望世界各国都走和平发展这条道路。中国坚持和平发展的决心不会动摇。中华民族历来是爱好和平的民族。“中国最需要和谐稳定的国内环境与和平安宁的国际环境，任何动荡和战争都不符合中国人民根本利益。”①

结 语

社会主义总体意识形态安全之链这一适合当代中国意识形态安全的保障体系的内在逻辑由两方面构成：一方面要说自己的话，要能说自己的话，要有意识形态的话语权；另一方面要走自己的路，要能走自己的路，走出不同于其他国家的中国特色社会主义道路。前者通过说自己的话，通过话语维系话语权，从而维系意识形态安全和国家安全；后者通过走自己的路，通过制度建设维护国家强大和安全，维护意识形态安全，并决定了意识形态话语权和意识形态话语的正确表述。中国正以新形象展现在世界舞台，中国正以自己的话语体系影响世界，中国共产党领导下的社会主义事业正欣欣向荣，高歌猛进，呼唤新世纪之朝阳。

① 《习近平在澳大利亚联邦议会发表重要演讲：“携手追寻中澳发展梦想，并肩实现地区繁荣稳定”》，见 http：//news. xinhuanet. com/world/2014－11/17/c _ 1113285659. htm。

构建富有时代内涵的高校意识形态工作话语体系

■ 于成学*

［摘　要］要肩负起灌输和传播主流意识形态的重任，必须把握思想政治教育发展的规律性特征，构建富有时代内涵的高校意识形态工作话语体系。要从全球化战略、核心价值观、解决问题的维度上促进主流意识形态话语认同，掌握主流意识形态话语认同的时代要求；要注重话语研究的正确导向、内容建设、网络视角、国际视野，明确主流意识形态话语研究的时代内涵；要在思想教育话语、价值自信话语、利益表达话语、典型示范话语、主体交往话语建设上加大力度，形成主流意识形态话语建设的时代力量。

［关键词］构建；意识形态；思想政治教育；话语体系

当前，政治多极化、经济全球化进程加速推进，社会信息化和文化多元化程度日益增强，我国的主流意识形态建设面临着来自国内外的诸多挑战，维护意识形态的安全是一项极端重要的工作。高校既是进行学术研究、人才培养的地方，更是开展意识形态教育的主要阵地。高校要肩负起灌输和传播主流意识形态的重任，必须把握思想政治教育发展的规律性特征，增强理论思维能力和实践工作操作性，构建富有时代内涵的高校意识形态教育话语体系，将我们党领导意识形态工作的能力与优势体现出来。

---

* 于成学，教授，博士，黑龙江科技大学党委常委、宣传（统战）部部长。在《中国高等教育》《中国教育报》《理论前沿》《中国高教研究》《思想教育研究》《思想理论教育》等报刊公开发表论文50多篇；有著作多部；主持省部级科研课题多项并获奖。

一、掌握高校意识形态工作话语认同的时代要求

意识形态话语认同问题似乎是不言自明的，但在我国社会转型的关键时期，这就升格为异常重大而又亟须解决的课题。现代社会，文化价值独立性、差异性已然存在，社会价值取向与价值评价标准多样化发展趋势日趋明显，对人们的思想政治、价值取向、生活追求形成了强烈的冲击，既给进行主流意识形态宣传教育提供了新机遇，也加大了主流意识形态话语认同的难度。

从全球化战略维度上促进主流意识形态话语认同。“全球化就是一种意识形态，它的作用是通过它使其看上去非常有益和不可阻挡来减少这个过程的阻力。”① 经济全球化引发的世界文化的相互交流，必然带来价值观的冲突，软实力的文化、意识形态的较量日趋激烈，我们需要认清西方给社会主义意识形态设置的种种屏障。“现代资本主义的文化战略是着力在全球层面打造一套资本主义意识形态体系，其核心是用自由、民主、平等，也就是所谓普世价值评价体系，来覆盖、转换、替代过去为人诟病的‘资本主义’一词，完成对‘资本主义’的洗名工程，给‘资本主义’披上新衣，以在国际政治中抢占道德制高点。”② 全球化背景下，经济上强势的西方国家打着推行“普世价值”的幌子，以文化软实力渗透到我国意识形态建设中，加大了文化多元化与主流意识形态的权威性之间的矛盾，增加了主流意识形态认同感维持难度，使社会主义意识形态话语体系建设面临更加复杂的形势。“以主流意识形态教育和影响我国大学生，这并非是一个自然选择的过程，而是一个主动引领甚至是灌输的过程。”③ 为此，必须在全球化过程中建设好我国意识形态，争取在意识形态工作上的主动权和话语权，从根本上防止西方所谓普世价值和民主制度的渗透与入侵，尤其要帮助大学生通晓历史发展规律和时代发展趋势，从西方民主的当下表现中认清其真面目；学会用马克思主义的立场观点方法认识问题、分析问题、解决问题，从而具备科学而坚定的信仰、理性而坚毅的品格，不断增强理论自信、道路自信、制度自信。

从核心价值观的维度上促进主流意识形态话语认同。在当代中国，要增强主流意识形态和政治价值观的吸引力，有效掌控社会意识形态的主导话语权，使马克思主义意识形态话语权处于真正主导和优势地位，这是引领各种社会思潮，凝聚社会共识，维护国家意识形态安全，增强我国文化软实力的关键所在，也对高校意识形态工作提出了新的

---

① ［美］爱德华·S·赫尔曼：《全球化的威胁》，载薛晓源编译：《马克思主义与现实》，1999（5）。

② 苏长河：《确立民主政治的中国坐标》，载《求是》，2014（11）。

③ 王永贵等：《经济全球化与我国社会主流意识形态建设研究》，340页，北京，人民出版社，2010。

更高要求。构建富有时代内涵的高校意识形态教育话语体系，就要牢牢掌握社会主义大学的意识形态话语主导权，引导大学生坚守社会主义核心价值体系和践行社会主义核心价值观。无论在理论上还是在实践上，大学生核心价值观的培育都是一个值得研究的重要课题。“大学生核心价值观是指体现社会主义核心价值体系基本内涵，符合科学精神、时代要求和学生思想实际的大学生群体的价值取向、价值追求与价值目标。”① 培育当代大学生核心价值观对于提高大学生思想政治教育科学化水平、促进主流意识形态话语认同具有重要的理论价值和现实意义。在注重思想理论知识传授、思想政治教育主渠道作用发挥的同时，大学生思想政治教育工作要积极作为，通过一系列行之有效的实践形式，进一步强化主流意识、创新意识、包容意识、稳定意识和阵地意识，在实践活动中培育大学生对社会主义核心价值观的理性认同，真正内化于心、外化于行，成为大学生主导性价值信仰。

从解决问题的维度上促进主流意识形态话语认同。把握时代问题是推动高校思想政治教育创新发展、促进意识形态话语认同的不竭动力。“问题就是公开的、无畏的、左右一切个人的时代声音。问题就是时代的口号，是它表现自己精神状态的最实际的呼声”②。时代的发展决定教育思想的发展变化，破解现实问题是高校思想政治教育特别是大学生意识形态认同顺应时代发展要求的理性选择。我国经济社会转型在带来文化价值多样化、社会发展活力的同时，极易导致主流价值观边缘化，任其发展，难以避免认同碎片化问题的出现。研究分析大学生发展问题，必须考虑时代经济、政治、文化发展的影响。当代大学生思想状况、政治表现、道德行为的主流是积极、健康、向上的，但面临着大量西方文化思潮和各种价值观念的冲击，极端个人主义、享乐主义、拜金主义及某些腐朽没落的生活方式对大学生产生了不可低估的影响。时代的发展变化使大学生思想活动的独立性、选择性、多变性、差异性都明显增强，思想观念、道德意识、价值取向越来越呈现出层次性、多样性和复杂性，出现了思想上的困惑与彷徨，在文化选择上表现出无所适从，造成了观念上的相互碰撞和行为方式上的不确定性。所以，需要在多样化思想观念中强化马克思主义意识形态的话语权，引领各种社会思潮和文化价值思想，积极构建为社会所共同认可并加以践行的主流价值观。作为传播社会主义意识形态的理论阵地和实践载体的高校，其意识形态话语体系必须回答“培养什么人、怎样培养人”的时代主题，满足社会主义核心价值观传播需求，在多元文化交流交锋交融中体现强大的吸引力与说服力、影响力与凝聚力。

---

① 冯刚：《关于大学生核心价值观培育问题的思考》，载《学校党建与思想教育》，2012（5）。

② 《马克思恩格斯全集》，中文1版，第40卷，289页，北京，人民出版社，1982。

二、明确高校意识形态话语研究的时代内涵

主流意识形态话语体系建设，属于一个理论与实践研究论域，如何紧扣时代脉搏、体现时代内涵，这是思想政治教育理论研究者和实践工作者共同关注的问题。

第一，注重话语研究的正确导向。高校意识形态工作话语研究与实践，要坚持一元主导与多元语境话语体系创新相统一。“当代中国思想政治教育话语体系的创新本质上就是如何在新的历史条件下，维护国家意识形态的安全，增强文化软实力，有效掌控社会意识形态的主导话语权。”① 在意识形态领域，思想政治教育维护和巩固主流意识形态的过程实质上是彰显其维护主流文化价值的过程。所以，思想政治教育话语体系应当满足主流意识形态、社会核心价值观的传播需要，坚持话语研究的正确导向，将巩固马克思主义在意识形态领域的指导地位落到实处。处在一个价值多元、文化多样、观念多变的时代，社会开放程度和流动性增强，意识形态教育价值取向不仅仅是显性的政治话语，更在于潜在的根本意义上的价值追求，即坚持思想政治教育一元主导与多样化发展相结合。所谓一元主导，就是思想政治教育要坚持统一的指导思想与目标，保持思想政治教育特定的性质与方向；多样化发展就是思想政治教育要增强引领能力和包容性，丰富教育内容，采取多样化方法途径，根本指向满足受教育者全面发展的需要。思想政治教育一元主导与多样化发展是相互联系、相互促进、不可分割的两个方面——一元主导是实质和根本，要坚持鲜明性与坚定性，否则思想政治教育的方向、性质就会发生偏差甚至变质，但这种主导性是多样性中的主导性；多样性是前提和基础，要坚持开放性与丰富性，否则，思想政治教育就会形式化、教条化，这种多样性是主导性统领下的多样性。必须坚持思想政治教育话语研究与实践的一元主导与多样发展有机统一，展示思想政治教育的生机活力，体现受教育者全面发展的需要。但在全球化与信息化改变了改革开放前社会文化单一、意识形态单纯的社会环境背景下，面临大学生意识形态多元化、行为导向多样化的现实，更要在话语研究与实践中确保社会主义核心价值体系和核心价值观在意识形态领域的“主导性”，实现习近平总书记提出的“两个巩固”，解决好对马克思主义和共产主义的信仰、对中国特色社会主义的信念问题。高校要用社会主义意识形态去占领思想阵地并武装师生头脑，在主动批判并抵制落后的、低俗的、腐朽的、反动的思想意识的同时，更要注重话语体系思维转换和多样发展，真正由抽象理论走向师生的生活世界，由核心价值观的灌输转化为师生的自觉追求与践行。

---

① 邹绍清：《论意识形态主导话语权的变革——科学发展观统领思想政治教育话语体系创新的方法论阈》，载《马克思主义研究》，2013（3）。

第二，明确话语研究的内容建设。在社会主义国家，作为思想或观念形态的意识形态，可以划分为三个层面，“一是作为领导核心的政党意识形态；二是与国家生活相适应的国家意识形态；三是与社会生活相适应的社会意识形态”①。作为“兴国之魂”的意识形态体系，要自觉实现话语内容的动态顺应，坚持以社会主义核心价值观为价值前提来构建话语研究的内容体系，“在这个前提下，我们要形成道路认同、理论认同、制度认同、领导力量的认同等，从而实现对社会主义核心价值观的有效转换”②。关于意识形态话语研究的内容建设，不言而喻，政治认同教育是意识形态话语内容体系的核心。就高校而言，必须高举中国特色社会主义伟大旗帜，加强对当代大学生的以道路自信、理论自信、制度自信为核心的政治认同教育，从而使大学生坚定马克思主义信仰，坚信中国共产党才是实现中华民族伟大复兴的领导核心。在大学生思想政治教育中，带有政治色彩的主流意识形态话语无疑具有重要的主导作用，但我们要明确这并不意味着恢复“泛意识形态化”的传统（也不能走向另一极端“去意识形态化”）。一种真正强势而又与现代化生活相适应的思想政治教育话语研究，应该是能够与大学生生活世界的内在逻辑相契合，能够对大学生将青春梦融入中国梦、担负历史责任、实现人生价值给出能够接受的引领而非直接强制的答案。高校意识形态话语研究的内容建设，要从纯粹的工具理性中走出来，凸显思想政治教育话语的工具理性和价值理性，逐渐形成自己的话语体系。就高校辅导员和思想政治理论课教师而言，要以交往、沟通为教育旨趣，研究掌握大学生的认知和情感发展规律，注重将政治话语、文件话语转换为日常交往话语，增进大学生对话语内容的接受和认同。

第三，把握话语研究的网络视角。意识形态话语研究既要创造性发挥传统媒体资源，也要努力向新兴传播领域拓展，来增强意识形态话语体系的多样化和时代感。“从当下官方意识形态领域的一些新动向来看，对新兴社会话语的元素与形式的吸收，如依托网络文化对中国形象的建设，的确是一种有效的意识形态建设方法。”③ 当前，网络舆论生态日益复杂，网上各种力量交织，在强势的网络话语体系面前，西方意识形态系统的话语体系渗透到了中国意识形态领域，通过网络与我争夺阵地、争夺人心，特别是凭借全球化强势意识形态争夺大学生的挑战无时不在。在这种情况下，我们必须占领信息传播制高点，掌握网络空间话语权，用主流声音引领网络舆论，维护文化安全和意识形态安全。作为主流意识形态宣传教育主阵地的高校，要精心打造全员、全过程的社会主义核心价值观理论教育载体，特别要认真研究如何发挥网络话语优势，牢牢掌握网络话语的主动权，把抽象的理论和核心价值观教育融入具体的学习、工作和生活环境中，使

① 林尚立：《社会主义意识形态与当代中国的核心价值观》，载《学习时报》，2006-12-18。
② 孙琳：《大学生政治认同教育的内容构建和实践要求》，载《思想理论教育》，2014（9）。
③ 吴海江、杜彦君：《积极推进当代中国国家意识形态建设》，载《思想理论教育》，2014（7）。

师生在接受广泛的社会信息的同时接受社会主义核心价值观教育，在耳濡目染中自然而然地认同主流意识形态的理念，从而形成高校意识形态教育话语体系的合力。

第四，拓展话语研究的国际视野。研究意识形态话语的国际性问题，要站在全球化的高度，把中国发展与世界发展联系起来，既要从社会主义发展的角度，梳理和提炼意识形态话语建设的成功经验和失败教训，防止西方资本主义制度和政治价值观的渗透与威胁，又要从人类发展出发，总结和探究人类文明进程中的意识形态话语发展的基本规律及其启示，吸收和借鉴古今中外一切反映人类文明发展的优秀文化成果，拓展话语研究的国际视野，增强我们的意识形态话语的可信度和权威性。同时，要针对大学生思想活跃、易于接受新鲜事物、辨别能力相对较弱等特点，关注多元文化冲突中影响社会主义意识形态建设的主要思潮，如新自由主义、民主化思潮、意识形态终结论、消费主义浪潮、历史虚无主义等，既要看到其弱化了主流意识形态的社会认同，也要认识到其为我国主流意识形态建设提供了更为丰富的思想资源、拓展了更为广阔的发展空间。“要认真回应和深入研究当代中国社会思潮，科学认识当代中国社会思潮的本质和发展规律。”① 做到知己知彼，实现对社会思潮的引领，维护马克思主义意识形态的主导地位。

三、形成高校意识形态工作话语建设的时代力量

主流意识形态话语建设是从战略高度认真谋划意识形态工作的重中之重，必须反映时代声音、凝聚时代力量，探讨推进我国意识形态建设工作的新思路和新举措。

思想教育话语的理论力量。思想政治教育话语权主要不是通过强制获得的，而是通过具有说服力与影响性、吸引力与彻底性的富于理性的话语来发挥作用。“理论只要说服人［ad hominem］，就能掌握群众；而理论只要彻底，就能说服人［ad hominem］。所谓彻底，就是抓住事物的根本。”② 这是马克思主义意识形态的“话语权”得到广泛传播的根本原因。作为“理论”的思想政治教育话语权，更多取决于思想教育本身的创造力、对“落后”思想理论和社会思潮的批判力、对人们产生困惑的社会问题的解释力、对人们思想和精神的引领力，等等。思想政治教育话语的理论力量主要体现在增强创新意识上，通过话语创新不断推动理论创新，为思想工作和理论工作注入生机与活力，真正发挥马克思主义在政治生活领域、思想文化领域、日常生活领域中的话语主导权。

价值自信话语的文化力量。意识形态与文化紧密相连，在一定意义上，意识形态是文化的核心，文化的核心是价值观，价值观的重要滋养在文化。增进作为社会主义意识

① 朱士群：《当代中国社会思潮：回应与引领》，载《新华文摘》，2008（20）。

② 《马克思恩格斯选集》，2版，第1卷，9页，北京，人民出版社，1995。

形态本质体现的社会主义核心价值观自信，需要用好文化的力量，既要珍视中华优秀传统文化，又要辩证地处理好继承与创新的关系。这种文化力量来自我们核心价值观的社会主义特质、民族特性、中国特色、时代特征及其先进性，“善于用中国的思想智慧、中国的话语体系阐述当代中国人的核心价值观，善于在不同文明、不同价值观的国际对话中展现、传播好当代中国价值理念的义理与意义，以理论的彻底性为全民族价值观的自信提供有力支撑”①，以此形成一个良性循环系统，体现理论与实践、过程与方法、合规律性与合目的性的统一。

利益表达话语的疏导力量。意识形态话语建设要取得预期效果，就应从单一精神说教走向思想理论教育与对利益诉求的表达相结合，以思想和谐引领利益关系和谐。“忽视对社会成员利益诉求的疏导，就可能使利益冲突上升为价值冲突，使社会主义核心价值体系受到冲击和挑战。”② 要用当代中国马克思主义统一思想认识、引领社会思潮，必须重视对高校师生利益诉求的疏导，引导师生树立正确的价值观和利益观，增强社会主义主流意识形态的亲和力和说服力，最大限度地形成社会思想共识，真正使各种推动社会发展的力量都能在当代中国马克思主义中找到思想归属和价值依托。

典型示范话语的榜样力量。回应各种社会思潮，彰显主流意识形态价值，有多种途径与方法，而注重典型示范话语的榜样力量无疑是一种好的选择。抓典型，是党的宣传思想工作，也是大学生思想政治教育的优良传统，要赋予这种传统时代意义。先进典型所产生的广泛共鸣具有很强的凝聚力，其具有奋发向上、锐意进取的基本特征。先进典型的最可贵之处在于他们身上体现出的爱国、爱社会、爱集体、爱家庭、爱人的高尚思想境界和对美好生活的向往与追求，通过持续不断地宣传、形式多样的传播，向大学生传递强大的社会正能量，凝聚奋发向上的力量，掀起学典型、做先进，积极践行社会主义核心价值观的良好风气。

主体交往话语的人格力量。主流意识形态的政治话语的主导作用离不开“灌输”教育，但那些原本富有理性的话语内容不能被误解为灌输式的言语说教。“通过提高人的精神质量和人格境界来促进人的全面发展，这一切都意味着它必然超越压抑人性的‘道德灌输’，全面摒弃传统德育中无视人的主体性、无视教育规律、脱离生活实际的灌输式的教育方法”③。由单向灌输走向双向互动的精神交往活动，是心灵的沟通和对话，显示出“人与人的交往时双方（你与我）的对话和敞亮”④。在交往互动中，高校教育者与

① 沈壮海：《文化自信之核是价值观自信》，载《求是》，2014（18）。

② 张骥等：《马克思主义意识形态引领多样化社会思潮若干问题研究》，434页，北京，人民出版社，2013。

③ 王东莉：《德育人文关怀论》，341页，北京，中国社会科学出版社，2005。

④ ［德］雅斯贝尔斯：《什么是教育》，11页，北京，生活·读书·新知三联书店，1991。

受教育者主体在人格上是独立的、平等的，具有独立人格的主体间只能是平等对话、理解关系，而非强制、压服关系。高校思想政治教育要从“灌输话语”走向“交往话语”，彰显意识形态教育主体交往话语的人格力量，这不仅是教育方法的选择，更是教育理念的更新与发展，旨在回归人性、更好地实现话语交流的目的。

论中国哲学社会科学学术话语体系的创新*

冯旺舟　李春梅**

［摘　要］中国哲学社会科学学术话语体系创新是一项重大的战略任务，关系着中国特色社会主义事业的兴衰成败。创新中国哲学社会科学学术话语体系是加强马克思主义意识形态建设的需要，是增强中国文化软实力和提升国际话语权的需要，是彰显中国优秀传统文化的需要。当前中国哲学社会科学学术话语体系的创新面临着较大的紧迫性，必须坚持马克思主义的方法、坚持以实现"中国梦"为中心目标、坚持"三个自信"、坚持重视新媒体的作用、坚持加强国外马克思主义研究、坚持继承和发展中国传统文化、坚持发挥高校的引领作用。

［关键词］中国；哲学社会科学；话语体系

习近平总书记在全国宣传思想工作会议上强调："我们必须把意识形态工作的领导权、管理权、话语权牢牢掌握在手中，任何时候都不能旁落，否则就要犯无可挽回的历史性错误。"这一重要论断充分说明了加强中国哲学社会科学学术话语体系创新的极端重要性。创新中国哲学社会科学学术话语体系现在已经成为中国一项重大的战略任务，成为中国特色社会主义事业顺利发展的保障。

---

* 湖北省教育厅人文社科项目：高兹的劳动解放思想与和谐社会建设（13g239）；湖北工业大学博士启动基金项目：伍德的政治哲学研究（BSQD12166）。

** 冯旺舟，湖北工业大学马克思主义学院讲师，博士，中央编译局博士后（在站），主要从事政治哲学、国外马克思主义哲学、马克思主义中国化研究。

李春梅，湖北工业大学马克思主义学院教授，硕士生导师，主要从事思想政治教育和马克思主义中国化研究。

一、中国哲学社会科学学术话语体系创新的重要性与紧迫性

中国哲学社会科学学术话语体系的创新并不是现在才提出来的，新中国成立之后党中央就已经认识到这个问题，在全社会开展了马克思主义和社会主义（共产主义）的宣传教育，提升了人民群众的觉悟，坚定了人民群众对社会主义的信念，巩固了社会主义事业，确立了马克思主义的意识形态主导地位。“新中国成立以来特别是改革开放30多年来的成功实践，我们走出了一条中国特色的社会主义道路，形成了中国特色社会主义理论体系，建立了中国特色社会主义制度，创造了世界上少有的发展奇迹。”① 对于新中国成立后60多年来的中国哲学社会科学话语体系建设所取得的成就，我们不能抹杀，但同时也要看到亟待解决的问题，比如严重背离马克思主义的思想路线导致的“大跃进”“浮夸风”“文化大革命”“自由化”等需要我们进行理论上的反思，否则不仅不能巩固马克思主义的意识形态指导地位，反而会弱化甚至丑化马克思主义的影响力，削弱中国哲学社会科学话语体系的效力。从国际上看，世界多极化和全球化趋势不断深入，世界各国的综合国力的竞争也日趋激烈，中国国际地位迅速提升、国际影响力不断增强，但同时面临着大量的风险和挑战，特别是要面对以美国为首的资本主义发达国家的不断施压。在这种机遇与挑战共存的国际大背景下，中国要敢于“亮剑”，要善于打造中国特色、中国风格和中国气派的哲学社会科学话语体系。正如习近平总书记所说：要以理服人、以文服人、以德服人。因此，加强中国哲学社会科学学术话语体系的创新的重要性就凸显出来。

“改革开放30多年来，我国哲学社会科学繁荣发展，取得了非常显著的成就。但是，与党中央的要求相比，与国家经济社会发展的需要相比，我们哲学社会科学话语体系还不够完善完备，影响力战斗力还不够强大有力，与我国目前的国家实力和享有的国际地位还不相称。”② 加强中国哲学社会科学学术话语体系创新的紧迫性表现在：其一，中国特色哲学社会科学学术话语体系还没有完全建立。正如习近平总书记所说，要提升中国的话语权就必须加强文化软实力建设，就要构建中国特色、中国风格和中国气派的哲学话语体系，但是由于中国特殊的国情和复杂的国际形势，中国哲学社会科学界还没有完全从理论自觉和理论自信的高度自觉进行哲学社会科学话语体系的创新，无法充分运用中国的理论和经验去彰显中国的话语权。其二，西方话语体系的侵蚀。一方面，由于长期的闭关锁国以及计划经济的影响，使得中国学术界与西方学术界的交流受到很大

---

① 严书翰：《做好哲学社会科学话语体系创新的基础性工作》，载《学习时报》，2014-02-17。

② 王伟光：《建设中国特色的哲学社会科学话语体系》，载《中国社会科学报》，2013-12-20。

制约，东西方的学术交流出现断层。改革开放后，中国学术界加大了对西方理论著作和思想的引介，这对加强中国和西方乃至世界学术交流有着重要的作用，但是忽视了对西方思想有效的鉴别，不同程度上陷入了西方学术话语体系的圈套中。另一方面，西方资本主义国家大力推销其话语体系，在中国学术界的很多领域已经占据主导地位，这突出表现在高校的学科建设上。“高校在新时期新建立和恢复的一些新学科，例如社会学、政治学、法学，基本教材体系缺少社会主义和本土化内容，基本是西方的话语体系。”① 还有诸如“历史决定论”“软实力”“文明冲突论”等都是被西方国家创造出来并流行于中国的。其原因就在于中国缺乏发达的哲学社会科学，缺乏思想市场的发育。其三，马克思主义意识形态的主导地位受到削弱。西方资本主义国家为了实现其统治世界的霸权，大力推销其资产阶级的意识形态和话语体系，谋求话语霸权，不断对中国的各个领域和各类群体进行渗透，妄图消解马克思主义的指导地位，对中国进行西化和“和平演变”，然而中国理论界还无法有效运用马克思主义来抵御西方意识形态，向世界发出中国声音，这无形中遮蔽了马克思主义的指导功能，使马克思主义意识形态的主导地位受到严重削弱。

二、中国哲学社会科学学术话语体系创新的内涵与意义

中国哲学社会科学学术话语体系创新的前提是要弄清其内涵，只有如此才能进一步理解其意义，探索创新哲学社会科学学术话语体系的路径和方法。中国哲学社会科学学术话语体系的创新就是要用马克思主义的观点、立场和方法，在中国特色社会主义事业的伟大实践中，以实现“中国梦”为目标，坚持内引外联，在基础研究、应用研究和决策研究中不断提升中国文化水平，不断探索具有中国特色、中国风格和中国气派的哲学社会科学学术话语体系。哲学社会科学学术话语体系创新表现在：“一是理论学术观点的创新，这是哲学社会科学创新体系的内容；一是理论学术观点表达方式、表述形式的创新，即话语体系包括概念、范畴、表述及其话语方式的创新，这是哲学社会科学创新体系的形式。”② 前者表现为十一届三中全会以后的社会主义市场经济、“三个代表”重要思想、科学发展观与和谐社会等；后者表现为“三步走”战略、“大包干”、“不管白猫黑猫，抓到老鼠的就是好猫”、“摸着石头过河”、“发展是硬道理”、“照镜子、正衣冠、洗洗澡、治治病”等。中国哲学社会科学学术话语体系重在与时俱进、内容与形式的统一，要求彰显中国特色、发表中国声音、增强中国国际话语权。当前哲学社会科学学术

① 刘书林：《高校建设社会主义哲学社会科学话语体系的重点环节》，载《中国社会科学报》，2014－01－17。

② 王伟光：《建设中国特色的哲学社会科学话语体系》，载《中国社会科学报》，2013－12－20

话语体系创新面临两个重要任务；“一个是进一步解决广大人民群众对中国特色社会主义、对党的一系列方针政策的认同问题，一个是解决中国道路中国经验如何被国际社会更多地理解，并扩大中国在世界上的影响问题。”① 这两个方面共同构成了中国哲学社会科学学术话语体系创新的实践问题，也是创新的土壤。“学术话语体系是思想理论体系和知识体系的外在表现形式。”② 学术话语体系建立在一定的思想理论体系和知识体系之上，思想理论体系和知识体系又需要完善和有力的话语来充分地表达和阐述。学术话语体系正是在二者的双向互动的基础上形成发展而来的。中国哲学社会科学的学术话语体系创新就是要在中国特色社会主义理论体系的指导下，不断创新，不断牵引和谐社会的构建，整合社会中的各种思潮，将中国特色社会主义理论与社会主义核心价值观转化为大众的自觉认同。

创新中国哲学社会科学学术话语体系是党中央的一项重要战略，在当前严峻复杂的国际政治经济形势下具有重要的意义，主要表现在以下几个方面：

其一，是加强马克思主义意识形态建设的需要。马克思主义作为中国社会主导的意识形态，是中国共产党的指导思想，是中国人民的理想信念，在中国政治经济生活中起着重要的指导作用。创新中国哲学社会科学学术话语体系，事关能否捍卫马克思主义主流意识形态的地位，事关中国能否按照马克思主义的基本观点和方法推进中国特色社会主义事业。“宣传思想工作的根本任务就是要巩固马克思主义在意识形态领域的指导地位，巩固全党全国人民团结奋斗的共同思想基础。”③ 在中国市场经济和世界全球化的共同作用下，西方大量的观点、思想和学术流派相继传入中国，不断影响着中国人的思想，中国人的价值观呈现出多元化、碎片化和非理性化的特点，这势必影响马克思主义意识形态的主导地位，影响中国社会的稳定与发展。因此，中国哲学社会科学学术话语体系创新需要探索一条在价值多元化、社会分层化背景下巩固马克思主义意识形态主导地位的道路。

其二，是增强中国文化软实力、提升国际话语权的需要。习近平总书记强调要提高国家文化软实力、提高国际话语权，就是要增强对外话语的创造力、感召力、公信力，讲好中国故事，传播好中国声音，阐释好中国特色，增强做中国人的骨气和底气。在当今综合国力的竞争中，文化软实力的竞争是不可或缺的重要部分，文化软实力建设是中国实现文化强国战略的内在要求，是实现文化大发展大繁荣的必由之路。西方国家通过文化产品的输出不断向世界推销其价值观、世界观，谋求文化霸权，实现了对世界话语权的主导。加强哲学社会科学学术话语体系创新有利于积极主动地了解世界，宣传中国，提升中国哲学社会科学的影响力，增强中国的文化软实力，提升中国的国际话语权。

---

① 李忠杰：《提高中国话语体系的科学化大众化国际化水平》，载《人民论坛》，2012-04-24。
② 李卫红：《发挥高校优势为构建中国哲学社会科学话语体系作贡献》，载《中国社会科学报》，2014-01-17。
③ 李捷：《构建中国哲学社会科学话语体系的几点思考》，载《中国社会科学报》，2014-01-17。

其三，是彰显中国优秀传统文化的需要。中国优秀传统文化是中国的瑰宝，是中国精神的体现。“西方的哲学社会科学话语体系体现的是西方社会演变进化中渗透的人文精神，中国的哲学社会科学话语体系一定要符合中国的民族文化性格，体现中国精神。”① 中国哲学社会科学学术话语体系的创新要与中国传统文化结合起来。中华优秀传统文化是中华民族的突出优势，是中华民族自强不息、团结奋进的重要精神支撑，是我们最深厚的文化软实力。要系统梳理传统文化资源，让收藏在禁宫里的文物、陈列在广阔大地上的遗产、书写在古籍里的文字都活起来。要让中国传统文化成为中国哲学社会科学研究与创新的内在基因，在引进来和走出去的双向互动机制中彰显中国优秀传统文化的魅力，推进中华文化的现代化。

三、中国哲学社会科学学术话语体系创新的方法与路径

创新中国哲学社会科学学术话语体系是一项复杂艰巨的工程，关系着中国特色社会主义事业的兴衰成败。创新中国哲学社会科学学术话语体系需要从以下几个方面进行：

第一，要坚持马克思主义的研究方法。中国哲学社会科学学术话语体系的创新首先要坚持马克思主义的研究方法，马克思主义的研究方法就是历史唯物主义的方法，强调用全面、发展、辩证的观点来认识事物。这要求哲学社会科学的学术话语创新既要立足于当代中国特色社会主义伟大事业的实际，也要探索适应未来中国和世界发展的实际；既要总结新中国成立 60 多年来的哲学社会科学话语，又要培育适应新时代人民群众要求的话语形式和内容；既要坚持马克思主义在哲学社会科学学术话语体系创新中的指导地位，又要注重汲取中华优秀传统文化和世界先进文化；既要有中国意识，又要关注世界的热点、焦点和难点问题；既要注重从理论上构建哲学话语体系，又要注重从实践上进行检验和发展。总之，坚持马克思主义的方法就是要推动具有中国特色、中国气派和中国风格的话语体系的形成。

第二，要以实现中国梦为中心目标。“中国梦”是习近平同志在参观“复兴之路”展览时提出的，认为中华民族的伟大复兴就是当代中国梦。他指出，从鸦片战争算起，经过 170 多年的奋斗，现在是中国梦快要成真的时候。“现在，我们比历史上任何时期都更接近中华民族伟大复兴的目标，比历史上任何时期都更有信心、有能力实现这个目标。”② 实现中华民族伟大复兴的中国梦，就是要实现国家富强、民族振兴、人民幸福。

① 邓纯东：《用马克思主义引领哲学社会科学话语体系建设》，载《思想理论教育导刊》，2014 (4)。

② 习近平：《中华民族伟大复兴是最伟大中国梦，我们比任何时期都更接近这个目标》，载《解放日报》，2012-11-30。

中国梦包含多种含义，是中国政治、经济、文化、社会、生态五位一体建设目标的集中体现，反映了广大人民群众的根本价值追求和理想。中国哲学社会科学学术话语体系创新，就是要解读好中国梦的内涵与意义，让世界人民了解当代中国人的理想，消除疑惑、化解矛盾，营造和谐共处的发展环境。要塑造文明负责任的大国形象。要注重塑造我国的国家形象，重点展示中国历史底蕴深厚、各民族多元一体、文化多样和谐的文明大国形象，坚持和平发展、促进共同发展、维护国际公平正义、为人类做出贡献的负责任大国形象。要增强做中国人的骨气和底气。因此，对中国梦的解读与阐释既是中国哲学社会科学学术话语体系创新的内在要求，又是中国梦实现的必备条件。

第三，要坚持“三个自信”。“三个自信”是中国人民经过艰苦探索总结出来的，是未来中国发展的前提和基础。中国哲学社会科学学术话语体系创新建立在对中国道路、中国理论和中国制度的自信基础上，要不断用贴近人民群众生活和适应人民群众习惯的方式解读“三个自信”，夯实“三个自信”的群众基础。中国哲学社会科学学术话语体系的创新不仅不能背离“三个自信”，而且要在马克思主义中国化、时代化和大众化的过程中不断提炼出新观点、新思想，不断推动中国特色社会主义的道路、理论和制度的发展，要让“三个自信”内化于心、外化于行，成为中国哲学社会科学学术话语体系创新的不竭动力。

第四，要重视媒体的作用。媒体包括传统媒体和新媒体。前者主要包括报纸、期刊、书籍等。学术期刊和相关的书籍是学术交流和思想传播的重要载体，也是提升中国哲学社会科学话语权的重要阵地，要打造一大批具有国际影响力的中国学术期刊，让其承担起提升中国话语权的作用。后者主要是指以互联网为代表的新媒体。以互联网为代表的新传媒技术的快速发展，既给马克思主义意识形态的话语权带来了挑战，又给中国哲学社会科学学术话语体系创新提供了新的理论问题和实践资源。在新媒体时代，马克思主义遭受到了前所未有的危机。“以互联网为代表的新传媒技术的快速发展，给马克思主义意识形态的话语权带来了挑战。新媒体的去中心化、话语内容的碎片化以及信息传播的即时性与自由性，削弱了马克思主义意识形态的控制力、吸引力，增加了马克思主义意识形态整合社会的难度。”① 互联网是话语传统与观点供给的重要载体和阵地，以美国为首的西方国家通过互联网控制了全球90%的信息，强化了其话语霸权。同时，新媒体为民众提供了话语交流的新空间，传递、交换信息的新平台，丰富了话语表达的形式，增加了话语的内容，强化了民众的自由意识、民主意识、平等意识和主体意识，提升了社会的开放程度和民主化程度。“要充分利用新媒体信息容量大、资料详实、信息传播速度快捷、信息沟通顺畅的特质，以图、文、音、画、影等生动而形象的多媒体表

① 黄丹：《牢牢掌握新媒体时代马克思主义意识形态话语权》，载《军队政工理论研究》，2012（1）。

现形式，使马克思主义意识形态以贴近人民生活而又符合人民精神需要的形式展现出来，提升马克思主义意识形态的话语魅力”①。创新哲学社会科学学术话语体系必须充分运用新媒体技术讲述中国故事，传播中国声音，彰显中国魅力。

第五，要加强国外马克思主义研究。在中国哲学社会科学学术话语体系的创新过程中，往往重视对经典马克思主义的研究，忽视对国外马克思主义的研究。国外马克思主义主要是指当代国外有关马克思主义的理论、思潮和流派，它的研究对象既包括国外马克思主义者的马克思主义理论和他们关于马克思主义的研究，也包括国外一般学者特别是左翼学者对马克思主义的研究。加强国外马克思主义研究可以拓宽中国哲学社会科学研究的理论视域，深化对当代马克思主义和资本主义社会发展的认识。要跟踪西方主流马克思主义学者、流派及其思想的研究，加强同英国历史唯物主义大会、美国激进政治经济学学会、巴黎国际马克思大会等国际性会议的联系，要科学准确及时地掌握发表在《新左翼评论》《历史唯物主义》等国际性期刊上的文章以及出版的重要著作。中国哲学社会科学学术话语体系的创新要聚焦国外马克思主义研究，深入分析国外话语体系构建的基本逻辑和线索，在批判性继承的基础上构建中国的哲学社会科学话语体系。

第六，要继承和发展中国传统文化。习近平总书记认为，一方面，中华文明源远流长，孕育了中华民族的宝贵精神品格，培育了中国人民的崇高价值追求。自强不息、厚德载物的思想，支撑着中华民族生生不息、薪火相传，现在依然是我们推进改革开放和社会主义现代化建设的强大精神力量。另一方面，对我国传统文化，对国外的东西，要坚持古为今用、洋为中用，去粗取精、去伪存真，经过科学的扬弃后使之为我所用。他还认为，中华文化是中华民族伟大复兴的重要支撑，要彰显中华文化的魅力。中国哲学社会科学学术话语体系就是要批判性继承中国传统文化，在中国传统文化的现代化中实现创新。迫切需要挖掘并且发展中国传统文化中“讲仁爱、重民本、守诚信、崇正义、尚和合、求大同”的传统价值理念，并与当今时代特征和我国实际相结合，特别是与社会主义核心价值体系的培育结合起来，形成以中国优秀传统文化为根基和底色的中国哲学社会科学学术话语体系。

第七，要发挥高校的引领作用。中国高校在哲学社会科学学术话语体系中占据着重要地位，是巩固意识形态领导权、管理权和话语权的首要阵地。高校聚集着大量的人才特别是大量受过良好马克思主义教育的教师和学生，其中还有大量的党员干部，这为意识形态教育和哲学社会科学学术话语体系奠定了良好的主体力量。高校具有较为雄厚的科研实力，已经创造了大量关于话语体系建设的成果，为哲学社会科学学术话语体系创新奠定了坚实的理论基础。高校具有自由平等表达、勇于创新的氛围，为进行哲学社会

① 魏建国：《新媒体时代马克思主义意识形态话语权的建构》，载《理论月刊》，2014（2）。

科学学术话语体系创新提供了良好的环境基础。主体力量、理论基础、环境这三者共同构成了高校推进哲学社会科学学术话语体系创新的基础。因此，要高度重视高校在创新哲学社会科学学术话语体系中的作用，善于挖掘高校的创新资源，推动高校与社会的合作交流，拓宽创新的渠道，丰富创新的资源。

总之，中国哲学社会科学学术话语体系的创新要坚持以马克思主义为指导，以中国社会主义的伟大实践为基础，以增强文化软实力和提升国际话语权为目的，加强学者、研究机构和国家的协同合作，构建具有中国特色、中国风格和中国气派的学术话语体系，不断推动中国的发展，实现“中国梦”。

读者—实践—文本（作者）：构建中国哲学话语体系的一种合理范式

■ 姜玉齐*

［摘　要］构建当代中国哲学话语体系的目的是在传统与现实、中国与世界的融合中回答和解决中国的现实问题。构建中国哲学话语体系，应贯彻马克思主义的实践观，坚持历史性、可知性、能动性、主观与客观相统一、绝对与相对统一的原则，并借鉴哲学解释学的一些理论、观点，兼顾读者、实践、文本（作者）三要素，即在实践的基础上，以问题为导向，实现当代中国读者与中国传统哲学文本、外国哲学文本的“视域融合”，构建“读者—实践—文本（作者）”范式。

［关键词］中国哲学话语体系；范式；构建；读者—实践—文本（作者）

“范式”（paradigm）是美国科学哲学家托马斯·库恩于1962年在《科学革命的结构》一书中提出来的，他认为范式是在某一研究领域中的科学共同体的成员所共同遵守的原则和标准，范式是开展科学活动的基础，起到世界观和方法论的作用，同时又是实用的工具（提供具体的解题方式）。范式理论的提出“无疑已导致了科学观上的一次深刻革命”①。在上世纪80年代，“范式”概念引起中国哲学社会科学界的广泛关注。那么，当代中国哲学话语体系的范式是什么？又该如何构建这一范式？笔者认为，

---

* 姜玉齐，华东政法大学大学生思想政治教育中心研究员，法学博士。主要研究方向为马克思主义中国化、思想政治教育。

① ［美］托马斯·库恩：《科学革命的结构》，157页，北京，北京大学出版社，2003。

应该在中国的实践基础上，在马克思主义的指导下，借鉴和参考哲学解释学的一些理论观点，在当代中国读者与文本之间的“问—答”逻辑中探寻中国哲学话语体系的合理范式。

一、构建中国哲学话语体系的基本原则

实践的观点是马克思主义的首要的和基本的观点。马克思认为：“不是从观念出发来解释实践，而是从物质实践出发来解释观念的形成”①。中国哲学话语体系不是人脑所固有的产物，而是从实践中产生的。中国哲学话语体系立足中国改革发展的实践，在实践的基础上得以丰富与发展。“哲学家们只是用不同的方式**解释**世界，而问题在于**改变**世界。”② 中国哲学话语体系作为人的认识活动的结果，归根到底要观照现实、指导实践。中国哲学话语体系的表述准确与否还要接受实践的检验，并在实践中不断完善。构建中国哲学话语体系应贯彻马克思主义的实践观，坚持如下原则：

1. 历史性原则

人类的实践活动都是现实的人在具体的历史条件下从事的活动，实践活动的历史性必然导致认识和理解活动的历史性。中国哲学话语体系也相应地随着实践活动而变化发展。中国哲学话语体系构建中的历史性具体体现在三个方面：一是表述中国哲学话语体系的文本具有历史性，即文本一旦形成，就已经属于历史，也就是说作者是在一定的历史条件下创作文本的；二是读者的历史性，读者隶属于历史，早在读者对表述中国哲学话语体系的文本理解之前，历史传统就左右和影响着理解者；三是理解中国哲学话语体系文本的实践及过程的历史性，理解就是读者与文本（作者）之间“问—答”互动的过程，这一过程总是连接着过去和现在并指向未来的具有开放性特征的过程。

2. 主观和客观相统一的原则

文本是作者的主观产物，但对于读者来说，它又是客观的；作者通过文本表达的目的、意图或意思是客观的，这是作者所处的那个时代的客观产物；读者进行解释活动具有主观目的性，但是读者所处的历史条件或文化传统则是客观的；整个解释或理解的过程是读者与文本（作者）在实践基础上的对话过程，在读者与文本（作者）的双重互动中体现了主观与客观相统一的原则。

---

① 《马克思恩格斯选集》，2版，第1卷，92页，北京，人民出版社，1995。
② 《马克思恩格斯选集》，2版，第1卷，61页，北京，人民出版社，1995。

3. 可知性原则

马克思主义坚持可知论，认为世界上只有未知之物，没有不可知之物。当代中国读者能够理解和把握中国传统哲学文本和外国哲学文本。依据现代解释学的理论，单单靠文本，局限于纯学术研究，未必能够解读出马克思主义文本中所表达的思想。当代中国读者只有立足于社会现实、在改造中国现实实践活动的基础上，才能把握中国传统哲学文本和外国哲学文本，用于指导中国的实践。

4. 能动性原则

实现对中国传统哲学文本和外国哲学文本的理解需要当代中国读者发挥能动性、积极性与创造性，否则文本的意义或“真精神”不会自动呈现；另外，实现当代中国读者视域与中国传统哲学文本、外国哲学文本视域的融合，更需要中国读者发挥能动性，进而实现“文本意义上的创生”。

5. 绝对与相对相统一的原则

当代中国读者在实践的基础上对文本意义的理解与把握是可能的并能够实现，这在一定范围和程度上是绝对的；读者对文本意义又不可能实现完全绝对的理解与把握。理解对象是客观的、可知的，这是绝对理解的前提与基础，处在一定的社会历史环境和文化传统中的理解主体所具有的精神因素表征着理解的相对性。当代中国读者不可能一次完全理解和把握文本意义，只能部分地理解和把握文本意义，这“部分地”也要在改造中国社会的实践中检验与发展，正是这样，读者在实践的基础上与文本发生作用，实现具有开放性意义的双向互动，从而实现对文本意义的把握，这是由相对走向绝对而又不能实现绝对的过程。

二、构建中国哲学话语体系的理论借鉴

德国解释学大师汉斯-格奥尔格·伽达默尔在其老师海德格尔影响下实现了由方法论解释学向本体论解释学的转向，构建了哲学解释学，受到很多人的关注和推崇。本文作者将借鉴哲学解释学理论的概念与范畴来探讨构建中国哲学话语体系的问题。

1. 前见

“前见”（vorurteil），又称“前理解”“前结构”或“视域”（horizon），指处在一定

的社会历史环境和文化传统中的理解主体所具有的精神因素之和，包括语言、情感、动机、世界观、价值观、方法论和思维方式等。传统解释学的代表人物施莱尔马赫和狄尔泰认为“前见”等是理解的障碍，他们追求消除“前见”的客观主义理解。现代解释学的代表人物海德格尔和伽达默尔则认为“前见”是理解得以进行的前提与基础。比如，海德格尔指出：“把某某东西作为某某东西加以解释，这在本质上是通过先行具有、先行之见与先行掌握来起作用的。解释从来不是对先行具有、先行之见与先行掌握来起作用的。解释从来不是对先行给定的东西所作的无前提的把握。”① 伽达默尔指出：“视域其实就是我们活动于其中并且与我们一起活动的东西”②，在他们看来，前见构成了解释主体的历史条件，表征着理解主体的历史性，是传统与历史进入理解主体的存在。伽达默尔强调：“其实历史并不属于我们，而是我们隶属于历史。早在我们通过自我反思理解我们之前，我们就以某种明显的方式在我们所生活的家庭、社会和国家中理解了我们自己。”③ “前见”不仅不应排除，反而还是读者理解文本的前提条件与基础。

2. 间距与视域融合

除“前见”之外，在马克思主义文本与中国读者之间存在距离与差异，即“间距”。间距是解释学中一个较常见的概念，“原意是指古代历史文本由于相隔年代久远而变得陌生和难以理解，基本意思是一种熟悉的东西变得疏远，所以间距又被称为远化、异化”④。间距又分为时间间距、空间间距，在同质文化中存在时间间距，在异质文化中既存在时间间距又存在空间间距。伽达默尔认为间距并不是应该加以克服的对象，相反，它是理解进行的中介，读者所理解的文本属于过去，所以其价值与意义对读者来说是陌生的；另外，文本以语言文字的方式将传统带入当今，时间间距赋予其强大的生命力，所以文本对读者来说又是熟悉的。所以“现在，时间不再主要是一种由于其分开和远离而必须被沟通的鸿沟，时间其实乃是现在植根于其中的事件的根本基础……重要的问题在于把时间距离看成是理解的一种积极的创造性的可能性。时间距离不是一个张着大口的鸿沟，而是由习俗和传统的连续性所填满，正是由于这种连续性，一切流传物才向我们呈现了出来”⑤。空间间距则存在于处在异质文化体系中的读者与作者之间，所以“空间距离”实质指的是“文化间距”，即对于异质文化文本，由于读者所处的社会环境、文化传统和语言系统都与异质文化文本不同，特别是读者正面临的并试图在异质文化文本中找寻答案的各种问题更是在社会、文化等诸方面与作者存在极大差异，读者的视域

① ［德］海德格尔：《存在与时间》，184页，北京，三联书店，1999。
② ［德］伽达默尔：《真理与方法——哲学诠释学的基本特征》（上），393页，上海，上海译文出版社，2004。
③ ［德］伽达默尔：《真理与方法——哲学诠释学的基本特征》（上），357页，上海，上海译文出版社，2004。
④ 王浩斌：《中国马克思主义解释学研究》，38页，北京，新华出版社，2008。
⑤ ［德］伽达默尔：《真理与方法——哲学诠释学的基本特征》（上），384页，上海，上海译文出版社，2004。

与作者的视域没有（或不具备）同质文化所具有的那种传统上的连续性，所以，相对于同质文化的视域融合，异质文化的视域融合难度要大。

3. 效果的历史

何为“效果的历史”（wirkungsgeschichte）？效果的历史是历史与传统的真正实现。在效果的历史里，历史与传统的有效性才真正显示并发挥出来，作为理解主体的“前见”“前结构”含有历史性的因素，如传统文化、传统习俗、传统思维方式等；作为文本，除了包括语言文本外，还包括作者所处时代的历史文本。所以，“视域融合”包含理解主体的视域与历史文本的融合、文本作者视域与理解主体“前见”“前结构”的传统因素的融合，这样，读者与文本都带有传统的烙印。读者与文本两者的历史与传统在理解过程中都进入了当下，理解主体只能在传统中进行理解。传统好像一只无形的大手（对于读者而言，另一只无形的大手是社会现实；对文本而言，另一只无形的大手是语言文本）左右和影响着我们，构成了人们存在的一部分，历史的有效性在理解活动中得以彰显，这就是“效果历史”。伽达默尔解释道：“真正的历史对象根本就不是对象，而是自己和他者的统一体，或一种关系，在这关系中同时存在着历史的实在以及历史理解的实在。一种名副其实的诠释学必须在理解本身中显示历史的实在性。因此我把所需要的这样一种东西称之为‘效果历史’。理解按其本性乃是一种效果历史事件。”[①] 理解主体不是自在主体，他头脑中的意识不是纯粹的、空白的，而是有“前见”“前结构”“前理解”；而理解的对象——文本亦不是自在客体，它是作者所处时代的反映，含有历史的内容。任何承载着历史史实的历史研究、历史描述都构成了“历史”的一部分，是理解者理解历史的重要内容。

构建当代中国哲学话语体系需要当代中国读者与中国传统哲学、外国哲学的“对话”，这一“对话”是以问题为先导，读者与文本在“问—答”逻辑中实现双向互动，并在双向互动中实现读者视域与作者视域之间的带有开放性和界限性特征的“视域融合”，从而实现“文本意义上的创生”，即构建了中国哲学话语体系。所以，其充分条件是弄清楚指导思想和理论借鉴，构建活动的主体是中国共产党领导下的中国人民，构建的途径与方法是“视域融合”，这是建立在社会实践的深刻反思与把握的基础上，并以问题为先导，在读者与文本之间的“问—答”逻辑中实现的读者与文本的双向互动、开放，即实现读者视域与作者视域的融合，你中有我，我中有你，融为一体；构建的目的是在传统与现实、中国与世界的融合中回答和解决中国的现实问题。

---

① ［德］伽达默尔：《真理与方法——哲学诠释学的基本特征》（上），387页，上海，上海译文出版社，2004。

三、中国哲学话语体系范式的合理表达和建构路径

（一）中国哲学话语体系范式的合理表达

在明确了构建中国哲学话语体系的基本原则和理论借鉴后，笔者认为应在马克思主义的基本原则指导下，兼采“作者中心论”“文本中心论”和“读者中心论”之长构建中国哲学话语体系的合理范式，即“读者—实践—文本（作者）”范式，在实践基础上实现“返本”“开新”。这一范式实际上是在马克思主义指导下对以前的解释学理论的“扬弃”，即批判地继承，如对一般解释学的客观性原则、对哲学解释学中“前见”和“间距”的肯定而体现的对主体性原则的肯定，对解释学理论中的唯心主义倾向的否定，等等。这一范式具有中国特色，其“特”体现在：一是具有中国特色的“前见”“前结构”或“前理解”，指的是在中国的具体国情和中国的传统文化中形成的判断或成见，这是中国哲学话语体系得以产生的基础性条件，它为当代中国读者提供了理解的方向。二是具有中国特色的“问题域”，这些“问题域”关乎中国社会的发展和中华民族的前途与未来；另外，“问题域”不是封闭的、静止的，而是开放的、流动的，随着中国社会的发展、历史环境的改变而不断涌现出新的矛盾、新的问题。三是具有中国特色的“视域融合”，即当代中国读者的视域与中国传统哲学和外国哲学文本视域之间的融合，实现这些文本与中国具体国情、时代特征及民族特点相结合。四是具有中国特色的“综合创新”，即在马克思主义的指导下，汲取这些文本的精华改造中国社会现实，推动社会历史的发展和进步。

（二）构建“读者—实践—文本（作者）”范式的路径

1. 明确指导思想，探寻指导思想的“真精神”

马克思主义是构建中国哲学话语体系的指导思想，马克思的语言文本是历史文本的产物。理解和把握马克思主义，不仅要阅读语言文本，而且要弄清语言文本背后的历史文本，即社会历史条件、时代特征和实践基础，探寻马克思主义的“真精神”。马克思主义不是“教条”“教义”，而是科学的世界观和方法论，恩格斯强调：“马克思的整个世界观不是教义，而是方法。它提供的不是现成的教条，而是进一步研究的出发点和供这种研究**使用**的方法”①。列宁指出：“马克思学说具有无限力量，就是因为它正确。它

① 《马克思恩格斯选集》，2版，第4卷，742～743页，北京，人民出版社，1995。

完备而严密，它给人们提供了决不同任何迷信、任何反动势力、任何为资产阶级压迫所作的辩护相妥协的完整的世界观。”① 学习马克思主义应当着重学习马克思主义的世界观和方法论，因为这是马克思主义的灵魂、是马克思主义的“真精神”。

2. 改造和提升中国传统文化

首先，传统文化构成了中国读者解读马克思主义文本的“前见”，“前见”分为两类：“一是‘合法的先见’，即来源于继承历史文化的先见，这是不应该否定也无法否定的，否定了它们就否定了历史、否定了发展，从而造成了历史的中断；二是‘盲目的先见’，即个人在现实人生中接触和吸收的先见，它们是可以、也应当清除的”②。“合法的先见”是中国读者理解与把握马克思主义文本的重要条件，“盲目的先见”是中国读者理解和把握马克思主义文本的障碍，中国读者应该尊重“合法的先见”，摒弃“盲目的先见”。要尊重中华民族的历史文化遗产，批判地继承中国传统文化，这正如毛泽东所说：“学习我们的历史遗产，用马克思主义的方法给以批判的总结”，“今天的中国是历史的中国的一个发展；我们是马克思主义的历史主义者，我们不应当割断历史。从孔夫子到孙中山，我们应当给以总结，承继这一份珍贵的遗产”③。其次，注意理解“间距”。马克思主义来到中国，时域、场域、问题域都发生了转换，也即中国读者与马克思主义文本之间存在着“时间间距”“空间间距”。对于理解马克思主义元文本的中国读者来说，中国读者所处的文化传统、语言系统和社会系统以及面临的“问题域”都与作者存在着极大的差异，所以在理解和把握马克思主义文本的过程中要反对教条主义或文本主义，也即“马克思主义的‘本本’是要学习的，但是必须同我国的实际情况相结合”④。再次，中国读者要实现对马克思主义的正确理解与把握，必须在尊重中国传统文化和理解“间距”的前提下，将马克思主义与我国的具体国情相结合并“通过一定的民族形式”表现出来，使马克思主义具有中国作风和中国气派。

3. 做好对外国哲学文本的翻译工作

构建中国哲学话语体系，首先要面临、解决的问题就是外国哲学元文本的翻译，而在翻译的过程中，所要解决的不仅是由一种语言文本转换成另一种语言文本，而且是将异质的思想文化置于本民族的文化语境中。伽达默尔指出：“一切翻译就已经是解释，

---

① 《列宁选集》，3版，第2卷，309页，北京，人民出版社，1995。

② 杨学功：《论马克思主义哲学经典的解释——解释学方法及其在马克思主义哲学文献中的运用》，载《马克思主义研究》，2003（1）。

③ 《毛泽东选集》，2版，第2卷，533、534页，北京，人民出版社，1991。

④ 《毛泽东选集》，2版，第1卷，111～112页，北京，人民出版社，1991。

我们甚至可以说，翻译始终是解释的过程，是翻译者对先给予他的词语所进行的解释过程。"① 外文的文本翻译成中文文本，实质上是中国传统文化与外国文化结合、会通的过程。中华民族固有的语言符号、范畴和思想会"归化"外国文化，而外国文化也将"规训"中华民族固有的语言符号、范畴和思想。首先，"是谁，在何种历史情境下、以什么样的方式对文本进行翻译，他的预期的读者是哪些人，他想通过翻译达到什么样的现实目的，又想通过怎样的文化想象来激发他的读者，从而改变历史发展的进程"②。对外国哲学元文本翻译就是希望寻求解决时代课题、历史主题的途径，是为现实服务的，这样的动机和目的渗透在对外国哲学元文本翻译的全过程，无论节译、摘译、转译、复译，还是对等词的选择、词汇色彩的选择、标点符号的选择，都与中国社会历史情境、时代课题、历史人物及中国读者的预期目的紧密相关，从译者与文本、译者与读者、读者与现实的关系中，在"效果历史"原则中考量译文。其次，伽达默尔指出："在对某一文本进行翻译的时候，不管翻译者如何力图进入原作者的思想感情或是设身处地地把自己想象为原作者，翻译都不可能纯粹是作者原始心理过程的重新唤起，而是对文本的再创造。"③ 所以，译者要忠实于外国哲学元文本，忠实于作者的意图、目的。再次，由于译文面向中国读者，所以译者要力求用中国的词汇和语言通顺练达地表达译文，使中国读者从现实需求出发，在愉悦的状态中从译文中汲取营养。

4. 在实践的基础上，以"问题"为先导，实现读者与文本（作者）之间在"问—答"逻辑中的双向互动

这里的"问题"并不是读者的个人问题，按照马克思提出的："问题就是公开的、无畏的、左右一切个人的时代声音。问题就是时代的口号，是它表现自己精神状态的最实际的呼声"④。所以，"问题"是指读者所面临的时代主题，时代主题就是时代向世人提出问题，表征着被问东西的集主、客体于一身的存在特征，标志着理解马克思主义的历史性与客观性特质。伽达默尔在阐述"问题在诠释学里的优先性"时提出："问题使被问的东西转入某种特定的背景中。"⑤ 借鉴伽达默尔在这句话中所表达的思想，就是问题乃是处理元文本的普遍性与当代中国读者的特殊性之间张力的关键。伽达默尔还认为，问题必须具有开放性，即"提问"与"被提问的东西"的彼此开放，这才是"真正的提问"，否则就是"错误的提问""歪曲的提问"。"问题就是完全从其根芽处起源的任

① ［德］迦达默尔：《真理与方法——哲学诠释学的基本特征》（下），496页，上海，上海译文出版社，2004。
② 张羽佳：《翻译的政治性——马克思文本研究中的一个议题》，载《现代哲学》，2007（2）。
③ ［德］迦达默尔：《真理与方法——哲学诠释学的基本特征》（下），498页，上海，上海译文出版社，2004。
④ 《马克思恩格斯全集》，中文1版，第40卷，289～290页，北京，人民出版社，1982。
⑤ ［德］伽达默尔：《真理与方法——哲学诠释学的基本特征》（上），475页，上海，上海译文出版社，2004。

务”①，问题的本质是指问题具有方向性。在对文本的理解中，当代中国读者在寻求解答时代课题或历史主题的答案中与文本（作者）实现视域融合，其目的在于解决“中国问题”，从而体现“效果的历史”的原则。由于实践是不断向前发展的，建立在实践基础上的问题（域）也不是封闭静止的，而是开放流动的，在回答与解决新的问题（域）进程中，中国读者的理论视域与文本（作者）视域又实现了深化的视域融合，也即“视域融合”后产生的新的融合的视域，这一新的视域超越了原先的视域，构成了当代中国读者置身于其中的新的“前见”，所以中国哲学话语体系在指导改造中国社会现实的实践中也面临着对其意义的理解与把握的问题。

① ［德］伽达默尔：《真理与方法——哲学诠释学的基本特征》（上），489页，上海，上海译文出版社，2004。

论学术话语权的滥用及其规制*

■ 韦 之**

［**摘　要**］学术话语权受到社会的认可和维护，根本原因在于社会对秩序的渴望。但是，在现代社会，学术话语权和其他任何权利、权力、资格、资产一样，都以一整套价值体系为其正当性的基石。这些价值体系无外乎道德、行业习惯、社会分工的惯性等，而其中最为重要的仍然是法律。这就是虽然人们总是以一种理所当然的逻辑来使用学术话语权这个范畴，我们仍然有理由去追问它的法律渊源的原因。

在当代，学术产业具有很强的商业色彩，学术品牌是学术竞争的核心杠杆。本文尝试从法律的角度来分析学术话语权的构成及其法律依据，并归纳了目前学术话语权被滥用的类型。在此基础上，指出了现行各部门法律对这些不轨行为的规范及其漏洞。而完善法律制度，加强对学术生产领域的监管，将有利于提升中国哲学社会科学学术话语权的综合竞争力。

［**关键词**］学术话语权；学术商标；学术伦理；权利滥用及其规制；法律分析

在当今时代，任何权力或者权利都包含着责任与义务，权力（利）只有在适当的范围内行使才具有正当性；一旦超出其应有的范围，便会损及他人乃至公共的利益，而应招致否定的评价，行为者也必须负担相应的责任。

学术话语权虽然在词源上并非法律概念，但是其表达的仍然是一种人际利益格局，

* 笔者在写作本文的过程中与周红阳博士、陈绪刚博士作了多次交流，获得许多珍贵的建议与批评，谨此表示谢忱。

** 韦之，慕尼黑大学法学博士，华中科技大学法学院教授，北京中伦律师事务所兼职律师，青岛仲裁委员会仲裁员。研究领域：知识产权法、竞争法、国际公约等。

而这种格局至少在某种范围内是被法律所认可的。因此，我们有理由认为，一个非法律的名词下面掩盖着法律关系。厘清这样的法律关系将有助于进一步认清事物的真相。

法律的视角也是多维的，本文的思路限于提炼学术话语权中的权力与权利元素，归纳其被滥用的现实，并提出法律的约束机制以及完善约束的路径。①

一、学术话语权的含义

话语以及话语权在国内外学界已有较多探讨，其定义有多种，例如：

“话语就是一套系统地组织起来的陈述，它让一个制度的意义和价值得以表达。”②

“话语是一种权力关系。它意味着谁有发言权，谁无发言权。”③

“所谓的话语权力，实质上指一种社会关系的建构，并通过知识的组织和传播构成影响着人们在交往中的内容及次第关系。”④

学术话语权即“在学术领域中，说话权利和说话权力的统一，话语资格和话语权威的统一……权利着重指行动者作为主体所具有的话语自由；权力则着重指主体作为权威话语者对客体的多方面影响”⑤。

通过关于这个话题的有限阅读，笔者认识到，话语权主要是政治学、社会学上的概念，它常常被与“话语”一词作同义词使用。话语（权）被用来描述一定场合下（圈子内）言说的状况和力量比较关系。这里的场合可大可小，大可以是国际关系，小可以仅限于两个自然人之间。话语（权）虽然主要是用于描述人际以及由人组成的单位之间的关系，但是，它也可以特指事物之间的比较状况，如在讨论英语与德语之间的影响力时。⑥ 另外，话语，如同资本、政权等一样，代表着一种广义上的权力。

二、话语权的法律视角

法律是一套独立的思维与表达方式，或者说就是一个话语体系。法律的根本特点在

---

① 当然，法律还分为国际法与国内法，本文基本上是从国内法的角度来分析的，不妨视为微观层面的话语权分析。

② 龚朝红：《大学教师学术话语权意识的缺失》，载《现代大学教育》，2011（3），18页。

③ 郑乐平：《超越现代主义和后现代主义——论新的社会理论空间建构》，上海，上海教育出版社，2003。转引自龚朝红：《大学教师学术话语权意识的缺失》，载《现代大学教育》，2011（3），18页。

④ 龚朝红：《大学教师学术话语权意识的缺失》，载《现代大学教育》，2011（3），19页。

⑤ 郑杭生：《学术话语权与中国社会学发展》，载《中国社会科学》，2011（2）。转引自胡钦太：《中国学术国际话语权的立体化建构》，载《学术月刊》，2013（3），6页。

⑥ 参见［美］劳·斯奈德：《英语何以成为全球性科学语言》，载《参考消息》，2015－06－30。

于它是一种主流话语体系，而且社会生活鲜有不进入其视野的。故用法律思维解析学术话语权，当有助于更清楚地揭示其本质。

首先，法律将权区别为“权力”和“权利”，前者指的是国家机关对社会及其成员进行管理与约束的职权，它体现的是一种命令与服从的关系。而后者指的是一个主体要求他人合作与行为的能力，它体现的是一种平等的利益对价关系。

而话语权其实也包含着“话语的权力”和“话语的权利”两层含义，前者指向一种知识的支配力，受众屈居服从的地位，难怪话语权又往往被称之为霸权。而后者指的是知识的说服力，即它因为具备服务与交换的性质，可以作为一种交易（包括商品的交换和单纯的观点的交流）对象，这时它描述的是平等的相互关系。

其次，法律将权利分为客观权利和主观权利。前者是指一种所谓的权利能力，即法律认可的自然人或者其他主体能够享有某种权利的资格。后者则是指主体实际享受到了的某种具体的权利。客观权利是法律赋予每个人的，因而通常是平等的；主观权利则是个人通过努力为自己创造的，因此实际状况千差万别。

同样，话语权也包含着这两层含义。因为，它首先是客观的，即是说学者及学术机构（或者统称知识生产者）可以发表言论与观点的自由和资格。其次，它也是主观的，即学者等基于自己的言说所产出的学术成果，以及这些成果在圈内外所建立起来的说服力。

三、法律根据

权力和权利必须有合法的依据，它说明权力或权利是根据哪一项规定产生的。

话语虽然在一般学理上常常被描述为权力，但是，要论具有严格法律意义上的权力性质的话语权，应该是少见的，或者根本就是例外。也许只有当某种理论体系被写入法律甚至宪法，成为了治理国家的学说，才或可认为它获得了“话语权力”，因为它具有了强制力。① 而其他未获此殊荣的话语体系就只是普通的话语产品，处在平等的学术竞争环境当中，是“话语权利”。

就客观的与主观的权利角度而言，话语权即为表达观点的自由及享有表达成果的权利。其中，表达观点的自由可以进一步解析为言论自由、出版自由、创作自由与学术自由。其在中国的法律依据主要是现行《宪法》第 35 条和第 47 条。②

---

① 例如，在政教合一的国家，主流宗教所获得的力量。又如，2015 年 6 月 29 日签署的《亚洲基础设施投资银行协定》生效后，也将赋予中国在相关金融领域“极大的话语权”。参见《参考消息》，2015-06-30，第 1 版。

② 《宪法》第 35 条：“中华人民共和国公民有言论、出版、集会、结社、游行、示威的自由。”第 47 条：“中华人民共和国公民有进行科学研究、文学艺术创作和其他文化活动的自由……”

而享有表达成果的权利主要是知识财产权和人身权利。它们的依据是各部知识产权单行法（如著作权法与商标法等）以及民法的一般规定。具体而言，包括著作权、荣誉权、名誉权、姓名权及名称权等。

四、学术商标权

值得一提的是，学术成果的说服力、影响力及其因而导致的荣誉权、名誉权，再加上姓名权、名称权，便是学术品牌，或者说学术商标（权）。所谓的学术大师，当然就是学界的“驰名商标”了。

学术话语权本来是知识力量的表达，但是，学术品牌的概念却揭示硬币的另一面。品牌同样是一种巨大的力量，而这种力量是市场的产品。因此，我们认为，学术话语权其实是知识与市场联姻的结果。

学术品牌的崛起过程见证了学术的性质演化——从修身养性的手段变成了现代商品生产。当然，学者们奋斗一生的主要目标（之一）就是打造以自己的名字命名的品牌，从而实现从智力工人到“知本家”的嬗变。学术品牌还是学术竞争中的杠杆①，它放大甚至扭曲了知识的力量，在很多情况下实际上成了滥用学术话语权的最佳工具。在一个具体的话语事件中，我们往往无法肯定，到底是知识还是品牌才是真正的主宰力量。

其后果就是异化显现，学术品牌变成了“品牌学术”。②

总之，其使用几乎不受任何外部制度约束，而仅仅依赖自律维系的学术品牌大行其道，正是学术话语权滥用的主要原因之一。当然，其他原因也不应该被忽略，包括对学术自由的片面解读，不能正视学术的商业属性③，过于信赖学者的情操水平，社会剧变时期道德滑坡，以及管理体制之不健全、社会监督不到位，等等。

五、学术话语权滥用的典型形态

财富、权力以及知识等不过是人类政治的工具。为了实现人性的需要，它们都天然地具备了扩张的品质。这种本能当然在很多时候推动了人类社会的发展，但是也常常破

① 商标一直被誉为“商战利器”。

② 这当然不可能不引起人们的警觉。参阅钟祖流：《图书评价不能为“名”所困》，载《中国社会科学报》，2015-06-03。

③ 天真的同行还在寄希望于“让权力走开、让金钱走开，实现体制机制的健全，营造清静澄明的学术共同体……”参见王广禄：《学术研究不能在概念中“翻跟斗”》，载《中国社会科学报》，2015-06-03。

坏人类文明之进步。

权力（利）滥用是一种普遍的社会现象，是权力（利）主体私欲过度扩张，追求超越权力（利）所赋予的利益之外的利益的结果。学术话语权则是学者等知识生产者滥用其话语权，违反学术伦理，谋求额外利益，损害社会的行为。其最主要的形态包括如下诸种：

（1）话语霸权。即在学术交流过程中不是平等、务实地进行知识对话与探索，而是以权威自居，以势压人。有的人借口团队合作，依托学术霸主地位奴役同事、学生，侵占其智力劳动果实。有的甚至劫持整个学术圈，以学界唯一代表姿态发声，向社会索要超额对价。

（2）学术金字塔。即人为地构造各种机构、组织，而其主要功能并非学术生产与交流，而是分封学术爵位，切割话语权蛋糕，编织裙带网络，维系既得利益格局，压制青年创新，阻碍理论进步。

（3）不轨评审行为。即在涉及奖励颁发、课题筛选、学生招考、职称评定等活动中，评委以及候选方牺牲职业操守，进行黑箱运作，破坏公平、公正的游戏规则，以实现个人的非正当目的。

（4）话语权寻租。即与财富、权力进行直接的非正当的兑换，将学术话语权的影响力转换成其他物质利益。例如，一些知名的专业刊物利用所掌握的审稿与发表的稀缺资源，向作者索取高额价值的财物；又如，一些同行，在招收研究生时专门为官员开后门，目的在于实现对后者权力的间接支配。

（5）学术剽窃。即将他人的学术成果据为己有。其中最恶劣的是径直以自己的名义发表或者重复发表他人的作品；还有的是将他人的观点改头换面移植到自己的著述之中；也有的是利用评委的身份挪用他人项目申请书中的创意，或者将其透露给相同领域的亲友。

（6）做伪科学。即搬弄概念、故弄玄虚，借助伪命题，骗取有关机构的信任，套取公共科研资源；或者断章取义，篡改数据，毁损原始文档，以便“证实”臆想的结论；等等。

（7）捉刀行为。即替他人创作，由他人以其自己的名义发表成果。捉刀可视为对自己话语成果的处分，虽然涉事双方两相情愿，却违反了学术诚信原则，共谋从事了学术欺骗。①

（8）学术诽谤。即在学术对话过程中脱离议题对其他学者的人格进行攻击，甚至捏造事实，侮辱其人身。

---

① 值得注意的是，现行著作权法在涉及法人单位作品、委托创作作品的署名问题时，保留了一定的灵活性。这无疑在某种程度上增加了问题的复杂性。

（9）学术窝赃。即大学、研究院所等机构或者学者个人对本单位成员或者个人亲朋的学术失范行为进行包庇、袒护，不但不坚持原则，严格查处或者批评，反而将私人关系、小单位利益置于学术大业之上，扰乱学术秩序。

无须赘言，以上诸种形态，仅仅具有例证的价值。学术“江湖”中，种种规则与潜规则自是纷繁复杂。

六、法律对话语权滥用的规范

如前所述，现行法律并没有直接针对滥用话语权行为的专门的、系统性的规范，但是，通过分析能够找到不少对具体话语权滥用行为的规定。以下是一些例子：

（1）民法的规定。包括对学者、学术机构姓名、名称、名誉和荣誉等利益的保护。学术话语权滥用行为若不当侵害他人的这些利益，受害人或者机构可以要求侵权方负担包括停止侵害、恢复名誉、赔偿损失在内的种种法律责任。

（2）著作权法的规定。包括对作者身份、作品完整性以及与作品有关的财产利益的保护。学术话语权滥用行为若触犯他人著作权，也同样会导致相应的法律责任。

（3）商标法以及反不正当竞争法的规定。包括对品牌、商誉、商业秘密等利益的保护。学术话语权滥用行为侵犯他人商标权、商誉权、商业秘密权利的，也要承担法律责任。

（4）刑法的规定。包括侵害知识产权罪、扰乱市场秩序罪、侵犯公民人身权利罪等。话语权滥用行为中严重的违法行为，例如侵犯著作权、诽谤、受贿、贪污科研经费等，将会受到刑罚制裁。

七、完善措施

尽管法律上存在一些规范，但是，总体而言仍然远未健全。归纳起来，既有制度的主要不足在于：

（1）私法规则常常被搁置。诸如民法、著作权法、商标法以及反不正当竞争法等均是私法，其救济机制有赖于被害人或者单位起诉。而学术话语权滥用行为的受损方多是相同领域的同行，出于各种顾虑，诉诸法律的个案很有限。

（2）刑事法律本身由于其追究责任的门槛很高，而且可用的罪名极其有限，因而对学术话语权滥用行为的规制作用很可能仍然仅仅停留在理论意义上。

为了完善法律对学术话语权滥用行为的规制，笔者认为，以下方面的措施需要采取。

（1）明确地将反不正当竞争法适用到学术竞争领域。由于现行反不正当竞争法第2条规定，该法只适用于规范经营者之间的竞争关系，而经营者被定义为“从事商品经营或者营利性服务”的人，所以，将该法用于学术领域还有一定的障碍。①

（2）强化学术行政执法。在笔者看来，行政介入不足正是学术生产无序的主要原因之一。为了弥补上述民事以及刑事救济的薄弱性，政府应该依法介入学术竞争，如同对市场、对环保、对交通以及对食品的监管一样，至少对那些影响十分恶劣、严重败坏学风的案件进行查处。这当然绝不是要限制学术自由，而是要保证我们的学术自由尽可能地成为每一个学术生产者的自由，减少和革除学术领域中的霸权与剥削。② 举例而言，目前有关部门发起的对学位论文质量进行“倒查”的安排，就是对知识生产活动的一种值得肯定的监管。可以预期，这项工作若能很好地落实，也将在一定程度上触及学术话语权滥用痼疾。

（3）完善学术刑事立法。对典型、严重危害社会的学术话语权滥用行为进行系统研究，在适当的时候修改刑法，对惩治范围做必要的扩大，以便有效地追究违法者的刑事责任。③

（4）其他措施。强制性要求每一个学术团体、组织、机构建立学术伦理保护机制，并追究任何单位在惩治学术话语权滥用行为方面不作为的责任。重视学术公正、透明原则的贯彻，鼓励社会对学术活动的监管，尤其是开发网络监督功能潜力，等等。

八、结论

（1）学术话语权并非只像其表面所显示的那样，总是关于社会、国家、环境、未来等公共利益的言说，相反，它本身就（同时）是一个个私益堡垒，公益在很多时候则沦为了私利的载体，或者说不过是私利城池前方的雾霾。由于自共和国重建法制以来，工作重点放在了规范那些直接的经营活动方面，所以，学术领域——尽管它所占用的国民资产日益庞大——仍然处于一种治理严重不足的状态，因此，话语权的滥用在不知不觉

① 方流芳也认为学术剽窃是不正当竞争行为，但未提及反不正当竞争法的适用问题。参见邓正来：《中国学术规范化讨论文选》，529～530页，北京，中国政法大学出版社，2010。

② 认为学术活动应该由知识分子自律而不宜由政府介入的观点，参见邓正来：《中国学术规范化讨论文选》，500页，北京，中国政法大学出版社，2010。

③ 参见韦之：《论作为核心学术规范的著作权法》，载《社会科学家》，2011（6）。另可参见英国《新科学家》周刊网站的一则报道《专家认为严重科研不当行为应被定罪》，载《参考消息》，2014-09-17。

中成了常态。加强相应的制度建设关乎创新型国家建设大业能否成功。

(2) 开国领袖曾经宣布，中国要为人类做出更大的贡献。也许可以说，自新中国成立以来，我们从来还没有像今天这么接近这个宏伟的目标。可是，在我们努力成为名副其实的大国的时候，我们还要谦逊地学习如何使用大国的力量。同样，在我们渴望拥有更多的话语权的同时，我们也不可以忘却自己运用话语权的实际水平。我们过往滥用话语权的记录应该使自己清醒地看到，适当地克制我们对话语权的胃口将更有助于维护我们的大国形象。

(3) 如前文所述，话语权以知识产出为基础，也许需要补充。它也和物质生产力直接相关联，更不用说（尤其是当涉及一个国家时）其历史、其规模、其地理位置等等因素都不能置之度外。随着中国的崛起，尤其是在从第二大经济体迈向第一的今天，我们的话语权油然而生，因为我们的整体品牌影响力急剧地扩张了——以一种远远超过我们的学术生产力发展水平的方式。所以，我们今天面临的主要问题恐怕不是争取发言机会的问题，而是如何运用好掌握在自己手中的麦克风的问题。

(4) 正如任何工程建设都会面临质量与数量的矛盾一样，话语权的提升也绕不开更多的话语与更好的话语之间的平衡问题。讨论话语权的滥用即是从一个特定的角度来思考话语品质的升级问题。只有对我们目前的话语水平做出客观的评估，发现其中的问题，才能够实现话语建设方面稳健、持久的升级。

(5) 从某种意义上来说，学术话语权滥用的约束，首先就是一个学术圈自我革命的问题。当然，这个自觉的过程不会被无限期地拖延下去，人民显然有权力看到学术圈是有效、理性地运用自己的权力（利）的。他们不仅要求当权者要廉洁奉公，要求资本者理性地动用他们的财富，要求人民武装力量正确地使用自己的装备，他们也必然会要求自己的知识集团善意地使用其话语权。不幸的是，由于有效的惩戒制度的缺失，使得滥用学术话语权几乎没有代价或者代价极低。滥权行径间接地受到了鼓励。我们有理由怀疑，在学术产业变得更加透明之后，中国知识界是否还能获得纳税人的信任票。

(6) 法律作为主流文化的载体，它本身就是一种不容置疑的话语体系，它不可能对喧嚣的学术话语充耳不闻、熟视无睹，采取完全放任的态度。可以说，在法律划定的自由疆界之内，话语霸主们尽可以随心所欲，但是一旦超出法律的底线，如构成权利滥用，则要招致法律的否定评价。认识到法律与话语权的关系，并充分地发挥其规制功能，将有助于我们理性地建设具有中国特色的哲学社会科学话语体系，提高我们的全球竞争力。

中央文献与对外话语体系建设

——以《习近平谈治国理政》(日文版)翻译和推广为例

■ 王 卓*

[**摘　要**] 2014年9月28日，由国务院新闻办公室会同中央文献研究室、中国外文局编辑的《习近平谈治国理政》一书由外文出版社以中、英、法、俄、阿、西、葡、德、日等多语种出版发行。《习近平谈治国理政》一书多语种版的出版发行，对全面准确地阐释以习近平同志为核心的党中央治国理念和执政方略，增进国际社会对中国发展理念、发展道路、内外政策的认识和理解，回应国际社会关切，具有重要意义。本文通过对《习近平谈治国理政》(日文版)在日本翻译和发行的成功经验进行分析，认为中央文献是中国话语体系的重要载体，也是对外翻译传播事业的重要内容，但是《习近平谈治国理政》(日文版)在日本受众那里还没有赢得话语权。目前中国正处于结构调整与增速换档时期，未来还可能有一个探底的过程。当前世界经济状态低迷、国际经济秩序严重失效，为国际政治因素对世界话语权运行施加影响创造了更多的机会。应把握这一机会，集思广益，拓宽发行渠道，加大宣传力度，同时也可以考虑编辑精选本和以当地读者容易接受的方式等进行推广。

[**关键词**] 习近平；治国理政；日文翻译；国际话语权

* 王卓，博士，北京市总工会国际联络部部长助理。研究方向：国际政治经济学、国际传播等。

一、《习近平谈治国理政》(日文版)的出版与发行

2014年9月28日，由国务院新闻办公室会同中央文献研究室、中国外文局编辑的《习近平谈治国理政》一书由外文出版社以中、英、法、俄、阿、西、葡、德、日等多语种出版发行。越南文版2015年11月4日在越南河内出版发行，俄文版推介会于12月23日在吉尔吉斯斯坦外交学院举行，希腊《习近平谈治国理政》发行会2016年举行。捷克《习近平谈治国理政》研讨会2016年3月21日在其众议院举行。

《习近平谈治国理政》一书多语种版的出版发行，对全面准确地阐释以习近平同志为核心的党中央治国理念和执政方略，增进国际社会对中国发展理念、发展道路、内外政策的认识和理解，回应国际社会关切，具有重要意义。在习近平成为中国最高领导人以来的不到两年时间里，他将国家引向了改革开放和现代化建设的新征途。现在，收录了他的近80篇文章的《习近平谈治国理政》一书首次以包括英语在内的多语种版本出版发行。此书全面系统地回答了中国面临的重大问题，并为国际社会提供了一个了解中国的独特机会。①

中国在过去30多年中，经济持续高速发展，经济总量不断迈上新台阶。“中国发展离不开世界，世界繁荣稳定也离不开中国”②。中国的和平发展道路理念有三个方面的渊源，即：以马列主义、毛泽东思想、邓小平理论和“三个代表”重要思想为指导的国际战略思想；外国国际战略理论中的合理成分；中国的历史和文化传统。③ 中国的和平发展道路理念也是深入落实科学发展观及习近平系列重要讲话精神的结果。同时，世界的变化与中国自身的发展也使中国走和平发展道路具有现实可能性。对中国话语权模式进行思考的同时，也是对中国所在的世界进行思考。

《习近平谈治国理政》一书收入了习近平总书记在2012年11月15日至2014年6月13日这段时间内的讲话、谈话、演讲、答问、批示、贺信等79篇，分为18个专题。为帮助各国读者了解中国社会制度和历史文化，该书做了必要注释。该书还收入了习近平总书记各个时期的照片45幅，帮助读者了解他的工作和生活。党的十八大以来，以习近平同志为核心的党中央，带领全党全国各族人民开启了改革开放和现代化建设的新征程。在治国理政新的实践中，习近平总书记发表了一系列重要论述，提出了许多新思想、新观点、新论断，深刻回答了新的时代条件下党和国家发展的重大理论和现实问题，集中展示了中央领导集体的治国理念和执政方略。

---

① 参见蔡名照：《习近平的讲话为世界提供更好了解当代中国的机会》，载《南华早报》，2014-10-08。

② 胡锦涛：《高举中国特色社会主义伟大旗帜 为夺取全面建设小康社会新胜利而奋斗》，49页，北京，人民出版社，2007。

③ 参见康绍邦：《中国的和平发展道路与国际战略》，载《中共中央党校学报》，2006(4)，248页。

《习近平谈治国理政》谈中国、论世界，为各国读者开启了一扇观察和感知中国的窗口。《习近平谈治国理政》全面系统回答了新的时代条件下中国发展的重大理论和现实问题，是国际社会了解当代中国的重要窗口、寻找中国问题答案的一把钥匙。到2016年为止，此书的全球发行量已经突破500万册，其中海外发行在40万册以上，创下近年来我国政治类图书在如此短的时间内海外发行量的最高纪录。

近年来，中国在内政、外交等各方面都取得了举世瞩目的成就。国家综合实力不断增强，国际地位显著提高，话语权明显提升，影响力与日俱增。中国在国际舞台散发出的自信和魅力吸引着世界各国的目光，人们渴望了解这个世界最大发展中国家的现状和未来。《习近平谈治国理政》一书全面系统地阐释了新时期中国发展的重大理论和现实问题。

《习近平谈治国理政》（日文版）上市后，外文出版社在相关部门支持下，广泛联系发行渠道，除中国国际图书进出口总公司、中国图书进出口总公司、中国教育图书进出口总公司三大传统图书海外营销渠道外，出版社还通过全国地方图书进出口贸易联合体等市场化机构进行海外营销。当当、卓越、京东等电商也进行了发行。从图1可以看出，百度搜索上《习近平谈治国理政》（日文版）介绍文章数量众多，关键词的搜索结果为1 650 000件，当然，精准度不高。中国网日文版和新华社等其他中国外宣平台还专门设立了介绍网站，介绍图书内容和在国内外发行的情况。可以说，它的出版为国际社会认识和理解中国发展理念、发展道路、内外政策，回应国际社会关切，开启了一扇重要窗口，有助于外国读者客观、历史、多角度地观察中国，从而更好地了解中国，更全面地认识中国，这样一本好书自然备受国外“中国迷”们的青睐，也是中央文献为建立国际话语权的一次成功尝试。

图1　百度搜索页面

近几年来，随着关于“中国模式”的讨论越来越多，中国经济治理模式加入有关经济治理模式的话语场域，这反映了过去十年特别是2008年全球金融危机爆发以来国际话语格局的变化。现在，中国被称为世界经济的“引擎”，中国经济保持平稳发展，可以带动世界的发展。中国的现代化进程机遇前所未有，挑战也前所未有，但整体来讲机遇大于挑战。中国的和平发展对全世界都具有重要意义。应该说，中国基本上解决了发展中国家面临的经济和社会发展落后的问题，已经从一个发展中国家转变为新兴市场国家，现在正全力以赴追赶发达经济体。世界银行曾发布2011年“国际比较项目”报告，通过购买力平价法（PPP）计算做出预测称，2014年中国可能超越美国，一跃成为全球头号经济体。对于这一来之不易的好消息，参与这份报告研究的中国国家统计局并不赞同，以至于有媒体甚至用上了“中国痛恨最大经济体”这样的标题。①

从世界经济发展的历史来看，新兴国家的崛起必将对世界经济体系产生深远的影响。“在世界事务中，领先国家的相对力量从来不是一成不变的，主要因为各国的增长速度不平衡，以及技术上和组织上的突破可使一国比另一国具有更大优势”②。对于广大中国人来说，成为“第一”意味着洗刷了西方长达两个世纪来的羞辱，更证明了中国政治的优越性，甚至是中国人的聪明和优越。而丢掉了“第一”的位置象征着美国在世界舞台上的地位下降，象征着美国模式的失败，从更大了说，是整个西方的衰落。中国人有理由为国家的经济成就感到自豪。不论使用任何统计方法，中国都是30年来世界经济增长最快的国家，发展成就举世瞩目。中国以自身的和平发展改变了世界经济力量的对比格局，推动着国际经济秩序实现逐步的变革。

近些年来，中国经济的发展引起了世界的关注，同时也引起了一些国家的惊恐，包括邻国和其他发展中国家的误解和担忧。③ 但从早期的“中国崩溃论”，到后来的“中国威胁论”，再到今天的“中国第一论”，国际舆论也越来越从唱衰中国演变至要求中国承担更多的国际义务和责任上来，例如，联合国会费就该多出，国际援助与救灾等更不能太小气，温室气体减排应该承担更大份额，等等。中方则一再强调中国还是发展中国家，人均GDP位居穷国之列。中国是当今世界最大新兴经济体，但随着国际化程度的加深，也无法幸免于国际金融与经济危机的冲击，经济增长速度从2008—2011年的年均9.6%，放缓到2014—2015年的6%～7%。另外，中国强调西方一直不理会中国在国际事务中决策份额太小的现实，如在国际货币基金组织和世界银行等国际组织的代表权额度等。如果中国能够在国际社会上迅速享有与其经济地位等量的权利，当然中国也愿

---

① 参见高连奎：《中国为何不愿承认“世界第一”?》，见 http：//www.guancha.cn/GaoLianKui/2014_05_09_227768.shtml。

② ［美］保罗·肯尼迪：《大国的兴衰》，1页，北京，中国经济出版社，1989。

③ 参见陈正良：《增强中国软实力与国家形象塑造》，见 http：//www.hbsky.cn/index/indexdetail.aspx? sid=1945。

意承担这些义务，但达到这一点又非常难，因此中国只能另辟蹊径成立金砖国家银行等。这也是中国不愿成为世界第一的一个原因。①

二、《习近平谈治国理政》（日文版）的翻译及话语权

随着我国综合国力的提升和国际影响力的增强，国际社会迫切希望了解中国的发展成就与经验。中央文献的翻译和传播，是提升我国国际传播能力、加强对外话语体系建设的重要组成部分，对于讲好中国故事、传播好中国声音、阐释好中国特色具有重要引领作用。

推进中央文献的翻译与研究工作，更好地发挥其在对外话语体系建设中的基础性作用，对中国和世界具有重要意义。这不仅有利于提升我国的国际话语权，而且有助于世界全面了解中国。政治文献是展示一个国家政府的执政路线、方针、政策的典型代表。在国际化发展背景下，各国对外公布发表的政治文献已然成为他国政府和人民了解本国政治、经济走向和文化、社会发展的权威依据和可靠的支持。

天津外国语大学李玥教授以2014年出版发行的《习近平谈治国理政》的中文原著和日语译本部分章节为研究对象，以政治文献中“委婉语”的日译为着手点进行分析，通过对中日文委婉语的比较分析探索合理的政治文献翻译方法，强调：一名合格的政治文献译者，一定要有正确的政治立场，在遵守客观翻译原则的前提下，不断推敲总结方法规律，以达成预期的翻译效果（见图2）②。

在翻译中央文献时，一方面，要有受众意识，尊重对方的语言习惯和思维习惯，通过采取相应的翻译技巧和策略，提高传播效果；另一方面，也应当认识到，受众在认知、文化乃至意识形态方面存在着局限性，如何通过有效传播使其更准确地理解我们的观点，是需要认真思考的重要课题。

中央文献是中国话语体系的重要载体，也是对外翻译传播事业的重要内容，在建设对外话语体系、传播中国马克思主义理论和实践成果方面发挥着基础与引领作用。通过对中央文献的系统化翻译，有助于向国际社会全面传播中国共产党的治国理政理念、思路等；通过对中央文献的规范化翻译，有助于向国际社会传播规范、准确的表述；通过对中央文献及时而有针对性的翻译，有助于增强中国与国际社会的相互理解和交流，更

---

① 参见刘利刚：《中国“超越”美国意味着什么？》，见FT中文网。

② 参见《从政治角度试论政治文献中委婉语的日译——以〈习近平谈治国理政〉日文版为研究对象》，见《品牌》2015年5月（上）学术探讨栏目。

表1

专有名词委婉表现	表达意思	日语译文	翻译方法
进城落户农民《习近平》P82	指根据相关政策将农村户口变更为城市户口，长期定居城市、享受城市各项优惠政策的农民。	都市部に転入した農民《译本》P88	由于日本没有中国的户籍制度，所以采用归化译法，翻译成「転入」，易于目的语读者理解。
温饱水平《习近平》P94	本义是吃得饱，穿得暖。指家庭经济条件刚好能吃饱穿暖。也指不受冻不挨饿。	温飽（衣食が足りる）水平《译本》P104	“温饱”取自中国的古语典故，通过日语汉字保留了原语韵味，但必须嵌入解释才能达意。 采用异化译法+注释的译法。
小康水平《习近平》P94	是一个相对概念，通常指某一个社会历史时期家庭处于中等宽裕、能够安稳度日的生活水平。	小康水平《译本》P104	“小康水平”一词在近十年的中国国策民情文章中高频出现，已然成为一种约定俗成的说法。故采用异化译法。
生活困难补助《习近平》P112	“困难”专指经济上的拮据，“补助”专指经济上的支持帮助。	生活に困窮している人に対する援助《译本》P122	如果直译，会造成不必要的误解，故采用释译译法。
贸易分歧《习近平》P114	指双边或者多变贸易活动中，相互间观点、意见不一致甚至相左。	経済貿易分野の摩擦《译本》P122	鉴于政治文献的严谨性和其外宣作用，故将“分歧”的引申义翻译出来，采用释译译法
保障性住房《习近平》P193	保障性住房是指政府为中低收入住房困难家庭所提供的限定标准、限定价格或租金的住房，一般由廉租住房、经济适用住房和政策性租赁住房构成。	社会保障タイプの住宅《译本》P213	由于日本没有保障性住房，为了能够让对象国读者理解该词的意思，采用释译译法
棚户区《习近平》P193	棚户区是指城市建成区范围内、平房密度大、使用年限久、房屋质量差、人均建筑面积小、基础设施配套不齐全、交通不便利、治安和消防隐患大、环境卫生脏、乱、差的区域。	バラック地域《译本》P213	“棚户区”虽然日本很少有，但是欧美发达国家大城市中经常会见到，所以用日语外来语来翻译，恰到好处。算是采用直译译法

图 2 《习近平谈治国理政》（日文版）专有名词翻译列表截图

好地使国际社会熟悉和认可中国的话语体系等。①

此外，中国网日文版和新华社等其他中国外宣平台还专门设立了日文介绍网站，以日文形式介绍图书内容和在国内外发行的情况（见图 3）。

然而，从目前来看，我国的国际传播能力和对外话语体系建设还有待进一步增强。

① 参见柴方国：《阐释中国梦想 传播中国声音》，载《光明日报》，2014-08-04。

图 3 中国网日文版

改革开放以来，我国的经济发展取得了举世瞩目的成就，然而我们的国际话语权却未获得同步提升，尤其是我们的一些思想观点在对外传播中常常被扭曲。这种状况亟待改变。从这个意义而言，推进中央文献的翻译和研究工作，既符合中国发展的实际，也符合世界发展的实际。①

三、《习近平谈治国理政》（日文版）在日本的推广—发行及引用

"《习近平谈治国理政》一书一经出版，便引起海外广泛关注。"中国外文局对外传播研究中心副主任于运全以该书的海外推广为例，谈了三点启示：第一，中国政治话语传播迎来新机遇，中国发展的经验与国际倡议的认知度和认可度大大提升；第二，中国话语的创新是根本，中央文献的中文文本决定了其能否被国际接受；第三，中国话语的传播需要构建方、翻译方、传播方等协同创新，形成相应的工作机制和制度安排。

日文版由传统经营中国图书的东方书店代理发行，但是没有上日文版的亚马逊。雅虎日本上以"習近平談治国理政（国政運営を語る）"为关键词的搜索结果为 31 800 件，当然精准性不高，笔者对其中一些学者、记者的相关评价进行了搜集和简单翻译（见图 4）。

一类是以出版发行的新闻介绍为主。如：

2014 年 11 月 7 日，共同社援引产经新闻报道：（中国）向记者们分发习近平主席的

---

① 参见修刚：《首届中央文献翻译与研究论坛在天津外大举行》，见 http：//www.enorth.com.cn。

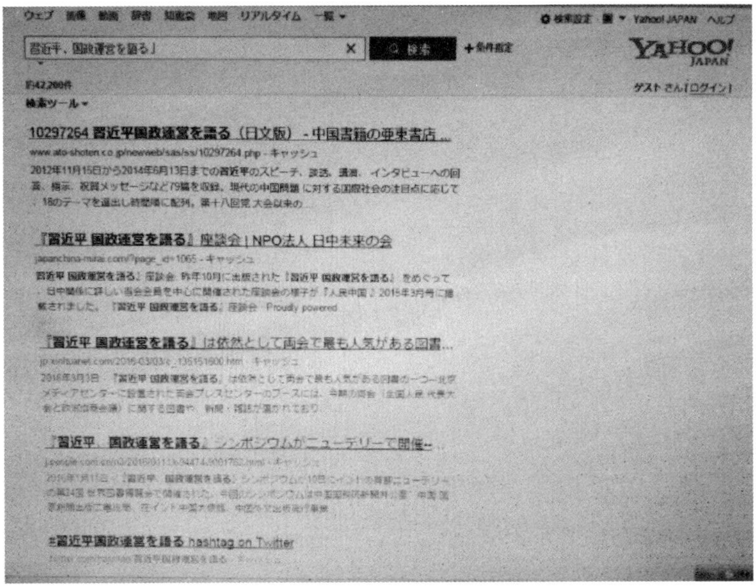

图 4　雅虎日本“習近平談治国理政（国政運営を語る）”检索结果

发言集、新版的“毛泽东语录”？在 2014 年 11 月 7 日亚洲太平洋经济合作组织（APEC）领导人会议相关会议召开之际，北京的媒体中心 7 日开始发放总结了国家主席发言的图书。《习近平谈治国理政》发言集收录了习氏的演说……有中国报纸记者说“这是类似（从毛泽东的著作中抽出编辑的）《毛泽东语录》的《习近平语录》”①。2015 年 2 月上旬号《旬刊出版新闻》上，岛崎英威发表了《习近平谈治国理政》海外出版报告。② 2015 年 3 月 6 日《东京新闻》刊载的《中国全国人民代表，期待民心平静的社会》称：在人大会场，翻译成日语和英语的《习近平谈治国理政治》等的书排列一排，来访的人们接连不断地拿到手里翻阅。③ 2015 年 4 月 20 日，北京观察人士近藤大介在《现代商务》上说，4 月 15 日这天中国的头条新闻是，《习近平谈治国理政》在全世界突破了 400 万份。④

---

① 原文：【中国】記者らに習近平主席発言集を配布「毛沢東語録」まねる？［11/7］2014/11/07 アジア太平洋経済協力会議（APEC）首脳会議の関連会合の開催に合わせ、北京のメディアセンターで7 日までに習近平国家主席の発言をまとめた本の配布が始まった。「習近平、国政運営を語る」と題する発言集には、習氏の演説などが収められている。（中略）中国紙記者からは「（毛沢東の著作から抜粋して編集された）『毛沢東語録』をまねた『習近平語録』だ」とやゆする声も聞かれた。（共同）（全文は産経ニュースで。

② 原文：2015 年 2 月上旬号《旬刊 出版ニュース》島崎英威海外出版レポート中国「習近平、国政運営を語る」について。

③ 原文：［東京新聞］（2015 年 03 月 06 日）《中国全人代　民心が安らぐ社会こそ》日本語や英語にも翻訳された「習近平 談治国理政（国政運営を語る）」などの本がズラリと並べられ、訪れた人たちが次々に手にしていた。

④ 原文：2015 年 04 月 20 日（月）近藤 大介 北京のランダム・ウォーカー 現代ビジネス4 月 15 日、この日の中国のトップニュースは、『習近平　国政運営を語る』という分厚い習近平主席の著書が世界で400 万部を突破した、というものだった。

另一类是针对《习近平谈治国理政》内容进行的引用和说明，这一类是对话语权和影响力的反映。如：

2015 年 3 月 10 日，原滋贺县立大学教授荒井利明发表《习近平是强势领导吗》一文，介绍了 2014 年秋天也被称为“习近平选集”的《习近平谈治国理政》的刊行情况。① 丽泽大学汉语学科尾田幸雄教授在《中国人的法意识》一文中，引用了《习近平谈治国理政》（外文出版社，2014 年，177 页），介绍了 2013 年 12 月 30 日召开的第十八届中央政治局第十二次小组学习时候的习近平的讲话《提高国家的文化能力》，在这篇讲话中，习近平指出：“必须致力于推广现代中国的价值观。现代中国的价值观是也就是有中国特色社会主义的价值观、也就是实现伟大复兴的中国梦。”② 《人民中国》2015 年 3 月号刊载了《习近平谈治国理政》座谈会召开的消息——围绕 2014 年 10 月出版的《习近平谈治国理政》，以对日中关系非常熟悉的协会会员为中心举办了座谈会。③

具体内容如图 5 所示。

2015 年 4 月，日本国际问题研究所期刊《国际问题》第 640 期刊载了东京大学教授松田康博的《习近平政权的外交政策——大国外交周边外交地区构思的成果和矛盾》一文，该文大量引用《习近平谈治国理政》（日文版），并从中分析出了习近平的外交思想（见图 6）。

然而，这些引用还不能说明《习近平谈治国理政》（日文版）在日本翻译和发行的成功，因为相对于长期关注中国的这些学者和记者的零星引用，日本亚马逊“習近平『国政運営を語る』”的检索结果为零，日本亚马逊上“習近平”的检索结果为 596 件，其中绝大部分为日本人所写，内容歪曲甚至丑化我国家领导人（见图 7、图 8）。可以说，《习近平谈治国理政》（日文版）在日本受众那里还没有赢得话语权。

四、结语

《习近平谈治国理政》在中国和日本发行的情况表明，在建立国际话语权的过程当中，中央文献的作用至关重要，但是仅仅翻译成功还远远不够，发行和推广是建立国际

---

① 原文：2015 年 3 月 10 日 元滋賀県立大学教授・荒井利明《習近平は強い指導者か 》習近平の場合、昨秋には「習近平選集」ともいうべき「習近平談治国理政（習近平国政運営を語る）」が刊行された。

② 原文：麗澤大学中国語学科梶田幸雄教授－中国人の法意識－引用了“第 18 期中央政治局第 12 回グループ学習会を主催した際の談話「国の文化的パワーを向上させる」（2013 年 12 月 30 日）の中で、習は、“現代中国の価値観を広めることに取り組まなくてはならない。現代中国の価値観とはすなわち中国の特色ある社会主義の価値観であり、…中華民族の偉大な復興の実現を意味するものであ（る）”（習近平『国政運営を語る』外文出版社、2014 年、177 頁）と述べている。

③ 原文：『習近平　国政運営を語る』座談会。昨年 10 月に出版された『習近平　国政運営を語る』をめぐって、日中関係に詳しい当会会員を中心に開催された座談会の様子が『人民中国』2015 年 3 月号に掲載されました。

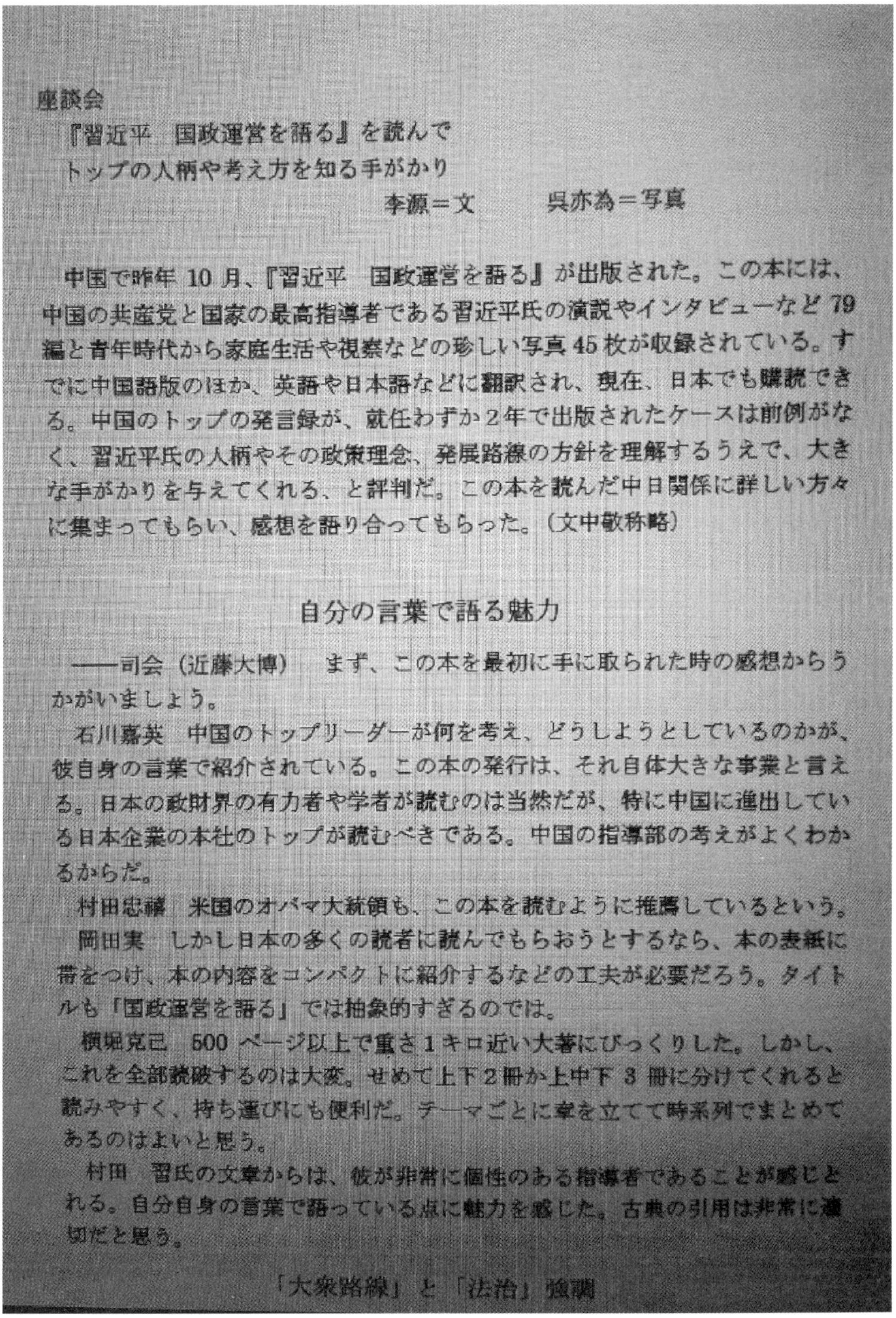

座談会

『習近平　国政運営を語る』を読んで

トップの人柄や考え方を知る手がかり

李源＝文　　呉亦為＝写真

中国で昨年 10 月、『習近平　国政運営を語る』が出版された。この本には、中国の共産党と国家の最高指導者である習近平氏の演説やインタビューなど 79 編と青年時代から家庭生活や視察などの珍しい写真 45 枚が収録されている。すでに中国語版のほか、英語や日本語などに翻訳され、現在、日本でも購読できる。中国のトップの発言録が、就任わずか 2 年で出版されたケースは前例がなく、習近平氏の人柄やその政策理念、発展路線の方針を理解するうえで、大きな手がかりを与えてくれる、と評判だ。この本を読んだ中日関係に詳しい方々に集まってもらい、感想を語り合ってもらった。（文中敬称略）

自分の言葉で語る魅力

——司会（近藤大博）　まず、この本を最初に手に取られた時の感想からうかがいましょう。

石川嘉英　中国のトップリーダーが何を考え、どうしようとしているのかが、彼自身の言葉で紹介されている。この本の発行は、それ自体大きな事業と言える。日本の政財界の有力者や学者が読むのは当然だが、特に中国に進出している日本企業の本社のトップが読むべきである。中国の指導部の考えがよくわかるからだ。

村田忠禧　米国のオバマ大統領も、この本を読むように推薦しているという。

岡田実　しかし日本の多くの読者に読んでもらおうとするなら、本の表紙に帯をつけ、本の内容をコンパクトに紹介するなどの工夫が必要だろう。タイトルも「国政運営を語る」では抽象的すぎるのでは。

横堀克己　500 ページ以上で重さ 1 キロ近い大著にびっくりした。しかし、これを全部読破するのは大変。せめて上下 2 冊か上中下 3 冊に分けてくれると読みやすく、持ち運びにも便利だ。テーマごとに章を立てて時系列でまとめてあるのはよいと思う。

村田　習氏の文章からは、彼が非常に個性のある指導者であることが感じとれる。自分自身の言葉で語っている点に魅力を感じた。古典の引用は非常に適切だと思う。

「大衆路線」と「法治」強調

图 5 《习近平谈治国理政》座谈会日文内容

话语权的关键。由于历史上冷战及其他原因，我们在国外发行渠道建立上朋友不够多、影响不够大，自然削弱了话语权的建立。近年来，随着中国图书海外推广工程和经典中国国际出版工程项目等的投入，中文图书的外文翻译取得了长足进展。然而，虽然国家

第１表　「習近平国政運営を語る」の外交部分

章の標題および講話の標題	年月日	講話の場所・対象など
①第11章　平和的発展の道を歩む		
「国内と国際という二つの大局をよりよく統一的に企画し平和的発展の道を歩む土台を突き固める」	2013.1.28	中央政治局第3回グループ学習会での談話
「心を合わせて協力しウインウインの新しい道を歩もう」	2013.6.19 2014.5.19	潘基文国連事務総長との会見（2回）における談話
「理性と協調を同時進行させる核の安全保障観を堅持」	2014.3.24	ハーグ核セキュリティー・サミットでの談話
「文明は相互交流によって多彩になり相互参照によって豊かになる」	2014.3.27	ユネスコ本部での演説
「平和的発展の道を歩むことは中国人民自らの発展目標の実現に対する自信と自覚の表れ」	2014.3.28	ドイツ・コルバート基金での演説
②第12章　新型大国関係構築を推進		
「時代の流れに乗り、世界の平和と発展を促進しよう」	2013.3.23	モスクワ国際関係学院における演説
「中米両国の新型大国関係を構築しよう」	2013.6.7	米国・オバマ大統領との共同記者会見での談話
「ユーラシア大陸に友好と協力の橋を架けよう」	2014.4.1	ブルージュの欧州学院での演説
③第13章　周辺諸国との外交関係を上手に進める		
「共に「シルクロード経済ベルト」を建設しよう」	2013.9.7	ナザルバエフ大学での演説
「共に「21世紀海上シルクロード」を建設しよう」	2013.10.3	インドネシア国会での演説
「親密、誠実、恩恵、包容の周辺外交の理念を堅持する」	2013.10.24	「周辺外交活動座談会」における談話
④第14章　発展途上国との団結・協力を強化		
「いつまでも信頼できる友人、誠実なパートナーであり続ける」	2013.3.25	タンザニアのニエレレ国際コンベンションセンターでの演説
「中国・ラテンアメリカ関係を推し進めさらに大きな発展を実現する」	2013.3.25	メキシコ参議院での演説
「シルクロード精神を発揚し中国・アラブ諸国の協力を深化する」	2014.6.5	中国・アラブ諸国協力フォーラム第6回閣僚級会議開幕式における談話
⑤第15章　多国間協力に積極的に参加		
「連携・協力して共に発展しよう」	2013.3.27	第5回BRICS首脳会議での基調演説
「アジアと世界の素晴らしい未来を共に切り開こう」	2013.4.7	ボアオ・アジア・フォーラム2013年次総会での基調演説
「開放型世界経済を共に擁護、発展させよう」	2013.9.5	20カ国・地域（G20）首脳会議の初会合での世界経済情勢に関する発言
「『上海精神』を発揚し、共同発展を促進しよう」	2013.9.13	SCO加盟国首脳理事会第13回会議での演説
「改革開放を深化し共に素晴らしいアジア太平洋地域をつくろう」	2013.10.7	APEC・CEOサミットでの演説
「アジア安全観を積極的に樹立し安全協力の新局面を共に創出しよう」	2014.5.21	アジア相互協力信頼醸成措置会議第4回サミットでの演説

（出所）　習近平（日文翻訳組訳）『習近平国政運営を語る』、北京：外文出版社、2014年、273-400ページ。

图 6　《习近平谈治国理政》（日文版）外交部分截图

新闻出版广播电影电视总局等部门也进行着海外出版渠道建立的工作，但还是任重道远。有关部门应该集思广益，拓宽发行渠道，加大宣传力度，同时也可以考虑采用编辑精选本、一本书分成上中下三册等和其他当地读者容易接受的方式等进行推广。

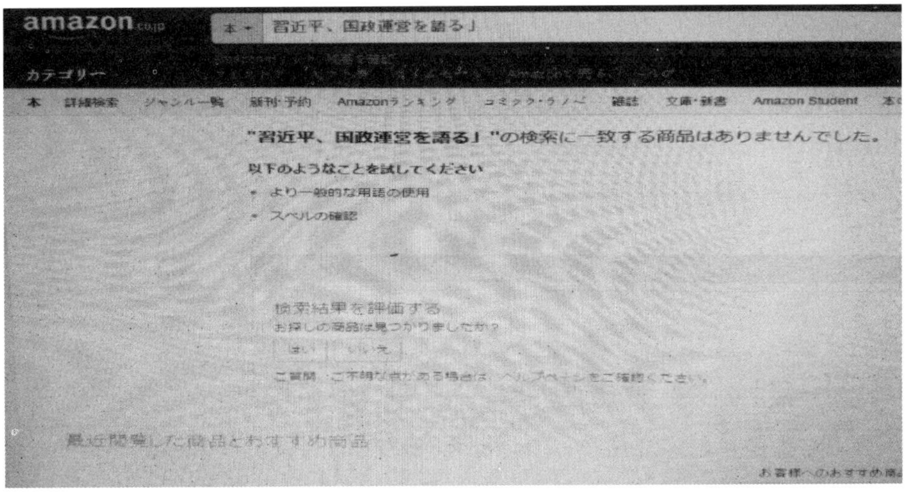

图 7　日本亚马逊“习近平『国政運営を語る』”的检索结果为零

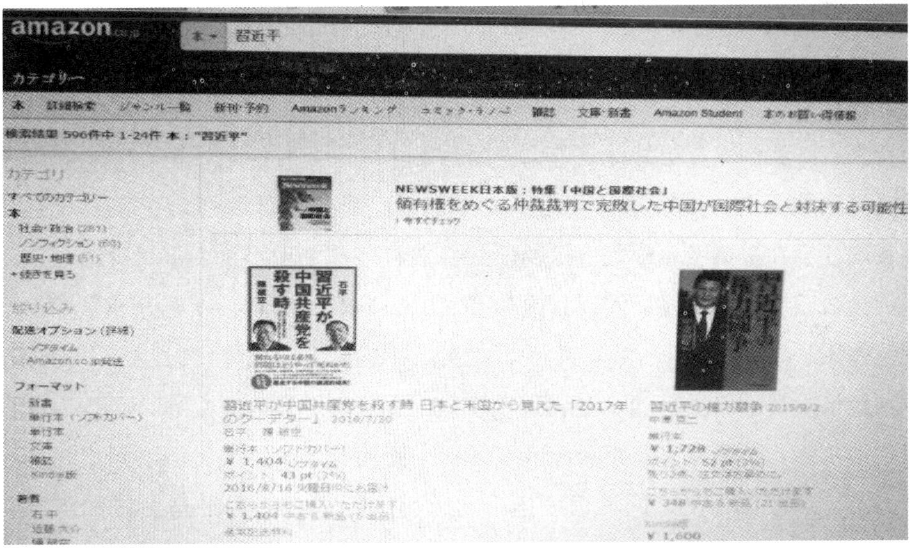

图 8　日本亚马逊上“习近平”的检索结果 596 件

南京大学哲学系张晓明教授总结了习近平总书记关于中国话语寻求国际话语权的论述和习近平身体力行地传播中国声音、阐释中国特色、讲述中国故事、践行中国价值的历程，指出中国话语争取国际话语权的过程就是中国如何看待资本主义、如何看待社会主义、如何看待世界、如何看待自己的认识过程。①

20 世纪六七十年代，日本、德国，以及此后我国台湾地区及韩国等在经历了经济的

① 参见张晓明：《关于中国话语寻求国际话语权的思考——学习〈习近平谈治国理政〉思想有感》，载《中共南京市委党校学报》，2015 (2)。

高速增长之后，相继通过了“刘易斯转折点”及“库兹涅茨转折点”，实现了从不发达经济体到发达经济体的跨越。在中国共产党带领全国人民的共同努力下，中国也取得了巨大成就，但如何在融涵历史、立足现实、着眼未来的基础上，提炼出解读中国道路、中国实践的具有中国风格、中国气派、中国特色的开放融通的中国话语，建构中国话语体系，增强中国在国际上的影响力和感召力，是我们面对的迫切问题。在经历了30年经济高速发展之后，2010年中国的GDP总额超过日本，中国成为世界经济第二大国。中国成为全球第二后，国际环境发生了重大变化。国际环境的变化有两点：一是全球经济中心悄然东移，二是美国推出重返亚太战略。

为了应对挑战，我们提出了实现“两个一百年”的奋斗目标。实现中华民族伟大复兴的中国梦，必须坚持以经济建设为中心，坚持发展是党执政兴国的第一要务，坚定不移地推动经济持续健康发展，这是国家繁荣、社会稳定、人民幸福的重要基础。我国发展必须保持一定的速度，不然很多问题难以解决。同时，发展必须是遵循经济规律的科学发展，必须是遵循自然规律的可持续发展，必须是遵循社会规律的包容性发展。我国正处于社会主义初级阶段，全面建成小康社会进入决定性阶段，改革进入攻坚期和深水区，国际形势复杂多变，我们党面对的改革发展稳定任务之重前所未有，矛盾风险挑战之多前所未有，我们党要更好地统筹国内国际两个大局，更好地维护和运用我国发展的重要战略机遇期，更好地统筹社会力量、平衡社会利益、调节社会关系、规范社会行为，使我国社会在深刻变革中既生机勃勃又井然有序，实现经济发展、政治清明、文化昌盛、社会公正、生态良好，实现我国和平发展的战略目标，必须更好地发挥法治的引领和规范作用。①

中国经济发展的终极目的不是为了与美国争夺GDP第一的奖牌，而是为了提高本国人民生活水平，消除贫富差距和地区发展不平衡问题，满足人民的不断增长的物质和精神的需求，这些都是良好的话语表达，同时为国际社会的和平与发展做出应有的贡献。所有的模式都是处于变化之中的，改革与创新是常葆活力的途径，中国的话语权模式也应该常处于改革与创新的进程之中。总之，在探讨中国话语权模式的未来演进方向时，我们应该以更广的视角考察中国模式与其他模式的相互作用与影响，同时又应以动态的眼光来看待它们在一定时期的特点。

按照马克思主义的基本原理：世界经济是国际政治的基础，世界经济决定国际政治；国际政治具有相对独立性，可以反作用于世界经济并在一定条件下决定世界经济。因此，对于中国的国际话语权进程而言，营造宽松的国际政治空间不仅是确保力量增长的前提，而且是实现中国和平发展目标的基石。以习近平为总书记的党中央，在对世界

① 参见中共中央政治局公报，2014年7月29日。

文明优秀成果进行选择性汲取，对中国传统文化进行创造性转化的基础上，提出了诸如中国梦、中国道路、中国精神、中国力量、中国价值、命运共同体等具有感召力和影响力的创新性话语。

目前中国正处于结构调整与增速换挡时期，未来还可能有一个探底的过程。当前世界经济状态低迷、国际经济秩序严重失效，为国际政治因素对世界话语权运行施加影响创造了更多的机会。以这些创新性话语传播中国声音、讲述中国故事，在正确建构中国的世界观的基础上，引导形成世界的中国观，从而有效地回应了世界对中国的关切，为中国梦的实现营造了相对和平的环境。① 这对中国是巨大的挑战和机遇。

① 参见张晓明：《关于中国话语寻求国际话语权的思考——学习〈习近平谈治国理政〉思想有感》，载《中共南京市委党校学报》，2015（2）。

红、黄、蓝：当代中国话语体系的三原色

■ 陈 刚*

［摘　要］话语体系建设问题可以还原为文化体系建设问题。当代中国的文化基本态势是共产党的红色文化体系、中国传统的黄色文化体系、外来的蓝色文化体系并存。三种文化体系各有所长，也各有局限，都不可否定。过去150多年的历史经验教训告诉我们，不可让三者之间的关系处于对立状态。当代中国文化体系建设和话语体系建设的关键是，选择三种文化体系中的优势成分，根据国内话语和国际话语的具体需要，以不同的方式实现三种文化体系的有机融合，并在此基础上寻求突破和创新，最终构建新的文化体系和话语体系。

［关键词］话语体系；文化发展战略；文明融合论

一个国家或民族的话语体系是以它的基本价值体系、信仰体系、理论体系和文明体系为支撑的。话语体系往往是价值体系、信仰体系、理论体系和文明体系的表达。所以我们讨论当代中国的话语体系建设，首先要厘清我们的价值体系、信仰体系、理论体系和文明体系，其组成成分，各成分在当代中国社会的意义和作用，各成分之间的关系，如何在三种基本文明成分的基础上实现融合、超越和创新。

---

* 陈刚，华中科技大学国家治理研究院研究员、国际交流部主任、人文学院哲学系教授、博士生导师，长期从事科技史、科学哲学、心灵哲学、批判性思维、中西文化比较等领域的教学和研究。

一、当代中国的三种文明体系

我们认为，当代中国社会的文明体系可以分为三个主要的成分，那就是红色文明、黄色文明和蓝色文明。

红色文明是中国共产党1921年成立以后逐渐形成的文明体系，是马克思主义的基本原理与中国革命具体实践相结合的产物。其基本价值目标是大多数人民的平等解放和民族的救亡与复兴；其信仰体系包括马克思主义、列宁主义、毛泽东思想、邓小平理论等；其基本理论体系包括辩证唯物主义、历史唯物主义、科学社会主义，理论联系实际，以实践为基础的实事求是的哲学体系。除此之外，还有为人民服务的工作作风，官兵一致，团结全国人民，积极构建统一战线的基本策略，等等。如果我们回顾一下《黄河大合唱》《沁园春·雪》《红色娘子军》等文学艺术作品，我们就会认识到，中国共产党是很有文化的。中国共产党从延安时期就开始有志于党的全面发展，在陕北、晋察冀等地区形成了以高度民主为特征的政治文明，自力更生、丰衣足食、因地制宜、发展生产的经济文明，以延安文艺座谈会为基调、面向广大群众、基于生产生活实践的文学艺术体系。中国共产党的红色文化是一种强势的文化，它让中国共产党在没有明显外援的情况下，从贫瘠的陕北高原走向北京，并取得全国革命的胜利。1949年新中国成立后，中国共产党的红色文明又有长足的丰富和发展。虽然红色文明的历史并不悠久，但是它已经成为中国共产党和当代中国人民的新文化传统。比如，我们现在开运动会还是离不开《运动员进行曲》等红色文化时期的音乐作品。

黄色文明是中华民族在几千年的历史长河中主要在黄河流域的黄土地上自然形成的传统文化体系。其信仰体系和理论体系既包括儒家、道家、佛教，也包括法家、墨家、名家、阴阳家、纵横家、兵家、医家等诸子百家，其中儒家影响最大，道家影响更广。中华价值体系总结为核心的“仁义礼智信”，以及外围的“忠孝悌节恕勇让”。除了上述的基本价值体系、信仰体系和理论体系，中华文化体系还具有丰富的内容，以自己独特的神话、诗词、曲赋、音乐、小说、戏剧、绘画、建筑、饮食、武术、衣冠服饰、民间工艺等，构成了一支独立、完整、全面的，具有世界影响力的文明。虽然近代以来遭受了几次否定和破坏，但中国传统文明仍然展现了极其顽强的草根一般的生命力。

蓝色文明主要指1600年前后“西学东渐”以来从海上传入中国的近现代西方文明。蓝色文明的基本价值体系和信仰体系大致可以总结为科学、民主、自由、法制、市场经济、基督教等。理论体系包括科学理论、政治理论、经济理论、现代技术、文学艺术等。西方文明传入中国经历了几波高潮：第一波是1600年前后以利玛窦、汤若望为代表的耶稣会传教士经澳门进入中国；第二波是1860年两次鸦片战争以后中国兴起的洋务运动；第三波是1995年甲午战争以后大批中国人去日本留学以及1910年以后的庚子赔款留学计划；第四波是1919年五四运动否定传统文化以后更大规模的向西方学习；第五波是1950年起以苏联和东欧为主的留学和交流计划；第六波是1979年以后的改革开放。作为一种以复兴蓝色地中海沿岸的古希腊罗马文化而逐渐形成的、重视海洋贸易的欧美现代文明，蓝色文明，特别是其中的科学技术，展现了极强的自我更新和不断进步的能力。

如果我们希望有效地讨论当代中国话语体系建设，就不得不首先明确承认当代中国红色文明、黄色文明和蓝色文明三种文明体系并存的基本事实。

二、三种文明之间的关系

三种文明之间显然存在互相冲突之处，但是同时也肯定存在三种文明并存和融合的可能性。是冲突还是融合，关键在于我们在具体的环节如何把握它们之间的关系。从过去的150年的历史经验教训来看，我们中国人在这个问题上的处理结果是相当失败的。

1600年前后的西学东渐，耶稣会传教士的基本策略是通过向中国传授天文学、几何学、大炮火药技术来赢得中国士大夫和统治阶层的好感，最终目的是进而向中国传授基督教。中国人能欣赏相对准确的西方历法和威力巨大的红夷大炮，但是统治阶层拒斥洋教，中国的知识分子欣赏不了看似“平淡”而逻辑严密的几何学，他们更喜欢，或者说更习惯充满警句格言而毫无逻辑的《论语》。几何学是西方数理天文学乃至整个西方科学体系的基础，看似平淡的几何学命题实际上是关于世界最基础的空间关系的最重要知识。然而中国知识分子狭隘的学术眼光欣赏不了西方知识的最精妙之处，因此西学东渐最终取得的成果是非常有限的。

1860年以后的洋务运动比日本的明治维新起步更早，基础也更好，然而日本取得了成功，而中国却以失败告终。学界普遍认为，洋务运动的失败和明治维新的成功是因为中国采取了“中体西用”的态度，而日本采取了“全盘西化”的立场。详细的日本明治维新历史研究表明，日本主流的立场并非“全盘西化”。虽然以福泽谕吉为代表的西化派主张脱亚入欧，全盘西化，但以三宅雪岭、志贺重昂为代表的国粹派则认为不能牺牲日本固有的文化，不能在西方文明面前自惭形秽、失去民族自信心。日本的知识界也认识到，西方文化过分强调个人主义和自由主义，日本如果想要强国并称霸亚洲，必须在国民中强调纪律、奉献和牺牲精神，个人主义和自由主义只会让日本精神羸弱。所以日本有一批学者转而重视武士道精神和传统文化，他们当时所谓的日本传统文化实际上就是来自中国的儒家文化和日本的神道。类似中国存在的洋务派和清流派之间的对立，日本也存在西化派与国粹派的争论。所以中国的失败和日本的成功并不是因为“中体西用”和“全盘西化”之间的区别，而是另有原因。日本的明治维新既成功保留了日本文化，也成功引进了西方文化；而中国的清流派并没有发扬光大中国传统文化，他们只是想阻止洋务派的做法，遗憾的是他们并没有阻止腐败在政府和军队的蔓延。洋务派的自强运动虽然主张向西方学习了，但是并没有学好、学到家。中国的洋务派和清流派是互相制掣的关系，日本的国粹派和西化派是各司其职的关系。

1919 年前后的五四运动，作为一种新文化运动，表现为否定中国传统文化，引进西方现代文化。遗憾的是，我们再次将传统文化与西方文化对立起来。这种态势的形成，首先是因为中国人打了几次败仗和政治改革失败之后，对中国传统文化完全失去信心；其次是因为，传统文化派过于保守，拒绝传统文化的更新和对新文化的接纳，不否定传统文化就无法引进西方现代文化。到 1930 年代，中国推翻了传统文化，但是新的文化并没有建立起来。按照当时日本驻华武官石原莞尔的观察和总结，当时的中国社会是“官乃贪官，民乃刁民，兵乃兵痞”。这也许能够说明，为什么中日开战，部分中国军队出现一触即溃的现象。反观当时的日本社会，日本人做到了天皇与议会并存、神社与工厂并存、和服与西服并存。国民党和共产党都深受五四运动影响，区别是：国民党侧重引进欧美文化，共产党侧重引进马克思主义和苏联的社会主义。但是传统文化不是那么容易被否定的，它以极强的生命力，以各种方式存在于我们的生活中，盘踞国人的头脑，影响国人的行动。国民党并没有实施西方式的民主政治，甚至没有建立现代的工业体系，这直接导致了中国抗战的羸弱无力，而国民党的独裁腐败政治直接导致了政权的失败。

新中国成立后，通过前期的苏联援助和随后的自力更生，成功建立了基本完整的工业体系，工农业生产水平有巨大的提高，建立了完整的教育体系、医疗体制和文化艺术体制，打赢了抗美援朝、援越抗美和对印战争，初步实现了民族的复兴。遗憾的是，因为对黄色文明和蓝色文明的排斥，导致了过于狭隘的、色彩单一的文化特质。因为缺乏民主科学的决策机制，我党也犯了一系列的错误，比如脱离实际的“大跃进”，缺乏历史眼光的、破坏文物和传统文化的“破四旧”，极左思潮泛滥的“文化大革命”。1976 年以后，我国又开始拥抱西方现代文明和中国传统文化。然而改革开放 30 年以后，红色文明开始式微，社会上出现了否定共产党传统基本价值观的趋势，比如：恶搞黄继光、邱少云、雷锋等红色英雄；极右派借口“恢复历史真相”，造谣污蔑以毛泽东为代表的红色文明；放弃自力更生、自主创新的发展模式，国内市场被外资公司垄断，同时中国赢得“山寨之国”的恶名；贫富差距加大，广大工人农民社会地位下降，为人民服务的干部逐渐变成了为人民币服务的官员，官商勾结、官员腐败现象蔓延。在红色文明式微的同时，中国并没有跟上西方文明的最新发展步伐，比如，忽略当代国际社会兴起的可持续发展的生态文明，以粗放的模式盲目片面追求GDP发展，以GDP世界第二而沾沾自喜。中国即将成为国际社会肆意消耗资源、破坏生态环境的坏典型。中国的传统文化也丢失殆尽，来自昔日“礼仪之邦”的中国游客成为粗俗违规扰民的代名词。

造成以上局面的主要原因是中国人总是将不同的文明对立起来，洋务运动和五四运动时期是将中华文明与西方文明对立起来，在当代是将社会主义与资本主义对立起来，而且仍然将传统文化与西方文化对立起来，我们始终没有能够像日本人那样，将各种文明的优秀成分成功地拿来整合，同时剔除各种文明的糟粕。传统文化，如果处理得当，应该是我们力量的源泉，是我们身份的定义，因为传统是我们的基本生产方式和生活方式。如果我们处理不当，传统就会失去自我更新的能力，就会成为我们进步的障碍。

三、三种文明融合的可能性

习近平总书记在十八届中共中央政治局第二次集体学习时强调指出：“不实行改革开放死路一条，搞否定社会主义方向的‘改革开放’也是死路一条。”改革开放就意味着向西方先进发达国家和民族学习，就是不能否定蓝色文化。否定社会主义方向就意味着否定马克思主义和中国共产党的红色文化，也是死路一条。关于改革开放前后两个30年的关系，习近平指出，我们既不能用后30年来否定前30年，也不能用前30年来否定后30年。其背后的深层含义和宗旨就是，我们既不能用蓝色文化来否定红色文化，也不能用红色文化来否定蓝色文化，而是要正确处理两种文化之间的关系。

如果我们承认红色、黄色、蓝色三种文化在当代中国并存的基本事实，而且承认三种文化各有所长，都不可偏废，剩下来的问题就是，三种文明是否可能实现优势整合，如何实现这种整合。

美国著名哲学家库恩（Thomas S. Kuhn）在《科学革命的结构》（1962）中，在讨论新旧科学理论之间的关系的时候，提出了范式理论。这种范式理论可以用来讨论不同的宗教和文化之间的关系。库恩认为，范式为科学家观察世界提供了一个概念网。不同的范式把科学家的研究导向不同的问题领域，以不同的方式来解释相同的观察数据。不同的范式具有不同的本体论、基本理论、研究方法、研究目标甚至不同的合理性标准。所以，主张不同范式的科学家“生活在不同的世界”①。因为范式内部的理论成分之间存在逻辑自洽性，跨范式的理解是不可能的。“从一个处于危机中的范式向一个新范式的

① Thomas S. Kuhn, *The Structure of Scientific Revolutions*, p. 118, The University of Chicago Press, 1962/1970.

转移……远不是可以通过旧范式的延续和接合发展而达到的一个积累的过程。”① “……积累式的理论创新不仅事实上是罕见的，而且理论上也是不可能的。”② “相反，新范式是一下子出现的，有时是在半夜，在深陷危机的某个人的心中。”③ 范式的改变就像“格式塔转换”，不存在客观的跨范式的比较和评价标准。跨范式的整合更是不可能的。

然而大量的科学史研究表明，范式现象的确存在。跨范式的理解是困难，但并非不可能。库恩后期也承认双语现象的可能性，即，一个人完全可能学习另外一种语言文化、另外一个范式中的科学理论，并与另外一种语言文化中的人或另外一个科学范式中的科学家实现交流。也就是说，跨范式的理解是可能的。科学革命也不是短时间可以完成的某种“格式塔转换”，比如现代科学革命从哥白尼 1543 年发表《天体运行论》开始，到牛顿 1689 年发表《自然哲学的数学原理》，大致经历了 150 年之久。这中间经历了多个新旧理论兼容并存的中间状态。哥白尼只不过是将宇宙的中心从地球改为太阳，他的基本理论体系大体上还是守旧的，比如天体运行轨道仍然是旧的本轮—均轮体系。第谷积累了大量系统的、高精度的观察数据，但是因为观察不到恒星视差，只构造了一个择中的宇宙结构：行星围绕太阳转，太阳围绕地球转。开普勒利用第谷积累的观察数据，发现了行星运动三定律，其中的第一定律就是将行星运行轨道从旧的本轮—均轮体系改为椭圆轨道。伽利略首次用望远镜发现，宇宙中间存在多个中心，并且发明了新天文学所需要的力学。牛顿最重要的贡献就是发明了微积分，实现了开普勒三定律与万有引力定律之间的推导过程，整合了在此之前的所有工作，最终完成了经典力学体系，所以牛顿被称为现代科学的“集大成者”。现代天文学和力学的案例表明，库恩夸大了科学范式的逻辑完整性和跨范式理解、交流和整合的困难。在社会领域，文化范式的逻辑完整性比科学范式更弱，所以跨文化范式的理解、交流和整合比科学范式更有可能。日本明治维新之后的案例则以历史事实表明跨文化的并存和整合的可能性。

同为东方国家，在同一个历史时期，为什么日本对东西方文化实现了兼容、并存、整合，而中国却将东西方文化对立起来？存在着一种广为人知的说法，“一个中国人是一条龙，十个中国人是一条虫”，相反，“一个日本人是一条虫，十个日本人是一条龙”。该说法形象地说明了中国人和日本人在人与人之间合作态度上的差异。在日本，人与人之间的合作态度决定了他们所主张的理论和行为之间兼容的可能性。在中国，人与人之间的不合作态度决定了他们所主张的理论和行为之间对立的可能性。对此问题，我们也

① Thomas S. Kuhn, *The Structure of Scientific Revolutions*, pp. 184 – 185, The University of Chicago Press, 1962/1970.

② Thomas S. Kuhn, *The Structure of Scientific Revolutions*, p. 96, The University of Chicago Press, 1962/1970.

③ Thomas S. Kuhn, *The Structure of Scientific Revolutions*, pp. 89 – 90, The University of Chicago Press, 1962/1970.

许还可以找到更多的解释，比如日本人更好学，日本人做事情更认真、更扎实，日本人对传统文化没有那么保守，等等。我们认为，“合作态度说”可能是最中肯、最基础的解释。

这种文化对立态度在当代仍然困扰着中国文化的发展。比如改革开放之初的80年代就存在“姓资”与“姓社”的争论。“姓社”派关注的不是如何保护和发扬社会主义的优秀成分，改革当时中国社会的不合理成分，而是反对引进西方的行之有效的社会经济管理经验；“姓资”派则忽视社会主义文化的优秀成分，在学习西方经济管理经验的时候并不能保证原汁原味地学好，其中最典型的案例是，与西方发达国家的股票市场相比，中国股票市场的投资特征很淡，而投机色彩很强。正如洋务运动时期，当代中国虽然也向西方学习了，但是未必学正、学好、学地道了。“姓资”派与“姓社”派之间的对立态度非常明显。在这种对立之间，社会主义的优点失去了不少，而资本主义的优点并没有学好。

如果说在1949年以前我们所要关注的是如何处理中国文化与西方文化之间的关系，那么在当代中国我们所要关注的是如何处理红色文明、黄色文明和蓝色文明之间的关系。我们认为三种文明都不可偏废。从正面的角度看，首先，红色文明曾经使得共产党带领中国人民赢得了抗日战争、解放战争和建设新中国的巨大胜利。红色文化传统是共产党力量的源泉，也是中国人民力量的源泉。其次，儒家文化与其说是孔孟为中国人开出的行为处方，还不如说是对中国人民族心理特征、思维模式和行为模式的总结和加强；而老庄的道家文化更是深入民间，是中华文明的草根文化，同样不可否定；西方文明是一种现代文明形态，而且更新、进步能力极强，目前更是世界范围的主流文化，同样不可偏废。从负面的角度看，如果我们只坚持红色文明，否定黄色文明和蓝色文明，其表现形态就是“文革”时期的极左泛滥现象。在当代，想要否定红色文明和蓝色文明，回到传统黄色文明，完全是一种逆历史潮流的选择，而且是一种完全不可能的选择。如果主张全盘西化，否定红色文明和蓝色文明，中国人将失去自己的民族身份认同，而且会出现文化上的异体排斥综合征。只有实现三种文明优势成分的有机整合，我们才有可能构建一种具有更强的适应性的、丰富全色的、强大的、现代的新文化体系。

四、如何构建当代中国的话语体系

正如在绘画中红黄蓝三原色的调和可以得出表现力丰富、万紫千红的色彩体系，我们在构建当代中国的话语体系时，通过红黄蓝三种文化体系的创造性组合，也可以得出适应各种环境和用途的、解决各种实际问题的、适应性强的话语体系。

如果我们真想有效地探讨当代中国话语体系的建设，就应该摆脱理论束缚，不能回避三种文明在当代中国并存的基本事实，明确采取三种文明都不可偏废的基本态度。特别是对待黄色文明和蓝色文明不能再采取语焉不详的态度，对红色文明在当代中国式微的局面也不能采取鸵鸟政策。要旗帜鲜明地彰显红色文明的主导地位，同时明确承认黄色文明和蓝色文明的重要意义和作用。我们应该明确认识到，三种文明各有长处，同时也各有局限性。针对不同的场合和需求，我们应该如何以不同的方式来实现三种文明的综合？

我们在构建对外话语体系的时候，显然应该加强蓝色话语体系的分量。对外言说的目的是实现交流。用别人无法理解的语言或者别人无法接受的前提来言说显然不能达到理解和交流的目的。即使像美国这样的世界强国，也无法循此途径而达到目的。中国目前还不是世界强国，所以不应该过分强调或过早强调中国特色的话语体系。实际上，每个国家的话语体系，即使不强调自己的特色，都不可避免地、或多或少地具有自己的特色。但是一开始就明确强调自己的特色，忽略语言的可理解性和公共交流性，很可能使自己的话语体系不被他人接受。那么，在构建对外话语体系的时候，为什么要加重蓝色话语体系的分量？红色话语体系和黄色话语体系应该具有什么地位？我们不妨通过回顾国际话语体系的演变过程来理解我们的答案。

在西方贸易和殖民主义者来东方之前，中国周边的国际秩序是以中国为主导的朝贡体系。日本、朝鲜、琉球、越南等国基本上接受了以儒家为代表的中华文明，由此形成了中华文明圈。在这个时期，以中国传统文化为基础的话语体系通行于几乎整个东亚和南亚地区。西方贸易和殖民主义者进入东南亚以后，作为政治持续的朝贡体系开始解体，许多国家的文化体系也开始出现变化，首先是日本大量引进西方文化，其次是1950年以后的南朝鲜和新加坡逐渐西化，菲律宾、泰国、马来西亚、印度尼西亚等国的文化逐渐形成自己的文化体系。今天与这些东南亚国家对话，儒家文化话语体系虽然没有完全失效，但是仅靠儒家文化词汇显然无法实现交流，需要更多地加入蓝色文化的成分。

在世界范围内，1950年代以后，以社会主义和资本主义的意识形态对立而形成的冷战格局决定了世界话语体系的格局。在东方社会主义阵营中通行的显然是红色文化话语体系，同理，在西方资本主义阵营中通行的是西方资本主义文化话语体系。各国的民族文化话语体系被压缩。在苏联东欧剧变之后，东方阵营瓦解。在与东欧国家的交往中，红色话语体系成为禁忌；在与俄罗斯的交往中，红色话语也基本失效，除了一些苏联歌曲仍然能起到交流的作用。在与朝鲜、越南、古巴的交往中，红色话语体系虽然仍然存在，但也不再像以前那么重要。国与国之间的交往，意识形态的重要性已经下降，利益和实力成为国际政治的主要变量。

那么，是不是说红色话语体系在与世界主要国家的交往中已经完全失效呢？答案是否定的。从1960年代开始，许多西方发达国家开始进行社会福利制度的变革，完全自由的资本主义市场经济也开始向政府调控的市场经济过渡，其实质是吸收社会主义的优势成分，只是因为意识形态的限制，它们没有口头上公开明确承认这一点。西方社会目前强调的关注中下阶层的利益和福利，缩小贫富差距等政策正是出自或者符合红色文明的基本价值观。在与世界各国各地区的交往中，红色文化所包含的深层价值观并没有过时。比如，在英国和美国，强调社会平等，代表中下层利益的工党和民主党不仅从来没有从政治光谱中消失，而且时常登堂入室，主政国家。我们在与香港、台湾地区的交往中犯的错误之一是，只关注与上层政界和商界的交往，忽略了中下层的利益诉求和思想形态。

中国传统的文化话语体系在国际交往中也不可简单否定。在许多时候，越是民族的东西就越有世界性。不仅在与东南亚国家的交往中，即使在与非亚洲国家的交往中，特别是在文化交流中，中国传统的文化话语体系仍然具有极强的生命力。孔孟老庄永远是中国对外文化交往中一批亮丽的名片，是我们的文化独特性之所在。当然，我们也应该认识到，在国际政治、经济、军事交往中，实力和利益才是根本性的变量或参数；在这些领域，西方的现代话语体系占据着主导地位。中国的外交官必须具备国际眼光，对所在国的文化有精熟的了解；必须具备语言双语能力和文化双语能力。近年来，中国的部分外交官开始具备这种能力。比如，我国驻英大使刘晓明在伦敦与日本大使关于钓鱼岛主权的电视辩论中，凭着优雅的风度、主动的对话态度、流利的英式英语、对中英日三国历史文化的了解，取得了完胜。刘晓明大使借用英国当代流行奇幻小说《哈利·波特》中的“伏地魔”来比喻日本，效果甚佳。中国驻美大使崔天凯，一反中国人传统的隐晦、内敛、谦让特征，以公开、坦率、直接的话语方式宣讲中国的立场和利益诉求，也取得了良好的效果。

在国内的话语体系建构中，红黄蓝三种文化则呈现另外一番颜色组合。执政党的红色文化在我们的话语体系中必须占据主导地位。在此前提下，我们应该明确肯定中国传统文化和世界现代文化的重要性，有选择地保留、学习、光大其中的优秀成分。在三种文化之间创造性融合的基础上，寻求突破和创新，最终创造出一种全新的文化体系和话语体系。

构建中国话语体系将是一项长期而又艰巨的工作，其背后是以当代中国的文化发展，或者说文明发展为基础的。当代中国不仅仅在经济上是发展中国家，在整体文化上也是发展中国家，软实力薄弱只是表现症状之一。构建中国话语体系是以国家治理和全球治理为目的的。我们必须认识到，文过饰非、自说自话的话语体系不能达到目的的。我们还应该研究世界历史中的大国兴衰过程，特别是其中话语体系的继承、变化、转换和发展过程。

从严治党与意识形态话语权建设

■ 谢晓娟　金国峰*

［摘　要］本文阐述了从严治党与意识形态话语权的内在关联，并提出在组织建设、制度建设、作风建设、社会实践及主流意识形态话语表述方式等方面获得话语权的途径。本文认为话语权的关键问题是“说话者”自身的建设问题，以及“说话者”自身的理论魅力和解释力的问题，外来的“话语入侵”只在一定程度上起作用。因此，党要领导意识形态工作，重视意识形态工作，更要通过其自身的发展和强大赢得话语权，这才是意识形态话语权建设的根本。

［关键词］从严治党；意识形态；话语权

一

什么是话语权？话语权就是说话的权力，也指说话的影响力。进一步说，话语是权力，是人通过话语赢得的对其他人的影响力。根据福柯的学术研究，话语是一个能量流动的过程，是一个社会各种力量合流的过程，更是一个语言、知识和文化影响世界的历史过程。意大利思想家安东尼奥·葛兰西最早提出文化领导权问题。他说：“‘语言’现

* 谢晓娟，辽宁大学马克思主义学院教授，博士生导师，从事思想政治教育研究。
金国峰，辽宁工程技术大学讲师，辽宁大学马克思主义学院博士研究生，从事思想政治教育研究。

象在现实中原来是许多现象，它们或多或少地有机地彼此联系着，互相依赖着；走到极端，可以说每个讲话的人具有自己个人的语言，也就是自己独具的思考和感觉的方式。文化在其各个不同的阶段上把或多或少的个体联合成为众多的阶层，在他们之间存在着比较密切的联系，有不同的程度上相互了解等等。”①他的文化领导权主要指的是一种非暴力的思想文化艺术形态的控制手段，也就是资本主义国家中资产阶级不仅靠军队和暴力来统治国家，而且靠他们所宣传的价值观来维持统治。尤尔根·哈贝马斯则表示交往行为本身就是一种语言行为，但是语言要具备相关的要素才能实现交往行为的合理化。美国语言学家和人类学家爱德华·萨皮尔则认为语言能够影响人们对现实世界的认知，塑造群体意识，影响人们的行为方式。

由上可见，话语能够产生权力，但是并不是所有的话语都能产生权力，这与“说话者”的力量和资源以及“如何说话”密切相关。也就是说，能够获得“权力”的话语需要具备一定的条件。话语权暗含着话语言说的资格和能力。因此，话语本身就被打上了“身份”的标签。具有不同“身份”的人说话的能力和权力是不同的，其影响力也是不同的。什么人能够说话？什么人能够运用什么资源和手段说话？这就是话语的权力问题。

那么，一种意识形态如何才能够获得话语权呢？

目前，很多学者并没有从内在的角度思考如何提高意识形态话语反映。说意识形态是一种实践的存在，其根本原因在于按照马克思主义的基本理论，社会意识是社会存在的反映，所以，我们如何通过内在建设赢得意识形态话语权，这才是问题的关键。中国社会主义建设事业的成绩在一定程度上已经为中国赢得了话语权，赢得了其他国家的认同，最主要的是赢得了中国人民的认同。但是，中国存在的诸多严重问题也不可避免地冲淡了主流意识形态的话语权，或者是在一定程度上削弱了意识形态的话语权。这些问题包括执政党的作风问题、社会矛盾问题及环境污染问题等。

意识形态话语权也是一种现实权力关系的存在，也就是说，话语权只有通过现实的权力关系才能得以体现，具体说来就是，中国在经济上获得快速发展的同时，如何在国际舞台上赢得话语权的问题。境外媒体对中国近期的国际表现普遍看好，认为目前中国已经赢得了国际话语权。其主要原因“一是中国综合国力持续增长和升级，二是中国已成为一种建设性力量，三是中国在世界已成为新的凝聚点和另一种选择，特别是国际权力结构中的欧洲和亚非拉等新兴国家已主动认同中国”②。但是，客观地说，“中国威胁论”“盗版剽窃之国”“经济殖民主义”等言论依然在抵消着中国的意识形态话语权。

在基本实力地位和权力关系确定的同时，能否赢得话语权还在于“怎么说”。这包

---

① ［意］安东尼奥·葛兰西：《狱中札记》，33页，北京，人民出版社，1983。
② 《博鳌论坛是中国话语权的胜利》，载《参考消息》，2015-04-09。

括说话的技巧、说话的主体、说话的渠道、说话的时机以及说话的规则要素等。说话的技巧是指言语的煽动性、穿透力、感染力及可信度。说话的主体指谁在“发声”，是跨国公司，是政府，是媒体，还是智库？“发声”的主体所依赖的财力如何？价值取向如何？意识形态倾向如何？这些都直接影响了话语权的状况。说话的渠道是传统的平面媒介以及新媒介。说话的时机是话题的选择和背景的选择等，也就是议题的设置等。说话的规则要素有说话的客观性、平衡性、价值指向性等。客观性指的是，言说的内容是否与事实相符抑或是故意扭曲了事实；平衡性指的是，话语的主体是代表了媒体集团的利益还是代表了公共的利益，是代表了政府的利益还是代表了企业财团的利益；价值指向性指的是话语的价值内涵与价值指向问题。有学者从对美国等媒体的分析中认为赢得话语权的四大要素是“赢得信任感、增加吸引力、强化依赖感和提高服务性等”①。

意识形态话语权其实既是“说话者”通过说话赢得认同的权力，也是“说话者”因为自身强大并在力量对比中占据优势而获得的权力。如果只是“说话”却没有影响力，那只是“发声”而不是“说话”；如果只是自身强大了但是不会“说话”，也可能在思想的较量和竞争中失去对事务的掌控权和主导权。

二

当前，从意识形态的角度看，我们正面临着诸多的挑战。这些挑战有的是来自社会转型和经济转型带来的不适应，有的是来自人们无法彻底解决目前所面临的诸多社会问题，有的是来自我们的理论和思想还缺乏彻底性、现实针对性，有的是来自外部世界愈加激烈的思想竞争，有的是因为我们还无法应对网络等新媒体带给我们的新问题和新挑战。

第一，西方国家对马克思主义话语权的争夺。马克思主义发轫于西方，但是在中国成长壮大，显示了旺盛的生命力。但是，在中国崛起以及马克思主义在中国运用之际，西方国家对马克思主义的攻击也从来没有停止过。只不过，目前的质疑和反对主要以更加隐蔽而巧妙的方式进行。比如，利用国际交流项目和国际合作项目等方式诋毁马克思主义主流价值观，宣扬资产阶级的个人主义的价值观。富布莱特项目以及日本国际交流基金会等都发挥了重要的软实力的功能，这些功能的一个方面是诋毁和抹杀中国的国际形象，另一个方面是提高美国和日本的国家形象。同时，各种基金项目的主要职能是培养境内外的“代言人”“公共知识分子”和“中国问题专家”等，通过这些代言人进行意识形态传播。相比较而言，中国虽然在很多国家设立了孔子学院，但是，孔子学院除了

① 张国庆：《媒体话语权——美国媒体如何影响世界》，8页，北京，中国人民大学出版社，2012。

教授汉语外，远远没有发挥好树立中国国家形象和进行意识形态渗透的作用。此外，一些报纸不遗余力地宣传中国“环境污染论”“文化殖民主义”“军事威胁论”等。新媒体更是通过社交网站、门户网站、即时通信工具等对“国家主流意识形态符号系统”“意识形态政治社会化能力”“主流意识形态权威”进行侵蚀。① 文化交流中的意识形态侵蚀更是无时无刻不在悄悄发生着。美国好莱坞文化运用最流行的元素塑造了美国的个人主义奋斗、救世主、勇敢和忠诚等形象，以此赢得人们的认同和偏爱，赢得了金钱和意识传播的双丰收。美国的电影、电视、音乐、书籍、电脑软件等，借助英语的霸权地位，在美国政府的支持下，通过巨大的财力投入和营销战略对其他国家进行强势的文化渗透。在中国传统文化缺失、红色文化低迷、抗战文化粗制滥造的背景下，外来文化裹挟着各种价值观和意识形态冲击到中国，对我们的意识形态话语权产生了消极的潜移默化的影响。

第二，多种社会思潮的挑战。多种思潮的表现形式多种多样。一是各种论坛与学术交流。一些学术交流或论坛等成为各种思想和思潮交锋的舞台。各个学派的代表人物可以利用这些平台阐发自己的观点，或者介绍引荐西方的各种学术观点。而在学术性与政治性的关系问题上，一些专家和学者以“学术自由”的面目出现，在一些关涉政治性的重要问题上制造思想混乱。在哲学社会科学的研究中，真正的学术“价值中立”和“价值祛除”是不可能的。一些学术观点和学术争论不仅有着强烈的政治背景，而且有着明显的政治目的。对此，我们应该有清醒的认识。二是各种价值观通过教学等渠道进行渗透和传播。长期以来，我国的政治学、经济学等学科都严重“西化”，政治学言必称希腊，经济学言必称自由主义。马克思主义经济学、马克思主义政治学以及马克思主义哲学等都成为“冷门”课程。众所周知，马克思主义经济学、政治学等是马克思主义信仰和观念得以立足的学理基础，如果马克思主义的学理基础被撼动了，那么，马克思主义就缺少了理论支撑。当前，学术界在关于“社会主义”与“资本主义”的关系，“国有企业强国论”还是“国有企业误国论”，“反‘左’还是反‘右’”，“儒家治国”还是“儒家误国”等问题上交锋激烈。如果我们没有客观地准确地把握马克思主义的基本理论问题，包括元理论问题，这些争论就容易演变成为思想上的混乱。三是在国际教育合作与交流中，如何捍卫马克思主义的主流意识形态，如何有效抵御各种思想势力对主流意识形态的侵扰，也是赢得话语权的关键。“目前，国内有 45 万人在大学就读中外合作办学，高等教育阶段中外合作办学毕业生超过 150 万人。”② 报告显示，“赴美外国留学生人数连续 8 年增加，2014 年达到近 90 万人的历史高点。其中，中国留学生约 27.4 万，在各国留学生中增长最快，并且以接受本科教育为主”③。中外合作办学等不仅为学

① 参见杨嵘均：《论网络虚拟空间意识形态安全治理策略》，载《马克思主义研究》，2015 (1)。

② 解艳华：《中外合作办学之“惑”》，载《人民政协报》，2014-01-14。

③ 李博雅：《中美留学生交流持续升温》，载《人民日报》，2014-11-19。

校的人才培养、管理体制、服务社会等方面提出了机遇和挑战，也带来了不同文化和意识形态的交流与融合。如何通过教育使得青年人具备基本的判断力和免疫力，能够始终坚定共产主义信仰，坚持马克思主义指导思想，对社会主义建设事业充满信心，这是教育工作者义不容辞的责任。

第三，网络等新媒体的出现及对主流意识形态传播的消解。新媒体借助现代科技手段快速地进入人们的现实生活，极大地改变了人们的生活方式和思维方式，也改变了人们接收信息的习惯和方式。一是新媒体自身存在的特点决定了其对“说话者”权威性的消解。新媒体开启社交网站、门户网站、即时通信工具等新的话语平台，这些话语平台不受政府监管，不受时间和场地的限制，无法进行身份验证和确认，这在很大程度上弱化了政府的权威，削弱了政府的控制力。二是全媒体时代带来的自媒体的兴起，个性化的、个体化的媒体的出现打破了官方对媒体和信息的垄断。个体的介入导致信息发布的多中心、无中心，容易造成舆论引导失控、负面消息放大、网络围观、信息扭曲、媒体暴力等问题。三是媒体和科技手段的不平衡造成“数字鸿沟”在加大，导致不发达国家处于媒体竞争的劣势。国外新媒体等通过媒体与财团、与政府的合谋展开针对中国的舆论攻势。比如美国的通用电气公司、新闻集团、迪士尼公司、维亚康姆、时代华纳和CBC等6家大公司已经控制了超过90%的美国媒体。许多跨国公司与媒体是相互参股的关系，使得美国的主流媒体具有了更多的全球化色彩，影响力和国际话语权也随之放大。不过，这也会导致媒体的新闻报道不可避免地受到所属企业及相关组织的影响，新闻内容也要受到公司的干预。这样，媒体的很多“说话”都带有鲜明的政治目的，在对华宣传方面也是如此；这样，公民对美国媒体的不信任度大大地提高了。据盖洛普的调查显示，2011年美国人对媒体的不信任度上升到了55%。①

第四，“关键少数”的腐败问题对话语权的消解。所谓“关键少数”指的是掌握权力的党政官员。这些人是意识形态的传播者，也是马克思主义理论的阐释者和解读者。他们既是国家事务的管理者，也是知识和文化的传播者，在社会当中处于“社会精英”的地位。但是，正是这些人的思想、作风和宗旨等方面出现了诸多的问题，导致马克思主义的传播被大打折扣。一些人是嘴上讲马列、背地里背离马列的“双面人”，成为“虚伪的马克思主义者”；一些人以权谋私，进行权钱交易；一些人买官卖官、跑官要官、拉帮结派、结党营私；一些官员冒充学者，以权力骗取学历和学术身份；一些人学术腐败，利用非法手段套取国家科研经费，造假抄袭；一些人作风萎靡，贪图享乐，得过且过，对工作敷衍应付；一些人品质恶劣、道德败坏；等等。如果这些“关键少数”思想混乱、立场动摇、境界低俗、生活颓废，那么，就在很大程度上抵消了马克思主义

① Lymari Morales，“Majority in U. S Continues the Media，Perceive Bias”，Gallup，September 2011.

传播的效力和影响力。因此，思想上的混乱、言行的不一、服务意识的缺失、良好作风的丧失等都直接消解了主流意识形态的话语权。相对于外在的思想入侵和新媒体的挑战而言，党员干部的言行在更大的程度上决定了能否赢得意识形态话语权。

三

综上所述，我们认为意识形态话语权问题归根结底在于党的自身建设的问题。邓小平说："党要管党，一管党员，二管干部。"① 所以，本文侧重于从党的建设的角度提出如何赢得意识形态话语权，也就是说，要通过党自身的建设和领导，以及党对话语权的建构等方面来构筑马克思主义意识形态话语权的坚固屏障，以强化和提高马克思主义的抵御能力和自身的免疫力，并在此基础上扩大其国际影响力和生命力。

第一，以制度创新建构意识形态话语权的组织系统。一是党自身要在国家宪法和法律范围内活动，要保证党的法纪法规与国家法律的一致性，体现宪法的权威。具体体现在2012年以来党进行了内部法纪法规的清理整顿工作，发布了《中共中央关于再废止和宣布失效一批党内法规和规范性文件的决定》（以下简称《决定》）。根据《决定》，纳入第二阶段清理范围的新中国成立至1977年期间中共中央制定的411件党内法规和规范性文件中，160件被废止，231件宣布失效，20件继续有效。《决定》的发布，标志着中央党内法规和规范性文件集中清理工作全部完成。② 党内法规清理工作体现出党内法规要与宪法保持一致性，这是从严治党的基础性工作，必将提高党的建设的制度化水平。二是党的相关制度建设的创新。只有制度建设才能改变只靠思想解决问题的习惯工作方式，才能建立防范党犯错误的防御机制，才能从根本上改进党的工作作风，从而提高党的执政能力和水平。党要不断完善党的集体领导制度、党委议事制度、党委表决制度、党委例会制度、报告工作制度、基层工作联系点制度、联系群众制度、调查研究制度、廉政建设制度、党务公开制度等。制度建设能够强化党在基层的领导，能够为意识形态的灌输和宣传提供有力的组织保障。

第二，以党风廉政建设建构意识形态话语权的群众基础。党的领导干部自身以身作则，就能够赢得人民的拥护和认同，这样就构建了扎实的意识形态话语权的受众系统，即使再有外在因素的阻挠，也难以撼动马克思主义的主导地位。党的作风建设就是要重新树立党在人民心目中的形象。腐败，是直接损害和影响党在人民心里形象的最大因

---

① 《邓小平文选》，2版，第1卷，328页，北京，人民出版社，1994。

② 参见《中央党内法规和规范性文件集中清理工作全部完成》，见 http：//news.xinhuanet.com/2014-11/17/c_1113285412.htm（2014年11月17日）。

素。党员，尤其是党的领导干部的腐败行为，都极大地损害了党在人民群众心目中的形象，也损害了马克思主义的崇高地位。马克思主义的理想是谋求大多数人的幸福，最终谋取全人类的解放。在一部分党员干部只为自己、自己的亲属家人、自己的族群和自己的嫡系、自己的部门谋取私利的同时，他们也就背离了马克思主义的宗旨和灵魂。因此，党风廉政建设是党的建设的重要组成部分，党的作风如何关系到党的公信力和吸引力如何，最终关系到党能否长期执政以及能否全心全意为人民服务的问题。

第三，以思想建设建构意识形态话语权的防范系统。加强思想建设，一方面要加强马克思主义及中国化马克思主义理论成果的研究和宣传力度；另一方面，要对各种思想和思潮进行有理有据的评析和批判。比如，很多人推崇西方经济学，以为这是中国发展的治国良药，但是，我们要解释清楚，西方经济学在不同时代和不同国家的主流理论也是不同的。正如有学者指出的那样，当前的“新古典经济学被认为是重逻辑、轻历史，重形式、轻内容；否认不同社会制度和历史条件下人们行为的差异，排斥技术、制度、政治、文化等各种复杂因素对经济生活的影响，把追求自身利益最大化的所谓‘经济人’假设当作考虑所有问题的出发点，把资本主义制度下的市场经济当作人类永恒不变的经济形式，把抽象的数理逻辑当作判断经济学是否科学的主要标准，等等”①。再比如关于西方民主问题，我们能够看到西式民主并没有给转型国家带来社会稳定和经济发展，反而造成了一系列问题，诸如街头政治、腐败盛行、党派纷争等。即使在发达国家，也存在着对西式民主的反思和质疑。德国埃姆尼德研究所对 1 400 人的民调显示，超过 60%的德国人认为本国没有真正的民主，因为资方的政治影响力过大，选民的意见只能起到次要作用。② 因此，我们要对各种思潮进行理性的分析，对于公开反对党的领导和社会主义制度的言论等要进行旗帜鲜明的批判，表明自己的态度，从而建构意识形态话语权的防范系统，最大限度地统一思想，形成共识。

第四，以实践成果建构意识形态话语权的保障系统。任何一种意识形态的生命力和影响力都不仅仅取决于理论自身的魅力和完美程度，还取决于理论对现实的巨大解释力和对现实生活的指导力。马克思主义之所以在中国获得了主流意识形态的地位，赢得了广大党员和群众的信奉和认同，就在于马克思主义为中国带来了独立自主和民族解放，带来了中国社会主义实践的伟大成就，为中国人民指明了未来发展的方向。因此，理论的魅力和思想的魅力归根结底在于其对社会实践的巨大指导作用。当然，理论自身也来自社会实践，来自对人民群众的创造性劳动的总结和抽象，来自党的领袖和党的领导集体的理论创造和思想创新。从根本的意义上讲，意识形态不是单独的封闭的思想系统，而是与社会生活和改革开放伟大实践紧密相关的理论指导系统。开放性是其自身的固有

---

① 张宇：《西方主流经济学难以解释中国经验》，载《中国社会科学报》，2015－02－08。

② 参见《资本主义不能带来民主》，载《参考消息》，2015－03－25。

属性。因此，一种意识形态话语权的获得，取决于在其指导下的社会政治文明、经济繁荣、社会和谐以及人民安居乐业。也就是说，社会实践不仅构成了意识形态的“检验”系统，也是衡量意识形态是否代表社会进步力量的试金石。

第五，以表现形式创新建构意识形态话语权的“流行”系统。一是马克思主义必须从“回到文本”再“回到现实”，遵循马克思恩格斯的本来思想，剔除和剥离附会在马克思恩格斯思想中的非马克思恩格斯的观点。马克思主义的时代性决定了它是与时俱进的思想，要指导现实并回到现实，在指导社会现实中不断得到完善和发展。毛泽东思想、邓小平理论、“三个代表”重要思想、科学发展观、习近平系列讲话精神等，都是马克思主义在中国的理论发展成果。二是马克思主义的理论表现形态要体现时代特征，反映民族特点，代表人民根本利益诉求。当前，马克思主义中国化的理论表现形态有“中国梦”“新常态”“弘扬传播中华优秀传统文化”“社会主义核心价值观”等。这些新的理论表现形态更好地体现了时代的要求，也反映了人民的愿望，因此，对广大人民更具有感染力和吸引力。三是主流意识形态话语叙述方式也要发生变化。目前，我们常常用“唱响中国”“感动中国”“中国气魄”“中国世纪”“一带一路”“亚洲命运共同体”等鲜活的语言来阐释和概括我们的愿望和国家诉求，以代替传统话语体系中的“阶级斗争”“批倒批臭”“反帝反修”等具有鲜明斗争色彩、画地为牢、意识形态画线的话语表述方式，这显示了中国正在致力于实现“中国梦”和“世界梦”的治国理政的目标和美好愿望。四是在大数据时代，意识形态的传播要充分利用新媒体，关注自媒体，运用互联网思维，应对来自国内外的思想交锋和舆论大战。党要监督与开发并重，尊重差异与主导多样并重，主动应对与主动出击并重，实现网上网下、网内网外的协同推进，力争在新一轮的意识形态话语权的竞争中立于不败之地。

论发扬传统文化对提升中国哲学社会科学话语权的作用

■ 陶小军*

［**摘　要**］学界对于传统文化的概念经历了一个较长的认识过程，学者们对其内涵越来越明晰，对于其本身所蕴藏的巨大能动作用也逐渐了解。由于传统文化中的精华部分正是中国哲学社会科学的重要内容，常常能以内在浸润与外在辐射两种方式同时参与到对中国哲学社会科学话语权体系的构筑任务中，而其形式亦具有代表中国特色的意义，因此发扬传统文化对于提升中国哲学社会科学话语权有重要作用。从理论结合实际的角度看，只有借助媒体的力量，重新树立传统文化在意识形态领域的应有地位，注意形式的作用，提高宣传工作的社会亲和力，开拓创新思路，在传统与现代的结合中推动最具有中国特色的经典文化的持续繁荣，才能使传统文化对构筑中国哲学社会科学话语体系的作用得到最大程度的激发。

［**关键词**］传统文化；中国哲学社会科学；话语权

一、对传统文化内涵及价值认识的演变

近年来，随着国民经济实现持续增长目标的实现，怎样更好地发挥意识形态的能动

* 陶小军，南京艺术学院文化产业学院副研究员，南京师范大学社会发展学院硕士生导师，主要研究方向是艺术学理论。

作用，使之不断打造充实国民的精神世界，成为了社会关注的一大问题，这其中，如何提升具有鲜明特色的中国哲学社会科学的话语权作用无疑成为了讨论的焦点。一方面，学者们大都努力地寻找学界在研究、解读以及理论结合实践领域的问题；而另一方面，其他能够从社会角度对话语体系的建构提供帮助的因素也在不断地被挖掘出来。而伴随着这种讨论的深入，传统文化对于提升中国哲学社会科学话语权地位的积极作用正在越来越多地引起学者们的重视。

2013年12月16日，中共中央宣传部委托中国社科院在北京召开“哲学社会科学话语体系建设座谈会”，中共中央宣传部常务副部长雒树刚在座谈会上强调，要构建当代中国哲学社会科学话语体系，“必须善于汲取传统文化的精华”①；中国社科院副院长李捷也在座谈会上指出，构建中国哲学社会科学话语体系“必须继承和弘扬中华文化精髓”②。2014年11月5日，北京大学教授郭建宁在《构建当代中国哲学社会科学话语体系的正确维度》一文中强调要“在弘扬中华优秀传统文化中构建当代中国哲学社会科学话语体系”③，传统文化所蕴藏的巨大潜在社会价值得到了学者们的一致肯定。

然而，如果希望尽可能地发挥传统文化对中国哲学社会科学话语体系建构的推动作用，仅仅依靠表面上的关注显然是不够的。要想将传统文化所蕴藏的潜力彻底激发，首先需要对其本身的内涵有一个清晰的了解。

改革开放以来，社会对于传统文化的关注日益升温，但对其概念的明晰却不是一朝一夕可以实现的。1997年，庄严在《何谓传统文化》一文中介绍了当时学界流行的三种对传统文化内涵的解释。第一种观点认为，传统文化是指“历代相传的文化成果”④，其时间范围在人类进入文明之后，而其对象限于在历史长河中能够得以流传的物质和精神财富。第二种观点认为，传统文化是指“古人创造的可供今人继承的文化成果”⑤，即站在今人的角度看，有继承价值的古代文化成果才属于传统文化范畴。第三种观点认为“历史过程的一切遗产都是传统文化”⑥，换言之，其时代定位自人类诞生即始，其对象除了包括古人创造的物质财富与精神财富外，还涵盖了人类所有的生活痕迹，内涵最为宽泛。

在以上三种观点的基础之上，庄氏亦对传统文化的定义做了自己的诠释。他指出，应当将当代革命人物创造的精神财富独立列入革命传统中，与古近代人物加以区别，这是从时代和影响上对传统文化的内涵进行了限定。他还指出：“祖宗创造的文化有些湮灭了，有些历史古籍中还可找到记载，但它只是特殊的，一段历史时期的短命文化，随着一个时代的结束，他也结束了自己的历史使命……这些文化随着一代制度的结束而已结死亡了，没有活性了，就不能列入传统文化之列”⑦，这是对传统文化的对象进行了价

①② 转引自邓之湄：《努力构建当代中国哲学社会科学话语体系》，载《中国社会科学报》，2013-12-18。

③ 郭建宁：《构建当代中国哲学社会科学话语体系的正确维度》，载《中国社会科学报》，2014-11-05。

④⑤⑥⑦ 庄严：《何谓传统文化》，载《兰州学刊》，1997（2），25页。

值上的限定。他特别强调考察对象的“继承活性”，即“一种跨社会制度、跨时代的有活性的意识形态”，他同时指出，这种“继承活性”有精华与糟粕之分，诸如重男轻女、偶像崇拜等问题，需要“用今日的价值观进行选择和取舍”①，由此看来，他对于传统文化概念的理解似乎较多地受到了第二种前人观点的影响。

进入 21 世纪后，伴随着社会经济的不断发展，有关“传统文化”与“现代化”的关系问题的讨论更趋激烈，通过对这一对看似冲突的概念的不断琢磨和回答，传统文化的内涵边界变得更加清晰起来。夏振坤、唐龙在《论传统文化与中国的现代化》一文中指出：“传统文化在历史进程中积累下来并流传下去，是在流传中不断发展变化着的文化积淀。人们今天的创造活动，明天就会积淀在历史的长河中，他在形成新的文化遗存的同时，又以自己的历史存在影响了未来的文明”②，这种以发展的眼光看待传统文化的视角使得以往停留于当代人利益，多少带有功利主义色彩的价值判断更加客观鲜活，充分解释了那些退出历史舞台的文化内容在历史过程中的意义，从而从前人矛盾的思维中脱身。另外，邱红、王雅芬在《试论传统文化与现代化的共时性》一文中指出：“人作为有限的存在，是处于传统文化之中的，不管他是否了解这种传统文化，也不管他是赞成还是反对，他都不可能超越传统文化的观念和意识”③，这一认识反映了学者们对于传统文化能动作用的理解正在逐步深化，这种深化对于在当今社会充分发挥传统文化的积极作用无疑是大有裨益的。

二、全面认识发扬传统文化对提升中国哲学社会科学话语权的重要作用

在逐步了解了传统文化本身的内涵以及其所蕴藏的巨大能动作用之后，再来看看它是如何具体地对提升中国哲学社会科学话语权起到推动作用的。传统文化本身包含着中华民族先民们大量优秀的经验和思想，它的部分内容本身就是中国哲学社会科学重要的组成部分，而且其中多有在当代仍具有相当社会认同、承担道德判断标准的内容。2001 年，韦杰在《中国传统文化与现代化》一文中提到：“中国传统文化中，与现代化相融合的内容有很多，如儒家文化中重‘公利’的社会道德原则；注重‘诚’、‘信’、‘勤俭’的社会美德；‘匹夫不可夺志’，‘富贵不能淫，贫贱不能移，威武不能屈’和‘自强不息’的人格意识；‘究天人之际，通古今之变’的积极进取精神；‘为天地立心，为

① 庄严：《何谓传统文化》，载《兰州学刊》，1997（2），26 页。

② 夏振坤、唐龙：《论传统文化与中国的现代化》，载《中华文化论坛》，2005（2），101 页。

③ 邱红、王雅芬：《试论传统文化与现代化的共时性》，载《辽宁工学院学报》，2005（2），48 页。

生民立命，为往圣继绝学，为万世开太平’的强烈社会感、使命感和责任感；‘人生自古谁无死，留取丹心照汗青’和‘天下兴亡，匹夫有责’的爱国精神，等等”①。

近年来，随着物质生活水平的提高，人们对于自身文化素质的要求也日益增多，社会中也不断涌现像孟祥斌、吴菊萍这样的道德模范。而像汶川地震中丢下学生逃跑的教师范美忠这样虽不触犯法律，但在道德上有严重亏失的人物，也遭到社会各界人士的一致声讨，这充分说明了依托于传统文化的道德价值标准仍然在当世发挥着其应有的作用，而媒体和网络对于这些现象的歌颂、讨论以及谴责，也在一遍又一遍地强化优秀传统文化的作用，这对于进一步提升中国哲学社会科学的话语权地位，形成全社会范围内意识形态领域的良性循环，无疑是有着巨大帮助的。

另外，传统文化中一些优秀的内容常常能在各种形式的传播过程中同时以内在浸润与外在辐射两种方式参与到对中国哲学社会科学话语权体系的构筑任务中，这种双向模式无疑更加适合中国目前国情的需要。比如，中国书画艺术是传统文化中的重要组成部分，它有着自己独特的审美体系和价值标准，这种体系和标准正是在由中国经典哲学思想中的重要内容艺术化、意象化之后建立的。一个艺术家想要使自己的艺术造诣达到一定的境界，必须在磨炼具体的绘画技术之外阅读大量的传统文化典籍，理解和吃透古代贤哲们的人生哲学、处世理念。清末民国著名书法家李瑞清曾论书称：“学书尤贵多读书，读书多，则下笔自雅。故自古来学问家虽不善书，而其书有书卷气。故书以气味为第一，不然，但成手技，不足贵矣”②，说的正是这个道理。

随着艺术家自身艺术境界的提高，其作品弘扬传统文化的功能也在不断提升。因此，从表面看，艺术家是在将自己凭借个人技艺营造的意象场景展现给世人，其实是艺术家将自身修炼成了提升中国哲学社会科学话语权的一个有力辐射点，将自己对于自然、社会、国家、人生、命运的理解通过隐喻的艺术形式传达给世人。王羲之的行草，飘逸秀润，似乎在高歌自由洒脱的人生观；颜真卿的楷书，庄重肃穆，仿佛在沉吟忠臣义士的价值观；八大山人的花鸟，落寞而冷峻，无时不在释放着永不妥协的斗争精神；徐悲鸿的奔马，清癯而奔放，象征着中华民族在积贫积弱中奋而崛起。这些作品对于中国哲学社会科学话语体系构建所起的作用，不仅仅是重要的，而且是持续的。一个艺术家的书画生涯，对个体而言是不断内向充实的过程，对社会而言则是不断辐射的过程，将宣传的深度和广度都做到了极致，这正是传统文化双向模式的优势之所在。

在全球化发展的时代背景之下，中国哲学社会科学话语权的建构已经不是单单涉及国人精神面貌的意识形态工程。它还在不经意间成为了中国获得国际认同的重要手段。在当今世界，西方的价值观念客观上已取得主导地位，如何在此基础上使中国式的思维

---

① 韦杰：《中国传统文化与现代化》，载《长春工程学院学报》，2001 (2)，42页。

② 李瑞清：《清道人遗集》，156页，合肥，黄山书社，2011。

方式得到更多国际社会的理解和认同早已成为学者们关注的问题。2014 年，韩庆祥于《中央党校学报》发表《全球化背景下“中国话语体系”建设与“中国话语权”》一文，指出：“我国正处在全球化进程中。在这一进程中作为世界上最大的发展中国家要逐渐强大，我们必须以开放的自信的胸襟和世界眼光，向西方发达国家学习……当然，一些西方发达国家也在借鉴中国道路、中国理论及中国文化中的合理因素。这是全球化进程中西方‘统一性’的一面，即话语交融……在全球化进程中，还不能忽视中西方也具有‘对立性’的一面，即‘话语冲突’和‘话语交锋’。”① 而在这种对立与统一并存的局面下，传统文化的价值得到了充分的体现。

2013 年 9 月，习近平总书记在全国宣传思想工作会议上指出：“要精心做好对外宣传工作，创新对外宣传方式，着力打造融通中外的新概念新范畴新表述，讲好中国故事，传播好中国声音”，特别强调了“中国”的自身特色，而传统文化无疑正是中国特色的象征和代表。自 2004 年起至 2014 年 9 月止，国家汉语国际推广领导小组办公室在短短十年间已在全球 123 国合作开办了 465 所孔子学院和 713 个孔子课堂，宣传中国传统文化知识，中国文化正在以飞快的速度直接进入全世界的各个角落。尽管西方人与我们在人生观、价值观上有很大的不同，但对于异域文化的好奇和热爱却是相同的，当一些并不涉及原则却又极富地方特色的文化信息呈现在他们眼前的时候，观念上的差异同样有可能会逐渐平复。2008 年，第 29 届夏季奥林匹克运动会在北京举办，奥运会的场馆、服装、奖牌、火炬、吉祥物设计无不融入了中国文化的因素，使来访的外国友人充分感受到实现了传统与现代融洽结合的东方大国的神秘魅力。这种积极的尝试，对于塑造中国的优良国际形象，使外国人更加贴近地理解中国特色的思维模式，无疑是有着极大的帮助的。

最后需要强调的是，发扬传统文化，并不等于迷信、臣服于传统文化，在积极发挥传统文化推动中国哲学话语权建设作用的同时，还必须坚持以科学的态度、发展的眼光看待之。2014 年，邓纯东在《努力构建以马克思主义为指导的哲学社会科学话语体系》一文中强调：“我国哲学社会科学的意识形态属性，决定了它的话语体系建设必须以马克思主义为指导，鲜明地体现马克思主义的立场、观点和方法”②，清晰地定位了传统文化在构建哲学社会科学话语体系中的地位。而另一方面，我们还须对传统文化的相关内容进行必要的甄别和适度的现代化改造，使其更加适应当代社会的需要。夏振坤和唐龙在《论传统文化与中国的现代化》一文中指出：“如果不考虑经济、社会方面的背景，

① 韩庆祥：《全球化背景下“中国话语体系”建设与“中国话语权”》，载《中央党校学报》，2014 (5)，47 页。

② 邓纯东：《努力构建以马克思主义为指导的哲学社会科学话语体系》，载《马克思主义研究》，2014 (6)，9 页。

任何一种文化都有促进现代化的一面，也有延缓或阻碍现代化的一面……传统文化现代化的关键在于合理扬弃”①，这是侧重于甄别角度的建议。

当传统文化的精华部分得到提炼、使用范围得到拓展之后，它巨大的能动作用将更少地受到阻力的影响，并且更加全面地推动中国哲学社会科学话语权体系的建构工作。

三、对全面发挥传统文化推动中国哲学社会科学话语权建设作用的构想

了解了发扬传统文化对推动中国哲学社会科学话语权建设工作的积极作用后，关于如何使传统文化的能动作用得到全面的发挥，笔者主要有三点构想：

第一，积极发挥媒体的力量，重新树立传统文化在意识形态领域的应有地位。

新中国成立以后，由于政策侧重的需要，传统文化与价值体系一度被社会忽视，甚至受到了一定程度的打压和限制。“文革”结束以后，中国随即进入改革开放时期，发展社会经济成为国家第一要务，西方的理念和思想开始大量进入中国，而传统文化原本丢失的关注却尚未来得及在这一阶段被寻回。随着社会经济的不断发展和人民生活水平的不断提高，传统文化的价值重新得到社会关注，媒体在其中扮演着重要角色。

以央视著名栏目《百家讲坛》为例，该档栏目的成功，无疑对传统文化的复兴有着极大的帮助，甚至在中国掀起了“国学”热潮，这正是中国哲学社会科学话语权得到提升的直接标志，也说明了媒体对于推动话语体系建设的重要作用。为了保障收视率，媒体人必须不停调整节目的播出形式，这等于将传统文化的传播任务纳入了竞争环境之中。自 2006 年起，制作团队不断努力提高该档栏目的通俗性，于是到当年年底，大专以下学历的观众构成比例迅速由原来的不足三成上升至七成多②，可见媒体间竞争环境对传统文化普及工作的帮助之大。随着节目的热播，以易中天、于丹为代表的一批主讲人成为了真正意义上的大众文化人，以往封闭的学术界与社会大众开始产生交集。另外，李炜在《〈百家讲坛〉的意义——兼议大众媒介对优秀文化的传播》一文中提到，“《百家讲坛》的热播带动了一个文化产业链的形成……先后与人大出版社、中国国际电视总公司合作处办理该栏目的书籍及音像制品，与讲座相关的书籍在书店及网上商城更是热销”③，这些经验值得我们借鉴。在今天，中国已经全面进入互联网时代，手机应用

① 夏振坤、唐龙：《论传统文化与中国的现代化》，载《中华文化论坛》，2005 (2)，103 页。

② 参见娄可伟：《电视媒介传播精英文化的有效路径——谈〈百家讲坛〉的文化传播力》，载《中国电视》，2007 (12)，44 页。

③ 李炜：《〈百家讲坛〉的意义——兼议大众媒介对优秀文化的传播》，载《中国电视》，2006 (7)，72 页。

端及各种社交工具正在越来越多地影响着人们的生活，如何借鉴此前成功的经验，为传统文化的传播和中国哲学社会科学话语体系的建构寻求新的途径，应是接下来需要思考的问题。

第二，注意形式的作用，提高宣传工作的社会亲和力。

关于传统文化中形式信息的作用，雒树刚指出："中华传统文化包含着中华民族最根本的精神基因，代表着中华民族独特的精神标识"①，这一判断可谓灼见。传统文化的重点在于代代相传的承接关系，当一种形式成为某种习惯或习俗的时候，它的传承便在潜意识领域即可完成，没有多少逻辑上的原因可循。早在抗日战争时期，毛泽东同志就曾针对党内部分干部做宣传工作时语言空洞无味、泛学术化的问题在延安干部会议上做过题为《反对党八股》的演讲，可见合理的形式对于宣传工作的效果影响巨大。而近几年来，政府亦开始关注在宣传形式中加入传统文化因素，收到了非常显著的效果。

自 2012 年 11 月习近平总书记开始定义实现中华民族伟大复兴的"中国梦"概念后，一档形式新颖的公益广告就被搬上了电视荧幕，得到了群众的喜爱，而该广告的成功正是得益于对于传统文化形式因素的全方位把握。广告主人公梦娃采用国家非物质文化遗产——天津"泥人张"捏塑工艺设计制作，身穿传统的大红棉衣裤，而"国是家，善作魂，勤为本，俭养德，诚立身，孝当先，和为贵"的宣传内容，更是被编排成了三字经的形式，读来朗朗上口。而这一广告的成功，再次说明了传统文化的形式因素的巨大能动作用。这些经验，值得我们在建构中国哲学社会科学话语体系的相关宣传工作中借鉴。

第三，开拓创新思路，在传统与现代的结合中推动最具有中国特色的经典文化的持续繁荣。

"五四"前后新文化运动的一个重要内容是文学革命，以胡适、陈独秀、钱玄同、鲁迅为代表的一批学者掀起了"白话文运动"的浪潮。白话文在社会中逐渐流行的同时，中国传统的古诗词却随着古汉语的没落而逐渐退出了历史舞台，这自然是十分可惜的损失。中央电视台自 2008 年起，每年录制数期大型诗词吟诵活动，在清明、端午、中秋的传统节日期间播出，使古诗词艺术的魅力重新引起社会的关注，更是在全国范围内掀起了学诗词、读诗词、品诗词的热潮，这种传统文化与现代化手段结合的尝试对中国经典文化的复兴事业提供了巨大的帮助。

传统文化的内容极为广泛，每一种具体的文化形式也会因地域、民族以及经济发展程度的不同而拥有一个固定的受众面，而那些受众面最广、内容最具包容性、影响最为深远的文化形式，诸如武术、书法、制瓷、民乐、水墨画、古诗词等，往往包含着最为

① 转引自邓之湄：《努力构建当代中国哲学社会科学话语体系》，载《中国社会科学报》，2013-12-18。

精深的哲学内涵，其发展对提升中国哲学社会科学的话语权地位有着直接的作用。然而从目前的现实情况看，许多能够代表中华民族精神面貌的传统文化内容正在逐步走向衰落，这对于民族文化的重振和民族自信的树立无疑是不利的。而在近几年，古诗词艺术的复兴就是我们在经典文化的创新形式研究上取得成果的例证。

结　语

综上所述，新中国成立以来，学界对于传统文化的概念经历了一个愈辩愈明的过程，学者们不仅对这一概念的内涵越来越明晰，对于其本身所蕴藏的巨大能动作用也逐渐有了了解。由于传统文化中的精华部分本身就是中国哲学社会科学的重要内容，常常能以内在浸润与外在辐射两种方式同时参与到对中国哲学社会科学话语权体系的构筑任务中，而其形式亦具有代表中国特色的意义，因此发扬传统文化对于提升中国哲学社会科学话语权有重要作用。从理论结合实际的角度看，只有借助媒体的力量，重新树立传统文化在意识形态领域的应有地位，注意形式的作用，提高宣传工作的社会亲和力，开拓创新思路，在传统与现代的结合中推动最具有中国特色的经典文化的持续繁荣，才能使传统文化对构筑中国哲学社会科学话语体系的作用得到最大程度的激发。

中国话语体系建构与中国话语权提升*

——让马克思主义说中国话

■ 张艳涛**

［**摘　要**］中华民族伟大复兴需要什么样的哲学思维？马克思主义哲学如何融入当代中国人的精神世界并切实成为其指导思想？中国道路在何种意义和程度上顺应和表征着人类文明发展方向？如何结合中国特色社会主义伟大实践，加快建构面向时代、面向大众、面向世界的中国特色哲学社会科学话语体系？马克思主义在全球话语体系中的地位一定程度上取决于能否让马克思主义说中国话。这不仅关乎中国话语体系建构与中国话语权提升，而且关乎中国的理论自觉与思想创新，还关乎中华民族的“民族自我”与中国的“国家身份”。

［**关键词**］中国话语体系；中国话语权；马克思主义

当前，在全球学术话语体系中，中国哲学社会科学话语体系处于弱势地位，中国话语权不高不大，与此相关，中国可能是西方理论最大的思想市场。如何建构面向时代、面向大众、面向世界的中国话语体系？马克思主义在全球话语体系中的地位一定程度上取决于能否“让马克思主义说中国话”，这不仅关乎中国话语体系建构与中国话语权提

---

* 本文系2016年国家社科基金一般项目“全球视野下中国话语体系建构与中国话语权提升研究”（16BKS093）、2015年全国高校优秀中青年思想政治理论课教师择优资助计划“马克思主义基本原理概论课教学话语体系创新研究”（15JDSZK023）和2014年度福建省社科研究基地重大项目“习近平在厦门工作期间的思想方略研究”（2014JDZ004）的阶段性成果。

** 张艳涛，哲学博士，厦门大学马克思主义学院教授、博士生导师、马克思主义基本原理概论教研室主任、中国特色社会主义研究中心研究员。从事当代马克思主义哲学、人学、能力理论、社会结构理论和力量转移理论研究。

升，而且关乎中国的理论自觉与思想创新。

一、理论自觉：为什么哲学必须说民族语言

在新形势下如何加快构建面向“中国问题”的中国特色哲学社会科学？习近平总书记在哲学社会科学工作座谈会上发表的重要讲话对于加快构建中国特色哲学社会科学具有重要的指导意义，归纳起来就是要体现继承性、民族性、原创性、时代性、系统性、专业性。黑格尔曾深刻指出：“一个民族除非用自己的语言来习知那最优秀的东西，那么这东西就不会真正成为它的财富，它还将是野蛮的”，为此他提出要“教给哲学说德语”，进而认为“如果哲学一旦学会了说德语，那么那些平庸的思想就永远也难于在语言上貌似深奥了”①。基于这一理解和认识，黑格尔不惜把哲学贡献并不特别突出的沃尔夫称为“德国人的教师”，原因在于是沃尔夫开始让哲学讲德语，“沃尔夫第一个使哲学成了德国本地的东西”。在黑格尔看来，这是“一种不朽的贡献”。如果说黑格尔“力求教给哲学说德语”体现了一种民族观和哲学观，那么当代中国人则必须努力“让马克思主义说中国话”，这表明中国马克思主义学者的理论自觉，即努力推进中国哲学社会科学话语体系与中国话语权建构。笔者认为，只有经过哲学滋养的民族，才能真正崛起，也才能真正成为一个伟大的民族。

问题的关键是：如何“让马克思主义说中国话”？近年来，国内一些学者开始具有中国理论的自觉意识。高清海先生晚年倡导：中华民族哲学理论的哲学自觉，认为“中华民族的未来发展需要有自己的哲学理论”②。邓晓芒基于哲学学术翻译的立场说：“让哲学说汉语”。孙利天朴素地追问如何“让马克思主义哲学说中国话”③。孙正聿指出：“具有中国特色、气派和风格的马克思主义哲学，应当是‘说中国话’的马克思主义哲学”④。李广昌呼唤民族主体性的觉解。⑤ 崔唯航则指出，“哲学必须说民族语言。黑格尔是第一个提出并集中阐述这一问题的哲学家”。他认为：“作为人类文明活的灵魂的哲学，只有获得民族语言的形式，才能够真正为一个民族所掌握”。崔唯航认为，“只有当一个民族用自己的语言掌握了一门科学的时候，我们才能说这门科学属于这个民族了；

---

① 《黑格尔通信百封》，苗力田译，202页，上海，上海人民出版社，1981。

② 高清海：《中华民族的未来发展需要有自己的哲学理论》，载《吉林大学社会科学学报》，2004（2）。

③ 参见孙利天：《让马克思主义哲学说中国话》，武汉，武汉大学出版社，2010。

④ 孙正聿：《“说中国话”的马克思主义哲学：〈让马克思主义哲学说中国话〉的思路与意义》，载《学习与探索》，2012（8）。

⑤ 参见李广昌：《民族主体性的觉解：马克思主义哲学中国化的想象力》，北京，中国社会科学出版社，2010。

这一点，对于哲学来说最有必要”①。这些有识之士已深刻认识到中华民族必须要创造自己的哲学理论，并以此提升哲学的民族性和标示出中国思想的路标。可见，哲学创造是中国未竟的民族事业！

当前，如何加强中国哲学社会科学话语体系建设，促进高校哲学社会科学繁荣发展，这既是一个重要而紧迫的问题，又是一个重大而现实的课题。然而，关于这一问题和课题，人们泛泛而论的比较多，而真正静下心来深思熟虑的却很少。可以说，目前我们比历史上任何时候都更有条件深化对这一问题和课题的研究。就国家层面而言，习近平总书记主持召开的哲学社会科学工作座谈会和《教育部关于深入推进高等学校哲学社会科学繁荣发展的意见》，其主旨在于进一步提升中国哲学社会科学学术话语权，使中国哲学社会科学在全球学术舞台上能够发出响亮的“中国声音”。就学者个人而言，以马克思主义为指导，建构具有中国特色、中国风格、中国气派的当代社会科学，为改革开放和中国特色社会主义现代化事业提供科学的理论支撑和智力支持，是时代赋予中国社会科学的历史使命，也是中国社会科学产生世界影响并与世界文明对话的重要途径。无疑，当代中国正面临着前所未有的发展机遇，但机遇与挑战并存，这既是中国哲学社会科学深厚的思想源泉，也是中国哲学社会科学创新性成果产生的实践基础与根本动力。一个民族要站在科学的高峰，一刻离不开理论思维；一个国家要站在世界的巅峰，一刻也离不开思想力量。理论思维和思想力量从何而来呢？主要是来自哲学的滋养。

黑格尔在论述时代与哲学的关系时曾经指出：“每个人都是他那时代的产儿。哲学也是这样，它是被把握在思想中的它的时代。”② 既然哲学是“思想中的时代”，那么真正的哲学必须是“时代精神的精华”。可见，“每一个时代的理论思维，从而我们时代的理论思维，都是一种历史的产物，它在不同的时代具有完全不同的形式，同时具有完全不同的内容”③。“黑格尔由于力图克服异化了的学院语言而又不陷入任何语言纯正癖，他就通过将日常思维的概念贯彻于哲学的生硬做作的语词表达中，而恢复了他母语中的思辨精神，形成了如同希腊早期哲学中曾是自然伴有的那种哲学思辨运动”④。在哲学发展史上，哲学也曾一度试图通过模仿数学的方式来建构自己的话语体系（例如笛卡尔、斯宾诺莎和莱布尼茨），其结果无不以失败而告终。这表明哲学具有独特的性质和独特的存在方式，在传承、发展和创新哲学理论时必须遵循哲学的这一独特性质和独特的存在方式。在21世纪，马克思主义哲学中国学术话语体系的当代建构应成为中国马克思主义学者的理论自觉。

---

① 崔唯航：《让马克思主义哲学说汉语：旨趣与路径》，载《山东社会科学》，2012（7）。

② ［德］黑格尔：《法哲学原理·序言》，12页，北京，商务印书馆，1996。

③ 《马克思恩格斯选集》，2版，第4卷，284页，北京，人民出版社，1995。

④ ［德］伽达默尔：《黑格尔和古代辩证法》，见《黑格尔辩证法：六篇解释学的研究论文》，28页，图宾根，1980。

二、理论创新：中国崛起需要什么样的思想理论支撑

在中华民族伟大复兴的历史进程之中，中国理论界可以做出怎样的思想贡献？这是身处中国崛起进程中和创新焦虑境遇下的中国学者们不能回避的现实问题。固然一切都只是思想资源，但在思想创造方面，近代以来我们是“拿来主义有余而自主创新不足”。可以说，对于当代中国而言，“思想的力量”是最重要也是最匮乏的。中国理论创新和思想创造的主要目标是丰富和发展中国特色社会主义理论体系，彰显中华民族自立于世界民族之林的思想能力。

有人会问：在世界历史时代，民族哲学（中国理论）何以可能？我理解，关键是要使中国理论创新真正成为中华民族自己的生命体验、存在领悟和未来发展的精神追求，而不是沦为西方思想的“跑马场”和西方理论的“消费国”。哲学作为“时代精神的精华”和“思想中的时代”，必定要表征时代的高度。西方理论与中国问题全球化使人类不同主体间的交往日益普遍化和紧密化，这是一个由“民族历史”走向“世界历史”的“普遍交往”过程。

当今世界，大国崛起必定伴随文化软实力和精神力量的强大。而话语体系建构和话语权提升是一个国家文化软实力和精神力量强大的重要内容。中国话语体系建构要具有哲学高度和思想深度，这样才能既足以自信，又足以服人。“构建当代中国哲学话语体系绝不仅仅是以更好的话语方式来表述现有哲学内容的问题，而是对于新的哲学体系和哲学形态的构建过程”①。笔者主张，建构面向中国问题的 21 世纪马克思主义和当代中国马克思主义，其本质是建构中国理论。在笔者看来，西方理论主要是基于西方社会历史文化与西方社会实践而产生的，不可否认西方理论具有一定的反映人类历史普遍性的因素，但同样也具有不可忽视的特殊性，因此完全用西方理论来解释和解决中国问题是不可能的，也是不现实的。鉴于中国实践已经部分超出西方理论的解释范围，由此，必须基于中国道路和中国问题自觉建构中国理论。当然，中国理论并不是同西方理论直接对立的，而是对西方理论的扬弃。进言之，在改造与创造之中，逐渐建构起面向世界、面向现代化、面向未来的中国理论。

中华民族伟大复兴的思想基础何在？这不是不证自明的，它同样需要反思与批判。从 1781 年康德《纯粹理性批判》问世到黑格尔最后一部有重要影响的著作《法哲学原理》出版（1821 年），间隔只有区区 40 年。然而，正是在如此短暂的时代之内，产生了

① 欧阳康：《中国哲学话语体系的反思与建构》，载《光明日报》，2015 - 06 - 10 。

康德、费希特、谢林、黑格尔等具有原创性的思想家和哲学家，诞生了辉煌灿烂的哲学思想理论成果，涌现出令人震撼的思想创造力。“德国古典哲学之所以实现‘理论创新’并产生深远的思想影响，一个十分重要的因素是它把思想的触角深入到了时代精神的最深处，洞察并捕捉到了哲学与时代的最恰切的结合点。”① 笔者认为，如果说物质生产是“体”，那么精神（思想）创造则是“魄”，一个国家发展只有“体”而没有“魄”，是悲哀的也是危险的。中华民族的伟大复兴改变的不只是世界体系的“物质力量结构”，还会带来“世界精神结构”的变革和创新。为此，一切有理想、有抱负的中国哲学社会科学工作者都应该立时代之潮头、通古今之变化、发思想之先声，积极为党和人民述学立论、建言献策，担负起历史赋予的光荣使命。

三、中国语境：中国道路、中国理论与中国价值具有怎样的世界意义?

如今，面对中国发展，西方有多种误解与误判：“中国崩溃论”“中国失败论”“中国威胁论”“中国称霸论”等论调不绝于耳。如何从理论和实践双重向度上有力回应这些误解与误判？关键是推进中国理论创新与中国道路实践创新，从而为中华民族复兴开辟更加广阔的思想空间和实践空间，进而阐明中国道路、中国理论与中国价值的世界意义。

首先，中国理论创新是中国发展的重要经验。中华民族凭什么重新自立于世界民族之林？中国如何从一个单纯的学术思想“消费领域”逐渐转变为一个全球重要的学术思想“生产领域”？“中国崛起”需要什么样的理论上和思想上的准备？这些问题都需要深入思考和探究。在当代中国语境中，中国理论不仅要把握时代精神，而且要提升中华民族精神和提振中国人的精气神。就此而论，中国理论的创造是中华民族伟大复兴和中国崛起的重要标志之一，而这种创造可能对世界有新的更大的贡献。古代中国曾对世界做出过重要贡献，据统计，在16世纪以前，影响人类生活的重大科技发明约有300项，其中175项是中国贡献的。直到18世纪末期，中国的经济规模还是当时世界上最大的。近代以来，随着工业革命以及殖民主义的扩张，主导力量向资本和科技转移，近代中国由于没有拥有这种力量，因此由西方国家主导人类历史长达300年。当代中国随着综合国力的提升，重新恢复大国地位，将为人类做出更大贡献。对人类发展有较大贡献是实现中华民族伟大复兴的“中国梦”的应有之义。

大国复兴需要思想引领。有人说：当代中国有钱、有权，但缺少思想。当代中国人

① 贺来：《哲学理论创新的基本要素：以德国古典哲学研究为个案》，载《江海学刊》，2014（1）。

如何掌握“思想的力量”？实际上，在“思想贫瘠”的大地上是不可能挺立起伟大的民族的。中国理论创新之所以既重要又迫切，很重要的原因是长期以来我们沉醉于“口号式”的理论创新和“泡沫式”的学术创新之中而不能自拔。今后“我们不能喊口号，我们不能自我陶醉于量的贡献。我们必须做质的突破”①。所谓“质的突破”，就是要为世界贡献新理论和新思想，而这种新理论和新思想又必须具有鲜明的中国标志。

理论创新是思想解放的产物，反过来，理论创新又会深化思想解放。思想的力量主要体现在解放思想、破除僵化的思想观念上。例如，1978 年我们党通过真理标准大讨论和解放思想，极大地推动了我国实践发展的步伐，这可谓“思想解放一小步，实践和发展迈开一大步”。如今，在学术竞争成为新常态、理论创新成为职业强迫症的时代，中国的马克思主义研究应直面前沿重大现实中国问题。如果“前沿问题抓不准”“重大问题抓不牢”“现实问题抓不住”，那么就谈不上有深度的学术研究和有高度的思想创造。哲学社会科学学术话语的核心是理论创新与思想创造。由此，关心时代前沿问题、关注时代重大问题、关怀时代现实问题，与当代主要社会思潮进行深层对话，是推进马克思主义研究的重要路径，也是中国理论创新的重要路径。

其次，中国道路创新是中国发展的重要保证。中国精神如何能真正挺立于世界？这无不需要中国在思想方面进行改造和创造。所谓改造，主要任务是中国传统文化的“创造性转化”；所谓创造，主要任务是中国传统文化的“发展性创新”。而无论是改造还是创造，都需要马克思主义的指导与引领。“我们需要在本土学术话语的建构中研究国外马克思主义。因为一个国家的学术水准往往取决于其学者能否将普遍性的学术规范与本土性的思想建构联系起来，从而形成本土学术话语。这种话语既是对世界思想的深刻把握，又是对本土问题的深层透视”②。在世界学术舞台和思想竞争中要想能够有见地、有水平地讨论别人的问题，我们首先就必须去了解别人。我们应该多了解世界。“只有在了解世界的基础上，并进而为世界提供有用的知识，包括对世界问题的诊断和药方，从而能够对他人的福利有所促进，中国才会有真正的国际‘话语权’”③，中国道路才能越走越宽广。实际上，道路自信源于道路创新，理论自信源于理论创新，制度自信源于制度创新，文化自信源于文化创新。可见，没有创新也就没有自信。

中国道路的成功不是偶然的，它是马克思主义与中国具体实际相结合的新创造。历史越往前追索，人以外的物质因素在经济社会发展中的作用越大；历史越往后发展，人的创新能力在经济社会发展中的主体作用越突出。世界力量转移具有基本规律。第一，从主导要素看，“力量转移”的基本规律是：由“暴力主导”到“资本主导”再到“创

① 林毓生：《中国传统文化的创造性转化》，20 页，北京，三联书店，1988。
② 仰海峰：《国外马克思主义研究的理论构图》，载《国外社会科学》，2012（1）。
③ 唐世平：《多了解一点世界》，载《南风窗》，2015（3）。

新能力主导”。力量的这种转移，既是科学技术广泛应用的必然结果，也是人类社会发展的必然趋向，还是人类社会历史逐渐走向人本身的内在要求。第二，从时间看，“力量转移”的基本规律是：社会越往后发展，其力量转移的加速度越快，导致不同国家、地区和全球发展的时间落差越大。由于各国发展阶段的落差，导致不同力量在起主导作用。第三，从空间看，“力量转移”的基本规律是：古代世界力量主要在中国，近代世界力量主要在欧洲，当代世界力量主要在美国，但当前有向亚太地区转移的趋向。认识、把握和顺应这些基本规律，是中国道路创新的关键。

最后，中国价值创新是中国发展的重要结晶。一段时期以来，西方对中国改革发展有种根深蒂固的曲解和误解，认为中国的成功，对内主要靠“摸着石头过河”，对外主要靠“搭全球化便车”，由于缺乏自身明确的价值观特质，因此中国成功具有极大的偶然性和不可持续性。社会主义核心价值观的提出有力地回击了这种曲解和误解，它表明中国在“道路自信”“理论自信”“制度自信”和“文化自信”基础上逐渐形成中国“价值自觉”和“价值自信”，这有助于讲清楚中国成功的“价值根源”。“中国理论”是中国向世界表明中国人民是维护世界和平与稳定的一支重要力量。“中国道路”走的是一条和平发展合作共赢的道路，而不是国强必霸的道路。“中国价值”是向世界表明，中国不仅是合作共赢的积极倡导者，更是合作共赢的切实践行者，还是公平正义的坚定捍卫者。

综上所述，中国崛起的关键是中华文明的崛起，就此而论，中国理论、中国道路、中国文化和中国价值共同开启一种“新文明样态”。这种“新文明样态”不仅具有民族意义，而且具有世界意义。一句话，中国“国家治理体系和治理能力现代化”意味着中国将跻身于“世界先进国家行列”，这不仅决定中国发展的前途命运，而且必将深刻影响世界格局。

凝聚中国力量，彰显国家正义

——十八大以来习近平的“人民”话语研究

■ 吴 永*

［**摘 要**］十八大以来，在以习近平同志为核心的党中央领导下，党在治国理政方面的鲜明变化就是：为民、务实、清廉。通过深刻阐释“中国梦”、出台“八项规定”、全面落实群众路线教育实践活动等一系列治国理政措施的实施，习近平从各个层面对“人民”话语进行了全新阐释，赋予党的“人民”话语以时代新内涵。其“人民”话语也因贴近现实、凝聚人心、彰显国家正义而备受广泛认同，从而具有鲜活的政治生命力。

［**关键词**］中国共产党；习近平；人民；国家正义

“人民”话语是近代以来中国最具生命力的政治话语。作为中国共产党的主流政治话语，“人民”话语不仅深刻反映了中国共产党的政党本质和价值取向，而且也从根本上体现了中国共产党的执政合法性。在经历革命和社会主义现代化建设的一系列变革之后，“人民”话语在得到不断充实和发展的同时，也在递嬗过程中遭遇了危机，特别是在党遇到“四大考验”和“四种危险”的背景下，“人民”话语亟须得到调适与重构。针对“人民”话语的现实困境，党的十八大以来，习近平从各个层面对“人民”话语进行了全新阐释，赋予党的“人民”话语以时代新内涵。其“人民”话语也因贴近现实，

---

* 吴永，政治学博士后、哲学博士后，陕西师范大学政治经济学院教授，中共陕西省委党校中共党史教研部副主任、教授，主要从事中国近现代政治思想研究。

凸显人民的主体地位而备受广泛认同，从而具有鲜活的政治生命力。习近平对“人民”话语的重构无疑为凝聚中国力量，彰显国家正义，推进中华民族的伟大复兴具有十分重大的现实意义。

一、设定话语新情境，以“中国梦”凝聚中国力量

政治话语服务于政治发展目标，主要通过特定的语言符号与情境设定而聚合社会意志，形成权力。在我国，“人民”话语之所以能被人民所广泛认同和接受，除了因为党的政治发展目标符合人民的根本需要外，关键在于在话语符号和情境设定上能激起人民对美好未来的向往。在话语权力的支配下，人民的意志通过党的领导而聚合为改造社会的强大的政治力量。在当代中国，一个显见的事实就是：社会在快速转型发展的同时，也因制度和体制的不健全导致了大量的社会问题，特别是阶层分化中的贫富差异问题比较突出，从而使处于相对贫困阶层的民众因不满现实而产生政治离心力和消极情绪。在政治目标不变的情况下，以“人民”话语来统合全体民众的意志，则必须重新设定新的话语情境，否则“人民”话语将会被严重符号化。而习近平在十八大后所创设的“中国梦”，恰恰为“人民”话语提供了新情境，注入了新希望。

近代以来，中华民族主要面临两大历史性课题，即实现民族独立、人民解放和国家富强、民族振兴、人民幸福。而当前我国正处于解决第二大历史性课题阶段，目标就是要实现中华民族的伟大复兴。而要实现民族复兴，则必须凝聚以人民为主体的中国力量，让人民愿意为此目标而奋斗。为此，习近平在阐释“中国梦”时，辩证地将“人民”与“国家”和“民族”有机地统一起来，凸显人民在民族复兴中的主体地位。他指出：“每个人的前途命运都与国家和民族的前途命运紧密相连。国家好，民族好，大家才会好。”①“实现中华民族伟大复兴的中国梦，就是要实现国家富强、民族振兴、人民幸福”②。在上述表达中，习近平坚持了历史唯物主义和辩证唯物主义的逻辑思维，即国家富强、民族振兴是实现人民幸福的根本前提和重要保障，人民幸福则是实现国家富强、民族振兴的出发点和归宿。从历史的角度来看，民族复兴首先要有一个统一强大的国家。在积弱积贫的旧中国，人民的幸福只能是一种空谈。正如毛泽东在《论联合政府》报告中指出的：“一个不是贫弱的而是富强的中国，是和一个不是殖民地半殖民地的而是独立的，不是半封建的而是自由的、民主的，不是分裂的而是统一的中国，相联

① 习近平：《承前启后 继往开来 继续朝着中华民族伟大复兴目标奋勇前进》，载《人民日报》，2012-11-30。

② 习近平：《第十二届全国人民代表大会第一次会议上的讲话》，载《人民日报》，2013-03-18。

结的。在一个半殖民地的、半封建的、分裂的中国里，要想发展工业，建设国防，福利人民，求得国家的富强，多少年来多少人做过这种梦，但是一概幻灭了。”① 从现实的角度来看，决定中华民族伟大复兴的关键在于最广大的人民是否能够过上幸福的生活。人民不幸福，民族复兴也就会失去动力。因此，在促进国家和民族强大的同时，必须让人民获得幸福。基于此，习近平强调：中国梦归根到底就是人民的梦，必须紧紧依靠人民来实现，必须不断为人民造福。在习近平的思想中，人民有梦想，才会有动力，国家才会有希望。实现中国梦，就是要让亿万中国人民“共同享有人生出彩的机会，共同享有梦想成真的机会，共同享有同祖国和时代一起成长与进步的机会”②，“实现中华民族伟大复兴，意味着每一个人都能在为中国梦的奋斗中实现自己的梦想，意味着中华民族团结奋斗的最大公约数”③。这就把历史和现实有机地联系为一个整体，使“人民”话语不仅有着厚重的历史感，而且也有着真切的现实感。与此同时，中国梦也把党的政治发展目标——“国家富强”“民族振兴”与亿万普通大众渴盼的生活目标——“人民幸福”有效地统合起来，使每一个普通的中国人都能够在中国梦中寻觅到自己的闪光点。“人民幸福”从而也成为党的政治发展目标中的重要组成部分。

二、改良话语主体，为人民创造良好的政治生态环境

良好的政治生态环境，既是人民当家做主实现民主政治的重要前提，也是巩固党的执政基础的重要条件。在政治生态环境构建中，执政党的作风建设起着主导性作用。作为“人民”话语的主体（建构者），以良好的党风赢得民心，是中国共产党执政的成功经验之一。也正因如此，中国共产党一直把执政党的党风视为关系到党生死存亡的重大政治问题而格外加以重视。但是，近年来随着党内“四种危险”的出现，人民群众对党的信任度明显下降。特别是腐败和脱离群众，直接削弱了党的执政基础，严重破坏了党的政治生态环境。

鉴于此，十八大以来，以习近平为总书记的党中央本着“治国必先治党，治党务必从严”的理念，全面从严治党，着力为人民构建一个良好的政治生态环境和政治发展空间。首先，出台“八项规定”和“六项禁令”，以严明党的政治纪律，改进党的作风，取信于民。习近平一针见血地指出：“改进工作作风、密切联系群众，关系党和人民事业成败。”他表示：“抓作风建设，首先要从中央政治局做起，要求别人做到的自己先要

---

① 《毛泽东选集》，2版，第3卷，1080页，北京，人民出版社，1991。

② 习近平：《第十二届全国人民代表大会第一次会议上的讲话》，载《人民日报》，2013-03-18。

③ 《建设社会主义文化强国 着力提高国家文化软实力》，载《人民日报》，2014-01-01。

做到，要求别人不做的自己坚决不做，以良好党风带动政风民风，真正赢得群众信任和拥护。”[①] 在十八大换届的背景下，中央政治局委员带头遵守“八项规定”，重整党风，恰恰符合人民对善政的期盼，因而起到了立木取信的功效。其次，在全国上下大力开展群众路线教育实践活动，重点整治党内危害党和人民关系的“四风”。习近平深知，人心向背关系党的生死存亡。因此，“党只有始终与人民心连心、同呼吸、共命运，始终依靠人民推动历史前进，才能做到坚如磐石”[②]。开展党的群众路线教育实践活动，目的就是要把为民务实清廉的价值追求深深植根于全党同志的思想和行动中，夯实党的执政基础，巩固党的执政地位。而这既是加强党的自身建设的需要，也是以实际行动告慰人民的需要。再次，以重典治腐。人民最痛恨腐败。历史的经验告诉我们，严重的腐败必然导致执政党丧失执政合法性，从而最终被人民所抛弃。对此，习近平以猛药去疴、重典治乱的决心，以刮骨疗毒、壮士断腕的勇气，全面推进反腐建设。针对以往反腐监督不力的状况，习近平首先想到的就是要健全反腐的各项制度建设，特别是要重视发挥人民群众的监督作用，明确表示要把权力关进制度的笼子里。十八大以来短短两年多的时间内，党内仅查处的副省级和副军级以上高官就多达 106 人。这种空前的反腐力度不仅使党风有了明显好转，而且也赢得了民众的交口称赞。与此同时，党在人民中的威望与日俱增。对此，《华尔街日报》评论：“习近平及其他新任领导通过反腐积累的信任度和支持率将对他们开展 2014 年挑战性的改革措施有非常大的帮助。”[③] 随着“全面深化改革”“全面依法治国”战略的实施，国内政治生态在总体上明显得以改善。

三、普惠民生，让人民享受改革开放最大的成果

历史唯物主义认为，人的物质需求是第一需求。任何话语要想得到人民的高度认同，必须首先满足人民对物质利益的需求。“人民”话语更不例外。早在延安时期，毛泽东就指出：“一切空话都是无用的，必须给人民以看得见的物质福利。”[④] 因此，能否满足人民对物质利益的需求，就成为考量“人民”话真实性的一个重要判断标准。

“人民”话语本身内涵了人民主权的基本原则。既然是人民主权，那么人民当然有权决定国家和社会的一切事物，就理所当然地平等地享有一切社会发展的成果。这是社

① 《审议关于改进工作作风、密切联系群众的有关规定 分析研究二〇一三年经济工作》，载《人民日报》，2012-12-05。

② 《深入扎实开展党的群众路线教育实践活动为实现党的十八大目标任务提供坚强保证》，载《人民日报》，2013-06-19。

③ 转引自《外媒：中共反腐向“零容忍”不断迈进》，载《参考消息》，2014-01-01。

④ 《毛泽东文集》，第 2 卷，467 页，北京，人民出版社，1993。

会主义制度的国家正义的根本体现。而过去20年以来一个明显的事实，就是改革开放中的一部分利益被一些利益集团所占有，从而导致贫富分化、社会不公，并引发人民对党和政府的不满。特殊利益集团的可怕之处在于："当特殊利益集团的地位愈来愈重要，分配问题格外突出时，政治上的分歧将愈演愈烈，进而引发政治选择的反复无常、政局的多变和社会的失控。"① 由此将不可避免地导致国家走向衰落。在走向民族复兴的关键时期，能否解决好这一问题，将直接关系到党、国家和民族的未来。在十八大伊始，习近平就代表党中央宣示："人民对美好生活的向往，就是我们的奋斗目标。"② 为此，中央决定要把改革开放最大的红利让与人民，让人民真正享受到改革开放的最大成果。党的十八大所确立的"全面建成小康社会"的目标与十八届三中全会所做出的经济社会发展的重大部署，清晰地勾勒出一幅普惠民生的发展图景。在这一图景中，广大人民群众特别是弱势群体所关心的就业问题、住房问题、教育问题、医疗卫生问题、收入分配问题、福利保障问题等一系列重大问题，基本上都能得以妥善解决。全面建成小康社会，就是要让全体人民都能过上幸福美满的生活。正如习近平所强调的——"小康不小康，关键看老乡"。而重锤反腐，本身就包括对利益集团的切割和惩治，以让利于民。从本届中央已经推行的新政来看，在缩小地区差异、城乡差异、阶层差异，消除两极分化，促进社会公平、公正等方面，成效逐渐凸显。这些新政举措无疑符合社会主义的本质要求，维护了最广大人民的根本利益，从而也保证了改革开放的正确方向。

四、习近平的"人民"话语特点

综观十八大以来习近平对"人民"话语的重塑，主要体现了三大特点：

第一，具有鲜明的历史继承性。"人民"话语为人民。为人民服务是党的"人民"话语的本质特点。"人民"话语自以毛泽东为代表的中国共产党第一代中央领导集体创立以来，始终是维护党的执政合法性的主流政治话语。习近平在对"人民"话语进行重塑的过程中，尽管为人民服务的形式有所改变，但本质上仍与党的"人民"话语高度保持一致。建设美丽中国是为人民服务，全面建成小康社会是为人民服务，践行"中国梦"是为人民服务，深化改革是为人民服务，推进反腐和作风建设仍然是为人民服务……通过开展群众路线教育实践活动，进一步弘扬了党的密切联系群众的优良传统作风，使广大党员干部对人民由衷地产生景仰和敬畏，党的宗旨观也因此深植于广大党员干部的灵魂深处。习近平领导党中央所做的这一切无不深刻体现了党的"人民"话语的

---

① 陆文婷：《新的"国家兴衰"研究视角——理解曼瑟·奥尔森〈国家的兴衰〉》，载《新政治学》，2010（2）。

② 《习近平：人民对美好生活的向往就是我们的奋斗目标》，载《人民日报》，2012-11-16。

历史继承性。

第二，具有强烈的现实问题指向性。习近平的“人民”话语之所以能在新的历史时期得到创新与发展，除了因为习近平对党和人民有着高度的负责精神外，强烈的问题意识也是其中原因之一。在党遇到“四大考验”和“四种危险”的背景下，“人民”话语同样遭遇到现实发展困境，从而引起广大人民的不满。而十八大以来以习近平同志为核心的党中央在治国理政方面重点解决的就是人民群众反映比较突出的问题，如建设“三清”政治，出台“八项规定”，整治“四风”，提出“三严三实”等，重点针对的正是党内存在的消极腐败和脱离群众的危险。因为问题指向明确，解决问题果断有力，所以习近平的“人民”话语也因务实而备受人民欢迎。

第三，具有高度的真实性。“人民”话语贵在真实，否则“人民”话语就会沦为抽象的符号。积极兑现对人民的承诺，是习近平的“人民”话语的一大显著特点。在政治上，坚持国家一切权力属于人民的宪法理念，大力发展民主，保障人民群众对美好生活的向往和追求；在经济上，不断实现好、维护好、发展好最广大人民的根本利益，使发展成果更多更公平惠及全体人民；在文化上，积极倡导社会主义核心价值观，引导人们向往和追求讲道德、尊道德、守道德的生活，让 13 亿人的每一分子都成为传播中华美德、中华文化的主体；在社会上，维护社会公平正义，努力实现学有所教、劳有所得、病有所医、老有所养、住有所居。目前，各个领域的改革正由国家顶层设计逐步变为现实。而新一届政府的“喊破嗓子不如甩开膀子”的实干作风，更是让人民切切实实感受到了“人民”话语的真实性。

总之，习近平的“人民”话语贴近现实，温暖人心，彰显国家正义，是中国共产党理论创新的新源泉，是新的历史条件下党团结全国各族人民实现中华民族伟大复兴的精神动力。

中国智库传播中国声音：从国际媒体引用视角的评估*

■ 吴 瑛 张结海**

［摘 要］中国智库能不能有效地传播“中国声音”？本文以 4 家国际问题研究智库为例，从国际媒体引用的视角展开评估。通过话语分析，以及计算机辅助的文本挖掘和情感分析发现：一方面，西方主流媒体对中国智库的引用仅占其涉华报道的极小比例，中国智库还未能成为西方媒体的重要消息源，中国智库对重大国际国内问题的议程设置能力仍然欠缺；另一方面，智库专家以独立学者身份发出的声音被认为比官方消息源更具可信性，智库被国际媒体引用有利于改善负面的中国形象，提升中国声音的国际影响力。

［关键词］智库；中国声音；媒体

问题的提出

当前中国的智库建设已进入战略机遇期。2013 年习近平同志做出关于建设中国特色

* 本文系吴瑛主持的国家社科基金项目“中国智库的国际媒体影响力分析与话语权战略研究”（项目编号：14BGJ059）、国家民委民族问题重点研究项目“中国民族问题国际话语权战略研究”（项目编号：2012GM006）的阶段性成果。本研究同时受上海外国语大学“青年英才海外研修计划”和“青年教师科研创新团队”资助。论文还获得上海交通大学国际与公共事务学院郑华副教授的帮助，特此致谢。

** 吴瑛，上海外国语大学新闻传播学院副教授，上海外国语大学中国国际舆情研究中心副主任，研究方向为国际传播、中国文化对外传播。

张结海，上海社会科学院社会学所副研究员，研究方向为社会情绪与集群行为、社会情绪与传播、媒体中的群体形象。

新型智库的重要批示，把智库发展提到了战略高度。2014 年中央全面深化改革领导小组第六次会议审议通过了《关于加强中国特色新型智库建设的意见》，更是将建设具有国际影响力的高端智库纳入了当前国家议程中。中国特色新型智库就是要以“中国问题”为导向，以“中国风格”为特征，以形成“中国学派”为使命①，不仅对内要成为政府决策方案的建言者、政策效果的评估者、社会舆论的引导者②，而且对外要发出中国声音，成为中国话语体系构建的重要组成部分。

可是，目前中国智库的国际影响力与中国的国际地位并不匹配。据统计，2013 年中国共有 429 家智库，在数量上仅次于美国（1 830 家），居全球第二，却只有 7 家进入全球影响力排行前 100 名。③ 针对这种现状，一些学者从政治学、国际问题研究、新闻传播学等视角探索智库的影响力和话语权问题。有学者将智库的角色分为三类：政府咨询者、学术研究者和公共倡导者④，既重视智库通过“旋转门”角色对政府决策的影响，也重视其对学术、媒体、公众的影响。也有学者认为，智库的影响力更在于看它是否与社会分享研究成果、影响并教育公众；而用思想和观点去影响社会，就需要借助网络和媒介。⑤

在对智库影响力的评估上，美国宾夕法尼亚大学“智库与公民社会”项目组从 2006 年起，采用“专家整体印象评价法”每年发布一份《全球智库报告》；在国内，上海社会科学院与“智库与公民社会”项目组建立了合作及授权发布中文版机制，同时采用“专家多轮主观评价法”，至今已推出了 2013 年和 2014 年“中国智库影响力排名”。

但现有成果仍存在着一定的局限。第一，目前对中国智库影响力的研究被西方国家尤其是美国所主导，中国机构和专家在这一领域刚刚介入，适应中国特色的新型智库的研究思路与框架还处于摸索阶段；第二，即使一些学者认识到了中国智库在国际媒体上的影响力的重要性，但绝大部分成果主要关注“应该如何”，对“目前如何”的研究尤其是实证研究非常稀缺；第三，为数不多的实证研究主要依赖“专家主观评价法”，这种“基于专家知识的主观评价”需要与“基于统计数据的客观评价”相结合，推进该领域研究的科学化发展。

针对以上局限，本文将以“中国问题”为导向，探索“我们的声音如何能进入他人

---

① 参见胡鞍钢：《建设中国特色一流高校智库》，载《光明日报》，2013－05－31。

② 参见刘延东 2013 年 5 月 30 日在北京主持召开座谈会讲话，载《人民日报》，2013－05－31。

③ Think Tanks & Civil Societies Program, “Think Tanks and Civil Societies Program,” *2014 Global Go To Think Tank Index Report*, January 22, 2014. 在这个报告中，中国社会科学院、中国国际问题研究中心、中国现代国际关系研究院、国务院发展研究中心、国际战略研究中心、上海国际问题研究院、北京天则经济研究所进入全球影响力排行前 100 名。

④ Zhu, X., “Government advisors or public advocates? Roles of think tanks in China from the perspective of regional variations,” *The China Quarterly*, Volume 207, 2011, pp. 668－686.

⑤ 参见俞可平：《“智库”的影响力从何而来》，载《思想政治工作研究》，2010（2）。

的世界”。通过对国际媒体引用的实证分析，客观评估中国智库如何在国际媒体上“发出中国声音”，在此基础上为提升中国智库的国际话语权提出战略与对策。

研究设计

研究问题：首先，本文将分析哪些国际媒体在引用中国智库，它们分别位于哪些区域和国家，体现出什么样的分布结构。其次，探索国际媒体引用了中国智库的哪些声音，中国智库能否为国际媒体设置议程。再次，剖析国际媒体如何解读中国智库的声音，这种解读体现出什么样的意义。

研究方法：将人工分析与计算机辅助分析相结合，采用话语分析法、文本挖掘与情感分析等方法。研究步骤如下：

智库选择：本文以国际问题研究智库为例，选取中国社会科学院、中国国际问题研究院、中国现代国际关系研究院、上海国际问题研究院这 4 家智库为分析对象。智库选择依据三项标准：一是参考了美国宾夕法尼亚大学发布的《全球智库报告 2014》，我国有 7 家智库进入前 100 位，其中本文所分析的 4 家智库居于其中。二是参考了上海社会科学院发布的《2014 中国智库影响力报告》，借鉴了其中的“国际问题（大国和周边关系）”类的影响力排名，本文所分析的智库列在这个排名的前 4 位。三是平衡不同类型、研究领域、所在地区的国际问题智库。4 家智库位于北京、上海两地，因为这是中国智库最集中且国际媒体驻华记者站也最密集的城市。

媒体样本：选取英文国际主流媒体为样本，新闻文本从 LexisNexis 数据库的 Major World Newspaper 子库获得，该库是全球最完备的主流媒体数据库，收录了 600 余家报纸近 30 年的新闻全文，且具有丰富的自动检索和统计功能。研究以 4 家智库的英文名为关键词，经搜索，国际媒体对这 4 家智库的引用最早出现于 1978 年 7 月 7 日，本文分析的起始时间就从那时开始，结束时间是论文写作时间 2014 年 11 月 10 日，共获得 715 条新闻，以此呈现改革开放至今中国智库被国际媒体引用的历史与现状。

话语分析：分析国际媒体在引用中国智库时，如何通过布局结构、组织材料、制作标题、选择词语等方式对“中国声音”进行“意义的再生产”，进而影响中国的国际形象。本研究使用了词频统计软件。为提高软件使用的准确率，对比使用了 Html5 词云产生器和 ROST 词频软件，将虚词剔除后，对实词进行分类统计，在此基础上开展话语分析。

文本挖掘与情感分析：近年来，随着自然语言处理技术的日益成熟，可以利用计算机进行文本挖掘，自动实现文本分类、文本聚类、概念实体提取、粒度分类生产、情感分析、自动文摘、实体关系模型建设等功能。与传统的人工编码相比，计算机辅助的情感分析可以克服大样本研究耗时耗力的瓶颈，也有助于发现人工分析可能忽略的问题与规律。目前情感分析可使用软件包括 WordNet-Affect、SentiWordNet、SenticNet，以及本研究使用的 AlchemyAPI 等。AlchemyAPI 中的实体提取（entity extraction）和关键词提取（keyword extraction）功能可以区分人物、公司、组织、城市、地理特征等实体和关键词与文本间的相关性。

评估情感分析有效性的标准包括查全率（recall）与准确率（precision），查全率指的是所有准确的条目有多少被检索出来了，准确率指的是检索出来的条目中有多少是准确的。从 2002 年开始，有研究介绍了基于语义倾向的文本分类方法，利用褒贬含义的倾向信息对评论性文章进行分类，准确率达到 74%。① 2005 年一项应用关联规则分类方法的研究提取了商品用户对商品的评论，平均查全率达到 80%以上，平均查准率为 70%左右。② 2006 年，在分析英文文本的基础上，有学者基于 HowNet 提出了两种中文词汇语义的倾向性计算方法：基于语义相似度的方法和基于语义相关场的方法，准确率在常用词集层面可以达到 80%～90%。③ 情感分析正日益成为文本研究中具有参考价值的新的研究方法。

哪些媒体在引用中国智库

中国智库的发展与改革开放同步，经过 30 多年的发展历程，至今已形成了官方智库、大学智库和民间智库“三驾马车”并立的格局。随着 2009 年拥有“超级智库”之称的中国国际经济交流中心的成立，中国智库的发展进入了历史新阶段。作为中国声音的代表，中国智库承担着“讲好中国故事，传播好中国声音”的使命，借助国际媒体是传播中国声音的重要渠道。那么，目前有哪些国际媒体在引用中国智库？中国智库的声音又是如何在全球范围内流动的？

欧美和周边国家媒体引用频率最高。学术界普遍存在着一种现象，就是谈到全球媒体言必称“西方”。但根据上海外国语大学中国国际舆情中心长期研究发现，在不同的

① Turney, P. D., “Thumbs up or thumbs down?: semantic orientation applied to unsupervised classification of reviews,” Paper presented at the proceedings of the 40th annual meeting on association for computational linguistics, 2002.

② Liu, B., Hu, M., & Cheng, J., “Opinion observer: analyzing and comparing opinions on the web,” Paper presented at the proceedings of the 14th international conference on World Wide Web, 2005.

③ 参见朱嫣岚、闵锦、周雅倩、黄萱菁、吴立德：《基于 HowNet 的词汇语义倾向计算》，载《中文信息学报》，2006 (1)，146 页。

涉华议题中，西方媒体对中国的关注度呈现很大差异。表1显示，在总计715条新闻中，虽然按照国家来统计，美国、澳大利亚、英国等欧美国家对中国智库的引用量是最大的，如《洛杉矶时报》《纽约时报》《澳大利亚人》等主流大报都有50次以上的引用量，但是按照单个媒体来看，新加坡《海峡时报》的引用量最大，为88条，排在所有报纸的首位。除了新加坡，日本、韩国、泰国、菲律宾等国都有一定的引用量。对于中国智库的引用，不像一些政治或社会的敏感话题那样能高度吸引欧美媒体的目光，但是由于其媒体数量和媒体网络本身体量的庞大，还是表现出总体的优势。

表1　　国际媒体引用中国智库的新闻数量

各国总报道量	媒体名	报道量	各国总报道量	媒体名	报道量
美国248篇	《洛杉矶时报》	56	英国36篇	《卫报》	10
	《纽约时报》	51		《每日电讯报》	9
	《华盛顿邮报》	48		《独立报》	8
	《国际先驱导报》	44		《观察者报》	4
	《芝加哥论坛报》	15		《星期日每日电讯》	3
	《华盛顿时报》	18		《星期日时报》	1
	《今日美国》	10		《每日邮报》	1
	《迈阿密先驱报》	6	日本29篇	《日本新闻》	23
澳大利亚199篇	《澳大利亚人》	75		《日本时报》	6
	《金融评论》	68	韩国25篇	《韩国时报》	15
	《悉尼先驱晨报》	18		《韩国先驱报》	10
	《时代》	17	加拿大25篇	《环球邮报》	18
	《堪培拉时报》	8		《国家邮报》	4
	《广告报》	6		《多伦多星报》	3
	《昆士兰邮报》	3	泰国25篇	《国家报》	25
	《先驱太阳报》	2	菲律宾9篇	《每日讯问者报》	9
	《每日电讯报》	2	新西兰8篇	《新西兰先驱报》	8
新加坡97篇	《海峡时报》	88	爱尔兰6篇	《爱尔兰时报》	6
	《商业时报》	9	以色列4篇	《耶路撒冷邮报》	4
马来西亚3篇	《新海峡时报》	3	南非1篇	《星期日时报》	1

说明：本表格数据是以4家智库的英文名为关键词，在LexisNexis数据库中搜索获得。

"两级传播"助推新闻向世界扩散。在大众传播过程中，媒体的影响不一定是直接流向受众的，很多时候要经过意见领袖，通过"媒体—意见领袖——般受众"的过程影响社会。① 而媒介体系之中也存在意见领袖，也就是一些媒介会影响另一些媒介关注什么、关注的强度和报道的顺序，这种"媒介间议程设置"② 使得智库声音被权威媒体刊登

① Katz, E., & Paul, F. Lazarsfeld, *Personal Influence The Part Played by People in the Flow of Mass Communication*. New York, 1955.

② Weaver, D., McCombs, M. & Shaw, D. L. (2004). Agenda-setting research: issues, attributes, and influences. In K. L L, *Handbook of political communication research*. New Jersey: Lawrence Erlbaum Associates, Inc., Publishers.

之后，还有机会通过其他媒体的转载而传播到世界的各个角落。本文对样本进行了互引网络分析，发现在40种报纸中，相互具有转引关系的就有22种，即使《纽约时报》并不是引用中国智库最多的媒体，但是它被其他媒体转载的次数也是最高的，达到11次；其次是《华盛顿时报》，被转引6次；英国《每日电讯报》被转引5次；新加坡《海峡时报》被转引4次。作为创刊于1845年的新加坡英语旗舰日报，在本文样本中，《海峡时报》新闻被泰国《国家报》和《韩国先驱报》等周边国家媒体转载，显示出其在东亚和东南亚的影响力。而抓住这些业界认可度高的媒体来发布智库观点，将有助于中国声音的二次传播。

欧美媒体引用智库仅占其涉华报道的极小比例。从绝对数量来看，西方媒体对中国智库的引用频率是比较高的。除了美国《纽约时报》《华盛顿邮报》，英国《卫报》等在中国具有深远影响力的报纸以外，像《澳大利亚人》是传媒大亨默多克新闻集团旗下的报纸，不仅是澳大利亚主流大报，更是十分关注中国问题，曾因刊登“教导”热比娅如何对付中国的内容而被新华社点名批评。而从相对数量来看，实际上在这些媒体的涉华报道中，以中国智库为消息源的比例是极低的。以China为关键词搜索美国媒体近3个月的涉华新闻，《纽约时报》就有1 735条；如果以6个月为限，新闻数量则超过了3 000条,已超出了数据库一次显示的上限。《华盛顿邮报》近3个月是2 031条，《洛杉矶时报》352条。再来对比引用中国智库的新闻量，《纽约时报》和《华盛顿邮报》从1983年首次引用至今分别是51次和48次，可见引用中国智库的相对比例是极为微小的，中国智库还未能成为西方主流媒体的重要消息源。

除了西方媒体，周边国家媒体在热点事件上对中国智库的引用量较高。比如泰国，随着南海争端成为中国与东盟友好关系的障碍，泰国政府希望成为调停人，媒体自然也积极跟进。而且泰国的英语新闻篇幅较长，仅《国家报》被搜索到的25篇新闻中，有21篇在500字以上，更有7篇在1 000字以上，体现出对中国新闻的重视。

但是，在一些重大国际问题上，不管是西方媒体还是周边国家媒体，仍然倾向于引用欧美智库，比如美国布鲁金斯学会、卡内基国际和平基金会、传统基金会，英国皇家国际事务研究所等。以美国排名第一的布鲁金斯学会和中国排名第一的中国社会科学院来比较，近半年来，《纽约时报》引用布鲁金斯学会的新闻共计167条，议题不仅聚焦美国和中国，还包括俄罗斯、缅甸、乌克兰、朝鲜、伊朗、伊拉克、“伊斯兰国”ISIS等，涉及领域和问题之广泛，几乎涵盖当前所有的国际热点与焦点。在同样的时间段内，该报引用中国社会科学院的新闻仅为13条，而且是几乎清一色的中国问题，甚至主要是中国国内的新闻，包括城管暴力执法、房地产面临崩盘等。如果一篇新闻中既出现欧美智库，也有中国智库，欧美智库专家常会出现在显要的版面位置，被作为最主要的新闻源来引用。

设驻华记者站的媒体更接近智库专家。拥有驻华记者站是国际媒体接近中国新闻源的便利条件，与中国智库打交道的也往往是这些媒体有限的几位驻华记者。在引用量排名居前的媒体中，大部分都设有驻华记者站。像《海峡时报》有北京记者站，加拿大《环球邮报》早在1959年就进入中国，《芝加哥论坛报》1971年设立驻华记者站。驻华记者是一个封闭的小圈子，截至2013年1月，共有59个国家的438家外国新闻机构在华派驻记者，外国驻华记者总数近700名。① 他们中的许多人集中住在北京的外交公寓，工作之余相互交换新闻、共享消息源。比如，《纽约时报》记者Austin Ramzy和Jane Perlez，《华盛顿邮报》记者WilliamWan，他们在美国获得过普利策新闻奖，到中国之后更是凭借有限的几支笔杆子，成为中国国际形象塑造的"把关人"。

此外，爱尔兰《爱尔兰时报》、英国《独立报》、加拿大《多伦多星报》等设有驻华记者站的媒体对中国智库也有一定的引用。搜集各个领域专家的联系方式是驻华记者的一项重要工作，而接近这些外国记者的智库专家也更有机会登上国际主流媒体的版面。

国际媒体报道中国智库的议题

国际媒体报道中国智库的议程直接显示了中国声音的传播效果。从国际媒体引用的数量来看，中国社科院的被引用量居于首位，接着是中国现代国际关系研究院、中国国际问题研究院和上海国际问题研究院（见表2）。当然，国际媒体引用量只是评估智库的一个指标，而且统计数据还会受智库规模、创办时间等多种因素的影响。

表2　　4家智库被国际媒体引用的新闻数量

智库	主管单位	建立时间	新闻量
中国社会科学院	国务院	1977年	240
中国国际问题研究院	外交部	1986年[1]	185
中国现代国际关系研究院	国安部	1980年	213
上海国际问题研究院	上海市政府	1960年	82

1. 其前身为创设于1956年的"中国科学院国际关系研究所"，1986年更名为中国国际问题研究所。1998年国务院"中国国际问题研究中心"并入。2014年6月更名为"中国国际问题研究院"。参见该院主页简介：http：//www.ciis.org.cn/chinese/node_520585.htm。

中国智库被国际媒体引用已有30多年的历史。研究发现，本文样本中第一次出现智库是在1978年7月7日，在《华盛顿邮报》一篇题为《中国允许美国社会学家研究农村问题》② 的新闻中，提及了中国社会科学院的创办。此后，时任社科院副院长兼经济所所长许涤新的观点在1980年被《华盛顿邮报》③ 引用，时任社科院院长马洪的观点在

① 参见《外交部：目前外国驻华记者总数近700名》，见http：//media.people.com.cn/n/2013/0123/c40733-20302946.html。

② "China Permits U.S. Sociologists to Study Village," *The Washington Post*, July 7, 1978.

③ "Chinese Planners Delay Output Goals As Economy Slows," *The Washington Post*, March 28, 1980.

1983 年被《纽约时报》[①] 引用。除了中国社会科学院，1981 年《纽约时报》[②] 还引用了时任上海国际问题研究所[③]副所长伍正大的观点。中国社会科学院和上海国际问题研究所成为最早被国际媒体引用的智库。

那么，国际媒体在引用中国智库时，主要包括哪些议题呢？

经济议题、社会议题、安全议题被高频引用。改革开放以来，中国经济的高速发展吸引了全球媒体的关注，这可以从高频词中窥见一斑。本文使用词频分析软件先进行全样本分析，然后将其中的实词按话题、国家、地区/城市/地点、人物分类后进行二次分析，数据显示：在话题列，前 10 个高频词[④]中有 4 个和经济议题相关。排第 1 位的“经济”一词出现 1 130 次，后面还有“贸易”“市场”“投资”等，可见经济议题的压倒性优势。“社会”一词出现了 566 次，社会民生、市民社会等都是国际媒体关注的议题。安全议题也被高频提及，相关词语包括：“核能”“军事”“战争”等。而“会见”“会谈”的高频出现与以上议题或其他议题都有联系（见表 3）。

表 3　报道议题中的高频词

议题		国家		地区/城市/地点	
经济	1 130	中国	9 018	北京	1 565
社会	566	朝鲜/韩国	1 344	上海	958
会见	530	日本	1 109	台湾	817
核能	526	美国	939	华盛顿	713
贸易	447	澳大利亚	849	纽约	433
军事	438	印度	227	东京	164
战争	438	英国	170	香港	163
会谈	365	伊朗	151	平壤	142
市场	277	德国	123	伦敦	135
投资	254	菲律宾	84	首尔	91

从国家来看，中国和周边国家新闻依赖智库专家提供信息。表 3 显示，中国高居国家列中的首位，共出现 9 018 次。除了中国，词频较高的朝鲜、韩国、日本、印度、菲律宾都是周边国家，像 North Korea 和 South Korea 频繁出现在新闻标题中，智库引语主要集中在六方会谈、朝核问题和朝鲜半岛和平议程上。中国智库涉及日本的引语主要集中在历史问题、东海划界问题上，近年来钓鱼岛、TPP 等议题也在成为热点。而有关菲律宾的引语则围绕南海问题展开，且随着南海争端的发展而日益需要中国智库专家发出声音。当然，西方国家如美国、澳大利亚、英国、德国等也是高频词，一方面围绕重

① “Peking Finds a New Enemy：‘Spiritual Pollution’，” *The New York Times*，November 4，1983.

② “China's Aim in Asia：to ‘contain’ Soviet，” *The New York Times*，April 21，1981.

③ 上海国际问题研究所是上海国际问题研究院的前身。

④ 在统计词频时，将同根词计算在内。比如统计“经济”一词的词频时，将 economy/economic/economics/economically 一并统计在内，其他词语也以这种方法统计。

大国际事务而展开，另一方面，即使在中国与周边国家的地区热点问题中，也少不了西方国家的参与。此外，当前国际舆论仍被西方所主导，西方媒体在解读中国问题时常将议题嵌入西方的文化记忆和国家利益中去，实现新闻的本土化过程。

词频分析发现，在“地区/城市/地点”列中，北京、上海分别以 1 565 次和 958 次居于第一、二位，这与中国作为高频国家出现一样，体现了中国问题的高提及率。来自北京、上海的智库专家构成中国智库被引用的主要部分。其次是对台湾问题的报道，内容主要集中在台海问题、美国对台军售以及南海问题中的台湾角色等议题。中国社会科学院余克礼、上海国际问题研究院杨洁勉、中国国际问题研究院沈世顺等专家的观点被主流媒体引用。在新闻文本中，与“台湾”一起出现的词主要包括“日本”“新疆”“西藏”等，显示出重大和争议性问题在国际媒体中的集聚效应，进而成为制约中国形象提升的瓶颈。“新疆”“西藏”没有排入高频词的前 10 位，表明总体上，新疆和西藏问题的国际舆论热度无法与台湾问题相比。尤其是随着中国经济的快速发展，国际社会对中国民族问题的关注正在被其他议题所稀释。但是，“新疆”“西藏”两个词仍各有 71 次的出现频数。纽约、东京、伦敦等国际大都市的出现频率都很高，而近年来香港社会的动荡也成为国际舆论焦点，智库专家频频在“占中”等议题上接受国际媒体采访，并做出解读。

中国智库的国际话语权和议程设置能力仍有待提高。一方面，在一些突发国际事件比如 2008 年的“3·14”事件、西方抵制北京奥运会等案例中，中国智库无力运用议程设置改变舆论劣势；另一方面，对一些重大国际国内议题，比如“中国模式”“北京经验”的对外传播，以及在全球治理、环保等全球性议题的设置上，也未能积极主动地向世界传递出“中国声音”，相反，还在“沉默的螺旋”① 效应下被西方媒体的“强势语言”所“同化”②。

以南海争端为例，国际舆论已将其看作崛起中的中国处理与周边国家关系的试金石，这不仅关系到越南、菲律宾、马来西亚、印尼和文莱等“南海声索国”，而且牵动着中国周边 20 个国家的心。可是对于这个重大问题，周边媒体的新闻源很少来自中国，而是来自欧美智库或者本国专家，比如，俄语媒体引用俄罗斯东方学研究所的观点，印度媒体引用欧美智库以及印度和平与冲突研究学院、观察家研究基金会的观点，越南媒体的议程则被越南国防部下设的中国局以及越南国内重要的智囊机构中国研究院所引导。中国声音在这些国家媒体中表现微弱，少数中国专家的声音也以“被解构”的方式呈现。③ 在像南海这样涉及多边的重大问题上，中国智库怎样跳出纯粹国家利益主导的话语框架，提供给周边国家和国际舆论可资采用的信息，进而设置国际议程，这对于中

① Noelle-Neumann, E.，“The Spiral of Silence. A Theory of Public Opinion,” *Journal of Communication*, Vol. 24, No. 2, 1974, pp. 43 - 51.

② Pierre Bourdieu, *Language and Symbolic Power*, Harvard University Press, 1999.

③ 参见吴瑛、吴秀娟、冯超：《周边国家对南海争端的议程建构研究》，载《国际新闻界》，2014 (12)。

国智库来说是一个很大的挑战。

国际媒体文本如何解读中国智库

在解读国际媒体对中国智库“说什么”的基础上，下文将分析媒体“怎么说”。本文以传统的话语分析，加上计算机辅助的文本挖掘和情感分析展开研究。在情感分析的应用上，有学者曾通过文本情感、关键词情感来研究“巴以冲突”中的新闻评论，通过三种分类模型识别评论是“支持巴方”还是“支持以方”①，也有学者对美国大选报道进行过分类汇总，以此预测大选是支持“共和党”还是支持“民主党”②。计算机辅助的情感分析技术已开始越来越多地使用在文本分析中。

以负面立场解读中国形象。中国问题是国际媒体引用中国智库的最主要议题，那么中国议题又是如何被呈现的呢？在样本所覆盖的 36 年里，中国智库在国际媒体中的角色随着国际形势的变迁以及中国国内政治经济的发展而变化。为分析近年来国际媒体中的中国智库角色，本文对这 715 条新闻进行二次分析，从样本框中选取 2010 年 1 月 1 日以后的新闻，分别对其新闻全文本，以及引用智库的新闻段落进行情感分析③，以此呈现 2010 年 1 月 1 日以来 5 年间国际媒体解读中国与引用中国智库时的情感差异。

将全文本输入软件 AlchemyAPI 后，表 4 显示，新闻全文本的情感是负面的，分值为－0.178 3，表明国际媒体对中国的报道呈现出微弱的负面情感。④ 这种负面呈现中国形象的结果与诸多现有文献相吻合。先前国际媒体的研究发现，西方主流英文媒体对华报道以负面为主⑤，在“全球性媒介事件”比如奥运报道中，更是 30%为中性和客观报道，70%为负面报道⑥，负面报道占了压倒多数的比例。本文分析的涉华新闻大多与国际问题有关，此类题材以硬新闻为主，虽然难以避免在议题选择中的倾向性，但叙述时以交代事实为主，措辞相对中性。这与其他社会类的软新闻有一定差异，因为软新闻常

---

① Liu, B., Hu, M., & Cheng, J., “Opinion observer: analyzing and comparing opinions on the web,” Paper presented at the Proceedings of the 14th international conference on World Wide Web, 2005.

② Kim, S.-M., & Hovy, E. H., “Crystal: Analyzing Predictive Opinions on the Web,” Paper presented at the EMNLP-CoNLL, 2007.

③ 分析以段落为单位，如果一篇新闻中只有一个段落出现中国智库，则选这一个段落，如果多个段落引用，则将这些段落都放入二次分析样本中。也就是说，前者分析的是引用过智库的新闻全文，而后者仅分析引用智库的具体段落。

④ 情感分析软件会根据语料库的界定自动统计出文本的正负面指数，同时提取出正面、中性和负面词语供研究参考。

⑤ 参见胡鞍钢、张晓群：《为何中国政府“被动挨打”——评西方媒体对中国密集型负面报道》，载中科院—清华大学国情研究中心：《国情报告》，2003-04-23。

⑥ 参见上海外国语大学中国国际舆情中心：《全球重要媒体对北京奥运报道的倾向性和态度研究》，见 http://www.globalpubopinion.org/s/22/t/45/02/0e/info526.htm。

以特写体裁写作，加入记者较多的描写甚至评论。这是本文样本仅仅显示出微弱负面情感的重要原因。

表 4　文本情感分析

文本类型	分值[1]	情感
新闻全文本	−0.178 3	负面
智库被引文本	+0.018 2	正面

1. 本文将 AlchemyAPI 软件的统计数据精确到小数点后面 4 位。

新闻标题、句子、词语展示负面倾向。在这些引用过智库的新闻全文本中，负面解读中国的倾向主要体现在对中国经济发展模式、社会公平正义等民生议题的解读中。近年来，有关官员腐败的新闻甚至超越了“人权”问题成为国际舆论焦点。比如，《不平等、腐败、昂贵：中国医疗行业的指征》① 等新闻在标题中直指矛盾。在“关键词提取”上，情感分析自动获得的负面词语包括：“天安门广场”（Tiananmen Square）、经济“快速增长率”（rapid growth rate）、“意识形态运动”（ideological campaign）、“腐败”（corruption/corrupt）等。1989 年以来，“天安门广场”一词几乎到每年 6 月都会成为西方媒体的新闻元素，即使新闻完全不涉及政治，也会将 1989 年政治风波作为背景来组织新闻材料。而“腐败”（corruption/corrupt）一词总共出现 158 次，国际媒体从腐败的深度、广度以及制度性腐败等视角深度报道。

情感分析还显示，新闻全文本中“共产党”一词的倾向是中性的，“北京”也是中性的。同时“香港”一词的情感在国际媒体中是正面的。

以正面、中性立场解读智库观点。与全文本的负面倾向不同，情感分析还显示，智库被引文本，即国际媒体引用过中国智库的段落的情感分值为 0.018 2，显示出微弱正面。接着，我们再细化到智库名称的分析，系统通过“实体提取”功能自动获得了本文所分析的 4 家智库的情感相关度分值。表 5 显示，国际媒体在引用“中国社会科学院”时，情感倾向为正面，该“实体”与全文本的相关度是最高的，为 0.873 1，在引用“中国现代国际关系研究院”“上海国际问题研究院”和“中国国际问题研究院”时为中性。

表 5　实体情感分析

智库	相关度	情感
中国社会科学院	0.873 1	正面
中国现代国际关系研究院	0.786 4	中性
上海国际问题研究院	0.320 2	中性
中国国际问题研究院	0.309 9	中性

① “Unequal, corrupt and expensive: signs of an ailing system,” *South China Morning Post*, January 4, 2008.

中国智库被“正面、中性引用”的现状与中国政府常被“负面引用”形成反差。国际媒体引用中国官方消息源比如中国外交部新闻发言人时，还常援引其他持相反观点的消息源，很多时候中国发言人提供的信息被置于前后矛盾和尴尬的境地。① 与官方消息源相比，中国智库显示出了传播中国声音的优势。

以独立消息源解读智库专家。那么，对于个体的智库专家，国际媒体又是如何解读的呢？研究发现，媒体在引用专家作为消息源时有一套筛选机制和流程②，持独立立场的智库专家被认为是可靠的消息源，这可以从媒体对他们的称呼中显现。在对715条新闻全文本的词频统计③后发现，“教授”（professor）一词出现了521次，“专家”（expert）304次和（specialist）78次，“研究员”（research fellow）109次，“学者”（academic）221次。虽然本文的研究对象已是国内一流智库，但媒体在所有新闻中出现“智库”（think tank）一词的次数为211次，与前面“教授”“专家”的出现频率相比是较低的。可见大部分国际新闻是以被引观点的“专业性、独立性”而将其列入消息源的，独立的学者被认为是可靠的消息源。一些智库专家逐渐走向前台，展现出名人效应。虽然本文所分析的中国智库多属于官方智库，但国际媒体在解读智库专家时并未过多关注机构属性，仅将视线聚焦于专家所发表的观点。与此相对的是，在引用新华社等中国媒体作为消息源时，一般会加上定语“共产党所有”（party-owned）、“国有”（state-run）等词，可见其在引用官方消息源时的谨慎与刻意强调。

结　语

中国智库能不能“向世界说明中国”？本文采用话语分析，以及计算机辅助的文本挖掘和情感分析方法，从国际媒体引用的视角评估了4家国际问题研究智库传播中国声音的现状，希望为全面评估中国智库提供一个指标。

研究发现：在引用媒体上，香港特区、新加坡媒体引用频率最高，中国智库有机会经过它们的“两级传播”进入西方世界。西方媒体对中国智库的引用只占其涉华报道的极小比例，中国智库未能成为西方主流媒体的重要消息源。能与中国专家形成良好互动

---

① 参见吴瑛：《中国话语的议程设置效果研究：以中国外交部新闻发言人为例》，载《世界经济与政治》，2011（2）。

② 智库专家要进入记者的视线，必须具备四个条件：一是“动机”，即专家本身要有接受媒体采访的意愿，有的甚至是主动接近媒体提供信息；二是“权力”，即专家在该领域的权威性，即掌握知识权力；三是能够提供合适的信息，即专家熟知媒体和受众需求，可以提供“新闻故事”或者材料；四是有地理和社会的接近性，即媒体花费较少的时间和金钱成本，可以方便地采访到专家，比如在同一个城市，或在方便的圈子和场合相遇等。参见Gans，H. J.，*Deciding What's News：A Study Of CBS Evening News，NBC Nightly News，Newsweek，And Time*，Visions Of The American Press，2005，p. 116。

③ 国际媒体在引用智库专家时，常会既称呼其为教授、专家，又称呼其来自某个智库。此外，一篇新闻里通常会多次引用专家观点，这就使得称呼提到的次数大大多于新闻数量。

的，往往是设有驻华记者站的国际媒体，它们具有接近专家的便利性与采访的可行性；在报道议程上，有关中国的经济议题、安全议题被高频引用，但中国智库对全球性重大问题的议程设置能力欠缺，无法引导西方媒体以及周边国家媒体；在解读立场上，虽然国际媒体仍以负面倾向解读中国，但对中国智库观点和专家的解读则是正面或中性的，独立学者具有区别于官方的优势，成为国际媒体消息源的重要选择。

智库作为消息源，与媒体之间是相互需要与依赖的关系。但是，当前中国智库还没有充分做好与国际媒体打交道的准备，一些优秀的研究成果未能及时、充分地向国际社会发布，中国智库也无力为国际事务设置议程。这一方面与部分智库自我定位时更重视政府“智囊团”角色，相对忽视与中国社会和国际社会分享研究成果有关；另一方面也与智库专家面对国际媒体有所顾虑，以及缺乏和国际媒体互动的体制机制有关。

萨义德曾经这样表述东方人在国际话语体系中的角色，“他们不能代表自己，他们只能被代表”①。在东西方力量格局重新调整的今天，中国智库能否代表中国向世界发出声音，已不仅关系到中国特色新型智库的国际影响力，还将成为中国话语能否走向世界的重要一环。

① 这句话最早由卡尔·马克思提出，但被萨义德在《东方学》一书中转引以后，成为东方国家弱势话语地位的象征。参见 Said, E., *Orientalism*, New York: Vintage, 1978, p. 1。

中国话语与话语中国*

■ 陈曙光**

[摘　要] 中国崛起已成事实，然而，中国的发展优势并没有转化为话语优势，中国俨然一个行动的巨人、语言的矮子。解码“中国道路”，需要中国话语。中国话语，本质上是中国道路的理论表达、中国经验的理论提升、中国理论的话语呈现。中国话语体系建构，关键是回答“谁在说话”“如何说话”“说什么话”“为谁说话”“如何对话”等若干基本问题。能够讲好“中国故事”，能够主导“涉中”的话题，能够将中国的发展优势转化为话语优势，这才是有力量的“中国话语”。建构“中国话语”，其理想境界是“话语中国”的出场。所谓“话语中国”，即隐匿在话语中的“中国图像”。“话语中国”是一个宏大的建构，它依赖“中国话语”来塑造自己、成就自己，为自己的合法性提供辩护和论证。建构“话语中国”，要旨在于对“中国性”的揭示和对“西方性”的祛魔，还原被遗漏掉的“中国性”，清除随意附加在中国身上的“西方性”，开启用中国话语塑造“中国形象”的新时代。“话语中国”的决定性生成，构成当代中国“最硬”的软实力。

[关键词] 中国道路；中国话语；话语中国

---

* 本文系国家社科基金重点项目“习近平总书记改革方法论研究”（批准号：15AKS004）、教育部新世纪优秀人才支持计划项目“中国学术话语的基本问题研究”（项目编号：NCET-13-0433）和湖北省2014年社科基金重点项目“构建中国特色学术话语体系研究”的阶段性成果。

** 陈曙光，武汉大学教授、博士生导师，“马克思主义理论与中国实践”湖北省协同创新中心研究员，研究方向为存在论、马克思主义人学、马克思主义与当代中国发展。

中国崛起是21世纪最为重大的世界历史事件。然而，中国的发展优势并没有转化为话语优势，中国俨然一个行动的巨人、语言的矮子。落后就要挨打，贫穷就要挨饿，无语就要挨骂。挨打、挨饿的中国已经不复存在，但随便一个二流国家、三流国家甚至不入流的国家都敢“呲必中国”也是事实。中华民族伟大复兴的中国梦，理应包含中国话语的独立与自强。一个话语贫困的国家不可能占据国际道义的制高点，不可能成为真正意义上的现代强国。

“中国话语”的本质内涵与特色

“话语之方式乃思维之方式，话语之构建乃精神之建构”①。失语则失家，没有自己的学术话语，等于失去精神家园，等于撤出道德高地，等于放弃文化主权。正是在这个意义上，中国道路的话语体系建构，其实乃中国精神家园之建构，乃中国文化主权之收复。

中国话语，本质上是中国道路的理论表达、中国经验的理论提升、中国理论的话语呈现。中国话语应切中当代中国的历史性实践，应符合当下中国人的生存体验，否则就有可能沦为虚假的话语。真实的中国话语，一是要有问题支撑，“中国问题”构成了中国话语的生命线；二是要有概念支撑，“中国关键词”是中国话语的核心构件；三是要有价值支撑，中国话语内蕴中国特色的核心价值；四是要有范式支撑，中国话语拥有自身独特的分析框架；五是要有学理支撑，“中国理论”构成中国话语的栖身之所。

建构中国话语，关键是处理好三对关系：

1. “中国性”与“西方性”

“中国性”不是对“西方性”的简单排斥。说到底，“中国性”和“西方性”本质上同属“现代性”，是“现代性”的不同版本。我们强调要对“西方性”进行祛魔，目的不是要全盘否定“现代性”本身，而是要以中国的方式重写“现代性”，书写具有中国特色的“现代性”。中国式的“现代性”一方面要能体现“现代性”的价值追求，比如：高扬理性，追求真理，主体意识觉醒，崇尚自由、民主、公平正义等；另一方面又要能避免“现代性”之殇，比如：精神家园迷失，个人主义膨胀，人类中心主义泛滥，资本逻辑僭越，本质主义肆虐，以及理性绝对化、片面化、万能化等。自五四运动以来，中

① 曹顺庆：《创刊贺词二》，见施旭主编：《当代中国话语研究》，总第一辑，杭州，浙江大学出版社，2008。

国一直在努力寻求以实现“现代性”为主题的发展道路。但中国从未简单进入西方“现代性”话语之中，成为西方的又一个“他者”，而是始终尝试保存且不断赋予属于我们自己的“中国性”。特别是上世纪80年代以来，中国的“现代性”建构从来都是以“中国性”为核心历史地建构起来的，“中国性”从来“没有被西方化的现代性挤入历史的暗角”①，而是一直在与后者的不公平交锋中现实地存在着。今天，建构“中国话语”，关键就是进一步揭示“中国性”、彰显“中国性”、壮大“中国性”。

2. “中国性”与“现代性”

“中国性”与“现代性”绝非简单对立的关系，说到底，“中国性”也就是“中国的现代性”。将“中国性”与“现代性”对立起来，试图抛弃“现代性”、走向纯粹的“中国性”，这仍然具有“中国/西方”二元对立的痕迹。现代化是因，“现代性”是果。现代化的发展方向是不能选择的，走向现代化仍然是当代中国的不二选择，这就意味着“现代性”是无法避开的。但相似的现代化可以写出不同的“现代性”。西方的“现代性之殇”警醒我们，要避免重蹈西方“现代性”的覆辙，走出中国特色的“现代性”之路，以中国的方式实现现代化，那种因“现代性”之误而否定一切“现代性”是因噎废食的做法。我们不能在反思“现代性”的同时走向反“现代性”，在批判理性独断的同时走向反理性，在批判理性片面化的同时走向排斥一切理性，在批判资本逻辑的同时走向取消资本，在批判本质主义肆虐的同时走向反本质，在批判中心主义的同时走向边缘地带，在批判确定性的同时走向怀疑论。

3. “中国性”与“中华性”

“中国性”绝非向古典的“中华性”的简单复归，说到底，“中国性”是现代的“中国性”，是21世纪的“中国性”。古典的“中华性”本质上属于前“现代性”，它构成“中国性”的历史语境和遗传基因，是“中国性”无法抹去的历史痕迹和不可或缺的文化元素。但古典的“中华性”与21世纪的“中国性”之间不能画等号，两者的差距甚至不会小于“中国性”与“西方性”之间的距离。依靠古典的“中华性”已经无法勾勒出当代中国的完整图像。因此，揭示“中国性”，绝对不是向古典的回归，不是要走向以传统对抗现代、以落后诋毁进步、以民族拒斥世界、以特色贬损普遍的歧途，不是为了从现代退回到前现代之中。“中华性”无法选择，但可以超越。走向“中国性”的过程，就是扬弃“中华性”的过程。建构“中国话语”，不能通过古典中国图像的当代复活来实现，而只能通过现代性的中国话语来重新塑造现代的中国图像。

① 汤拥华：《评当下思想界有关“中国现代性”的三种思路》，载《浙江社会科学》，2006（3）。

“中国话语”的建构策略与思路

“走自己的路，让别人去说吧”，这样的话语策略在过去有其历史的合理性，但时过境迁，在今天恐怕已经不合时宜，中国再也不能满足于扮演一个无声无息的巨人角色。发生在中国的故事，其他话语无法解释。拿出一套让人能够接受的说法是我们自己的义务，不是别人的责任。

中国道路的话语体系建构只有华山一条路——以“我”为主、以“中国问题”为导向、以“中国实践”为基础的创建之路，其方向就是构建中国道路的马克思主义学术话语体系。“中国道路”唯有通过“中国话语”才能清晰地界定“我是谁”，在与“他者”的比较中才能清晰地显现自身的特殊性和差异性。

1. “谁在说话”

“谁在说话”有时比“说什么”更重要。你的位置足够显要，大家才会看到你，才会关注你说什么、怎么说。

中国话语的建构主体是“我”，即中国人民。正如习近平总书记所说，鞋子合不合脚，自己穿着才知道。一个国家的发展道路合不合适，只有这个国家的人民才最有发言权。如何阐释中国道路，如何讲好中国故事，只有中国人民才最有资格。西方学者对中国模式的理解之所以充满了误读，关键原因就在于他们试图以西方话语来解释中国模式，将中国纳入西方的话语体系之中。

目前，国际话语场纷纷为中国代言的大致有以下几类人：一是散居于世界各地的华人；二是海外汉学家和所谓“中国问题专家”；三是和中国既无血缘关系又无婚姻关系，但与中国文化结下不解之缘的世界各阶层人士。他们在很大程度上塑造了世人眼中的“中国形象”。其中，又以海外汉学界为主体，西方人眼中的“中国印象”主要是由海外汉学家及“中国问题专家”建构起来的。然而，他们在解释中国的时候往往也是理解为“想象的中国”“碎片化的中国”，与中国的实际有很大的出入。因此，谁真正有资格代言中国，谁的声音可以代表中国，他们对中国的言说是否可信，他们所代言的中国是否具有真实性，这仍然是一个悬而未决的问题。

中国一发声，世界都会倾听，这不是天方夜谭，而应成为现实境遇。

2. “如何说话”

一是“说‘中国话’”。伴随着西方话语的强势扩展，中国学术陷入了严重的失语状态。有些学科“完全没有自己的范畴、概念、原理和标准，没有自己的体系，没有自己的话语，每当我们开口说话的时候，使用的全是别人的也就是西方的语汇和语法”①。用西方话语阐述中国道路，其结果可想而知：说得越多，离真实的中国越远；说得越清晰，“中国图像”就会越模糊；说得越确定，“中国模式”就越是处于悬疑之中。有些学者操持一口纯正的西方话语，满嘴洋腔洋调，一旦离开了西方概念的中介，离开了西方学术范式的路径依赖，就几乎没办法说话，活生生一“哑巴”。让中国学术说中国话，这是摆脱话语贫困，重建中国道路话语体系的内在要求。

二是“立足中国说话”。中国话语的逻辑起点是中国问题，立足点是当代中国的历史性实践。当代中国的历史性实践构成中国话语最深刻的根基、最强大的支撑、最充足的根据。现在，西方一些学者谈论中国道路的诸多概念、话语本身是“非历史化的”，或者是“去历史化的”，“他们忘记了，这些概念和他们所捕捉的那些现实，本身就是历史建构的产物：正是他们运用这些概念所分析的那个历史，实际上发明了这些概念”②，而不是相反。话语乃是由“实践”建构起来的，而不是由“概念”建构起来的。在话语建构中，存在着轻视实践、迷恋逻辑的倾向，结果，这样的话语常常脱离了其产生的历史性实践，成为了一种缺乏历史维度和历史特殊性的普遍性话语，这样的话语不过是无法落地的“空话”。

三是“提升话语的能见度”。中国国际话语权的旁落，“话语缺席”即使不是首位的原因，也是重要的原因。话语权力是言说者对话语因素的合法占有，但是仅有话语因素还不足以形成实际的话语权力。自言自语无法形成话语权力；只有当话语因素被不同的主体使用时，才会生效。这意味着话语的使用范围越广，话语的能见度越高，话语权也就越大。从这个意义上来说，中国话语的贫困状态，并不意味着中国没有形成自己的话语元素、核心概念和原创性的理论，而在于中国话语的使用主体具有很大的局限性。在国内，中国话语未能充分地转变为大众话语；在国际学术舞台上，中国话语淹没在西方话语的洪流中，无声无息。强化中国话语的“在场”地位，提升中国话语的能见度，在国际话语场敢于发声、敢于亮剑，让世界学会聆听中国，让中国声音走向世界，这是治疗失语症的对症良方。

3. “说什么话”

“说什么话”的问题乃中国话语建构的关键问题。

中国话语不是传统话语的当代在场，不是西方话语的中国翻版。中国话语应该有其

---

① 陈洪、沈立岩：《也谈中国文论的“失语”与“话语重建”》，载《文学评论》，1997 (3)。

② ［法］布尔迪厄、［美］华康德：《实践与反思——反思社会学引论》，131 页，北京，中央编译出版社，1998。

独特的问题域，有其独特的话语内容。

中国话语是一个宏大的体系，其核心板块至少应该包括中国特色的经济话语、政治话语、价值观话语和文化话语、社会建设和社会治理的话语、外交话语，贯穿其中的核心要素是中国共产党人的独特理论创造。中国学术在西方话语的夹缝中求生存，但是我们也不必妄自菲薄。中国共产党人凭借自己的独特理论创造为人类奉献了诸多具有世界意义和普遍价值的学术话语，比如，实事求是、独立自主、和平共处、中国特色社会主义、社会主义市场经济、改革开放、一国两制、以人为本、科学发展、和谐发展、和平发展、和谐社会、和谐世界、协商民主、中国梦、四个全面，等等。特别重要的是，中国改革开放以来的历史性实践是在非常独特的文化传统和社会状况下展开的，中国走出了一条与西方完全异质的现代化道路，中国特色社会主义道路、中国特色社会主义理论体系和中国特色社会主义制度是对人类探索社会发展道路和社会发展理论的独创性贡献，这必将成为中国话语的核心内容。

4. “为谁说话”

中国话语的任何言说本质上都是“为人民说话”，这有别于资本逻辑主导下的新自由主义话语，也不同于权力逻辑主导下的特权阶层话语。中国道路是中国人民奋力开创的，是历史的选择，是人民的选择。中国话语作为中国道路的理论表达，只能说出人民的心声，为人民代言。中国道路不是西方模式的克隆，不是东亚模式的变种，也不是苏联模式的翻版，这决定了中国道路话语体系本质上有别于西方话语体系，有别于东亚话语体系，也有别于前苏联的传统话语体系，也决定了它无须以西方话语为中介，无须以西方话语作为判断是非好赖的标准。

“为人民说话”必须坚持马克思主义的立场、观点、方法。中国道路是在马克思主义的指导下开辟的，正如邓小平同志所说，“把马克思主义的普遍真理同我国的具体实际结合起来，走自己的道路，建设有中国特色的社会主义，这就是我们总结长期历史经验得出的基本结论”①。马克思主义的立场、观点、方法，构成中国道路话语体系的基石。马克思主义的立场即是人民的立场，中国话语应该坚守为人民代言、替百姓说话，始终代表最广大人民的根本利益。中国道路话语体系在其性质上，是马克思主义的当代形态、中国形态，而不是资本主义话语体系的中国形态，不是同质化的世界精神。马克思主义构成中国话语的核心价值，是中国话语区别于西方话语的根本标志。

5. “如何对话”

中西对话何以可能？有效的对话，最重要的就是从人类面临的共同性问题出发，寻

① 《邓小平文选》，1版，第3卷，3页，北京，人民出版社，1993。

求若干双方都感兴趣的“问题域”，以“问题域”为中介形成“话语场”，从不同的文化立场和角度展开对话。具体来说，中国现在面临的问题曾经也是西方遭遇过的问题，如产业转型升级，消费社会、休闲社会的来临，市民社会的兴起，广告媒体的膨胀，民主诉求的提升，权力寻租与政治腐败，环境污染与生态保护，性别平等与妇女解放，等等，正是这些相互契合的问题构成了中西对话的平台和“话语场”。

有了共同的“问题域”和“话语场”，是否就一定能形成有意义的对话呢？也不一定。还需要对话的各方保持谦卑的胸怀和平等的心态。中西之间的对话，没有一方能以强势压倒另一方或强迫另一方接受自己的观点。不少西方人秉持西方中心主义的思维方式，自以为是，高高在上，对不同文化间的交流对话不屑一顾。与之相反，许多民族曾长期饱受西方的欺凌，对于外来文化抱有排斥、反感、警惕的心态，常常以文化原教旨主义的态度来捍卫本土文化，拒绝一切对话，结果是食古不化、停滞不前。可见，不管是秉持西方中心主义，还是秉持文化原教旨主义，对话都是没有办法展开的。

制定话语规则不难，寻找“问题域”和“话语场”更是容易，难在“心魔”难去。要祛除人们的“心魔”，远非一朝一夕所能做到，正如意大利一位研究跨文化现象的学者——尼兹教授所言，这是一种“苦修”。① 祛除心魔，必先改变心态，要像费孝通先生讲文化问题一样，既要各美其美，又要美人之美。“各美其美不是溢美，而是真正知道自己的精华所在；美人之美，则是要知道对方的长处和贡献。这才有对话的可能性，否则只能是聋子对话，只说不听”②。现在，不管是西方中心主义，还是文化原教旨主义，都只注重“自美其美”，完全不知道“互美其美”；洋教条主义则只知道“美人之美”，而全然不知“互美其美”，更无视“自身之美”。

真正的对话不应该是居高临下的独白式对话，而应该是互动生成性对话。对话双方秉持公共的话语规则，围绕共同的“问题域”和“话语场”，平等地展开交流与对话，方能形成审慎的意见或结论。

“中国话语”的评判标准与尺度

自上世纪 80 年代以来，中国以世所罕见的速度成功崛起，话语体系的建构相对滞后也是难以避免的。但时至今日，“中国道路”已经铺就，“中国故事”举世流传，“中国崛起”已成事实，“西强我弱”的国际话语格局不能再继续了，“话语贫困”的帽子该摘掉了，“话语赤字”的局面该扭转了，“自己的事”别人说三道四的历史该终结了。一

① 参见［意］阿尔蒙多·尼兹：《作为非殖民化学科的比较文学》，载《中国比较文学通讯》，1996（1）。
② 陈先达：《真正的对话应该是讨论式的对话》，载《中国社会科学报》，2012-02-29。

句话，中国的发展优势在话语权、软实力方面也应该得到相称的体现。

建构什么样的“中国话语”才是有生命力的，这有其客观的评断标准。

第一，中国话语能否讲好“中国故事”，这是基本的尺度。

在西方话语主宰全球的近200年时间里，衡量一种学术进步的标准是其西方化的能力。今天，这种观念该改变了。检验一种话语是否有活力，首先应该将其置于现实的情境中，看其是否能够超越表象的现实，深入现实的本质那一度中间去，揭示出隐藏在表象背后的真正奥秘；而不是看这套话语能否迎合西方的口味和标准，不是看这套话语能否与西方话语无缝对接。实事求是地说，目前流行的话语体系并没有全面揭示中国道路的奥秘，没有向国际社会准确阐释“我是谁”的问题，也没有在貌似趋同的表象中厘清“我”与“他”的边界。这几方面的模糊性是导致“话语贫困”的重要原因。中国话语的自立自强只能来自对“中国道路”“中国模式”的客观认知，只能来自对“我是谁”的准确把握。

固然，“走自己的路，让别人说去吧！”也是一种自信，但更多的是一种无奈。客观事实无不告诉我们：中国自己的事，别人说不如自己说；世界感兴趣的事，被动说不如主动说；比较急迫的事，以后说不如现在说；有重大影响的事，说一次不如经常说。话语争夺的背后是利益的博弈、生与死的较量，“说别人要说的话，让别人无话可说”这句戏谑的话已足以道出其中的残酷现实。在过去的几十年中，西方学者和政客们抓住时机抢先出口，零零碎碎、前赴后继，给中国道路扣上了诸如“中国特色资本主义”“国家资本主义”“权威资本主义”“儒家资本主义”“第三条道路”“儒家社会主义”“威权社会主义”“市场社会主义”“后社会主义”等乌七八糟的帽子，大有甩也甩不掉之势。围绕中国制造的种种话语，诸如“中国威胁论”“国强必霸论”“中国不可持续论”“大国责任论”“航行自由论”“非洲殖民论”“民主和平论”“价值观外交”等，更是一波未平、一波又起。

中国道路是中国人民流血、流汗、流泪走出来的，中国人最有发言权。用中国话语阐述中国道路，不仅仅是为了与西方话语划清界限，更重要的是要准确地阐述中国道路的性质定位、发展历程和发展方向，展现中国道路的民族特色、民族底蕴和民族风格，揭示中国道路的内在奥秘、生成机理和独特基因，让中国道路行稳致远，让世界更好地了解中国，让中国更好地走向世界。

第二，中国话语能否主导“涉中”的话题，这是重要的指标。

在国际话语舞台上，中国道路的话语内容、话语标准、话语规则是不是由中国提供，中国道路的话语生态是不是由中国主导，涉及中国道路的话语议题是不是由中国设定，国际话语舞台上有没有中国的声音，这些都是衡量中国话语权的重要指针。具体来说，成熟的中国道路话语体系应该达到以下几个方面的要求：一是掌握“基本概念”的定义权；二是掌握“核心内容”的提供权；三是掌握“主旨话语”的解释权；四是掌握“话语标准”的制定权；五是掌握“话语议题”的设置权；六是掌握“话语议程”的主导权；七是掌握“话语争议”的裁判权。判断中国是否掌握了中国道路的国际话语权，应该看“讲什么”是否由中国决定、“怎么讲”是否取决于中国、“讲的对不对”是否由中国判定。一句话，“涉中”的话题中国人说了算，这就是话语权，这就是软实力。如果反过来，“中国故事”的国际话语由西方主导，西方人反客为主、到处点火、说三道四，中国只能疲于应付、到处灭火，那就失去了话语权。随着中国的崛起，我们不仅应该主导关乎自身的话语议题，而且应该有意识地创设一些世界性的议题，开启国际话语的中国时代。

第三，中国的发展优势能否转化为话语优势，这是最终的判断标准。

中国的发展优势转化为话语优势，指的是中国话语能够左右乃至主导世界性问题的讨论，能够为人类面临的共同难题给出中国的方案。中国话语属于软实力，但支撑中国话语的却是硬实力。如果没有强大国力的支撑，世界话语舞台上就不可能有中国的位置。当今世界，中国崛起已经成为不争的事实，中国的发展优势有目共睹。英国著名学者马丁·雅克指出，中国崛起将对西方人的思维方式和生活方式产生根本性的动摇，世界将会进入一个多极经济的时代，那时，美国等发达国家会走向衰落，并将逐步丧失在软实力方面压倒性的主导地位，而中国将逐步取而代之。[①] 事实上可以这样说，中国的发展优势必然走向话语优势，各国在世界性问题的讨论中将会越来越注意倾听来自中国的声音，在解决人类共同性问题的过程中将会越来越关注来自中国的建议，在破解发展难题的困境中将会越来越尊重中国给出的方案。

今天，中国已经成为世界经济的引擎和发动机，包括发达国家在内的整个世界都受益于中国的发展，中国的特殊发展模式、特殊政治模式和对外政策做法已经在世界公众中产生共鸣和影响力。郑永年认为：“把中国模式解释好非常重要，对西方和发展中国家都很重要，西方发展到现在出现很大的危机，发展中国家也在寻找非西方的新模式。中国模式到底是什么，还没有人说清楚。如果把这个说清楚是非常大的贡献，这才是中国真正的软力量。”[②] 中国话语就是中国的名片，名片上写的内容如果能够获得国际国内的普遍认同，中国的发展优势转化为话语优势就为时不远了。

总之，中国不仅应该成为行动上的巨人，也应该成为语言上的巨人。中国话语的自立自强是实现“三个自信”的内在要求，是实现中华民族伟大复兴“中国梦”的内在要求。如果缺乏“中国话语”的有力支撑，那么“中国道路”就是不清晰的，“中国特色”

① 参见［英］马丁·雅克：《中国将如何改变我们的思维方式：以国家为例》，载《当代世界与社会主义》，2011（4）。

② 转引自王眉：《把中国模式解释好——郑永年谈中国的对外传播》，载《对外传播》，2011（1）。

就是不明确的，“中国梦”就是残缺的。今天，“中国奇迹”已经不是哪些人不想面对、不愿承认就可以不面对、不承认的事实，中国学术若能够对发生在中国的“故事”给出科学的解释和说明，若能够将“中国经验”上升为普遍性的概念体系和知识范式，若能够为人类面临的共同问题给出中国的方案，那么，西方话语垄断和话语霸权的局面必将终结，“西强我弱”的国际话语格局终将打破，中国话语的世界意义必将彰显，国际学术话语的中国时代终会来临，中国的发展优势也终将转化为话语优势。

“话语中国”的自我塑造与出场

建构中国话语，其终极目标在于“话语中国”的出场。所谓“话语中国”，指的是由话语塑造的“中国形象”，或者说，隐匿在话语中的“中国图像”。“话语中国”是相对于地理中国、经济中国、政治中国而言的，它所表征的是当代中国的意义世界，是标识中国“身份自我”的文化符号。

“话语中国”依赖中国话语塑造自己、成就自己，为自己的合法性提供辩护和论证。西方人眼中的“中国形象”大都不是用双脚丈量出来的，也不是用眼睛观察得来的，而是由西方话语塑造的。调查显示，当代国际受众借助于西方媒体了解中国的信息获取率高达68%，通过其他国家了解中国的有10%，仅有22%的受众从中国媒体了解中国。[①]这表明，外国人眼中的“中国形象”主要源于“他塑”，而非“自塑”。西方话语描绘的“中国图像”，从材料的选择到叙事的结构，从分析的框架到思维的逻辑，从概念的选取到观点的安排，无不充斥着西方观念、标准和立场。由于其立场的差异、意识形态的偏见，以及西方固有的文化优越感，西方话语中的“中国形象”要么沦为西方的“他者”形象，要么沦为失败的苏联模式的当代形象，要么沦为偏离世界文明发展大道和普世价值的负面形象。今天，在国际话语场，“中国故事”被歪曲甚至妖魔化，“中国记忆”被随意涂抹乃至恶意篡改，“中国图像”被烙上了“西方印”；“中国”失去了自我显现的能力，以空间性代替了历史时间上的深度，以平面性代替了立体性，以想象和臆测代替了细致的考察和深刻的思考，成为了一个“被拼凑”的虚拟形象。正如利奥塔所说，“中国”这个称谓本身已经沦为了没有自我表象能力的虚拟图像，只能借助于“主导声音”来表现自己，而这个“主导声音”就是西方话语。“中国”成为了西方话语表征其“世界性”的“沉默他者”，成为了一个在时间上缺乏历史纵深感、在空间上被拼凑起来的“平面图像”[②]，西方的话语框架、分析范式和思维逻辑已经成为世界理解中国的巨大

① 参见孟威：《构建全球视野下中国话语体系》，载《光明日报》，2014-09-24。

② 参见朱耀伟：《当代西方批评论述中的中国图像》，14～20页，北京，中国人民大学出版社，2006。

障碍。

“话语中国”是一个宏大的建构，不可能毕其功于一役。建构“话语中国”，塑造真实的中国图像，关键是对“中国性”的揭示和对“西方性”的祛魔，还原被遗漏掉的“中国性”，清除随意附加在中国身上的“西方性”，开启用中国话语建构中国形象的新时代。客观地说，作为一个在时间上和空间上都无与伦比的大国，离开了“中国话语”的中介，要准确地勾勒出“中国形象”几乎是不可能完成的任务。

西方话语塑造的“中国形象”，最大的问题是“中国性”的缺席和“西方性”的附着。“中国模式”与“华盛顿共识”中耦合的地方被无限放大，而“中国特色”的成分则被挤压到边缘地带，甚至干脆虚无化。西方百姓心中的“中国”被添加了太多似是而非的成分，离真实的中国渐行渐远。比如，他们认为，中国模式无非是西方模式的复制品，中国模式的出现无非是向西方确立的普世原则靠拢，中国模式的成功无非是新自由主义的一个成功样本；还比如，有人认为，中国是一个没有民主、不尊重人权的国家，中国是一个没有大国责任感的国家，中国是一个濒临崩溃的国家，中国是一个充满霸权野心的国家，等等。试想，这些难道是真实的中国图像吗？

“话语中国”的决定性生成，构成当代中国“最硬”的软实力。强国与弱国的区别，与其说是“硬件”，不如说是“软件”。实现中华民族伟大复兴的中国梦，实体和“硬件”的强大固然重要，过硬的“软件”其实更为根本。“话语中国”的出场，意味着我们在思想文化和价值观上的独立、自强与自信，这是中华民族自立自强的根本标志。一个民族国家对“自我”身份的体认，主要不是依赖于地域的方位、人种的优劣、肤色的深浅、块头的大小，也不是依赖人无我有、人有我强的高铁、核武或别的什么，而是通过其独特的话语塑造的“民族形象”，这才是表征“我是谁”的身份密码。一个缺乏话语支撑的国家充其量只是一个空心国家，一个缺乏话语自信的民族终将沦落为“失魂落魄”的民族。今天的中国不能满足于出口电视机，也要提供生于斯、长于斯的原创思想；不能满足于瞄准GDP的龙头位置，更要占领国际学术话语的高地。“中国图像”如果不是由中国自身的话语所塑造，那么，这个图像就是模糊的，中国就无法在貌似趋同化的世界大背景下清晰地界定“我是谁”，在与“他者”的比较中就无法坚守“自我”的独特性。

因此，“话语中国”的实质性出场，其意义绝不仅仅止于将被各种“妖魔化”论调歪曲的“中国图像”重新矫正过来，深层的意义在于：它是中华民族保持“精神基因”纯正性的关键一招，是社会主义中国确立精神自我、界定身份密码的不二选择，是当代中国应对多元话语侵袭、重建世界秩序的基本依靠，是中国登上国际舞台之巅激扬文字、指点江山的可靠资本，是中国立于世界、在道德制高点上赢得世界尊重的重要法宝。客观地说，中国的现代化貌似“很西方”，实际上却“非常中国”，因为我们有自己独特的精神世界，有自己独特的理论和话语，书写了属于自己的现代性。“灵魂没有住所，在哪儿都是漂泊”。作为一个生长于五千年文明沃土中的古老国度，中国没有理由成为一个物质崛起、精神塌陷的跛脚国家，没有理由成为失却精神自我、四处漂泊的流浪国家，没有理由成为任人指手画脚、说三道四的无尊严国家，更没有理由成为依附西方、寄人篱下的“香蕉共和国”。

当然，罗马不是一天建成的，“话语中国”的建构是一个漫长的过程，是一项系统的工程。也许我们的目标仍然在远处，但至少我们已行走在正确的路上。

哲学社会科学成果传播力制约因素及对策分析

——基于陕西省第十批哲学社会科学优秀成果的实证研究

■ 李明德　蒙胜军　司国安　苏　昕*

［摘　要］本文以创新与扩散理论为基础，通过对陕西省第十批哲学社会科学优秀成果及作者的具体考察，以问卷调查的具体方法，借助数学统计软件分析影响哲学社会科学成果传播力的制约因素，并提出相应对策。研究发现，影响哲学社会科学成果传播的最关键因素有两方面：一是哲学社会科学成果的具体内容。具体来说，成果内容的比较优势和科学、复杂程度对成果传播力有正向影响。二是哲学社会科学成果的传播范围。预定传播范围的广度和深度直接影响成果传播力的大小。本文亦对创新与扩散理论对中国哲学社会科学成果传播的适用性给予了部分验证和补充，依据研究发现，提出了加强哲学社会科学成果内容建设和扩大成果传播范围的具体建议。

［摘　要］创新与扩散；哲学社会科学；传播力；制约因素

经济快速发展所带来的社会结构转型以及社会分化加剧，正在成为中国当前所必须面临的现实。越来越多的现实问题不断涌现，反过来又成为制约经济社会进一步发展的突出问题。国家很早就意识到这一问题，明确了加快哲学社会科学发展的基本目标和方

＊ 李明德，西安交通大学人文社会科学学院教授，新闻与传播研究所所长，博士生导师，主要研究方向为新闻传播与舆论导向、媒介经营与管理、编辑与出版、现当代文学与传播、网络传播实务等。

蒙胜军，西安交通大学人文社会科学学院博士研究生，主要研究方向为新媒体与舆论导向等。

司国安，西安交通大学学报社会科学版编辑部副主编，编审，主要研究方向为编辑出版研究等。

苏昕，西安交通大学人文社会科学学院硕士研究生，主要研究方向为文学评论等。

向。2004年1月5日，中共中央发布《关于进一步繁荣发展哲学社会科学的意见》；2006年6月，更正式颁布了《国家哲学社会科学研究“十一五”规划》；2011年6月，颁布了《国家哲学社会科学研究“十二五”规划》；紧接着，2011年10月，党的十七届六中全会《关于深化文化体制改革、推动社会主义文化大发展大繁荣若干重大问题的决定》把繁荣发展哲学社会科学作为建设社会主义文化强国的一项重要内容加以论述。以上意见、政策的密集出台，为中国哲学社会科学的进一步发展提供了纲领性文件。另外，中国快速发展、转型的社会现实又为哲学社会科学的发展提供了丰富的资料来源和实践空间。

但哲学社会科学作为理论学科，就本身来说，其研究的最终成果并不能以生产力的形态直接奉献社会，它必须借助传播扩大影响力，通过自主分析、自主研究、部门委托、主动推荐等形式对其本身的精神生产力进行转化，转化为直接的物质生产力，并获得实际效益。[①] 而目前，中国哲学社会科学成果的转化率普遍不高已经是摆在理论界和大众面前的一个突出问题。学界对这一问题的思考集中且初见成效，但绝大部分研究都是立足于成果转化本身。陈颖（2006）利用大量的实例分析，详细对社科成果的五大转化障碍进行了解析，并提出解决方案。[②] 王泽林（2007）利用数据库作为信息源，提出社科成果转化的主要阻碍是供给能力差、研究成果滞后、转化市场失灵、转化制度缺乏，并提出相应的解决和创新方法。[③] 陈兴华（2005）详细解释了社科成果转化的具体定义和特性，提出社科成果的成功转化离不开生产者的正确意识（科研、精品、创新、责任、服务、改革、继承），同时提出要使成果的生产和转化更为多元化和制度化。[④] 国外学者较早关注哲学社会科学成果转化，但主要以理论应用为主，特别关注成果转化的文章在近几年的文献中才开始逐渐出现。Nigel Barber（2008）通过数据对比和实证分析，指出哲学社会科学发展缓慢的原因：第一是历史遗留问题。作为一门单独学科，哲学社科在近几年一直被忽略。第二是哲学社会科学自身约束，理论性强。[⑤] 同时，根据研究现状，Nigel Barber总结出满足哲学社会科学的独特研究方法，试图探索更高效的转化成果途径，以解决社会实际问题。

从成果转化本身出发寻找提高哲学社会科学成果转化率的途径，一直是学界关注的焦点。但现实层面呼吁提高哲学社会科学传播力影响力的呼声近些年尤为突出。“不断丰富我国哲学社会科学的学术思想和理论体系，不断提高我国哲学社会科学的传播力影

① 参见张晓琳：《人文社会科学成果供给对成果转化的影响研究》，天津，天津大学硕士学位论文，2009。

② 参见陈颖：《社科成果转化障碍分析及其对策》，载《大众科技》，2006（4），179～181页。

③ 参见王泽林：《论社会科学研究成果转化的创新途径》，载《中国科技信息》，2007（12），308～309页。

④ 参见陈兴华：《社会科学成果转化初探》，载《科技管理研究》，2005（10），17～21页。

⑤ Nigel Barber，“Evolutionary social science：A new approach to violent crime，” *Aggression and Violent Behavior*，2008，13（3）：237－250.

响力"① 成为国家和社会对哲学社会科学界的一个普遍诉求。

从理论上讲，"生产—流通—交换—消费"是经济活动的一个完整过程，这是就物质生产活动而言。比照物质生产，知识生产同样要遵循这样的基本规律。学术活动作为一项典型的知识生产活动，其"产品"——学术成果，必然要经历"生产—流通—交换—消费"的相同完整过程。但是，知识生产有其特殊性，完全意义的"经济活动"过程对知识生产并不都适用，对其具体描述需要做一定程度的语境转换。哲学社科成果转化只是知识生产之后的"消费"环节，提高"消费率"，也即"转化率"，仅仅从"消费"环节入手显然是不够的。知识生产的产品本身具有"扩散性"，从知识生产产品的特性出发研究哲学社科成果转化率应是可以考虑的一个研究思路和角度。"扩散性"是知识生产的产品所具有的一个特殊属性，这一特殊属性反映在现实中就是哲学社会科学成果更强调其传播效能。

但目前从传播角度关注哲学社会科学成果转化的研究不是很多，Rdjean Landry，Nabil Amara，Moktar Lamari（2001）利用实证法，归纳总结出加拿大社科成果的应用及相关影响因子。② 其研究发现：社科成果应用的影响因素包括生产者的行为、传播的广泛活跃程度等。与此同时，在实践中还存在一些政策之外的因子。

本研究在获取陕西省第十批哲学社会科学获奖成果基本数据及获奖成果作者调研数据的基础上，试图通过传播学经典理论构建理论框架及研究假设，分析其制约因素，并讨论促进和增强哲学社科成果传播力的可行性对策和建议。

一、传播力概念及相关述评

虽然对哲学社会科学传播力的相关研究不是很多，但学界有关"传播力"概念的论述却比较丰富。有研究归纳出对"传播力"研究的基本概貌，认为当前研究基本分为能力说（Communication Capacity）、力量说（Communication Power）、效果说（Communication Effect）、综合说（Comprehensive Theory）四种论说。③

"能力说"认为传播力是媒介、传者甚至受众等主体所呈现出的传播能力。这种观点以美国学者 Graham Williamson 以及国内部分学者为代表。Graham Williamson 认为，传播力是指传播者和受众成功地对信息进行编码和解码的能力（ability）；为达到高效

① 《提高哲学社会科学的传播力影响力》，见 http：//www.npopss-cn.gov.cn/n/2013/0805/c219468-22445572.html。

② Rdjean Landry，Nabil Amara，Moktar Lamari，"Utilization of social science research knowledge in Canada，" *Research Policy*，2001，30（2）：333－349.

③ 参见张春华：《传播力：一个概念的界定与解析》，载《求索》，2011（11），76～77页。

的传播效果，传播者必须展示出一定程度的传播力（capacity）。① 国内学者也有相似论述，但大多认为传播力是媒体传播进而产生效果的能力。较之国外，国内学者对这一概念的论述有狭义化的倾向，大多将传播力等同于媒体传播力。显然，在具体应用当中，传播力概念的外延要宽泛许多。

“力量说”认为传播力是一种实力（power）。② Manuel Castells 认为，媒体操控者通过传媒能表现出一种左右政治经济发展的力量。③ 喻国明也认为，传播力是一种软实力，是影响人们情感认同、身份认同、价值认同的最为重要的力量。④ 传播力“力量说”得到很多学者的认同，但单纯强调传播的“力量”，容易陷入媒介帝国主义的桎梏，不利于概念的普及和传媒自身的现实发展。

“效果说”强调传播内容是传播力的力量之源，传播效果是传播力的最终表现。⑤ 所以，传播力从根本上来说是传播效果在现实层面的延伸。没有效果的传播根本谈不上什么“力量”和“能力”。可以肯定的是，传播效果是传播力概念中不可或缺的一项重要内涵。

“综合说”则试图糅合现有概念表述，将传播力概述为多种因素并存、多个含义混合的综合性概念。比如，有学者将传播力定义为“一个媒体的传播能力与传播效果”⑥ 之和。“综合说”的外延扩大，却容易对具体主体，例如哲社成果传播力的解释丧失准确性。

从语言学的角度来说，传播力属于“传播”加“力”两个词合二为一的组合型概念，本身属于偏正短语。而传播的要素分为传者、受众、传播内容、传播渠道、传播效果等五个方面，“力”又可作力量、能力等多种解读，所以，传播力概念本身就包含多层次和多义性，这是目前传播力概念难以统一的根本原因。

但是，也正因为如此，我们可以根据具体需要对这一概念的具体内涵和外延做出归束。本研究中，传播力更多强调其传播的效果表现。因此，我们将哲学社会科学成果的传播力定义为传播内容经由媒介传播所取得的传播效果。

二、研究假设及理论框架

社科成果的传播力可以用引文量和报道数两个指标来具体衡量。使用引文量衡量传播力已经是社会评价和学术评价中的通行做法。许新军（2012）分析了 h 指数（下载

---

① Graham Williamson，“Communication Capacity”，http：//www. speech therapy information and resources. com.

② 参见张春华：《传播力：一个概念的界定与解析》，载《求索》，2011（11），76～77 页。

③ Manuel Castells，*Communication Power*，Oxford University Press，2009：pp. 37.

④⑤⑥ 参见张春华：《传播力：一个概念的界定与解析》，载《求索》，2011（11），76～77 页。

量）在期刊网络传播力评价中的应用。[①] 但不论是网络传播还是大众传播，社科成果传播力的最直接体现还是引文量的多少。另外，近年来，越来越多的社科成果注重借助大众传媒来扩大其影响，特别是在当前社科研究强调“问题”意识的大环境下，优秀社科成果的大众传播更能使其发挥所长、实现价值。所以，本研究的社科成果传播力将报道数作为另一项重要的衡量指标。

影响社科成果引文量和报道量的因素研究，学界已经有所涉猎。前文中已经提到，知识产品的“扩散性”是一项基本属性。哲学社会科学成果的传播力就是其扩散性的具体体现。传播学经典理论——创新与扩散理论认为，“创新是一种被个人或团体视为全新的一个方法，或者一次实践，或者一个物体”[②]。创新扩散是指一种基本的社会过程，在这个过程中，主观感受到的关于某个新语音的信息被传播。通过一个社会构建过程，其创新的意义逐渐显现。哲学社会科学成果就其本质来说就是“创新”。哲学社会科学成果的传播就是一种创新扩散的过程。我们认为，创新与扩散理论对本研究的基本理论假设具有解释力和适用性。

1. 创新与扩散理论首先认为创新的采纳率与创新本身的属性相关

这些属性[③]包括：（1）某项创新“相对于它所替代的原有方法（方案）而具有的优点”；（2）某项创新“与现有的各种价值观、以往的各种实践经验以及潜在采纳者的需求相一致的程度”；（3）“理解和使用某项创新的难易程度”；（4）某项创新“在有限的基础上可能进行试验的程度”；（5）“创新成果能被其他人看到的程度”。也即创新的“相对优势”“相容性”“复杂性”“可试验性”“可观察性”。张云生、徐舫、王永冬等（2007）也认为在农业科研成果推广中，科技成果自身对推广有基础决定作用。[④] 在社科成果传播中，成果内容本身的相对优势、相容性、复杂性、可试验性、可观察性应该对传播力有影响。因此，可以有如下假设：

H1：成果内容对哲学社会科学成果传播力存在正向影响；

H1a：成果相对优势与哲学社会科学成果传播力正相关；

H1b：成果相容性与哲学社会科学成果传播力正相关；

H1c：成果复杂性与哲学社会科学成果传播力正相关；

H1d：成果可试验性与哲学社会科学成果传播力正相关；

H1e：成果可观察性与哲学社会科学成果传播力正相关。

---

① 参见许新军：《h指数在期刊网络传播力评价中的应用》，载《情报杂志》，2012（11），66～70页。

② ［美］埃弗雷特·M·罗杰斯：《创新的扩散》，11页，北京，中央编译出版社，2002。

③ 参见［美］埃弗雷特·M·罗杰斯：《创新的扩散》，233～234页，北京，中央编译出版社，2002。

④ 参见张云生、徐舫、王永冬、雷斌、常晓春：《新疆农业科研成果推广实证研究——以种衣剂推广为例》，载《新疆农业科学》，2007，44（S3），16～19页。

2. 哲学社会科学成果传播的媒介渠道与传播力也密切相关

媒介渠道既是传播过程的必要条件，也是影响传播效果的重要因素。创新与扩散理论认为，传播渠道决定了创新在个体与个体之间的传播扩散，以及传播的效果如何。不同的传播渠道所取得的创新扩散效果不同。“大众传媒是最快、最有效的手段，它们能够使作为潜在接受者的观众得知一项创新”，“人际关系渠道也能够说服个人接受一个新方法，尤其是当渠道中个体具有相似的社会经济地位、教育程度时”①。张晓琳（2009）认为，宣传、推广渠道的差异会造成人文社科成果转化阶段不同的影响方面和影响效果。② 综合以上，我们可以做出如下假设：

H2：传播渠道对哲社成果传播力存在正向影响。

3. 创新扩散将时间作为一个重要变量③

以往研究大多忽略这一因素，但从实践来看，一项创新成果从传播、推广到采纳都需要时间，没有一定的时间保障，很难想象一项创新能被公众采纳与接受。社科成果的传播过程本身需要时间作保障；另外，很多成果的有效性也是需要借助一定时间之后的反馈信息才能确认。夏红辉（2007）研究发现，高校校报的传播周期长会影响传播效果，使得其传播力降低。④ 综合以上，可以有如下假设：

H3：传播时间对哲学社会科学成果传播力存在正向影响。

4. 创新扩散的一个重要条件是必须在一定社会系统内进行，这种扩散过程“发生在社会系统成员之间”⑤

银纯泉（2003）考察了高新技术成果的传播与扩散，将之归类为企业之间的扩散、企业内部的扩散和个人消费者之间的扩散⑥，并强调企业之间的传播与扩散的力度最大。这说明社会系统的类型与多寡对传播与扩散的效果有影响。哲学社会科学成果传播与扩散同高新技术成果的传播与扩散类似，一般应为学术共同体内传播、面向社会公众传播、面向政府传播三类。同样，哲学社会科学成果在不同社会子系统内部以及相互之间的传播频数应该会对传播效果产生直接的影响。需要强调的是，本研究的传播社会系统

---

① ［美］埃弗雷特・M・罗杰斯：《创新的扩散》，16～17页，北京，中央编译出版社，2002。

② 参见张晓琳：《人文社会科学成果供给对成果转化的影响研究》，天津，天津大学硕士学位论文，2009。

③ 参见［美］埃弗雷特・M・罗杰斯：《创新的扩散》，18～19页，北京，中央编译出版社，2002。

④ 参见夏红辉：《高校校报传播力提升的路径分析》，载《兰州交通大学学报》（社会科学版），2007（4），128～130页。

⑤ ［美］埃弗雷特・M・罗杰斯：《创新的扩散》，31页，北京，中央编译出版社，2002。

⑥ 参见银纯泉：《高新技术成果转化理论与实证研究》，重庆，西南农业大学博士学位论文，2003。

也即传播范围，是指哲学社会科学成果预先主动传播的领域和方向，可以简单但不够准确地类比为商业产品广告的预先投放。也就是说，哲学社会科学成果经传播扩散后形成的影响范围可能与此传播范围所包含的领域重叠，但内涵不同，不在本研究传播范围的考察之列。总之，结合以上分析，我们可以做出如下假设：

H4：传播的社会系统对哲学社会科学成果传播力存在正向影响。

创新与扩散理论是传播学经典理论之一，国内学者将之应用于哲学社会科学传播力实证分析的研究成果并不多见。结合创新与扩散理论的基本观点，通过以上分析可以得出本研究的基本研究假设和理论框架（具体见图 1），从而为本研究的具体开展提供基本理论支撑和分析思路。

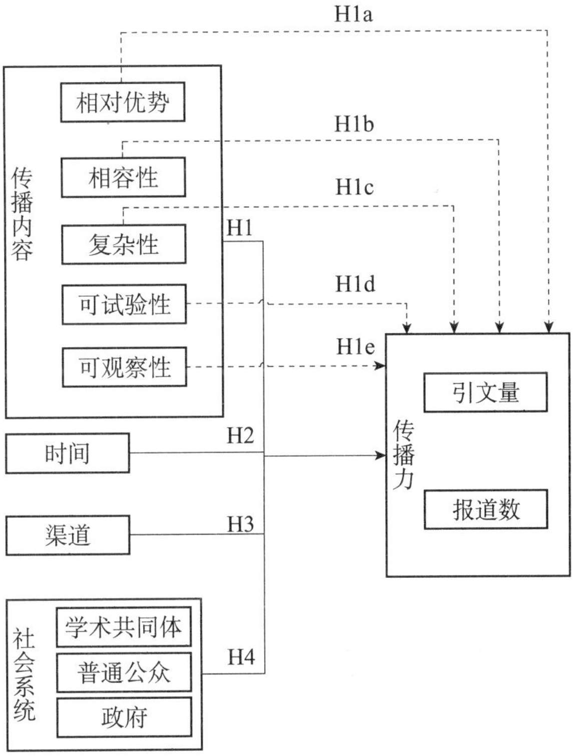

图 1　研究假设和理论框架

三、研究方法

（一）样本来源及数据收集

本研究以陕西省第十批哲学社会科学优秀成果及其作者为研究对象。陕西省第十批哲学社会科学优秀成果评奖对象主要为 2009 年 1 月 1 日至 2010 年 12 月 30 日之间的研究成果，区分著作类和论文类进行评奖。设立一、二、三等奖，共三个等级奖项。陕西省第十批哲学社会科学优秀成果共207项。其中，一等奖14项（著作类8项，论文类6项）；二等奖57项（著作类29项，论文类28项）；三等奖136项（著作类55项，论文类81项）。

在考察著作和论文引文量及报道数的信息采集方面，以各学术搜索引擎搜索结果及各评奖材料提供的信息为准。

在考察作者情况方面，陕西省第十批哲学社会科学优秀成果作者共计323位，除去集体作者4个外，共计作者319位。如果单计第一作者，则共有205位（集体作者不计）。而这些获奖作品中登记为唯一作者的总数为131位（集体作者不计），占总作者数的41%。出于研究需要，本研究对获奖作者进行了深度访谈，共计207位（集体作者只选一位），获得访谈问卷207份。

因此，本研究数据来源共有两类：一类是获奖成果资料统计及相关文献资料收集；另一类是获奖成果作者访谈资料及数据。鉴于部分获奖成果的非公开性以及样本数据缺失等原因，剔除不用及无效问卷，共计获得研究样本145份。两类数据合并成问卷后，对其做样本均值T检验，检验结果表明，按获奖单位所完成的问卷对同一问题的回答不存在显著性差异，因此可以合并使用。其基本统计特征如表1所示。

表1　　样本基本统计特征

项目	数量	百分比（%）
性别		
男	118	81.4
女	27	18.6
年龄		
18～40岁	34	23.4
41～65岁	106	73.1
65岁以上（不含65岁）	5	3.4
职称		
教授	92	63.4
副教授	41	28.3
讲师	8	5.5
研究员	2	1.4
副研究员	1	0.7
编审	1	0.7

（二）数据处理与分析

本研究依据理论框架设计统计量表，对资料数据进行录入及整理，并进行初步的样本信效度检验，假设验证则运用 SPSS19.0 统计分析软件进行描述性统计分析、相关性分析和回归分析等具体分析综合得出。

（三）信度与效度检验

数据整理完成后，首先对数据整体做信度检验。结果表明，哲学社会科学成果内容的相容性、可试验性、可观察性三项的信度检验不合格，予以排除，不再做进一步分析。所以，H1b、H1d、H1c 三条假设予以排除，不能成立。其他变量的整体信度较高（信度 α 系数值为 0.68），可以进行进一步统计。

效度检测方面，对于传播内容的检测表明，其 KMO 值大于 0.6，可以提炼出的公共因子为相对优势、复杂性两项；传播渠道、传播时间和传播范围方面，KMO 值也大于 0.6，可以分别提炼出传播渠道、传播时间及传播范围三个单一因子做进一步分析。而传播力效度检测 KMO 值为 0.81，解释的总方差为 0.56，符合要求，说明引文量和报道数可以作为传播力的两个考察维度。

四、具体结果及分析

（一）描述性统计及相关性分析

对通过信效度检验的样本数据做进一步的描述性统计，需要说明的是，就传播内容来说，相对优势和复杂性两个维度的均值和标准差比较接近，说明两者对传播内容来说同等重要。也就是说，获奖作品普遍较为复杂、深刻，且在同领域内的比较优势较为明显（具体见表 2）。

表 2　　描述性统计（$n=145$）

维度	极小值	极大值	均值	标准差
相对优势	1	3	2.060	0.626
复杂性	1	3	2.510	0.542
传播时间	2	3	2.940	0.242
传播渠道	2.5	3	2.520	0.100
传播范围	1	2	1.340	0.210
引文量	1	279	11.900	28.457
报道数	0	10	1.350	1.320

进一步的相关性统计结果表明，传播内容的相对优势、复杂性与引文量之间（$p<0.01$，$r=-0.471$，$r=-0.270$）具有显著相关性；传播时间和引文量及报道数（$p<$

0.01，$r=-0.227$，$r=-0.218$）之间也具有显著相关性；传播范围和引文量之间（$p<0.05$，$r=-0.189$）具有显著相关性。而传播渠道不论是与引文量还是与报道数都无显著相关性，H3 假设可以基本排除；另外，从传播内容来看，相对优势和复杂性之间（$p<0.01$，$r=0.391$）具有显著性，但从程度来看，属于中低度相关，可以不考虑两者之间的共线性问题具体见表 3。相关性分析的结果为进一步的分析提供基础，具有显著相关性关系的变量可以进行进一步的分析检验。

表 3　　相关性分析（$n=145$）

	相对优势	复杂性	传播时间	传播渠道	传播范围	引文量	报道数
相对优势	1						
复杂性	0.391**	1					
传播时间	0.163*	0.094	1				
传播渠道	0.036	−0.041	−0.090	1			
传播范围	0.097	−0.145	0.046	0.061	1		
引文量	−0.471**	−0.270**	−0.227**	0.014	−0.189*	1	
报道数	−0.060	−0.039	−0.218**	−0.028	−0.031	0.156	1

说明：*、** 分别表示在 0.05、0.01 水平上显著相关。下同。

（二）回归分析及假设验证

以哲学社会科学成果传播力两个维度为因变量，以哲学社会科学成果的传播内容、传播时间、传播范围为自变量进行回归分析，从结果可以看出（具体见表 4）：传播内容方面，传播内容的相对优势和复杂性对哲学社会科学成果引文量（$B=-13.562$，$B=-13.804$；$Sig<0.01$）有着显著的正向影响（问卷设计中相对优势和复杂性均按降序排列，即数值越大，相对优势和复杂性越低，故其回归系数为负），而传播内容的相对优势和复杂性对哲学社会科学成果报道数无显著正向影响（$B=-0.066$，$B=-0.173$；$Sig>0.01$），总体来看，哲学社会科学成果的传播内容对其传播力有着重要的影响，假设 H1 得到验证；同时，假设 H1a，H1c 也相应得到验证。而哲学社会科学成果的传播时间与其成果传播力无正向影响关系，假设 H2 没有得到验证。也就是说，哲学社会科学成果发表时间的长短不能决定其传播力的大小。另外，传播范围方面，其传播范围的广度对传播力（$B=-20.673$；$Sig<0.05$）亦有着较为显著的正向影响（问卷设计传播范围的多寡也采取降序排列，即数值越大，传播范围越小，故其回归系数为负）。因此，假设 H4 基本得到验证。也就是说，哲学社会科学成果的传播范围越广，其传播力也就越大。

表 4　　以传播力为因变量的回归分析结果（$n=145$）

变量	引文量与影响因素				报道数与影响因素			
	相对优势	复杂性	传播时间	传播范围	相对优势	复杂性	传播时间	传播范围
B 值	−13.562**	−13.804**	3.088	−20.673**	−0.066	−0.173	−0.373	−0.472
Sig 值	0.000	0.002	0.727	0.045	0.736	0.442	0.422	0.381
T 值	−3.652	−3.227	0.350	−2.026	−0.338	−0.771	−0.805	−0.880
R 方			0.235				0.019	
调整的 R 方			0.213				−0.009	
F 值			10.768				0.681	

五、主要结论及建议

（一）结论与原因分析

根据以上统计分析，本文可以有如下结论：

首先，哲学社会科学成果的传播内容对成果传播力至关重要，是其首要制约因素，特别是成果内容本身的深刻与深入（复杂性）以及在同一领域内的先进与优秀程度（相对优势）直接对成果的进一步传播扩散起到重要影响。其原因可能与当前我国哲学社会科学发展不足的现实状况相关。中国哲学社会科学发展的现实是：一方面是长期以来“重理工、轻人文”传统学科发展格局不变；另一方面是经济社会快速发展所带来的社会转型期各种复杂社会问题亟待解决。所以，少数具有科学性及先进性的哲学社会科学研究成果能短期内得到快速传播，引起各个领域的广泛关注。当然，这也从另一个侧面反映出中国当前哲学社会科学的发展存在的一个显著问题，就是成果本身的科学性及先进性不够，特别是与国外优秀哲学社会科学研究的差距还是比较大。因此，造成了本来应该从成果本身的各个方面影响传播力极化为仅从科学性和先进性两个方面施加影响，可见当前急需加快中国哲学社会科学成果发展的迫切程度。

其次，哲学社会科学成果的传播范围也是制约成果传播的另一个重要因素。确切来说，哲学社会科学成果在研究开始及进行阶段的交流互动以及成果发表后短时间的主动“推广”等会使得成果的传播力大大提高。对于这样的结论，一个显而易见的原因是研究成果发表前期的同行交流、评价可以缩短成果采纳及应用的时间；另外，对学术圈、政府机构和社会大众的主动推广，能促进三个社会子系统内部的信息交流与分享，进而达到成果传播的最大效用。举例来说，西安交通大学李树茁教授的研究成果《国家关爱女孩行动的政策创新——战略规划、治理模式与实践》一文在发表之前就以成果要报的形式报送政府相关部门并受到重视，直接或间接促成了相关政策及活动的执行与开展，发表之后即被各大主流媒体报道，其成果传播力必然很高。

再次，哲学社会科学成果的传播时间、发表的形式和渠道与成果传播力相关，但没有必然因果关系，不是制约哲学社会科学成果传播的重要因素。就传播时间来说，哲学社会科学成果发表初期时间因素会起到一定作用，但哲学社会科学成果一旦被采用或采纳，其扩散范围和传播效果则呈衰减趋势；另外，本研究样本选取的局限性也决定了时间因素不会对传播力有直接影响。所以，哲学社会科学成果传播力并不会随着时间的推移而得到增长。就成果发表的形式和渠道来说，其形态相对固定，并没有多大实质性区别。也就是说，出版社及发表刊物的类别和级别会对成果本身的被认知产生一定影响，但不会影响到其最终的传播效果。另外，这也可能与学术著作和发表刊物本身只注重成果发表，不重视作品推广的惯常做法有关，毕竟学术著作和发表刊物不同于普及读物或流行小说，其与市场的结合并不紧密，容易被出版机构和学术期刊编辑部所忽略。

最后，根据以上具体结论，我们可以有如下判断：本研究基本验证了基于创新与扩散理论的哲学社会科学传播力核心要素，部分支持了创新与扩散理论在哲学社会科学成果传播方面的适用性。

（二）提高哲学社会科学成果传播力的对策建议

本研究依据传播学经典理论构建研究模型，分析并确定了影响哲学社会科学成果传播力的核心要素，在基本结论的基础上，针对当前中国哲学社会科学发展现状特别是哲学社会科学成果传播力方面，可以有如下意见和建议：

第一，重视内容建设，强调理论创新。

一方面，要重视研究方法的创新与适用，这是加强内容建设的根本。

就哲学社会科学研究者来说，以“渔”饵“鱼”，首先要学习和改进方法，尽可能以最新、最先进的科学研究方法从事研究工作，这是保证研究成果科学性和先进性的基本条件。其次，要重视课题研究的过程性，以科学、严谨的态度和程序完成项目，排除人为因素干扰，这是保证研究结论科学性和先进性的又一必备条件。最后，要谨慎得出科学结论。当前，个别“专家”在媒体上往往妄下结论，其中不乏哲学社会科学研究学者和专家教授。哲学社会科学很多研究关乎民意、涉及社稷，具有“公益性、社会性、指导服务性”①，其结论与个人切身利益、社会发展动态密切相关，因此要小心求证、谨

① 李慎明：《发扬成绩总结经验繁荣发展哲学社会科学》，见 http：//www. qstheory. cn/zywz/200910/t20091002_12682. htm。

慎定论。

就高校、科研机构及哲学社会科学研究主管部门来说，要以科学为导向组织和管理哲学社会科学研究队伍和研究方向。一段时间以来，有关哲学社会科学坚持“人文传统”还是“科学传统”的争论一时热络，直到今天这一问题仍然是困扰中国哲学社会科学研究的一个基础性问题。但从现实来看，中国哲学社会科学的“人文传统”一直较为发达，所欠缺的正是“科学传统”的引入与应用。因此，结合本研究的结论来看，学界和社会的争论没有多少现实意义，重要的是要面向现实问题，弥补“科学传统”的短板，以科学方法研究科学问题。有很多著名学者，特别是有着国外学习和工作经验的著名学者认为“文科发展的国际空间中，有两面旗帜，一面是人文主义旗帜，一面是科学主义旗帜”，强调中国当前的哲学社会科学研究正需要建立新的平台，“按照科学主义的规则”进行创新性研究。① 当然，这也符合“十二五”规划中提出的“实施哲学社会科学创新工程，繁荣发展哲学社会科学”，尤其是“科学发展观引领学术繁荣”的学界共识的基本要求。②

总之，高校、科研院所以及哲学社会科学研究主管部门都应该认识到建设及坚持“科学主义”的迫切性与重要性，从宏观指导到具体管理都应该走科学主义的道路，使中国的哲学社会科学首先与国际接轨，其次再谈具有“中国特色、中国风格、中国气派”。

另一方面，要提高社会科学研究的理论层次和水平，实现理论创新，这是加强内容建设的灵魂和核心。

首先应营造利于提高研究水平，实现理论创新的良好氛围。比如，应进一步强调和宣传哲学社会科学的重要性，重奖有重大理论贡献的专家学者等。

其次要构建利于实现理论创新的体制机制。比如，对于社科人才培养、选拔机制，应进一步坚持和完善“送出去”“请进来”的哲学社会科学人才培养模式等。

第二，扩大推广范围，回归现实社会。

哲学社会科学研究可以说取之于社会，用之于社会。研究者和主管部门既要在内因上扩大视野，回归现实，也要在外因上回归现实，学会“营销”。

1. 就研究本身来说，应该从哲学社会科学研究整体的角度出发，全面“回归”现实

对从事哲学社会科学研究的人员来说，首先要强调问题意识，以解决现实发展中的

① 参见《人文学院边燕杰院长履新谈发展总设想》，见 http：// xjtunews. xjtu. edu. cn/yxdt/2009-06/1244620647d23478. shtml。

② 参见钟哲：《科学发展观引领学术繁荣——科学发展在社科界系列报道之一》，载《中国社会科学报》，2012-08-08。

重大理论与现实问题为己任。其次要体察、观照现实动向，回归田野，回归企业，回归真实的研究对象。因为社会本身既是问题域，又是试验场，所以研究哲学社会科学不能脱离社会本身。最后，哲学社会科学研究者还应该开放互通、交流互进。因为就本研究结果来看，哲学社会科学研究者只有预先与社会各个子系统充分互动，才能使自己的成果更具优势、更好传播。

对高校等科研机构及管理部门来说，首先要鼓励与引导哲学社会科学科研人员走出书斋，心怀天下。这绝不是说拒绝心灵独醒式的哲学思辨与学术考据，而是说就很多现实问题的研究来说，要改变以往闭门造车式的传统“手工作坊”模式，鼓励和引导研究者“真研究”“真问题”。其次，要建立健全体制机制，从制度和政策上保证哲学社会科学研究的科学、严谨与真实。最后，要有相应的资金保障。就高校系统来说，其社会科学研究经费一直逐年增长，从研究项目的数量与单项资助金额来看也呈上升趋势，截至2009年7月，社科基金项目资助金额已达20多万元，重大项目的资助金额也已达100多万元。① 但是，对于重大理论与现实问题的解决来说，这些资助仍然远远不够。这也是中国哲学社会科学研究难有重大理论创新和突破的深层原因之一。当然，资助体系的合理也很关键，目前的资助体系主要以官方项目资助为主，民间资助没有应有地位且缺乏制度保障。建立官方、民间两条并行的资助通道是未来化解哲学社会科学研究经费不足问题的一条必由之路。

2. 就成果本身来说，研究者和主管部门应该协同宣传、广泛推广

对于哲学社会科学研究者来说，应该扭转以往的传统观念，重视对自己的成果的积极宣传。研究前、中和完成后都应与学术圈、政府和社会广泛互动。

对于研究机构和主管部门来说，应加强成果推广和宣传工作，首先应保持信息公开和流通顺利。可以考虑增设或加强外宣部，专人专责，加强与学术共同体、政府和社会各个层面的合作交流。另外，应抓住宣传关键节点开展宣传工作。可以考虑与研究者合作，鼓励并支持研究者召开开题会、发布会等，提高关注度，扩大影响力。

总体来说，要繁荣哲学社会科学，提高哲学社会科学成果传播力，就需要科研从业人员及主管部门重视哲学社会科学成果内容建设，以科学态度、科学方法回应时代及现实召唤，走出岗位局限，扩大交流互通，实现理论创新，真正奉献出一批批货真价实的科学成果与思想精华。

---

① 参见《高校社科项目经费统计》，见 http：//www. sinoss. net/2009/0723/15501. html。

马克思现代性批判视域下中国道路的价值与意义

■ 孟　鑫*

［摘　要］在马克思的理论体系中，现代性主要是指资本主义社会的现代化进程。马克思审视和批判资本主义的现代性，认为资本主义社会无法走出其现代性困境，最终必然会被社会主义社会所替代。中国道路在扬弃资本主义现代化模式和突破传统社会主义现代化模式方面，既表现为走出资本主义现代性困境的实践探索，也表现为对苏联模式现代化路径的现实超越。它以人为核心选择现代化路径，以和谐为目标构建社会关系，以和平发展共建世界体系。中国道路在努力走出马克思所批判的资本主义现代性困境方面彰显出独特的价值。中国道路的现实意义是为发展中国家走向现代化提供了一个可能的新选择。作为一条不同于西方资本主义现代化模式的崭新道路，中国道路逐渐形成并取得举世瞩目的成就，与接受新自由主义的拉美国家相比，体现出了明显的比较优势。

［关键词］马克思；现代性；中国道路

从哲学角度看，现代性是人类历史发展的产物，同时也是人类发展的动力。近代以来，人类对现代性的追求几乎从未中断过，但是马克思对现代性却是持批判态度的，因为他所面对的现代性是资本主义时代的现代性。马克思对现代性的批判主要集中于异化劳动对人主体性的侵蚀、资本主义自身无法走出发展困境的问题及其现代化过程中形成

* 孟鑫，中共中央党校科学社会主义教研部教授，博士生导师。主要研究方向：马克思主义、科学社会主义与国际共产主义运动。

的“依附性世界体系”。如何走出资本主义现代性的困境，马克思的答案是走向新的现代性，建立一个辩证地否定了资本主义社会的社会主义新社会。但是，社会主义在其社会制度建立的近百年历史中，虽然在一定程度上、在一些方面解除了资本主义现代性的弊端，但仍未能完全走出马克思所批判的现代性困境，在其探索和实践中也历经波折和挫败。作为苏联模式后的另一种社会主义模式——中国特色的社会主义模式已经走过了30余年的探索之路，其逐步形成的中国道路在探索走出马克思所批判的现代性困境方面正在体现出不同的价值与意义。

一、马克思的现代性批判：资本主义现代性必然会被社会主义现代性所替代

在马克思的思想体系中，现代性主要是指以资本主义社会为底色的现代化进程。纵观马克思的著作，他并没有对“现代性”给出自己的定义，也没有使用过这个概念，但是，他对现代性的批判却形成了理论体系。这是因为，马克思已将他所面对的时代——资本主义社会作为“现代”的化身，对其进行系统的分析批判。

第一，资本主义促进了人类现代性的形成，也使人类失去了许多特质。

马克思认为，资本主义作为封建社会的替代物，在人类社会历史上曾以新生事物的姿态出现并存在。“资产阶级在历史上曾经起过非常革命的作用。”① “资产阶级在它的不到一百年的阶级统治中所创造的生产力，比过去一切世代创造的全部生产力还要多，还要大。”② 马克思这些论述揭示了资本主义促进现代性形成的历史过程，它使得人类社会从传统模式走向现代模式。

同时，马克思对资本主义现代性的消极社会历史影响进行了深入批判。在《资本论》中，马克思揭示了资本及其增值的强烈欲望推动了资本主义现代性的发生和发展，揭示了资本的本性，“资本来到世间，从头到脚，每个毛孔都滴着血和肮脏的东西”③。资本的逻辑“使人和人之间除了赤裸裸的利害关系，除了冷酷无情的‘现金交易’，就再也没有任何别的联系了。……它用公开的、无耻的、直接的、露骨的剥削代替了由宗教幻想和政治幻想掩盖着的剥削”④。这一切使得人类社会历史中形成的诸多特质、思想和社会关系都遭受了资本的冲击和洗劫，而其中的很多特质是人类发展的文明积淀。

---

① 《马克思恩格斯选集》，2版，第1卷，274页，北京，人民出版社，1995。
② 《马克思恩格斯选集》，2版，第1卷，277页，北京，人民出版社，1995。
③ 《马克思恩格斯选集》，2版，第2卷，266页，北京，人民出版社，1995。
④ 《马克思恩格斯选集》，2版，第1卷，275页，北京，人民出版社，1995。

第二，异化是资本主义现代性的核心问题。

异化问题是马克思批判资本主义现代性的核心命题和有力武器。这是因为，从哲学逻辑看，现代性最为突出的特征就是崇尚主体性，而资本主义现代性则摧毁了人的最本质属性——主体性。

马克思分析了资本主义现代性导致的异化劳动的四重类型，包括劳动者与劳动产品的异化、劳动者与劳动活动的异化、劳动者同他的类本质相异化、人与人相异化，进而揭示了异化劳动产生的根源。马克思通过深入考察资本主义社会发展的状况，认为在资本主义社会中异化劳动和私有财产不可分割，并得出“社会分工的存在是产生异化劳动的根本原因”的结论。异化劳动的产生在本质上是由人类生产发展的有限性决定的，也即资本主义阶段生产社会化与生产资料私人占有形式之间矛盾不可解决所限定的生产能力，使其无法解决异化劳动问题。因此，只有扬弃资本主义生产关系，建立新的社会主义生产关系，才能从根本上扬弃资本主义现代性过程中催生了却无法解决的异化劳动问题。

第三，依附性世界体系是资本主义现代性的外在表征。

马克思认为，资本主义工业发展促进了社会生产力的提升，其商业发展又造成“以全人类互相依赖为基础的普遍交往，以及进行这种交往的工具”①，资产阶级就这样不自觉地完成着其促进人类走向现代性的历史使命。

但是，马克思和恩格斯在《共产党宣言》中深刻指出：西欧资本主义工业化兴起后“正像它使农村从属于城市一样，它使未开化和半开化的国家从属于文明的国家，使农民的民族从属于资产阶级的民族，使东方从属于西方”②。马克思已经意识到，主要资本主义国家为了自身的利益，总是力图保持一个落后的非西方世界，以便从中获取宝贵的原料以及剩余价值。这种落后的非西方世界形成的一个重要的原因，是由西方资本主义崛起时血腥的殖民开拓造成的。马克思所揭示的这种“从属的世界体系”恰恰体现了后来沃勒斯坦、阿明和弗兰克等学者创立的“依附理论”所表述的“跷跷板”效应，即在代表西方资本主义国家利益的一端升起的同时，必然是非西方国家另一端的下降。在主要资本主义国家现代化不断发展、现代性不断增强的同时，必然是非西方世界的低度发展，现代化进程缓慢，现代性发展畸形。

第四，资本主义现代性进程无法持续。

从历史唯物主义视角看，资本主义作为人类历史进程的重要阶段，它为人类现代性的形成和发展发挥了重要作用，但是，由于其自身无法克服的矛盾，其现代性进程不可避免地走入困境。马克思所揭示的“两个必然”和“两个决不会”理论，深刻地说明了

---

① 《马克思恩格斯选集》，2版，第1卷，773页，北京，人民出版社，1995。

② 《马克思恩格斯选集》，2版，第1卷，277页，北京，人民出版社，1995。

资本主义现代性发展具有长期性却是不可持续的。

“两个决不会”是马克思于1859年1月在《〈政治经济学批判〉序言》中提出的一个重要思想。他指出，在人类历史上，“无论哪一个社会形态，在它所能容纳的全部生产力发挥出来以前，是决不会灭亡的；而新的更高的生产关系，在它的物质存在条件在旧社会的胎胞里成熟以前，是决不会出现的”①。这一思想指明了社会主义代替资本主义是一个长期的和艰巨的历史过程，从而为“两个必然”奠定了更加科学的理论基础。“两个必然”，即资本主义必然灭亡、社会主义必然胜利。马克思一生对社会主义理论的最伟大贡献，就在于他揭示并阐明了社会主义代替资本主义的历史必然性。走出资本主义现代性困境的探索，就是在扬弃的基础上形成新的现代性，就是建立一个新型的社会，“在那里，每个人的自由发展是一切人的自由发展的条件”②。

二、中国道路的现代性价值：走出资本主义现代性困境的当代探索

作为制度的社会主义是资本主义现代化不自觉的必然产物。假如没有资本主义现代化的长足发展，社会主义就不可能出现。所以，社会主义可以视为走出资本主义现代性困境的一种选择。但是在社会主义的发展历程中，传统社会主义模式并没有真正将马克思的理想变为现实。具有中国特色的“中国道路”所体现出的一系列特征，正在成为走出马克思所批判的资本主义现代性困境的当代探索。

第一，以人为核心选择现代化路径。

实际上，马克思之所以对资本主义现代性持批判态度，其中一个重要原因就是他已认识到，单纯的以物质财富和经济增长为核心的发展，并不能带来人本身的现代化。相反，在以资本为核心的物质现代化过程中，物的世界不断增殖的同时，人的世界却在走向异化。

中国道路中“以人为本”的现代化路径，正是一种走出马克思所批判的以“物”为核心的发展观，确立以“人”为核心的发展观的探索。“人”成为人类现代性发展的中心。这种转向是对马克思主义现代性思想中“人本”理念精神的回归与现实性重塑，是对资本主义现代性发展经验教训的反思，成为走出马克思批判的资本主义现代性困境的理性选择。它超越了传统现代化观念片面地把追求经济增长当作社会发展目的，意识到现代化过程不仅包括人的发展，而且是为了人的发展，逐步认识到离开人的全面发展，

① 《马克思恩格斯选集》，2版，第2卷，33页，北京，人民出版社，1995。
② 《马克思恩格斯选集》，2版，第1卷，294页，北京，人民出版社，1995。

经济社会的现代化就失去了方向，也失去了意义。“每个人的自由而全面发展”正是马克思主义理论的核心内容。消除资本主义现代性发展造成的劳动的异化、人的异化，实现人与自然、社会的完整统一，强调以人为本的社会发展观念，是马克思主义关于社会主义建设思想的应有之义。中国道路提出并实践“以人为本”的科学发展观，深刻体现了马克思在批判资本主义现代性过程中所展现的理论高度——人是现代性发展的根本目的和根本手段。

第二，以和谐为目标构建社会关系。

社会现代化包含着社会的经济、政治、文化等多方面的现代化，其目标指向主要是生产关系和上层建筑的现代性。马克思认为，一个社会的现代性合理与否与其所构建的社会关系息息相关。

过去的几十年中，中国特色社会主义道路在推动社会发展和社会现代化方面的贡献和影响逐步彰显。其以人为核心的现代化路径选择，必然指向于现实性的公正、平等、和谐的社会建设。实现社会和谐，建设美好社会，是社会现代性的重要体现，也始终是人类孜孜以求的社会理想，更是包括中国共产党在内的马克思主义政党不懈追求的社会理想。根据马克思主义基本原理和中国社会主义建设的实践经验，根据中国经济社会发展的新要求和中国社会出现的新趋势、新特点，中国道路所要建设的社会主义和谐社会，应该是民主法治、公平正义、诚信友爱、充满活力、安定有序、人与自然和谐相处的社会。这种社会属性正是马克思在批判资本主义现代性过程中希望建立的新社会所应具有的，是马克思所期望实现的社会主义现代性的题中应有之义。

第三，以和平发展共建世界体系。

工业革命以来，资本主义国家主导的世界体系形成过程，总的看来是一个核心与边缘、主导与依附的体系。所以，马克思对这种“依附”“从属”的世界体系一直持批判态度。中国道路的世界价值之一就是它提出了新的世界体系构建路径。当代国际体系正发生历史性的转型，以往历次国际体系转型与构建都是通过战争实现的，而这次转型则是以和平渐进方式实现的，中国倡导的和平发展道路正在参与和共建这一新的世界体系，这是走出资本主义现代性困境在世界体系构建范围内的新尝试。

经过30余年和平发展道路的实践，中国道路对国家利益和人类共同利益的同一性有了新的认识。中国以和平发展为根本原则，积极参与构建世界体系，不断推进全球治理的一系列重大议题，在新的世界关系构建中发挥越来越重要的作用。中国努力使自己的和平发展与世界的和平发展同步化，努力使本国利益与各国利益相互渗透融合，这既符合世界现代化的客观趋势，也推进世界体系构建朝着更加合理有效的方向发展。事实证明，这种利益的同一性，对于中国和世界都具有极其重要的意义。这种道路正在成为走出马克思所批判的“从属性世界体系”的重要选择。

三、中国道路的现代性意义：发展中国家走向现代化的新选择

工业革命以来，人类主要有三种类型的现代化形式。一是英、法类型的资本主义现代化。选择这种类型的国家是在生产力和生产关系矛盾发展基础上自发地进行工业革命，自主地确立了现代国家制度。二是美、日类型的资本主义现代化。选择这种类型的国家效仿英法模式，缩短了资本主义制度的确立过程。三是苏联类型的社会主义的现代化。选择这种类型的国家现代化起步较晚，在相当薄弱的工业基础上开始其现代化进程，在不太长的时间内完成了其现代化任务，有其成功的经验，也有其沉重的代价和深刻的教训。从目前看，这些现代化类型都无法成为当前发展中国家走向现代化的模板。

经过改革开放30余年的快速发展，作为一条不同于西方资本主义现代化模式的崭新道路，中国道路逐渐形成并取得举世瞩目的成就，与接受新自由主义的拉美国家相比，体现出明显的比较优势。这种反差，促使人们反思那种长期以来认为只有发达资本主义国家的现代化发展模式才是最完美的、才是发展中国家必须效仿的唯一模式的观点，中国道路的现代性意义凸显，它向世界展示了一条发展中国家走向现代化的不同路径。它的探索和形成正应和了马克思的资本主义现代性批判思想，即在扬弃资本主义现代性的基础上发展出社会主义现代性。

从目前看，大多数发展中国家现代化的起点都很低，且大都是以政治制度建设推进现代化。有的国家为了尽快赶上发达资本主义国家，甚至照搬资本主义现代化模式，把现代化与“西化”简单地等同起来。但是共和国的建立、民主制度的确定并没有使这些国家真正走上现代化之路，其反而由于民主制度缺乏稳定的基础而逐渐走向独裁或混乱。在一些发展中国家，豪华与简陋、富裕与贫穷交织在一起，构成了第三世界国家畸形的“现代化”图景。中国的现代化是世界发展中国家现代化的一部分，与传统社会主义现代化道路和资本主义国家的现代化道路相比，中国道路展现出独特的意义和价值：

其一，在对待苏联模式的现代化道路上，表现出继承性和创新性。中国道路在坚持社会主义方向的基础上，准确把握中国客观实际，围绕中国社会主义建设中出现的理论和现实问题进行探索，形成独具特色的现代化道路。其二，在对待资本主义现代化道路上，表现出开放性和包容性。中国道路不仅打破了冷战以来资本主义与社会主义二元对立的观念，还积极吸收借鉴资本主义国家实现现代化的历史经验和教训。正如英国学者威尔·赫顿所言：中国的发展道路以自己独特的方式对待资本主义，它从没有把资本主义当成目标，而是把它作为实现目标的手段。其三，提出不同国家不能套用现代化模式的观点。在不同国家的不同时期，现代化的目标和任务是随现实基础和历史条件的变化

而变化的。无论是最早进入现代化国家的经验，还是后起的现代化国家的经验，对于世界现代化进程来说都不是唯一的和固定的模式。其四，认识到现代化是一个长期的、全局性的社会整体过程。现代化意味着由传统社会向现代社会的转变。科学技术的发展和经济现代化的发生，必将引发人们生活方式、思维方式的现代化和经济、政治制度的变革。

从世界现代化史的视角看，马克思对资本主义现代性的批判和对社会主义的展望，为发展中国家选择适合本国的现代化模式提供了理性分析框架，而中国道路探索的现代化路径为发展中国家选择现代化道路增加了一种新的可能性。

提高我国国际议题设置能力

■ 左凤荣　赵　柯　梁亚滨*

［摘　要］国际话语权的争夺成为大国博弈的重要方面。西方主导国际话语的格局虽然没有发生根本改变，但中国在国际话语权理念贡献能力方面已经有了很大提高，只是在政治操作能力方面还有待加强。如何根据自己的理念在国际舞台上提出议题、设置议题，把这些国际议题转变为国际规则，是未来中国争取国际话语权的核心内容。在这方面，需要寻找好的切入点，进而实现以点带面，逐步确立自己的国际话语权。全球经济治理是合适的切入点。“借船出海”和“另起炉灶”应是中国提高国际议题设置能力的两种策略。

［关键词］中国；国际话语权；国际议题；理念；能力

国际话语权的本质，是以非暴力、非强制的方式改变他人的思想和行为，并使一国之地方性的理念和主张成为世界性的理念和主张。一个国家要想成功地确立国际话语权，需要完成三个方面的工作：第一，能够明确、清晰地表达自己的立场、观点和态度，也就是解决“能够说”的问题；第二，动员各种资源，建立各种渠道来最大限度地吸引听众，并且用世界多数国家都能理解的方式进行表达，同时建立自己言辞的信任度，也就是解决“有人听”的问题；第三，通过意见表达和提供理念来影响甚至主导国

---

* 左凤荣，中共中央党校国际战略研究院研究员，主要研究大国关系与俄罗斯外交；赵柯，中共中央党校国际战略研究院助理研究员，主要研究欧洲问题；梁亚滨，中共中央党校国际战略研究院副研究员，主要研究美国外交与中美关系。

际规则的制定，也就是解决“影响力”的问题。前两个方面可以归纳为理念贡献能力，主要体现为提出并推广自己新思想和新观念的能力；最后一个方面实际指的是政治操作能力，主要体现为按照自己的理念在国际舞台上提出议题、设置议题，将这些国际议题转变为国际规则，这也是国际话语权最为核心的部分。理念贡献能力和政治操作能力构成了衡量一国国际话语权建设是否成功的两个关键性指标，本报告正是以这两个指标为分析视角，深入探讨中国的国际话语权建设的经验和教训，以及面临的困难和挑战，进而形成具有可操作性的政策建议。

一、中国在国际话语权建设中的理念贡献能力大为提高

在当今世界，国际话语权的“分配”状况是极不平衡的，大致上是以欧美为主体的西方占据着明显的主流和强势地位，美国甚至拥有话语霸权，而中国处于弱势地位。冷战终结被西方和世界主流舆论解读为西方政治和经济制度的胜利，民主、自由、人权、市场经济等源自西方的话语几乎所向披靡，成为霸权性的国际话语。所谓“历史终结论”“文明冲突论”“民主和平论”“人权高于主权论”“失败国家论”等论调，都是冷战后由美国及欧洲抛出而成为国际社会的主导性话语。但是，随着国力的提升，中国也开始向世界提出自己的话语。

“和平崛起”是改革开放以来我们成功争取和增强国际话语权的一个案例。这一概念最早由中央党校的学者提出，其背景是应对美国以及其他一些国家对中国快速发展所产生的种种疑虑。改革开放以后，中国的发展引起世界瞩目，在国际上引起强烈反响，“中国威胁论”等影响很大。针对世界对中国发展的不安、不良和不利的反应，中国给了世界一个回答，即中国的崛起是“和平崛起”。从 2003 年起，中国国家领导人在国内外不同场合多次阐述中国“和平崛起”道路的内涵和要义。“和平崛起”的提出，迅速引起国际社会广泛的关注和热议。为避免“崛起”一词产生歧义，出于外交工作的需要，我们自己在许多场合用“和平发展”代替了“和平崛起”，因为“发展”比“崛起”听起来更平和一些。但无论是在国家间的外交舞台，还是在国际上的学术研究和媒体报道中，“和平崛起”这一话语已经“深入人心”，仍然被国外各界人士广泛使用。2013 年 6 月，美国总统奥巴马在与习近平主席的会晤中说，尽管中美之间不可避免有摩擦，但美国欢迎中国“和平崛起”（peaceful rise）。2014 年 3 月，习近平主席访问德国之时，德方主动提出在双方联合声明中写入“德国欢迎中国的和平崛起”这一表述。可以说，“和平崛起”已经成为国际社会探讨中国议题时的“必用词汇”。

“中国梦”这一通俗易懂、形象生动的表述，不仅中国老百姓喜闻乐见，也迅速引

起了国际社会的广泛反响，成为了国际流行语。“中国梦”是中国国际话语权建设的又一个成功案例。不少外国政要已经使用“中国梦”这一概念所创造的话语表达方式，引用中国梦来阐述中国与世界的关系。2013年6月29日，韩国总统朴槿惠在清华大学发表演讲时称：中国人民正在习近平主席的领导下朝着“中国梦”奋勇前进，韩国也有着“韩国梦”；“中国梦”与“韩国梦”是一致的；“韩国梦”如能与“中国梦”携手同行，两国一定会有更加光明的未来。法国前总理、时任法国参议院副议长拉法兰先生在中法建交50周年之际接受中国媒体专访时称，在法国，我们对“中国梦”持赞赏态度，因为这种雄心壮志具备合法性，同时没有侵略性。2014年3月22—24日，在“中国发展高层论坛2014”的演讲中，国际货币基金组织（IMF）总裁拉加德主动用“中国梦”的概念来表示中国与IMF的合作关系，以及对中国未来发展愿景的期许。她说：要有伟大的梦想才能不会忘记自己的使命，我比较赞赏“中国梦”，我也希望能够惠及更多的人。

除了反映政治意识形态和发展战略的话语权外，中国在具体国际问题的解决上也不断地贡献自己的新理念，有力地推动了中国的国际话语权建设。比如，2009年3月，在国际金融危机的大背景下，中国人民银行行长周小川撰文呼吁改革和完善现行国际货币体系，建议创造一种与主权国家脱钩的国际储备货币。也就是用超主权的共同货币来代替美元，并且主张扩大国际货币基金组织特别提款权（SDR）的发行和使用范围。这一建议引发了世界各国政策界和学术界的震动，联合国也成立了专门的研究小组来讨论SDR的使用问题。这段时期，国际社会对美国滥用美元国际储备货币地位的自私行为进行了严肃而深刻的批评和反思，让美国货币当局面临巨大的舆论压力。这是中国在具体国际问题领域主动争取和掌控国际话语权的一个典型。

这都说明，中国在国际话语权建设中的理念贡献能力大为提高，初步解决了“能够说”和“有人听”的问题。这些成功的国际话语有三个方面的特点：

第一，通过国家领导人的讲话向全世界传播。当前，西方国家凭借雄厚的资本、高端的人才以及先进的技术垄断了国际信息传播，在国际话语权争夺中占据绝对优势。与国外相比，中国媒体的知名度和竞争力还处于劣势，学界也较少世界知名的战略家。但是，随着中国实力的增强，国际社会非常关注中国未来的发展趋势和政策走向，与之相伴的是中国领导人的话语越来越受到国外政界、学界和媒体的重视。特别是，中国领导人的一些最新表述都会受到国际各大媒体的争相报道，中国领导人实际上成为向世界讲述中国故事的高端平台，中国提出的有全球影响力的话语大多是由国家领导人亲自承担了“推广者”的角色，这大大提高了这些话语的受关注度和权威性。

第二，在西方世界能够找到与之相对应的概念和参照系，巧妙地把中华民族传统文化的优秀内核与西方话语权技巧结合起来了。中国传统文化推崇的“和为贵”与“和而不同”，深深影响了中国对外交往。中国坚持走和平发展道路，坚定奉行独立自主的和平外交政策。这些主张都体现了中华民族传统文化的优秀内核。而“崛起”（rise）乃是西方国际政治理论中的经典词汇，是很吸引人眼球的词汇，西方人对其熟知并有深刻理解。历史上，德国在欧洲大陆的两次崛起、日本在东方的崛起都曾引发战争，它们都想凭借自己的实力改变世界现状。因此，国际社会很熟悉“崛起”。“和平崛起”这个词表明，中国坦诚地承认自己是在“崛起”，同时又强调了中国的崛起与西方列强的崛起不同。受传统文化基因的影响，中国人奉行的是和平理念，中国要走一条不同于西方强国崛起的道路。“和平崛起”实际上是把东方的含蓄和西方的张扬两种文化特性结合起来，将“和平”与“崛起”这两个带有东西方差异、看似矛盾的词结合在一起，反而有了特殊效果，这里面包含很强的语言技巧，是一次很好的创新；而当国际社会热议“中国梦”之时，“美国梦”其实有意无意地成为参考系。“美国梦”是西方社会家喻户晓的话语，代表着“个人只要经过努力不懈的奋斗便能获得更美好的生活”这一对未来的美好憧憬。所以当中国提出“中国梦”的时候，即便国际社会不认同中国梦的具体内涵，但是国际社会知道中国想表达对“中国向何处去”“中国人要过上怎样的生活”这类问题的清晰回答。“中国梦”指向了中国未来的发展方向和每一个普通中国人的生活，这是国际社会所普遍关心的，这就让双方有了一个具有共识的对话平台。

第三，有扎实的人文社会科学研究为支撑。成功的话语往往是政界和学界良好互动的结果。人文社会科学研究机构是一个国家的思想和理论阵地，也是高质量话语的源泉和生产机构；话语包含的诸种要素和特征，如概念的创新、话语逻辑、说服力、价值观和意识形态基础等，只有发达的人文和社会科学研究机构能够赋予。西方在今天世界的话语优势地位，与其发达的人文社会科学研究分不开，“历史终结论”“文明冲突论”“民主和平论”“人权高于主权论”等理论都是西方学术界最早提出并且系统地加以理论化，最后经由与政界实践的良好互动，最终成为极具冲击力的国际话语。在我国同样如此，无论是“和平崛起”还是“中国梦”，其背后都有学术团队的扎实研究作为支撑。

二、中国在国际话语权建设中的政治操作能力仍然不足

如果一国政治操作能力强，那么就有助于推广本国所提出的理念，使其在国际议题设置中成为接受程度高的“中国方案”，最终让自己的理念落实成为国际规则，此时，话语权才真正转化成“影响力”。这是国际话语权建设的终极目标。比如，西方国家尤其是美国在国际货币基金组织和世界银行中拥有强大的政治操作能力，那么像“华盛顿共识”这样的经济发展理念就更容易得到推广。相比之下，我国国际话语权建设的主要成就集中于“能够说”和“有人听”，在“影响力”方面，还远远不能与我国的综合国

力相匹配，还不能有效地按照自己的理念设置国际议题。

“新型大国关系”是中国从维护世界和平的高度出发主动提出的如何从战略层面管理中美关系的新理念。自 2012 年 5 月中方提出中美建设新型大国关系，到 2013 年 6 月加州习奥会双方达成共识要构建新型大国关系以来，“新型大国关系”已成为美国学界与官方谈及中美关系时的热点话题，也是各国政要、学者讨论中美关系时的“必用词汇”，可以说，“新型大国关系”成功地体现了我国在国际话语权建设方面的“理念贡献能力”。但是，当我们想要按照“新型大国关系”理念来定位和管理中美关系、为中美关系的发展制定规则之时，仍然遇到了困难。2014 年 4 月 6 日，日本《朝日新闻》采访美国国家安全委员会亚洲事务主任麦艾文（Evan Medeiros）时，记者问道：“与中国构建新型大国关系是一个好主意吗？感觉是美方接受了中方的建议，而不是去主动塑造中国，这让美国看上去很软弱”。麦艾文回应了两点：“第一，中美虽然都在说新型大国关系，但彼此想法并不相同；第二，新型大国关系只是一个期望（aspiration），仅此而已。”

美方对“新型大国关系”的解读多少有些让中方失望。须知麦艾文不是一般的美国官员，他是美国总统身边负责亚洲事务的主要官员。2014 年 3 月 28 日，也就是麦艾文接受《朝日新闻》采访一周前，他在布鲁金斯学会语出惊人：“中国有人说构建新型大国关系就必须接受和照顾中方的核心利益。这是他们的定义。我们不这么认为。”很明显，美国接受“新型大国关系”这一提法，但是不接受中国对中美“新型大国关系”所制定的规则。2014 年 9 月 10 日，美国《外交官》杂志的一篇文章对此进行了非常清晰的解释，文章认为美国对于中国所提出的“新型大国关系”中“相互尊重”这一原则有异议。准确地说，是对于“什么利益”“谁的利益”双方存在分歧。美方理解，中方是要美方在中方重大关切问题上做出让步，特别是中方的核心利益，包括台湾、南海等领土主权问题，而美方在这些问题上很难做出让步。此外，中方强调在亚太地区互相尊重核心利益，美方将此视为中方要在亚太培育势力范围。美方认为中方要得太多。因此，美方提出少谈“尊重核心利益”，多谈追求“共同利益”。而关于共同利益，美方指的是中美在全球范围内加强协调与合作。

可见，目前中国还难以运用“新型大国关系”这一话语对中美关系进行实质性管理，还无法有效地通过“新型大国关系”为中美关系发展设置议题、制定规则。中国在国际话语权建设中的政治操作能力仍然不足。

在国际经济领域，中国也缺乏设置国际议题的政治操作能力。比如，当前在国际投资领域缺乏话语权已经成为中国企业“走出去”的“软肋”。在全球经济格局中，发达国家传统上是对外直接投资的主体，发展中国家则往往是外国直接投资的接受者，但中国却在经济发展水平相对较低的情况下，在短时间内从一个吸引外国投资的发展中国家转变为对外直接投资大国。2011 年，中国成为世界第六大对外投资国，仅仅过了一年，2012 年中国对外直接投资的规模就已经位列美国和日本之后，居全球第三。引起国际社会关注的是，我国对外直接投资的主要目的地从之前的主要集中在发展中国家和资源型国家，迅速扩展到欧美发达国家。正在中国企业掀起海外投资热潮之际，欧美发达国家在全球多边经济合作中提出“竞争中立原则”，希望对国有企业参与全球市场竞争施加约束。这一规则明显指向中国。

根据《2012 年度中国对外直接投资统计公报》的数据，2012 年，非金融类对外直接投资 777.3 亿美元，其中，国有企业占 46.6%，2012 年末中国非金融类企业对外直接投资存量 100 强中排名前 20 位的都是大型央企。如果再加上金融类企业的话，不难看出，国有企业是现阶段中国对外直接投资的主力。所以，以国有企业为主体的投资模式得到尊重和认可，是中国参与全球投资治理体系的一大诉求，而这恰恰与欧美发达国家目前竭力推动的国际投资理念存在冲突。2012 年 4 月 10 日，欧盟和美国发布了《欧盟和美国关于国际投资共同原则的声明》，其中特别强调支持经合组织倡导的“竞争中立”原则，关注国有企业对私人企业构成的挑战。由于目前全球不存在统一的国际投资规则，所以此举表明欧美在全球投资规则方面相互协调，力图在全球投资治理体系中占据主导权的战略意图，特别是要试图约束和遏制中国国有企业在全球市场不断增长的影响力。

“竞争中立”原则对中国国有企业海外投资造成了现实的风险和不确定性，是对中国经济具有系统性影响的国际话语权，但是，由于我们缺乏有效的政治操作能力，既不能阻止“竞争中立”原则被设置为国际议题，也没有能够设置与之相对抗的国际议题，对于“竞争中立”原则正在成为新的国际话语，进而演变为多边经济谈判中的正式规则，只能是被动地接受。最近几年，中国国有企业在海外投资中屡屡受阻的情况，正是西方国家提出的“竞争中立”原则这一话语国际化程度不断提高和深化的体现。

三、全球经济治理应该成为提高我国国际议题设置能力的切入点

话语权的强弱，是国家政治、经济、科技、军事等硬实力的综合反映。一个国家的发展强大和走向世界，要在国际各领域拥有自己的话语权，但这并不意味着国际话语权建设要“胡子眉毛一把抓”、要“四面出击”。特别是对中国这样的后起新兴大国而言，在面对既有国际话语霸权体系的约束条件下提高自身的国际话语权，需要寻找好的切入点，进而实现以点带面，逐步确立自己的国际话语权。我们认为，全球经济治理是合适的切入点。

当前全球经济格局发生了深刻的变化，以中国为代表的新兴经济体实力大为增强，全球经济力量对比发生了有利于中国的变化。进入21世纪以来，在2000年至2013年期间，新兴市场与发展中国家平均增长率为6.1%，其中金砖国家平均增长率为6.9%，分别高于同期世界经济增长率2.4个和3.2个百分点。据IMF的最新测算，2014年中国经济增长对世界经济增长的贡献率为27.8%，美国则为15.3%。在经济规模总量方面，2013年新兴市场与发展中国家按市场汇率计算的GDP总额达到28.64万亿美元，占全球GDP的份额比2000年提高了18.6个百分点至38.7%，其中金砖国家的GDP总额达到15.76万亿美元，占全球GDP的份额为21.3%，比2000年提高了13.0个百分点；如果按购买力平价来衡量，2013年新兴市场与发展中经济体占全球GDP的份额首次超过发达经济体，为百年来的第一次，达到50.4%，比2000年提高了13.4个百分点，其中金砖国家占全球的份额为27.6%，比2000年提高了10.7个百分点。2014年中国经济规模超过10万亿美元，成为全球除美国之外第二个经济规模超10万亿美元门槛的国家。从经济规模的增量来看，近年来以金砖国家为代表的新兴国家拥有更为突出的表现。2008年至2013年间，新兴市场与发展中国家按市场汇率计算的GDP总额净增了大约9.45万亿美元，占全球GDP增量的77.9%，其中金砖国家净增6.43万亿美元，占全球GDP增量的53.0%；而同期发达经济GDP总额净增2.69万亿美元，占全球GDP增量的22.1%，其中七国集团（G7）净增1.88万亿美元，占全球GDP增量的15.5%。

中国的崛起主要体现为经济崛起，经济是中国在大国博弈中质量最高，同时也是最具含金量的核心竞争力。按照萨默斯的说法，中国经济崛起对全球经济格局的影响可能会超过历史上的工业革命和文艺复兴，那么中国在全球经济治理中的话语权应该是“水涨船高”才对，但事实上，中国的经济实力与其在全球经济治理中的话语权严重不匹配，并且这种“不匹配”已经开始威胁到中国未来的经济发展。我们能够看到，随着全球经济格局的变化，特别是中国经济力量的崛起，西方国家提出了一系列的新话语，比如，随着中国成为全球最大的出口国，在国际贸易领域，西方发达国家从之前“自由贸易”理念和规则的提倡者和捍卫者，变成了如今的“修正主义者”，不断给“自由贸易”规则增加各类前提条件，试图以“公平贸易”来取代“自由贸易”；在国际投资领域，随着中国国有企业开始走向海外，积极在全球范围进行投资并购，全球投资治理体系的主流话语也从之前的“自由竞争”发展为现在的“竞争中立”，强调国有企业作为投资主体与私人企业的不同性质，强调国有企业投资行为背后的政治动机，为国有企业的全球投资设定更为严格的准入资格和约束条件。

而随着人民币国际化进程的启动和中国金融实力的增强，全球货币治理体系也在悄然发生变革，正在根本性地改变着国际货币体系的运行机制和治理平台。“货币政策协调”是当前西方发达国家热衷的话语口号，在这一话语之下，国际货币治理体系正在悄悄地发生变革。2013 年 10 月 31 日，美联储、欧洲央行、瑞士央行、英国央行、加拿大央行和日本央行等全球六大央行同时宣布，它们将把现有的临时性双边流动性互换协议转换成长期协议，而且，任何当事央行都可在自己的司法辖区内以另外五种货币中的任何一种提供流动性。这意味着，在主要发达经济体之间，一个长期、多边、多币、无限的超级储备货币网络已编织成型，很有可能替代以国际货币基金组织为代表的原有治理机制，这个全球超级储备货币网络依然将中国排除在外。

国际话语权建设的最终目的就是按照本国的理念来塑造世界秩序，相应地，国际话语权之争的本质是对话语背后规则主导权的竞争。我们可以看到，在全球经济治理最为重要的三个层面——全球贸易体系、全球投资体系以及全球货币体系——西方发达国家都在更新其话语体系，正在加速制定和推广新的国际规则，以期最大限度地利用对自身更为有利的、非中性的国际规则来约束或限制竞争对手。经济实力是中国最具含金量的全球竞争力，保障中国经济的可持续发展是中国的核心利益，当前全球经济格局发生了有利于中国的变化，而西方国家正在加紧推广的新一轮全球经济治理新话语又明显指向了中国的经济力量，在这一背景下，要求中国在提高全球经济治理话语权方面要积极有所作为。作为国际话语权建设的切入点，一是因为在经济领域中国有实力作为支撑，在政治操作能力方面回旋余地较大；二是国际形势所逼，具有紧迫性；三是全球经济治理既是国际事务中的核心领域，但同时意识形态色彩较军事、外交领域要淡，容易达成共识。因此，我们应该加强对国际贸易体系和国际金融秩序的研究，加强在这方面的话语权。

四、“借船出海”和“另起炉灶”应是中国提高国际议题设置能力的两种策略

提高国际议题设置能力的根本目的是寻求影响甚至主导有利于本国的国际规则的形成和制定，这也是国际话语权的本质所在。作为新兴大国，中国并非现行国际体系的主导者。在西方强势主导的国际规则之下，处于弱势地位的中国如何才能提高国际议题设置能力呢？“借船出海”和“另起炉灶”是中国提高国际议题设置能力的两种策略。

在我国的政策实践中，“借船出海”和“另起炉灶”这两种策略也已经开始得到了运用。比如，在 2014 年上海亚信峰会之前，这个 20 世纪 90 年代在哈萨克斯坦成立的小型地区安全会议一直处于默默无闻的状态，甚至许多国际外交界人士也没有听说过“亚洲相互协作与信任措施会议”。但是随着近年来中国对建立亚洲安全机制的关切度不断提高，对亚信峰会的价值进行了“重新发现”。2014 年中国举办上海亚信峰会，使这一

几乎被人遗忘的亚洲安全机制重新焕发了生机和活力，成为国际社会广泛关注的焦点，而中国借助这一平台提出了“亚洲安全观”，赢得了与会国家的认同。

2014 年 7 月 15 日，在巴西举行的金砖国家领导人峰会发表了《福塔莱萨宣言》，宣布成立金砖国家开发银行和进行应急储备安排；2014 年 10 月 24 日，21 个亚投行首批意向创始成员国的财长和授权代表在北京签约，共同决定成立亚洲基础设施投资银行，标志着这一中国倡议设立的亚洲区域新多边开发机构的筹建工作将进入新阶段。这些政策措施的实质是在现有西方主导的国际金融体系之外“另起炉灶”，进而倒逼西方发达国家对不合理的全球治理体系进行改革，迫使其增加新兴大国在其中的发言权。通过倡导成立新的多边机构，中国能够将自己在全球治理方面的话语更为有效地转换为有利于自身的国际规则。

在提高国际议题设置能力方面，我们认为应该首先从以下几方面着手：

第一，充分利用现有国际组织改革，保障我国的利益，其中最重要的是如何发挥世界贸易组织（WTO）的作用。面对新一轮区域自贸区的热潮，作为世界上最大的贸易国，中国仅仅是“跟风式”推出自己的自贸区战略是不够的，一个多边的、开放的、全球的贸易体系才真正符合中国的利益，正是在这一点上，主张全球自由贸易，但又日益边缘化的 WTO 应该是中国要真正支撑的对象。我们需要研究如何团结新兴国家，促使发达国家让出更多的话语权，推动 WTO 进行改革和适应目前经济形势发展的需要。

第二，在国际社会一些空白区域，积极提高我国的参与度，典型的是北极地区。日益消融的海冰使昔日苍凉的北极成为国际竞争与合作的新场所，近年来北冰洋沿岸五国不断强化它们对北极的主权，拒绝第三方参与北极事务，但按照 1982 年通过的《联合国海洋法公约》，各国大陆架外的公海资源不属于任何国家，这为非北极国家参与北极事务留下了空间。北极地区的航道、资源、安全等利益都与我国的国家利益直接相关。中国作为《斯匹次卑尔根群岛条约》缔约国和《联合国海洋法公约》缔约国，有义务也有权利在北极治理中增加自己的话语权并实现与拓展我国的国家利益。

第三，利用一些可借助的国际力量，提高我国国际议题设置能力。在这方面，欧盟提供了很好的经验。1990 年代欧洲许多跨国公司在美国资本市场上市时频频遭遇重大挫折，原因就在于欧洲和美国各自所遵循的会计准则不同。比如，两德统一后，德国政府为东部建设提供了巨额的财政转移支付，这导致国内利率大幅攀升，使得传统上以银行为主要融资来源的德国大型公司开始寻求在美国资本市场上市融资并试图与美国会计标准“互认”。然而，美国证券交易委员会坚持要求这些公司按照美国会计标准调整其会计报表。由于急需资金，戴姆勒-奔驰公司接受了调整会计报表的条件，结果是：公司在德国会计标准下的 1 680 万马克的盈利变成了美国会计标准下 9 490 万马克的亏损！这让奔驰公司的市场信誉和融资能力遭到重创，类似的事件频频发生，最终引起了欧盟层面的重视。面对美国主导国际会计标准且无视欧洲利益的现实，欧盟委员会主动寻求与国际会计准则委员“结盟”，这让向来备受各国政府“冷落”的国际会计准则委员会一下子腰杆挺了起来，在欧盟 2002 年通过立法程序有条件地采纳了国际会计准则之后，国际会计准则委员会也“投桃报李”，配合体现欧盟意图的会计准则在全球范围的推广，这让欧盟获得了在该领域的强大话语权，并让美国面临改变国内会计制度与“国际接轨”的空前压力。我们需要研究哪些有国际影响的非政府组织在提高我国国际话语权方面可为我所用。

第四，利用安理会常任理事国的优势，在国际热点议题上增强我国的话语权。目前，不管是在恐怖主义概念界定、人权准则和人道主义干预、气候变化和减排上的义务，还是在利用核能与反扩散等问题上的争斗，首先无不表现为话语权之争。我们要利用联合国常任理事国的地位，在国际重大议题上主动发声，以一个负责任大国的姿态为解决国际热点问题，维护世界的和平、稳定与秩序提供“话语”。

总之，提高我国的国际议题设置能力，首先要对中国自身的优势和劣势有一个清晰的认识，对国际现实有深刻的理解，要解决的一个关键问题就是：在西方强势主导的国际规则之下，作为后起的新兴大国该如何实现国际话语权建设的突破？答案在于：要选好切入点，不能全面出击；要能够主动、灵活地运用好“借船出海”和“另起炉灶”这两种策略。

中国公共管理话语体系的构建研究

■ 国家行政学院公共管理话语体系课题组*

[摘　要] 国家行政学院公共管理教研部承担了由全国哲学社会科学话语体系建设协调会议办公室委托的"中国公共管理话语体系建设研究"课题。经过认真研究，课题组认为话语体系建设的核心是要对中国公共管理体系进行从实践到理论再到话语传播的系统性总结和升华，并制定相应的完善公共管理体系本身与拓展对外交流的策略。

[关键词] 公共管理；话语体系；构建

一、中国公共管理话语体系构建的意义与思路

习近平总书记在全国宣传思想工作会议上指出，要加强话语体系建设，着力打造融通中外的新概念新范畴新表述，增强在国际上的话语权。《中共中央关于全面深化改革若干重大问题的决定》也强调，要加强对外话语体系建设，推动中华文化走向世界。

所谓话语体系，简言之，就是独特的、自成逻辑的理论体系与表达方式的总和。话语体系涉及思维认同、价值立场、传统文化等多方面的重大问题，是内在思维方式、理论内涵、知识体系与外在话语表达、承载形式的有机统一。

从话语体系建设的意义而言，构建中国自身的话语体系具有以下重大意义：

---

* 项目组负责人：国家行政学院公共管理教研部副主任刘旭涛教授；项目组成员：国家行政学院公共管理教研部何哲副研究员、薛刚副教授、易丽丽副教授、尹艳红副教授、张弦博士。

第一，构建中国特色话语体系是实现“中国梦”的应然之义。

中国经过30多年的改革开放，经济发展取得了巨大成就，但理论体系构建的缺位使得国人缺乏道路自信、理论自信、制度自信。习近平总书记提出“中国梦”的价值目标，正是在准确认识中国发展进程与历史阶段、把握中国现阶段存在问题基础上提出的精确判断，也是凝聚民心、增强制度合法性的重要路径。而在当前改革逐渐进入深水区，利益不断分化，贫富差距和社会矛盾逐渐显现的情况下，更需要构建能够解释中国现状、引导中国发展、团结民心民意的意识形态和话语体系。

第二，构建中国特色话语体系是提升国家“话语权”的基本前提。

近代以来，西方国家通过工业革命和确立资本主义，创造了前所未有的经济繁荣和物质财富，也使得以“民主”“自由”为核心理念的西方主流价值观主导了世界的话语霸权。但是，资本主义制度并非完美，近年来金融危机、经济危机的不断爆发和西方经济体的衰落更打破了资本主义制度的“神话”。与之相对，中国在改革开放的过程中逐渐走出了独特的发展路径，取得了举世瞩目的经济成就，国际学术界将其总结为中国模式。尽管中国并不以发展能够向世界普及和推广的“中国模式”为目标，但作为一个拥有超多人口、超广地域、超长历史和超深文化的大国，中国应当通过实践来科学定义自己的价值观体系，为世界发展的新模式、新制度、新标准做出贡献。

第三，构建中国特色话语体系是提升国家“硬实力”的必然要求。

一些观点认为，话语权与国家实力密切相关，国家实力的强大必然带来“话语权”的提升。这种观点失之片面，没有充分认识“软实力”的含义与重要性。美国著名学者约瑟夫·奈认为，世界政治犹如一盘三维棋局，上层棋盘是传统的国家间军事较量，中层棋盘是经济力量的角逐，下层棋盘则是各种跨国议题，如恐怖主义、国际犯罪、气候变化等。要想在最下方的跨国议题棋盘上占据优势，往往需要动用“软实力”资产。因此，加快构建能够为国际国内社会所理解和认可的中国话语体系，占据“话语权”优势，增强中国软实力，对于增强国家实力和中国未来的战略发展都有至关重要的意义。

而就公共管理话语体系而言，就中国改革开放的实践而言，中国改革开放的实践是由政府主导的，具有自身鲜明的特色。作为一个有着计划经济历史和长期中央集权传统的国家，中国政府对经济社会的引导管理、公权力的行使深刻地影响着中国的过去与未来。而从计划到市场、从管制到治理的变迁也深刻塑造着整个中国社会，促使整个社会发生翻天覆地的变化。因此，以行使公共权力、管理公共事务、维护公共利益为核心的公共管理体系与过程，也成为认识中国、解释中国的关键。而就学科而言，公共管理涉及众多重大的理论和实践问题，公共管理话语权体系的构建直接影响着中国哲学社会科学话语体系的完整性，也从根本上决定着中国能否掌握真正解释中国、影响世界的话语权。因此，构建中国特色的公共管理话语体系具有紧迫重要的理论和现实价值。

具体到如何构建中国公共管理的话语体系，我们认为应该遵循这样的思路：首先是阐明和统一认识构建中国公共管理话语体系本身的重要意义；其次是要真正搞清中国公共管理体系本身的实践经验和特点，哪些是真正具有价值的经验；再次是在总结经验的基础上，建立起一套完备、自洽的理论解释框架；最后是在现实理论总结清楚的基础上形成对外交流的策略与体系。

二、中国公共管理体系的实践与经验

（一）中国公共管理体系的基本结构

从整个中国公共管理体系角度来看，中国公共管理体系是一个完整的结构，它包括了党、政、人大、政协、社会、个体等各种的结构特点。有学者将其总结为“五政管理模式”，“五政”即中国共产党执政、人大代政、政府行政、政协议政和各民主党派参政的宏观管理架构。[①] 实际上，这种“五政治理模式”加微观参政的格局就是中国公共管理体系的基本架构。

（1）中国共产党执政：中国共产党是中国各项事业的领导核心，也是中国公共管理体系中的领导核心。

（2）人民代表大会代政：中华人民共和国宪法规定，一切权力属于人民，人民代表大会是人民的代议机构，起到为公共管理体系立法与参政、议政、监督的作用。

（3）政府行政：中国各级政府，在党的领导下与人大法律的授权下履行行政职能，是公共管理体系的最重要的直接主体。

（4）政协议政：中国人民政治协商会议，简称人民政协，是中国人民爱国统一战线的组织，是中国共产党领导的多党合作和政治协商的重要机构，是中国协商民主的执行主体，通过各种协商形式，实现对国家治理的参与。

（5）各民主党派参政：在整个政治协商的框架下，各民主党派参与整个公共管理过程。

以上为宏观架构。而在微观层面，广泛开展的社会治理创新激发了公民的参与公共管理的热情，形成了中国公共管理的微观治理层级。

（二）中国公共管理体系的运行机制

中国公共管理运行是一项管理系统工程，政府运行机制设计的过程实际上是对政府

① 参见秦德君：《“五政模式”与国家治理体系现代化》，载《决策》，2014（43）。

职责权配置的合理性、各种各类运行机制的协调性进行全面、系统、深入的检验并优化的过程。①围绕政府职能实现和中国公共管理话语体系，中国公共管理治理结构的运行机制主要包括党政决策机制、责任监督机制、绩效评估机制和公众参与机制等。

1. 党政决策机制

党的民主集中制。民主集中制是党的根本组织制度。十一届三中全会公报指出：根据党的历史的经验教训，全会决定健全党的民主集中制，健全党规党法，严肃党纪。②十一届五中全会《关于党内政治生活的若干准则》又明确指出：要坚持集体领导，反对个人专断。党内民主带来了政府决策的民主，政府的决策机制逐步改进，开始向决策机制民主化的方向发展。

政府决策机制。20 世纪 90 年代初至今，我国政府的决策机制逐渐成熟，向更加法制化、民主化的方向迈进，逐步形成了公众参与、专家论证和政府决策相结合，以参与、回应和互动为主要特征的决策机制。

2. 责任监督机制

加强对权力的制约和监督是中国公共管理治理结构的内在要求。中国历来重视权力运行的监督机制，不断对其进行完善。包括三种监督机制：

人大监督机制。全国人民代表大会不仅是最高国家权力机关，而且是国家最高监督机关，在拥有和行使国家立法权、重大事项决定权的同时拥有最高监督权。

党内监督机制。中国共产党前后发布了《中国共产党党内监督条例》《中国共产党巡视工作条例（试行）》《关于实行党政领导干部问责的暂行规定》《建立健全教育、制度、监督并重的惩治和预防腐败体系实施纲要》《中国共产党党员领导干部廉洁从政若干准则》。中央纪律检查委员会建立了一系列党内监督机制，加强对党员干部的监督。

社会监督机制。人民政协制度支持和保证民主党派人士和政协委员通过献言献策，更好地发挥参政议政和监督作用。新闻媒体舆论保障了社会监督能够有效参与到对党和政府执政的监督中去。

3. 绩效评估机制

绩效评价机制是改进政府组织自身管理、监督和评价领导干部的有效管理工具。从历史发展来看，早在周朝，就有了“六计”与“大比”的考绩标准。“六计”主要针对中央官府所辖的“群吏”而设，侧重德行标准。“大比”主要针对地方官吏，侧重政绩

① 参见李习彬：《全面的运行机制设计：大幅度改进政府管理的有效途径》，载《中国行政管理》，2007（10）。
② 参见《中国共产党第十一届中央委员会第三次全体会议公报》，载《光明日报》，1978－12－24。

标准。[①]由此可见，绩效评价机制虽然现在兴盛于西方发达国家，但发源地在中国，现在成为中国公共管理重要的管理工具也是自然。当前，绩效评价机制能够改进政府自身管理，通过发现政府管理中存在的问题，进行分析诊断，以达到解决政府自身问题的目的，如财政资金和各种资源的使用效果、内部管理流程的设计和运行、公共服务质量的改进、组织人力资源管理状况等。

据中央纪委监察部绩效管理监察室统计，截至2012年，全国已有27个省（自治区、直辖市）设立了绩效管理或绩效评估领导机构和办事机构。绩效评估作为一种管理工具，已经为大多数政府部门所使用。绩效评估机制受到了党和政府的高度重视，得到了充分运用。

4. 公众参与机制

公众参与是指公民或社会组织参与处理社会公共事务的过程。改革开放后，中国公共管理体系不断推进公众参与。公众广泛参与到中国环境保护和治理中，公众通过听证会等形式参与到中国法律制度和公共政策制定过程中，公众通过参与对政府的绩效评估而参与到政府的管理过程之中。公众有序参与的途径拓展，表现在公众参与的水平越来越高、参与的程度越来越深入等方面。公众既参与到人大、政协政治协商和意见建议征求之中，又参与到财政预算等政府具体事务问询之中。

（三）中国公共管理的变化特征

中国公共管理体系一直是一个不断调整的动态过程，包括以下特征：

1. 功能转换及时

随着政治、经济和社会环境的变化，中国公共管理功能转换及时。公共管理在经济、社会方面的功能一直在变化。首先，从政府纵向层级通过放权，让下级政府承担转移的职能，不同层级政府发挥不同的功能；其次，从政府内部横向部门整合，提高功能的整体性，及时调整，日臻合理。新一届政府职能转变，政府向外部转移职能，向社会、向企业放权，激活整个社会和市场的活力。

2. 专门机构推进

政府职能转变和机构改革由中央机构编制委员会办公室研究和部署。中编办是中央机构编制委员会的常设正部级办事机构，在中央机构编制委员会领导下负责全国行政管

① 参见侯经川、彭国甫、魏捷先：《中国古代政府绩效管理的发展与启示》，载《湖南社会科学》，2006（6）。

理体制和机构改革以及机构编制的日常管理工作，既是党中央的机构，又是国务院的机构。这一机构自 1949 年成立，屡经变迁，曾被设在财政部，也曾被设在人事部，也曾被列入国务院常设机构序列。1991 年，党中央、国务院决定成立中央机构编制委员会，其办公室被确定为双重机构性质。中编办这一机构被党中央和国务院双重领导，便于统筹中国公共管理两个重要主体即党和政府机构职能、编制和人员。党和政府机构“定机构、定编制、定人员”三定方法，决定着功能转换。

3. 公共性价值回归

从单纯追求经济增长到以人为本、民生优先，更重要的在于促进和实现社会公平和正义；从强调政府是一个权力中心到强调政府是一个公共服务中心，政府的核心职能和职责在于安排和提供公共产品和服务；从强调强势的国家管理到强调社会参与和协同治理，认识到公共事务的管理应建立在政府、社会、企业共同参与治理的基础上；从政府行为的封闭秘密性到公开透明，从人治到重视法治，等等，都体现政府价值的重新思考。公共管理功能转换中，公共性价值的回归是核心。

4. 实现方式创新

公共管理功能实现方式发生了变化，对经济活动的调节由以行政手段为主转向以经济手段为主、法律手段为辅，并辅之以必要的行政手段调节经济活动，增强宏观调控的科学性、预见性和有效性；对社会经济事务的管理由微观事务的直接干预逐步转变到宏观调控，强化政府促进就业和调节收入分配的职能，完善社会保障体系，健全基层社会管理体制；对公共产品和公共服务由直接生产转变为提供，着力促进教育、卫生、文化等社会事业健康发展。通过市场监管，营造公平竞争的市场环境和安全健康的消费环境，形成统一、开放、竞争、有序的现代市场体系。

三、中国公共管理体系的基本逻辑

（一）明显的导向性：有为政府和理想政府的追求

与西方国家典型的“守夜人”式政府不同（例如，洛克就认为政府只应该做两件事：制定法律和保护财产），中国自古以来，无论就治理思想还是现实行动而言，一直都有对理想政府治理的追求。特别是在儒学成为官方认可的治理思想后，这一点表现得更为明显。这一追求集中体现在对“仁政”“善治”“善政”“良政”等的追求上。如董仲舒在《对贤良对策》中写道："当更化而不更化，虽有大贤不能善治也。故汉得天下以来，常欲善治而至今不可善治者，失之于当更化而不更化也。"这一思想的核心即认为，政府在社会发展中，必须扮演一个坚定的中坚角色，政府有教化百姓、发展民生等重要职责。

这一历史传统延续至今，集中的体现就在于，无论是新中国成立以后，还是改革开放后，作为公共管理主体的中国政府，一直都在积极向有为政府努力。并且这一努力在整个国家的现代化进程中起到了重要的作用。无论是新中国工业体系的建设，还是改革开放后全面发展经济和保障民生，以及最近的建设服务型政府的努力等，均集中体现了建设良好政府和通过政府来带动国家与社会发展的导向，这一积极导向已经被证明在中国的发展中起到了重要的作用。这种做有为政府的导向，可以称为中国公共管理体系的第一个逻辑。

（二）上下一体的统筹治理格局

自古而起，中国历来就有大一统的思想。无论是文化共同体、民族共同体，还是统治共同体，自古以来，中国在其主流价值体系中，就被认为是一个完整的整体。在当代中国公共管理体系中，依然延续了这种上下统筹联动的体系，这种统筹不仅仅指一般意义上的"单一制国家"，也包括整体的公共管理中蕴含的整体的价值、伦理等。

这种统筹，集中体现在几个方面：一方面，中央政府是公共管理主体的权威，也就是小平同志说的"中央要有权威"，各级政府都需要围绕中央政府的政策导向来有序地运作。另一方面，超越政府层面，由于政府是公共管理体系的中心，一旦形成了某种导向后，全社会都将围绕这一导向采取有效行动。此外，在整体的中央协调的背景下，中央政府也对各地采取有差别灵活的政策，并在全国范围内形成区域间的协调，有计划地稳步推进国家范围的梯度开发。这就完整形成了上下统筹的公共管理特征。

（三）"政治—经济—社会"多种系统的融洽与"刚性—柔性"的兼顾

中国公共管理体系的一个核心演化逻辑就是不断在相对刚性的政治系统与柔性和变革巨大的经济与社会文化系统之间取得平衡，不断形成整个社会治理体系的有效运作。这种特征和逻辑，可以称为"刚性—柔性"的双重协调性。

具体而言，一方面，中国公共管理体系，要与较为刚性的政治体系进行连接，传递和执行政治决策，另一方面，又要与不断变革的经济社会系统相适应。这种刚性柔性的二重协调性主要通过公共管理体系的三个方面的演化不断完成：（1）对社会适应性的不断改革创新；（2）自我驱动下的不断完善和吸收；（3）决策中的柔性和反馈。

（四）“执政党—政府”联动和交融发展

党政联动发展，是中国公共管理体系的一个基本演化逻辑。中国的党政关系，既不是通常理解的以党代政模式，也不是概而化之的党政不分模式，而是形成了有分有合、联动发展的模式。

四、中国公共管理话语体系的发展

总体而言，中国公共管理话语体系的发展与完善是一项系统工程，应该建立在公共管理实践改进、公共管理理论改进和公共管理话语改进“三位一体”基础之上。

（一）中国公共管理的实践改进——提高实践话语权

改革开放30多年来，中国公共管理实践取得了长足的进步。但与公共管理科学化、民主化、法治化的要求相比，还有不少值得改进的地方。应尽快实现从管理到治理的转型，进一步提高中国公共管理的实践话语权。这包括七个方面：一是以服务型政府为导向，进一步转变政府职能；二是优化党政组织结构，推进大部门体制改革与减少党政层级；三是健全公共预算制度，完善公共支出制度；四是提高公共决策科学化民主化水平；五是进一步推进党务政务公开；六是降低党政部门运行成本，提高党政部门工作绩效；七是健全党政问责制度。

（二）中国公共管理的理论改进——提高学术话语权

术业有专攻，不掌握专业知识和理论，就没有发言权。中国公共管理理论研究起步较晚，跟国外相比比较落后。我们应坚持国际化视野和本土化思维，即一方面要虚心学习国外先进和前沿的公共管理理论与方法，另一方面要坚实地立足于中国国情，消化、批判、吸收。同时，应深入研究总结我国公共管理实践的成功经验、做法与适用条件。由此，多讲有专业含量的话，多讲有真理含量的话，提高中国公共管理的学术话语权。主要包括以下几个方面：一是理论联系实际；二是进一步完善构建中国公共管理理论体系；三是采用更全面科学的研究方法；四是科学总结提炼我国公共管理的成功经验；五是大力培养公共管理专业人才。

（三）中国公共管理的话语改进——提高表述话语权

在提高中国公共管理实践话语权和学术话语权的同时，还应注意在与国外交流交往中不光说了，还应注意说的方式方法，更好地驾驭对外交流交往语言，切实提高交流沟通效果，提高中国公共管理的表述话语权。

1. 实事求是说真话

说真话是改进公共管理话语的根本与前提。应坚持解放思想、实事求是的思想原则，切切实实说真话。减少套话、空话，言行一致。一是应讲百姓话。在公共管理实践中，在对外交流交往中，所用的语言应该是公民在生活中创造、体现时代特色、又有历史积累的百姓语言。二是应讲实在话。讲话要有实际内容，要反映真实情况，要有真实感受，不应无病呻吟、凭空拔高、浮躁喧嚣。三是应讲心里话。心碰心的交流才是最有价值的。应营造讲真话的良好氛围。党政部门和领导干部要带头，要为全社会做出表率。

2. 强调多元价值和包容开放

世界已经成为一个村落，但是，人类文明并不是只有一种模式，也不是只有一条发展道路。因此，应相互理解尊重彼此的独立和多样性，在对外交流交往中，应注意尊重多元价值和差异性，强调包容开放，尊重各个民族的历史特点和个性特色。这一方面可以有效避免有的国家对我国的一些公共管理方面的独特之处进行过多的议论和批评；另一方面，也体现了我们对于外来文明、对于外来的公共管理理论与实践，不是拒绝，而是尊重、研讨、吸纳、包容，求同存异，和谐相处。

3. 增强语言的生动性和活泼性

在对外交流交往中，应增强公共管理语言的生动性和活泼性。根据不同的对象、形式、人数和职业背景，对交流的切入点、内容、重点和繁简程度做适当调整，使交流内容最大限度满足对方需要，能够较好地为其理解和接受。应注意语言交流的实际效果，尽量少用文件和官方语言，尽量不要使用教育式、宣传式的语言。应通过鲜活的实践话语、通过具有深度的学术用语，用外方能够听懂的语言，来有效交流沟通。尽量用数字、用事实、用案例讲话。既要讲对客观事物的认识，又要尽可能表达得幽默、有意思一点，尽量增加生动性，感染外方、打动外方、从内心说服外方。

4. 加强对国外公共管理发展趋势及话语体系的了解和研究

应读好世界公共管理发展这本书，对当今世界公共管理及话语体系的发展大势要了解掌握，要有世界眼光、战略思维，把中国公共管理及话语体系放在当今世界总体格局中进行观察研究，并与时调适。语言是思维的表达形式，话语体系是深层的“思维体系”。不同的语言反映不同的民族文化，有着不同的民族传承、历史和文化特征，蕴含着不同民族对人生的看法、生活方式和思维方式，有不同的内涵、外延和对比参照系，并能引起不同的联想。有时说的是同一个问题甚至同一个词汇，但各自联想到的内容是不同的。在一个特定的话语体系中，有特定的词、特定的意义、特定的场景和对词语的特定理解。要准确了解这一切，更好地沟通交流，准确表达自己的观点和想法，更好地获得别人的理解，就需要对这一话语体系的完整了解，或者更准确地说，了解这一话语体系所反映的思维体系。这就需要我们加强对国外公共管理发展趋势及话语体系的了解和研究，更好地进行跨文化交流与沟通。

5. 促进国外对中国公共管理及公共管理话语体系的学习与理解

国外很多人没有到过中国，不了解中国公共管理的历史发展，不了解中国的现实国情，对中国公共管理否定和批评居多，对中国公共管理中的一些基本概念有误解和偏见。应鼓励支持一些外国人到中国来实地参观考察，了解中国历史和现实国情，了解中国公共管理话语体系的历史生成与发展，这对于他们转变观念具有积极的效果。

五、结论

总而言之，项目组认为，中国公共管理话语体系建设的关键还是立足于实践经验的总结和系统化，在此基础上采用适当的策略实现对外的有效交流。如果我们的公共管理理念、技术、方法科学有效，公共管理实践做得好，我们的公共管理理论植根于实践并是对实践的概括、总结、提炼和升华，并能有效地指导实践，我们的公共管理话语是真实的话语，并来自实践中的广泛运用或理论上的准确提炼升华，那么，当我们和国外交流往来时，外国人感觉我们的公共管理实践规范有序、做得好，我们的公共管理理论切合实际、提炼得好，我们的公共管理话语真实生动、用得好，我们的话自然就有说服力，我们自然就有话语权。

中国特色新型智库与话语体系建设

■ 李月军*

［摘　要］本文主要讨论中国特色新型智库与话语体系建设的关系，着重讨论了中国智库与话语体系建设的重要性、存在的主要问题、以中国特色新型智库推进话语体系建设的主要对策。

［关键词］智库；话语体系；对策

近年来，党中央提出了加强我国在国际上的话语权，在国内进行智库建设的新任务。这是切合我国经济等硬实力提高进程的。硬实力的增强，要求有与之相适应的软实力，而话语权和智库则是软实力的重要组成部分。本文主要讨论中国特色新型智库与话语体系建设的关系。

一、当下中国智库与话语体系建设的重要性

在信息时代和知识经济时代，全球化进程不断加速，当今国际竞争已经不仅仅是硬实力的竞争，以思想、观念、文化为核心的软实力竞争已越来越受到重视。而作为创新思想源泉的智库和国际话语权正成为各国软实力竞争的新焦点。

---

* 李月军，政治学博士，中央编译局战略部副研究员，研究方向为政治学理论、中国政治。

智库一般是某个或多个专业领域的知识、智力和智慧的集中之地，它主要是通过聚集人才，前瞻性和系统性地研究公共问题，产生新的政策思想，相对独立地、客观地思考问题，发出自己独特的声音和建议，并通过各种方式影响政府决策和发挥作用，充当决策者的“外脑”；另外，还以自己的专业见解影响和教育社会，对外进行学术交流，也争取国家和自己在国际学术界、政治界的话语权。

对于当下的中国来说，随着中国现代化进程的深入，面临的国内外形势与情况越来越复杂，战略决策的制定与实施也越来越复杂、越来越具有专业性，单纯的领导人和部门决策已经不适应这一客观要求，这就需要有专门的智力组织来提供相关服务与产品。还有，基于多种原因，在当今国际的话语体系丛林中，我国话语权处于非常不利的地位；同时，西方各种话语，特别是包含着意识形态霸权的政治话语全方位渗入我国，这些良莠不齐的话语及其包含的思想观念，在为我们提供了文化给养的同时，也侵蚀着我们传统与主流的话语和价值观，加剧了我国在国际话语权竞争中的失语问题，这迫切需要我们提出应对之策。而智库的上述作用，恰好满足了这些要求。

需要特别指出的是，智库的上述在内政与对外交往方面的角色与作用，都与话语权创新和话语体系建设有着密切的关系。通过研究国内问题，可以熟悉中国自己的政治、社会、经济和文化实践，为总结经验并上升为理论，创新政治话语、学术话语提供基础和渠道。而这些理论化话语创新，正是建设话语体系的必经阶段和必要基础。智库还可以通过对外交流，吸收普适性话语和观念及其建设经验，丰富自己的话语体系建设，传播自己的话语，提高我国在国际话语竞争中的权力。正因如此，《关于加强中国特色新型智库建设的意见》才指出，树立社会主义中国的良好形象，推动中华文化和当代中国价值观念走向世界，在国际舞台上发出中国声音，迫切需要发挥中国特色新型智库在公共外交和文化互鉴中的重要作用，不断增强我国的国际影响力和国际话语权。

二、当下中国智库与话语体系建设存在的主要问题

原来，我们拥有过远播欧亚的传统儒学话语体系，也建立过自洽的革命话语体系，但当下，这些体系正经历着挑战与变革，需要建立与当前国内国际形势相适应的现代话语体系。近30多年来，我们建立了包括邓小平理论、“三个代表”重要思想、科学发展观在内的中国特色社会主义理论体系、社会主义核心价值观等中国话语体系，这些是执政党、政府的话语体系，对凝聚全党、全社会的共识起着非常重要的作用，对中国确立

道路自信、理论自信和制度自信的意义重大。① 不过，我们在话语体系和智库建设方面还存在不少问题，主要包括以下几方面。

其一，忽视了对西方话语体系的客观回应。先是对西方话语包含的某些人类普适性原则，如人权、民主、自由等，一概戴上资产阶级的政治帽子，予以批判和拒绝吸收，给西方妖魔化中国以口实。后来，对西方意识形态与话语的整体化渗透又没有清晰的认识，也没有采取有效的措施，予以较客观的回应。这造成了我们对西方话语的回应始终在“一概否定”和“全盘吸收”两极之间徘徊的状态。

实际上，这种徘徊状态，也体现在国家与知识分子，以及以知识分子为主体的智库，特别是民间智库之间的相互戒备、提防的关系上，二者之间没有建立起基于公平法律制度之上的良性互动关系，时常出现政府把智库的善意批评当作对抗政府，把智库当作意识形态上的敌人、麻烦制造者、西方势力的代理人等，而有的知识分子和民间智库则以批评政府为能事，提出建设性意见建议的能力却不足的情况。

以上这种状态和关系，从某种程度上反映了话语体系建设第二个方面的问题，即我们自身的话语创新与话语体系建设上的乏力。这主要表现在，我们在叙述时使用的话语，如民主、法治、自由、人权等，基本上源自西方，而忽视了对于本土的话语，如民本、中庸、和谐等的开发与创造性转化，对二者之间的关系一直争论不休，而没有共识性结论，更不用说将二者融合为人类普适性价值，形成独特的话语体系。

同时，作为话语观念的主要提供者和话语体系建设者，我国的智库为国家治理提供了许多智力支持和思想资源，如人权、民主、公正、自由、法治、治理等被纳入国家话语体系。同时，我们也应该看到，我国的智库存在诸多问题，制约了智库在话语创新与体系建设上的能力。我国智库类型单一，绝大多数属于政府支持型，独立性不够，对政府依附性太强，在话语创新上害怕被认为越步雷池。在这种情况下，我国智库研究多是“我注六经式”的，即对党和国家提出的战略、策略进行合理化和合法性的解释，提高其社会认同度，其提出的对策研究大多是政策执行阶段的，而在战略层面和决策阶段的开创性方案较少。

其二，政府支持型智库官僚化严重，效率低下。如在美国宾夕法尼亚大学推出的世界智库 50 强中，中国智库里中国社科院名次最靠前，排在第 20 位，实行的是行政官僚化管理模式，全院总人数 4 200 多人，有科研业务人员 3 200 多人②；2015 年财政拨款收支总预算 207 718.39 万元，但其排名远在仅有 200 名专职研究人员的布鲁金斯学会之后。

---

① 参见张维为：《中国道路探索与中国话语体系建设》，见 http：//theory.people.com.cn/n/2013/0129/c40531-20360020.html。

② 这是 2013 年中国社科院官网数据，见 http：//cass.cssn.cn/gaikuang/。

其三，智库在处理长期基础理论研究与短期对策性研究关系上存在偏失。这两种研究之间既存在相辅相成的关系，也可能存在相互矛盾的关系。尽管有学者指出，智库属于研究机构，又不同于一般的研究机构，一般研究机构是学术性的，着重于理论研究，“务虚”为主，但我们不能因此而忽视那些作为短期对策性研究的基础理论研究，否则智库就失去了根基。有的智库完全忽视前者，急于追求出“对策”，引起上级领导的关注，博得官位名利，提出的对策常常是无的放矢。智库的这种政策取向更是不利于对政策性经验的理论总结与升华，不利于话语创新与话语体系建设，因为后者更多的是理论性。

其四，国内智库具有较强的对内资政能力，而对外话语权相对较弱。一方面，如前所述，智库使用的话语基本上是西方的；更重要的是，国内智库对外交流处于较浅的层次，缺乏对所研究对象实行实地调查的激励。一位华裔美国教授说，有的研究中美关系的美国学者可以访谈到中国外交官员，甚至是我国的党和国家领导人；而研究中美关系的中国学者，对外交流方式仅限于到美国参加短期学术会议，很难接触到美国外交官员。中国现代国际关系研究院副院长袁鹏也指出，中国智库的国际沟通与交流还不够，跟美国比较起来还差得很远，中国智库主要是通过读书和从网上查询信息，但是面对面地跟美国和国际专业组织进行沟通的机会还很少。① 在这种情况下，中国智库在参与国际事务和国际重大问题的研究方面能力不强，特别是一些研究国际国家安全的智库，故步自封，馊招频出，贻笑大方，不仅严重影响了中国软实力的构建和公共外交的推进，而且与国际上一些知名智库相比，其在国际话语中的话语权弱小，说服力、认同度、公信力、影响力低，难以与活跃在全球政治经济社会诸多方面的西方智库相匹敌，对中国话语在国际上的传播与体系建设贡献有限。

在这种情况下，我国智库形成了“库”多“智”少的局面，在“智”少的情况下，话语创新尚且少而分散，更谈不上系统性的话语建设，或把已有的话语体系转化成普适性话语，以增强其说服力，提升其在国际话语竞争中的地位与权力。

其五，我国的智库与话语体系建设都受制于传播环境与能力。无论是智库自身参加国际活动，还是增加我国话语创新与体系建设，最终都是为了在国际话语竞争中赢得一席之地，赢得与我国发展相适应的话语权。但我国智库和媒体的国际话语的传播能力较弱。这固然与西方话语体系的强势压力有关，但主要还是由于我国缺乏普遍认可的、具有世界传播能力的国际化的媒体，一些媒体对西方媒体偏信、盲从或依赖，主动让出话语权。例如，对国际重大新闻的报道（如在马航 MH370 事件中）多是译引自外国媒体，让国人大跌眼镜。有学者认为，当前中国话语传播能力方面存在着三大不足：第一，中

① 见 http：//cass. cssn. cn/tongzhigonggao/201504/t20150417 _ 1590585. html。

国国际话语设置的统领性不强，尚未形成一个有机协调、高效运转的系统。一直以来，中国对外的声音多头、资源分散，在国际传播事务上涉及部门众多，形成了一种归口管理、层级分割的结构，这种多头行政层级化的模式导致沟通、协调难度增大，难以形成合力。第二，在国际传播中，中国媒体的议题设置能力不强，习惯于被动跟随国际强势媒体，特别是对一些重大国际问题常常保持沉默，抑或言辞隐晦、不温不火，对国际社会关切度不够明朗，也就难以进而无法影响、引导国际舆论。第三，话语传播模式创新性不够，表现在叙事方式不够成熟、话语传播体系不够完善、在国际交流中说教色彩过浓、空泛直白、简单僵硬。①

在这种情况下，中国智库和话语体系建设对国际影响力非常有限，加之前述中国话语创新与体系建设存在的诸多问题，中国话语的体系化及在国际话语竞争中胜出还有很长的路要走。

三、以中国特色新型智库推进话语体系建设的主要对策

为了解决我国智库与话语体系建设中存在的上述问题，在建设中国特色新型智库，推进话语创新及其体系建设方面，我们必须有针对性地从以下几个方面着手。

第一，从更大背景下和长期角度考虑智库与话语创新及其体系建设。实际上，无论智库建设，还是话语创新及其体系建设，都以更为宏大的社会政治经济背景为依托，所以从长期来看，它们的创新、建设与发展，都必须以社会政治经济和文化体制改革为前提条件。比如，智库及其话语创新能力的缺失，在相当程度上与威权式教育体制有关，这种体制把作为智库蓄水池的受教育者的创造性压缩到一个很小的空间内，这是造成智库及其话语创新能力低下的根源之一。所以从长远来看，真正改变中国智库“库”多“智”少、话语创新能力低下的状况，必须改革上述威权式教育体制，否则，中国智库与话语创新及其体系建设就是无本之木、无源之水，最后“龙种”梦想收获的只能是“跳蚤”。

第二，增强智库的独立性，建立多元性智库格局。独立性是智库的特色之一，也是其话语创新力的基本前提条件。智库的独立性主要指其资金和研究的独立性。智库越来越减少对财政的依赖，这是根本性的，如果没有这一条，智库也做不成。目前，我们在优化官方、半官方智库资源管理和提高使用效率的同时，更多地鼓励民间智库发展，利用国内外社会资金，来保证自身运行和研究。不过，还要建章立制，从资金来源、使

---

① 参见胡正荣、李继东：《如何构建中国话语权》，载《光明日报》，2014－11－17。

用、审计与社会监督等方面，避免智库“拿谁的钱，替谁说话”，成为特殊利益或既得利益集团的代言人。① 此外，智库的独立性最终体现在它是否具有独立求知思想和研究成果，各个智库有了自己独特的思想观点和研究成果，进行观点交锋和辩论，相互激发，才可能形成新的话语及其共识，为话语体系建设提供基本素材。当然，智库的独立性并不是说智库可以为所欲为，而是“从事的各项活动符合党的路线方针政策，遵守国家法律法规”。

第三，为智库提供充分的信息资源。智库要进行研究，总结中国发展经验，并将其理论经验提升为话语体系，需要以充分的信息资源为研究基础。一方面，如《关于加强中国特色新型智库建设的意见》所说，需要落实政府信息公开制度，依法主动向社会发布政府信息，增强信息发布的权威性和及时性，拓展政府信息公开渠道，方便智库及时获取政府信息。另一方面，需要为智库开放重要的互联网信息资源，如在过滤掉政治性攻击性言论的前提下，开放谷歌学术等网站，以便于智库研究人员了解最新国外学术信息，掌握国际话语竞争态势，有针对性地参与话语竞争，争取话语主动权，建设完善的话语体系。同时，还需要为智库研究者，特别是研究国际问题的研究者实地调查提供全方位支持，以使他们能及时了解研究对象的最新情况，及时做出判断，基于实地调研的成果才能做到言之有据，避免口号宣传话语和常识性错误。

第四，改革我国对外传播体制机制，扩大智库的对外交流，增加智库及其话语的国际化影响力。中国智库和话语建设肯定要走一条中国道路，适合中国的需求，但同时也应该是开放性的，这要求智库与国际接轨。智库进行的话语创新与体系建设，不但是中国发展经验的理论提升，更要超越国际话语竞争，体现人类发展的普适性原则。通过前者，消除智库和话语创新及其体系建设的传播障碍。而智库本身可以通过组建全球或地区性智库网络，利用国际组织平台发表意见，传播话语和思想，扩大自身的全球化影响。

① 《瞭望东方周刊》曾发表报道，细数中国高校或智库十大著名学者与国内利益集团的依附关系。另外，一些国际势力或跨国公司，有时也企图通过国际组织或基金会操纵国内智库发表观点。参见《警惕部门利益膨胀》，载《瞭望》新闻周刊，2006年10月号。

县（区）委理论宣讲团宣讲中的“说话”艺术

■ 江忠宝*

［**摘　要**］县（区）委宣讲团成员承担着宣传党的路线、方针、政策，宣传本地区党委贯彻落实中央路线方针政策的情况，教育人民群众、引导人民群众的职责，这样的职责要求宣讲团成员从用什么样的心态去说话、该说什么样的话和怎样才能说得好三个方面提高宣讲工作中的说话艺术。

［**关键词**］理论宣讲；说话心态；说话艺术

习近平总书记在全国宣传思想工作会议上强调，从事宣传思想工作的需要在理论上、笔头上、口才上或其他专长上有“几把刷子”。这是总书记对宣传干部提出的要求，也是宣传干部加强自身修养、提高自身能力的迫切需求，更是对县（区）委宣讲团成员的要求，因为党的路线方针政策和理论的宣讲是县（区）委宣讲团的一项重要任务。总书记将宣传干部说话与理论研究、总结探索放在同等重要的位置，足见说什么样的话、怎样去说话对做好宣传工作至关重要。县（区）委宣讲团成员承担着宣传党的路线、方针、政策，宣传本地区党委贯彻落实中央路线方针政策的情况，教育人民群众、引导人民群众的职责，这样的职责要求宣讲团成员必须要将会说话、说得好当作一项重要工作技能。

---

* 江忠宝，中共安徽省委讲师团专家库基层宣讲专家、黄山区委党校校委成员，主要研究方向为旅游经济理论与实践、中共党史（含党的学说）等。

一、用什么样的心态去说话

宣讲中，宣讲团成员的说话心态体现了能否准确理解党的方针和政策，能否准确了解本地区党委履行的职责，能否准确把握自身承担的职责。

一是要抱着理直气壮的心态去说。理直气壮，使得我们乐于宣讲党的方针和政策、宣讲本地党委的履职成绩，敢于指出群众在思想认识上存在的偏差，向他们传递正能量。不可否认，一小部分人在执行政策上有偏差，一些负面的消息会使我们在做宣讲工作时面临着怀疑、猜测，增加宣传干部“说”的难度。对于这些负面影响，我们不仅仅要通过提高说话技巧去弥补，更要以积极的心态去对待，既要勇于去承认存在的错误与缺陷，更要宣讲我们为减少这些负面因素所做的种种努力。理直气壮，还来自我们对思想工作重要性的认识，正因为宣讲活动对中心工作、对队伍建设有着重要的引领、促进作用，才使我们面对广大群众说话时当仁不让、积极主动。

二是要抱着不温不火的心态去说。不温不火，要求我们说得既不要夸大其辞，也不能自卑压抑。曾经一段时间，在宣传中会说过头话，会无意识夸大我们的成绩，会把规划中的事说成言之凿凿，会把未来发生的说成现在进行时，这些并不应该成为宣传干部的说话技巧，反而造成人民群众对我们的工作反感和抵触，影响宣讲活动的可信性和感染力。用言行一致衡量领导干部的德，比较可行，也比较好约束。做不到的，不要说；说到的，必须要做到；该说的，你不说也不行。我们既要给人民群众讲取得的成绩，也要客观分析面对的困难，引导他们对我们将来怎么做有深层次的思考；我们要把上级的政策和本级党委的决策向人民群众说深说透，凝聚人民群众的力量去履行好应有的职责；需要我们说的话，我们一定要大张旗鼓地宣讲，比如对正面典型的宣讲、对理想信念的引导等。

三是要抱着推心置腹的心态去说。推心置腹，就是要真诚对待人民群众，真诚帮助他人。宣讲团成员在宣讲中会面临不同的场合、不同的受众，无论是开大会，还是面对面的谈心，都要求我们要有真诚的态度，不能说的可以不说，但说的话一定是发自内心的，不能“忽悠”人，不能说自己都不信的话。要区分不同的说话对象。中国篮球队元老蒋兴权教练曾经为媒体称他为“骨灰级教练”而大动肝火，认为这是对自己的侮辱，而媒体也委屈，认为自己主观无恶意，这不过是一形容德高望重的网络语言。这个风波要求我们说话是要区分受众，对年龄大的受众说一些网络语言会显得不尊重、轻浮；对年轻职工说一些年代久远的话，会让他们觉得呆板，不易接近。要讲让不同受众都能接受的话，这就要求我们不但要讲“场合话”，还要与受众面对面地谈心、交心，要让自己设身处地地去感受他们、去理解他们，我们宣讲的内容才能为他们所接受。

二、该说什么样的话

一是要说有利于团结的话。“家和万事兴”，对一个国家、一个单位而言，只有团结一致、一心向好，才能有安定团结的大好局面，才能让每一个人有大展宏图的空间。宣讲中说有利于团结的话，一方面要将中央的政策和党委的决策积极向人民群众宣讲，让人民群众能理解、认可党委的意图，自觉与党委保持一致；另一方面是要消化一些不利于团结的因素，注意群众中一些个别的、不正常的思想苗头，通过解释、制止、纠正，防止其扩散。

二是要说鼓励的话。宣讲工作重在激励，用什么去激励？借助典型的力量、运用正面的宣传，将健康乐观、积极向上的情感传递给人民群众，这就是我们通常所说的“正能量”。做宣传思想工作要善于发现身边的典型，善于宣传他们的先进事迹，善于传递催人奋进的、激发人潜能的力量，用鼓劲的话、感人的力量去消除职工群众的不良情绪。

三是要说触及心灵的话。人民群众的言行、履职成果是他们的价值观的反映，一个人的价值观受他的成长经历、环境等影响。面对人民群众时，我们不但要说针对一事一物、实打实的话，也要说说如何建立价值体系、如何影响价值取向的话。要以情感为纽带，以身边的故事为载体，以面对面的讲述为表达方式，不说大话、空话，以心灵触及心灵。要多讲“百姓故事”，这样才能更贴近群众，群众也更易于接受、信服。

三、怎样才能说得好

好的宣讲工作是不着痕迹的引导、让人真心接受的说教。在宣讲中要说得好，就要让职工群众听得进去、听得受用。

一是说得诚恳，不虚伪。网上做过一个统计，大家认为最不喜欢的十大官话、套话有“狠抓”“落实”“突出”“领导高度重视”“认真学习”“深刻领会”“意义特别重大”等。说真的，我们看了也很汗颜，或多或少，宣讲团成员在宣讲中都说过此类话，没想到我们的习以为常却引起了人民群众的反感。说得诚恳就是不能敷衍人民群众，要对他们有足够的尊重，要把他们置于平等对话的地位，而不是作为教育灌输的对象去控制他们；要与他们进行真诚的双向交流，而不是单向的说教；要让人民群众去认可，进而主动接纳，而不是被动接受。

二是说得真实，不虚假。无信不立，“信”是做好宣讲工作的基础，只有建立起与人民群众的信任，建立起与人民群众坦诚布公的交流与沟通，才能使宣讲中要说的话入心入脑。宣讲工作讲究的是虚功实做，一旦不被人民群众信任，所有的努力都将付之东流，要让宣讲工作说出的话真实可信，首先我们要具备明辨是非的能力。当前，人们接受信息的渠道和平台很多，这其中鱼目混珠者有之、故弄玄虚者有之、别有用心者有之，宣讲团成员要锻炼自己甄别真假的能力。其次，不能传播虚假的信息。不管是主观为之，还是主观不恶意，都要尽量避免说假话，传递给人民群众的信息尽可能准确、全面，不以偏概全，不含糊其辞；还要尽可能地将决策的背景、过程、影响交代给人民群众，增强他们的认可。

三是说得生动，不造作。说得生动，要求宣讲工作要具备亲和力，要让人民群众听得进去、喜欢去听。首先要言之有物。宣讲中忌说空话、废话，要有的放矢。其次要贴近群众，用人民群众能接受的方式、喜欢的语言去表达情感，不能高高在上、刻板无味。再次要提高修养，要从古今中外的先贤哲人、文化大家中汲取营养，培育起宣讲团成员自身的高雅格调、高尚情趣，从而说得在理、说得有趣。

透视学界对雅尔塔体制的认知误区与匡正建议*

■ 钮维敢**

[摘　要] 旧金山体制是在美国主导下，单方面对二战与冷战进行强行衔接与延伸的地区安全体制，它在形式上被装扮成二战遗留问题，但在本质上却是较为典型的冷战遗留问题。旧金山体制因冷战而蘖生出来，不是雅尔塔体制的组成部分。将旧金山体制看成雅尔塔体制的组成部分，在学理与实践上都会形成悖论，并有违相关中国领土主权的合法性，不利于中国申索这些领土主权，而有利于美日篡改与歪曲历史，将形成学术乌龙——或可被日本等国用来颠覆雅尔塔体制安排的战后国际秩序。旧金山体制穿越冷战时代，营造了亚太安全秩序中的众多具体国际争端，并借助这些争端得以苟延与演化，是美国亚太同盟链的核心，是亚太地区安全的毒瘤。

[关键词] 旧金山体制；冷战遗留问题；亚太安全秩序；雅尔塔体制；中国和平发展

近年来，日本在中日领土主权争端上常常从中国方面找“证据”，或在中国出版的地图上做文章，或在中国的老报纸上找材料，等等，都是日本挖空心思利用中国的“乌龙”来为自己的强词夺理服务。

而更令中国人毛骨悚然的是，中国主流学术界竟然已经制造了严重的“乌龙”——

* 本文是钮维敢主持的国家社科基金课题“冷战后美国两洋同盟演化与国际格局转型研究”（编号：13CKS029）成果之一，也是钮维敢主持的江苏高校哲学社会科学研究重大项目课题“当代中国和平发展中的亚太安全秩序困境研究”（批准号：2014ZDAXM008）的成果之一；本文得到江苏政府留学奖学金资助。

** 钮维敢，教授，国际关系专业博士，中共江苏省委党校国际问题研究中心硕士生导师，南京师范大学东亚地区国际问题研究中心特约研究员，主要研究方向为国际法与国际关系。

将旧金山和会、《旧金山对日和约》及旧金山体制看成雅尔塔体制的组成部分，却几十年浑然不知。

相关研究述评

旧金山体制是围绕旧金山和会及《旧金山对日和约》，在旧金山和会召开前后，由美国主导签署的一系列双边、多边条约所构建的，为美国推进冷战战略服务的亚太单边安全体制。

有关旧金山体制与雅尔塔体制关系的本质认知，国内外学界的主要研究情况如下：

第一类，国外的相关研究。相关《旧金山对日和约》的签字国学者一般都承认旧金山体制，只是韩国学者否定日本曲解《旧金山对日和约》及相关条约关涉韩国领海主权的主张。代表性的成果是 Seokwoo Lee 关于《旧金山对日和约》与日本和周边国家在岛屿争端上的研究，在承认《旧金山对日和约》的前提下，认为该条约在解决二战结束对日本领土处置问题上照顾了相关国家的利益，却最终导致众多的领土争端。①美国比较公正的历史学家在承认旧金山体制的前提下，认为东亚地区的领土主权争端是旧金山体制的产物，而日美关系是冷战在亚洲的激化过程中由旧金山体制确定的；美国利用日本作为基地服务于冷战中推进的亚洲热战，具有非正义性，日本则从中渔利，并将受害国中国等亚洲国家塑造为敌人。②

日本较为严谨的学者 Kimie Hara 认为雅尔塔体制主要对欧洲的二战后秩序产生了广泛影响，并没有对东亚地区秩序的建立起到根本作用。但二战后东亚地区秩序的构建在雅尔塔会议中被提及，一些秘密协定也对日本产生了影响。基于此，用“东亚的雅尔塔体制”形容这样一种影响更为贴切。但随着 1951 年对日和约的签署，“东亚的雅尔塔体制”变得“一团糟”，而真正对东亚地区秩序产生影响的是《旧金山对日和约》的签订，它为该地区的冷战对抗的地区结构奠定了基础，充分反映了美国的政策优先考虑。③

① Seokwoo Lee, “The 1951 San Francisco Peace Treaty with Japan and the Territorial Disputes in East Asia,” *Pacific Rim Law & Policy Journal*, Vol. 11 No. 1, 2002, pp. 63 - 146; Seokwoo Lee and Jon M. Van Dyke, “The 1951 San Francisco Peace Treaty and Its Relevance to the Sovereignty over Dokdo,” *Chinese Journal of International Law* (*2010*), pp. 741 - 762.

② ［日本《朝日新闻》10 月 30 日报道］题：为什么又是领土问题？（记者：中井大助、真部弘树），转引自《美国学者认为中日岛屿争端源自旧金山体系》，新华网 2012 年 11 月 01 日 09：54：43，新华国际，见 http：//news. xinhuanet. com/world/2012 - 11/01/c _ 123899486. htm。

③ Kimie Hara, “The San Francisco Peace Treaty and Frontier Problems in The Regional Order in East Asia: A Sixty Year Perspective,” *The Asia-Pacific Journal*, Vol 10, Issue 17, No. 1, April 23, 2012. http：//japanfocus. org/-Kimie-HARA/3739? utm _ source=April+23%2C+2012&utm _ campaign=China%27s+Connectivity+Revolution&utm _ medium=archive 2015/1/25 23：39.

这隐含地意味着旧金山体制是冷战的产物，而且把旧金山体制与雅尔塔体制分离开来。

第二类，中国国内研究。大体上分为两种。一种是较为专门性的研究，典型的研究成果是历史学家胡德坤先生等的《〈旧金山对日和约〉与日本领土处置问题》，在梳理二战结束时盟国对日关系的历史中，沿着国际法的主线，得出结论：《旧金山对日和约》违背了盟国间签署的一系列国际法文件，而给日本歪曲历史、巧取他国领土主权提供了机会。这类研究间或提及冷战因素，但不是论述的重点，而是重点研究和强调美国与日本违反国际法，日本浑水摸鱼，在美国的默许与纵容下混淆视听，占领和控制钓鱼岛，与中国、韩国、俄罗斯等周邻国家产生众多领土争端。①

另一种是在非专门性研究中关涉到旧金山体制与亚太安全。比如，杨和平教授的《雅尔塔体制与全球化》一文在研究雅尔塔体制的形成、延续与全球化的关系时，提及了旧金山体制是雅尔塔体制的补充性组成部分。② 类似的观点如吉林大学刘德斌教授认为的，“旧金山会议是对雅尔塔会议所确定原则的补充和具体化”。当时的盟国领导人主要是面对这样两个问题：一是如何打败法西斯；二是如何安排战后世界。③ 在我国，主流学术界却把旧金山体制看成雅尔塔体制的组成部分。更具有代表性的是，中国高校最权威、最流行的历史学教科书之一，即吴于廑、齐世荣主编的《世界史：现代史编》明确地指出：旧金山会议、波茨坦会议则是对雅尔塔会议所确定原则的补充和具体化。④ 更具有广泛性的是，人大报刊复印资料也曾全文转载了不少相关文章。⑤

这里需要特别说明的是：围绕二战的严格意义上的旧金山会议有两次，前一次是旧金山制宪会议（1945年），后一次是旧金山对日和会（1951年）。但中国主流学界与政界长期以来对这两次会议不加区分地都称为旧金山会议，尤其是1951年8月15日中国在官方声明中不加区别地直接称后一次会议为旧金山会议，在之后的学术用语与官方外交措辞中，形成旧金山会议就是旧金山对日和会的“共识”——混淆了两次旧金山会议，而旧金山制宪会议却很少为非专业研究者关注与理解。

中外学者多数都认为《旧金山对日和约》造成了日本与周边国家的领土争端。中国学者多数认为旧金山对日和会是非法的，但因为中国学者把第一次旧金山会议和第二次旧金山会议不加区别地都命名为旧金山会议，却认为它是雅尔塔体制的一个组成部分，致使长期以来非国际关系学者们和普通民众大多数人认为旧金山对日和会也是雅尔塔体

---

① 参见胡德坤、韩永利：《〈旧金山对日和约〉与日本领土处置问题》，载《现代国际关系》，2012（11），8～13页。

② 参见杨和平：《雅尔塔体制与全球化》，载《西华师范大学学报》，2009（2），61～67页。

③ 参见刘德斌主编：《国际关系史》，339页，北京，高等教育出版社，2003。

④ 参见吴于廑、齐世荣主编：《世界史：现代史编》，23页，北京，高等教育出版社，1994。

⑤ 例如，毛锐：《近10年来雅尔塔体制问题研究的新进展》，载人大复印资料《世界史》，2001（9）（原载《山东师范大学学报》，2001（3），74～77页）；杨和平：《雅尔塔体制“瓦解”质疑》，载人大复印资料《世界史》，2002（7）（原载《信阳师范学院学报》，2002（2），102～106页）。

制的组成部分；日本少数较为严谨的学者倾向于认为旧金山体制是一个单独的体制，具有合法性，但造成了亚太安全关系中的众多领土争端。韩国与美国学者多数认为《旧金山对日和约》是合法的。

尽管上述观点不乏一定程度的合理性和启发性，但肯定《旧金山对日和约》合法性的观点是歪曲了历史的本来面目，而中国主流学界在揭露旧金山对日和会与旧金山体制本质时，由于不加区别，混淆了两次旧金山会议，将旧金山对日和会、旧金山体制纳入雅尔塔体制之中，甚至在现实中误导人们将中日领土主权争端定性为二战遗留问题。这种主观造成的学术逻辑悖论，将会在客观上伤害到中国对相关领土主权声索的正当性，会造成严重的学术“乌龙”现象。中国主流学界的这个学术“乌龙”长期存在，将对中国核心利益构成潜在威胁，却没有引起过人们的关注与专门研究。

旧金山体制的前世今生

研究国际问题离不开历史与国际法的二维判定逻辑，并且历史逻辑与国际法的逻辑必须是相互交融地吻合，而不是单独的、割裂开来的；离开历史逻辑而强调用国际法来辨析国际问题，是歪曲历史而无视法理；离开国际法逻辑而用历史依据来梳理国际问题，是不顾解析争端的公正标准而藐视现实问题的历史继承性和变动性。

（一）旧金山体制是重大的冷战活化石

旧金山体制不是二战的直接遗产，而是二战过渡到冷战，直至今日仍然运行的诸多冷战活化石之一。它是假借二战后某些盟国要对日本法西斯发动战争进行处置，实际上是为资本主义阵营在亚太地区遏制共产主义扩张的冷战目标服务而设计的单边战略体系。

二战刚结束，冷战接踵而至。

两大阵营的冷战在亚太地区扩展最为显著的表现，就是以中国境内国共两党领衔的内战为显著标志——冷战在亚洲最为耀眼的历史起点。二战后的中国内战以国别史来体现冷战国际史①，如图1所示。

（1）旧金山和会的冷战背景：中国内战刚刚结束，1950年朝鲜战争爆发。朝鲜战争已经被国内外学界较为普遍地公认为是冷战在亚洲的表现。1951年旧金山和会的召开，正是在冷战在亚太地区激化为两场连续的大规模激烈战争的背景下进行的。尽管北约的

① 参见钮维敢：《论冷战遗留下的台湾问题与美日合流》，载《辽宁大学学报》，2010（4），96～104页。

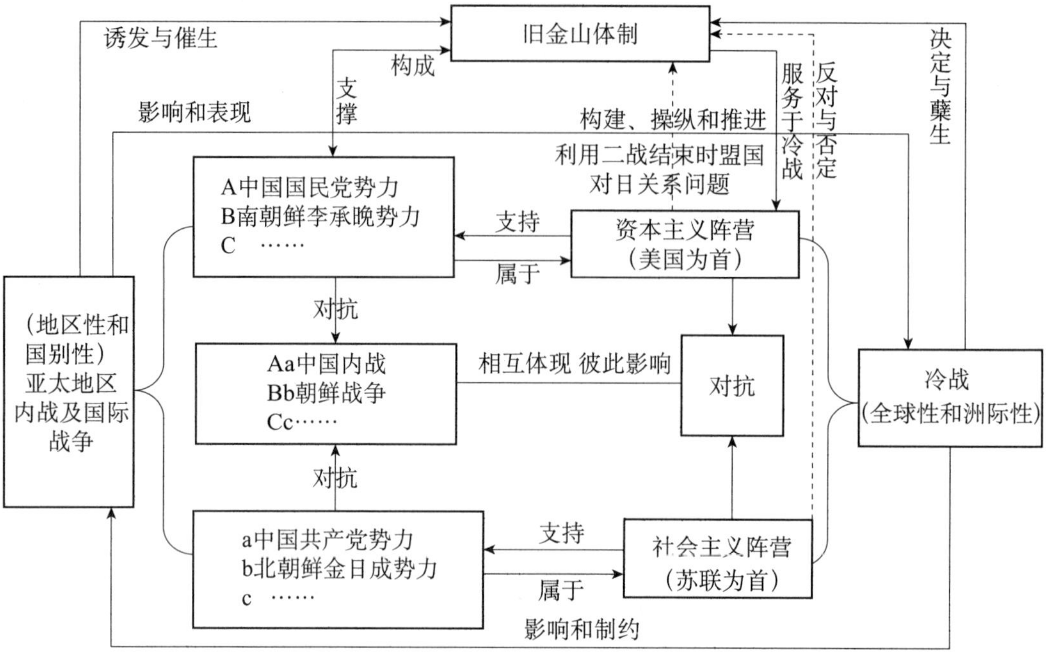

图1

建立让澳大利亚与新西兰觉得有信心与美国签署三边防御协定，但此时的美国认为，太平洋地区缺乏北大西洋两岸共同属性的结盟条件，因此美国不会考虑与其他地区缔结防御条约；但1949年中国形势的变化，令乔治·凯南对此感叹：自1900年以来，美国一向认为自己是中国的特殊朋友与布施者，没想到共产党势力在远东成为美国政策的最大威胁了。① 这促使美国在亚洲的冷战安全战略很快出笼。美国希望尽快召开对日和会，扶植日本成为正常国家，并使之武装起来而具有自卫能力，在美国的控制下，成为美国亚洲战略的棋子。② 朝鲜战争的爆发刺激着美国将对日战略调整政策付诸实施。③ 日本官方较为公正的学者浅井基文先生指出，《旧金山对日和约》是在冷战背景下，由美国主导，故意对领土问题进行模糊表述，造成日后国际争端、美国刻意扶植日本，从而为美国在亚洲进行冷战服务。④

（2）旧金山和会中的冷战博弈：旧金山对日和会是美国利用二战后盟国对日关系问题而召开的国际会议。美国作为东道国，一开始就排除中国大陆共产党政权参与其中，

---

① Norman Harpper, *A Great and Powerful Friends: A Study of Australian American Relations between 1900 and 1975*, University of Queensland Press, 1987, p. 240.

② "Foreign Relations of the United States 1949," *the Far East and Australasia* (in two parts), vol. vii, part 2, United States Government Publishing Office, 1976, pp. 601-939.

③ R. G. Casey, *Friends and Neighbours-Australia and the World*, F. W. Cheshire, 1954, pp. 72-73.

④ 参见［日］浅井基文：《领土问题：为什么我们日本是错的》，原刊《人间思想》第2期，发表时间：2012-10-09 14：19：52，见 http：//www. guancha. cn/Neighbors/2012_10_09_102309. shtml。

而苏联则主张邀请北京方面参会。美苏关于谁代表中国参加和会发生了矛盾。结果是，旧金山和会既没让中国大陆政权参加，也没让中国台湾当局参加。美国不但强行将没有参加过二战的一些国家塞进和会，而且孤立苏联，否决了苏联提交的和约议案与修正案。苏联和一些社会主义国家最终拒绝在和约上签字。

（3）旧金山体制的形成及其主要内容：《美菲共同防御条约》于1951年8月30日签订，即签订于《旧金山对日和约》（1951年9月18日签订）前夕；尽管《美澳新防御协定》（1951年9月1日签订）是澳大利亚与新西兰主动提出的，但美国为了赢得澳、新参加对日和会与签约，对澳新两国的三边协定签署进行了妥协，以便共同对付共产主义在亚太的扩张，尤其需要澳、新在朝鲜战争上的支持。① 根据《旧金山对日和约》，美国与日本签订了共同防御协定等一系列美日同盟条约，日本因此得到美国的“安全保护”，日美同盟则成为美国留驻和影响亚太的基石。② 美国主流学者认为，美日同盟的建立主要是美国为了遏制共产主义在亚太的扩张，尤其是为了对苏进行冷战。③ 此外，从美国亚太战略出发，美国后来主导签订了《韩美共同防御条约》，还与东南亚国家签订了《东南亚共同防御条约》，并以此衍生出《美泰共同防御条约》。这些条约都是围绕《旧金山对日和约》，按照美国的战略设计而诞生的，从而共同组成了美国亚太同盟体系——旧金山体制。这是以美国为链接核心的双边安全同盟体制，主要体现了美国的亚太利益诉求，同时为亚太盟国提供所谓的安全保障。

旧金山和会及其后建立的旧金山体制，如图1所示，是在冷战的背景下，两大阵营以意识形态和价值观的不同画线，相互敌视，并彼此进行军事对抗和遏制，各自支持亚太地区的不同势力：以苏联为首的社会主义阵营支持中国共产党、朝鲜劳动党及其他共产党力量，而以美国为首的资本主义阵营则支持中国国民党、韩国李承晚势力等亲资本主义势力，对应形成对抗，并在一定条件下激化为热战（中国国共内战、朝鲜战争等）。美国为了遏制共产主义势力在亚太地区的扩展，力主构建一个有利于美国在亚太乃至全球进行冷战的同盟体系，借二战结束阶段对日处置问题来营造以美国为操控核心的双边同盟链条，以排斥苏联因素，遏制亚太共产党力量，从而形成了一个亚太版的冷战体制。然而，冷战在亚太地区较多地表现为热战，并且这些具体的热战又反过来刺激冷战双方更加激烈地相互遏制，因此，对于冷战的资本主义阵营旗手美国而言，借助二战结

① 参见汪诗明：《论英国被排除出美澳新同盟的原因》，载台湾《成大历史学报》，2008年第34号，20～21页。

② James Przystup, “China, Japan, and the United States”, from Michael J. Green, Patrick M. Cronia, *the U. S. -Japan Alliance: Past, Present, and Future*, Council on Foreign Relations Press, New York, 1999, p. 27.

③ Richard J. Samuels and Christopher P. Twomey, “the Eagle Eyes the Pacific American Foreign Policy Options in East Asia after the Cold War”, from Michael J. Green, Patrick M. Cronia, the U. S. -Japan Alliance: Past, Present, and Future, Council on Foreign Relations Press, New York, 1999, p. 3.

束时对日国际角色问题的安排，重新武装日本，构建由美国主导的亚太同盟体系，既能对外宣称是为了维护世界和平、保障亚太地区自由与民主秩序，又能为美国推进冷战战略的总体目标服务。

（二）旧金山体制的建立是对国际法发展的巨大冲击

1. 旧金山体制与雅尔塔体制的貌合神离

前述有中国主流学者将旧金山体制归为雅尔塔体制的组成部分。但直到如今，关于其理由，笔者还没查找到此类学者给出的任何学理解释，可能只是想当然地在相关文献中一带而过。

实际上，如果旧金山体制是雅尔塔体制的组成部分，那么，这种学理判定所产生的悖论是显而易见的。

其一，它有违中国主流学界根本不承认《旧金山对日和约》、彻底否定旧金山体制的一贯立场。

原因在于，中国在涉及中日领土主权争端时，总是强调二战结束前夕的一系列国际法的合法性，即基本不否定由《开罗宣言》《波茨坦公告》《雅尔塔协定》等一系列围绕雅尔塔会议及其成果的国际协定形成的雅尔塔体制。

具体表现为：从法的逻辑看，国际关系发展到 1941 年底，中国政府的《中国对日宣战布告》声明“所有一切条约、协定、合同有涉及中日间之关系者，一律废止”。1943 年的《开罗宣言》规定：“日本所窃取于中国之领土，例如满洲、台湾、澎湖群岛等归还中国。”1945 年的《波茨坦公告》进一步规定：“开罗宣言之条件必须实施，而日本之主权必将限于本州、北海道、九州、四国及吾人所决定其他小岛之内。”同年的日本投降书明确表示：“天皇、日本政府及其继任者，承约切实履行《波茨坦公告》的条款。”这样，《中国对日宣战布告》《开罗宣言》《波茨坦公告》和日本《无条件投降书》，这四个文件组成了环环相扣的国际法律链，逻辑清晰地确认了台湾及其附属岛屿包括钓鱼岛群岛在内的其他领土作为中国领土一部分的国际法地位，保证了钓鱼岛等领土主权回归中国的国际协议所形成的国际法具有无可否认的有效性。

这些表现，也证明了雅尔塔体制基本规定了二战后的国际问题解决方案与构建国际秩序的原则。尽管中国政府对雅尔塔体制中关于蒙古地位问题、中国东北的权益问题持有异议或不满，但中国政府不仅总体上没有否定这个体制，还在实践中遵循了这个体制，而且在涉及中日领土主权争端时，一般都要引述雅尔塔体制的几个关键性国际法文件进行理由解释。

其二，更为重要的是，它有违中国对当今国际秩序的认定。中国主流学术界近几年来一直强调不允许任何人否定与企图颠覆二战结束时所形成的国际秩序，这个国际秩序实际上主要是由雅尔塔体制塑造的战后基本国际秩序。

冷战结束主要表现在雅尔塔体制在规定欧洲秩序的部分已经基本上瓦解，而在调整亚太地区秩序的部分并没有真正瓦解。中国强调的二战后安排的国际秩序不允许被颠覆，就是指雅尔塔体制在远东地区的秩序安排。这与旧金山体制在远东地区的安排有着本质的区别。

基于上述两点，如果将旧金山体制作为雅尔塔体制的组成部分，那么就与“否定旧金山体制”构成反言（国际法上的禁止反言原则）。

2. 旧金山体制的冷战本性

从历史的视角看，旧金山和会及旧金山体制表面上被装扮成是对二战遗留问题进行解决的结果，而实质是对二战结束时已经定性的问题进行再激活，即用冷战激活已经僵死的二战判定问题，将这些问题从本质上转化为冷战问题。

关于日本的侵略问题，尤其是领土交割问题，在《开罗宣言》中都有较为明确的规定。虽然苏联没有参加开罗会议，但苏联最高当局默认了《开罗宣言》，并且在《波茨坦公告》中专门声明了《开罗宣言》的有效性，而且在德黑兰会议与《雅尔塔协定》及一系列的决议中予以专门记载和确认。更为重要的是，日本天皇的终战诏书即便具有推卸责任与美化日本发动侵略战争的成分，但也公开接受了《波茨坦公告》的内容，表示日本愿意无条件投降。至此，日本以国家最高权力中枢的至高意志接受了雅尔塔体制对日本非法侵占他国领土的处置与盟国对远东地区的秩序安排。

二战中，在世界反法西斯同盟内始终存在着资本主义意识形态与共产主义意识形态的矛盾与斗争，只是为了应对法西斯轴心国的残酷侵略而暂时使得两种意识形态及其力量的较量处于次要地位。

1945 年二战刚刚结束，冷战就悄然而至并凸显出来。欧洲与亚太地区几乎同一时期都兴起两大阵营的较量。当跨北大西洋地区出现了铁幕演说、杜鲁门主义、马歇尔计划、北约成立等资本主义阵营遏制苏联为首的共产主义力量在欧洲扩展带来的威胁表现时，亚太地区逐渐酝酿着更加激烈的斗争，发展为以中国大陆内战为表现形式的亚太冷战的起点。而且中国新政权的建立，大大地压缩了资本主义阵营在亚太地区的势力范围，并且掌握中国大陆政权的共产党还与苏联建立了同盟，紧接着朝鲜战争爆发。这客观上造成资本主义阵营在亚太地区的冷战中处于被动局面。利用盟国对日签署和约这个本来要完成的战后集体行动（因为冷战而耽搁），成为美国扭转在亚太冷战中被动局面的重要契机。美国打着解决二战遗留问题的旗号，排斥中国参会，强行签署《旧金山对日和约》，违背了雅尔塔体制关于盟国尤其是苏美英中四国对法西斯国家处置问题上的协商一致原则，并在中苏等国的强烈反对下而实施该条约，实际上已经将对日本的国际角色问题的处理引入冷战范畴，而严重偏离二战问题的本身，从而在本质上将二战结束时国际法已经定论的问题重新激活并彻底地转化为冷战问题。就连日本官方学者中也有人认为，旧金山体制实际是亚太版的冷战体制，而与雅尔塔体制有着明显的不同。①

3. 从二维逻辑来认清旧金山体制的本质

史与法二维逻辑在国际问题中是有机交织、彼此融合的。从上述由现实追溯历史看，亚太领土争端是在国际关系的非间断性历史实践与演化中，由不同的标志着间断性历史特征的国际法来规定的。国际争端的形成与相关各方的解读，无法避开历史的逻辑和法的逻辑，而且只要涉及历史的佐证，就必定要以国际法的逻辑来支撑；只要涉及国际法的主张，就必定要用历史来作依据。历史的逻辑与法的逻辑在对同一个国际争端的梳理和解读中难以分割，它们相互支持地彼此融合，从而有机地表达着相关争端主体的利益要求。

然而，问题的根结是，法的逻辑与史的逻辑是否具有完整的融合度。这是诸多与日本有关的领土主权争端中各个国际行为体的主张是否具有合理性的关键。

但是，有人竟然认为包括钓鱼岛争端在内的东亚领土主权争端是二战遗留问题。这在历史逻辑中貌似合理，而在国际法逻辑上却是断裂的。这是因为，从国际法的公认性上看，上述国际法完整的链条及其清晰的逻辑都已经认定了日本只保有本土四岛而必须放弃琉球、台湾、澎湖列岛、库页岛等（盟国认为日本非法窃得而不应保有的领土），这些领土主权已经和日本不相干了；而如果这些领土主权争端是二战遗留问题，那么，要么就是相关的国际法本身有问题，要么就是二战没有判定这些领土的归属。事实是，二战后的雅尔塔体制判定并解决了这些领土争端问题，只是后来冷战的发展促使美国打造冷战的亚太同盟体系即旧金山体制，而将这些领土主权激活为涉及日本的主权争端，以利于美国遏制中国、苏联、朝鲜，同时规制日本、韩国。所以美国在亚太地区尤其是东北亚的领土主权争端上，既不愿意以历史逻辑进行解读，也不太愿意以国际法的逻辑进行说理，而更多地只奉行强权即公理的现实主义亚太“再平衡”战略。这是与二战结束以来的美国历届总统及其政府在美国民主价值、利益观等方面具有惊人的一致性有关。②

关于旧金山体制本质的认识，必须以国际法为准绳，国际法的分析必然要追溯历史

① Kimie Hara, “From Cold War Thaws to the Arctic Thaw: The Changing Arctic and Its Security Implications for East Asia, ” *The Asia-Pacific Journal*, Vol. 11, Issue 26, No. 3, June 30, 2014. http: // www. japanfocus. org/-Kimie-HARA/4142 2015/1/25.

② 有关美国自二战结束以来的历届总统在民主、价值观及美国利益方面的外交政策的相似性，参见：P. Edward Haley, *Strategies of Dominance*, Woodrow Wilson Center Press, Jones Hopkins Press, Washington D. C. , 2006, pp. 2 - 4。

缘由，而从历史事实寻找证据，也必定要以国际法作为公判的标准。史与法的两个逻辑同时并存于考察具体国际问题的过程中，两者要有机融合为一体，缺一不可。

将旧金山体制与雅尔塔体制判定为从属关系的弊端与悖论

美国是在强权政治的理念下按照自己的利益最大化，随时不顾道义而强行将历史与法理撕裂；日本歪曲历史和法理，主要是借助美日同盟而蛮横嚣张。因此，美国不顾历史逻辑和国际法逻辑，制造并利用这些冷战遗留问题作为美国实施与调整亚太战略的杠杆，长期遏制中国、牵制俄罗斯、利用与规制韩国及日本；日本则利用《旧金山对日和约》衍生的旧金山体制及美国亚太战略，长期霸占中国的部分领土主权、向韩国申索独岛主权、向俄罗斯申索北方四岛主权。

（1）如果对历史逻辑和国际法逻辑认识不清晰，将造成以下两个弊端：一是，认为中日领土主权争端是二战遗留问题，会有利于日本否定二战的成果。因为既然二战没有解决好相关领土归属问题，说明二战及其结束本身可能是有问题的，进而引申为应该否定二战后国际秩序的总体安排，甚至否定对日本的合理处置。这无疑是给日本否定历史、实现军国主义复活提供了借口。二是，有利于美国在具体的现实争端上将历史与法律割裂而责怪中国等相关国家抱定历史纠缠现实问题，从而有助于美国占据国际舆论的制高点。因此，强调关涉日本的领土主权争端要遵循法与史的二维逻辑，对于中国的正当利益诉求极为重要。

（2）将旧金山体制塞进雅尔塔体制，既不符合历史事实，也将造成反言——中国对日本申索中国固有领土主权的两种逻辑相矛盾。

几年来，中日关于领土主权争端，表现得最为激烈的是钓鱼岛及其附属岛屿的主权问题。然而，中国主流学界存在着学术“乌龙”。

第一种情况：一方面，中国主流学界常以二战结束对国际秩序的安排来申索这些领土主权，并且告诫日本等相关国家不要挑战和颠覆这个秩序。那么，中国方面的这种声明无疑是确认了这个秩序的合法性和权威性。另一方面，中国向来是否定《旧金山对日和约》、唾弃旧金山体制的。而多数学者却把《旧金山对日和约》与旧金山体制塞进雅尔塔体制中，就使其与中方的申索产生了矛盾，起码具有产生悖论的嫌疑了（如图2所示）。

按照国际法法理，人们不能既对旧金山和会、《旧金山对日和约》及旧金山体制进行否定，又对其进行默认（或不否定），这是由中国主流学界对旧金山体制与雅尔塔体制关系的错误认定造成的。

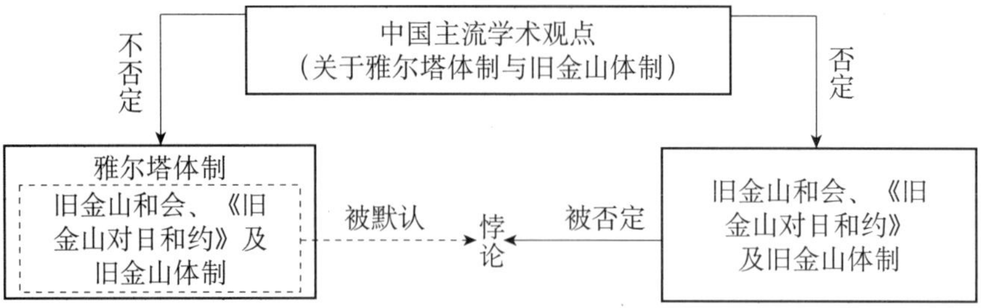

图 2

第二种情况：中国强调包括钓鱼岛在内的中日争端领土，其实在二战结束阶段就通过雅尔塔体制下的一系列国际法判定为中国的主权领土了，不存在任何法理问题了。然而，中国学界不时有人说这些争端是二战遗留问题。这样造成的悖论如图 3 所示：

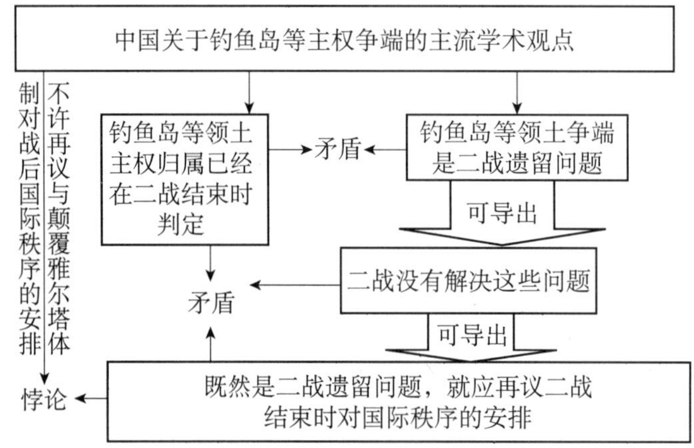

图 3

既然认为钓鱼岛等相关领土主权归属已于二战结束时被相关国际法判定了其法权主体是中国（即二战没有遗留这些问题），何来这些领土主权争端是二战遗留问题?!

而且，更有甚者，中国经常宣布：不允许某些国家或某些人否定与颠覆二战成果及其对二战后的国际秩序安排，但你又说存在二战遗留问题，既然有问题，就得解决，这样日本就可能提出解决方案，修正二战后的国际秩序。所以，说钓鱼岛等主权争端是二战遗留问题，这无意中或许能为日本修正现行国际秩序张本。不仅如此，在旧金山体制形成过程中，美国制造台湾主权未定论并"撮合"日本与台湾当局按照《旧金山对日和约》蓝本签订所谓《日华和约》，从而将台湾纳入旧金山体制中，重新武装台湾，将其作为美国在亚太推销冷战战略的前哨而防止其被中国共产党解放与吞并。① 著名的西方自由撰稿人萨曼莎·E·马歇尔，认为尽管 1979 年中美正式建交，美国在形式上与台湾

① Tzu-Chin Huang, *Disputes over Taiwan Sovereignty and the Sino-Japanese Peace Treaty Since World War II*, Bulletin of the Institute of Modern History Academia Sinica 54, 2006, pp. 1 - 44.

当局不存在官方关系，但就在中美签署建交文件的第二天美国却颁布了《与台湾关系法》，美国保持同台湾的经贸与文化关系，更重要的是，美国还与台湾保持着实质的军事关系——承诺保障台湾安全、协防台湾并保持军事交流与军贸。① 实际上，台湾至今还在美国主导的旧金山体制内。所以，如果将旧金山体制纳入雅尔塔体制中，就连台湾主权归属都可能成问题了。

上述两种论调的逻辑问题，其实与人们没有认清旧金山体制的本质有关。

旧金山体制造成亚太秩序困境

旧金山体制貌似二战遗留问题，实质是冷战遗留问题。它是亚太安全秩序困境的重要因素。

（一）旧金山体制是亚太安全威胁的重大根源

首先，旧金山体制是单边体制，是为了美国为首的冷战资本主义阵营的安全而创设的对社会主义阵营进行强力遏制的双边同盟体系及其形成的机制性安排。它与雅尔塔体制在亚太地区犬牙交错地产生矛盾，旗帜鲜明的目标是围堵和扼杀共产主义势力的发展壮大。它从一开始组建，就直奔主题地加剧着亚太冷战的烈度与复杂性，不仅催生了朝鲜战争更惨烈的第二阶段恶性进程，而且将台海危机推向失控的边缘，且随着冷战在亚太的广泛扩展，将冷战激发的热战引到东南亚，并依托这个体制，激发了东南亚条约组织出笼，借此美国直接介入越南问题——造成越南战争恶化。

其次，尽管 20 世纪 70 年代美国领导的亚太单边安全同盟经受着全球性经济危机冲击，而不得不在亚太地区进行战略收缩——冷战缓和，但旧金山体制的使命与本质依旧，只是改变了策略，一边是从对华强硬遏制转变为与华接触并实现美中关系正常化，目的是借华来遏制苏联，另一边是暗中对华实行和平演变外交。其间，美国借台湾问题，多次挑起与营造台海紧张局势，一直无形中牵制着中国，营造地缘安全危机，并频繁撩拨朝鲜半岛南北剑拔弩张，从而形成了亚太地区冷战缓和与紧张交替的不安定态势长期化。

再次，苏东剧变的所谓冷战结束，只是一个时代的结束，只是社会主义阵营的散去，并且亚太地区的冷战“结束”呈现出另一番景象：除了苏联被俄罗斯代替外，所有

---

① Samantha E. Marshall，*Taiwan-US. Relations*，Nova Science Publishers，Inc. New York，2010，p. 133 - 134.

的亚太社会主义国家不但挺过了社会主义阵营垮塌的冲击波，而且中国还不断地发展壮大着；亚太遗留了世界上最多而且最为复杂的冷战遗留问题（有的被学界称为冷战活化石）；亚太的宏观安全结构依然是冷战框架。

美国始终没有放弃冷战目标；作为冷战工具的旧金山体制不但没有瓦解，反而在美国的主导下进行了优化与加强，同时断断续续地推进着“重返亚洲”的“再平衡”战略。这里的“重返”与“再平衡”基本上仍然是冷战手法，只是最主要的目标由原来的苏联换成了中国；在具体实施上，依然利用旧金山体制炮制出的亚太国家间的岛礁及海洋等领土主权争端作为威慑相关国家安全的支点，不定期炒热冷战遗留问题。这样，当代旧金山体制在本质上没有去冷战化的功能，而是依然服务于美国的亚太安全战略，维持美国的亚太领导权，从而长期将亚太安全放置在危险的战争边缘，造成冷战现象在亚太地区频繁出现。

（二）旧金山体制是亚太经济一体化的阻碍

旧金山体制的核心是围绕《旧金山对日和约》的军事结盟。结盟的防御性与进攻性同时具备，但其目标都是为了获取某种安全，即为结盟相关主体赢得经济与社会发展的长治久安而排除安全威胁。虽然政治上的军事安全经常是结盟成员们的首要关注，但经济安全与发展方面的盟国间合作，也会伴随军事结盟而同时展开，有的直接发展为经济同盟，并与军事同盟融合为一体。在整个冷战期间的两大阵营内，都出现了类似的现象：在欧洲，跨大西洋的北约军事同盟就与马歇尔计划如影随形；华沙条约组织就跟进着莫洛托夫计划。在亚太，旧金山体制内的各个美国双边军事同盟都附属着多种形式的双边经济“互助”联系，尤其是其中的美日同盟更是如此。① 冷战结束之前的亚太经济一体化大致是在两种意识形态阵营内部展开，所以总体上是分裂的局面，尽管冷战中后期出现了两种意识形态国家间的经贸往来加速发展的势头，并且在冷战结束后的头十年左右出现了亚太地区“经热政冷”的态势，但进入21世纪以来，随着美国“重返亚洲”的亚太“再平衡”战略实施步伐加快，亚太地区“经热政冷”逐渐转为“政冷经也冷”的趋势。韩国与日本的独岛主权争端、中日之间围绕钓鱼岛争端为核心的东海主权问题，深刻影响着东北亚自贸区谈判进程；美国支持菲律宾在南海方面对中国领海进行蚕食，澳大利亚迎合美国插手南海主权争端，必然拖累东盟在亚太的经济一体化进程。

其中，最为明显的就是美国打造跨太平洋经济伙伴协定（Trans-Pacific Partnership Agreement，TPP）。尽管TPP不是直接与旧金山体制挂钩，但是旧金山体制所造成的

---

① 有关美日军事经济同盟的详细论证，参见：James D. Llevelyn，*Japan's Evolving Notion of National Security*，Nova Science Publishers，Inc. New York，2010，pp. vii-XII。

冷战遗留问题上的涉华领土争端，却会影响 TPP 相关成员在经济上孤立甚至敌视中国，并利用 TPP 制约中国经济发展。

判定旧金山体制性质的重要性

（一）严重威胁中国地缘安全的根源来自旧金山体制

美国中央情报局十几年前就预测 2025 年国际秩序将要发生根本变化，但直到如今，国际秩序总体上也没有发生大的变化①，这与美国维护其既得利益的国际战略框架不变有关。旧金山体制是由世界超级大国美国制造并操控的，它从一开始就是为了遏制与颠覆亚太社会主义国家。冷战结束之后，美国没有解散旧金山体制下的亚太双边军事同盟体系，而是继续在旧金山体制下不断根据亚太国际行为体的势力消长及国际发展趋势，对同盟进行修订与整合，并与盟国一起不定期掀起“中国威胁”论，挑起中国与周边国家的领土主权争端，并从中渔利。该同盟体制长期以来直接威胁着中国领土主权完整，阻止中国和平统一大业的推进，是当今美国“再平衡”战略遏制中国发展的基础。

（二）认清旧金山体制的本质是维护二战成果的重要步骤

一方面，尊重历史事实本来面目与恪守国际法准则，是国际关系研究的基本原则。将旧金山体制纳入为雅尔塔体制的组成部分，无疑是与这一研究国际关系的原则背道而驰。

另一方面，对旧金山体制的多元判定或将其判定为二战遗留问题，不利于中国维护在相关领土主权争端上的合法权益，反而可能为日本、美国等旧金山体制的支柱国浑水摸鱼地歪曲历史真相，甚至为它们颠覆二战结束时安排的国际秩序张本。

因此，认定旧金山体制的冷战本质——不是二战遗留问题，而是冷战遗留的单边体制，即由美国主导的隶属于资本主义阵营的单边体制，才能从法理上澄清中国申索相关领土主权的正当性，才能从历史依据上彻底揭露日本争辩的荒谬性。这也是有效遏止包括日本在内的一些国家歪曲历史并企图颠覆当今国际秩序的重要步骤。

---

① Henry R. Nam, Domestic voices of Aspiring Powers, from Henry R. Nam and Deepa M. Ollapally, *World-wiews of Aspiring Powers: Domestic Foreign Policy Debates in China, India, Iran, Japan, and Russia*, Oxford University Press, 2012, pp. 5 - 6.

小结与建议

中国不反对雅尔塔体制，还要利用雅尔塔体制来维护领土主权完整，并借助雅尔塔体制来维护战后对国际秩序的安排；但中国是彻底否定旧金山和会，宣布《旧金山对日和约》是非法的，并唾弃旧金山体制及其带来的地区安全威胁。因而，如果承认旧金山和会、《旧金山对日和约》及旧金山体制是雅尔塔体制的组成部分，势必有违中国否定旧金山和会及《旧金山对日和约》，也将有助于美国、日本狡辩旧金山和会及其一系列“成果”都是合法的。

从国际法与国际关系史的二维一体逻辑来审视旧金山和会及旧金山体制，与雅尔塔体制有着本质的区别。《旧金山对日和约》及旧金山体制不是雅尔塔体制的组成部分，而是典型的冷战单边体制，尽管它们是以多边形式被炮制出来的。

有鉴于长期以来中国主流学术界已经公开承认《旧金山对日和约》及旧金山体制是雅尔塔体制的组成部分，虽然这只代表一部分人的学术观点，不能代表中国政府的正式认可，为了扭转这种被动态势，建议采取措施如下：

一是，对旧金山和会、《旧金山对日和约》及旧金山体制进行学术再研究，将其从本质上彻底定位为冷战范畴与冷战遗留问题，官方应采取措施公开否定与摒弃某些中国主流学者们的疏漏之作。

二是，鉴于雅尔塔体制关于中国利益的部分都已经付诸实施，而中国一再声称要维护二战结束时安排的战后国际秩序（实际上是雅尔塔体制规定的战后国际秩序），因此，中国主流学界与政府都应该明确且坚定地表态承认雅尔塔体制的合法性，而不是采取不反对的模糊态度，并在法与史的二维一体学理逻辑上，从本质上将雅尔塔体制与旧金山和会、《旧金山对日和约》及旧金山体制完全切割开来。

三是，政府对外宣传及相应文件等要做统一部署，修正以前的相关研究及宣教疏漏与错误，规定从中央到地方要步调一致，对旧金山和会、《旧金山对日和约》及旧金山体制进行全国统一定性，要在国民教科书中进行彻底检查与订正，形成统一的宣教口径。

四是，既然美国高层宣称在亚太搞“再平衡”战略是为了在这一地区发挥关键作用、扮演规则维护与制定者角色，是为了保证国际法得以实施及该地区争端得到和平解决①，且有鉴于美国还在利用二战后对国际秩序的现有安排——尽管美国在企图改变其

① Ferian A. Bell and Odam L. Richards, *U. S. and the Asia-Pacific Countries: Deepening Relations*, Nova Science Publisher, Inc., New York, 2012, pp. 2 - 9.

中不利于美国海外利益的部分，那么，应该将美国绑定在现有国际秩序领导者的虚拟角色上，而使之无法旗帜鲜明地突破二战后对国际秩序的安排。

唯此，才能解决中国主流学界制造的学术“乌龙”——关于《旧金山对日和约》及旧金山体制认知上的诸多悖论，才能防止他国利用这些悖论来长期侵犯中国领土主权，才能在学理与舆论上有效应对与粉碎日本等国企图颠覆现有国际秩序的图谋。

第二届
全国哲学社会科学话语体系建设
理论研讨会

论文集

下

全国哲学社会科学话语体系建设协调会议办公室　编

中国人民大学出版社
·北京·

目　录

从习近平治国理政思想看当今中国话语体系建设

■ 杨刘保　张宝忠*

［摘　要］习近平治国理政思想具有“三维”体系架构：理论维度上不断推进马克思主义中国化；价值维度上发挥公平正义等核心价值观对社会实践的规约和导引作用；实践维度上形成了具有现实解释力度和可操作性的政策话语。习近平治国理政的思想、观点和要求是极具当今中国特色的话语体系，具有时间上的序列性。对于当今中国来说，话语体系建设要实现“过去—现在—未来”的无缝链接：一是要有历史的延展性，不能脱离原有的理论传统、历史经验和中华民族五千年优秀的传统文化，使话语体系具有历史的纵深感；二是要有当下的解释性，形成话语体系的问题视域；三是要有未来的预测性，实现话语体系对现实的超越，形成结构性的而不是解构性的话语。我们的话语体系要能够解释和分析当今中国发展中的问题与难题，还必须具备思想性和前瞻性、公信力和支撑力、影响力和推进力三个基本特征：从思想性和前瞻性来看，我们的话语体系要有思想上的导向性，要有对未来的洞察力和预见力；从公信力与支撑力来看，我们的话语体系要实现“现实＋逻辑”的结合、“内容＋结构”的合一；从影响力和推进力来看，我们的话语体系应该以时代性的内容、民族性的形式和个体性的风格去探究问题，推动中国特色社会主义的发展。

* 杨刘保，安徽安庆人，中共长春市委党校社会与文化教研部讲师，主要从事哲学与社会发展问题研究。曾主持省部级、市级课题 9 项；在省市报、刊发表文章 20 多篇；主编《幸福需要正能量——党员干部如何树立正确的幸福观》一书；获人力资源和社会保障部等部级及省市级各种奖项 20 多项。

张宝忠，吉林长春人，中共长春市委党校哲学教研部主任、教授，中国自然辩证法学会全国党校系统分会理事，吉林省社会科学哲学学科专家委员会委员，主要从事哲学与社会发展问题研究。主持完成省部级以上课题十余项；发表论文 20 余篇。

［**关键词**］治国理政思想；维度；话语体系

一、习近平治国理政的“三维”体系架构

党的十八大以来，习近平继续坚持和发展中国特色社会主义事业，提出了实现中华民族伟大复兴的中国梦、全面推进深化改革、全面依法治国等一系列重大的战略构想，并发表了一系列重要讲话，就新形势下改革发展稳定、内政外交国防、治党治国治军的一系列重大理论和实践问题，提出了诸多富有创造性的新思想、新观点和新要求，治国理政的总体框架逐渐形成。其治国理政的思想、观点和要求可以从三个维度进行总体把握。

（一）理论维度——依托已有的理论传统和历史逻辑，不断推进马克思主义中国化

习近平治国理政思想，没有脱离我们党理论发展的传统和历史的逻辑。习近平始终坚持中国特色社会主义道路自信、理论自信、制度自信。从发展的道路来说，习近平强调要坚持党的领导，贯彻党的基本路线，既不走封闭僵化的老路，也不走改旗易帜的邪路，坚定不移走中国特色社会主义道路。从思想路线来说，习近平始终坚持解放思想、实事求是、与时俱进、求真务实，一切从实际出发，勇于推进理论创新，在理念更新、理论创新的基础上继续推进马克思主义中国化。可以说，习近平治国理政思想，深化了对中国特色社会主义规律的认识，把中国特色社会主义不断推向深入，开辟了中国特色社会主义发展的新境界，“是新一届中央领导集体执政理念的集中体现，是中国特色社会主义理论体系的最新成果，是指导当代中国具有许多新的历史特点的伟大实践的最鲜活的、最接中国地气的马克思主义”①。

（二）价值维度——紧扣价值追求和价值评判，发挥核心价值观对社会实践的规约和导引作用

习近平治国理政有着明确的价值追求，即坚持以人为本，为人民谋利益、谋幸福，

① 邓晨明：《马克思主义中国化的最新理论成果》，载《紫光阁》，2015（2），32页。

让人民群众过上更加幸福美好的生活，促进人的全面发展。对于这一点，习近平上任伊始就强调："人民对美好生活的向往，就是我们的奋斗目标。"十八届三中全会也明确指出，全面深化改革要"以促进社会公平正义、增进人民福祉为出发点和落脚点"。这就意味着，习近平治国理政的根本追求和最终指向在于最大程度、最大范围地普惠人民，要使改革发展的成果惠及包括各个阶层、各类群体在内的全体人民身上，让人民生活得更好、更幸福、更有尊严。坚持这样的价值追求，就是坚持"人民群众是历史的主体，是历史的创造者"的马克思主义哲学观和群众观。也正是这种人民性的马克思主义哲学观和群众观才能与习近平治国理政的价值评判相契合、相呼应，这种价值评判就是广大人民群众对于与自身权利和利益相关的公平正义价值观的诉求。

（三）实践维度——面向基本国情和社会现实，形成具有现实解释力度和可操作性的政策话语

习近平治国理政既有高屋建瓴式的战略研判，也有各项具体政策、措施、意见和规定在实践层面的展开。不管是全面建成小康社会，还是全面深化改革，不管是全面依法治国，还是全面从严治党，或是从经济建设、政治建设、文化建设、社会建设、生态文明建设、党的建设六个方面来看，都有诸多具可操作性的政策。中央全面深化改革领导小组自 2013 年 12 月 30 日成立以来，截止到 2015 年 2 月末，已经召开了十次会议，这十次会议从宏观到中观再到微观稳步推进，出台了一系列的改革措施，涉及治党、治国、治军的方方面面，形成了具有现实解释力度和可操作性的政策话语，使改革不断走向深入。

二、话语体系要具有时间序列

习近平治国理政的思想、观点和要求是极具当今中国特色的话语体系，具有时间上的序列性。对于当今的中国来说，话语体系建设要在立足现实的基础上，既要向历史的深处拓展，也要形成对未来的观照。"过去—现在—未来"的无缝链接是中国话语体系建设的必要。回望过去，就是要有历史的延展性；立足现在，就是要有当下的解释性；展望未来，就是要有未来的预测性。

（一）历史的延展性——话语体系的历史纵深感

所谓历史的延展性，就是当今中国的话语体系建设要与历史对话，不能割裂历史的

发展脉络，应该从历史的深处挖掘和探寻话语体系之根，形成对历史时空的穿越，使话语体系具有历史的纵深感。在这里，要把握三个方面：一是不能脱离原有的理论传统，要在原有理论传统的基础上进行创新和发展，使理论的发展呈现出一脉相承性；二是不能脱离历史的经验，也即中国经验，我们的历史经验是在革命、建设、改革的过程中形成的，并且经过证明是正确的实践总结；三是要把时间的距离拉长，不能脱离五千年中华民族优秀的传统文化，从时间轴上来看，我们的理论传统、历史经验都离不开传统文化的滋养，或者说经过了传统文化的孕育，习近平总书记就多次强调我们要从优秀的传统文化中汲取精髓和营养，其目的就是要求我们不能抛弃传统，不能看不起自己的文化。把握这三个方面就是要建立起当今中国话语体系的理论前提，实现理论关口前移。

（二）当下的解释性——话语体系的问题视域

所谓当下的解释性，就是话语体系建设要有问题导向、问题意识、问题视野，带着问题思考才是话语体系建设的生命力所在。如果就话语体系本身来谈话语体系建设，只是解答了何为话语体系，即什么是话语体系的问题，还只是在理论的层面上来探讨话语体系。只有从当今中国的现实问题、从当前改革发展中的难题出发进行思考，才能解答话语体系何为，即话语体系有什么用的问题，从而使话语体系与经济社会发展建立起联系。马克思在1845年春写了《关于费尔巴哈的提纲》，其中第11条，也是最后一条，是这样的一句话："哲学家们只是用不同的方式**解释**世界，问题在于**改变**世界。"① 当今中国的话语体系建设不仅要解释现实中的问题，更要在解释的基础上去解决问题、破解难题。

（三）未来的预测性——话语体系的现实超越

所谓未来的预测性，就是话语体系建设要有对现实的超越，形成对未来的观照。话语体系一般有解构性的话语和结构性的话语两种，前者在于消解原有的话语系统，重建一套新的话语体系，主要是"破"；后者常常是在批判分析的基础上对未来的发展提出建设性意见和建议，主要是"立"。在全面深化改革过程中，我们遇到的问题、遭遇的挑战将会很多，这需要理论的定力、需要方向的把握、需要指导性的话语，我们需要的是结构性的话语而不是解构性的话语。所以，当今中国的话语体系建设要有对经济社会发展总趋势的正确研判和把握，使我们的话语体系能够指导未来一段时间或长时间的发

① 《马克思恩格斯全集》，中文1版，第3卷，6页，北京，人民出版社，1960。

展。从短期看，要能够指导到中国共产党成立一百年时全面建成小康社会；从中期看，要能够指导到新中国成立一百年时建成富强民主文明和谐的社会主义现代化国家，即实现社会主义现代化；从长期看，要能够指导中华民族伟大复兴的中国梦的实现。

三、话语体系要具备三个基本特征

任何一种话语体系都有其内在的本质特征。习近平治国理政的思想、观点和要求作为当今中国极具特色的话语体系，同样如此。当今中国，经济体制面临着深刻变革，社会结构面临着深刻变动，利益格局面临着深刻调整，思想观念面临着深刻变化，我们的话语体系要能够解释和分析这些问题和难题，必须具备三个基本特征，即思想性和前瞻性、公信力和支撑力、影响力和推进力。

（一）思想性和前瞻性

所谓思想性和前瞻性，就是说我们的话语体系要有理论的高度，要有思想上的导向性，要有对未来的洞察力和预见力。思想上的定力、理论上的自信是话语体系建设的基本要求。不管是从前苏联亡党亡国的经验教训来看，还是从中国革命、建设、改革的发展过程来看，都证明了这样一个道理：有了思想上的领导权，没有政权可以获取政权；失去思想上的领导权，有了政权也会丧失政权。所以，思想性和前瞻性在话语体系建设中至关重要，要处于优先位置。从工具理性和价值理性的关系看，我们的话语体系建设要在工具理性的基础上提升、扩展其价值理性，工具理性是一个方面，价值理性则更为重要。工具理性重在功用，寻求的是有用还是无用，很多政策性、技术性的东西一般都重工具理性；而价值理性重在价值性和思想性，重在理论的解释力和逻辑力。话语体系实际上是理论的呈现，当今中国的话语体系建设最重要的就是要打造属于我们自己的理论体系，而马克思主义哲学则可称为理论中的理论。为此，习近平总书记非常重视马克思主义哲学的学习，非常注重思想的力量。2013 年 12 月 3 日下午，十八届中共中央政治局就历史唯物主义基本原理和方法论进行第十一次集体学习。习近平总书记在主持学习时强调，推动全党学习历史唯物主义基本原理和方法论，更好认识国情，更好认识党和国家事业发展大势，更好认识历史发展规律，更加能动地推进各项工作。习近平总书记指出，我们党在中国这样一个有着 13 亿人口的大国执政，面对着十分复杂的国内外环境，肩负着繁重的执政使命，如果缺乏理论思维的有力支撑，是难以战胜各种风险和困难的，也是难以不断前进的。2015 年 1 月 23 日下午，十八届中共中央政治局进行

2015年第一次集体学习，这也是十八届中共中央政治局的第二十次集体学习，学习的内容依然是哲学，是辩证唯物主义基本原理和方法论。习近平总书记在主持学习时强调，辩证唯物主义是中国共产党人的世界观和方法论，我们党要团结带领人民协调推进全面建成小康社会、全面深化改革、全面依法治国、全面从严治党，实现"两个一百年"奋斗目标、实现中华民族伟大复兴的中国梦，必须不断接受马克思主义哲学智慧的滋养，更加自觉地坚持和运用辩证唯物主义世界观和方法论，增强辩证思维、战略思维能力，努力提高解决我国改革发展基本问题的本领。习近平总书记之所以两次召集政治局同志一起学习马克思主义哲学，其目的就是要不断打造建设和推进中国特色社会主义的话语体系，使我们的话语体系具有更强的理论指导性和解释力。中国共产党是以马克思主义为指导的政党，所以坚持马克思主义，维护马克思主义的话语权是第一位的要求，坚持马克思主义在我国意识形态领域的指导地位就是要在全党、全社会形成具有向心力、聚合性的意识形态话语，这是维护国家安全和社会稳定、防止西方国家搞思想渗透的关键所在。

（二）公信力和支撑力

所谓公信力和支撑力，就是说我们的话语体系要能够使人信服，既具有现实的合理性，也具有逻辑的合理性，针对具体的问题要有说服力，在结构上要有严密性，是"现实＋逻辑"的结合，是"内容＋结构"的合一。从公信力上来看，就是要寻求话语体系的最大公约数。不管是中国梦这一理想目标的提出，还是社会主义核心价值观这一价值取向的确立，抑或是"四个全面"战略布局的形成，都是在寻求思想上的凝聚和认同，塑造话语体系的公信力就是要避免认同危机的出现，一旦凝聚和认同形成常态化，话语体系的公信力也就水到渠成。对于中国来说，我们话语体系的公信力最终要体现在用大众话语、朴实话语表达中国目标、中国理想、中国意志、中国诉求、中国道路、中国模式。话语体系的支撑力从范围和响应人群来说，包括三个方面：首先要在党员领导干部的头脑中深扎根，融入到他们的工作和生活中，使各级领导干部形成对以习近平治国理政思想为主的话语体系的自觉，对当前"四个全面"战略布局的理解、支持与遵从。其次要在广大人民群众中形成正效应和热响应，得到人民群众的理解、支持和信服。第三就是要在国际社会有传播，有正面回声。2015年5月29日5时（纽约当地时间5月28日17时），由人民出版社授权英国新经典出版社翻译出版的《学习习近平总书记重要讲话》英文版正式在纽约书展亮相，这是中国话语体系走向海外的一个重要信号。在纽约书展中国主宾国会场举行的首发式上，参加人员有国家新闻出版广电总局、中外出版界的相关领导，人民出版社与新经典出版社的代表及美国国防部长办公室顾问白邦瑞博士、美国著名犹太裔作家马克辛·多弗尔女士、电影制片人巴巴尔·艾哈迈德、美国律师萨利姆·瑞兹姆等多位国外相关人士。首发式上，白邦瑞博士表示，本书英文版的出版对于国际社会了解中国、了解习近平思想有着重要参考价值。巴巴尔·艾哈迈德说，这本关于习近平的书是一个伟大的人物面向普通人的肺腑之言——并不仅仅是中国，还包括全世界。他的目标是给每个人尊严和力量，不论他们社会身份如何。萨利姆·瑞兹姆在发言中主要谈到了习近平讲话中所表现出的对于整个世界和平和各地区、民族之间互利共赢的启发。在习近平治国理政思想中，中国梦的提出更是得到了国际社会的响应，在国际社会得以传播，这不仅仅是因为它实现了与西方国家的沟通、交流和对话，还因为它是和平发展之梦、合作共赢之梦。这种话语体系的国际传播使世界更加了解中国，有利于将习近平总书记重要思想传播到全世界，将中国智慧、中国经验、中国模式传播到全世界，进而得到国际社会，特别是西方国家的支持和认可。

（三）影响力和推进力

所谓影响力和推进力，就是说我们的话语体系建设要对中国的现实问题有解决的总体思路和方案，能够推动中国经济社会的发展，推动中国特色社会主义的发展。当然，要实现话语体系推动发展之目的，有三个基本要求需要我们去把握。我们的话语体系应该以时代性的内容、民族性的形式和个体性的风格去探究问题，推动发展。所谓时代性的内容，就是当今中国的话语体系建设要跟当今世界的发展情况、跟我们的国情和党情相结合，要与时俱进，具有时代感。所谓民族性的形式，就是要打造具有中国特色、中国风格、中国气派的话语体系。这一点，毛泽东同志给我们做出了表率。毛泽东同志曾经写了有名的“哲学三论”，就是 1937 年 7 月写的《实践论》、1937 年 8 月写的《矛盾论》和 1957 年 2 月写的《关于正确处理人民内部矛盾的问题》，这“三论”都是用中国化的语言来解释和分析中国的问题。所谓个体性的风格，就是要有自己独特的理解问题、分析问题和处理问题的方式，是你自己所独有的，别人没办法进行复制，如毛泽东同志提出的“实事求是”、邓小平同志提出的“摸着石头过河”，都是个体性风格的体现。习近平治国理政思想所折射出的亲民、朴实的特征也是其个人风格、个人执政魅力的体现。时代性的内容、民族性的形式和个体性的风格这三个方面是话语体系影响力不断扩大、推进力不断增强的关键所在。

中国"武术导演体制"的国际话语优势

——中国功夫电影话语体系建设案例分析*

■ 姚朝文**

［摘　要］将高科技为先导的大众传媒与岭南土色土香的地方传统文化有机结合，做到既是本土的更是世界的"中华文化产业品牌的"，当数功夫电影产业。其中，数黄飞鸿、李小龙功夫影视的叙事最持久、最庞大、最引人注目、最富有岭南民俗文化底蕴和国际化的文化产业意义。香港电影界延续半个多世纪的时间，连续拍出106部以黄飞鸿为主题又以黄飞鸿为主要角色的电影，创造了吉尼斯世界纪录。如此规模的同题电影，在世界电影史上至今无出其右。李小龙真功夫电影系列又成为源源不断地"出口转内销"的主打品牌，并且创造了新的电影神话，使得中国人在国际电影界具有了话语权，至少产生了如下三方面的标志性成果：第一，黄飞鸿、李小龙电影确立了世界电影史上的"功夫电影"新类型；第二，黄飞鸿、李小龙电影奠定了功夫电影的"武术导演"新体制；第三，李小龙奠定的武术导演体制无法超越。

［关键词］武术导演；功夫电影；黄飞鸿

本论文将以中国岭南功夫电影杰作"黄飞鸿电影"和李小龙真功夫电影为案例，来

* 本文为国家艺术基金项目"中国功夫电影类型发展史论"（批准号：2015FC02311）、佛山科学技术学院岭南文化研究院项目"世界功夫之王李小龙生平释疑"（批准号：14lnwh13）部分成果。

** 姚朝文，文艺学博士，佛山大学岭南文化研究院教授，日本国学院大学外籍教授，主持完成国家社科基金、教育部重大项目及规划项目、省市基金课题8项，出版功夫电影、艺术思潮、城市文化著作21部，发表论文129篇。

探究中国武术导演体制的国家话语优势地位。

一、“功夫电影”类型的形成

改革开放以来，岭南地区的大众文化引领着全国潮流。这里民间文化底蕴深厚，更开近代对外开放历史的先河。进入21世纪后，对近代岭南文化的研究涌现出许多新成果，其中，将高科技为先导的大众传媒与岭南土色土香的地方传统文化有机结合，做到既是本土的更是世界的“中华文化产业品牌”的，当数功夫电影产业。与众多的出自文人向壁虚构的武侠小说和武侠电影、电视剧不同，功夫影视创作凭真实的武术本领和武功门派传承，积淀着中国传统文化中最博大精深的特色。在中国功夫电影的庞大家族里，近代以来最著名者，有北方的霍元甲—陈真武功系列、兼跨美国和香港的李小龙系列，岭南南派功夫中更有庞大的黄飞鸿—林世荣、梁赞—陈华顺—叶问等叙事系列。其中，数黄飞鸿、李小龙功夫影视的叙事最持久、最庞大、最引人注目、最富有岭南民俗文化底蕴和国际化的文化产业意义。

“黄飞鸿”这个名字在中国内地、香港、台湾、东南亚各国乃至北美华人社区等诸多地区可谓家喻户晓。然而，历史人物黄飞鸿的真实行藏对当代大众来说并不是关注的重心之所在，在高科技影视霸权熏染下成长起来的当代大众所关注的，反倒是那个历史的影像能在多大程度、多大范围内提供当代人的心理满足和精神认同。也就是在这个精神认同、价值归依和情感寄托的意义上，近百年来载入吉尼斯世界纪录大全的香港制造的百余部“黄飞鸿电影系列”① 和大中华地区（大陆、香港、台湾）产出的14部至少344集有关黄飞鸿叙事的电视连续剧②，20余部黄飞鸿题材的小说，上千集的黄飞鸿故

① 香港有影片人物黄飞鸿角色正式出场的电影在1996年就拍摄了100部之多。香港电影史家余慕云认为：“我们认定的黄飞鸿电影，影片中一定要有黄飞鸿出现，如果没有黄飞鸿出现，哪怕他的片名中有黄飞鸿的字眼，比如《黄飞鸿四大弟子》《黄飞鸿之鬼脚七》等，我也不认为它是黄飞鸿电影……徐克的《黄飞鸿之西域雄狮》，正好是第100部黄飞鸿电影。”（万静波：《香港功夫片：从黄飞鸿电影开始——香港电影史家余慕云访谈》，见人民网“人民书城”，2005-06-04。）另有大洋网的评论文章可资佐证：“影片中没有黄飞鸿，单有他的弟子，例如梁宽或猪肉荣，这些亦不算黄飞鸿电影。”（《黄飞鸿电影的源流》一文，见大洋网，2002-10-22。）

② 此数系笔者的统计。《佛山：黄飞鸿的真实世界》（《南方周末》，2003-07-03）一文的统计结论是：截止到1998年徐克导演《黄飞鸿之西域雄狮》为止，“黄飞鸿电影系列”正好达到100部。加上笔者另收藏的赵文卓主演的《黄飞鸿之理想年代》、《黄飞鸿之八大天王》、《黄飞鸿之少林故事》（上、下集）、《黄飞鸿之无头将军》（上、下集），共计106部电影。“至少有11位小说家发表了共20部黄飞鸿题材的小说”。“20多年来，香港、广州以及台湾共出品8部173集以黄飞鸿为题材的电视剧集”。再加上佛山作家协会副主席任流于天津社会科学院出版社1998年出版的长篇小说《少年黄飞鸿》，韩春萌于湖北人民出版社2005年出版的《黄飞鸿正传》，共计有13位小说家发表22部小说传奇作品。电视剧方面，除台湾制作的“黄飞鸿故事大全”等8部170集外，2004、2005年，又有25集香港无线电视台生产的《我师傅系黄飞鸿》，北京和广东联合制作而由山东播出的30集电视连续剧《少年黄飞鸿》。广东卫视生产、佛山电视台播出的20多集电视剧《大话黄飞鸿》，广东影视制作中心制作的36集动画电视连续剧《新少年黄飞鸿》，山东电视台齐鲁频道播出的《黄飞鸿新传》，香港王晶导演大型武侠电视连续剧《仁者黄飞鸿》35集等。因此，表现黄飞鸿题材的电视连续剧共计14部至少344集以上。

事无线电广播，1 500集以上的黄飞鸿传奇报纸连载，无法准确统计的粤剧剧作、民间传说、网络博客等，构成了庞大而目前依然在延伸着的“黄飞鸿叙事系统工程”。① 这个巨大的叙事系统，满足了广泛的民众心理需要，成为一个跨越地区、国界、民族的文化象征。有关他的叙事活动传播、变迁史，恰恰也成了中国南方沿海地区从传统宗法制社会的族群结构向现代社会的公民社团组织形态嬗替，粤港为代表的岭南社会从传统人文心理结构向现代价值观念迁移的生动写照。

在此过程中，以黄飞鸿、李小龙、方世玉、洪熙官、梁赞、叶问、陈盛为主角的影视作品，甚至香港制作的以霍元甲、陈真为主角的影视作品由粤港向内扩展到中国各地，向外传播到世界各地（以东南亚和北美为主），这种中华武功随功夫电影向世界播散的文化地理图谱，就成为我们研究中国文化国际话语权的绝好个案。

自从20世纪80年代初以降，以金庸、梁羽生、古龙作品为代表的新派武侠小说传入中国大陆并形成巨大的热潮，相伴而来的是，以平江不肖生（本名向恺然）、还珠楼主为代表的旧武侠小说家的小说叙事也在解禁武侠的大陆重新盛行起来。其后，产生了一大批的金庸迷、武侠迷。需要强调的是，旧派、新派武侠小说家们的叙事系统是文人作家们虚构的叙事，所叙之事不论是否有历史故实，他们笔下的东西只能叫“武侠”，而不能称作“功夫”或“武功”。因为，“功夫”和“功夫片”电影是指小说人物或演员们凭借真实的功夫、硬桥硬马的肉搏完成叙事，而非完全凭虚构卖弄玄虚地描绘（或表现）超凡的“怪力乱神”②，而且笔下人物属于什么武术门派、比武时采用什么招法，都是可以找到真实的武功文献或生活中依然师徒承传的武功来印证的。甚至电影本身就是对历史上或真实或有依据的传说中某些武术门派承传脉络与形形色色门派之间恩怨的叙述。因此，笔者研究的是立足于可考证，生活中实有其人、其传说、其徒孙承传的功夫文学、功夫影视系统的叙事，而非文人向壁虚构的“武侠”“剑仙”③ 叙事系统。

---

① 参见姚朝文、袁瑾：《都市发展与非物质文化遗产传承》，上编，“民俗因子在当代的影响与传播”开篇语，3页，北京，北京大学出版社，2009。其中有作者基于研究海内外民间文献而做出的各项统计。

② 学界已经有人指出：“岭南直到1936年才首映了《神鞭侠》，战前的武侠片总产量只有32部，与上海30年代的武侠片热恰好形成鲜明对照，表现了岭南艺术家对当时有‘怪力乱神’恶名的武侠片的慎重态度。”（柯可：《中国岭南影视艺术史》，395页，北京，中国电影出版社，1999。）

③ 刘良明、刘方曾指出：“据一些研究者的不完全统计，民国以来，武侠小说的作者几近两百，作品更多达六百九十多部，而分类依旧是沿袭以往武侠与剑侠的套路。其中平江不肖生的《江湖奇侠传》与还珠楼主的《蜀山剑侠传》乃是剑侠类作品的代表，而武侠类的代表作则有郑证因的《鹰爪王》、白羽的《十二金钱镖》、王度庐的《卧虎藏龙》等。根据《江湖奇侠传》片断改编摄制的电影《火烧红莲寺》在三、四十年代曾经风靡一时，后来又曾多次拍摄续集，一度形成巨大的影响。前不久李安导演的《卧虎藏龙》以及徐克导演的《蜀山传》分别改编自王度庐的《卧虎藏龙》和还珠楼主的小说，可见其影响之深远。”刘良明、刘方：《市井民风——“二拍”与民俗文化》，199～200页，哈尔滨，黑龙江人民出版社，2003。

二、武功电影类型的国际传播

粤、港、海外对黄飞鸿的了解，最初主要来自佛山、广州一带关于他武功如何了得的民间传说。随着他的高徒林世荣（绰号猪肉荣）在六十岁的时候逃难到香港，设武馆授徒为业，他的事迹和武功技艺才开始在香港流传。他的再传弟子朱愚斋将他的传奇故事写成小说后，由香港《工商晚报早刊》连载，黄飞鸿的名字乃始成为家喻户晓的公共叙事资源。后来出现了多出黄飞鸿题材的粤剧，直到1949年10月8日，流传于民间的黄飞鸿传奇故事开始拍成电影《黄飞鸿传上集之鞭风灭烛》（胡鹏执导）。此后香港电影界延续半个多世纪的时间，连续拍出106部以黄飞鸿为主题又以黄飞鸿为主要角色的电影，创造了吉尼斯世界纪录。如此规模的同题电影，在世界电影史上至今无出其右；在如此长的年代跨度里同题电影可以历久弥新的，在世界电影史上也是罕见的。

历史上的黄飞鸿生前绝对料想不到自己在身后几十年里竟然成了民间传说与通俗小说里的武林传奇人物，现代高科技媒体（广播、电影、电视剧）里的经典资源。他更无法知道，在20世纪后半叶里，在他的三传、四传弟子和大批电影人的努力下，香港拍出106部有关他武功业绩的电影，“功夫电影”由此得名，并成为香港电影傲视全球的标志和看家品牌，随着“黄飞鸿”题材的电影、电视作品出口到世界各地，黄飞鸿、中国真功夫、岭南民风民俗被世界各地所认同，他相应地“成长”为族群乃至民族的英雄。至少在东南亚的华人社会里，黄飞鸿这个名字的认知度远远高于孙中山、康有为、梁启超等近代大家名流。

率先写黄飞鸿小说的朱愚斋是黄飞鸿的再传弟子。黄飞鸿众徒中成就最大（获得全广东武术冠军，孙中山先生亲授银质奖章，授徒两万多）、师从于他时间也最长（达19年之久）的林世荣晚年尽传绝技于爱徒朱愚斋。朱愚斋是个文武双全的才子。除了武功之外，他以兼善绘画与写小说饮誉当时，被称为武林“广东后十虎”之一。据文献记载，黄飞鸿去世八年后，由林世荣现场表演承传于乃师的武功，并亲授武功口诀，由朱愚斋将动作要领逐一绘制成画，配上他逐一记述的林世荣口诀，打破中国武功界武艺秘不外传的行规，“工字伏虎拳”“五郎八卦棍”“铁线拳”等威震武林的绝世神功正式刊印成书出版，从此掀去盛名下神秘的外衣，为中华武术大范围普及、跨地域传播、跨时代发展创造了条件！

生前“仅以威盛，不大以名传”的武侠大家黄飞鸿，现在摇身一变，转化成了小说中英雄的代言人、电影中豪杰的化身、电视剧中家喻户晓的“公众话语资源”。因此，以他为题材的小说，最热闹的时候可以同时在香港的七家报纸上连载发行。当时，各报馆争相发表甚至连载黄飞鸿的武侠传说事迹，此类专栏成了扩大营销量、争夺广告、保持影响力的不二法门！

武侠小说与武侠电影主要在香港得以繁荣。可是香港乃弹丸之地，电影的观众毕竟有限，于是，向华人、华侨聚居较集中的东南亚与北美部分地区传播，寻找拓展的空间，首先乃是生存之计，其次才是发展之需。至于后来香港电影产业以武侠题材，尤其以真实的拳脚刀剑来拍摄的功夫片及后起的以成龙为代表的功夫喜剧等风靡世界，也是在摸着石头过河中由自为逐渐达到自觉的。香港功夫电影叙事活动中不断创造出来的黄飞鸿电影形象风靡香港后，作为香港电影的主打品牌之一，又迅速播散到海外各地。由于国民党在政治与军事上的失败，香港和台湾的影片彻底失去了在大陆的市场。两地的片商开始向东南亚一带拓展华语电影市场。直至中国大陆改革开放以后，以两地合作拍摄的电影《少林寺》为标志，香港的功夫电影才开始登陆内地并产生广泛影响。其中，黄飞鸿功夫电影系列又成为源源不断地“出口转内销”的主打品牌，并且创造了新的电影、电视神话，成为与霍元甲叙事母题系统、金庸武侠小说改编的电影系统并列的三大中华武功神话系统！

需要指出的是，《火烧红莲寺》连续拍摄18部的纪录只是当时中国影片片集最长的纪录。日本拍摄《寅次郎》系列长达57部，英国跨越几十年、时断时续地拍出的《007》电影系列至今已有23部。时至今日，无论国外电影还是国内电影，包括霍元甲叙事母题系统、金庸武侠小说改编的电影系统，在系列化拍摄的历史长度和规模上依然没有超越黄飞鸿电影系列的吉尼斯世界纪录，也没有超越黄飞鸿叙事系列的时间跨度。从两集《黄飞鸿传》开始，拍电影出现了固定的武术顾问，以后又叫作武术指导、武术导演（Martial Arts Director），直至60年代由袁和平、刘家良开创了武术导演取代电影导演来拍摄功夫电影的新惯例。到了90年代，袁和平赴美国好莱坞签约做武术导演，将香港电影发明的武术导演制推广到西方。由于他们的武打设计摆脱了神秘武侠片惯有的京剧或粤剧里的武打程序化所造成的表演不自然、缺乏真实感的问题，在当时引起巨大的反响，开辟了以真功夫制胜、走向世界的华语电影新路。

三、“武术导演”体制对世界电影的话语权

在半个多世纪里，在香港电影界形成的武术导演体制扩展到美国好莱坞，然后形成了世界电影界独有的“武术导演”体制。这种以中华武功为后盾形成的特殊类型的电影种类和导演方式，扩大了中国电影和中华武功的国际影响力。

这种以武功技艺的艺术化载体所形成的中华非物质文化遗产所承载的可传承、可实

证、具有民间流动性的活体生命力，又与当代电子高科技媒体实现成功嫁接，并且具有向世界输出中国文化软实力的现实性和有效性的文化地理谱系，使得中国人在国际电影界具有了话语权。这种话语权意义之重大，至少产生了如下三方面的标志性成果：

第一，黄飞鸿、李小龙电影确立了世界电影史上的“功夫电影”这一新类型。西方电影本来没有什么“功夫”或“武术”的概念，有的只是“拳击”概念。从见识到黄飞鸿电影所开创的中国传奇般的功夫片之后，西方电影界才知道世界上还有这么一种竞技格斗方式（西方人对“功夫”的理解迄今为止依然停留在竞技层面）可以纳入电影，形成特定的“功夫电影”类型。晚于黄飞鸿两代的“世界功夫王”李小龙，其一生的努力就是要将截拳道所代表的中国功夫精神上升为“道”，上升为中华“武学”，从而彻底纠正西方人对中国“功夫”仅仅停留在头脑简单的保镖武夫们竞技搏命的低层次理解。李小龙通过大师兄黄纯梁师从叶问学咏春拳，又兼学太极等各家武功，到美国后兼取西洋拳、泰拳、空手道、跆拳道，终于成为一代“武之圣者”。但是，由叶问咏春拳法上溯至近代南派大洪拳宗师黄飞鸿和北派迷踪拳大师霍元甲，这些先辈英雄的一生传奇与崇高武学人格对李小龙产生了巨大的影响。实际上，“功夫”一词原是由中国岭南粤语对武术的称呼而来。随着以黄飞鸿、李小龙等为代表的南派中国功夫走红世界各地，全世界掀起了崇拜、学习中国功夫的潮流。准确言之，黄飞鸿是中国功夫通过电影走向世界的先驱，由于当时的粤语电影是由香港制造后再配上英文字幕推向世界的，受到语言、文化因素限制，加上20世纪五六十年代香港电影的技术水平与美国相比差距较大，造成黄飞鸿尽管在亚洲已经成为一代武神，但在欧美社会尚被认为只是一个亚洲拳师而已，还没有发展到被奉若神明的地步。直到出现了美国与香港双栖的武影双料天王李小龙，中国功夫才引起欧美人的狂热推崇。如果说中国大陆更认可霍元甲和电影《少林寺》，那么在港、澳、台、南洋和欧美，人们更推崇黄飞鸿（亚洲）和李小龙（美欧）。

第二，黄飞鸿、李小龙电影奠定了功夫电影的“武术导演”新体制。以前，西方导演不通中国武功，也不会想到让“武夫”来担任电影导演。但是，当今被誉为“武术指导教父”的袁和平开创了这个新体制。他在1978年接替父亲、功夫教头袁小田担任《醉拳》的武术指导，一炮打响，直接捧红了少年黄飞鸿的扮演者成龙。从此，成龙、李连杰两大中国功夫天王填补了李小龙暴卒后留下的巨大真空，开创了半个多世纪的进军西方电影市场的中国功夫电影的巅峰时代。袁和平以及纯粹由功夫演员晋升为导演的刘家良（黄飞鸿的第三代传人），谱写了世界电影史的新篇章。从此以后，香港电影圈有了固定的“功夫导演”这样一个职位。90年代，袁和平、成龙、李连杰闯荡美国好莱坞，世界影都好莱坞破天荒地设置了“功夫导演”。刚开始的时候，制作方担心亚洲人不懂美国的文化心理，成立了美国、外国两套武打班底，而且常常是美国的那套班底抢占先机，不肯在外国人面前示弱。袁和平则谦和地讲，你行就你先来。结果一再表明，他们撑不到一半就垮掉了，只得老老实实地请出袁老大救场。功夫导演体制从此在许多国家得以推广。2002年3月3日，在《醉猴》的开机仪式上，年近七旬的香港功夫导演刘家良表示："我们的特技可能永远也拍不过美国人，但我们的功夫片也是美国人永远拍不出来的。很多美国人都弄不明白，为什么中国人个子小却能打出那么大的力量。"①

从60年代袁和平、刘家良开创武术导演取代电影导演来拍摄功夫电影到90年代袁和平赴美国好莱坞签约做武术导演，香港电影业发明的武术导演制推广到西方，他们的武打设计摆脱了传统的神秘武侠片惯有的京剧或粤剧里的武打程式化所造成的表演不自然、缺乏真实感等问题，开辟了以真功夫制胜、走向世界的华语电影新路。

第三，李小龙奠定的武术导演体制无法超越。从观众接受心理层面看，20世纪三四十年代的功夫电影尚处于初始阶段，那时多采用粤剧、京剧里的武打表演程式是可以理解的。50年代则是主演明星制的时代，电影在一定程度上成了武打明星的录像机。后来赢得"东方好莱坞"电影帝国老板盛誉的邵逸夫年届50岁从南洋来到香港二次创业，成立邵氏电影公司，招募童星，成立训练班，真刀真枪地练习对打、群殴，由此形成了张彻的暴力美学、胡金铨的血腥江湖。② 但他们在艺术表现上却并不很成功，拍出的电影迭创票房新高，却充满视觉血腥。黄飞鸿功夫电影拍摄经过50年代的62部和60年代的13部高产之后，黑白电影出现了"高原现象"。③ 之后，李小龙百分之百的肉搏功夫电影横空出世，人们争相观看。李小龙也由此入选美国《时代》周刊评选出的"20世纪最具影响力的100位名人"，位列"英雄与偶像"组的二十位名人榜。④

其实，人们欣赏和崇拜中华功夫英雄，在很大程度上是因为他们表现出来的长久修炼和坚忍不拔的意志所取得的超凡入圣的成就，弥补了人们在现实生活中的平庸与无奈，尤其是中华文化圈近代以来开始处于政治、经济、文化上的弱势地位，黄飞鸿、霍元甲、李小龙式的英雄再现符合人们普遍的心理期待。观众心目中的黄、霍、李功夫何等了得，而渴望自强的中华民族早已经把他们视为自身现实生活的保护神、民族的骄傲。"文化英雄"的精神感召和心理认同，才是中国功夫和中国功夫电影上升为民族精神和英雄崇拜层面的根本动因。

李连杰接受凤凰卫视《鲁豫有约》专访时说过："在美国，你说功夫（Kungfu），美国人都知道；你说太极，知道的有40%；你要说武术，那知道的人就10%了。"⑤可见中华武术在海外的影响，首先是由南派功夫大师及其一代代传人打造的强势品牌形成的，

---

① 韩春萌：《武林奇侠黄飞鸿正传》，222～223页，武汉，湖北人民出版社，2005。

② 参见贾磊磊：《中国武侠电影史》，87～89页，北京，文化艺术出版社，2005。

③ 参见姚朝文：《乡土中国创造文化想象的世界奇观——百部黄飞鸿电影吉尼斯纪录的启示》，载《学术研究》，2013（3），136～137页。

④ 参见关文明：《一代英杰李小龙》，146页，广州，岭南美术出版社，2001。

⑤ 参见凤凰卫视中文台《鲁豫有约》"李连杰1"栏目，2008年12月11日播出。

而不是或主要不是来自于中国北方武术界热衷推广的武术套路表演。有鉴于此，笔者以为中华武功电影以及中华武功文化，作为一种商业电影的类型乃至民俗文化现象，不仅仅具有重大的学术意义和民间遗产保护价值，更应该上升为国家级的文化产业整体战略，借以扩大中国在世界文化艺术市场的份额，增强我国文化软实力在国际竞争中来之不易的地位。

值得注意的是，在当前全球经济不景气的背景下，文化产业被迫收缩，扩张乏力。但是好莱坞电影却逆势飙升，几乎成了“万绿丛中一点红”。历史具有惊人的相似性。1929—1933年世界经济大萧条也首先是从美国爆发并蔓延到全世界的，但在深重的危机中，美国的好莱坞却一枝独秀，成为美国经济中最具有活力的部分，美国电影借此取代昔日英国电影而雄踞世界电影工业之冠。此后，沃尔特·迪士尼兄弟俩创造了以动画为主产品的迪士尼文化主题公园，从此，迪士尼王国崛起于美国并至今称雄于世界。其实，迪士尼文化主题公园创建的时间与黄飞鸿电影在香港拍摄并放映的时间相比，并不占有先机；其作品的规模和积累的厚度与载入“2001年吉尼斯世界纪录：世界最长电影系列”的港产“百部黄飞鸿”传奇相比，更是难以望后者之项背。而且，与黄飞鸿功夫的民间传说相比，迪士尼文化的短暂性、单一性和浅显性就更加暴露无遗。

但是，我们无法回避这样的现实：迪士尼集团不仅分别斥40亿～200亿元人民币的巨资，在美国拉斯维加斯、法国巴黎、日本东京、中国香港建设了迪士尼文化主题公园，而且又耗资过百亿元人民币兴建中国上海的迪士尼文化主题公园。其实，中国本来不必为处于文化劣势而敬畏文化帝国主义，但是要痛惜自己具有的远远超过对方的文化优势资源，比如“百部黄飞鸿”传奇，是否能够再续辉煌。在美国人利用中国的文化资源拍成《花木兰》《黑客帝国》《功夫熊猫》而风靡世界之时，我们却在患得患失之中犹豫彷徨。

由于电影科技水平、经济实力、民族历史环境，尤其是文化艺术观念的原因，使得中国人的民族自信心直到今天依然显得底气不足，文化艺术原创力依然贫弱，这不能不导致一个令人惊讶又有些无奈的怪圈：中国的文化资源优势在自己的手里越是难以发挥应有的作用，美国人却越是能够从中找到他们需要的养分和灵感；而一旦美国人获得成功，中国人只能叹息自愧弗如。这样的状况应该改变。

在今天全球化语境下中国和平崛起的声势中，那种自废文化原创力的局面应该成为过去，中国武功作为中华文化的瑰宝应该更加有效地成为中国影视艺术的动力和源泉！

从“一带一路”战略看中国特色社会主义话语体系的构建与创新

——以马克思主义世界历史理论为分析视角*

郭健彪　林　芳**

［摘　要］“一带一路”是在继承和发展古代丝绸之路和海上丝绸之路世界和平发展精神基础上所提出的重大战略构想，这一战略构想的提出伴随着西方将其视为美国马歇尔计划翻版的质疑与批评，回溯西方世界历史观念的形成与变迁以及古代丝绸之路的发展延异，古路新生的现实路径应该为打破工具理性的主客二元对立的认知模式，在信息技术与交往方式变革的基础上，充分挖掘我国优秀传统文化资源，构建以“参与—共识”为特征的多元文化并存的话语构建与传播的新路径。

［关键词］一带一路；话语体系；构建；传播；创新

“一带一路”是中国在继承和发展古代丝绸之路和海上丝绸之路世界和平发展精神基础上所提出的重大战略构想。在世界经济政治格局发展变化的新形势下，我国高瞻远瞩地提出以开放合作、互利共赢为特征的“丝绸之路经济带”和“21世纪海上丝绸之路”重大倡议，但我国是重要的倡议国而非主导国，“一带一路”将通过务实灵活的各施所长与经济合作，实现沿线各国经济与社会的协调发展。这一战略构想的提出也伴随

* 2015年国家社科基金重点项目“学术思想理论动态与意识形态建设方略研究”（项目编号：15AKS014）。

** 郭健彪，教授，福建江夏学院思政部主任；林芳，副教授，博士，福建江夏学院思政部。

着西方将其视为美国马歇尔计划翻版的质疑与批评，以马克思主义唯物史观中的历史逆向为基本研究方法，回溯西方世界历史观念的形成与变迁以及古今丝绸之路的发展延异，既有利于厘清一些西方国家为何将这一战略构想曲解为冷战策略的内在原因，也有助于把握新时期中国特色社会主义话语体系构建与创新的基本方法与重要特征。

一、“话语之争”之下的逆向历史思考

“一带一路”战略是中国在继承与发展和平外交精神基础上提出的贯通欧亚大陆的全方位开放的新格局，这一战略构想一经提出便获得众多国家的积极响应与支持，但也有一些西方国家发出了不同的质疑的声音，主要表现为，将我国所提出的“一带一路”战略与美国在战后提出的马歇尔计划简单比附与等同。逆向的历史研究是马克思唯物史观的重要特征，“在逆向研究历史的过程中，马克思将以下两种前提作了重要的区分：其一，前提本身完全就是结果，尽管它们自己的结果的早期形式现在已经作为前提在起作用；其二，前提至少具有一些来自前社会形态的特征”①。“一带一路”的话语之争实质暗含着一个文化与价值冲突，通过直面与反思这一话语之争，可以发掘当代价值冲突与不同意义的生成逻辑，同时也为这一话语体系获得深入理解与有效传播开辟新的空间与可能。

西方国家视“一带一路”这一战略构想为一个凝固的词语，将它与扩张和称霸捆绑在一起。这些联想是武断的假定，是将西方传统思维方式延伸到中国复兴道路所做出的误识和判断。正如列维纳斯所指出的，想象学和本体论，究其实质都是从一种隐含的知识整体性出发。西方现代化理论混杂着宗教传播、帝国统治与确定性等观点，强调“先进”国家推动和引导“落后”国家不断走向现代性终点。15 世纪随着葡萄牙第一次的航海发现，西方将民族国家的发展始终置于自身与他者的关系视阈之中，西方自视获得现代性的精要，由此也获得一种特殊的和优越的地位。亚当·斯密首先将优越性归因于政治经济学与社会分工论，并以之说明勤劳节俭的资产阶级优于懒惰挥霍的野蛮人。马克斯·韦伯则认为是新教信仰所产生的道德律令和追逐经济利益的合法性驱使西方国家执资本主义发展之牛耳。在发展现代化的过程中，欧洲基于体现为现代科技的工具理性而成为优于他者的强国，并将这一理性视为普世文化的重要基石，东方也就成为“落后于西方的东方”。毛瑞若·维罗里认为，在 16 世纪《论国家理性》出版之后，一种以“国家理性”概念所激发的新语言传播观念深刻地影响着整个欧洲，17—18 世纪欧洲进入殖

① ［美］伯特尔·奥尔曼：《辩证法的舞蹈——马克思方法的步骤》，120 页，北京，高等教育出版社，2006。

民主义和帝国主义的兴盛时期。以康德的永久和平论为代表，可以窥见这一时期西方的世界历史观念。与霍布斯相似，这一时期的思想家均以人类的自然状态，即战争状态为人类和各个民族的存在形态。直至美国抵达现代性的高峰，依然依据这一“先进”与“落后”的二元分法，以“发达”国家框定和矫正“发展中”以及“不发达”各国。当“一带一路”战略出现，将其与影响和渗透他国的“马歇尔计划”简单等同，也是基于这一认知图式所形成的话语特征和思维定势，这一话语及其基本假设深深根植于西方现代性理论。

在经济全球化的形势下对待这一“话语之争”，中国应当顺应时代发展的潮流求同存异。在意识形态的分歧与差异方面，邓小平认为唯有从国家和人民的根本利益出发，才能争取稳定的国际环境，“着眼于自身长远的战略利益，同时也尊重对方的利益，而不去计较历史的恩怨，不去计较社会制度和意识形态的差别，并且国家不分大小强弱都相互尊重，平等相待。这样，什么问题都可以妥善解决”①。这既是当代中国把握互利合作的时代机遇的重要准则，也是不断开拓与不同国家和地区的和平友好、平等互利关系的重要准则。另一方面，随着科技的进步，在全球与地方的空间构成方面，由新媒介所构筑的信息传播空间形成了一种新型的空间——地域关系，即现实与想象并存的后现代地理空间。“一带一路”话语体系必然被置入一种现代社会与东西方之前意象的关联之中，古路新生的现实路径应该以唯物史观为基础的深度解释学为基本方法，打破西方所确立的主客二元对立的工具理性认知模式，在信息技术与交往方式变革的基础上，充分挖掘我国优秀传统文化资源，铸就新的文化软实力，构建以“参与—共识”为导向的多元并存、互利共赢的经济贸易往来、政治交往与文化传播的新路径。

二、“话语创新”的深度解释与时代意蕴

在清理西方理性主义基础上的跨国交往与外交政策方面，马克思对世界历史与资本现代性持一种辩证的批判视野，这意味着不是从自我意识而是从世界历史发展的现实维度出发来审视未来社会发展，一方面，人们在生产人类必需的产品时彼此所发生的关系，是以生产力的发展为转移的，另一方面，继续向前发展的现代性也是应当被继续引导的现代性。②“一带一路”战略是在信息化与全球化时代提出的新概念，虽然继承传统丝绸之路和平外交的精神，但不同于建立在天朝上国朝贡体系基础上的古代丝绸之路，它是在当代中国所面临世情与国情双重境遇下的新探索与新应对。

① 《邓小平文选》，1版，第3卷，北京，人民出版社，1993。

② 参见《马克思恩格斯选集》，2版，第1卷，89页，北京，人民出版社，1995。

经济全球化是生产力发展的必然产物和不可逆转的历史趋势，从资本扩张的角度，经济全球化是马克思主义的世界历史理论的重要组成，马克思认为现时代的经济全球化是世界历史发展的现代形态，另一方面，伴随着经济全球化的资本主义社会基本矛盾的世界性和全球性，也创造了实现更高社会形态共产主义的必然性和现实力量。迄今为止，虽然中外不同领域的学者对于全球化的界定观点不一、人言人殊，但中国面对全球化趋势，既非消极观望也不是忽视与逃避，而是自觉融入与智慧应对。

第一，张力维度下的“新常态”与“适应”。“新常态”是习近平同志在考察河南时提出的新词汇，总结了当代中国经济相较于过去三十年所呈现出的一个新的发展阶段以及这一发展阶段的基本态势和根本特征，习近平认为，“我国发展仍处于重要战略机遇期，我们要增强信心，从当前我国经济发展的阶段性特征出发，适应新常态，保持战略上的平常心态”①。可见，“新常态”是置身于世界历史的广阔背景应对全球化的新思路和新方式，既自觉把握全球发展的趋势，对世界各国发展形成清醒的理解和认识，也是在全球化的历史背景下努力创造各种条件，在激烈的竞争与挑战中占据主动和发展完善。“新常态”下，虽然从速度上看经济增长的速度趋于放缓，但中国实际的经济增量却依然居于世界前列；从增长的态势上看，虽然增长的态势趋于平缓，但通过多元的经济增长动力和更加优化的结构应对不断增多的风险与挑战。“一带一路”也是中国经济步入新常态下的对外开放新格局，通过资本输出的方式寻径并贯通欧亚大陆，通过境外投资消化境内过剩，以合作共赢代替竞争对抗，并通过美元储备实现人民币国际化，这是在第三次科技革命纵深发展的态势下，在生产力发展的先天性不足、发展中国家的后发优势和知识经济时代科技创新的张力维度中，从自身实际出发做出的适合中国国情的战略抉择。

第二，思维重构下的“新起点”与“打造”。“一带一路”以互联互通为基石，以金融合作为前导，激发区域市场活力和共享发展新成果，这既是联通中国与世界，也是沟通历史、现在与未来的金桥。丝绸之路是中国与世界联系的重要桥梁，据希罗多德记载，早在公元前6—7世纪，古希腊通过丝绸将中国人称为“赛里斯人”，丝绸也承载着古代中国在科学技术方面的重要创造和发明，在世界文化发展史上谱写了辉煌的篇章。千年之后的新的丝绸之路建设中，中国经过30多年的改革开放，实现“商贾合一”，在陆上构筑起三个通途，即经由中亚、俄罗斯到达欧洲，经过中亚、西亚到达波斯湾、地中海和从中国到东南亚、南亚、印度洋。在海上实现通过中国沿海港口过南海到印度洋，并延伸至欧洲以及过南海到南太平洋两条路径。这一战略的现实起点是与长江经济带、京津冀协同发展共同构成“三大支撑带”，这一区域协调发展的总体战略，既把握

① 《习近平首次系统阐述“新常态”》，见新华网，http：//news.xinhuanet.com/politics/2014-11/10/c_127195118.htm。

了发展的重点区域，又实现了区域的互动与协调发展。从国际影响上看，“一带一路”战略所影响着的是约占世界63%的人口，和约占世界29%的经济总量，它将成为世界上跨度最长的经济大走廊，铸就的是巨大的市场空间和广泛的合作领域，所形成的是联系更为紧密的集利益、命运和责任为一体的发展共同体。

第三，理论创新下的“新辉煌”与“铸就”。中国与“一带一路”沿线发展中国家的复兴道路不应囿于“欧洲中心论”的话语体系和思想窠臼，客观而理性地对待自身发展的历史并不断地增强文化自信也是这一战略得以顺利实施的重要方面。古代丝绸之路自古希腊罗马时期就成为东西交流的重要通路，互通与互惠一直是这一通路的重要特征。早在古希腊时期，历史学家波利比阿就预见到东西方互通的联系和趋势，在其《历史》这一著作中他指出，“历史将会是一个整体，就好像是一个躯体一样，那些发生在意大利或是非洲的事情，都将和那些发生在亚洲和希腊的事紧密相连”。历史表明，伴随亚历山大远征和汉人到达西域，东西交流的现实障碍被不断扫除，东西方的文化传播也日益密切。汉武帝命张骞出使西域以来，中国与欧洲的陆上通商达到一个高峰，丝绸由横断里海的北路输送到古希腊与罗马，古希腊与罗马的文化与文明成果也流播中国。唐朝时期东西方的互通与交流更加频繁，不仅由西域通路进入中国内地，也通过南方海路进入南中国各港口。随着各条丝绸之路的相继开通，东西方文化交往与文化互识不断加深，以中国丝绸为发端的物质文化深刻地影响着西方对古老中国的印象与评价，至18世纪达到一个高峰，以欧洲兴起的“中国风”“中国热”为显著的表征。19世纪中叶以后，与西方列强激烈交锋却屡尝败绩的现实才使中国在西方视野中型塑了文化落后的刻板印象，才出现与人类文化发展的连续性和世界性品格相违逆的“欧洲中心论”的话语组成。

新常态下的“一带一路”战略是当代中国所面临的新境遇、新探索和新驾驭，如果说改革开放30多年来是中国“自觉融入”经济全球化的进程，那么，在全面建成小康社会的新的历史背景下，“一带一路”战略抉择及其话语体系则是“智慧应对”的过程。目前“一带一路”战略决策获得广大沿线国家积极响应，但这一战略要在参与各国及其国民根本利益基础上持续不断地获得合法性，还必须在多元价值博弈的立场上架设既避免西方传统列强单极式价值规范的政策输出与意识形态化，又要能够不断彰显理论魅力并构建兼备现实解释力与应用性的话语价值和共识路径。

三、“古路新生”的话语价值与共识路径

古代丝绸之路所积淀的“和平友好、包容互鉴、合作共赢”的精神遗产不仅是中国

的财富，也是世界的财富，在和平与发展成为世界主题的今天这一精神遗产弥足珍贵。西方国家围绕自身民族意志和需要所确立的不合理和不公正的国际政治经济秩序，既是西方现代理性规训制度和支配话语的重要体现，也是日益严峻的全球性问题的重要症结所在。全球性问题的应对和化解需要世界各国的通力合作和积极应对，未来理想的国际发展格局是以联合国为主体的多元一体后霸权国际体系，以和平友好、包容互鉴、合作共赢为宗旨的“一带一路”与世界历史以及人类交往发展趋势不期而合，“一带一路”战略下所铸就的集利益、命运和责任为一体的发展共同体以及倡导和努力推进国际政治经济新秩序是人类交往进入新世代的重要铺垫与实践探索。

“一带一路”是跳出西方话语体系和自二战结束迄今唯一不在美国主导下构建的国际经济合作战略，但这一文化软实力是否能够成为各国的价值共识是制约“一带一路”能否顺利实施的关键因素。在经济全球化这一世界历史发展的新阶段，市场经济发展的客观趋势与保障这一发展趋势健康运行的世界秩序的缺失无疑是新丝绸之路所面临的最大障碍和挑战，“一带一路沿途国家复杂的民族宗教矛盾和多样化的历史文化背景，极容易成为外部势力介入的突破口，从而挑起动乱与冲突，严重的会引发战争、政变、革命”①。面对这一挑战与风险，从长远来看，随着以争夺和扩张为特征的传统政治经济秩序的逐步式微和相互证伪，以合作共赢代替对抗竞争的和平发展战略已成为绝大多数国家的共识，但值得注意的是，这一共识并非凝固的话语，而应具备历史建构和不断更新的不竭潜力和重要功能。爱德华·萨义德曾指出，人类的经验具有一个无法缩小的主观的核心，这一经验是历史的、现实的，是可以加以分析和说明的，尤为重要的是，它不能被极权的理论所囊括，不能以教条来划分，也不能以民族来划线和限定，更不能永远为分析的架构所束缚。从这一维度观照，“一带一路”应是“参与”意义下的共识，也即是说，“一带一路”与“古路新生”的话语价值不仅仅是中国向世界所做的单向传递和灌输，而应成为一个集体合作、互动生成的国际词汇。正如台湾学者钱永祥所指出的，“参与”意义下的共识不同于“整合”意义下的共识，前者是“一种由实质的价值共识所建构起来的身份认同，其表现方式往往会诉诸某种超越特殊认同的民族精神、生活方式、人生观乃至于共和主义理想中的共同体生活等等”，而后者则是“单纯意指一种由平等的交往所构成的共同追求活动”②。在平等交往和共同追求的过程中，中国应充分发掘优秀传统文化资源，不断增强和平友好这一文化价值的吸引力和创造力。一国的文化软实力不是抽象的，它是体现在诸如行动、语言以及各类有意义的物品当中的意义形式，它必然是通过人们的相互交往与交流，最终形成认知主体共同具备的经验、概念

---

① 李晓鹏：《“一带一路”大战略与三驾马车》，见 http：//szcb. zjol. com. cn/news/84108. html。

② 钱永祥：《认同与说理》，见韩水法编：《理性的命运——启蒙的当代理解》，164 页，北京，北京大学出版社，2013。

与信仰。因此，在这一现代交往的历史过程中，尤为重要的是，“不要贬低人们看到和感觉到的地方文化与认同的生命力。但是，又只有放在更广泛、包含了它们的进程的背景下才能认清它们的重要性”。新丝绸之路这一普遍意义的追求并不必然与身份认同以及价值观念相冲突，而是各参与国追求道德意义上的更加幸福美好生活的交互式建构与现实的历史过程。

综上所述，“一带一路”话语体系包含着辩证张力、思维重构与理论创新，这一战略构想叙述目标的形成是对历史与现实的“观念”反映，只有深入理解中国特色社会主义话语体系的历史内涵与时代意蕴，深刻把握话语体系的内在理路与逻辑特征，才能克服西方资产阶级意识形态对这一战略的曲解和片面化的歪曲，更加有效地推进中国特色社会主义话语体系的构建与创新，为中华民族的伟大复兴与世界的和平发展做出新的重要贡献。

中国古典哲学如何“走”出去

郭继民*

［摘　要］作为“爱智”之哲学，属于“共命慧”，它是属于整个人类的，中国哲学亦然。要让中国哲学走出去，为世人所接受，首先要做好基础工作，即要把中国古典哲学的智慧完整地呈现出来，要把中国哲学的精华和特质彰显出来，同时还要做好让中国古典智慧走出去的相关准备工作并把握住时代所赐予的机遇。

［关键词］中国哲学；完整；呈现；精华；推广

把中国古典哲学的智慧完整地呈现出来

关于中国哲学如何走出去的话题（包括话语权问题），近年来，学术界谈得较多，并取得了一系列的成果和共识。以笔者浅见，中国（古典）走出去，首先是态度的问题，就是承认并尊重中国文化，中国古典哲学同古希腊、古印度的哲学同样伟大，同样是人类智慧的结晶，承认并尊重古典哲学，唯其如此，才可能去钻研它。其次，要有学术担当和学术“愿力”。就近三百年而言，哲学的中心一直在西方，由英国而法国，由法国而至德国。正如叶秀山先生所总结的那样：“十九世纪是德国的‘天下’，列维纳斯

* 郭继民，哲学博士，海军陆战学院上校、副教授，主要研究方向为中西哲学文化比较、教育哲学。

说，二十世纪哲学无过于海德格尔；及至二十世纪后半期，法国人做着德国人过去做的工作。”① 今天，时光已转进21世纪，“哲学中心”能否若季羡林先生所谓“三十年河东，三十年河西”那样转向中国？笔者以为，即便有这个可能，也不是自发的，而需中国的哲学家付出艰辛的努力。再次，且不言中国能否成为哲学的中心，即便从学术传承与交流的角度或从中国哲学走出去的角度而言，当下，我们最切实的要务乃是做好基础工作，即把自己的哲学智慧完整地呈现出来。换言之，首要的也是最根本的工作，是把中国哲学“讲”好。

谈及“中国哲学如何讲”的问题，归纳起来，无非三种思路：一为“照着讲”，即按照文献资料的顺序，不走样地“再叙述”；二是“接着讲”，即顺着古哲的思路，把哲学引向深入，讲出古人“应有”但却未曾讲出的东西，冯友兰先生即持此主张；三是“综合地讲”，即把中国哲学放在世界智慧的背景下，将之同人类的智慧相互融通、综合，以彰显其特色，张岱年先生所主张的中国哲学与马克思主义的“综合创新说”大致如此。

三种讲法，实质上体现了三种思维模式，“照着讲”体现了“静态”思维，其特征为哲学智慧的再现；“接着讲”体现纵向思维，为哲学智慧的延伸；“综合地讲”表现为“综合辩证”的思维模式，其特征为不同哲学智慧的融合。就哲学自身的发展规律而言，我们自然应该注重“接着讲”与“综合地讲”。事实上，自五四以降，学术界也一直注重于后两种讲法上下功夫，且讲出了新意，譬如熊十力、梁漱溟、冯友兰、方东美、牟宗三、张岱年等大学者皆做出了重要的贡献。但是，就当下人们对古典哲学普遍存在的隔膜而言，“照着讲”仍具有不可漠视的基础和前提作用。

笔者这里倡导的中国哲学“照着讲”，绝非“照本宣科”、机械地叙述，而是有其特定的内涵，是通过对古典哲学的再理解、再把握，以便把中国古典哲学智慧完整地呈现出来。

首先，“照着讲”意味着要把哲学问题讲“准”。这里的讲“准”，乃要求讲述者以客观的姿态，较为准确地把中国古典哲学智慧呈现出来。这势必要求讲述者既要熟悉文献，同时还通透义理。中国哲学，其智慧博大精深，其问题同样也错综复杂，每一派哲学同其他学派皆有着“斩不断、理还乱”的复杂关系，因此真正把哲学讲“准”谈何容易！譬如，作为文本的《老子》同孔子的时间的早晚问题（冯友兰认为孔子早于《老子》，理由是“无”针对“有”而来，首先要“有”，然后才有对反的命题出现），儒、道依何划分？法家、道家、儒家有何关联？名家缘何衰落？墨家同道家的关系如何？此外，“照着讲”势必要涉及到“学理”的问题，儒家之“道”同道家之“道”的通性何

① 叶秀山：《欧洲哲学发展趋势和中国哲学的机遇》，见《学与思的轮回》，284～285页，南京，江苏人民出版社，2009。

在？庄子之“自由”同郭象之“自由”有何区别？佛家之“空”同道家之“无”的分际何在？汉儒与宋儒的分殊如何？如此问题，举不胜举。欲厘清此种种问题，既涉及到“文献”的问题——辨别文献的真伪须颇具功力，亦关涉到讲述者的态度问题，倘若讲述者对某派哲学抱有成见，或缺乏相当的功力，怕是很难讲“准”。

其次，“照着讲”还须把哲学问题讲“透”。讲“透”建基于讲“准”的基础之上。将问题讲“准”，目的是让人有一个客观准确的了解；而讲“透”则是对问题本身的深化，它既涉及到问题产生的背景、问题发展的趋势等较为宏观的视野，更牵涉到问题的细节：因为“透”总是关联着细节，问题不能追问至细节，就难以讲“透”，亦难以领会中国哲学的妙处。一般来说，对于中国哲学稍有研究的人，大凡张口即能“大而化之”地说出所谓春秋诸子、两汉经学、魏晋玄学、宋明理学、清代朴学等中国哲学宏观之特点，然而若具体到细节，譬如先秦的“仁”“诚”“道”“几”“自然”等概念的含义为何，魏晋时期的“空无之辩”“自然与自由之辩”（“独化”与“无待”的差异）、“才情之辩”等内涵如何，宋代的“理气之辩”“理欲之辩”“心理之辩”“情理之辩”是否理清，诸类问题，亦是举不胜举。若不下功夫体悟之，恐怕未必真正明白。当然，中国哲学的细节绝不在少数，甚至，中国哲学的精彩就体现在细节之中。若缺乏扎实的文献功夫和对细节的探究与体察，是难以呈现古典哲学的精彩的。

第三，“照着讲”，亦要求把哲学问题讲“通”。讲“透”要求重视和把握细节的妙处，讲“通”则强调整体上的融会贯通。中国古典哲学门派众多，但主干大致可归结为儒、释、道三类哲学。因此讲中国哲学，必须对此三类有一个融通的理解和把握，此乃从事中国哲学的学者应具备的基本素养。毋庸讳言，由于学科的精细化，使得一些学者“疆域自治”，彼此不能贯通：治儒者不懂佛学，治道者对儒学不通透，治佛者对儒、道不熟悉；更有甚者，即便从事某一类哲学者亦未必真正贯通，譬如，一些从事两汉儒学的研究者竟然对宋明理学不甚熟悉，甚至相当隔膜。遗憾的是，学界这种状况并非偶然。此种态势下，即便“照着讲”都困难，又何谈“接着讲”？须知，“接着讲”须建基于融通的基础之上，譬如冯友兰先生之所以能接着宋明理学讲，熊十力、牟宗三之所以能接着陆王心学讲，皆在于他们对儒、释、道有着融通的把握和娴熟的理解。对于儒、释、道之“通”，牟宗三先生曾有妙论，他认为，一个真正的通儒必然能真切地体会到道家和佛学的精髓，同样，对道家、佛学有真正研究的人也必然懂得儒家。因为三者在境界上是“通”的。非但儒、释、道是通的，每一学派亦应该是通的，然而，后学却学派林立，此固然因后学受其历史视野之限，缺乏博大胸怀。牟宗三先生对儒学的疏通，对儒、释、道的疏通，对中国哲学的传承发展贡献巨大，应为当代学者所效法。当然，把哲学讲“通”并不是简单的事。倘若不能贯通三家智慧，那么这样的哲学是不圆融的，至少不能把中国的智慧完满地呈现出来。客观地讲，当下既精通儒、释、道，又透悟西学的大学者不是太多，甚至能贯通儒、释、道的大学者亦不多见，这尤须哲学同仁努力。

最后，要把哲学问题讲“活”。所谓讲“活”，并非是外在的“话”，而是中国哲学的特点决定了必须讲“活”。就活之特点看，中国哲学表现有三：其一，中国哲学根底上是关于生命的学问，是活泼泼的学问；其二，中国哲学的表现形式是生动活泼、不拘一格的，或格言、或寓言、或诗歌、或散文乃至小说，要之，“文史哲”浑然一体，具有“鲜活流动”之质感；其三，中国哲学不是死的知识，而是具有强烈现场感的“生活的智慧”和真实的“生命体悟”。鉴于这三个特点，讲述中国哲学须扣紧“生命”这个根本指向，即便涉及到的哲学概念亦须向生命收摄；要以灵动的方式讲述中国哲学，以鲜活的故事来讲哲学，让“载道的文献”灵活起来；要将古老的智慧同现实生活“链接”起来，让“现场感的智慧”充盈当下并化为方法论，来提升我们处理问题、解决问题的能力。

以上述标准看，“照着讲”并非想象中的那么简单，它同样需要心血、心智的付出。对不少从事中国哲学的学者而言，“照着讲”仍是一门基础性的功课，也是当下努力的方向。道理很简单，只有做好“照着讲”，才可能更好地“接着讲”“综合创造地讲”；同时，也只有在全面系统地把握中国哲学的基础之上，才能真正知晓中国哲学特质与精华之所在，才可以把精华之处显扬出去。

把中国古典哲学的精华呈现出来

从事中国古典哲学研究的人员，不仅仅要把中国哲学讲通、讲透、讲活，还必须练就一副“火眼金睛”，要有精深之洞见，能从浩瀚的哲学文献中“攫取”中国哲学的“特别处”与“闪亮点”，能在长期的思考与“修行”中透悟中国哲学之特质。[①] 一句话，今天，从事中国古典哲学的研究者要能把中国古典哲学的精华较为完整地呈现出来。

以笔者浅见，从事中国古典哲学研究的学者若能把握以下“中国哲学之特质”，大略可将中国古典哲学的精彩呈现出来。

其一，要将“生命哲学”的意蕴凸显出来。与西方哲学相比较，中国哲学根底上是生命的哲学，诚如牟宗三先生所言：“中华民族之灵魂乃为首先握住‘生命’者。因为首先注意到生命，故必注意到如何调护生命、安顿生命。故一切心思、理念及讲说道

① 一般而言，“特质”未必是精彩的，但对中国哲学而言，则大致如此。因为言其特质，乃于中西比较的视野而言，没有比较，何有特质？另外，中国哲学的特质，恰恰凸显中国古典哲学的精彩，至少主体如此。

理，其基本义皆在内用。而一切外向之措施，则在修德安民。”① 当然这并非说西方哲学不重视生命，但就主旨而言，西人的精彩在于思辨之知识，而中国哲学则重视生命，其精彩亦在于生命；与印度哲学相比较，印度哲学同样重视生命，但他们更重视“来世的生命”，中国哲学对生命的重视是“全方位”（此言中国哲学尤重生命本体之研究）的，但主要是针对“现世”的生命。这种“现世”之生命，非仅仅重视物质之存在，更重视人格（修身、修德）之养成。人格，乃是精神的生命，是“人之所以为人”的根据。中华民族的一切优良传统皆建基于此，无论是儒家经典《易经》所透显的“天行健，君子以自强不息”的进取意识还是道家“一曰慈，二曰俭，三曰不敢为天下先”的以“无为”为特质的谦让文化；无论是墨家站在平民立场所践行的“尚同、节葬、非攻”的“兼爱”主张还是法家带有策略性的“法、术、势”具体制度之设计，根底上都在于成就生命，安排生命，实现生命，以及最终完成生命，实现生命的价值——生命哲学本质上是“实践”的，而非思辨的。当然，正如徐复观先生所言，中国古典哲学“也重视思辨，但只占次要的地位。中国的思辨是为实践而思辨的，西方的哲学是为思辨而思辨的”②。也许今天看来，中国古典哲学难免存在偏颇之处，但是其“聚焦现实之生命”的特质是显然易见的。

尤其儒家，更具有对生命的担当感、正义和强烈的族类意识，孔子“文不在兹”之文化承载，孟子“自反而缩，虽千万人吾往矣”的浩然正气与“舍生取义”的道义担当，张载“为天地立心，为生民立命，为往圣继绝学，为万世开太平”的生命承担与族类意识，无不透显出其对生命的尊重与呵护，此乃元气淋漓的生命哲学之宏大气象。华夏民族五千年学术史、文明史，乃是围绕生命之“证成”而展开，今天我们探讨的诸如以人为本、仁爱、勤劳、谦让、节俭等诸多传统美德（“核心价值”）皆从“生命哲学”这一总根源中流淌出来，尤其值得我们传承和发展。

其二，要将人之内在道德的主体优位显扬出来。中国哲学的核心在“生命”，生命的价值在于道德。关于伦理道德哲学，西方亦不缺乏，然最大不同点在于，中国的“道德”根底上是内在的、自律的，而西人的道德则是外在之他律，依靠上帝之监督，或以外在“规制”（惩罚）来获得。中国哲学的“道德”内在，“人”本质上就是“天道”的承载者，是道德的主宰者。此如《中庸》所云：“天命之谓性，率性之谓道，修道之谓教”，天命意识就是道德意识。道德由天命下贯，并“凝存”于心中，只要“良知”唤醒，便是“仁”心发动，与天地宇宙打成一片，孟子所谓“反身而诚，乐莫大焉”即言其意。也正是在此意义上，大程子谓“仁者，浑然与物同体”，陆九渊谓“吾心便是宇宙，宇宙便是吾心”，及至王阳明，更是开出“致良知”之妙理。鉴于“仁义内在”的

---

① 牟宗三：《历史哲学》，14页，长春，吉林出版集团有限责任公司，2010。

② 徐复观：《徐复观集》，601页，北京，群言出版社，1993。

道德主体优位之考量，历代“圣哲”的主要任务就在于唤醒人之内在德性，以使得人能“以德配天”，挺立于天地间。古哲（从孔孟至程朱、陆王，皆然）如此，今哲亦然，冯友兰先生所勾勒的人之“自然、功利、道德、天地”“四境界”之说，意在激励人们要完成崇高的人格；方东美先生提出的“三阶九层”① 的“人格超生论”，亦反映了现代大哲对“人性善”的期许；熊十力及其弟子牟宗三、唐君毅、徐复观等皆将“挺立道德主体人格”置于要位，亦是凸显道德之价值。无疑，此与西人匍匐于上帝之下的“卑微”之状截然不同，亦因为人能通过仁心发动之极乃可“与天地参”的至高之境界，牟宗三先生在会通中西哲学之时，提出“智的直觉”之思路，以破解康德的现象/物自体之二分。悉心思索，牟先生理论来源有自，绝非妄言——当然，“智的直觉”之实现是需要“工夫”来保证。

中国古典哲学之所以探讨道德，还在于：以中国圣哲视野观之，道德是内在的，是“求在我者”（孟子），是“我欲仁，斯仁至矣”（孔子），是简易之极的。对于知识则不然，因为知识是“外在”的，是人所不能控制的，是孟子所谓“求之有道，得之有命，是求无益于得也，求在外者也”（《孟子·尽心上》）。这种取向与西人截然不同。中国古典哲学承认道德内在，承认道德“操之在我”，但并不因此就“放任自流”，因为要完成这个“简易”之德，需要诚意、慎独等一系列的“修炼”，需要猛下“工夫”，缺乏“工夫”的道德言说为中国古哲所不耻。

顺便提及，中国古典哲学对道德内在的视野及“道德优位”的认可，还尤其凸显了人格平等的理念，“人皆可以为尧舜”，“途之人可以为禹”，即为人之德性平等、人格平等的最好注脚，这一点在等级森严的封建社会亦是极为珍贵的。

其三，要把“真善美”合一的境界哲学之特色豁显开来。中国古典哲学追求道德，追求“至善”，但这个“善”不是孤立的，而是同美、真（诚）相互贯通的。西方哲学求真，求美，亦求善。然而，其真善美之追求显然不同，要点有二：其一，西人的真善美更多地表现为理论的诉求与知识的开拓，与实践未必合拍，故而其关于真的理论尽管缜密、可信，但关于真的行为则未必“果真如此”，此为王国维先生所言“可信者不可爱”；其二，西人关于“真善美”的探讨乃是割裂的，因三者分属不同的研究领域，大哲康德极力将三者“黏结”起来，虽付出巨大心血，但限于西人“思维”之二分、“知”“行”之二分，结果亦难尽如人意。时至今日，以西方学术观之，真者自“真”、美者自“美”、善者自“善”（即便在研究领域层面，三者亦是割裂的）。中国哲学则不然，真善美在理论体系上圆融一体、相互贯通。孔子所言“志于道，据于德，依于仁，游于艺”可谓将真善美视为有机的整体；《孟子·尽心下》有言：“可欲之谓善，有诸己之谓信，

① 九种人分别为：自然人、活动人、理性人；艺术人、道德人、宗教人；高贵人、神性人、不可思议的神明境界人。其中依次每三种为一层级，共三阶，笔者称之为“三阶九层”。

充实之谓美，充实而有光辉之谓大，大而化之之谓圣，圣而不可知之之谓神。”此在理论上进一步阐明了真善美的有机性、圆融性：追求仁（可欲之物，此作“仁”解）就是善，把这种“善”切实地充实于自身就是信（真），把这种充实于自身的德性发扬下去就是美——当真善美完美地结合于一体，定能引领社会风气，这就是圣人的境地了。关于“充实”之义，牟宗三先生曾论之：“所充实的是什么呢？那必是‘天道性命相贯通的这个立体的骨干’。”①

真善美在行为上表现为“知行合一”。知“仁”曰真，行“仁”曰善，而“仁”所呈现的过程就是“美”，三者是统一的。固然，古典哲学之“道”“仁”“义”未有严格的定义，在逻辑上未必“可信”；但是君子却能根据“本心”（良知）实践出来，此乃其最可爱处、最感人处。关于中国哲学家的“知行合一”，以研究逻辑学名世的金岳霖先生曾评价道：“（对中国哲学家来说，）哲学从来不单是一个信条体系，在极端情况下，甚至可以说是他的自传。我们说的并不是哲学家的才具——他可以是二流的哲学家，也可以具备他那种哲学的品质——那是说不准的；我们说的是哲学家与他的哲学合一。”② 这个评价是中肯的，中国古典哲学家即便其学识二流，然却体现着“知行合一”“诚”之品格，体现着真善美的有机统一。

其四，要将中国古典哲学的“和”之包容品性宣扬出来。“真善美”之所以能完美地融为一体，其根由乃在于中国古典哲学“和”之特色。虽然中国在秦汉以来形成“大一统”的历史传统，但“大一统”下的政治观并不排斥古哲“和而不同”的包容哲学观。中国古典哲学自诞生起，就传承“和”的包容观念。“包容”只是笼统的说法，细讲来，“包容”（和）的含义是非常丰富的：《周易·乾·彖传》言“乾道变化，各正性命，保合太和，乃利贞”及《中庸》所言“万物并育而不相害，道并行而不相悖”，是从自然万物并存、共处的角度来探讨“和”之价值；《国语》言“夫和实生物，同则不继”，则从事物发展、存在的角度探讨“和”的意义；孔子言“君子和而不同，小人同而不和”，则从为人处世的角度对“和”进行探讨；老子言“万物负阴而抱阳，冲气以为和”是从生成论的角度谈“和”；孟子言“天时不如地利，地利不如人和”则是从“人心向背”之战争维度探讨“和”……当代著名社会学家费孝通先生所提炼的“各美其美，美人之美，美美与共，天下大同”③ 的“交往原则”，可谓古典“和”哲学在当代的诗意表达。

总之，“和”亦是中国古典哲学的重要关键词之一，“和”的包容品质，内在地要求

---

① 牟宗三：《宋明儒学的问题与发展》，15 页，上海，华东师范大学出版社，2004。

② 金岳霖：《中国哲学》，见《儒学与西方哲学》，150 页，傅永聚、韩钟文编，北京，中华书局，2003。

③ 费孝通：《“美美与共”和人类文明》，见《费孝通论文化自觉》，262 页，呼和浩特，内蒙古人民出版社，2009。

人们对天合、与地和、与人和，最终达到“天人合一”的最高境界。正是在这样的哲学理念下，异域的学术思想（尤其以佛学、马克思主义理论为代表）方可在华夏大地落地生根。中华民族在学术思想史上亦因此呈现出博大气象与豁朗局面，春秋时期的“诸子兴起”、魏晋时期的“儒道争雄”、宋明时期“儒释道”三足鼎立，乃至今天哲学界仍然“中西马”鼎足而立且有会通、交流之势，其背后皆是以“和”为底色，大大繁荣了思想学术。

同时，这种独具“包容”品质的“和哲学”（亦有学者称之为“和合学”）也切实地影响到执政党的执政方针，一个明显的事实就是，新中国的诸多大政方针皆“打上”了包容哲学的烙印，建国初所制定的“民族区域自治”政策、国际交往中的“和平共处五项原则”的提出、“一国两制”的勾勒与实践、当今我们对世界“和平、发展、合作、共赢”局势的把握，皆是“和”之包容特质在实践中的具体运用。今天，互联网拉近了国际间的距离，然而国际关系日益复杂、人际矛盾益发彰显、人与自然的关系益发紧张……因此，如何将中国古典哲学的包容品质彰显出来，如何将“和”哲学宣扬并运用到实践中，就显得尤为重要。

其五，要将系统的、整体的圆融思维模式呈现出来。中国古典哲学的主要思维模型乃是“系统、整体”的有机思维，这种思维的特点在于，它把任何“个体”都置于相互关联、相互影响的“宇宙格局”之中，个体的行为不是孤立的，而是有机关系网络中的一个结点，它通过“非线性”的方式在时空中沉积、发酵，直至产生宏大的影响。此思维原型当来自于有“天人之学”之称的《周易》，《周易》首先通过“观物取象”的直观思维，将事物按阴阳的方式分类；继而以“八个大象”（即八卦）的方式将宇宙囊括其中，其中卦卦之间、爻爻之间、卦爻之间皆有着错综复杂（即错卦、反卦）之联系，而每一卦、每一爻皆又对应着不同的时空。借此，天地人、时空、自然万物乃凝结为相互联系、相互影响的整体。此种思维一经流淌而出，便一发不可收拾，影响中华民族数千年。

以其对形上哲学之影响而言，儒家的“尽心”“知性”“知天”（《孟子》）乃至由此“工夫”而达到的“与天地参”的天人合一之哲学理境，道家老子的“人法地，地法天，天法道，道法自然”与庄子“天地与我并生，而万物与我齐一”（《庄子·齐物论》）、“道通为一”的哲学观，佛教中国化之典型代表如天台宗之“一念三千”、华严宗之“四无碍”（即理无碍、事无碍、事理无碍、事事无碍）、“十玄门”之义理，无不凸显了整体、系统的哲学思维。尤其华严与天台，更是将这种有机思维推至极为圆融的境地。

以其对具体的“有形文化”之影响而言，以“家天下”而延伸出来的“大一统”的政治观念，调和阴阳、把人体视为“小宇宙”的中医文化，讲究整体布局、通篇气韵流动的艺术文化，综合阴阳、五行、八卦等理论为指导的“负阴而抱阳”的建筑（风水）文化，因时、因地、因人而异的“五味杂陈（调和）”的饮食文化，甚至带有“术数”

性质的择日、占卜、星相等民俗抑或神秘文化，等等，其根底处莫不是“整体思维”在实践中的“妙”用。

无疑，承载这种整体思维的“工具”汉字更是具备此特性。汉语的用法非常灵活，除非你懂得整体的意思，否则靠单纯的语法分析是很难奏效的。物理学家F.卡普拉这样描述：“中国人的思维并不采用抽象的逻辑思维，而是发展一种与西方想去甚远的语言。许多中国的词语既可以作名词、形容词，也可以作动词。因此它们的序列主要不是取决于语法规则，而是句子的感情内容。”①何止是理解“句意”如此，理解中国古典哲学亦然，如果不能透悟“整体有机思维”这个模式，是很难真正理解中国文化的——无论我们“和”文化的包容品质还是“真善美”合一的哲学理境，无论对生命价值的倚重还是道德内在的优位定位，其中始终贯穿着系统、整体的独特思维模式。

相对于理性的逻辑思维而言，这种有机思维模式充满混沌性、直观性乃至神秘性（如顿悟），然而，它的价值是无法否认的，即便在科学认知领域也是如此。正如F.卡普拉指出的那样：“科学和神秘主义堪称是人类精神的互补体现，一种是理性的能力，一种是直觉的能力。它们是不同的、又是互补的。不能通过一个来理解另一个，也无法从一个推出另一个。两者都是需要的。”② 他还从物理学的角度对中西两种思维进行比较，认为“人类文明能否存在下去也许就取决于我们能否进行这种（思维的）变革，它最终取决于我们采纳东方神秘主义某些态度的能力，要有体验统一自然和协调生活的艺术”③。正是基于这种古典思维所具有的过去与未来的双重考量，从事中国古典哲学研究的学者一定要把这种系统、整体的东方独特思维模式呈现出来。

正如光与影子的关系那样，光愈强，影愈暗，哲学文化亦然。古典哲学的悠长从反面看也是其缺陷，譬如重视生命，忽视了知识的开拓；重视德性，忽视了法制的建设；重视“统一”，忽略了差异；重视“和合”，忽视了“对立”“差异”；重视混沌思维，忽视了“分析”思维。然而，我们必须知晓一个事实，在这个世界上，任何东西，都从来没有最好，只有更好。中国古典哲学虽然存在诸多弊端，却能让中华民族传承五千余年而不衰败，这难道不是奇迹？难道不值得我们继承和发扬？遗憾的是，不少人忘掉了我们的家底，干起了“抛却自家无尽藏，沿门持钵效贫儿”的勾当，这着实令人悲哀！

把深邃的中国古典哲学推广出去

讲好中国古典哲学，并能彰显出古典哲学的优势，只是学术上的第一步，当然也是

---

① ［美］F.卡普拉：《现代物理学与东方神秘主义》，80页，成都，四川人民出版社，1984。

② ［美］F.卡普拉：《现代物理学与东方神秘主义》，243页，成都，四川人民出版社，1984。

③ ［美］F.卡普拉：《现代物理学与东方神秘主义》，245页，成都，四川人民出版社，1984。

非常基础的一步。中国哲学走向世界，要让哲学说中国话，我们还须善于营造并把握“机遇”，这个最大的机遇乃是中华民族的和平崛起，乃是中国综合国力的提高和国际地位的提升。回顾中国在大汉、盛唐之时的“文化话语权”之事实，当知此言不虚。唯有国家强盛，其文化方有走出去的可能，今天同样如此，只有在这个平台上，我们才可能拥有中国哲学的话语权，才可能让中国哲学在世界舞台上发出自己的独特声音。除了这个“最大的机遇”外，我们还要做好具体的细节并要善于把握机会。

首先，要构建好中国哲学智慧的“有机体系”，这是走出的重要细节问题。中国古典哲学注重生命的体悟，不注重语言的言说。最明显的例子是，西方哲学家的著作多是连贯的，以“专著”的形式出现，按徐复观先生的说法，西方哲学家思想的结构表现为其著作的结构，“他们著作的展开，即是他们思想的展开，这便使读者易于把握”①；而中国哲学家很少有意识地以有组织的文章结构来表达他们的思想结构，他们的思想零星地分散在不同的篇章之中，甚至信札之中；同时，在同一篇文章或一段语录中，又常关涉到许多观念、许多问题。因此，要把中国哲学“说”好，就要在整理上下功夫，不但要认真对待每一位重要的思想家，而且还要认真对待整个哲学史。关于这一点，本文第一部分已涉及到。除此之外，今天的学者还需在“体系的贯通”上下功夫，正如本文第二部分所述，我们的哲学至少有五大特色，我们要把五大特色贯通一体，使之成为融贯的体系。这项工作像修家谱一样，非常基础但又颇吃功夫，且十分必要。这是一项实实在在的工作，需要有志者艰苦的付出；同时，也是一项创造性的工作，替古哲把散乱的“珍珠”串成适于现代人接受的体系同样是一种创造，因为理清其中错综复杂的关系、融通各种矛盾与困惑，既需要科学的方法也需要高度的智慧。唯其如此，我们的哲学智慧才能易于为人接受，且不说为外人接受，即使对国人，也同样如此。

其次，要把我们的哲学精华翻译好，此乃思想交流的不可或缺的主要元素。中国有着丰厚、深邃的哲学智慧，然而长期以来，却不为外人所知。之所以如此，固然有诸多历史的原因，但我们必须承认还有自身的原因：汉字难学、汉语难学，古汉语尤其难学，由古汉语所传达的哲学思想则是难上加难！据熊伟先生讲，德国大哲海德格尔对汉语之难 就抱有敬畏的态度，“在关于康德的《先验辩证论》的一个专题讨论班上，当一次发问无人回答时，海氏说，‘这并不难，又不是中文’，可见海德格尔当时似把中文视为不可企及的事”②。且不言当下的大多数国人对古汉语存在隔膜，即使专业人士亦未必能完全理解“古义”。这种态势下，想让古典哲学走向世界，确有难度。因此，这就需要一流的翻译，能用典雅的外文表达出古典哲学的神韵，尤其需要懂外文的哲学大师，或懂哲学的语言大师；二者缺一，皆难以表达出古典哲学的神韵。众所周知，古典如

① 《徐复观集》，70页，北京，群言出版社，1993。

② 熊伟：《恬然于不居所成》，见《在的澄明——熊伟文选》，115页，北京，商务印书馆，2011。

《周易》《论语》《老子》虽在数百年前就被翻译为英文、德文等诸多语言，然而当时的翻译多停留在字面意思的对译，难以表达中国古典哲学智慧。这一点，我们可以学习佛教的做法。佛教之所以能传入中国，与鸠摩罗什等大师的翻译分不开，为了翻译佛经，鸠摩罗什学习中文数十年，以至于能用文言文写作出一流的文章。上世纪，冯友兰、方东美二先生曾用典雅的英文分别著述《中国哲学简史》《中国哲学精神及其发展》，在国际哲学界引起强烈反响，为中国哲学赢得了一席之地。惜乎当下我们还缺乏这样的大师。如何培养复合型的人才，如何让一流的哲学人才同一流的翻译人才进行无缝对接、融洽合作（当然，能将二者融于一体更好）乃是当下的首要任务。

再次，要精通，至少要熟悉西方哲学思想的精华与套路，以便寻找学术会通与思想交流的“关节点”，提升哲学的品质。《孙子兵法》云：“知己知彼，百战不殆”，进行学术交流或文化传播，固然需要“说出自己的”，同时还要“知晓别人的”，否则将陷入自说自话的“独角戏”的境地或陷入隔靴搔痒的尴尬之中。我们自信中国古典哲学智慧，同时还能了解其他民族的智慧，这样我们就能通过比较，更好地知晓中国古典哲学的优长与不足；同时，也只有通晓异域的哲学智慧，我们才可以一则找到沟通与传播的“契机和关节点”，二则借此提升中国古典哲学的智慧。哲学智慧的提升需要碰撞与刺激，更需要交流与融合。叶秀山先生在研究西方哲学的基础上，提出这样的看法：“从某种意义来说，西方哲学的希望在于‘非西方’，希望在‘东方’，在‘东西方之融合’。”① 事实上，哲学界的有识之士已经展开了这个“融合”的工作：关于西方人以中国哲学来提升其哲学层次的，如果说在黑格尔时代还不多见，那么在20世纪则开始有了“先声”，这里尤其值得一提的是海德格尔，虽然其晚年发出“只有一个上帝才能拯救世界”的说法，然而晚年的海德格尔对中国哲学充满兴趣，其高足比默尔教授在1991年于北大讲学时讲到，“海德格尔专心致力于弄清中国世界，皆因其看法是，没有中国语言的知识，没有对中国世界的明见，就不可能有真实洞察的通道”②。而致力于汉学的名家如费正清、爱莲心、史华泽、耿宁等已默默耕耘数十年，取得较丰厚的成果。至于中国人以西方哲学的理论来提升中国哲学品质的，更是数不胜数，尤以“现代新儒家”这个群体为代表。以牟宗三先生为例，其为融合康德与儒家哲学所提出的“智的直观”“一心开二门”“良知的自我坎陷”“圆善论”等理论，可谓在融合会通的基础上将儒学乃至康德哲学推进了一个新的理境。

我们让中国哲学走向世界，让哲学说“中国话”，本意并非要“中国文化主宰世界”，而首先是取得学术交流的发言权，平等地表达自己的思想。因为在“欧洲文化中

---

① 叶秀山：《欧洲哲学发展趋势和中国哲学的机遇》，见《学与思的轮回》，279页，南京，江苏人民出版社，2009。

② 熊伟：《道家与海德格尔》，见《在的澄明——熊伟文选》，128页，北京，商务印书馆，2011。

心论”的主宰下，一些学者甚至都不敢承认“自己的哲学”，他们的研究无非是跟在西人后面亦步亦趋。这固然取得了对话与交流的权利，然而“亦步亦趋”的姿态本身，已决定了他们所研究的哲学无非是拾人牙慧而已。今天，我们让哲学说“中国话”，乃是在对等的基础上，在文化自信、文化自觉的心态下，敞开胸怀，合理吸收，平等交流，以达到融会贯通、绍述并提升中国哲学的品质之目的。

又次，要把握机会，在国际合作与国际文化交流中展示中国古典哲学的智慧。当下国际间的交往愈来愈频繁，我们要抓住每一个机会，宣扬我们的文化理念、哲学理念，展示东方古老的智慧。就政府层面言，领导人的出访即带来传播文化的契机，譬如，习主席外访时的讲话①，所秉持的“和平、发展、合作、共赢”之理念，就彰显出东方古老智慧的当代运用；至于讲话中所引用的《老子》、《孔子》及其他古代经典文句，亦不在少数。最典型的例子是，在一则区区数百字访谈中，习主席便引用了《韩非子》《诗经》《老子》及唐代诗人李涉诗等经典，此从一侧面向世界展现出古典哲学的智慧和厚重的文化底蕴。至于国际间的学术（文化）交流，尤其人文学科的交流，有幸与会的相关学者则更应该抓住机遇，本着平等交流、共同提高的原则积极交流、宣扬自己文化的特色。近百年来，伴随着鸦片战争、甲午战争、八国联军的入侵，国人曾一度失去了自信，认为“一切都是外来的好”，这导致了两种心态：就积极意义上，我们能以开放的心态积极学习外来的优秀文化；就消极意义而言，则失去了民族自信、文化自觉和文化自信。正所谓“沧海横流，方显英雄本色”，作为中华民族中流砥柱的共产党人经过艰苦卓绝的革命，最终掌握了国家和民族的命运。经过近60年的建设，尤其30多年的改革开放，中华民族在世界舞台上有了自己应有的地位。在实现中华文化全面复兴的今天，中国人，须昂起高贵的头颅，不卑不亢地宣扬东方的智慧。须知，正如西方的科学属于全人类一样，东方的智慧虽为华夏民族所培育，然而它同样是“共命慧”，属于整个世界、属于全人类。我们有义务来宣扬一种中正、圆融的智慧，使之为国际间存在的诸多问题提供可能的思路和解决途径。

最后，抓住机遇，在具体的事务性活动中及解决人类所面临的共同难题中展现中国古典哲学的智慧。在具体的事务性活动中传播古典哲学的智慧是非常有效的，因为这种事务性的活动具有“零距离”“接触时间长”等特点。譬如，随着我国大型企业集团（如高铁、天然气管道等）走出国门，尤其随着“一带一路”这个美好策略的实施，我们可以在这个“新丝绸之路”中弘扬东方文化，让更多国家的人民了解中国、认识中国，分享东方古老的哲学智慧。当然，这需要高层管理人员具有一定的古典哲学修养。

当下人类面临诸多共性的问题，能源问题、气候问题、生态问题、人口老龄化问

① 如，习主席在2014年“弘扬丝路精神，深化中阿合作”的讲话中，引用了范晔、魏源及冯友兰的经典文句；在“携手合作，共同发展”的讲话中，则引用了东晋葛洪《抱朴子》的文句。

题、交通问题、环境问题、自然灾害问题等，问题的解决当然涉及到科学的谋划与技术的参与，然而仅有科学、技术是不够的。还需要有大系统、大地球观的考量，要有大局观和整体意识，要有系统思维和人文思想的参与，而这单靠西方的智慧是难以实现的，尤需“中国智慧”的参与。事实上，在国家重大问题上，中国作为联合国的常任理事国一直发挥着积极的作用，也一直贡献着古老的东方智慧。今后，我们更要发挥自己独特的思维优势，展示自己博大而包容的胸怀及尊重生命、尊重主权的“和”文化思维，在具体事务的解决中把东方独特的经典文化展现于世人面前。

融通中外话语体系建设的路径选择

■ 李春梅　张艳丽*

[摘　要] 不断增强中国在国际竞争中的话语权和影响力，构建融通中外的话语体系，需要增强话语自信，大力提升中国的国际学术话语权；需要广纳百川，兼容并蓄人类文明进步的一切有益成果；同时也需要创新对外宣传方式，努力提高话语体系的国际传播能力。

[关键词] 话语体系；影响力；融通；路径

话语体系是关于思想观念的表达系统，包括概念、术语、范畴、基本原理及相应的表达方式。表面上看，话语体系是一个"说什么""怎么说"的语言表述问题，实质上承载着特定的意识形态和思想价值观念，是一个国家在国际舞台上确立话语权的前提和基础。当今时代，谁的话语体系更具道义感召力和思想穿透力，谁的话语和叙事更能打动人，谁就拥有国际话语权，谁就在国际竞争中赢得优势。如何顺应时代发展潮流，提升中国在国际事务中的话语主动权和影响力，构建融通中外的话语体系，是当代中国哲学社会科学面临的重大而紧迫的时代课题。

---

* 李春梅，湖北工业大学马克思主义学院教授，学院教授委员会副主任。主持的研究成果获湖北省委领导4人次肯定性批示，获全国优秀研究报告一等奖、湖北省优秀社科成果二等奖。张艳丽，湖北工业大学马克思主义学院讲师，教研部主任。

一、增强话语自信，大力提升中国的国际学术话语权

近年来，中国社会科学界一直致力于建构自己的话语体系，并在世界话语体系的重建中勇于发声、敢于“亮剑”。中国无论是对当代国际关系建构的总体看法，还是对国际金融、资源环境、国家安全、大国关系、世界文化发展等具体问题的表述，都受到了国际社会的广泛认可与积极评价。我们搭建的博鳌亚洲论坛、西湖论坛、上合组织、20国集团会议、金砖国家首脑会议等国际平台，极大地扩大和提升了中国的话语表达空间和影响力。尽管如此，由于我国缺乏进入世界主流渠道的具有深刻思想性和强大解释力的原创性理论成果，“中国当前的国际话语权尚处于冷战后时代背景下的‘结构性弱势’地位以及自身话语质量不足的‘本质性弱势’地位之中”①，国际话语权继续呈现“西强我弱”的局面。正是基于此，习近平同志特别强调，要加强话语体系建设，着力打造融通中外的新概念新范畴新表述，增强在国际上的话语权。

第一，发展和繁荣基础性的哲学社会科学。哲学社会科学领域是一个国家话语生产的基地、知识生产的场所、核心价值观建构的阵地。话语包含的诸种要素和特性，如概念的创新、话语逻辑、说服力、价值观和意识形态基础等，只有发达的哲学社会科学研究能够赋予。西方自文艺复兴以来建立起来的话语体系，正是依靠哲学社会科学的发达奠定。马基雅维利、莫尔、孟德斯鸠、卢梭、休谟、洛克、亚当·斯密等一个个灿若晨星的大师，其深邃思想的光辉成就了主流话语体系，诸如社会契约论、天赋人权论、私有财产神圣不可侵犯论、市场万能论、“看不见的手”等，无不出自这一阶段的哲学社会科学研究成果。同样，西方在当今世界的话语优势地位，与其发达的哲学社会科学研究也是分不开的。冷战后的国际主流话语，如源自美国的“历史终结论”“文明冲突论”“民主和平论”“霸权稳定论”“民主化第三波”等理论，以及“软权力”“权力转移”“无核武器世界”等概念；来自欧洲的“全球化”“全球治理”“第三条道路”“人道主义干预”“气候变暖”等话语，无不首先出自它们的哲学社会科学研究。今天构成西方话语权基础的自由、民主、平等、人权、法治等概念和理论，也首先是西方历史上社会科学思想家们的创造。这些生动具体的理论创新正好印证了恩格斯所言：“一个民族想要站在科学的最高峰，就一刻也不能没有理论思维。”② 由此可见，发达繁荣的哲学社会科学，对于增强话语体系的国际影响力是何等重要。为此，我们应该加大中国特色新型智库建设，集聚研究人才进行理论攻关，夯实话语体系建设的学理基础。

---

① 张志洲：《和平崛起与中国的国际话语权战略》，载《当代世界》，2012（7）。

② 《马克思恩格斯选集》，2版，第4卷，285页，北京，人民出版社，1972。

第二，以逻辑的力量展示社会主义核心价值观。核心价值观是一个国家各种话语阐述的价值源泉，也是话语体系的灵魂。中国特色社会主义核心价值观是中国在实践过程中凝练而成的价值理念。它不仅是中国成功实践的价值精髓，而且也是引领中国与世界未来实践的价值观念。现在的关键是，中国如何以自己独特的叙事框架、概念体系和话语方式，从学术层次阐释国际社会普遍关注的“中国道路”“中国模式”“中国经验”的合理性及其特殊性背后的普遍性价值；如何给出符合现代学术规范和表述方式的、历史和逻辑相统一的有说服力的解释，进而回应西方社会对中国道路、理论体系和制度的种种歪曲和批判。不可否认，目前我们暂时未从学术层面对中国成功实践背后的普遍价值做出令世人信服的解释。但暂时并非永远，我们应该增强话语自信，相信在不远的将来，中国会在国际话语体系的浪潮中勇立潮头。其实，今天中国成功实践背后的世界价值和意义，已经令西方一些学者意识到了。马丁·雅克在其《当中国统治世界》一书中指出：“认为中国对世界的影响主要体现在经济方面，实在有些过时，中国的政治和文化可能也会产生无比深远的影响。中国未来给世界带来的影响，将可与20世纪的美国媲美，甚至有可能超越美国。”① 今天的中国，无论是研究人员的数量，还是国家财政投入、学术市场的发展，都为社会科学知识和理论的创新创造提供了肥沃土壤，而中国的发展经验也完全可以检验所有现存的社会科学理论。我们有理由自信，中国在融通中外话语体系的建设中，一定会增强自身话语体系的国际感召力和影响力。

第三，总结提炼具有鲜活生命力的原创话语。实事求是、与时俱进是马克思主义的理论品质。在马克思主义传入中国并与中国革命和建设实践相结合的历史进程中，中国共产党人不仅重视传承马克思主义经典话语，也重视贴近社会现实不断做出新的理论概括。尤其是改革开放30多年来，在中国发展的丰富实践中，初步形成了具有鲜明中国特色的理论话语。可以将其划分为两大类：一类是党的文献语言和学科语言有机结合的话语，另一类是特色鲜明、十分朴实的“接地气”话语。② 前者如“发展是硬道理”，“贫穷不是社会主义”，“经济特区”，“一国两制”，“共同富裕”，“以人为本”，“和谐社会”，“混合所有制经济”，“负面清单管理”，“立党为公、执政为民”，“空谈误国、实干兴邦”，“把权力关进制度的笼子”，“中国梦”，“一带一路”，等等。后者如“不管白猫黑猫，捉到老鼠就是好猫”，“摸着石头过河”，“老虎苍蝇一起打”，“鞋子合不合脚，自己穿了才知道”，“有权不可任性”，“环境就是民生，青山就是美丽，蓝天也是幸福”，“小康不小康，关键看老乡”，“打铁还需自身硬”，“扣好人生的第一粒扣子”，等等。这些话语生动具体，脍炙人口，体现了我党在实践探索、理论扬弃上的话语创新，具有很强的生命力和感召力。实践表明，中国特色社会主义话语理论是随着实践发展而不断完

① 转引自陈金龙：《“三个自信”与中国话语权的建构》，载《光明日报》，2015-01-15。

② 参见严书翰：《加强我国哲学社会科学话语体系建设的几个重要问题》，载《党的文献》，2014（4）。

善的科学体系，丰富鲜活的中国实践始终是这一话语体系的源头活水。高明的理论家总是善于从丰富多样的社会实践中提炼体现“最大公约数”的“词源”“词根”和“词意”，引导人们把对客观世界的新认识上升为新概念、新范畴、新表述，进而达到创新话语体系的目的。

二、海纳百川，兼容并蓄人类文明进步的一切有益成果

当今世界正处于大发展、大调整、大变革时期，各种思想文化交流、交融、交锋日益频繁。融通中外话语体系，必须具有海纳百川、兼容并蓄的胸襟与气度，积极借鉴与吸收人类文明进步的一切有益成果。列宁指出：“必须取得资本主义遗留下来的全部文化，用它来建设社会主义……没有这些，我们就不能建设共产主义社会的生活。”① “无产阶级文化并不是从天上掉下来的，也不是那些自命为无产阶级文化专家的人杜撰出来的。如果硬说是这样，那完全是一派胡言。无产阶级文化应当是人类在资本主义社会、地主社会和官僚社会压迫下创造出来的全部知识合乎规律的发展。”② 列宁的这些论断，对于我们借鉴和吸收人类文明成果有着重要的现实指导意义。

首先，融通中外话语体系要坚持“古为今用”。所谓“古”，是指中华优秀传统文化。习近平同志指出：“博大精深的中华优秀传统文化是我们在世界文化激荡中站稳脚跟的根基。中华文化源远流长，积淀着中华民族最深层的精神追求，代表着中华民族独特的精神标识，为中华民族生生不息、发展壮大提供了丰厚滋养。”在漫长的历史发展进程中，中国优秀传统文化总体上是适应中华民族的生存环境和发展需要的，对于中华灿烂古文明的形成和发展曾经发挥了重要的积极作用。中国传统文化那种追求和谐的价值取向，那种注重自我约束、重视修养和境界提升的文化资源，完全可以开发利用，使之成为建构健康合理的中国式现代性的建设性因素和积极的文明力量。因此，要系统梳理传统文化资源，让收藏在禁宫里的文物、陈列在广阔大地上的遗产、书写在古籍里的文字都活起来。要让中国传统文化成为中国哲学社会科学研究与创新的内在基因，在引进来和走出去的双向互动机制中彰显中国优秀传统文化的魅力，推进中华文化的现代化。

“不忘本来才能开辟未来，善于继承才能更好创新。”中华传统文化是我们民族的“根”与“魂”，如果抛弃传统、丢掉根本，就等于割断了自己的精神命脉。继承不等于全盘接受。因此，在继承中华优秀传统文化时，一定要避免“新复古主义”。所谓“新

① 《列宁专题文集：论无产阶级政党》，215页，北京，人民出版社，2009。
② 《列宁专题文集：论社会主义》，394页，北京，人民出版社，2009。

复古主义”，是指改革开放以来出现的过分拔高传统文化或其中某些内容的观点与主张。比如，主张把儒家思想上升为国家的指导思想，将“易经”“八卦”视为科学的世界观与方法论，等等。真理超越一步就会变成谬误。这些观点对于融通中外话语体系建设无疑起着消极作用。事实上，中国传统文化也有自身的一些缺陷。比如，忽视个体价值，普通人的权利、人格、尊严得不到应有的尊重和保护，个人主体性遭到压抑，等等。中华优秀传统文化也存在创造性转换和创新性发展的问题。所谓创造性转换，就是按照时代特点和要求，对那些至今仍有借鉴价值的内涵和陈旧的表现形式加以改造，赋予其新的时代内涵和现代表达形式，激活其生命力。所谓创新性发展，就是按照时代的新进步新进展，对中华优秀传统文化的内涵加以补充、拓展、完善，增强其影响力和感召力。

其次，融通中外话语体系要坚持“洋为中用”。所谓“洋”主要指西方优秀文化。如同中国传统文化博大精深、灿烂辉煌一样，西方文化也是隽永深刻、多姿多彩。一个民族、一个国家的文化，总是特定生存环境和历史语境的产物，只有将之置于一定历史语境和现实情势当中，才能辨识其长短优劣。作为体现西方文化的话语体系，源于西方民族独特的精神与文化传统，是围绕西方社会历史和现实问题建立起来的，展示的是由西方文化路径所决定的理想前景，是西方人的存在方式，也是西方贡献给世界的重要思想理论成果。西方话语体系呈现的研究方法、研究视角、问题阐释方式的多样性和精准性等，都值得中国哲学社会科学界理智研究和借鉴。

虽然学术话语的借鉴和引用是学术进步的重要路径，但是长期援引西方学术话语，容易陷入西方学术话语体系的陷阱。今天，在中国很多领域存在一种现象，少数学者严重脱离本土文化传统、历史基础和实践根基，言必称西方，话必说欧美，简单套用西方的概念、范畴与理论体系，盲目照搬西方的研究方法与分析框架。一言以蔽之，就是用西方话语来解释中国丰富独特的发展实践，削中国实践之足，适西方理论之履。似乎离开西方案例的比附和印证，离开西方理论的担保和裁判，中国话语的合理性与正当性都值得怀疑。其结果就是中国学者本应具有的历史感、现实感和实践感再度流失，进而严重破坏了中国学者的创造性和创新性。对此，习近平同志 2012 年 6 月 19 日在视察中国人民大学《资本论》教学与研究中心时指出：“现在我们好像有一种风气影响，好像谁能够（掌握）西方最时尚的理论，谁就最时髦，好像是最受欢迎，这个是值得商榷的。特别是我们的教学战线，你们要坚守，要旗帜鲜明，要理直气壮。”这一讲话实际上提出了哲学社会科学研究的两个原则问题。即：做学问、做研究是以马克思主义为指导还是以西方理论为指导？是立足于中国的实践还是西方的理论？因此，在研究借鉴西方话语体系时，切忌盲目简单照搬，要破除对西方话语体系的迷信与膜拜。历史与现实一再证明，盲目接受西方话语逻辑，不仅不能解决中国的问题，反而会给中国的发展带来无穷的困惑与危机。

文明因交流而多彩，文明因互鉴而丰富。中西话语体系作为两种禀性相异的文明成果，其差异是不言而喻的。只有既充分吸收中国传统文化的精粹，又批判地借鉴吸收西方文化的合理成分，才能建构一种“源于中国而属于世界”① 的话语体系。

三、创新对外宣传方式，努力提高话语体系的国际传播能力

长期以来，中国和西方世界处在不同的话语体系之中，双方的概念、范畴和表述缺乏有效的融通和对接。虽然中国经济社会发展取得了巨大成就，但其思想创造的国际影响力却较小。这除了中国话语体系自身在概念创新、理论的逻辑阐释、国际议题的设置能力、对规则的把握能力、价值观和意识形态学术解释等方面存在话语质量不高的问题之外，对外传播渠道单一、言说方式远离受众、传播策略宏大简单不无关系。因此，融通中外话语体系建设，不仅要重视话语理论的创新，也要注重话语传播手段和方式的变革。

第一，善用简约朴素话语表达丰富深刻的思想。大道至简，真理永远是朴素的。在国际话语传播中，应当充分考虑不同民族、不同国家的文化特质、思维方式、语言风格和接受习惯，尽量使用国外受众可以接受的概念、词汇以及它们所包含的价值理念，增强话语的亲和力，营造话语的接近感。发达国家之所以能在国际事务中垄断话语权，除了硬实力的支撑外，一个重要原因就是能把很多复杂的理念简化为一个个概念，它们是概念的制造者，其他国家基本都是跟随者或者反对者，当反对者开始反驳时，新的概念已经先入为主地占领了国际传播高地。比如“软实力”“文明冲突”“国强必霸”“航行自由”“游戏规则挑战者”，等等，这些概念简明通俗，思想深刻。其实，国际传播很多时候需要一种简单的传播思路，简单容易被人记忆，容易引起注意，易于传播。然而，我们却忽略了传播的这些特点，对一些核心话语的解读有些复杂化。如“科学发展观”“中国梦”“社会主义核心价值观”。全国政协外事委员会副主任吴建民指出：“几年前，英国首相不明白什么是‘科学发展观’，专门发电向英国驻华大使馆询问。使馆发了一份三页长的电报，向首相介绍中国人说的‘科学发展观’是什么含义。”② 可见，如何用简约通俗的语言，以外国人喜闻乐见的方式介绍中国，尚需不断探索。

第二，以平和坦诚的心态讲好中国故事。认知心理学告诉我们，人类固有的认知模式会形成群内与群外的二元划分，以此形成人们对外部信息的认知与判断。一般说来，人们倾向于忽视群内成员与自己的差异，形成对群外成员不应有的偏见。由于历史与现

---

① 王义桅：《打造国际话语体系的困境与路径》，载《对外传播》，2014（2）。

② 吴建民、胡正荣、赵月枝：《国家形象与讲好故事》，见人民论坛网，2015－01－09。

实的政治、经济、文化等多重因素影响，长期以来国际社会形成了对中国的一种偏见：神秘、不确定、难以信任。为了避免被国际社会视为“他者”或“异类”，我们就要学会运用同理心进行换位思考，树立一种更加开放、平等、自信的大国心态，依据传播规律，深入研究国际受众关注的领域，以平和坦诚的方式，向世界讲述一个真实的中国、一个改革发展的中国、一个敢于直面发展中问题与挑战的中国。“与其让国外妖魔化我们，不如我们采取主动呈现真实的自己。”① 对此，上海外语频道做了成功的尝试。他们精心打造并获得中国新闻奖一等奖的5集大型外宣片《中国面临的挑战》，在国内外引起广泛好评。该片直面中国热点话题，比如网络信息公开、乌坎村村民选举、宗教信仰、“性”观念等问题，对其进行“微描”。在传播策略上，采取中美合作的方式，邀请国际知名中国问题专家罗伯特·库恩参与节目的策划并担任主持，美方人员也参与了节目的精编，而中方团队则担任主创，保证了纪录片的本土特质和色彩。这种方式使得节目更加客观全面，风格更符合西方主流受众的审美习惯，实现了通过数据和故事用别人的话说自己的事，做到了“中国立场、世界表达”，有效地提升了中国国际话语权的影响力。

第三，建构政府主导的多元主体传播格局。自2009年实施主流媒体国际传播建设计划以来，中国的国际传播能力已经大为提高，建立起了全球传播网络，具备了对全球重大事件的报道能力，能够与西方媒体同场竞技，这是了不起的成就。但与话语权紧密相连的报道力、传播力、影响力却不能与国际一流媒体同日而语，力量对比悬殊。据统计，西方几大通讯社几乎垄断了全球消息的来源及解读，80%～90%的消息是由西方几大通讯社提供的，以华语为载体的信息量，大约只占全球信息总量的5%。连我们自己的主流媒体，也只能大量采用CNN等播放的国际新闻的消息和画面。② 加上缺乏顶层设计和宏观架构，国际传播的途径主要集中在官方渠道。这与中国传统政治思维——国际传播应该由政府主导有关，但政府主导国际传播并不等于不允许多元主体的有序发展。在中国政治治理体系中，政府永远被人信任；而在西方社会里，政府往往是被人质疑和批判的对象。因此，提升中国的国际话语权，不仅要有主流媒体的报道与运作，还应该有民营公司、政府基金支持的NGO的有序发声。发达国家经验表明，多元主体的传播渠道，对于塑造国家形象、提升国际话语权作用重大。人们熟知的英国广播公司（BBC）其实是个私人公司，它成功塑造了英国国家形象，对内进行公共广播，对外则进行商业化运作；美国对外传播最主要的是好莱坞、CNN，都体现出成熟的非政府体制特征；俄罗斯的RT电视台与俄罗斯通讯社进行合并。这些机构表面上看是中立的，其实都有着强大的政府背景，做到了“政出一门”，发出一个声音。这些经验值得我们认真研究和探讨。

---

① 朱晓茜：《全球视野　中国故事》，载《光明日报》，2013－11－09。

② 参见韩庆祥、陈远章：《以中国元素的凸显提升国际话语权》，载《光明日报》，2014－12－17。

论“四个全面”战略布局中的价值立场与思维方式*

■ 徐国民**

［摘　要］价值立场和思维方式是统一于人们认识世界并指导自身实践活动中的两个基本向度，二者紧密联系、不可分割。其中，价值立场是出发点，属于价值论范畴；思维方式是途径和方法，属于认识论范畴。马克思站在“个体”与“共同体”之间矛盾彻底和解的原则高度上，指出“全人类的解放”的价值目标与“无产阶级”价值立场具有内在一致性。此外，马克思还彻底改变了以往哲学在纯粹“思辨领域”中寻求“绝对真理”的思维方式，确立了“实践对于理论的优先地位”，强调从“实际”出发并通过“现实的手段”，在对“旧世界”的“批判”和“改造”中发现并最终实现“新世界”。这一切凸显了马克思主义在价值立场与思维方式上的比较优势。“个体”“自我意识”得到了不断增长，而真正“原子化的”“个体”又尚未形成，这就是今天中国的社会现实。这样一来，中国只能走“先进政党推动型发展”这一中国特色社会主义现代化道路。可以说，“四个全面”战略布局就是对这一道路的坚持和发展。一方面，它坚持了“人民主体性”的价值立场，另一方面，它又坚持了“实践优先性”的思维方式，是马克思主义价值立场和思维方式在当代中国的继承和发展。

［关键词］马克思主义；价值立场与思维方式；“四个全面”战略布局

* 本文是上海市哲学社会科学规划系列课题“习近平总书记关于运用科学世界观方法论重要论述研究”（2015XAA002）的阶段性研究成果之一。

** 徐国民，副教授、法学博士，华东理工大学马克思主义学院中国特色社会社会主义教研部主任、马克思主义理论一级学科硕士点负责人、硕士生导师。研究方向为马克思主义基本原理、马克思主义中国化与意识形态建设。

党的十八大以来，以习近平为总书记的新一届党中央领导集体，从坚持和发展中国特色社会主义全局出发，提出并逐渐形成了全面建成小康社会、全面深化改革、全面依法治国、全面从严治党的战略布局。可以说，“四个全面”战略布局是中国共产党领导和团结全国各族人民在坚持和发展中国特色社会主义、实现中华民族伟大复兴的“中国梦”这一历史进程中提出来的，它既有着丰富而又科学的内涵，又有着深厚的理论基础和现实根据。笔者认为，价值立场与思维方式是“四个全面”战略布局进程中的出发点、行为准则和根本方法。因此，深化研究“四个全面”战略布局进程中的价值立场与思维方式，对于我们理解、把握和践行“四个全面”战略布局思想有着极为重要的理论与实践意义。

一、价值立场与思维方式是贯穿在人类实践活动中的出发点和方法

价值立场与思维方式是人类认识世界并指导自身实践活动过程中的两个基本向度，其中，价值立场是出发点，而思维方式是途径和方式。人类一切实践活动总是自觉或不自觉地受到某种价值立场与思维方式的影响和支配。不同价值立场与思维方式，是人类产生不同认识和从事不同实践活动的根本原因。

价值立场是人类认识世界并指导自身实践活动过程中的出发点，它总是与价值目标联系在一起，属于价值论范畴。具体说来，价值目标是人类认识世界并指导人类实践活动的最终指向和根本归宿，而价值立场则是人们在实现价值目标过程中的具体出发点。也就是说，价值目标具有长远性和理想性，而价值立场具有阶段性和现实性。两者之间互为补充、互相促进。其中，价值目标需要由具体的价值立场来落实，而价值立场也需要由长远的价值目标来指引。一个没有价值立场的价值目标，往往成了空中楼阁，而不能实现或缺乏实现的路径；一个没有价值目标的价值立场，则很容易在不同价值观的矛盾和冲突中迷失方向。

马克思曾经在《资本论》第一卷中指出：“蜘蛛的活动与织工的活动相似，蜜蜂建筑蜂房的本领使人间的许多建筑师感到惭愧。但是，最蹩脚的建筑师从一开始就比最灵巧的蜜蜂高明的地方，是他在用蜂蜡建筑蜂房以前，已经在自己的头脑中把它建成了。”① 从这里我们可以看出，马克思从人和动物的区别的角度，充分肯定了人的主观能动性在人类实践活动中的重要作用。

① 《资本论》，第一卷，208页，北京，人民出版社，2004。

然而，究竟如何才能更好地发挥人的主观能动性呢？唯物辩证法指出，人的主观能动性的发挥是受到客观规律所制约的，因而人必须按照客观规律办事。那么，什么是客观规律呢？通常的解释是，客观规律是事物内部所固有的、本质的、稳定的联系，它的存在和作用不以人的主观意志为转移。当然，这种认识本身并没有错误。关键问题在于，事物内部所固有的、本质的、稳定的联系并非直接呈现在人们面前，它仍然需要通过人脑的思维来加以揭示和把握。这样一来，有不同的价值目标和价值追求的人们，对于客观规律的认识和揭示以及遵循什么样的客观规律，是不完全一致的。关于这一点，我们将在后文加以阐述。这里需要指出的是，越是理性的人或组织，越清楚自己的价值目标并且这种价值目标也符合客观规律，同时，在其从事的具体实践活动中，不断将这种价值目标转化为特定的价值立场，也就越能够发挥自己的主观能动性。

思维方式是人类认识世界并指导人类实践活动过程的根本途径。它属于认识论范畴。就其本质来说，思维方式是人脑的运动。我们知道，人类在认识世界的过程中，总是将从外界获得的信息，按照一定的途径和方法，加工形成新信息，从而达到对外界事物的理解和认识。在这一过程中，思维总是按照一定的途径和方式在运行着，并逐渐形成了自己的运行轨迹或模式化、程式化的方式，甚至会出现思维定势的现象。人们根据不同标准，将思维方式分成了不同种类。例如，根据思维的属性，可分为抽象思维、形象思维、直觉思维等；根据思维的方法，可分为归纳和演绎、分析和综合、抽象和具体等；根据思维的形式，可分为语言思维、逻辑—数学思维、空间思维、音乐思维等。实际上，人类思维方式植根于人类实践基础，并随着人类实践的发展而不断发展。就目前而言，人类思维方式从总体上可分为两大类：一类是传统形而上学思维方式；另一类是现代辩证思维方式。传统形而上学思维方式的特点是静态性、片面性和机械性；而现代辩证思维方式的特点是动态开放性、系统综合性和自觉创新性。

我们知道，人的思维方式的产生、发展和演变，是社会实践中多种因素综合作用的结果。可以说，一个时代的社会实践的规模、水平及其发展程度，从宏观上、整体上决定了该时代人们思维能力的高低及其科学化水平，这是共性；但从微观上、个体上而言，由于不同个体所从事的具体实践活动、实践方式以及教育经历的不同，从而导致了他们在思维方式上呈现出了个体的差异性。但不管怎么说，人的思维方式一旦形成，便会对人的实践活动起到极大的影响和制约作用。从这个意义上来说，思维方式既可以帮助人们更好地认识世界，指导人们从事社会实践活动，促进人类社会的进步发展，但反过来，人类社会的进步发展又有可能被封闭僵化的思维方式所束缚和限制。因此，不断进行思维方式上的反思与创新，主动抛弃传统形而上学思维方式的束缚，努力学习和培养与现代化建设相适应的现代辩证思维方式，是当今时代发展的内在要求。

从上面的论述我们可以知道，价值立场和思维方式是人们认识世界并指导自身实践活动中的两个基本向度。其中，价值立场是出发点和归宿，属于价值论范畴；思维方式是途径和方法，属于认识论范畴。它们统一于人类的一切实践活动之中，构成一个不可分割的有机整体。

二、马克思主义在价值立场与思维方式上的比较优势

我们知道，人类社会总是由一个个活生生的、有血有肉的、各具特色的个人所构成的。而这些“个体”又不是孤立存在的，他们总是以“群体”或“共同体”的形式而得以生存和发展。也就是说，“个体”在其日常生产、生活实践中，总会结成各种各样的“社会关系”，并通过这些复杂的“社会关系”来化解“个体”与“共同体”之间的矛盾。于是，对于这些复杂“社会关系”的理解、认识和重新建构，便成了贯穿在人类历史进程中的一个中心问题。而发现问题、分析问题和解决问题的方式、方法蕴藏了在价值立场和思维方式上的差异。

无论是在中、西方古代社会管理体系中，还是在思想家、哲学家们对“理想社会”的憧憬和追求上，都体现了“共同体”价值对“个体”价值的优先性，并在一定程度上忽略了“个体”的“自我意识”。早在公元前700年左右，中国古代政治家管仲就主张按职业将全国人口划分在固定的地域，使国人各居其所、各司其职、各安其业，并世代相传，这样可以稳定社会秩序，实现王霸之业。古希腊哲学家柏拉图认为，正义就是“城邦”中的每一个人都按照他的禀赋、安于属于他的位置，即统治者安于统治者的地位，履行自己的责任；辅助者安于辅助者的地位，维持城邦秩序，保护城邦安全；被统治者安于被统治的地位，服从城邦秩序。可见，无论是在管仲那里，还是在柏拉图那里，他们都把“共同体”的利益和价值摆在了“个体”的利益和价值之上。这一切，与当时生产力水平低下，以及统治阶级维护其统治地位和统治秩序的需要，有着密切的关联。

14—18世纪，随着自然科学的不断发展，科技革命极大地促进了社会生产力发展，从而使“个体”对“共同体”的依赖关系得到了不断减弱。与此同时，欧洲历史上又先后发生了以“倡导个性解放，反对愚昧迷信的神学思想”为目的的“文艺复兴运动”、以打破“天主教会精神垄断，发展人文主义”为宗旨的“宗教改革运动”以及以“引导世界走出充满着传统教义、非理性、盲目观念以及专制”为目标的“启蒙运动”。可以说，在科技革命及这三大思想运动的推动和影响下，西方社会中“个体”的独立性、选择性以及“自我意识”得到了全面的解放和广泛的传播。这样一来。随着“天然自由”等“个体”权利意识的不断增长，必然需要创新社会管理体系来重构“共同体”。

社会契约论认为，每个“个体”让渡部分“天然自由”给“共同体”，并通过每个“个体”遵守的“社会契约”形式，将“共同体”利益和价值（“公意”），转化为每个“个体”（“众意”）必须服从的“绝对力量”。黑格尔在此基础上进一步演绎了化解“个体”与“共同体”之间矛盾的逻辑路径。他认为，“个体”意志是自由的，但这一命题，“只有在与整体的联系中才能演绎出来”①。黑格尔通过“抽象法—道德—伦理”之间的逻辑演绎，确立了“伦理”这一“绝对精神”的至高无上性。他认为，国家作为伦理精神发展的最高阶段，它“直接存在于风俗习惯中，而间接存在于单个人的自我意识和他的知识和活动中”②。他认为，“由于国家是客观精神，所以个人本身只有成为国家成员才具有客观性、真理性和伦理性”③。这样一来，黑格尔指出，“个体”对国家就“有义务接受危险和牺牲，无论生命财产方面，或是意见和一切天然属于日常生活的方面，以保存这种实体性的个体性，即国家的独立和主权”④。

针对黑格尔绝对化了“国家”，马克思用德国“现实”对其进行了深刻的批判。马克思指出：“如果思辨的法哲学，这种关于现代国家——它的现实仍然是彼岸世界，虽然这个彼岸世界也只在莱茵河彼岸——的抽象而不切实际的思维，只是在德国才有可能产生，那么反过来说，德国人那种置现实的人于不顾的关于现代国家的思想形象之所以可能产生，也只是因为现代国家本身置现实的人于不顾，或者只凭虚构的方式满足整个的人。”“如果德国国家制度的现状表现了旧制度的完成，即表现了现代国家机体中这个肉中刺的完成，那么德国的国家学说的现状就表现了现代国家的未完成，表现了现代国家的机体本身的缺陷。”⑤ 于是，马克思指出，“必须推翻使人成为被侮辱、被奴役、被遗弃和被蔑视的东西的一切关系”⑥。也就是说，在德国，无论是在思辨领域中的“共同体”，还是在现实生活中的“共同体”，都置“现实的人”——“个体”于不顾。它们都没有彻底改变“使人成为被侮辱、被奴役、被遗弃和被蔑视的”现状，因而也就没有真正实现“人的解放”。因此，马克思号召人们“向德国制度开火”！

当然，马克思在批判黑格尔“绝对精神”以及德国国家制度的过程中，展现出了其价值目标、价值立场与思维方式上的比较优势。从价值目标上来看，马克思、恩格斯将彻底消除“个体”与“共同体”之间的对立关系，作为自己的价值目标和价值追求。在《共产党宣言》中，马克思、恩格斯指出：“代替那存在着阶级和阶级对立的资产阶级旧

① ［德］黑格尔：《法哲学原理》，11 页，北京，商务印书馆，1961。
② ［德］黑格尔：《法哲学原理》，253 页，北京，商务印书馆，1961。
③ ［德］黑格尔：《法哲学原理》，254 页，北京，商务印书馆，1961。
④ ［德］黑格尔：《法哲学原理》，340 页，北京，商务印书馆，1961。
⑤ 《马克思恩格斯文集》，第 1 卷，10～11 页，北京，人民出版社，2009。
⑥ 《马克思恩格斯文集》，第 1 卷，11 页，北京，人民出版社，2009。

社会的，将是这样一个联合体，在那里，每个人的自由发展是一切人的自由发展的条件”①。可见，马克思、恩格斯所说的“自由人联合体”，不是凌驾于“个体”之上或之外的“共同体”，它恰恰是寓于“个体”之中的“共同体”，是“个体”与“共同体”之间的对立关系彻底消失，即特殊利益与共同利益之间矛盾的彻底和解状态。马克思指出：“共产主义是对私有财产即人的自我异化的积极的扬弃，因而是通过人并且为了人而对人的本质的真正占有；因此，它是人向自身、也就是向社会的即合乎人性的人的复归，这种复归是完全的复归，是自觉实现并在以往全部财富的范围内实现的复归。这种共产主义，作为完成了的自然主义，等于人道主义，而作为完成了的人道主义，等于自然主义，它是人和自然界之间、人和人之间的矛盾的真正解决，是存在和本质、对象化和自我确证、自由和必然、个体和类之间的斗争的真正解决。它是历史之谜的解答，而且知道自己就是这种解答。”②

马克思、恩格斯这一“价值目标和价值追求”，并非只是一种“理想状态”，恰恰相反，该价值目标的确立和最终实现有其现实和理论根据。其最为基本的思维方式是，从“实际”出发，并通过“现实的手段”，在对“旧世界”的“无情批判”和“不断改造”中，发现并最终实现“新世界”。在资本主义社会中，随着人与自然、人与人之间矛盾的越趋激化，这就内在地要求人们不断地去“批判”和“改造”“旧世界”，最终实现“人类的解放”。因此，马克思指出：“只有在现实的世界中使用现实的手段才能实现真正的解放”③。“对实践的唯物主义者即共产主义者来说，全部问题都在于使现存世界革命化，实际地反对并改变现存的事物”④。可见，马克思彻底改变了黑格尔在纯粹“思辨领域”中寻求“绝对真理”的思维方式，他在确立“实践对于理论的优先地位”的过程中，反对将抽象的理论普遍化、绝对化和神秘化，强调一切理论和行动的全部问题在于“实际地反对并改变现存的事物”，并开辟了一条通往“人的自由而全面发展”的现实道路，从而凸显了马克思、恩格斯在“思维方式”上的比较优势。

马克思还指出，对“现存世界”的无情批判，既需要用“批判的武器”，也需要用“武器的批判”，因为“物质力量只能用物质力量来摧毁；但是理论一经掌握群众，也会变成物质力量”⑤。虽然“批判的武器”揭示了资本主义的基本矛盾，但是资产阶级是不会自动退出历史舞台的，而要想真正推翻资产阶级的统治，还需要“运用这种武器的人”。马克思、恩格斯指出：“资本主义生产方式日益把大多数居民变为无产者，从而就

---

① 《马克思恩格斯文集》，第1卷，53页，北京，人民出版社，2009。
② 《马克思恩格斯文集》，第1卷，187页，北京，人民出版社，2009。
③ 《马克思恩格斯文集》，第1卷，527页，北京，人民出版社，2009。
④ 《马克思恩格斯文集》，第1卷，527页，北京，人民出版社，2009。
⑤ 《马克思恩格斯文集》，第1卷，11页，北京，人民出版社，2009。

造成一种在死亡的威胁下不得不去完成这个变革的力量”①。因为无产阶级是“大工业本身的产物”，这就决定了“在当前同资产阶级对立的一切阶级中，只有无产阶级是真正革命的阶级”②。马克思指出，“哲学把无产阶级当做自己的物质武器，同样，无产阶级也把哲学当做自己的精神武器”③，“德国人的解放就是人的解放。这个解放的头脑是哲学，它的心脏就是无产阶级。哲学不消灭无产阶级，就不能成为现实；无产阶级不把哲学变成现实，就不能消灭自身”④。这样一来，马克思、恩格斯“全人类的解放”的价值目标与价值追求，在资本主义大工业发展进程中，就直接转化为“无产阶级”的价值立场。可以说，二者具有内在的一致性。

综上所述，在实现“全人类的解放”这一历史进程中，马克思、恩格斯站在了“个体”与“共同体”之间矛盾“彻底和解”的价值目标上，彻底改变了以往哲学在纯粹“思辨领域”中寻求“绝对真理”的思维方式，从而确立了“实践对于理论的优先地位”，强调从“实际”出发并通过“现实的手段”，在对“旧世界”的“批判”和“改造”中发现并最终实现“新世界”。在资本主义社会，“全人类的解放”的价值目标与“无产阶级”的价值立场具有内在一致性。这一切都凸显了马克思主义在价值立场与思维方式上的比较优势。

三、“四个全面”战略布局对马克思主义价值立场与思维方式的继承与发展

中国社会在长期农业生产过程中逐渐形成了以“家”为基本单元和核心要素的“家国共同体”。其中，“家”是“国”的最小单位，而“国”只不过是“家”在某种程度上的放大。在这种“家国共同体”中，“家长”是权力的实际掌控者和管理者，而家庭成员不得不听命于“家长”意志，因此，“个体”之间的权利是完全不对等的。而等级森严的封建宗法伦理则有力地维护了这一等级秩序，从而使统治阶级的阶级统治得以长期维持下去。

鸦片战争以来，西方列强用工业文明的成果——坚船利炮和廉价商品等敲开了中国国门，使长期沉浸在“天朝上国”美梦中的国人得以惊醒，他们重新开始反思中国的现状和未来。其实，近代中国落后的根源，与其说是科学、技术上落后而直接导致了军事

① 《马克思恩格斯选集》，2版，第3卷，754页，北京，人民出版社，1995。
② 《马克思恩格斯选集》，2版，第1卷，282页，北京，人民出版社，1995。
③ 《马克思恩格斯文集》，第1卷，17页，北京，人民出版社，2009。
④ 《马克思恩格斯文集》，第1卷，18页，北京，人民出版社，2009。

上的失败，倒不如说是观念、文化乃至体制、机制上的落后导致失败。这场战争实际上是资本主义“契约共同体”与传统中国“家国共同体”的较量。从本质上来说，资本主义“契约共同体”建立在“个体”“自我意识”基础上，以“个性”的充分发挥和张扬为标志，因而它顺应了资本主义大工业的发展潮流；而传统中国“家国共同体”是建立在农业文明基础上的，它严重地束缚和制约了“个体”的主动性、积极性和创造性，这就严重地影响了社会发展的动力和活力。可以说，中国20世纪20年代前后爆发的新文化运动，是“个体”“自我意识”觉醒的标志，它开始动摇了“家国共同体”的文化根基。

在经历了无数仁人志士“救国救民”的艰苦奋斗和不断探索之后，中国共产党人把马克思主义与中国的具体实际结合起来，尤其是以毛泽东为核心的党的第一代中央领导集体，他们从“敌、我、友”三个方面出发，实事求是地考察和分析了中国社会各阶级状况，使马克思主义的价值立场和思维方式在近代中国社会中得到了进一步的丰富和发展，从而领导中国人民取得了新民主主义革命的最终胜利，在政治上打破了传统的“家国共同体”，建立了中华人民共和国这一崭新的“民族共同体”。可以说，新中国的成立对于今天中国的发展，乃至世界的和平、稳定，有着无法估量的意义和价值。然而，正如罗素所言，中国的主要问题是文化问题。列宁晚年也特别重视文化问题，他曾经说过，在一个文盲、半文盲的国家是建不成社会主义的。新中国成立后不久，尽管我们建立了世界上最为先进的社会主义制度，然而，“家国共同体”的文化根基仍然顽固地存在。如果不及时把这种文化根基清除掉，它势必会影响社会主义制度优越性的发挥，而中国20世纪60—70年代的“文化大革命”就是典型的例子。

在社会主义现代化的建设过程中，随着生产力的不断发展，以商品交换为目的的商品经济，打破了自给自足的自然经济对“个体”的种种限制。商品经济通过“货币”这一媒介，使各种各样的商品交换得以顺利进行。可以说，只要“个体”获得了一定的“货币”，便在一定程度上满足了自身的需要，从而也就相应地获得了“自由”。这时的“个体”必然会一步步地冲破家庭、单位、地域、户籍、身份等方面的限制，而在全国乃至全球范围内“自由”流动。由此可见，十一届三中全会以来，中国的改革开放实际上是唤醒了“个体”的“自我意识”，顺应了“个体”权利意识、主体意识不断增长的趋势，因而极大地提高了广大人民群众的积极性、主动性和创造性，带来了社会的巨大发展。尤其是构建社会主义市场经济以来，中国社会在网络化、信息化技术的刺激下，“个体”的权利意识、主体意识得到了空前的繁荣和发展。于是，如何在权力的配置、利益的协调、价值观的共识等方面充分尊重和发挥“个体”的积极性、主动性和创造性的前提下，巩固和建设好中华民族这一“民族共同体”，这是摆在全体中国人面前的一个巨大的历史重任和历史使命。

然而，就今天中国社会而言，虽然政治制度意义上的“家国共同体”遭到了猛烈的冲击而解体了，但是构成“家国共同体”的文化根基和社会心理习惯并没有得到有效根除，尤其是传统封建宗法关系的影响将长期存在，而西方社会管理意义上的“契约共同体”在中国并未建成。可以说，中国社会中的“个体”往往受到血缘、地域、业缘、学缘、亲情、友情等各种人际关系的影响而很难作为一个独立的“个体”存在。在这种情况下，“个体”经常在“情”与“法”“非理性”与“理性”之间纠缠，再加上各种错综复杂利益关系，使得中国社会变得更加难以捉摸，因而也就很难建成以独立“个体”为前提的“契约共同体”。也就是说，中国社会中“个体”“自我意识”虽然得到不断增长，但“原子化的”“个体”又尚未形成，传统中国“家国共同体”在政治上解体了，在思想根基上也开始动摇了，但是西方社会中的“契约共同体”所需要的“原子化的”“个体”这一基本前提又不具备，这就是存在于今天中国社会中的最大现实。

在“个体”“自我意识”得到不断增长，而真正“原子化的”“个体”又尚未形成的今天，中国传统的“家国共同体”已经无法顺应时代发展潮流，而又不具备西方“契约共同体”特有的前提条件。因此，中国社会各方面的建设和发展，只能走出一条符合本国国情的道路——中国特色社会主义现代化道路。而这条道路最鲜明的“特色”就是，走“先进政党推动型发展”。也就是说，中国社会的发展，一方面，需要有一个统一而又坚强有力的“先进政党”来领导和推进中华民族这一“民族共同体”的持续快速、健康和谐、稳定有序的发展；另一方面，还内在地需要不断地加强和改善党的领导，不断地加强党的建设，通过执政党自身的先进性、纯洁性以及模范遵守“共同体”的各种法规、制度和要求来保障其执政地位。可以说，“先进政党推动型发展”道路，既顺应了历史发展潮流，也符合中国的基本国情，是当代中国人的必然选择。

党的十八大以来，以习近平为总书记的新一届党中央领导集体，从坚持和发展中国特色社会主义全局出发，提出并逐渐形成了全面建成小康社会、全面深化改革、全面推进依法治国、全面从严治党的战略布局。从本质上来说，“四个全面”战略布局是对“先进政党推动型发展”道路的坚持和发展，它极大地深化了对人类社会发展规律、社会主义建设规律与共产党执政规律的认识。其中，“全面从严治党”统领全局，它通过“全心全意为人民服务”这一宗旨、中国工人阶级以及中华民族和中国人民“两个先锋队”来确保社会主义现代化建设进程中的人民主体性以及人民群众的价值立场。因此，在当代中国，“全面从严治党”不仅关乎党的前途和命运，而且关乎“全面建成小康社会”“全面深化改革”和“全面推进依法治国”能否有效实现。“全面建成小康社会”是中国共产党人将马克思主义的价值目标与中国国情相结合的产物，是当代中国人共同的价值目标和价值追求；“全面深化改革”反映了中国共产党人对马克思主义“问题—批判—进步”这一实践逻辑和思维方式的继承和发展；“全面推进依法治国”是中国共产党人将马克思主义“自由人联合体”思想与当代中国现实（“个体”“自我意识”得到了不断增长，而真正“原子化的”“个体”又尚未形成）相结合的必然选择，它顺应了今天中国这一“民族共同体”建设的规律和趋势。

总而言之，“个体”“自我意识”得到了不断增长，而真正“原子化的”“个体”又尚未形成，这就是今天中国的社会现实。这样一来，中国只能走“先进政党推动型发展”这一中国特色社会主义现代化道路。从本质上来说，“四个全面”战略布局就是对这一道路的坚持和发展。一方面，它坚持了“人民主体性”的价值立场，另一方面，它又坚持了“实践优先性”的思维方式，是马克思主义的价值立场和思维方式在当代中国的继承和发展。

大数据时代军事外交话语体系建构的挑战与机遇

■ 周 雷*

［摘 要］大数据时代的悄然来临，使置身其中的中国军队面临着前所未有的挑战，与此同时，原先的军事外交话语体系将进一步消解。大数据是一把“双刃剑”，这对中国军事外交话语体系的建构又是难得的机遇。大数据时代，中国军队如何顺应趋势，化挑战为机遇，建构起融通中外的军事外交话语体系，已经成为亟待破解的时代命题。

［关键词］大数据；中国军队；军事外交；话语体系

一、引言

“这是最好的时代，也是最坏的时代。”在大数据时代悄然来临后，狄更斯的这句名言无疑就是对当下所处时代最恰如其分的描述。尽管学界还没有对大数据有一个公认的界定，但是，任何人都不会否认大数据时代已经来临这个事实。大数据时代，大数据迅速对传统格局发起挑战，甚至是起到了颠覆性的影响和作用，任何人或者社会团体都无法置身其外，不受其影响。同样，任何一项社会活动也必然会与大数据产生许多相关联系。基于上述大数据时代的诸多特征，军事外交话语体系建构就被提到了日程之上。如

* 周雷，解放军南京政治学院新闻学研究生，参与“加强中国军队国际传播能力建设”课题。本文系课题研究成果。

何在大数据时代保持战略定力，避免在大数据面前产生战略迷航，勇于担当，灵活驾驭和运用大数据，确保军事外交话语体系的顺利建构？

二、大数据对军事外交话语体系建构的挑战

大数据时代，毫无疑问，其中最宝贵的战略和核心资源就是大数据。谁拥有大数据，谁就能占领时代高地，运筹帷幄。大数据绝非仅仅是一个新产生的概念，它蕴含的更重要的意义在于其恰如其分地描述了当下社会特征。毋庸置疑，大数据就是当前时代最显著的标志。身处于大数据时代的中国军队，其军事外交话语体系的议题、领域与参与范围都不断扩大，面临着极大的挑战。

（一）建构思维：从“内容为王”到“数据为王”

传统时代，军事外交话语体系坚持“内容为王”的建构思维。应当承认，“内容为王”的建构思维在一定时期确实发挥了很大作用，在国际上也产生了一定的影响，但是收到的实际效果却明显与我们设定的预期目标相差甚远，已经渐渐不合时宜。“内容为王”的固化思维一经形成，便迅速在我们心里产生了根深蒂固的影响。一直以来，“威武之师、文明之师、和平之师”就是中国军队军事外交话语体系所要塑造的内容，随着时代条件和国际环境的变化，并未充分考虑到广大受众的心理需求和审美要求，一味地按照自己的理想化设定方向，结果必然是收效甚微。

随着大数据时代的来临，军事外交话语体系建构思维首当其冲地受到了挑战。传统意义上“内容为王”的建构思维，强调内容和传播的初期效果，却过于轻视对受众的分析和研究力度，这种传统思维必然会在大数据时代的风起云涌中逐渐黯然失色。

目前，学界对大数据的基本特征已经有了一个初步的、较为广泛的认定，一致认为大数据具备以下四个基本特征：varity、volume、velocity 和 value，即海量的数据规模、快速的数据流转和动态的数据体系、多样的数据类型、巨大的数据价值。其中，大数据最重要的特性就在于其潜在的巨大价值，一旦经过大数据分析平台，通过深度挖掘，大数据的价值魅力必将源源不断地呈现。

让数据“发声”和“说话”，显然要比单纯依靠设定的内容更加具有权威性和公正性。大数据时代，中国军队话语体系的建构将直接面临海量数据的挑战。在以往，我们往往依靠一小部分数据甚至是仅凭经验，去设置我们的内容，而且这内容仅仅是我们自己单方面、主观的设定，并没有得到全世界的认可。

当前，中国军队军事外交话语体系的建构思维面临着由传统意义上“内容为王”，逐渐转变为适应当今大数据时代“数据为王”的挑战。

（二）建构理念：从管理对抗向治理博弈转变

大数据时代，我们的理念也进一步发生了变化。在以往，我们追求精确，不允许发生任何差错或者误差。然而，随着大数据时代的来临，这种理念亟须转变。我们必须接受混乱和不确定性。大数据提倡用概率说话，而不是简单地以板上钉钉的精确去驾驭话语体系。

传统意义上的精确管理理念已经逐渐不合时宜。数据的混杂，必然会导致结果的不精确性，然而，这种不精确性恰恰却是最真实、最客观、最精确的存在。追求极致的精确性，必然采用管理的理念去建构话语体系，但是，进入大数据时代，数据的混杂与海量是无法估计和评价的，这就需要及时转变建构理念，采取治理的理念就要比管理显得高明许多。

除此之外，大数据看重的是相关关系，而绝非之前的因果关系。人们知道“是什么”就已经足以应对时代所要面临的各种挑战，没有必要知道背后隐含的原因。这种结果，直接导致话语体系建构路径的演变。

因果关系驱动下的话语体系是充满张力和激烈竞争的，带来的结果就是不同话语体系之间的对抗与交锋。然而，在大数据时代，情况发生了变化，更加注重相关关系，不再追求因果关系，形势将一下子变得缓和，更多的是处于一种博弈态势。

从对抗到博弈，这反映出建构路径的变化。这完全符合当今世界是一个利益攸关的命运共同体，发展息息相关的局势。

（三）建构范式：从形象工程到战略传播

大数据时代，中国军事外交话语体系的建构范式应从带有“中国特色”形象工程范式向战略传播的时代高度转变。

大数据时代，一个总体变化趋势就是大传播的时代要求和特征从未像今天那样得到最大程度和范围的体现。特别是在“西强我弱”的传播格局下，中国军事外交话语体系面对着前所未有的压力，问题集中在如何发声。以往，军事外交话语体系作为一种辅助中国外事活动的形象工程，主要服务于对外传播中国军队“威武之师、文明之师和和平之师”的形象，如今，时代环境和格局发生了极大变化，过去的这种定位已经越来越不适应当下大数据时代的要求。

军事外交话语体系的建构范式从形象工程平稳过渡到战略传播，要从宏观层面顶层设计运作体系和从微观层面具体筹备运作视角，两方面紧密结合、相得益彰。

三、大数据时代军事外交话语体系建构的机遇

大数据是把双刃剑，如驾驭得当、运用自如，中国军队话语体系必将做精、做优、做强，不断向精准、迅捷、科学化方向迈进。

英国学者斯图尔特·霍尔曾经提出了著名的“编码/解码”（encoding/decoding）模型，描绘了意识形态传播的全过程。在这里，可以把军事外交话语体系的建构过程十分形象地描绘为编码和解码过程，过程的一端是作为编码者的中国军队，军事外交话语体系就是编码者传递信息或者“符码”的渠道或者路径，另一端就是接受中国军队通过军事外交话语体系传递出来的声音或者“符码”，并且进行完全解读的国际受众。由编码到解码的这一环节极为重要，能否按照中国军队传递信号的初衷和预期，顺利接受信息并且成功解读，这是个问题。让解码者最大化地接受并且理解编码者传递的意图，就成了编码者的最大挑战。让海外受众顺利接受我们的信息只是其中一个方面，更为关键和重要的是成功实现我们的预期传播效果。

特别是处于大数据时代的今天，其中最重要的一个特征就是解码者的权利和主动选择性增强，解码者面对的信息来源和渠道十分广泛和全面，绝不局限于单向度的发布，解码者思维极为活跃，充满自己的思考与理解。这对编码者实现传播意图和效果构成了极大挑战。作为编码者的中国军队，亟须突破现有军事外交话语体系的瓶颈，创新编码手段和方式，遵循军事外交话语体系发展和传播规律。

（一）编码：制定蓝海战略，建立军事外交话语体系

数据库，解决“说什么”的问题。

大数据是一片“蓝海”，深不可测。这很形象地反映出大数据时代中国军事外交话语体系建构的深度和广度。中国与国际社会的交往和联系日益密切，世界同属“地球村”，命运共同体的理念愈来愈得到世人的广泛认可。在这样的时代环境下，中国军队顺应趋势积极走向世界，无论是亚丁湾护航还是海外撤侨行动，中国海军走向深蓝的形象逐渐深入人心。

在中国军队逐渐国际化的过程中，其军事外交话语体系的构建却显得尤为滞后和脱节。我们决不能沉浸在单向度的自我构建和满足的意象中，走出去的中国军队构建军事外交话语体系，也应打开视野，面向未来。

大数据时代，首要任务是建立军事外交话语体系数据库，广泛、科学地采集数据。

数据库的建立涉及方方面面，其中必然包含众多子数据库，譬如大国资源数据库、华人华侨数据库、国际组织数据库、国际会议数据库、新闻发布数据库、军队高层互访数据库等。国际会议数据库，就要格外侧重于军事外交领域，像新加坡政府支持的、每年举办一次的香格里拉会议，就已经发展成为亚太地区各国军事和防务部门与机构讨论全球安全合作问题和防务问题的重要平台，美国等一些大国的加入，使得香格里拉会议在世界军事外交对话中显得格外重要。此外，由中国军事科学学会主办的香山论坛，从2006年起每隔两年在北京举办一次，现已发展成为中外防务专家学者交流互动的一个重要平台。其国际影响力逐步上升，也渐渐成为中国开展军事外交话语体系构建的重要平台和渠道。以上子库都要逐渐整合资源，最终建成体系。

建立起数据库，就能从海量冗杂的数据海洋中，提取我们需要的东西，不断辅助我们决策，顺利建构军事外交话语体系，解决“说什么”的问题。

（二）解码：增强数据意识，优化军事外交话语体系

话语体系，解决“怎么说”的问题。

军事外交话语体系作为传播活动，必然与人类的认知特性与习惯紧密相连。“怎么说”的问题至关重要，运用大数据进行军事外交话语体系的优化，往往更能反映受众的呼声，更加客观公正和令人信服。让数据说话，就能很好解决话语体系的盲目猜测和随机性问题，人为控制下的话语体系往往带有倾向，然而，受众早已不是单向接受信息接受者，他们有自己的思考。

增强数据意识，不断优化军事外交话语体系，是解决“怎么说”这一问题的法宝和关键。

中国军队的形象和立场，所要向世界传递出去的声音，在确凿的数据面前，就能淋漓尽致地体现和生动反映。数据自然不会说话，但是我们可以灵活运用大数据，让数据发出声音，去代替我们发声。

大数据代表客观公正，反映第三方的立场。无论是传播者还是受众，大数据无疑都是绝佳的平台。增强数据意识，充分发挥大数据的魅力，无疑是我们的不二选择。

四、结语

谁抓住了时代本质并引领时代潮流，就能不断走到最前面。随着大数据时代的来临，世界各国纷纷加大投入和研究力度，特别是美国对大数据尤为重视，将大数据视为

战略资源。白宫发布《大数据研究和发展计划》，专门组建“数据高级指导委员会”，投资2亿多美元，通过对海量资料进行收集、整理，从中获得真知灼见，不断提升其预测能力。

作为世界上第二大经济体的中国，其军事外交话语体系却与大国地位不相适应。随着中国军队逐渐走向世界，与世界各国的军事交流日益密切，中国军队的强大遭到了某些国家的质疑和恐慌，这就需要中国重新审视原先的军事外交话语体系，以不断适应大数据时代的条件和机制，建构有理有利有节的军事外交话语体系。

大数据时代逐渐消解和改变了传统话语体系模式，诸多因素相互叠加，共同作用于话语体系的建构，特别是在军事外交领域，面对呈几何级增长的数据，应保持战略定力，有效应用大数据，促进军事外交话语体系向精准化、科学化、全球化迈进，真正实现“不战而屈人之兵”。

培塑国家文化良好形象，奠定话语体系建设的坚实基础

■ 耿　超　徐目坤*

［摘　要］培塑国家文化良好形象，是话语体系建设的重要基础。对这一举措的自觉认知是前提。我们要培塑的是和谐、包容、文明、民主、开放和进步的形象。培塑国家文化良好形象，离不开一系列的文化交流载体，要诉诸一系列的文化交流行为。传播中华民族优秀文化是培塑国家文化良好形象的基础。为此，要整合创新中华民族优秀文化，注重提升对外文化传播层次，凝练聚焦当代中国核心价值。增强国际话语权是培塑国家文化良好形象的目标。要增强对外话语的创造力、感召力、公信力，讲好中国故事，传播好中国声音，阐释好中国特色。

［关键词］国家文化形象；话语体系；中华优秀文化；传播

国家文化形象是国家文化软实力的一张名片，是话语体系建设的重要基础。能否树立国家文化的良好形象，关系到国际社会对一国话语体系的认识和评判，影响到对外话语传播的进程和效果。培塑国家文化良好形象，对这一举措的自觉认知是前提，传播中华民族优秀文化是基础，增强国际话语权是目标。

一、培塑国家文化良好形象的自觉认知

国家文化形象，是指国内外公众对一个国家价值观念、文化成果、文化传统、文化

* 耿超，安徽太和人，空军空降兵学院讲师，博士，研究方向：马克思主义中国化。徐目坤，空军空降兵学院副教授，政治理论教研室主任。

行为等方面的总体认知与评价。当前，由于文化产业不强、体制不健全、人才缺乏、传播力弱等原因，中国在国际文化交流中总体处于弱势。这一弱势局面，以及“内敛型”的文化和民族性格，为习惯于“戴着有色眼镜看人”的某些西方国家构建中国文化负面形象提供了机会。据资料显示，美国的主流媒体涉及中国的文章，从标题上来看，负面的占1/2，中性的占1/4，稍积极一点的占1/4，如果按文字篇幅来统计的话，90%以上是负面的。① 近些年来，西方一些人秉持“冷战”思维，疑惧中国的快速发展，炮制、渲染“中国威胁论”“中国崩溃论”等论调，肆意歪曲我国的发展道路、社会制度、精神风貌，恶意渲染我国经济社会发展中出现的一些矛盾和问题，严重损害了中国的国家文化形象。适应国力增强的现实诉求，应对文化形象受到的严峻挑战，必须着力构建和维护我国文化良好形象。十七届六中全会决定指出：“增进国际社会对我国基本国情、价值观念、发展道路、内外政策的了解和认识，展现我国文明、民主、开放、进步的形象。”② 习近平总书记在中央政治局十二次集体学习时强调，要注重塑造我国作为文明大国、东方大国、负责任大国和社会主义大国的国家形象。③ 这些都为我们培塑国家文化形象指明了方向。总的来说，培塑国家文化良好形象，就是要培塑我国和谐、包容、文明、民主、开放、进步的形象。

和谐，就是要坚持和平发展、和睦相处。“和谐”理念是中华优秀传统文化的核心理念之一，是我国坚持对内建设和谐社会与对外建设和谐世界的根本目标与基本原则。培塑和谐的形象，就是要向国际社会表明，中国的发展是和平发展，坚持以和平方式处理与其他不同文化间的矛盾和争端，而不是动辄使用武力或以武力相威胁，中国将与世界上一切可能的国家互惠共赢、和睦相处，致力于建立平等、互利、互信、合作的国家间关系。

包容，就是要坚持包容多样、求同存异。文化多样性，是人类社会的基本特征，是人类发展的基本动力。中国政府一直主张并尊重世界文化多样性。西方有些学者，如吉尔平、亨廷顿等人，也认为世界文化具有多样性。每一种文化都在与其他文化的交流融通中生存和发展，“非此即彼”“势不两立”的狭隘心态有悖于时代发展的潮流。要不忘本来、吸收外来、着眼将来，学习和吸收多元多样文化的优秀成分，在包容中交流，在包容中创新，在包容中提升影响力。

文明，就是要坚持以礼相待、诚信友善。中国是具有五千多年悠久历史的文明古国，有“礼仪之邦”的美称，在对外关系中秉持诚实守信、亲仁友邦。要克服我国在对

---

① 参见居黎东：《文化与国家形象、国际影响力》，载《当代世界》，2005（12）。

② 《中共中央关于深化文化体制改革 推动社会主义文化大发展大繁荣若干重大问题的决定》，载《人民日报》，2011-10-26。

③ 参见《习近平在中共中央政治局第十二次集体学习时强调建设社会主义文化强国着力提高国家文化软实力》，载《人民日报》，2014-01-01。

外交往中可能存在的一些不文明现象，遵守国际关系基本准则，争取国际社会对我国在政治上、道义上更多的支持，展现我国历史文化博大精深、对外交往重义尊礼的文明形象。

民主，就是要坚持大小国家一律平等。哈贝马斯指出："不同的文化类型应当超越各自传统和生活形式的基本价值的局限，作为平等的对话伙伴，应相互尊重，并在一种和谐友好的气氛中消除误解，摒弃成见，以便共同探讨对于人类和世界的未来有关的重大问题，寻找解决问题的途径。"① 这里，他强调了不同文化的国家平等对话的重要性。中国作为当今世界上最大的发展中国家和最大的社会主义国家，要坚决反对以强凌弱、以大压小的文化霸权主义和文化殖民主义，鼓励与支持广大发展中国家发展自己的文化，主张多元文化主体间的平等交流，致力于实现国际文化交流的民主化。近些年来，中国先后和世界上大多数国家建立了各种形式的伙伴关系，基本形成覆盖全球的伙伴关系网络，如同美国的"合作伙伴关系"，同俄罗斯的"全面战略协作伙伴关系"等，充分表明了中国为世界和平稳定与国际关系民主化做出的努力，有利于中国文化良好形象的塑造。

开放，就是要坚持对外开放、扩大交流。列宁曾精辟地指出："只有确切地了解人类全部发展过程所创造的文化，并对这种文化加以改造，才能建设无产阶级的文化。"② 文化的开放性与先进性密不可分。当今世界是开放的世界，各国的发展离不开世界，世界的发展离不开各国。一个民族要想保持自身文化的先进性，必须坚持对外开放、扩大交流。通过面向全球、开放交流，了解当今世界文化发展的前沿，吸收借鉴人类社会包括资本主义社会创造的一切优秀文明成果；充分利用世界资源和世界市场，在更大范围内和更高程度上参与国际竞争与合作；增强与其他文化的交流与融合，提升用自文化吸引他文化、改变他文化、影响他文化的能力；不断实现自身文化内容的转换、丰富与发展，巩固和发展中国特色社会主义文化。

进步，就是要坚持勇立潮头、与时俱进。改革开放30多年来，中国取得了举世瞩目的伟大成就，各项事业飞速发展，综合国力显著增强，人民生活明显改善，国际地位日益提升。中国所取得的伟大成就，连习惯于"戴着有色眼镜看人"的西方国家执政当局、新闻媒体和学者，都不得不给予认可。随着中国的快速发展，中国也积极主动地承担起应有的国际责任，在减免债务、提供援助、参与维和等方面都做出了力所能及的贡献。要将中国政治清明、经济发展、文化繁荣、社会稳定、人民团结、山河秀美的进步形象传播出去，要将中国充满正气、充满希望、充满活力的进步形象传播出去。

培塑国家文化良好形象，离不开一系列的文化交流载体。文化产品、文化作品、文

① ［德］哈贝马斯：《从感性印象到象征表现，哲学散文集》，57页，法兰克福，法兰克福出版社，1997。
② 《列宁专题文集·论无产阶级政党》，281页，北京，人民出版社，2009。

化外交、文化贸易等，就是这些载体的代表。要打造文化品牌，创作文化精品，拓展文化外交，扩大贸易出口。拿文化外交来说，中国目前从政府到民间，对外文化交流的规模越来越大，范围越来越广，形式越来越多样。数据显示，目前，中国已经同148个国家签订了政府间文化合作协定和近800个年度文化交流执行计划，与上千个文化组织保持着密切的合作关系，文化外交活动活跃。中国通过一系列文化外交活动的举办，扩大了对外文化交流，提升了中华文化国际影响力。要进一步积极开展国际文化交流与合作，增进国际社会对我国基本情况、发展道路、价值观念、内外政策的了解，增加透明度，增进互信，密切关系；要主动设置国际议题，谋求引导国际舆论，明白讲述中国故事，大胆传播中国精神，着力塑造中国形象；要关注国际重大事件，及时客观分析报道，积极表达中国观点，准确阐明中国立场，切实彰显中国价值。

培塑国家文化良好形象，要诉诸主体一系列的文化交流行为。政府、企业、传媒、民间组织和个人，都是其中的重要力量。这些文化交流主体，是否能够尊重国际法律和国际关系基本准则，能否体现强烈的国际责任和良好的行为习惯，能否展现所倡导的核心价值和高尚的精神风貌，直接关系到国家文化形象培塑的效果，关系到国家文化软实力影响的大小。其中，尤其是个体层面的力量不容忽视。近些年来，在国外一些著名的酒店和景区，到处可以见到诸如“请勿随地吐痰”“请勿乱扔垃圾”“请排队”等中文告示，令人汗颜！我国一些公民在国外所表现出来的不文明行为，如不守秩序、不讲卫生、不懂礼貌等，给中国的国民素质和形象造成了严重损害，给国家文化形象培塑造成了不良影响。每一个从事文化国际交流的个人，都是培塑国家文化形象的前沿和末端。我们要鼓励和引导每一个人，从点滴做起，从小事做起，从自我做起，修己养身，发挥崇德向善的“蝴蝶效应”，各塑其形，塑人之形，塑塑与共，向全世界辐射，逐步培塑国家文化良好形象。可以想见，众多个体的碎片化力量汇聚起来，必然会形成声势浩大的滚滚洪流。

二、传播中华民族优秀文化

一是整合创新中华民族优秀文化。全球化背景下，多元文化交融并存。一国能否较好地整合自己的文化，直接关系到这一文化的生存与发展，关系到这一文化能否有效地对外传播。中国特色社会主义文化来源多样，包括了五四以前的传统文化，马克思和恩格斯、列宁的文化理论，毛泽东的文化思想，中国共产党成立以后产生和发展的革命文化、红色文化，改革开放以来创造的新文化，外来文化（主要是西方文化）等内容。要坚持以中国特色社会主义文化为指导，对这些文化进行有机整合。整合的过程，就是创新的过程。张岱年指出，中国文化的发展有三条道路。第一是固步自封，因循守旧，以大国自居，自以为高明，这是没有前途的。第二是全盘接受外国文化，完全抛弃民族传统，这是不应该的，也是没有前途的。第三是主动吸收世界的先进文化成就，同时保持民族文化的独立性，发扬固有的优秀传统，创造自己的新文化，这样才能自立于世界文化之林。① 这里指出的第三条道路，就是一条整合与创新的道路。张岱年先生告诉我们，要不忘本来、发扬固有优秀传统，要学习外来、吸收世界先进文化，要着眼将来、推动文化创新发展。整合过程中，要坚持马克思主义指导思想与继承和弘扬中华优秀传统文化的统一，坚持“取其精华、弃其糟粕”“古为今用、推陈出新”“洋为中用、博采众长”的方针，坚持“二为”方向和“双百”方针，弘扬主旋律、提倡多样化。这一整合与创新，绝不是简单的“物理嫁接”，而是有机的“化学反应”。通过有机整合，在思想理论、价值观念、体制机制、科技融入、人才培养等方面批判继承、推陈出新，实现中华文化的创造性转型和创新型发展。

二是注重提升对外文化传播层次。有这样一个说法，三流国家出口产品，二流国家出口标准和准则，一流国家出口文化和价值观。要改变我国文化“走出去”层次不高，内容主要集中在器物和行为文化等平面维度的局面，成为出口文化和价值观的一流国家，就要注重提升对外文化传播层次。要坚持马克思主义的指导地位，繁荣发展哲学社会科学，创作更多高质量的文艺作品；要坚持推动中国文化的深度融合，弘扬具有当代价值的中华文化精神，提炼当代中国文化发展最新成果，传播当代中国价值观念；要改变我国文化发展处于总体弱势的局面，增强在世界文化市场所占份额，提高文化“走出去”的层次；要紧紧抓住目前世界汉语热这一千载难逢的历史机遇，着力推动汉语的传播。

三是凝练聚焦当代中国核心价值。缺乏核心价值的文化交流与传播，传递的只能是一种碎片化的声音，难以获得真正的话语权。张岱年指出：“文化的核心在于价值观，道德的理论基础也在于价值观”②。中国特色社会主义文化的核心是社会主义核心价值观，因此，要充分彰显当代中国核心价值和精神风貌，就是要向世界传播社会主义核心价值观，即当代中国核心价值观念。十八大报告就社会主义核心价值观的基本内容做出了 24 个字的重要论断。这一论述涵盖了国家、社会和个人三个层面，是全体人民能够接受的最大公约数，具有普遍的适用性，为凝聚全党全社会共识、搞好培育和践行提供了根本方向。要推动中国特色社会主义文化有机整合，凝练聚焦当代中国核心价值，进一步增强其稳定性、凝练度和聚焦度，强化其对全体社会成员的主导和引领作用。

---

① 参见张岱年：《文化与哲学》，70～71 页，北京，中国人民大学出版社，2006。

② 张岱年：《晚思集：张岱年自选集》，13 页，北京，新世界出版社，2002。

三、增强国际话语权

国际话语权的掌控与否是培塑国家文化良好形象的主要目的和衡量标准。福柯在其《话语的秩序》一文中，提出了“话语即权力”，指出，谁掌握了话语，谁就拥有了对世界秩序的整理权。[①] 可以看出，话语权，就是一种话语体系在国际上所拥有的感召力、阐释力、影响力。当前，西方发达国家控制着世界传媒市场，掌控着世界新闻舆论的主导权，操控着国际核心概念的解释权，西方的政治话语体系成为国际政策和行为的主要判断标准，中国在国际话语体系中总体上处于防御状态，国际话语体系总体处于不公平、不合理、不平衡的状态。西方通过一系列举措，包括培植话语代理人和意见领袖，主动设置诱导性议题，更加隐秘地包装输送自身意识形态，注重利用新媒体渠道扩大覆盖面等，企图按照它们的话语体系和价值标准，衡量、批判和改造中国，凭借强大的国际话语权优势压制中国，主导国际社会对中国的了解和评判。

习近平总书记强调指出，要努力提高国际话语权，精心构建对外话语体系，增强对外话语的创造力、感召力、公信力，讲好中国故事，传播好中国声音，阐释好中国特色。[②]

一是讲好中国故事。新中国成立60多年来，特别是改革开放30多年来，中国共产党领导全国各族人民，创造了人类历史上罕见的发展奇迹，取得了举世瞩目的伟大成就。中国所取得的伟大成就，连习惯于“戴着有色眼镜看人”的西方国家执政当局、新闻媒体和学者，都不得不给予认可。如在苏联解体、东欧剧变时提出“历史终结论”的福山，都逐步修正了自己的理论，转而称赞“中国模式”“中国经验”。如何将这一传奇的“中国故事”向世界讲述？削足适履、硬搬照抄，套用西方话语体系，是注定讲不好的。我们要研究对象、熟悉对象、贴近对象，充分掌握国外受众的思维方式、风俗习惯、语言特征，做到“中国故事、国际表达”。要立足中国实际，深化规律认识，不断推出融通中外的新概念、新范畴、新表述，不断打造具有中国特色、中国风格、中国气派的，符合中国核心利益的话语体系。

二是传播好中国声音。近些年来，随着实力的增强，中国虽然能够在国际上发出自己的声音了，但是这一发声还不够响亮。这一方面是由于中国对外传播实力的差距，另一方面是国际主流媒体和舆论对我进行故意遏制的结果。西方国家大都实行资本主义制

---

① 参见王志坷：《福柯》，195页，长沙，湖南教育出版社，1999。

② 参见《习近平在中共中央政治局第十二次集体学习时强调建设社会主义文化强国　着力提高国家文化软实力》，载《人民日报》，2014-01-01。

度，它们认为中国的道路和制度损害其利益，进而予以质疑甚至攻击；它们抛出所谓“普世价值”污蔑和妖魔化中国，炮制“中国威胁论”“中国崩溃论”等论调。针对上述挑战，我们必须采取有效措施，通过积极参与设置国际话语议题、制定国际话语规则、完善国际话语表达来加强国际话语传播、引导国际话语走向、占领国际话语高地，在与中国利益有关的国际事件上发出中国响亮的声音，进而向世界阐明中国对世界做出的巨大贡献中国的发展带来的是难得的机遇，中国的发展是和平的、负责任的发展，中华优秀文化的世界意义，从而扩大“中国梦”“中国奇迹”“中国震撼”的国际影响力。

三是阐释好中国特色。中国特色，传承于 5 000 多年的悠久文明，积淀于近代以来 170 多年中华民族发展历程的深刻总结，来源于新中国成立 60 多年的持续探索，经过改革开放以来 30 多年伟大实践的检验，获得了广大人民群众的认同支持，甚至国际社会都给予高度关注、积极评价。坚持和发展中国特色社会主义，是改革开放 30 多年取得的最宝贵经验和伟大成就。中国特色社会主义道路、理论体系和制度“三位一体”，是伟大成就的根本表现；坚持道路自信、理论自信和制度自信，是伟大成就的根本要求。“中国特色”是马克思主义基本原理、科学社会主义基本原则与中国基本国情和当今时代特征相结合的产物，是普遍性与特殊性、主体性与多样性、稳定性与开放性的统一，集中表现为实践特色、理论特色、民族特色、时代特色等方面。阐释好中国特色，就要改变轻视人文社会科学的现实，高度重视和发展繁荣哲学社会科学，在经济学、政治学、社会学等主流学科推出自己的原创话语，为增强国际话语权奠定话语基础；就要通过古今中外的纵横比较，用鲜活的语言和形象的表达，揭示“中国道路”的内涵、本质与特色，剖析“中国理论”的主题、体系与意义，阐明中国制度的构成、机制与优势，彰显当代中国核心价值和精神风貌，进而得到国际社会的理解与认同。

“中国梦”英译研究再思考
——兼论政治术语翻译的概念史研究方法*

■ 魏向清　刘润泽**

［**摘　要**］作为当代中国政治话语的显著标记，“中国梦”凸显了政治术语所具有的观念性和社会性特征。这种术语概念类型的特殊性对于“中国梦”的译介具有重要影响。但在现有的“中国梦”英译研究中，这一点并未得到充分重视和有效利用。本文所借鉴的概念史研究方法是以社会政治概念为主要研究对象的德国史学研究范式。它能够从历时衍化和共时比较的双重维度对“中国梦”概念认知的复杂性做更全面的描述，从而有利于对该术语跨语传播与接受的问题展开更深入的探讨。这种基于历史文本语境对政治概念进行深度解读的研究方法对于其他政治术语的翻译研究亦具有方法论意义上的参考价值，从而对于当代中国政治话语的建构和跨语传播具有积极的现实意义。

［**关键词**］“中国梦”英译；概念史；政治术语翻译

---

* 本论文作为国家社科基金重点项目“人文社科汉英动态术语数据库的构建研究”（编号11AYY002）的阶段性研究成果，特此鸣谢。

** 魏向清，南京大学教授、博导；研究领域：双语词典学、翻译研究、术语翻译研究。刘润泽，南京大学在读博士生。

一、引言

作为一个当代中国政治术语,"中国梦"问世已有数年。① 该术语在经过了传播初期井喷式热烈讨论之后,已逐步深入到中国社会生活的方方面面,成为当代中国政治话语中一个高显著度的概念标记。与此同时,国外媒体对于该术语及其相关现象的关注度稳中有升。据笔者对国际权威新闻数据库 LexisNexis Academic 中相关资源的检索与统计②,在2014年国外出版的新闻报道中,含有"中国梦"译名的文章共计1 555篇,年增长率为20.1%。这一递增趋势同基于Google的英文检索结果较为一致。③ 由此可见,政治术语"中国梦"仍处于跨语传播与接受的重要阶段。

"中国梦"这一政治概念具有深厚的历史文化渊源。对此,国内学界已有相关探讨。④ 然而,针对该政治术语的英译问题,现有研究似乎在很大程度上并未充分考虑政治术语的概念类型特殊性。这或许是"中国梦"在跨语语境中时而遭遇差异化解读的原因之一。若从"中国梦"的政治属性来看,这一差异可归结为政治术语跨语传播中不同意识形态之间的碰撞与冲突。而意识形态究其本质是基于政治概念建构的思想体系。因此,政治术语的概念描述和翻译研究对于建构和跨语传播中国政治话语具有重要思想意义和政治价值。这方面,有关"中国梦"术语英译的研究已经引起了一定的关注。⑤ 然而,基于"中国梦"的跨语传播及其研究现状,无论从学理阐发还是政治实践的需求来讲,这方面研究尚不充分,需要进一步深入思考,尤其需要方法论意义上的全新探索。本文将借鉴"概念史"(conceptual history)这一概念研究的历史观,尝试对"中国梦"

① 2012年11月29日,习近平总书记在参观"复兴之路"展览时对"中国梦"进行了初步阐释(参见《人民日报》,2012-11-30,第1版)。在第十二届全国人民代表大会第一次会议上,这一政治理念得到进一步阐发。其中,"中国梦"在习近平总书记的讲话中共出现9次(参见《人民日报》,2013-03-18,第1版)。这意味着"中国梦"作为一个标志性政治术语被正式提出。

② LexisNexis Academic 数据库涵盖了数百个国家和地区的英文报纸、期刊等不同媒介类型的新闻信息(详情参见 http://www.lexisnexis.com.cn/zh-cn/products/lexisnexis-academic.page)。笔者以 Chinese Dream、China Dream 以及 China's Dream 为全文检索词,以该数据库检索界面"新闻(News)"一栏中的"国际主流出版物(Major World Publications)"为数据来源,并基于数据来源目录去除中国英文媒介(此处为 *South China Morning Post*),计算得到在2013年和2014年间由国外媒介出版的相关新闻文本数量分别为1 295篇和1 555篇。

③ 笔者分别以"Xi Jinping's Chinese Dream"和"Xi Jinping's China Dream"为条件式,并将时间段依次设置为2012年12月31日至2013年12月31日,以及2013年12月31日至2014年12月31日进行检索,结果发现,相较于2013年,2014年期间相关信息链接数分别增加了19.6%和17.8%。

④ 作为当代政治术语"中国梦"的原初文本语境,习近平总书记在第十二届全国人民代表大会第一次会议上的讲话中提到的"中国精神"与"中国道路"已经反映出该术语的本土文化属性。另经检索 CNKI 学术资源发现,2013年和2014年间以"中国梦"和"中国文化"为主题词的文献数量分别达到1 049篇和1 670篇。

⑤ 例如载于《中国翻译》2014年第3期的《中国外交新词对外翻译的原则与策略》以及载于《新闻观察》2014年第22期的《"中国梦"的跨文化阐释与国家形象构建》等文章。

的概念本体和跨语传播与接受做更全面细致的描述和深层次分析。源自德国史学界的概念史研究方法以研究政治概念见长，强调基于历史事实挖掘相关历史文本信息，并以此分析社会政治概念的历时衍化，同时兼顾相近概念以及不同使用情境的共时比较。这与本文面向的“中国梦”英译研究宗旨非常契合，同时有利于借此探索政治术语翻译研究的新路径——概念史方法。

二、“中国梦”英译研究现状概述

众所周知，“中国梦”这一术语的国内官方英文译名现已定为 Chinese Dream。① 但是，在大众翻译时代，由于不同阐释主体的介入，术语译名规范在规约时效及影响范围方面仍有明显的局限性。从相关检索结果来看，“中国梦”在跨语传播过程中确实存在多个译名变体。据杨全红（2013）统计，“中国梦”这一术语的英文译名有：China Dream，China's Dream，Chinese Dream，Dream of China，The Dream，Chunghwa Dream 以及 China's American Dream。上述部分译名在受众的选择机制中已被逐渐淘汰，剩下的两个主要译名 Chinese Dream 和 China Dream 是国内外“中国梦”英译研究的主要对象。

在国内，有学者认为，Chinese Dream 的语义兼顾“中国的梦”和“中国人的梦”，这符合“中国梦”当下的政治内涵（杨全红，2013；王梅，2014）。同时，该译名形式符合英语的构词规律，能够迎合西方读者的语言习惯（赵彦春，2013）。另外，Chinese Dream 同西方概念 American Dream 和 European Dream 的语言形式相似，从而在交际维度上利于实现政治概念的跨语接受和交流（杨全红，2013；杨明星，2014）。与此相对，另一些学者则认为，同西方概念形式的相似性恰是 Chinese Dream 作为译名的不可取之处。“中国梦”表达的是集体主义观念，同人们所熟知的西方概念“美国梦”等具有本质区别，后者强调的是个人主义色彩浓重的社会理想。相比而言，China Dream 着重整体性和政治性，因此更能体现“中国精神”（郑思萍，2013）。此外，Chinese 的历史语义带有贬义色彩②，故不适合作为该重要政治术语的译名（金其斌，2013；赵玉宏，2013）。

---

① 在由中国外文局、中国翻译研究院和中国翻译协会联合发布的“中国关键词平台”上，以及分别载于《中国翻译》2014 年第 2 期和第 4 期的题为《中国译协对外传播翻译委员会中译英研讨会讨论词汇选登》和《新一届领导集体治国理政表述选译》（由外交部翻译室供稿）的文章中，“中国梦”的英文译名均为 Chinese Dream。

② 根据词典学家 Stuart Berg Flexner 的观点，由 Chinese 搭配的诸多英语熟语历来有贬义之嫌，如 Chinese attack、Chinese national anthem、Chinese landing 等。参见 Safire，W.，“Fall Fashion Has Evil Glint of ‘Metallic’,” *Lawrence Journal-World*，1981-09-20。

在国外，“中国梦”与“美国梦”的关系是探讨的主要内容。例如，Liang（2013）认为，“中国梦”同“美国梦”产生的历史背景截然不同，由译名 Chinese Dream 在二者之间建立起的类比联想很不协调。但该文作者并未对此提供翔实论据。针对 Chinese Dream，学者裴德思（Thorsten Pattberg）表达了相近立场。裴德思（2013）指出，这一译名很可能会以一种市场推销的方式使“中国梦”沦为“美国梦”意识形态的衍生品。但遗憾的是，该文对其历史原因亦未做深入剖析。

综上所述，目前国内外“中国梦”英译研究在方法论层面上主要呈现出一种非历史性的静态逻辑。大多数研究都是在“非此即彼”的二元论证模式下结合“中国梦”当下的政治意义和术语的能指特征来选取对应译名，而对于“中国梦”这一政治概念的历史文化语义并未探本穷源，做深入考察和参照。这样一来，往往容易出现片面论证、各执一词的情况。这不仅有碍于全面、准确地描述该政治术语的概念内涵，而且也必然会对其跨语的有效传播产生不利影响。

三、政治术语的特殊性与概念史研究方法

“中国梦”概念的本体特征同其作为政治术语的特殊性密切相关。普通术语学认为，术语是概念的语符表征，而概念则是对认知客体共同特点的抽象概括，是人类思维的结果和最基本的知识单元。由于人类所赖以生存的自然与社会双重生态乃至思维世界的诸多复杂性，作为概念认知客体的事物自然千差万别，概念类别的多样性也不言而喻。这其中，政治术语主要是抽象客体概念的符号化结果。有些学者习惯称之为基于“观念”的术语，强调的就是其所表征的概念类型的特殊性。笔者以为，这种特殊性主要体现为两方面，即观念性与社会性。从目前来看，这一方面内容在有关“中国梦”跨语传播的研究中并未得到足够重视和有效利用。

所谓“观念”，即“思想意识”①，是“我们的感觉和冲动所呈现出的知觉形式；每个观念不仅涵盖一种智力行为，而且涵盖知觉和意志的某种特定的方向。……每个观念均为一种力量，这种力量愈加趋向于实现自身的目的”②。显然，政治术语作为观念的语符表述，其“观念性”可以理解为概念认知或阐释的主体性，这也正是政治术语复杂性的源头。通常而言，政治概念是基于一定社会事实的政治观念客观化的结果。而具有不同政治立场的阐释主体介入的角度势必具有差异性。观念的客观化无非使主体差异得以

① 《现代汉语词典》（第6版），478页，北京，商务印书馆，2012。

② 转引自金观涛、刘青峰：《观念史研究——中国现代重要政治术语的形成》，3页，北京，法律出版社，2009。

有序化和合理化，其潜在的争议性仍然存在。例如，对“民主”“人权”等政治概念的理解往往具有个体差异，而在跨文化交际语境下，这种差异性更为凸显。事实上，在中西跨语互动的语境下，“中国梦”这一术语就面临着跨文化的差异性解读。从政治术语的“观念性”特征来看，这种差异研究应该作为“中国梦”英译研究的重要方面。

至于政治术语的“社会性”，同样也是源自观念所表征的客体所指，即“社会制度正当性的根据和指导社会行动的思想体系”①。政治概念的产生和衍化往往与社会形态的历时演变密切相关，其社会性本质就是其价值理性，因而具有更大的阐释空间和研究价值。对于人类社会发展史上的一些重要政治概念而言，这种社会性尤为明显，例如“国家”“民族”等。这些政治概念是社会发展到一定程度的话语表征，推动着社会政治生活的进一步发展与革新。与此同时，这些“思想意识”本身也进行着自身概念内涵与结构的历时衍化。时代发展的活跃期往往是社会政治概念产生与衍化的高峰阶段。概念史研究巨著《历史基本概念》正是基于欧洲社会向现代过渡的“鞍形期”② 选取考察对象。“鞍形期”这一理论假设是根据欧洲历史情境提出的。作为中国本土政治概念，“中国梦”的产生与衍化同样在中国历史上的转型期也留下了足迹。

简言之，政治术语的观念性是其概念客体所赋予的主体思维色彩，而其社会性则体现了其作为“思想意识”语符的言语行为潜质。如国际概念史研究专家梅尔文·里克特（Melvin Richter）所言：“正如词典学的宗旨是服务于词典编纂实践，概念史研究则是为了编写和描述社会政治概念”（Richter，1990）。概念史研究对政治概念的高度关注与政治概念本身的特殊性是分不开的。根据国际概念史研究先驱科塞雷克（Reinhart Koselleck）的观点，概念史所探讨的政治和社会语汇中的重要概念“极具复杂性和争议性，且不乏与之颉颃的其他相关概念”③。其中以“斗争概念”“愿景概念”“宗旨概念”“期待概念”等为主（转引自方维规，2009）。而与运用这些概念相关的社会政治情境是概念史研究的切入点（Melvin，1990：41）。也就是说，概念史是对政治概念观念性和社会性的深度理解。语义演变的历时维度以及概念运用的比较维度都应作为概念史研究的主要内容。

现有的“中国梦”英译研究主要基于当下的静态解读和纯粹的语言视角，而这种简单化语义分析模式并不能全面描述“中国梦”作为政治概念的复杂性。基于概念史研究视角，“中国梦”这一政治术语并非认知主体即兴进行概念化和语符化的结果。其政治

---

① 金观涛、刘青峰：《观念史研究——中国现代重要政治术语的形成》，2页，北京，法律出版社，2009。

② “鞍形期”之说借用“连接两座山峰之间的低落过渡地带”这一意象，喻指西方近代早期与现代之间的界线，时间约为启蒙运动晚期至法国大革命前后（方维规，2011）。

③ Koselleck，“Response to Comments，” in H. Lehmann and M. Richter，*The Meaning of Historical Terms and Concepts：New Studies on Begriffsgeschichte*，Washington：German Historical Institute，1996，pp. 60－71。此处转引自方维规：《概念史研究方法要旨》，2009。

含义实际上是以本土历史沉淀为依托，因此，需要我们“穿过语言的丛林，抓住历史洪流中变迁的思想”①。概念史研究方法既面向相关概念的历史价值，同时在比较场域中凸显其文化价值，能够为“中国梦”这一政治概念术语的英译研究打开一个新的探索窗口。

四、“中国梦”英译研究的概念史路径

在方法论层面，概念史研究路径“融会了历史文本分析、史学理论中的命题、历史学和社会学的方法以及脱胎于语言学的语义学和名称学”（方维规，2009）。鉴于政治概念研究同概念史研究特点的高度契合，政治术语的翻译研究同样可以借鉴这种语言学与史学相结合的跨学科研究范式。但与史学本体研究不同的是，政治术语的翻译研究最终面向的是跨语传播问题。因此，本文在概念本体研究的基础上有意突出政治概念及其运用的对比维度。对于“中国梦”的英译而言，其本体研究主要涉及本土历史语境，其比较研究包括对其概念谱系及其跨语传播与接受情况的考察。这两方面研究内容相互承接，对“中国梦”的跨语定名具有重要的参考价值。

（一）“中国梦”本土历史语境分析

如前文所述，政治术语通常是认知主体观念术语化的表征。这一术语化过程往往伴有其意义结构的变化。概念史正是基于重要历史背景考察概念衍化的轨迹。这一历时分析对于描述政治概念的稳定结构进而指导其跨语译介非常重要。

就“中国梦”这一语词而言，其有历史可考的最早表述出现在近代之前。例如，南宋诗人郑思肖于《德祐二年岁旦》中撰有“一心中国梦，万古下泉诗”的诗句，表达的是诗人面对江河日下的局势冀求国家统一的忧国哀思。这是学界目前考证到的由“中国”与“梦”直接建立语义组合的先例（汪谦干，2013）。但这并不能作为“中国梦”概念的缘起。据于省吾考证，“中国”一词源于周武王时期，传统典籍中“中国”有狭义和广义之别，既可取“京师”“中原”等意，又可以全国疆域言之（胡晓明、傅杰，1998：1515）。纵观中国历朝兴衰的关键时期，其中不乏维护“中国”疆土主权和祈盼民生复兴的文字记载。这种自觉意识同郑氏笔下的“中国梦”这一概念雏形看似如出一辙，但仍需今后其他相关研究进一步佐证。

“中国梦”的概念结构在20世纪初期，即中国历史上的另一个重要转型期，得以延

---

① 金观涛、刘青峰：《观念史研究——中国现代重要政治术语的形成》，1页，北京，法律出版社，2009。

续与进一步发展。在这一时期，西方政治意识形态对中国传统社会体制造成了强烈冲击。同时，“中国”一词由起初纯粹的地域指称逐步转变为兼指政体形态的政治观念。期间，借助“中国梦”这一概念传达人文政治情怀的现象也较为集中。例如，载于1931年《通问月刊》的一篇文章以虚拟主人公的梦境为叙述线索，对“人身自由”和“财产自由”等权利、“服从法律”和“捍卫国家”等义务进行了描述与憧憬，并提出“新中国之关键，全在政府人民之权利义务，相互尊重”（陆凤石，1931）。时隔一年，同样在内忧外患的时代背景下，久负盛名的《东方杂志》发起了寻找“中国梦想”的征文，以“先生梦想中的未来中国是怎样”和“先生个人生活中有什么梦想”为题发函征集答案。据汪谦干（2013）考证，在142人的回信中，有不少名人志士如社会活动家杨杏佛、学者朱自清等都表达了渴望民族复兴的愿望和对法治平等社会的向往。

基于上述对相关历史文本的回溯概述，不难发现，在社会历史情境建构与解构的主要阶段，无论是处于封建王朝的更迭换代期，还是近代社会的政体变革期，“中国梦”的概念结构都保持着一定的拓扑性质，即始终体现对民族复兴和国计民生的关注。从概念史研究的角度来看，这一稳定概念结构应该作为术语“中国梦”跨语传递的主要基础。这一启示同样适应于其他具有稳定历史结构的政治术语的翻译。

此外，在同一时期，“中国梦”的概念外延也有进一步拓展，这主要体现为对经济生活的观照。其中有《中国之铁道梦》一文，1924年刊登于《上海总商会月报》，报道国民政府集资十亿美元之多在全国多地修建铁路新线一万两千英里。这一“铁道梦”传达的是一种现代工业精神，这在1928年刊登于《现代评论》的一篇诗歌译文中也有所体现。其中，该文作者以“统一中国梦”为题翻译了美国尼登博士的诗歌。原诗每小节均以“Come，let us build together”开头，表达了对中国社会经济建设的鼓励与憧憬。而这一点同21世纪中国改革开放的时代特征是相吻合的。也正是在这一时期，“中国梦”这一政治概念开始进入中西跨语视域。1986年，美国《时代周刊》曾以“The Dreamer of China”① 为题将邓小平评为1985年年度人物。这是西方国家在政治经济意义上认识“中国梦”的早期体现。

从历史的角度来看，无论是其政治性的拓扑结构，还是之后面向经济领域的外延拓展，“中国梦”传达的始终是一种整体主义价值观。随着当代中西接触的不断深入，“中国梦”这一概念传播的范围也在拓宽，其间会涉及到同其他相关概念的跨语接触。基于概念史研究范式，在比较视野下考察由这些概念构成的谱系对于厘定目标概念的内涵特征，进而有效辅助其跨语表达都有实际意义。对于“中国梦”而言，与其相关的两个主要政治概念是“美国梦”与“欧洲梦”。

---

① 参见1986年第1期《时代周刊》，见 http://content.time.com/time/covers/0,16641,19860106,00.html。

（二）“中国梦”概念谱系对比分析

“中国梦”“美国梦”与“欧洲梦”所构成的概念谱系呈现出一种非连续性，这具体体现在三者的理论基础以及产生和运用的社会政治背景方面。

“中国梦”这一概念在历时发展中具有一定的拓扑性质，具体表现为一种基于整体主义的人文政治取向。而这一点并不是“美国梦”与“欧洲梦”概念结构的核心要素。对于“美国梦”而言，个人主义、竞争主义和征服主义等是其精神原则（乐黛云，2007）。这一点其实可以从“美国梦”概念衍化的轨迹中看出。“美国梦”最初描绘的是詹姆斯·亚当斯（1931）笔下与美国自由宣言核心理念相呼应的自由平等国度。[①] 之后深受“淘金热”的影响，靠一时运气迅速致富成为众人所趋，“美国梦”也成为响应这一时风的口号（Brands，2003：442）。从前期强调富兰克林式的清教伦理的精神层面，到后来逐渐倚重追求财富与名望的物质层面，这一发展趋向是由“美国梦”的理论基础决定的。与“美国梦”所代表的“物质主义”不同，“欧洲梦”是一种“精神主义”的历史观（乐黛云，2007）。其面向的是欧洲公民的生活方式和精神世界（Rifkin，2004）。这一人本思想同“中国梦”的概念特征具有一定的可比性。但从历史的角度来看，“欧洲梦”是西方近现代社会政治背景下的产物，缺少相关历史传统土壤的滋养。这在很大程度也决定了“欧洲梦”作为一种西方现代阐释工具的“地区保护主义”（乐黛云，2007）倾向。

关于“欧洲梦”的缘起，可以追溯至二战这一西方经验的分水岭。作为对惨痛经验的反省与总结的思想成果之一，“欧洲梦”的提出对“美国梦”具有很强的针对性。该理念倡导者杰里米·里夫金（Jeremy Rifkin）（2004）曾引用一项于 2001 年开展的民意调查，意欲说明“美国梦”已是明日黄花。该调查显示，当时约有三分之一的美国公民已对“美国梦”失去了信心。而后来时势的发展似乎又朝着里夫金的预想迈进一步。2008 年世界经济危机期间，针对“美国梦”的质疑之声频起，甚至引发了“美国梦”是否已不复存在的疑虑（Kamp，2009）。需要说明的是，旨在接替“美国梦”的“欧洲梦”也未曾逃过西方舆论的戏谑。在欧洲经济不景气的社会背景下，这一有乌托邦色彩的构想总会带有盖茨比式悲剧的意味（Auer，2013）。而这些都与“中国梦”的本土境遇形成了较大反差。

如此看来，“中国梦”“美国梦”与“欧洲梦”三者之间的非连续性并非对称关系。从“美国梦”与“欧洲梦”的交互关系来看，二者的英文表述（American Dream/Euro-

---

① 关于“美国梦”的早期定义可参见 http：//www. loc. gov/teachers/classroommaterials/lessons/american-dream/Students/thedream. html。

pean Dream）在形式上的一致性具有一定的历史合理性。而从本质上讲，“中国梦”同其他两个西方概念之间的非连续性是基于中西文化的异质性差异。那么，从这一概念谱系的结构来看，有必要在译名形式上体现“中国梦”这一概念的独特性。而实际上，在当下一词多译的情况下，这一历史特征的跨语传递效果并不十分理想。这也是中国本土政治术语当代译介的常见问题。在语言层面上，这种认知偏差在其各自的话语表征中都有具体呈现。作为概念史研究的主要内容，对比分析这些话语特征对于描述“中国梦”跨语传播的现状并据其做进一步反思与补充十分必要。

（三）“中国梦”跨语传播与接受的对比分析

总体来讲，新闻话语作为一种集官方导向和大众认知于一体的综合性舆论表征，能够为“中国梦”的跨语传播与接受情况提供较为客观和全面的参考。考虑到来源语料的客观性和时效性，本文基于国际新闻权威语料库 LexisNexis，以 2013 年至 2014 年这一“中国梦”跨语传播的活跃期为期限，基于其间西方新闻报刊中所有含有 Chinese Dream、China's Dream 或 China Dream 的文章建构目标语料库。其对比语料为同一时期载于《中国日报》（*China Daily*）的含有上述译名的全部文章。[①] 下文将以这两个主题语料库的高频词和关键词为话语标记，借助文本分析工具 WordSmith 做对比分析。

在话语表征方面，高频词能够大致反映文本内容的结构特点。因此，通过提取和对比上述语料的高频词能够看出“中国梦”的外延特征和使用情境的异同。这可以作为进一步通过关键词分析探究中西差异化认知的基础。鉴于篇幅限制，现将以上语料中出现频率大于 0.1%的前 15 个高频实词列表对比，见表 1。

由表 1 可以看出，西方新闻报刊和《中国日报》语料中最高频率词分别为 party 和 development。这两个高频词能够从侧面大致反映出中西方阐释的差异化倾向。而从上述高频词总体的分布结构来看，这种差异化表征还是比较明显的。在《中国日报》中，当下“中国梦”的使用情境主要涉及中国的社会改革和经济发展，如高频词 social（0.12）、work（0.12）、reform（0.13）、economic（0.24）和 development（0.38）等所示，同时兼有国际视域，如高频词 international（0.17）、world（0.22）、cooperation（0.26）、countries（0.29）等所示。而西方相关新闻语料则显示出较为强势的政治性主体介入，如 state（0.12）、power（0.14）、political（0.14）、communist（0.16）等所

① 此处西方新闻语料是来自英国、美国、澳大利亚和加拿大的所有报刊文章。这四个地区的文章数量分别为 124、66、70、12 篇，共计 272 篇，总字数为 232 468。基于相同检索词得到的同一时期（2012 年 12 月 31 日至 2014 年 12 月 31 日）的对比语料同样由 LexisNexis 提供，数据来源为《中国日报》（*China Daily*），文献数量共计 330 篇，字数为 328 459。

示。这种阐释取向往往较为单一，这可以从高频词 military（0.11）的搭配情况看出。经检索发现，在位于 military 左侧第一个位置的所有搭配词①中，Chinese 和 China's 的频次最高，分别为 15 次和 9 次。这表明，政治、军事等敏感话题是西方文本对"中国梦"进行阐释时所侧重的方面。

表 1　　　频率大于 0.1%的高频词（前 15 个）对比分析

西方报刊		《中国日报》	
高频词	频率（%）	高频词	频率（%）
party	0.32	development	0.38
dream	0.29	dream	0.33
people	0.19	people	0.32
communist	0.16	countries	0.29
government	0.15	cooperation	0.26
power	0.14	economic	0.24
political	0.14	world	0.22
economic	0.13	international	0.17
president	0.12	president	0.16
state	0.12	national	0.14
national	0.12	country	0.14
leaders	0.11	government	0.13
military	0.11	reform	0.13
country	0.1	social	0.12
officials	0.1	work	0.12

关于西方阐释中的曲解倾向，上述语料的关键词能够做进一步补充说明。为凸显中西阐释的差异性，此处将这两个主题语料互为参照，经 WordSmith 处理分别生成关键词表，并分别选取前 15 个"%"值（即在目标文本中所占比例）大于 0.01、"RC%"（即在参照文本中所占比例）小于 0.01 的关键实词按其关键度排列见表 2。

很明显，这两列关键词表的语义内容存在较大差别。基于《中国日报》的语料总体呈现的是由 friendship、assistance、opportunities、civilization（s）、partnership 等关键词建构的积极意象。而西方文本则明显带有负面色彩。其中，关键度最高且词频最高的单词为 propaganda。在当代英文语境下，propaganda 作为在二战时期多用于描述纳粹宣传战略的词汇，难免会引起贬义联想。《新牛津美语辞典》（第二版）（*The New Oxford American Dictionary*（2nd edition））将其标注为"多用于贬义"②（chiefly derogatory）（2005：1358）另外，在西方报刊语料中，communist，Chinese，party（'s）是 propaganda 的主要搭配词，搭配总次数达到 47 次，占搭配总量的 46.5%。这说明在与"中国

① 本研究将搭配词选取范围设置为 L5-R5，即在文本左右两侧分别以 5 个单词为界。

② 该辞典将其释义为"information，esp. of a biased or misleading nature，used to promote or publicize a particular political cause or point of view"。

梦”相关的西方话语中，propaganda 具有明显的政治指向。这一分析表明，在政治意义上，西方世界对于“中国梦”的解读似乎偏离了该术语概念的历史本义。这一点还可从关键词 nationalist 以及该词的其他语法形式在西方语境中的应用情况体现出来。经统计，nationalist、nationalistic 和 nationalism 共出现 91 次。其中，在同一句中直接与“中国梦”这一概念共现的次数为 20 次。这样看来，西方舆论赋予“中国梦”的极端民族主义色彩是显而易见的。

表 2　　关键词（前 15 个）对比分析

西方报刊			《中国日报》		
关键词	词频	关键度	关键词	词频	关键度
propaganda	117	182.8	exchanges	164	137.88
defence	65	115.37	friendship	145	124.16
censorship	64	113.59	assistance	98	87.95
activists	45	79.87	opportunities	161	83.23
slogans	34	60.34	civilization	77	66.61
elections	45	56.4	partnership	136	62.73
army	84	56.37	production	114	57.46
nationalist	31	55.02	achievements	82	53.86
battle	44	51.1	protection	106	53.47
protests	39	50.79	civilizations	50	53.06
crackdown	33	50.61	agriculture	80	52.03
revolution	82	50.45	youth	56	51.14
revival	56	48.75	soccer	48	50.94
authority	49	46.45	governance	114	50.04
death	48	45.02	benefit	101	49.35

上文基于高频词和关键词对“中国梦”这一政治概念所做的中西媒体传播与接受对比研究表明，基于中国本土情境的历史人文特性在“中国梦”的跨语传播与接受中基本是被遮蔽或缺失的。而“中国梦”在西方话语中的“替补”结构往往带有趋于政治敏感性的负面指向。从政治术语的特殊性来看，这种带有主观臆断成分的概念重构同西方社会本身的政治情境有一定的内在关联。其中，西方当代社会中“美国梦”与“欧洲梦”这两个概念的实际使用倾向对“中国梦”的跨语传播与接受有直接影响。那么，从积极促进政治术语跨语传播与接受的角度来看，在“中国梦”现有译名中，China Dream 比较符合本文所述的概念史研究取向。但从维护中国政治话语本土特色这一长远角度来看，通过零翻译与文本解释相结合的方法对该规范译名做适时补充也是可取的。这一陌生化的翻译策略或许更能够在保证可读性的基础上减少无意或有意的误读现象。对于其他政治术语的翻译而言，这一通过跨语比较来确定翻译策略的概念比较视角也是值得借鉴的。

五、结语

概念史研究的哲学基础面向的是语言的建构功能。因此，概念史在史学研究中的目的是借助概念理解历史。而这一语言学转向中的史学研究范式对语言学研究本身具有反哺式影响。对于“中国梦”这一术语现象而言，本文正是借助其相关历史语境来理解这一概念，从而为其译名提供理据基础。

作为狄尔泰所谓“精神科学”的研究对象之一，政治概念往往带有“难于理解的意义和无意识的信息”（涂纪亮，2007：48）。根据本文所述，这种概念复杂性实际源于政治术语的观念性和社会性。对此，概念史研究能够从历史沿革和比较的视野中寻得一些可以明晰政治概念结构的线索，从而在发生学和谱系学意义上对这些概念进行较为全面的描述。这对于语言研究的视域拓展与方法创新具有重要意义。同时，由于概念史面向的是社会发展史上的转型期，其研究内容不仅包括本土历史，还涉及到中西知识结构的交融，这在学理层面上同习近平总书记在2013年全国宣传思想工作会议①上提出的“构建融通中外新概念、新范畴、新表述”这一主题是相呼应的。综上所述，“中国梦”英译研究的概念史路径对于其他政治术语的翻译研究同样具有参考价值，同时对建构和输出中国当代政治话语体系也具有一定的现实意义。

① 参见共产党员网，http://www.12371.cn/special/qgxcsxgzhy/。

从代表性到代表力

——政党研究的可能路径

王建华*

[**摘　要**]“代表性”是包容政党差异性的核心概念。没有代表性的组织势必沦为宗派，而代表某个阶级的强意识形态的政党是无法强大起来的，唯有具备广泛代表性的政党，才能赢得执政地位。从代表性到代表力，政党因代表性而正名，从此有了生存的正当性；因代表力而成长，从此有了努力的方向。代表性可以自我标识，而代表力却是需要政党努力去争取。基于代表力的政党建设，需要政党与其代表的社会群体紧密地联系在一起，同时，对政治生活中不同群体的利益关切及时做出回应。而这，恰是各类政党发展的共同目标导向。

[**关键词**] 代表性；代表力；政党话语体系

政党是学界研究的热点问题，但基于中国政党制度的独特性，国内外学者对这一领域的研究存在着相互排斥的两套话语体系。话语体系的断裂直接影响了这一领域的学术交流与制度认同。在政党研究中建构共识性的话语体系，是破解政党研究瓶颈，增进政党与国家间沟通与交流的基础性工作。基于此，本文拟从代表性出发，建构包容差异的分析框架，以期为政党研究开辟新的路径。

---

* 王建华，南京大学马克思主义学院副院长，教授，博士生导师。2012年入选“教育部新世纪优秀人才计划”，现主要从事党史党建、中外政党制度比较研究。

一、政党研究的两套话语体系

自1902年俄国政治评论家奥斯特罗果尔斯基出版《民主政治和政党组织》以来，有关政党政治的研究成果，可谓汗牛充栋。其中，既有对政党发展、组织嬗变的历史梳理，也有对政党功能、政党文化的现实关照；既有对组织网络、组织发展等基本要素的分析，也有对党内民主、寡头治理等运作过程的解读。近年来，科技的进步使得技术年代的政党成为学界研究的又一热点。可以说，研究视角的变化带来了政党研究的繁荣。总结政党研究现状，虽则纷繁复杂，但基本上还是在两套话语下建构分析逻辑。

从自由主义话语体系出发，政党是多元社会的产物。以是否存在竞争为标尺，意大利政治学家萨托利把政党划分为作为整体的政党、作为部分的政党两种类型。前者包括一党制与霸权党制，后者包括主导党制、两党制、有限多党制、极化多党制。对于霸权党制而言，虽然这类国家也允许边缘性小党的存在，但由于其既不允许正式的也不允许事实的权力竞争①，在多数西方学者看来，只有作为部分的政党，才是宪政意义上的政党。有关政党的内涵与运作机理的论述，也多在这一层面展开。其中，是否允许反对党，也就是竞争性政党的存在，成为建构这一话语体系的理论基石。

从马克思主义阶级革命理论出发，至今一切社会的历史都是阶级斗争的历史。在共产党人看来，随着资产阶级时代的到来，整个社会日益分裂为两大敌对的阵营，分裂为两大相互对立的阶级：资产阶级和无产阶级。② 作为无产阶级先锋队，共产党人无疑是这场革命的领导者。阶级的先进性决定了其不同于西方宪政的民主实现形式，那就是无产阶级专制。由此出发，建构阶级政党的话语体系。无产阶级政党的最高理想和最终目标是实现共产主义。基于共产党人的“特殊材料”，无产阶级政党强调批评与自我批评的作风建设，强调民主集中制的组织原则。虽然无产阶级政党倡导与时俱进的精神品质，但由于阶级政党累积的传统合法性资源，使得如何继承与超越传统，经常困扰它的发展，由此形成了政党研究过程中“宁左勿右”的理论困境。

为便于表述，政党研究的两套话语体系，可以竞争范式与阶级范式来标识。在部分学者看来，这是两个异质的连续统，连续统的转换，必须要经过制度的断裂，也就是说，唯有革命才能建立新型政党制度。操持竞争范式话语体系的学者，把阶级范式的政党制度看作暴力革命的一部分，对其在宪政民主中的表现，更多的是以集权、专制来描述。与之呼应，社会主义国家的一切问题都被认为是源于阶级政党的制度困境，每当此

① 参见［意］G. 萨托利：《政党与政党体制》，178、324页，北京，商务印书馆，2006。

② 参见《马克思恩格斯文集》，第2卷，31～32页，北京，人民出版社，2009。

类政党领导人更替时，基于家族、乡情、宗派的权力路线图，成为他们诠释阶级政党权力更替的通行路径。而竞争范式的理论优越感，也迟滞了这一领域的基础理论研究。

对坚守阶级范式话语体系的学者而言，历史选择与特色国情成为其解释阶级政党存在的核心理由。同时，以多党制在发展中国家实践的失败，例证竞争性政党制度不具有普适性的应用价值。而阶级政党不可动摇的领导地位，决定了其对竞争性政党制度的全面拒斥。基于阶级先进性的理论自负，使得阶级范式的政党研究沉浸在自己编织的话语体系中。问题是，对竞争范式政党话语体系的抗拒，使得此类政党喜爱从组织传统中找寻合法性资源，由此固化了阶级范式政党的话语体系，使得政党变革更为困难。

两套话语体系的对抗，造成不同政党间的冷漠与隔阂。人类社会的繁荣与稳定需要不同制度文明间的沟通与交流。随着世界一体化进程的加快，国家间制度差异引起的政治不信任，逐渐成为经济、社会与文化交流的障碍。唯有增进制度认同，才能获得真正的国家信任，才能为社会发展注入新的活力。增进制度认同，需要构建共同的话语体系，这犹如人类交流需要共通的语言。显然，当下政党研究的两套话语体系，阻碍了这一历史发展的脚步。如何破解政党研究瓶颈，建构共识性的话语体系，为政党间沟通与交流提供基础性平台，成为政党研究亟待解决的难点所在。检讨各国制度成长的历史进程，从人民主权这一制度建构的逻辑起点出发，人类政治文明的演进已经形成了一些共识性的理论成果与制度建构的基本原则，这为破解这一困境提供了可能的理论支撑与路径依赖。

二、“代表性”是包容政党差异的核心概念

学界有关政党内涵的界定，可谓百花齐放、百家争鸣。主要观点有：政党是“通过赢得大选的方式来影响政府为目标的组织”①，或者说，政党“是阶级的先进觉悟阶层，是阶级的先锋队”②。检讨概念内涵的差异，源于两套不同的话语体系以及由此衍生的对不同要素的差异性关切。由于每一种定义都有与之对应的政党生态，因此没有绝对的优劣之分。超越政党的差异性特征，总结政党发展的一般规律，需要重新审视政党的内涵，“代表性”无疑是包容差异性的核心概念。

首先，没有代表性的组织势必沦为宗派。宗派源于拉丁动词“facere”，指从事干扰和有害等“极端行为”的政治集团。宗派之所以受到批评，是因为其代表的是小集团的利益，或者说其代表性不够。由于小集团的利益与社会群体的利益间难以划出明确的界

① ［美］迈克尔·罗斯金等：《政治科学》，227页，北京，华夏出版社，2001。

② 《列宁全集》，中文2版，第24卷，38页，北京，人民出版社，1990。

限，生长于议会内部的英国早期政党就被斥为“宫廷图谋私利的宗派政治”，于是，辉格党与托利党就成为两党相互攻击的标签。走出社会认同的困境，政党政治的当事人多以国利民福为旗帜。如伯克所言，政党是建立在每个成员都认同的某种特定原则之上，以共同努力促进国家利益的组织。①

在政党获得了合法的生存空间后，人们开始反思政党的代表性，政党到底是什么？从政党的词根 part（部分）出发，正是因为一个政党只能代表部分社会群体的利益，所以才需要其他政党的存在。单个政党要代表多元社会全体人民的利益，是不可想象的，因为任何政策的制定都会产生不同的受益者，即便国家提供的公共物品，也很难是纯粹的。在自由主义视域里，政党就是作为整体的部分。对阶级范式的政党而言，政党是阶级利益的代言人，是由阶级的先进分子组成的。

其次，代表的广泛性彰显代表的影响力。代表性是衡量代表广泛性的尺度，在某种意义上说，代表单个利益群体的政党，实则与工会、农会、商会等专业组织的诉求更为接近。相对于多元社会而言，其代表性显然是不够的。同时，代表单个利益群体的政党多具有明确的价值取向，政治纲领更为激进，为实现组织利益，不惜矫枉过正。一定意义上说，这就是中共早期被妖魔化的原因所在。走出困境，需要政党不断扩大自己的阶级基础，增强自己的群众基础。为此，中共从第二次全国代表大会开始，不断修正自己的革命纲领与行动策略，以重塑革命政党的形象。②

对于那些强意识形态型的政党而言，政治纲领的修正并不是一件容易的事，因为纲领的变革意味着主义的“背叛”。此时，如何在主义与现实之间架起一座理性的桥梁，需要政党找寻各种可能的变革契机。在此意义上说，抗日战争的爆发，为中共纲领的转换找到了最恰当的时机。从工农民主统一战线到抗日民族统一战线，从人民民主统一战线到“三个代表”建党思想，作为全民族利益代表的中国共产党，赢得了全社会的政治认同。

第三，政党代表的群体是有边界的。政治生活中，代表一切的政党事实上是不存在的。那些作为整体的政党，虽有代表一切的目标诉求，却无代表一切的组织能力，这也是这类政党大多短命的原因。回到中国语境，正是基于中共的代表性还无法包容所有利益群体，其他党派还有可能的生存空间，才保留了八个民主党派。如中共领导人所言，民主党派不是一根头发，而是一把头发！他们人数虽然不多，社会联系却很广泛。③ 阶级范式的政党在执政过程中，面对的最大问题是如何正视传统基于阶级革命所累积的合法性资源。回归传统，意味着收缩边界，削弱代表性；超越传统，迎来了边界的扩张，

① 参见［英］伯克：《埃德蒙·伯克读本》，72～73页，北京，中央编译出版社，2006。

② 参见王建华：《抗战时期中国共产党的形象塑造》，载《福建论坛》（人文社会科学版），2013（3）。

③ 参见《历次全国统战工作会议概况和文献》，6页，北京，档案出版社，1988。

也带来了对传统的抛弃。承继传统的历史重任，使得阶级政党总是谨慎地调适自己的纲领与主张，寻求稳步推进组织转型与变革的方案。

对竞争范式的政党而言，从赢得执政地位出发，政党也必须不断调适组织边界，以包容更多的利益群体，这就是政党利益聚合，或者说，政治体制一体化的功能。从争取中间选民出发，各党均寻求普适性的政治纲领，去意识形态化成为多数政党努力的方向。在美国，共和党与民主党，被称为两个贴着标签的空瓶子。[①] 对此，唯一的例外可能是极化多党制。事实上，这类政党强化意识形态的目的是基于稳定代表群体的需要，其不是不愿扩大组织边界，而是基于多党竞争的政治生态，无法扩大自己的组织边界。

最后，从代表性出发，可以发现，政党的合法性与是否存在竞争性政党没有本质的联系。一般而言，竞争性政党的存在，可以增强相关政党的凝聚力，增强政党竞争的活力，密切政党与选民的联系。但对于实行非竞争性政党制度的国家而言，只要其政党能够与社会建立密切的联系，真正代表多数民众的利益，它就有了生命力。对此类国家而言，关键是如何保护少数人的利益，如果少数人的利益有了制度化的诉求渠道，这种政党制度也是稳定的。

综观各国政党发展现状，竞争范式的政党边界日渐模糊，作为阶级范式代表的中共也提出了代表最广大人民利益的执政理念。许多国家的领导人坦言，人类社会正在走向第三条道路。撇开主义的价值判断，可以说，代表的广泛性已经成为政党存在的根本理由。当代表性是建构政党理论的逻辑起点时，因代表性而生的代表力就成为建构政党话语体系的核心概念。对政党而言，代表性可以自我标识，但代表力却需要政党努力去争取，因为代表力决定政党的生命力。

三、代表力决定政党的生命力

代表力包括两层内涵：一是代表的广度，也就是空间意义上的边界。政党代表的民众越多，无疑影响越大，代表力也就越强，这反映为政党能否获得执政地位的量的积累。代表的广度与政党的纲领紧密联系在一起。一是代表的强度，也就是效力，主要是政党满足其代表社会群体利益诉求的程度，它主要通过民众的感受表现出来。

对竞争范式下的政党而言，代表的广度主要体现在竞选纲领上。从获取执政地位出发，政党竞选纲领的理想目标是满足所有选民的利益诉求。但是，由于社会的多元分化，这样的纲领可能让其失去核心选民，也就是本党的传统票仓，或者说根据地。因

① 参见［美］查尔斯·A·比尔德：《美国政府与政治》，上册，75页，北京，商务印书馆，1987。

此，理性的竞选纲领应该以竞选胜利为底线，其数量体现就是获得执政地位的选票数。

对阶级范式的政党而言，政党纲领都是以阶级利益为导向，更多地表现为激进的利益诉求、强意识形态的价值取向。这为夺取政权、获得执政地位带来了基本的依靠力量，同时，也带来了强大的竞争对手。面对前进道路上的艰巨任务，此类政党不得不正视现实，制定理性的应对策略。一方面强调同盟者，也就是统一战线的重要性。另一方面把政党纲领分解，制定阶梯奋斗目标。目的只有一个，就是在革命的每一阶段，政党都要联合一切可以联合的力量。回到中国语境，中国共产党在民主革命中的成功，就在于其能不断拓宽纲领的代表性，也正是在此意义上，统一战线成为中共夺取政权的法宝。获取政权后，为巩固执政地位，政党依然要扩大阶级基础，增强群众基础，因为有了代表的广泛性，就有了执政的正当性与合法性。

对竞争范式的政党而言，由于政策效力最终表现为选票的支持对象，代表强度的测量更多地通过选民的满意度、认同度与期望指数表现出来。其中，满意度与认同度是对执政党而言，如果选民对执政党的政策不太满意，但基于历史、家庭、情感等原因，对该党仍有着很高的认同度，那么，这一政党的代表力还是有效的。当然，满意度的持续下降，势必削弱认同度，损害这一效力。期望指数是对在野党而言，就是在野党获取、影响政权的可能性，随着可能性的增加，代表效力将逐渐提升。从理论上说，从没执政或参政的政党，其代表效力是有限的，如果它又不具备联盟的潜力，或者讹诈的潜力①，那么，它的效力就趋于零，这类政党的生存前景是堪忧的。

对阶级范式的政党而言，代表的强度在革命与执政两个阶段有着不同的表现形式。在前一个阶段，主要表现为政党的社会动员能力。由于革命需要实现社会资源的高度垄断与集中，在革命情境下，代表效力的提高意味着个体对组织的高度认同与无私奉献。因此，如何使个体的人成为组织的人，是革命政党努力的方向。通常，描绘革命蓝图，塑造革命形象，进行革命宣传，是不可或缺的动员环节。

夺取政权后，执政党一方面要满足革命基本依靠力量的利益诉求，以兑现革命承诺；另一方面为聚合新生力量，还需要满足其他社会群体的利益诉求。虽然没有竞争性政党的存在，选票同样是测量政党代表效力的一个重要指数。因为民众也会通过消极参与来表达自己对当局的不满，在政治生活中，一定数量的反对票、弃权票的象征意义是不容忽视的。对阶级范式的政党国家而言，代表效力更多地表现为社会稳定的程度。由于没有政党竞争的机制，民众利益诉求更多地通过群体性事件表达出来，群体性事件频发，就意味着政党代表效力的下降。

需要强调的是，代表的广度与强度间存在着内在的张力。随着代表边界的扩张，代

① 参见［意］G. 萨托利：《政党与政党体制》，173～174页，北京，商务印书馆，2006。

表力的强度必然下降，强度的下降影响选民的投票意向，因此，找到强度下降影响选票的临界点是政党努力的方向。多年来，政党通过民意调查机构的数据，来找寻中间选民的边界，也就是临界点。当这一边界可以满足政党执政或赢得选举需要时，它就会强化这一边界，反之，就需要拓展这一边界。由此带来的问题是，如何避免代表强度与广度的逆向律动。所谓逆向律动，缘于政党纲领或政策变化对不同个体的影响有时是截然相反的，也就是说，对个体甲带来的是正效力，对个体乙带来的可能就是负效力。它预示着，作为个体感受的代表效力越强，带来的可能不是政党代表群体边界的扩张，而是逆向收缩。因此，如何针对不同社会群体的特点，调适政治纲领、政策主张，是各类政党竞争与执政的难点所在。

四、基于代表力的政党建设

政党建设的成效主要通过公众的满意度与认同度表现出来，基于代表力的政党建设，应以公众的利益诉求与价值偏好为导向。由于在社会不同发展阶段，公民的需求存在差异，政党组织建设的内容也呈现出阶段性特点。同时，多元社会的到来，使得个体需求的差异性增强，受此影响，政党自身建设的内容应是多样的、各具特色的。

对竞争范式的政党而言，虽则每个国家政党对党员的要求存在差异，但基于选举政治的一般规律，这类政党更多地强调核心党员与执政团队的建设问题，即如何把本党塑造成一个公众认同的组织。因此，加强政党与选民的联系，时刻关注基本选民的利益，是这类政党共同的建党经验。在俄罗斯，统一俄罗斯党在基层党组织内部设立了“公众接待部”，专门负责接待选民和群众的来访。在英国，工党和保守党都在全国各地设有俱乐部，提供书报阅览、电视欣赏或其他娱乐服务。

由于选民感受政党代表力的累积效应，一个在公众心目中获得认同的政党，即便执政能力暂时出现了问题，选民对其更多的也是理解，而非指责，也就是说，政党的代表力基本上是保值的。当然，这种保值是暂时的，政党必须向选民传递正能量，澄清问题产生的原因及可能的变革路径，给选民以信心，给社会以力量。反之，当选民受到持续性的打击，而政党又无可行性举措时，政党的代表力就必然受到削弱。

政党认同与政党在选民心目中的形象是分不开的，因此，形象塑造成为政党自身建设的重要内容。综观各国选举，作为政党化身的候选人形象是选举包装的焦点。候选人通过刊登广告、散发传单、参加辩论、发表演说、走访社区，让选民了解自己的政策主张、领导能力和意志品质，以取得选民的信任和支持。由于执政团队关乎政党的执政能力，团队建设对政党形象塑造同样具有重要意义。综观竞争范式政党运作过程，因团队问题而受公众批判，甚至失去执政地位的政党，比比皆是。

对阶级范式的政党而言，伴随革命激情的消退，党的建设必须回归理性，服务于国家治理的需要，从提高执政能力出发，重新审视政党建设的内涵与路径选择。就政党代表力的提高而言，首先需要改造强意识形态，以增强代表的广泛性。而代表效力的提高，还须转换政党思想、组织与作风建设的内容与形式。具体而言，思想建设当以赢得多数民众支持为目标，中心内容应是训导党员，如何做普通民众的表率，把民众团结在自己的周围。组织建设应以贴近社会为导向，让组织的触角扎根于民众之中，以实现组织的引导、沟通与表达功能。作风建设要求政党拉近与民众的心理距离，使民众真正感受到政党大家庭的温暖。

阶级范式的政党还须破解长期执政给民众带来的“审美疲劳”。为重塑政党形象，社会主义政党都面临着超越自我的挑战。为此，政党通过推举在公众中有影响力的党员担任国家领导人，强调与时俱进的精神品质，建构共识性的奋斗目标，以创新形象，凝聚人气。对于丧失执政地位的阶级政党而言，反思下台的原因，常常使其改弦更张，通过与传统决裂来争取选民的支持。法国共产党（PCF）在第36届代表大会上宣布，2013年的党员卡不再有锤子和镰刀的标志。当然，这种改造具有颠覆意义，与其说是政党变革，不如说是政党断裂，因为其已彻底抛弃传统所累积的合法性资源。

随着现代信息技术特别是网络技术的发展，政党的运行环境发生了巨大变化，出现了虚拟的网络空间。为了顺应这一发展趋势，政党普遍利用信息技术推行扁平化的组织结构，即减少政党的中间管理层次，压平组织机构，加强领袖、候选人与选民直接的沟通与联系，对选民的利益诉求及时做出回应。遗憾的是，当公众的利益诉求有了网络与新兴媒体等表达渠道后，政党在公众中的影响力开始下滑，政党支持率下降成为各类政党国家的普遍现象①，增强政党的支持率成为各国政党的共同难题。

五、结语

以代表性建构政党分析框架，可以使人们更清晰地认识政党的本质特征，即结党是为了众人的事。如果政党有了自身的特殊利益，或者说，小集团的利益，政党也就变成了宗派。在此意义上说，共产党是不能有自己的特殊利益的。党的利益唯有和人民的利益联系在一起，才有正当性与合法性。从代表性到代表力，政党因代表性而正名，从此有了生存的正当性；因代表力而成长，从此有了努力的方向。检讨各类政党，都曾因代

① 参见［美］拉里·戴蒙德、理查德·冈瑟主编：《政党与民主》，3页，上海，上海人民出版社，2012。

表性不足，而身陷合法性危机；因代表力降低，而遭受执政挫折。代表力决定政党的生命力，一个没有代表力的政党是要消亡的。由于代表力主要是通过公众的感受表现出来，基于代表力的组织发展，就是政党不断认知社会的过程。除了解社会群体的利益诉求与价值偏好外，还须明悉社会群体与各类政策议题的相关度，对不同社会群体的利益关切有针对性地做出回应，并以此作为组织自身建设的努力方向。

习近平总书记反腐倡廉的语言力量及深刻意蕴

■ 蔡娟*

［摘　要］语言是思想的外衣，语言的力量源自对问题的深刻理解和准确把握。党的十八大以来，习近平总书记就党风廉政建设和反腐败斗争发表了一系列重要讲话，运用形象而又深刻的比喻，犀利而又易懂的俗文俚语，生动而又富有哲理的古文诗句，既用典精妙、通俗活泼，又高瞻远瞩、思想深邃，呈现出巨大的语言力量。习近平总书记反腐倡廉的语言力量源自他强烈的忧患意识，意蕴反腐倡廉的重要性；源自他强烈的问题意识，意蕴反腐倡廉的艰巨性；源自他强烈的责任意识，意蕴反腐倡廉的坚定性；源自他深厚的国学涵养，意蕴反腐倡廉的人文性；源自他真挚的大众情怀，意蕴反腐倡廉的人民性。习近平总书记关于党风廉政建设和反腐败斗争的论述，意味深长，富有魅力，更具治国理政的魄力，彰显了中国共产党人的立场、态度、意志和感情，影响深远。

［关键词］习近平；反腐倡廉；语言力量

语言是思想的外衣，古人云："一言兴邦，一言丧邦"，并将立德、立功、立言称为人生三不朽。含有真知灼见的言论常常蕴涵巨大力量，此乃语言的智慧和魅力，而语言的力量源自对问题的深刻理解和准确把握。党的十八大以来，习近平总书记就党风廉政建设和反腐败斗争发表了一系列重要讲话，运用形象而又深刻的比喻，犀利而又易懂的

* 蔡娟，2003 年毕业于华东师范大学法政学院，获博士学位。现任教于南通大学法政与管理学院。

俗文俚语，生动而又富有哲理的古文诗句，既用典精妙、通俗活泼，又高瞻远瞩、思想深邃；既展示了习近平总书记坚定不移的反腐决心，又体现其真诚质朴的大众情怀，更体现了其治国理政的战略思维。

一、习近平总书记反腐倡廉的语言力量源自他强烈的忧患意识，意蕴反腐倡廉的重要性

忧患意识是一种危机感、责任感、使命感，是中华民族的生存智慧，是促进社会进步、民族团结、国家振兴的催化剂和动力源。党的十八大以来，以习近平同志为总书记的中央领导集体以巨大的政治勇气和历史担当，以零容忍态度严肃查处腐败分子，腐败蔓延势头得到一定遏制，党风政风为之一新，党心民心为之一振。然而，面对反腐倡廉取得的成效，我们绝对不能沾沾自喜。习近平总书记引用《孟子》“生于忧患，死于安乐”的古训，告诫全党要有忧患意识，牢记毛泽东同志提出的“我们决不当李自成”的深刻警示。在十八届中央政治局第一次集体学习时，习近平总书记强调：“反对腐败、建设廉洁政治，保持党的肌体健康，始终是我们党一贯坚持的鲜明政治立场。党风廉政建设，是广大干部群众始终关注的重大政治问题。‘物必先腐，而后虫生。’近年来，一些国家因长期积累的矛盾导致民怨载道、社会动荡、政权垮台，其中贪污腐败就是一个很重要的原因。大量事实告诉我们，腐败问题越演越烈，最终必然会亡党亡国！我们要警醒啊！”① 后来，他又强调：“腐败是社会毒瘤。如果任凭腐败问题愈演愈烈，最终必然亡党亡国。我们党把党风廉政建设和反腐败斗争提到关系党和国家生死存亡的高度来认识，是深刻总结了古今中外的历史教训的。中国历史上因为统治集团严重腐败导致人亡政息的例子比比皆是，当今世界上由于执政党腐化堕落、严重脱离群众导致失去政权的例子也不胜枚举啊！”② 习近平总书记反复用“亡党亡国”来警示腐败问题的巨大危险，体现了他强烈的忧患意识、鲜明的问题导向。“我们共产党人的忧患意识，就是忧党、忧国、忧民意识，这是一种责任，更是一种担当。要深刻认识党面临的执政考验、改革开放考验、市场经济考验、外部环境考验的长期性和复杂性，深刻认识党面临的精神懈怠危险、能力不足危险、脱离群众危险、消极腐败危险的尖锐性和严峻性，深刻认识增强自我净化、自我完善、自我革

① 《习近平关于党风廉政建设和反腐败斗争论述摘编》，3页，北京，中央文献出版社　中国方正出版社，2015。

② 《习近平关于党风廉政建设和反腐败斗争论述摘编》，5页，北京，中央文献出版社　中国方正出版社，2015。

新、自我提高能力的重要性和紧迫性，坚持底线思维，做到居安思危。……不能安于现状、盲目乐观，不能囿于眼前、轻视长远，不能掩盖矛盾、回避问题，不能贪图享受、攀比阔气。”① 必须动真格打硬仗，扫除顽瘴痼疾，取得人民满意。这就是习近平总书记所强调的，“核心的问题是党要始终紧紧依靠人民，始终保持同人民群众的血肉联系，一刻也不脱离群众。要做到这一点，就必须坚定不移把党风廉政建设和反腐败斗争深入进行下去。人民群众最痛恨各种消极腐败现象，最痛恨各种特权现象，这些现象对党同人民群众的血肉联系最具杀伤力。一个政党，一个政权，其前途和命运最终取决于人心向背。我们必须下最大气力解决好消极腐败问题，确保党始终同人民心连心、同呼吸、共命运”②。习近平总书记关于反腐倡廉的论述，跃然纸上的是反腐的重要性，深刻蕴涵的是反腐的大众情怀，昭示全党必须把防止腐化变质作为重大的政治任务抓好、抓实。

二、习近平总书记反腐倡廉的语言力量源自他强烈的问题意识，意蕴反腐倡廉的艰巨性

问题意识是执政党必须具备的意识。习近平总书记强调：“要有强烈的问题意识，以重大问题为导向，抓住关键问题进一步研究思考，着力推动解决我国发展面临的一系列突出矛盾和问题。”③ 他明确指出：“新形势下，我们党面临着许多严峻挑战，党内存在着许多亟待解决的问题。尤其是一些党员干部中发生的贪污腐败、脱离群众、形式主义、官僚主义等问题，必须下大力气解决。”④ 腐败问题是客观存在的，并不可怕，可怕的是对问题视而不见，麻木不仁。习近平总书记依据群众的愿望和期盼，选择群众最为关切的反腐败问题作为突破口，强调党风廉政建设和反腐败斗争是我们当前必须重点抓好的重大问题。他尖锐指出：“一些领域腐败现象易发多发，一些腐败分子一意孤行，仍然没有收手，甚至变本加厉。从已经查处的案件和掌握的问题线索来看，一些腐败分子贪腐胃口之大、数额之巨、时间之长、情节之恶劣，令人触目惊心！有的地方甚至出现了‘塌方式腐败’！”⑤ 当然，习近平总书记的问题意识更体现在他细数腐败现象的种

---

① 《习近平关于党风廉政建设和反腐败斗争论述摘编》，8～9 页，北京，中央文献出版社　中国方正出版社，2015。

② 《习近平关于党风廉政建设和反腐败斗争论述摘编》，6～7 页，北京，中央文献出版社　中国方正出版社，2015。

③ 《习近平谈治国理政》，74 页，北京，外文出版社，2014。

④ 《十八大以来重要文献选编》（上），701 页，北京，中央文献出版社，2014。

⑤ 《习近平关于党风廉政建设和反腐败斗争论述摘编》，5 页，北京，中央文献出版社　中国方正出版社，2015。

种表现上：第一，“从市县直属单位看，有的办事拖拉、推诿扯皮，浑浑噩噩混日子，上班时间斗地主、嗑瓜子、玩手机、逛淘宝，有的甚至随意离开工作岗位外出溜达消遣；有的作风漂浮、落实不力，工作底数不清、基层情况不明，唱功好、做功差；有的服务不主动，不作为、慢作为，只求过得去、不求过得硬；有的工作‘中梗阻’，对上级交办的任务找客观原因顶着不办，对群众要办的事情找各种理由拖着不办；等等。”① 第二，“从执法监管部门和窗口单位、服务行业看，有的‘门难进、脸难看、事难办’，口号响当当、服务冷冰冰、办事慢腾腾，尤其是普通群众办事难上加难；有的吃拿卡要、雁过拔毛，乱收费、乱罚款、乱摊派，甚至收回扣、拿红包；有的‘懒政’现象突出，出工不出力，懒懒散散，不下基层，不联系群众，迟到早退现象严重；有的滥用职权，搞权力寻租、利益输送、借权营生；有的执法不公，搞选择性执法、随意性执法，办关系案、人情案、金钱案；等等。”② 第三，“从乡镇、街道和村、社区等其他基层组织看，有的不关心群众冷暖，责任心不强，坐等上门多、主动问需少，用上网代替上门、用通话代替见面，遇到矛盾绕道走；有的落实惠民政策缩水走样，机械执行、死板操作，好事办不好；有的工作不专心，在位不在岗，天天‘走读’，有事找不着人，领导职责空置；有的弄虚作假、欺上瞒下，哄骗上级、糊弄群众；有的方法简单粗暴，对待群众态度恶劣、随意训斥，‘通不通三分钟、再不通龙卷风’；有的软弱涣散，服务群众意识和能力不强，办事不公；有的侵犯群众利益，克扣群众财务，个别地方的党政单位、干部拖欠群众钱款，打白条，耍赖账；等等。”③ 可谓将基层林林总总的腐败现象揭示得惟妙惟肖、入木三分。习近平总书记之所以对于矛盾不回避、对于腐败问题不遮掩，因为他内心最牵挂的是人民群众对于反腐倡廉还有许多不满意的地方。只有扎实开展铁腕反腐，才能赢得广大群众的信任、支持和认同。习近平总书记的问题意识不仅体现在他对腐败现象细致入微的深刻洞察，而且体现在他对反腐败的艰巨性、复杂性、长期性的深刻认识和把握。他指出：“纠正‘四风’面临反弹压力。……冰冻三尺非一日之寒，习惯很难扭过来，常抓不懈才能防止卷土重来。……狭路相逢勇者胜，纠正‘四风’是长期的、艰巨的任务，我们必须打赢这场斗争。”④ 反腐倡廉建设任重道远，必须锲而不舍、驰而不息。

---

① 《习近平关于党风廉政建设和反腐败斗争论述摘编》，18～19 页，北京，中央文献出版社　中国方正出版社，2015。

② 《习近平关于党风廉政建设和反腐败斗争论述摘编》，19 页，北京，中央文献出版社　中国方正出版社，2015。

③ 《习近平关于党风廉政建设和反腐败斗争论述摘编》，20 页，北京，中央文献出版社　中国方正出版社，2015。

④ 《习近平关于党风廉政建设和反腐败斗争论述摘编》，23～24 页，北京，中央文献出版社　中国方正出版社，2015。

三、习近平总书记反腐倡廉的语言力量源自他强烈的责任意识，意蕴反腐倡廉的坚定性

习近平总书记上任伊始，就向全国人民庄严宣示："打铁还需自身硬。我们的责任，就是同全党同志一道，坚持党要管党、从严治党，切实解决自身存在的突出问题，切实改进工作作风，密切联系群众，使我们的党始终成为中国特色社会主义事业的坚强领导核心。"① 这无疑体现了以习近平同志为总书记的党中央强烈的责任意识、担当意识。如何承担反腐倡廉、锻造坚强领导核心的历史使命？习近平总书记强调："要以踏石留印、抓铁有痕的劲头抓下去，善始善终、善做善成，防止虎头蛇尾，让全党全体人民来监督，让人民群众不断看到实实在在的成效和变化。"② 不久，他又强调："牢记'两个'务必，坚定不移转变作风，坚定不移反对腐败，切实做到踏石留印、抓铁有痕，不断以反腐倡廉的新进展、新成效取信于民，确保党和国家兴旺发达、长治久安。"③ 习近平总书记接连说出"踏石留印、抓铁有痕"这样掷地有声的话语，是他"敢于负责、真抓实干、求真务实工作作风的最好诠释，凸显着一股力量，展现出一种刚强，凝聚着一份真情，张扬着一腔正气，既充满底气、彰显决心，又情真意切、恰到好处。"④ 当然，向固化的利益藩篱宣战，对党内盘根错节的问题进行梳理，困难重重，荆棘遍地，习近平总书记斩钉截铁直言："不是没有掂量过，但我们认准了党的宗旨使命，认准了人民的期待。"⑤ 这表达了党中央义无反顾地把反腐败斗争进行到底，坚持不懈地用反腐倡廉的更大成效来取信于民的坚定信念。众所周知的"老虎""苍蝇"一起打，是十八大以来党中央惩治腐败坚定有力的真实写照，对此，习近平总书记多次强调："从严治党，惩治这一手决不能放松。要坚持'老虎'、'苍蝇'一起打，既坚决查处领导干部违纪违法案件，又切实解决发生在群众身边的不正之风和腐败问题。"⑥ "要坚持'老虎'、'苍蝇'一起打，坚持有腐必反、有贪必肃，下最大气力解决腐败问题，努力营造风清气正的党风政风和社会风气，不断以反腐倡廉的新成效取信于民。"⑦ 习近平总书记在注重"'苍

① 《习近平关于党风廉政建设和反腐败斗争论述摘编》，29页，北京，中央文献出版社　中国方正出版社，2015。

② 《习近平谈治国理政》，387页，北京，外文出版社，2014。

③ 《习近平关于党风廉政建设和反腐败斗争论述摘编》，71～72页，北京，中央文献出版社　中国方正出版社，2015。

④ 陈锡喜：《平易近人——习近平的语言力量》，69页，上海，上海交通大学出版社，2015。

⑤ 《领航中国，在民族复兴伟大征程上——十八大以来以习近平同志为总书记的党中央治国理政述评》，载《光明日报》，2015-01-04。

⑥ 《习近平谈治国理政》，388页，北京，外文出版社，2014。

⑦ 《习近平关于党风廉政建设和反腐败斗争论述摘编》，130页，北京，中央文献出版社　中国方正出版社，2015。

蝇'、'老虎'一起打"的同时，还特别强调出"重拳"、用"重典"，绝不手软，绝不姑息。"全党同志要深刻认识反腐败斗争的长期性、复杂性、艰巨性，以猛药去疴、重典治乱的决心，以刮骨疗毒、壮士断腕的勇气，坚决把党风廉政建设和反腐败斗争进行到底。"① "深入推进反腐败斗争，持续保持高压态势，做到零容忍的态度不变、猛药去疴的决心不减、刮骨疗毒的勇气不泄、严厉惩处的尺度不松，发现一起查处一起，发现多少查处多少，不定指标、上不封顶，凡腐必反，除恶务尽。"② 重复"猛药去疴""刮骨疗毒"等铿锵有力的话语，表达了习近平总书记坚持党风廉政建设和反腐败斗争的勇气、决心和信心，凸显其义无反顾、勇往直前反腐败的坚定决心。

四、习近平总书记反腐倡廉的语言力量源自他深厚的国学修养，意蕴反腐倡廉的人文性

习近平总书记在党风廉政建设和反腐败斗争的系列论述中，传承了中华优秀传统文化"基因"，信手拈来地引用中国经典著作中的格言警句和古诗名句，体现了他自身深厚的国学涵养，铸就他反腐倡廉的独特语言风格，凸显了反腐倡廉的人文性。

习近平总书记引用典籍名句隐喻领导干部必须廉洁自律。"'善禁者，先禁其身而后人。'各级领导干部要以身作则、率先垂范，说到的就要做到，承诺的就要兑现，中央政治局同志从我本人做起。"③ "善禁者，先禁其身而后人"，引用自东汉荀悦《申鉴·政体》。要求各级领导干部率先垂范、以身作则。"营造良好从政环境，要从人抓起，从人做起，也就是要从各级领导干部首先是高级干部做起。……在各种诱惑面前经得起考验，'不以一毫私意自蔽，不以一毫私欲自累'。"④ "不以一毫私意自蔽，不以一毫私欲自累"，引用自《中庸章句》。要求领导干部率先廉洁自律，不占公共财物一厘一毫。习近平总书记还指出："孔子说：'见善如不及，见不善如探汤。'意思是一见到善要觉得赶不上似地急切追求，见到不善就要像用手试沸水一样赶快躲开。领导干部要心存敬畏，不要心存侥幸。"⑤ "见善如不及，见不善如探汤"，引用自《论语·季氏》，告诫领

① 《习近平关于党风廉政建设和反腐败斗争论述摘编》，97页，北京，中央文献出版社　中国方正出版社，2015。

② 《习近平关于党风廉政建设和反腐败斗争论述摘编》，102～103页，北京，中央文献出版社　中国方正出版社，2015。

③ 《习近平关于党风廉政建设和反腐败斗争论述摘编》，71页，北京，中央文献出版社　中国方正出版社，2015。

④ 《习近平关于党风廉政建设和反腐败斗争论述摘编》，88页，北京，中央文献出版社　中国方正出版社，2015。

⑤ 《习近平关于党风廉政建设和反腐败斗争论述摘编》，98页，北京，中央文献出版社　中国方正出版社，2015。

导干部要心存敬畏，警钟长鸣。

习近平总书记引用典籍名句隐喻反腐倡廉必须严明制度。“制定纪律就是要执行的。‘不以规矩，不能成方圆’，‘木受绳则直，金就砺则利’，讲的就是这个道理。党的规矩，党组织和党员、干部必须遵照执行，不能搞特殊、有例外。各级党组织要敢抓敢管，使纪律真正成为带电的高压线。”① 习近平总书记引用《孟子·离娄上》中的“不以规矩，不能成方圆”和《荀子·劝学》中的“木受绳则直，金就砺则利”，说明健全制度约束机制对反腐倡廉的作用。“严明党的纪律。‘道私者乱，道法者治。’纪律不严，从严治党就无从谈起。……因此，在纪律上还要进一步严起来。”② “道私者乱，道法者治”，引用自《韩非子·诡使》，说明法治建设对反腐倡廉、社会稳定的重要性。

习近平总书记引用典籍名句隐喻要严惩腐败分子。“‘诛一恶则众恶惧。’要保持政治定力，持续强化不敢腐的氛围，使有问题的干部及早收手、收敛，遏制腐败现象蔓延势头。”③ “诛一恶则众恶惧”引用自《群书治要·体论》，突出重拳反腐的重要性。习近平总书记还告诫全党：“要牢记‘蠹众而木折，隙大而墙坏’的道理，保持惩治腐败的高压态势，做到有案必查、有腐必惩。……切实维护人民合法权益。”④ “蠹众而木折，隙大而墙”，引用自《商君书·修权》，说明防微杜渐的重要性，倡导反腐倡廉永远在路上，在不间断的“打虎”“拍蝇”中有效保障人民群众的合法权益。

习近平总书记的反腐倡廉系列论述，不仅有幽深的典故，还有经典的诗句。“既然党和国家前途命运交给了我们，就要担当起这个责任。杜甫有诗：‘新松恨不高千尺，恶竹应须斩万竿。’实现不敢腐、不能腐、不想腐，要把制度篱笆扎起来。”⑤ “新松恨不高千尺，恶竹应须斩万竿”，引用自杜甫的《将赴成都草堂途中有作，先寄严郑公五首》，隐喻执政党要有责任担当。“抓改进工作作风，各项工作都很重要，但最根本的是坚持和发扬艰苦奋斗精神。唐代诗人李商隐在《咏史》一诗中写道：‘历览前贤国与家，成由勤俭破由奢。’能不能坚守艰苦奋斗精神，是关系党和人民事业兴衰成败的大事。”⑥ 习近平总书记引用古诗句强调艰苦奋斗的重要性，既蕴涵深刻的廉政意识，又饱含深厚的人文气息。

---

① 《习近平关于党风廉政建设和反腐败斗争论述摘编》，41 页，北京，中央文献出版社　中国方正出版社，2015。

② 《习近平关于党风廉政建设和反腐败斗争论述摘编》，48 页，北京，中央文献出版社　中国方正出版社，2015。

③ 《习近平关于党风廉政建设和反腐败斗争论述摘编》，102 页，北京，中央文献出版社　中国方正出版社，2015。

④ 《习近平关于党风廉政建设和反腐败斗争论述摘编》，96 页，北京，中央文献出版社　中国方正出版社，2015。

⑤ 《习近平关于党风廉政建设和反腐败斗争论述摘编》，100 页，北京，中央文献出版社　中国方正出版社，2015。

⑥ 《习近平关于党风廉政建设和反腐败斗争论述摘编》，70 页，北京，中央文献出版社　中国方正出版社，2015。

五、习近平总书记反腐倡廉的语言力量源自他真挚的大众情怀，意蕴反腐倡廉的人民性

反腐要获得广大人民群众的支持，除保持高压的反腐态势之外，还需要有效实现人民群众的切身利益。习近平总书记在各种场合发表的反腐倡廉的重要讲话，都不仅深刻诠释反腐倡廉的理念、目的、措施和要求，而且倾注着对普通大众的深厚情谊和深切关怀，其反腐倡廉语言的出发点是广大群众，落脚点也是广大群众。坚持人民性，是拒腐防变的根本，也是反腐倡廉建设的基本经验。

首先，习近平总书记善用群众语言，与群众同声共振，与人们日常实际生活“无缝”衔接，意蕴其反腐倡廉的人民性。他指出：“党的健康肌体也感染了不少病菌，一些党员、干部在理想信念、思想政治素质、工作能力、作风状况上都处于亚健康状态。”① “不能让党纪党规成为‘纸老虎’、‘稻草人，造成‘破窗效应’。”②“巡视组要当好中央的‘千里眼’。”③ “要以问题为导向，派出‘侦察兵’。”④ “牛栏关猫是关不住的，空隙太大，猫可以来去自如。”⑤。“咱们的门神要摆正，大鬼小鬼莫进来。”⑥ “没有理想信念，精神上就会‘缺钙’，就会得‘软骨病’。”⑦ “用坚定理想信念炼就了‘金刚不坏之身’。”⑧ 以“照镜子、正衣冠、洗洗澡、治治病”作为群众路线教育实践活动的总要求。以“接地气”与“充充电”要求领导干部要深入基层，向群众学习。以“打破‘围城’、‘玻璃门’、和‘无形墙’”表明要改进工作作风，密切联系群众。以“带电的高压线”要求领导干部切实执行和严格维护组织纪律。以“抓早抓小，有病马上治”要求惩治腐败，发现问题要及时处理。以“为民服务不能一阵风，虎头蛇尾”说明为民服务需

---

① 《习近平关于党风廉政建设和反腐败斗争论述摘编》，22 页，北京，中央文献出版社　中国方正出版社，2015。

② 《习近平关于党风廉政建设和反腐败斗争论述摘编》，44 页，北京，中央文献出版社　中国方正出版社，2015。

③ 《习近平关于党风廉政建设和反腐败斗争论述摘编》，108 页，北京，中央文献出版社　中国方正出版社，2015。

④ 《习近平关于党风廉政建设和反腐败斗争论述摘编》，113 页，北京，中央文献出版社　中国方正出版社，2015。

⑤ 《习近平关于党风廉政建设和反腐败斗争论述摘编》，125 页，北京，中央文献出版社　中国方正出版社，2015。

⑥ 《习近平关于党风廉政建设和反腐败斗争论述摘编》，147 页，北京，中央文献出版社　中国方正出版社，2015。

⑦ 《习近平关于党风廉政建设和反腐败斗争论述摘编》，137 页，北京，中央文献出版社　中国方正出版社，2015。

⑧ 《习近平关于党风廉政建设和反腐败斗争论述摘编》，142 页，北京，中央文献出版社　中国方正出版社，2015。

要有实际效果和长效机制，以“要有‘钉钉子精神’”强调把群众工作做实、做深、做细。……这些朴实而生动形象、直接地气的比喻，既蕴含深刻的反腐哲理，又充满浓郁的生活气息，普通群众听得懂、记得住。习近平总书记来自人民，时刻心系人民，才能说出能使人民群众入耳入脑入心的话，体现的是浓浓的大众情怀。

其次，习近平总书记善用俗文俚语来释疑解惑，平实中蕴含着大道理，通俗中深藏着大智慧，更有一种透彻、直指人心的力量。“打铁还需自身硬”，这一不断加强党自身建设的隐喻已家喻户晓，体现了以习近平同志为总书记的新一届领导集体清醒地认识所面临的形势，自觉接受社会和人民群众的监督，不仅练就过硬本领，更显示共产党人的凛然正气。习近平总书记对于“门难进、脸难看、事难办”“作秀”等现象深恶痛绝，他要求绝不能让群众为难，对待群众决不能虚情假意，因为“任何政党的前途和命运最终都取决于人心向背。‘人心就是力量。’我们党的党员人数，放在人民中间还是少数。我们党的宏伟奋斗目标，离开了人民支持就绝对无法实现。”① “人心就是力量”短短六个字，蕴含着党和人民关系的实质，提醒党员干部切莫忘记群众路线这一党的生命线和根本工作路线。习近平总书记强调保持反腐败的高压态势，不是要打压谁，而是防微杜渐，保护干部。他指出：“要让每一个干部牢记‘手莫伸，伸手必被捉’的道理。”② 这既是警告那些心存侥幸、心术不正之人；又是诫勉那些面对诱惑，心生贪念、跃跃欲试之人，让官员“不敢腐”“不能腐”，将腐败风险扼杀在萌芽状态，既可净化政治生态，又可挽救同志，充满人性的光辉和力量。

再次，习近平总书记反腐倡廉的语言力量，更体现在他以实际行动做反腐倡廉的表率，展示“平民样”，彰显“平民色”，凸显“平民情”上。他外出考察调研，总是放下身段，住普通房，严于律己、率先垂范。他到河北阜平考察时，住在县招待所 16 平方米的一个小套间，家具陈旧。他到河南兰考，住在焦裕禄干部学院一个普通的学员宿舍里，按照他的要求，不放鲜花、不摆水果。另外，习近平总书记身体力行，到各地考察时，都吃简简单单的家常菜，勤俭节约、反对浪费。他视察广州军区，两顿午饭都是在士兵餐厅同战士们一起吃自助餐。他还上庆丰包子铺品尝“平民美食”，二两猪肉大葱馅包子、一份炒肝和一份芥菜，总价 21 元，自己付款。住“普通房”、吃“家常菜”，折射出来的是一种平等意识和严以律己的精神，他以实际行动履行“公款姓公，一分一厘都不能乱花；公权为民，一丝一毫都不能私用。领导干部必须时刻清楚这一点，做到公私分明、克己奉公、严格自律”③ 的诺言。

---

① 《习近平谈治国理政》，28 页，北京，外文出版社，2014。

② 《习近平关于党风廉政建设和反腐败斗争论述摘编》，98 页，北京，中央文献出版社　中国方正出版社，2015。

③ 《习近平关于党风廉政建设和反腐败斗争论述摘编》，80 页，北京，中央文献出版社　中国方正出版社，2015。

习近平总书记反腐倡廉的言和行，不是个简单的姿态和形象问题，更是一种昭示和导向，体现人民公仆的大众情怀，在贯彻以人为本、执政为民中彰显反腐倡廉的人民性。

总之，习近平总书记关于党风廉政建设和反腐败斗争的论述，意味深长，富有魅力，更具治国理政的魄力，凸显了中国共产党人的立场、态度、意志和感情，历久弥新，影响深远。

网络话语的三个层次及其对思想政治教育的启示

■ 祝大勇*

［摘　要］互联网技术的发展催生了网络话语。借鉴话语理论，网络话语的内涵可以分为网络语言、网络语境和网络话语权三个层次，以此在理论上说明网络语言的特定规则、网络语境的去权威化特征、网络话语权的生成过程。增强网络时代思想政治教育实效性，思想政治教育工作者需要听懂和理解网络语言，熟悉和进入网络语境，争夺和掌控网络话语权。

［关键词］网络话语；网络语境；网络话语权；思想政治教育；实效性

互联网技术的广泛应用正在深刻地影响着大学生的存在方式、思维方式和交往方式，给高校思想政治教育工作者带来许多新的挑战，其中一个值得重视的话题是关于网络话语与思想政治教育实效性关系的讨论，包括：思想政治教育者如何界定网络话语，网络话语体现着什么样的文化特征、反映着什么样的社会关系，网络话语如何影响思想政治教育的实效性等。探讨这些问题的逻辑起点，应当是准确清晰地把握网络话语的概念和内涵，从中找到思维的进路，进行规范的探讨。

一、网络话语的基本界定

对网络话语的概念进行准确的界定是增强思想政治教育实效性的前提基础，对基本

---

* 祝大勇，河北农业大学思政部讲师，现就读于清华大学马克思主义学院，主要研究方向为社会思潮与青年思想政治教育。

概念的模糊和误解常常导致实践中的偏差。那么何为“话语”、何为“网络话语”？从网络语言到网络话语的不同界定意味着什么？在思想政治教育学科常见的学术讨论中，网络话语往往被等同于网络语言使用，其背后的理论逻辑依据和前提是话语和语言符号的等同。然而，话语不能简单地等同于语言符号。“语言”的抽象概念不足以说明某些意义在历史、政治与文化上的“定型过程”，以及这些意义经由种种言说、表达及特殊的制度化情景而不断进行的再生产与流通过程。正是在这一点上，话语这个概念开始取代当下通行的这种无力而含糊的“语言”概念，同时指涉及思想和传播的交互过程与最终结果。话语是制造与再造意义的社会化过程。① 话语的概念较之语言符号，更能丰富地展开其蕴含的文化心理的活动画面，更能体现语言符号进入主体社会生活后实践与互动的过程。简言之：话语指向语言的同时还有其背后的社会实践关系，如果将网络话语等于网络语言，就会对许多问题得出简单粗暴的结论。②

“话语”概念的流行以及话语分析作为一种方法的流行，在某种程度上归于法国思想家福柯的巨大影响。“按照福柯的界定，‘话语’是一种‘事件’，也就是说，话语是在特定的环境中，由特定的言说主体，针对特定的问题，为着特定的目的，以特定的形式和手段说出或写出的言语。一种话语一旦形成，它便拥有了自己的意义世界，形成了自己特定的规范和概念，构建了自己的场域，从而排斥其他话语。③”这样的界定，阐明从语言到话语是一个产生和扩散的历史过程，包含着相关的认知过程，也包含着特定的社会关系和思想形式，特别是包含着围绕话语的一系列社会力量的冲突、竞争、相互影响或者支配④，勾勒了一个立体的话语内涵体系。

当代英国语言学家诺曼·费尔克拉夫非常重视福柯学说的意义，并从中汲取必要的营养，提出了他对“话语”看似简单的界定：所谓话语（discourse），指的是对主题或者目标的谈论方式，包括口语、文字以及其他的表述方式。⑤ 然而费尔克拉夫同时也承认，话语是一个棘手的概念，在很大程度上是因为存在着如此之多的相互冲突和重叠的定义，它们来自各种理论的和学科的立场（这也许对当下关于网络话语出现各种不同概念界定的情况做了某种注解）。较之于福柯采用比较抽象的方法进行话语分析，费尔克拉夫更倾向于以文本为方向的话语分析方法，然而他同样强调“话语”应重视言语者和被言语者之间的相互作用，或作者和读者之间的相互作用，因此也重视话语和书写的生产过程与解释过程，就像它也重视语言使用的情景背景一样。费尔克拉夫在其代表作《话语与社会变迁》中提出了话语和话语分析的思想具有三个向度，及任何话语“事件”

---

① 参见范敬群：《网络话语意义的生产与传播研究》，载《华中农业大学学报》（社会科学版），2009（2）。

② 参见张强：《规训与抵抗》，硕士学位论文，辽宁大学，2011。

③ 毛旻铮、李海涛：《政治文明视野中的网络话语权》，载《南京社会科学》，2007（5）。

④ 参见周瞰：《论网络话语的生长》，载《湖南社会科学》，2009（4）。

⑤ 参见［英］诺曼·费尔克拉夫：《话语与社会变迁》，1页，北京，华夏出版社，2003。

（即任何话语的实例）都被同时看作是一个文本、一个话语实践的实例，以及一个社会实践的实例。“文本”向度关注文本的语言分析，“话语实践”向度说明了文本生产过程和解释过程的性质，“社会实践”向度倾向于关注社会分析方面的问题，诸如话语事件的机构和组织环境，话语事件如何构成话语事件的本质，如何构成（上面所提到的）话语的建设性或建构性效果，等等。①

综合福柯与费氏的学说理论，我们会发现二者除了十分注重语言符号的意义，更加关注这种意义的社会关系和社会实践过程。沿着福柯“话语”的理论奠定的基本思路，依据费尔克拉夫所提出的“媒介话语”（media discourse）概念，思想政治教育者对网络话语的界定应当反映网络话语的全部本质，涵盖网络话语不同内涵层次。以此为据，网络语言符号可以概括为网络语言，从而涵盖了费尔克拉夫所言的“文本”向度；网络话语自身特点可以呈现为网络语境，从而取代了费尔克拉夫提及的“话语实践”向度，社会文化意义的建构实质上是网络话语权的行使过程，从而深化了费尔克拉夫使用的“社会实践”向度，三个层次相互关联、合为一体，构成了网络话语的基本概念界定——网络话语是伴随着网络技术的发展而产生，在特定的语境中由遵循特定语法规则的语言符号系统构成，能够构建特定的社会秩序关系的网络意义体系。在这个界定中有三层结构要素，即网络语言、网络语境和网络话语权，本文以此三层结构确立三个分析进路，分别澄清关于网络话语的一些认识误区，以启示思想政治教育如何理解和掌握网络话语以提高教育的实效性。

二、准确把握网络语言，实现从“文件上网”到运用规则生成网络语言的认识转变

在思想政治教育实践中，常见的指导观念是：挂到网上的一切文字符号都会自动转化成网络话语意义中的网络语言。正是在这样的模糊认识指导下，将政策文件复制到网站上就会产生预期效果的工作思路应运而生，然而承载思想政治教育功能的红色网站、教育网站以及教育机构的官方微博等都已经出现了发挥实效性不高的问题。根据中国红色网站联盟的相关数据显示，中国高校红色网站有767个，数量规模已经相当庞大。但是从影响效果来看，对比人气高、影响广的商业网站，高校红色网站的点击率和利用率却一直不高，对网络思想政治教育的影响力还远不够强。② 仔细浏览这些红色教育站点，

---

① 参见［英］诺曼·费尔克拉夫：《话语与社会变迁》，4页，北京，华夏出版社，2003。

② 参见曾维伦、杨志清：《从对比性分析看高校红色网站建设的实效性》，载《北京邮电大学学报》（社会科学版），2012（4）。

便会发现有的内容空洞、浅薄，多为收集罗列一些马克思主义经典著作，照搬照抄一些思想政治工作的“红头文件”等；有的仅仅发布一些未经加工的文字和图片，网站的页面设计和整体构思不合理，形式严肃呆板，吸引力不强；有的只是将信息从别的网站复制、粘贴到自己的网站上。这样的语言文字符号出现在网络上，并没有完成语言表达自身的转化，因为它没有遵从网络表达的语法规则，不了解网络文化所蕴含的思维方式和文化心理，不能适应网络语境，所以也就没有获得生命力，最终不会获得话语权，无法产生实际的效果。

网络语言是网络话语分析的第一个层面。网络语言形成的一个重要原因是网络技术的发展，在互联网兴起之初，网络交流主要以文本语言为主。这意味着将通过计算机键盘输入、屏幕上读取文字符号作为主要的交流手段。由于缺乏身体在空间中的行为动作（非言语的动态信息提示），语言成为网上所有社会互动的工具。人们在网上运用的文字夹杂了很多口头元素，以弥补交流中缺失的语音和视觉信息；人们为了加快打字速度，也使用各种缩写。① 随着技术的发展，人们可以通过加入表情符号、发送图片或者音视频等多媒体形式来表达和交流各种情绪，这一切使互联网表现为一个复杂的语言空间，拥有自己的规则和交流编码，尤其体现在图形界面中，口语形态、文本结构（特别是超文本）、适应电子限制的书写表达上。这种基于网络技术发展而引起的语言体系变化和重构，最早出现在英语之中，如今在汉语中同样广泛存在。② 它可以是语言文字，比如通过缩写、谐音、旧词新用等杂糅形式新创造的语言文字符号，也可以是由字母、数字或者标点符号形成的符号意义系统，还可以是图片、图像、流媒体等视觉系统。网络语言的出现往往和特定的文化事件联系在一起，具有特定的指称意义，快速流行开来，比如淘宝网店带红了以“亲”为标志的“淘宝体”，绿豆、蒜、姜、价格暴涨带红了“豆你玩”“蒜你狠”“姜你军”，文章婚外恋带红了“且行且珍惜”，等等。这些网络语言符号经过对传统语言符号的重构而产生，源于网络、传播于网络，却能辐射到现实生活中，对网络语言符号的使用可以让交流者迅速地建立身份标示和认同。所谓标示即证明自己存在。网络发出的语言符号标示这网上身份的存在，无论是笑脸或者“呵呵”都在告诉其他人：“我在呢”；而不发言、不发图的“潜水者”很容易被边缘化、被看作不存在，这一点和真实的物理空间存在有明显的不同。所谓认同即建立人际间的意义联系。特定的网络语言符号能够快速建立起意义的联结，这种语言符号类似江湖暗号“天王盖地虎，宝塔镇河妖”，回答准确到位就能够建立起“你和我一类人/你和我都属于一个圈子”的认同感，可以说网络语言符号是网络亚文化圈的重要沟通媒介，它受到青年大学

① 参见鲁曙明主编：《沟通交际学》，314页，北京，中国人民大学出版社，2008。

② 参见张瑜、李琅：《消除话语差异：网络时代思想政治教育工作的紧迫任务》，载《思想理论教育导刊》，2006（2）。

生的广泛传播和接受，如果不了解他们的生活环境（包括其所接触的网络新闻、流行歌曲、影视作品、网络游戏）和思维方式，就很难理解这种网络语言；不能理解这种网络语言，思想政治教育工作者就迈不进网络话语的第一个门槛。思想政治教育工作者有必要确立规则意识，熟悉网络语言的产生原因、生成机制，把握发展演变的规则和规律，掌握好网络这门“语言”。

三、准确把握网络语境，实现从网络“工具论”向“环境论”的认识转变

在关于网络思想政治教育的讨论中，曾有学者提出在原有的思想政治教育体系平台上，将网络作为一个为我所用的工具性插件，我们称之为思想政治教育中的网络工具论，而具体到网络话语，这种观点可以表述为：“现实思想政治教育的成熟平台上，积极运用网络话语，提高思想政治教育的实效性”。那么，这种观念认识是否符合网络时代思想政治教育的形势要求？网络话语和思想政治教育是平台和插件的关系吗？如果承认这样的关系存在，究竟谁是平台，谁是插件？

不可否认，互联网存在之初主要是作为一种工具，但随着网络的普及，网络不再仅仅是一种工具了，它逐渐成为人们生活于其中并且不可或缺的环境了。“网络逐渐不是一桩事物，而愈来愈是一个环境。它将占满全部空间，大家在它里面做各种事，而不是把它放在箱子里像个应用软件”①。思想政治教育正是在网络化生存的时代进行的，必然要考虑在这种网络语境中发声存在、落地有声。

网络语境已经成为一种特定的社会文化环境，是在网络化生存过程中逐渐构建出的、影响辐射于网络内外生活的语境。网络话语是网络文化最集中的表现形式，网络话语已经不仅仅是网上交流的工具，也是青年亚文化的一种集中体现。② 这种文化在特定的土壤中才能生长发芽。网络语境就是种特定的社会文化环境，是在网络化生存过程中逐渐构建出的一种不同于传统文化的意义场域。③ 网络语境是一种特定文化心理和思维模式中的产物，是典型的去权威化的语境。“文革”结束后，党和国家社会生活的重心由阶级斗争转移到经济建设上

---

① ［美］约翰·布洛克曼：《未来英雄》，76页，海口，海南出版社，1998。

② 参见张瑜、李琅：《消除话语差异：网络时代思想政治教育工作的紧迫任务》，载《思想理论教育导刊》，2006（2）。

③ 法国社会学家布尔迪厄将物理学中“场”的概念引入社会学中，认为社会并不是由各种亚系统或一个共享文化构成的整体，而是分割成若干不同的、彼此交叠的场。一个场，是由附着于某种权力形式（或资本形式）的各种位置之间的一系列客观历史关系所构成的。参见［美］戴维·斯沃茨：《文化与权力：布尔迪厄的社会学》，上海，上海译文出版社，2006。

来，以“革命”和“斗争”为代表的严肃教条的政治话语体系被消解，市场经济大潮扑面而来，人们的话语体系日趋“现实”和“功利”，而网络的出现加速了去权威化的过程，传统的“教育者”与“受教育者”的区分正在模糊，在这种情况下，网络话语“发起者”和“参与者”的划分更加符合实际。他们共同制造全新的网络话语，表现为抗拒一本正经的说辞，体现明显的后现代特征①，教育信息和价值观念的被传送不等于被接受，出现了解构、嘲讽、叛逆式的拒斥，表现为破坏现成的语法规则和思维习惯，凸显个性以至标新立异，追求自由乃至不受任何拘束；网络话语使用者以普通网民为主，体现民间草根强烈的狂欢愿望，是一种“狂欢”的语境。② 狂欢理论是前苏联著名文艺理论家巴赫金学说的重要组成部分，网络话语语境和巴赫金狂欢理论高度契合。巴赫金认为狂欢的价值在于：颠覆等级制，主张平等的对话，摧毁一切与变更一切的精神，死亡与新生的精神。③ 在网络众生喧哗的情况下，已经没有权威和等级，人人可以说话，人人都可以谩骂；这种情景下的存在是脱离日常轨道的生活，在某种程度上是翻了个儿的生活，是反面的生活。在网络语境中，看起来人人都有话语权，解构权威、消费明星、抨击现实，人人都可以充分地表达自己的情感的或利益的诉求，网络空间中就像狂欢一样，似乎“没有舞台、没有演员、没有观众。这是展示自己存在的另一种自由的形式”④。值得重视的是，网络话语的语境的特征形成于虚拟空间，但有向现实生活影响渗透的趋势，它代表着一种文化心理、思维方式、交往方式和表达方式，对现实形成强大的冲击。如果不了解这种语境的具体规则和含义，就不能了解其背后的文化心理和思维模式。

由于改革开放前思想政治教育长时间受极左思想的影响，思想政治教育者高高在上的姿态曾经失去了人们的信任，似乎退出了学术语境甚至现实生活的语境，而网络话语在日常话语中蔓延甚至逐渐出现在严肃的报刊乃至学术期刊中。思想政治教育能否重新审视语境变化，放弃简单化的网络话语“工具论”，转而进入真实的日常话语体系，展现出真理学术的魅力，能否在交锋的话语生态中实现与网络话语的对话和沟通，是思想政治教育提高实效性必须解决的问题。

四、准确把握网络话语权，实现“强势话语权失落”到“争夺网络话语权”的认识转变

话语是一种社会实践，是社会背景下的语言含义并描述人们之间的互动。思想政治

① 参见刘少杰：《当代中国意识形态变迁》，170页，北京，中央编译出版社，2012。

② 参见季欣：《“反讽”的狂欢——中国青年网民“网络造句”现象的文化心理研究》，载《中国青年研究》，2013（9）。

③ ［俄］巴赫金：《拉伯雷研究》，614页，石家庄，河北教育出版社，1998。

④ 钱中文主编：《巴赫金全集》，第六卷，11页，石家庄，河北教育出版社，1998。

教育作为一种重要的人际互动的实践活动，必然有其特定的话语体系。思想政治教育话语是指在一定社会主导意识形态支配下，遵循一定的语言规范、规则和规律，并在特定的话语语境里，思想政治教育活动过程中的教育者和受教育者用来交往、宣传、灌输、说服，以及描述、解释、评价、建构思想政治教育内容和主体间思想观念、价值取向和行为表征的言语符号系统。① 传统的网外思想政治教育虽然自有一套话语体系，然而自网络社会崛起，面对网络话语所产生的强势话语权强势来袭，有的教育者常有话语权失落的感慨，对思想政治教育效果产生了一些消极悲观的看法。那么，什么是话语权，在网络话语权强势来袭的情况下，思想政治教育获得话语权的关键机制又是什么？

思想政治教育工作者理解网络话语最根本的目的是要争夺和掌握网络话语权。话语即权力，而且话语权是比话语更重要的概念，了解和熟悉话语，就是为了占有话语权，在关键问题上发得上言说得上话、传得出去、产生影响。意大利共产党早期领导人葛兰西曾因领导工人革命斗争而被捕，从 1926 年开始，被长期关押。在监狱中，他对争取“文化领导权”即话语权问题进行了深入的思考。他认为工人阶级可以通过夺取资产阶级的文化领导权，来瓦解资产阶级的集体意志，从而为最终夺取资产阶级政治权力创造历史条件。法国哲学家米歇尔·福柯在上个世纪 70 年代曾发表过一篇文章《话语的秩序》，提出话语即权力。② 网络话语权是指公民个体或者群体在网络中自我表达的权利，其通过对公众事务表达意见进而形成集合意见，以对大众舆论和权力机关政策制定形成潜在影响。它一般包括“说什么”“怎么说”“以什么样的身份说”“取得何种效果”等内容。它包括两个层面的双重含义，即话语权利和话语权力。话语权利表现为个人或群体一种自由表达的权利。话语权力则直接表现为话语主体的意志，话语主体通过网络表达形成强大的影响力，对社会行为主体形成压力，引导网络舆论。③ 简言之，话语权同人们争取经济、政治、文化、社会地位和权益的话语表达密切相关，可以表现为解释权、表达权、抗议权、反驳权、阐发权、揭露权、控诉权、批判权。从实践过程来看，话语是结果性的呈现，话语权是与主体密切联系在一起的。

相对于思想政治教育话语，网络话语由于其形式新颖、内容坦率、情绪直接而真切，贴近了青年，赢得了青年，吸引了庞大的受众加入到网络话语的传播序列，使其迅速扩散，从而在一些社会问题和事件上拥有了话语权。但是网络话语权主体自觉性的缺失和模糊值得我们担忧。一方面，网络话语表明了网民对生活真实直接的感受和创造力；另一方面，这种话语又极其容易失去方向，由宣泄转变成破坏性负能量的释放，造成的结果是缺乏必要控制和方向导引的网络话语主体，却拥有强大的对事件的解释权，

---

① 参见邱仁富：《思想政治教育话语论》，1 页，上海，上海交通大学出版社，2013。

② 参见张国祚：《关于“话语权”的几点思考》，载《求是》，2009（9）。

③ 参见安仲森：《论大学生思想政治教育网络话语权的建构》，载《江西青年职业学院学报》，2011（6）。

毫无规范地行使对政见的阐发权、对“虚假”的揭露权、对问题的控诉权和对现实的批判权，这种权力挤压了思想政治教育原有的话语空间，消解了本应属于思想政治教育发挥作用的话语权，不能对有困惑的现实事件进行解释，不能对有错误倾向的思想动态及时地施加影响，思想政治教育的实效性受到削弱，换而言之，在各种社会思潮激烈交锋的网络空间，这个阵地如果思想政治教育不能占领，就会被别有用心的势力所掌握利用。思想政治教育工作者有必要强化阵地意识。掌握话语权就先要有对话精神，不能对现实问题视而不见、自说自话，更不能动员强制力量将网络话语屏蔽，既要敢于面对现实甚至难以接受的现实，又要有勇气生动地讲好自己的道理。

五、网络话语分析对增强思想政治教育实效性的几点启示

网络话语所内涵的三个层次非常清晰，各有功能，有机统一。网络语言符号可以标示身份的存在和相互认同；网络语境拥有特定的规则，完成亚文化圈中知识、意识形态和社会文化的建构；网络话语权则构建了传者和受众之间的秩序关系。准确理解和把握网络话语的界定及其三个内涵层次，对于思想政治教育工作者提高教育效果有很多有益的启示。

（一）听得懂——思想政治教育产生实效的前提

思想政治教育工作者能够熟练自如地在网上或网下运用网络话语，可以很好地实现与大学生对话。但是与“讲得出”相比，思想政治教育工作者“听得懂”网络话语更为重要。对于网络话语，思想政治教育工作者听得懂是第一位，只有听得懂，才能消除隔阂，跨越差异。听得懂，首先是思想政治教育工作者能够理解网络语言的意义所指，如果听不懂这些以多变求新为特征的网络语言，势必会造成沟通交流的不畅，甚至是阻断。其次，能够听出谁在说、说了什么、隐藏着什么信息。网民作为主体在网络环境中创造、传播、效仿、使用网络话语，网络话语又反作用于主体，塑造着主体，网络话语构建了网民的身份。通过网络话语，思想政治教育工作者要学会把握和勾勒网民的基本特征，他们是一群什么人，话语背后是什么心理，话语反映出什么问题，诉说着什么困惑。如果思想政治教育工作者“听得懂”，就会清楚地掌握教育对象的心理特征、精神诉求、价值观状况等。

（二）改文风——思想政治教育产生实效的重要环节

在思想政治教育视野下思考网络话语问题，也为我们提供了一个契机，要求我们在

思想政治教育中坚持马克思主义的学风和文风，坚持中国化和大众化的价值取向，增强意识形态的吸引力，掌握意识形态的领导权，掌握话语权。习近平同志在全国宣传思想工作会议上指出：现在宣传思想工作的环境、对象、范围、方式发生了很大的变化，必须改变以往实效性不强的宣传和思想工作。在贴近对象、适应语境变化等方面，思想政治教育应当从网络话语的分析中有所启示和借鉴，把好的传统传承下来，展现思想政治教育的话语风格。毛泽东同志在这方面有很丰富的论述。这个“情形”，在今天网络化生存的状态下就要考虑网络时代的网络语境。毛泽东非常注重向群众学习语言，培育共同话语，在 1942 年 5 月《在延安文艺座谈会上的讲话》中提到：“许多文艺工作者由于自己脱离群众、生活空虚，当然也不熟悉人民的语言，因此他们的作品不但显得语言无味，而且里面常常夹着一些生造出来的和人民的语言相对立的不三不四的词句。许多同志爱说‘大众化’，但是什么叫做大众化呢？就是我们的文艺工作者的思想感情和工农兵大众的思想感情打成一片。而要打成一片，就应当认真学习群众的语言。如果连群众的语言都有许多不懂，还讲什么文艺创造呢？”① 那么怎样才能学习到群众的语言呢？就要和群众打成一片，只有这样才能形成共同的语言，才有助于在沟通中达成“共识”。“如果我们的知识分子读了一些马克思主义的书，又在同工农群众的接近中，在自己的工作实践中有所了解，那末，我们大家就有了共同的语言，不仅有爱国主义方面的语言、社会主义制度方面的语言，而且还可以有共产主义世界观方面的共同语言。”② 这些要求，放在今天，就是要思想政治教育工作者真正进入网络生活，与大学生共处网络语境，具备基本的网络知识，掌握网络的实用技术和操作技巧，在工作学习生活中使用网络，真正成为网民、融入网络生活，学习网络语境中的表达方式。

（三）办实事——思想政治教育产生实效的关键

话语根源于人们的生活方式和文化习惯，但同时也影响着人们的生活方式和文化习惯。③ 无论是网络话语还是思想政治教育话语都反映着社会的变迁，各种各样的社会现象和社会问题都会在各种话语中得到呈现。而话语的真正魅力，不在于其求新的变异形式，而在于其解释问题的真理性和解决问题的价值性。如果不能满足人民群众的需要，不能解决人民群众的问题，即使说得再漂亮、嗓门再大，也没有办法吸引人。网络话语正是满足了大学生渴望表达甚至精神宣泄的需要，拓宽了大学生参与社会生活的途径，能够影响和改变现实，建构了社会过程和结构。尽管网络提供的这种满足还是浅层次

---

① 《毛泽东选集》，2 版，第 3 卷，850～851 页，北京，人民出版社，1991。

② 《毛泽东文集》，第 7 卷，273 页，北京，人民出版社，1999。

③ 参见［英］诺曼·费尔克拉夫：《话语与社会变迁》，1 页，北京，华夏出版社，2003。

的、不规范的、不平等的，但已促使思想政治教育者思考如何接地气、办实事，解决话语背后的实际问题，体现出应有的人文关怀，回应现实问题，满足合理需求，否则说一套做一套，就会造成公信力的严重丧失，产生所谓的“塔西佗陷阱”，到那个时候，无论变换花样说什么，也没有人愿意听了。

中国音乐美学范畴及其话语体系

■ 杨　赛*

［摘　要］音乐美学是从西方引入的一门现代学科，随着学科建设的不断推进，中国音乐美学已经完成由西学到中学的蜕变，其研究热点也由史的研究逐步过渡到范畴与理论体系的研究。中国音乐美学范畴体系研究的目标，是要建立一整套与中国音乐史实与事实相适应的理论体系，并不断从其他音乐学科乃至人文学科中汲取养料，开辟新的研究领域，形成新的研究方法，以应对全球化背景下音乐学发展的机遇与挑战。

［关键词］中国音乐美学；范畴；体系

音乐美学在西方已有260多年的历史，被引入中国也走过了80多年的历程。中国音乐美学诞生在全球化学术语境中，后又与西方音乐美学渐行渐远渐无穷，与中国音响史实与音响事实也若即若离，走过了一段时缓时急、或左或右、颠簸起伏的发展之路。我们对中国音乐美学的考察，应该从动态学科发展史出发，既追溯中国音乐美学的来路，又探索中国音乐美学的去路，既重视西方音乐美学的学术传统，又要凸显中国音乐美学的基本特征与使命，实现古与今、中与西的交汇融合，对世界音响史实与音响事实做出回应，彰显更加独立的、更加有效的学科生命力，形成中国音乐美学独特的学术品格。

中国是一个举世瞩目的音乐大国，中国音乐对中国传统、中国社会、中国价值、中

* 杨赛，博士，比利时根特大学艺术哲学博士后，复旦大学文艺学博士后。上海音乐学院艺术学博士后，硕士生导师，青年骨干教师，中国仪式音乐研究中心研究员；香港中文大学高级访问学者；上海市迎世博教授专家志愿者；欧盟 lotus 基金、霍英东教育基金、中国博士后科学基金、上海市人才发展奖金获得者。主编教材4部，发表专著2部、论文60余篇。

国生活、中国文化影响之广、影响之深，再怎么估量也不为过。中国的史前文明，完完全全地浸泡在音乐中。中国漫长深厚的礼乐文明，在发轫之初，乐比礼占据更重要的位置。就算是礼乐发达的阶段，礼也是完全离不开乐的。近现代的国学研究，对乐的关注还远远不够，因而很难对中国传统文化做出合理的解释。这个巨大的学术空间，只能由音乐学来填补。近年来，音乐学整体取得较大发展，高等音乐专业教育日益壮大。音乐创作、音乐表演日益繁荣，音乐美学理应对过往和当下的音乐存在做出合理的回应。

从夹缝中走过近三百年的音乐美学，独立直面了大量的课题，既不可能重归于哲学，也不可能拘囿于一般意义上的音乐学，更不会是哲学与音乐学的交叉，它正在发展成为一门相对独立的学科，尽管还有待成熟，但它一直处在永无终结的进程中。结合H. 里曼的“倾听”理论、韩锺恩的“临响”理论以及达尔豪斯等人的相关论述，我们对音乐美学的学科性质做出新的表述：音乐美学是一门建立在历时的、整体的、动态的临响体验基础上的理论性学科。

达尔豪斯曾经用“绝对是音乐的理论”这一概念对音乐美学做了三个限定：(1) 18世纪以来，(2) 歌剧和交响乐，(3) 从听众的角度。然而，进入21世纪，音乐美学的研究对象正在悄悄发生变化，新的研究领域渐次向音乐美学敞开。音乐美学的第一道风景线是当下的音乐存在，即音响事实与音乐呈现。音乐美学的第二道风景线是音乐的历时存在，即音响史实与音乐传统。音乐美学的第三道风景线是他人的音乐存在，即人类集体的音乐审美经验。音乐美学的第四道风景线是音乐的非音响的音乐存在，即音乐与语言、思维、价值、体制之间的有效关联。

黑格尔在《哲学史演讲录》中说：“既然文化上的区别一般是基于思想范畴的区别，则哲学上的区别更是基于思想范畴的区别。”中国音乐文化之所以不同于西方音乐文化，是因为我们形成了一套非常特别的范畴。中国音乐美学范畴对中国音响事实与音响史实能做出完满自足的回应。今天，我们研究中国音乐美学的范畴，可以揭示中国音乐美学的内在逻辑和中国音乐美学发展的客观规律，有助于我们更深入地观察音乐在中国文化中的作用与地位，有助于我们拿出有特色、有价值的音乐理论与西方音乐学界进行对话与交流。

纵观中国音乐美学范畴发展史，可以分为五个时期。第一个时期为先秦时期，是中国音乐美学范畴的发轫期。诸子百家提出了大量的元范畴，争鸣异常激烈，建立了中国音乐美学的核心架构。第二个时期为两汉时期，是中国音乐美学范畴系统化、定型化的时期。诸子百家提出的大量音乐美学范畴在这个时期进行了整合，形成了一整套礼乐理论体系，并不断被付诸实践。第三个时期为魏晋时期，是中国音乐美学范畴丰富和转变的时期。嵇康、陶渊明等继先秦诸家的另类传统，对礼乐理论范畴体系中的一些基本命题进行了否定。第四个时期为隋唐至明清时期，是中国音乐美学的发展时期，礼乐理论得到进一步的补充。第五个时期为 20 世纪以来，中国音乐学界一方面为顺应世界音乐的发展，围绕振兴国乐这一课题而进行的探讨，另一方面，萧友梅引入西方音乐美学，在青主、黄自等人的推动下，中国古代音乐美学进入现代转换与新生时期。

中国音乐美学的理论体系包括“感觉与感知（声）—序化与象征（音）—礼乐制度（乐 yuè）—价值认同（乐 lè）—和”五层结构。在数千年的时间里，无数的理论家前赴后继地参与了这一体系的构建。中国音乐美学试图实现情感与身体、思想与行为、价值与制度、人道与天道之间的完美统一。

在中国早期音乐美学理论中，情是诗的基础，诗是礼乐的基础。在虞、夏时期的礼乐中，就有诗。《诗经》是周礼乐的基础。在礼崩乐坏过程中，诗与乐分离。乐起源于人们对天神的敬畏、崇拜与感恩。乐是人内在的自觉要求，具有流动性。乐能校正人们的情感和认识，加强族群的认同感和凝聚力。礼与乐的关系有三个层面：以礼合乐，以乐合礼，礼乐结合。礼乐之道，是最基本的社会价值体系和社会制度，是中国社会长期稳定的基础。

中国音乐美学的理论大厦，是一个纵横交错的斗拱式结构，道家、儒家、墨家、玄学家为这个大厦树立了四根坚实的支柱。

原儒家提出的核心音乐美学元范畴是“乐由中出”。儒家将“中”的思想，远绍到黄帝、帝喾、殷商时代，周文王将“中”确立为立国之本，周公旦将“中”确立为执政的基本原则。周王朝早期的统治者试图建设一个守“中”的国家，以期得到神灵的保佑。“中”是周王朝礼乐制度的基础。

周公广泛吸收前代礼乐成果，制定周的雅乐，试图将整个社会的意识形态引向清晰、节制和中庸。在周初的雅乐系统中，既有中央音乐，也有地方音乐，既有雅乐，也有俗乐，既有中原音乐，也有夷乐。周雅乐是一个丰富、包容、开放、集大成的音乐体系，与周的制度体系和价值体系紧密相关。西周雅乐是西周王朝合法、合理的体现，西周王朝赖此持续强盛了差不多 300 年。随着西周王朝的衰败，西周王朝对诸侯国的政治控制力和文化影响力日益减弱，诸侯国渐次崛起，形成了各自的文化传统。西周晚期，各地各级社会管理和意识形态陷入严重混乱。这就是所谓的礼崩。礼崩主要体现在：周边异族对周王朝军事、政治、文化和社会生活各方面造成冲击，严重威胁周礼乐的基础；周王朝对诸侯国失去制约，原本统一的社会管理体系出现混乱；周属各诸侯国的二级、三级政权也陷入失控状态；周王朝的社会意识形态出现了严重危机；礼的典籍大量遗失。乐坏主要体现在：一部分礼乐遗失，礼乐被渎用，制乐工作停滞，音乐资源流散，乐被僭用，地方音乐兴盛。随着诸侯国势力的扩张，地方音乐传统逐渐向中原地区反向渗透，雅乐越来越世俗化，夷乐和俗乐不断融入礼乐中。到了东周，礼崩乐坏已经不可逆转。

孔子极力主张在周王朝推行“中”治。孔子、荀子和宋代理学家赋予带有原始宗教色彩的“中”更多的理性内容，主张国家在各个层次、各个方面的活动，都要谨守一定的度，以维系整个社会的平衡，实现社会的有效治理。在这根立柱上，儒家安排了许多大大小小的斗拱，构建出礼乐思想体系。

孔子将乐教的传统一直追溯到尧、舜、禹等先王，将原本作为外在律令的“中”转化为个体的内在诉求，约束个体的行为与习惯。荀子将“中”、人情、礼制、乐联系在一起。汉代以后的五声理论，是以“中”论为根据的。五声与身体、尊卑、伦理、五行、配器一一对应。

儒家十分重视音乐在社会治理中的首要作用，提出移风易俗，莫善于乐。儒家总结了早期中国先人社会治理的经验。在漫长的史前时期，语言文字尚不发达、信息沟通尚不充分、社会组织尚不庞大、制度规范尚不健全，音乐在社会治理中发挥着无与伦比的作用，占有决定性地位。与礼制、行政和法律比较起来，音乐更能贴近人的情感、思想，更能改善人的品性，引导社会各阶层产生正确的认识和行为，从而实现天下的大治。

老子提出的核心音乐美学元范畴是“大音希声”论。“大音”和“希声”原是两个声音叙词，“大音”指鼓音，如鼖鼓一类的打击乐器，“希声”指在礼乐中，这类打击乐器尽管重要，但用得很少。老子借用这对术语，来表示道是对立双方矛盾的统一体。“五音使人耳聋”说明老子认为对道的体认来自于个体本身，而不是外在的感官。这一范畴反映了老子对儒家礼乐的批判态度。在传播与接受的互动中，“大音希声”逐渐演变为一种音乐美学，同时也涉及到礼乐体制、道论、释典、艺术鉴赏、人物品评等方面。

孔子提出“放郑声”论。在儒家看来，淫即过，淫即哀，都是表示音乐的非礼乐性质，违背“中”的用乐，是诸侯国统治阶级野心膨胀的表现，都将最终导致本国的灭亡。孔子认为，如果诸国都能用礼乐，就能维持整个周王朝内部的纵向关系与横向关系，从而实现天下的大治。孔子试图用雅乐来化解春秋末期礼崩乐坏的社会危机。然而，礼崩是西周社会发展的必然结果。西周的音乐文化正是在礼崩的过程中悄然发生了变化。“放郑声”论反映了孔子在政治上、文化上的保守主义倾向。

墨子提出“非乐”论。墨子非乐的两个主要理由，其一是“上考之不中圣王之事”，其二是“下度之不中万民之利”。墨子勾勒出一部原始时期的音乐发展史。最初的音乐，都是为了适应劳动与部落管理的需要。进入奴隶社会后，统治阶级利用音乐加强其神权统治，借音乐来歌颂自己的武功，又利用音乐作为荒淫享乐的工具，这种情况到了夏代、商代变得十分严重。周代以来，音乐的阶级化和理论化更加明显，建立了完备的礼乐制度，成立了专门的音乐机构。墨子认为，诸王在因袭前代乐的基础上，又增加了新乐。从数量上看，乐是越来越多了，而政绩却并未得到提高，所谓“乐逾繁者，其治逾寡”。所以墨子说乐“上考之不中圣王之事”。墨子又列出了六条理由说明“下考之不中万民之利”，认为制乐、听乐与社会生产生活相矛盾，反映了春秋末年以来，古代奴隶制濒于瓦解并开始向封建制度过渡的时期里，小生产者阶层和人民群众要求保障自己的生命财产和改善自己的社会地位的愿望。墨子表面上是借圣王立言，实质上是替下层百姓说话，他对当时的统治阶级假礼乐之名行腐化之实的生活进行了揭露和批判。墨子的“非乐”论，一来自于儒家非乐一派，二来自于夷族非乐一派，三来自于鲜明的阶级立场。

为应对墨子的“非乐”论，荀子专门作了一篇《乐论》，开篇即旗帜鲜明地亮出儒家的观点：“夫乐者，乐也”。荀子认为，完全可以通过乐来调节人的情绪与行为，使人的品性向善的方面转化，实现天下大治。整篇《乐论》都是紧紧围绕这一观点展开。儒家试图利用音乐与性情的密切关系，将礼乐制度变成个体自动、自发的情感选择与行为规范，由社会上层阶级到社会下层阶级、由外在的行为到内在的思想、由情感熏陶到品性养成，最后形成集体意志，从而实现整个天下的大治。

庄子提出“天乐”论，把回归本性、本真作为音乐理论的基础，建构了道家音乐美学的基本体系。庄子站在“守拙保真”的立场，提出“宾礼乐”，认为儒家所倡导的礼乐理论违背了事物和人的本性、违背了社会自然分工的原则。墨子的非乐、节用违背天下人的志愿，不便于整个社会的治理。庄子提出“坐忘”与“心斋”，其本质是无为，其方法是物化，它是一种与天地大道齐一的人生境界。正是因为消除了物我之间的分隔，主体与客体之间的物感关系与感物关系都不存在了，人的情感活动归复于平和。

作为儒家音乐美学思想转型的代表，孟子提出了“与民同乐”论。孟子并没有纠缠于先前的古乐与新乐之争，而是敏锐地观察到小农体制已经成为各国的政治改革的主流，“民”作为一股重要的政治力量登上历史舞台，这才是他最大的发现。孟子的音乐美学思想与其政治主张密切相关，同时，也是对有严重复古倾向的儒家音乐美学思想的重要补充。

嵇康提出的“声无哀乐”论，是一个十分重要的音乐美学范畴，它是魏晋玄学家的思想与人格在音乐上的反映。这个命题表明了玄学家越名教而任自然，不与世俗社会相调和的政治选择，又说明玄学家醉心琴啸，借音乐以平和心境的高情远趣，充分运用辩证的思维，将音乐与情感区分开来，直问音乐的本质，对儒家礼乐理论的论据、论证方法都提出了批判。

青主提出了“音乐是上界的语言”论，来回答“什么是神圣的音乐”“音乐在各种艺术当中处在什么地位”“音乐的原素是什么”诸问题。青主的 音乐美学思想，既有表现主义的渊源，又深受马丁·路德等人的神学影响。青主试图运用音乐来改良国民性，这是“五四”新文化运动思想在音乐美学思想上的延伸与体现。青主将音乐视作最高等的艺术，表达了他对传统音乐的不满和绝望，体现了他浓重的启蒙主义情节。青主赞同“上界”“灵界”“内界”的艺术，反对外界的艺术，赞同表现的艺术，反对模仿的艺术。他认为艺术本身是虚伪的，并与自然相区别；艺术表演一定是虚伪的，而艺术创作必然是真实的。“音乐是上界的语言”范畴的提出，是中国音乐美学由古代向现代转型的重要标志。

从西方马克思主义百年沧桑看中国当代话语体系建设

——以个人与社会关系问题为视角

■ 董新春*

［摘　要］中国当代话语体系建设是一个紧迫而艰巨的文化工程。以西方马克思主义在个人与社会关系问题上的失误为切入点，坚持运用马克思主义立场方法，融合一切有利于稳定发展的思想资源，与古今中西各种观点进行交流与碰撞，是冲破新自由主义话语霸权、构建中国气派的包容开放的话语体系的有效路径。

［关键词］西方马克思主义；个人与社会；话语体系建设

自上世纪70年代以来，西方马克思主义在历经各种“补充”“完善”马克思主义的鼎盛辉煌之后，日益呈现出一幅看似五彩缤纷、实则迷惘低落的态势，即使2008年金融危机及资本主义批判浪潮的历史契机也没有助其走出困境。西方马克思主义由盛及衰的原因固然众多，但从理论上看，其在个人与社会关系这一基本理论问题上退化为抽象的个人本体论是其事与愿违地与自由主义合流的重要原因。西方马克思主义的理论失误告诉我们，在建立和完善我国当代话语体系的过程中，唯有坚持马克思主义立场方法，立足国情，借鉴西方马克思主义甚至自由主义的经验教训，继承本民族优秀文化遗产，才有可能实现理论的自立与自强。

---

* 董新春，安徽宿州人，天津师范大学马克思主义学院副教授，从事国外马克思主义研究。

一、从“无产阶级意识”到“个人本体论”：西方马克思主义的怪圈

探索西方马克思主义的兴衰，必须追溯到19世纪末期。随着社会主义由空想转为科学，社会主义运动不断成熟与壮大。出于长远利益考虑，资产阶级开始调整统治策略——提高工人阶级的福利待遇、鼓励参政议政，等等。这些缓和阶级矛盾的做法却引发了原本看似一体的社会主义阵营的分裂。

伯恩斯坦指认资本主义的质变“给与各种观念要素、特别是伦理因素以前所未有有更为广阔的独立活动范围”①。通过“改良”和议会斗争的方式完全可以和平过渡到社会主义，关键是揭示出社会主义的伦理本性，引导普通个人参与到社会主义运动中来。与之相反，拉法格、卢森堡等理论家认为资本主义并未发生本质变化，以无产阶级群体革命的方式取代资本主义的判断仍长期有效，考茨基关于“社会主义是经济发展的自然而必然的结果”的论断是这一观点的代表性论据②。苏联建国后，这种强调客观经济必然性的观点被进一步强化为僵化的经济决定论。虽然在宣传上仍坚持人的历史主体地位，但在实践中，一切个人的、主观而偶然的因素都被否定。正如布哈林所说：“既然从实质上说一切都是合乎规律地发生的，从无原因意义上讲的偶然的东西是根本不存在的，那末很清楚，历史偶然性也是没有的。”③ 一切似乎都是注定的，不仅个人在历史面前是被动从属的，充其量是少数精英启蒙和领导的对象，而且农民、脑力劳动者也被划归工人阶级群体之外，及至80年代仍宣称“虽然无产阶级的社会经济界限扩大了，但是把从事脑力劳动以及服务业的雇佣工作人员包括进来仍是错误”④。由此判断，在苏联马克思主义那里，被称为历史主体的人既不是普通个人也不是普通群众，而只是极少数作为政治思想精英的个人及被“优选”出来的“小众”。这种无视普通个人历史作用的做法被一些西方学者批评为“人的空白”。

面对僵化决定论在社会主义理论与实践中的弊端，面对19世纪末以降主体意识觉醒、多元化趋势凸显的事实，西方马克思主义开辟了一条以主体性问题为切入点、以哲学研究为载体、从文化视角批判资本主义的“马克思主义主观化”的理路。⑤ 原本，这

---

① 转引自［英］戴维·麦克莱伦：《马克思以后的马克思主义》，34页，北京，中国人民大学出版社，2004。

② 参见［德］考茨基：《爱尔福特纲领解说》，见《考茨基文选》，44页，北京，人民出版社，2008。

③ ［苏］尼·布哈林：《历史唯物主义理论》，40页，北京，人民出版社，1985。

④ ［苏］B.E. 叶夫格拉弗夫主编：《苏联哲学史》，247页，北京，商务印书馆，1988。

⑤ Ben Agger，1979，*Western Marxism：An Introduction Classical and Contemporary Sources*，California：Goodyear Publishing Company Inc，p. 234.

是一次发展完善马克思的思想拜物教理论的重大尝试，但在与现实资本主义社会的交流碰撞中，西方马克思主义却画出了一个从“修正”“完善”马克思主义到实质上的反马克思主义，从批判资本主义到变相捍卫资本主义的怪圈。他们在个人与社会关系问题上的失误是探讨这一悖论形成的重要入口。

卢卡奇是“马克思主义主观化”的第一人。在《历史与阶级意识》中，卢卡奇第一次提出社会主义的“应然”问题。在他看来，20 世纪的人类社会已经迈入多元化的新历史阶段，事实与价值的相对二分态势日益明显，不仅看待同一社会现象时，每个人会形成完全不同的价值判断，即使某一被公认为善的价值，人们仍有可能选择放弃或故意违背它。因此，摆在卢卡奇面前的主要不是社会主义“必然性”问题而是如何由“应然”转变为“实然”的问题。他的做法是在肯定经济因素“作为一种决定一切理论的决定性趋势”的同时重视无产阶级意识在社会主义由趋势转化为现实中的积极作用，以此实现客观决定论与主体自由意志、马克思主义科学性与人文性的统一。[①] 以人与世界关系为研究对象的哲学取代经济学承担起主体性问题研究的重任。

应该说，卢卡奇的这一努力在马克思主义发展史上是具有积极意义的。它是对马克思生前涉及但未及充分论述的思想拜物教理论的补充与发展，也是对伯恩斯坦从“伦理”视角质疑社会主义客观经济必然性的纠正。遗憾的是，由于卢卡奇起用了具有浓重黑格尔主义特色的“总体性”概念并坚信“理性的形式主义的认识方式是把握现实的唯一可能的方式”[②]，马克思至关重要的物质生产“实践”概念及资本主义批判的客观经济维度因此面临着被边缘化的危险。

20 世纪 30 年代法西斯阴云的聚集改变了西方马克思主义的发展轨迹，作为其载体的社会研究所从德国法兰克福迁移到美国。面对物质繁荣、阶级矛盾缓和的北美大陆，霍克海默、阿多诺等人指认卢卡奇开创的通过理论思辨、提升阶级意识克服异化的思路已基本失去效力。与物质相对匮乏的欧洲大陆相比，如何刺激消费需求、将大量生产出来的商品销售出去才是美国资本家迫切要解决的问题。铺天盖地的媒体宣传、信用卡透支等促销手段被创造出来，驱使全社会狂热地投入到消费活动中去，真实需要和虚假需要、统治与被统治之间的界限逐渐模糊，无产阶级也因为拥有日益丰富的物质财富而否认其无产阶级身份并成为现存秩序的坚定拥趸。因此，霍克海默等人决意放弃无产阶级“群体意识”研究转而探讨个人和文化，即以“个性的衰落”问题为切入点[③]，研究资产阶级如何借助消费活动制造更为深刻的思想异化问题。

法兰克福学派的这一战略调整看似思想拜物教研究的深化和逻辑使然，实则开启了

① 参见［匈］乔治·卢卡奇：《历史与阶级意识》，313 页，北京，商务印书馆，1995。

② 同上书，12 页。

③ Max Hordheimer，1947，*Eclipse of Reason*，New York：Oxford University Press，p. 144.

一条极为险恶的理路。那就是，随着从文化及社会心理学视角对个人及思想异化问题研究的深入，人们在具体而微观的探讨中不由自主地忽视甚至抛弃了马克思资本主义批判的客观线索和历史维度。战后资本主义的物质繁荣被描述为“现在如此、应当如此、未来也将如此”①。在这种资本主义“永恒化”的话语体系中，个人除了接受事实、心理调适之外，似乎真的是别无他路。特别是，当弗洛姆说社会主义的目的是“个人主义的实现”、人作为个人“发展自身，改造自身”之时②，当萨特宣称“除了本能，我们不相信任何东西”之时③，当马尔库塞希望借“美学维度”促进团结、实现“诗的正义”和“无剥削的自由”之时④，他们俨然已经回到了近代单子论式的“个人本体论”。在他们对个人及其自由的赞美中，当他们不遗余力地批评消费社会而虎头蛇尾地用“美”“爱”和“本能”勾画解决蓝图之时，不仅马克思主义的个人与社会辩证统一关系被实质性地抛弃，原本反资本主义的雄心壮志也日渐褪色，展示给世人的只是一种为现行秩序出谋划策的“社会病理学”研究。⑤ 事实表明，在个人与社会关系这一重大理论问题上，西方马克思主义已逐渐被现存秩序及自由主义意识形态整编。历史地看，这一失误与其对马克思主义立场方法的抛弃不无关系。

二、对马克思主义立场方法的抛弃：西方马克思主义个人观失误的根本原因

马克思主义立场方法绝不是一句空洞的说辞，而是有着切实而深刻的内涵。“立场”就是站在哪个角度、为谁说话；“方法”则是如何说话、用什么方法说话。在马克思那里，立场与方法是密切相联、缺一不可的。

马克思主义的立场就是始终站在广大受压迫的穷人无产者一方。他毕生的努力就是希望通过无产阶级的解放而解放全人类。这不仅表现在他 18 岁树立的为人类谋福利的宏大志向中，也体现在 1844 年他对异化劳动的揭露和 1867 年《资本论》对工人恶劣的工作生活条件的愤慨中。然而，马克思知道，伦理义愤和空洞的人文情怀无助于现实问题的解决，因此在 1848 年欧洲大革命失败后，他转而投入到长达 40 年的经济学研究中去，真实而深刻地披露了在利润最大化目标的驱动下资本主义的前身后世，批判自由主义者精心编造的资本主义永恒化和人人自由平等的谎言，帮助人们冲破自由主义的重重

① Max Hordheimer, 1947, *Eclipse of Reason*, New York: Oxford University Press, p. 142.

② Eric Fromm, 1961, *Marx's Concept of Man*, New York: Frederick Ungar Publishing Co, p. 3.

③ Jean-Paul Sartre, 1975, *Existentialism and Humanism*, London: Eyre Methuen Ltd, p. 28.

④ Herbert Marcuse, 1968, *An Essay on Liberation*, Boston: Beacon Press, p. 17.

⑤ Paul Edward Gottfried, 2005, *The Strange Death of Marxism*, Missouri: University of Missouri Press, p. 9.

迷雾、摆脱思想异化。从这个意义上说，马克思对资本主义的经济批判同时也就是对它的文化批判。用南京大学张一兵的话说，马克思是通过探讨“经济学语境中的哲学话语”的言说方式，将经济学与哲学、经济与文化、客观性和主体性双重维度有机统一起来。① 只有运用唯物辩证法，从历史的现实的具体的维度看待和分析现实社会问题，才可能对无产阶级弱势群体的处境感同身受，进而推动理论创作、促进现实改造，也只有这种将事实分析与价值导向、客观性与主体性统一起来的马克思主义理论才真正配得上“科学”之名。

反观西方马克思主义的失误，其一，他们从未真正拥有无产阶级立场。马尔库塞的学生 Gottfried 在反思西方马克思主义“奇怪的死亡”时发现，早期由知识分子、艺术名人甚至流浪汉组成的西方马克思主义者群体之所以对马克思主义抱有好感并加入本国共产党，其原因或是出于对传统天主教的厌恶，或是出于对苏联社会主义革命的盲目憧憬，或者干脆是一些犹太哲学家为对抗法西斯主义的无奈之举，真正为工人阶级着想、对马克思主义有深入了解的人少之又少，更毋论对“科学社会主义”的追求和信仰。② 因此，不难理解，当苏联社会主义出现集权等问题，特别是赫鲁晓夫二十大报告对斯大林痛加指责之后，这些原本就不坚定的“马克思主义者”很轻易地将个人及政党的错误与马克思主义画上等号，迫不及待地与马克思主义划清界限。

其二，他们从未真正理解和运用马克思以物质生产实践为基础的唯物辩证法，因而在文化批判的偏执中迷失了本应有的反资本主义方向。

自由主义与资本主义是同体合一的关系，前者是精神支柱和说理论证，后者是实践落实和制度保证，它们共同维护着私有产权及个人自由至上原则。在个人自由问题上，马克思一方面充分肯定资本主义生产方式给个人带来的前所未有的自由发展空间，另一方面，又以经济事实为依据揭露自由主义所谓自由平等的虚假性和无产者的“新奴隶”本质——“罗马的奴隶是由锁链，雇佣工人则由看不见的线系在自己的所有者手里。”③ 在他看来，唯有立足物质生产实践，在资本主义客观经济批判的基础上揭露资本主义私有制的严重弊端，再集无产者群体之力，才能在改造社会的同时赢得个人真正的自由平等。马克思这条融经济和文化为一体的双重批判思路却遗憾地被西方马克思主义者曲解了。从他们关于“自我创造”“个人创造历史，因而也创造自身”、将个人自由置于首要地位的言说中，人们很难看出他们对自由主义的批判态度。甚而，在弗洛姆关于“马克思对资本主义批判的核心不是财富的不公平分配而是劳动被曲解为强制性的、异化的、

① 参见张一兵：《回到马克思》，572～580页，南京，江苏人民出版社，2003。

② Paul Edward Gottfried, *The Strange Death of Marxism*, Missouri: University of Missouri Press, 2005, pp. 28-35.

③ 《马克思恩格斯文集》第5卷，457页，北京，人民出版社，2009。

无意义的劳动”的论断中，在弗洛姆只强调劳动的人道化而不反对私有产权制度的表态中，资本主义批判立场也已经被弗洛姆实质性地抛弃。①

由于上述问题的存在，60年代的西方马克思主义实际上已经与马克思渐行渐远。抛弃马克思主义的立场方法、特别是抛弃其资本主义经济批判维度是这一现象的深层根源。历史地看，这一失误早在30年代末已露端倪。1939年，在霍克海默担当社会研究所领导职务之时，或许是出于资本主义虽存在异化但仍充满活力的形势判断，更或许是担心对马克思主义经济学的研究有可能吓跑资助社会研究所的千万富翁，他开始有意识地远离马克思资本主义经济批判思路，并对其学生格罗斯曼从经济学角度批判资本主义的努力嗤之以鼻甚至有意阻拦。② 就这样，马克思毕其一生研制的最有冲击力的批判武器被西方马克思主义者轻而易举地上缴给了自由主义。失去了对现存社会的客观分析及其蕴含的历史性现实性维度之后，西方马克思主义的所谓文化批判就只能是碎片化的和主观的，现实的个人的丰富内涵被掏空成自由主义式的抽象，个人自由也随之变身虚妄的幻影。从这个意义上说，西方马克思主义者虽然口口声声强调社会群体的作用，但实际上却偷偷地踱着“个人本体论”的脚步走向自由主义。60年代的学生运动既在一定程度上标志着这种纯粹文化批判理路的失败，更是思想精英利用马克思主义装扮自身理论后的派对狂欢!

三、西方马克思主义个人观的失误对我国当代话语体系建设的借鉴意义

我国当前正处于战略机遇期和危机高发期的交汇点上，反思西方马克思主义在个人观上的失误对于建构中国当代话语体系，实现“道路自信、制度自信、理论自信”具有很强的理论和现实意义。在中国，对马克思主义立场方法的坚持就是要立足现实国情和最广大人民的根本利益，以实事求是、与时俱进、博采众长和批判继承为原则深化马克思主义研究，继承中国传统公私观精华，甚至借鉴自由主义发展经验。

1. 深化多元化背景中的马克思主义研究

西方马克思主义者对马克思资本主义经济批判的质疑和排斥绝非偶然。自19世纪末以来，资本主义开始不断调整统治策略，工人阶级的政治权利不断扩展，物质生活水

---

① Eric Fromm. Marx's Concept of Man. New York: Frederick Ungar Publishing Co. 1961. p. 42.

② [加] 阿兰·弗里德曼：《没有马克思经济学的西方马克思主义——为什么马克思主义在国际金融危机中没有壮大起来?》，载《国外理论动态》，2011 (1)。

平不断提高。随着教育程度的提高，工人个体的主体意识不断觉醒，价值多元化时代姗姗到来。二战后，这一特征更加明显，新社会运动此起彼伏，以往被传统秩序边缘化的个人和少数族群纷纷登上历史舞台。20 世纪末至今，网络信息技术的普及为个人提供了更为广阔的发声平台。网民看似微不足道的评论与跟帖就可能导致制度的修改、贪官的落马。人类到了必须重视普通个人历史作用的时候了！

这是西方马克思主义思想转化的现实土壤，马克思对此是不知情的，恩格斯也只是刚刚接触到了这一多元化过程的开端。从总体上说，他们还都处于个人除委身无产阶级“整体”别无出路的历史阶段。因而，马克思在长期的经济研究中，对思想拜物教及资本主义文化批判虽有触及但言之甚少。也许在他看来，只要从经济学视角揭示资本主义生产方式的弊端、从客观上证明资本主义的暂时性，就必然会引发无产阶级的革命意识。然而，后来的历史证明，在主体性和价值性问题上，马克思的确想简单了。但正如其所言，特定社会的人只能提出和解决他那个时代的问题。在个人问题上，也同样不能对马恩求全责备，关键是后人如何坚持实事求是、与时俱进的原则，“本着马克思的精神继续发展马克思的基本观点而超越马克思”①。站在 21 世纪的新高度反观 20 世纪苏联马克思主义和西方马克思主义两种极端的兴衰，我们走到了将马克思资本主义批判的客观维度与主体维度、经济批判与文化批判重新结合的关节点。深化个人主体性和价值性研究、挖掘发展马克思“现实的个人”及思想拜物教等重要思想不仅是马克思主义与时俱进的理论要求，更是我国当前构建新话语体系、积极应对多元化挑战、批驳自由主义等各种思潮的现实需要。

2. 借鉴自由主义发展经验

自由主义自近代以来始终在世界政治舞台上占据主导地位，即使 2008 年金融危机引发的新自由主义批判热潮也并未从根本上撼动其根基。自由主义的这种“奇怪不死”与它融原则性与灵活性为一体的特点息息相关。在坚持个人自由原则不变的前提下，它在个人与社会关系问题上的不断创新是其应对西方社会变迁的法宝。②

在自由主义鼻祖洛克看来，个人与近代物理学中的原子一样是理性、自主与自足的。社会由个人组成，个人是社会优劣的评价标准。为了充分调动个人的积极性，洛克、亚当·斯密等自由主义者分别从政治和经济等不同角度设计了有限政府、分权、法治、市场经济等原则严格约束政府权力、保护个人的自由权利。他们相信，只要个人自由发展，社会就必定随之进步，因而无须对社会予以过多关注。然而，这一理路由于 19 世纪主要资本主义国家爆发的一次次经济危机、工人阶级革命情绪的日益高涨而面临严

① ［德］亨利希·库诺：《马克思的社会、历史和国家学说》，4 页，上海，上海世纪出版集团，2006。

② Colin Crouch, *The Strange Non-Death of Neoliberalism*, Cambridge: Polity Press, 2011, vii.

峻的挑战。约翰·密尔开始了对自由主义的第一次调整，即在坚持个人自由原则的基础上兼顾社会和他人利益，抛弃那种孤立化、原子化的传统个人理念。此后，在杜威、凯恩斯、罗尔斯等自由主义者的努力下，一种新个人主义理念诞生了，它强调人的社会性及人与人之间的合作，主张以政府之力促进个人自由的实现。在这一思想的影响下，19世纪末至20世纪中期，主要资本主义国家纷纷建立福利保障制度、降低劳动时间、提高工人受教育水平、鼓励工人参政议政，最终成就了二战后资本主义社会长达20年的黄金发展。

70年代的石油危机打破了资本主义长期繁荣发展的美梦。石油价格和企业生产成本的上涨、福利制度的膨胀，使得欧美企业不堪重负、社会经济发展滞缓。以哈耶克、弗里德曼等人为代表的新自由主义者抓住了这一历史机遇，进行了自由主义发展史上的第二次调整——既在赋予个人生产经营权的问题上回归古典自由主义，又反对其“守夜人政府”的理念，同意政府“作为规则制定者和裁判员”主动干预经济社会事务。① 这一重大调整直接带来了资本主义经济在80、90年代的起死回生。然而，与之伴随的贫富差距拉大、个人自由权利萎缩等事实也一直遭人诟病，特别是2008年金融危机更是使其弊端日益暴露。② 在此起彼伏的声讨中，当下的自由主义再次出现了多重调整的迹象。譬如，面对欧洲国家日益严重的移民及多元文化问题，Alexej Ulbricht 提出“自由主义的多元文化主义”以保护自由主义核心免受外来文化的威胁。③ Colin Crouch 指认集体与个人本质上不存在优先性问题，希望通过重提“市民社会”以保护和扩展个人自由。④ William Galston 更是早在世纪之初就试图发展伯林的价值多元论，以“差异”为基础界定一种包容价值多元主义的新自由主义。⑤

不能不说，自由主义发展史就是一个坚持个人自由原则不变的前提下“与时俱进”不断革新的思想发展史。尽管我们不接受自由主义理论本身，尽管如丹尼尔·贝尔所说现代西方文化是一种个人丧失社会根基的文化⑥，因而它能否真正缓解个人与社会的紧张关系尚存疑问，但就其与时俱进地调整理论和政治实践的做法而言，自由主义者显然要比固守僵化经济决定论的苏联马克思主义，以及脱离实践空谈个性与自由的西方马克思主义要高明得多。

---

① 参见［美］米尔顿·弗里德曼：《资本主义与自由》，30页，北京，商务印书馆，2004。

② 参见［英］大卫·哈维：《新自由主义简史》，136页，上海，上海译文出版社，2010。

③ Alexej Ulbricht, *Multicultural Immunisation: Liberalism and Esposito*, Edinburgh: University Press, 2015, p. 29.

④ Colin Crouch, *The Strange Non-Death of Neoliberalism*, Cambridge: Polity Press, 2011, p. 147, p. 161.

⑤ William Galston, *Liberal Pluralism: The Implications of Value Pluralism for Political Theory and Practice*, Cambridge: Cambridge University Press, 2002, p. 23.

⑥ 参见［美］丹尼尔·贝尔：《资本主义文化矛盾》，168页，北京，生活·读书·新知三联书店，1992。

3. 传承发展中华民族文化中公私观的合理思想

与自由主义放任追求私利的做法相反，以儒家为核心的中国传统文化充满了对“大公无私”“公而忘私”的赞美和对“假公济私”“损公肥私”行为的谴责。《论语》的“君子喻于义，小人喻于利”，《礼记》的“大道之行，天下为公”，孟子的舍生取义，董仲舒的“正其义不谋其利，明其道不计其功”等思想都体现了重公轻私的基本道德要求，形成了独具特色的中华传统价值观。

中国传统文化是在讨论义利关系时阐发公私关系问题的。在冯友兰先生看来，儒家指认“无条件服务于社会和他人的公利是社会中每个人的义务”①。儒家不否认个人对私利的追求，但既然个人的生存发展离不开社会群体的支持，因而当公私利益发生冲突时，只有牺牲个人利益、成就国家民族等公共利益才被视为真正符合“义”的行为。这种以个人绝对服从群体的方式、将个人与社会统一起来的价值观虽然被一些人批评为忽视和牺牲个人利益的“绝对的集体主义”，但它对塑造民族性格、培养民族气节却起到了至关重要的作用。即使从个人角度来看，儒家这种“见利思义”“先公后私”的做法也是个人在道德实践中超拔人生境界、追求完美人生的必然诉求。作为儒家代表的孔子和孟子当然知道每个人都有追逐私利的本性并因此相互冲突，但他们恰恰鼓励人们在这种逐利行为中、在公私利益冲突时通过牺牲私利、成就公利的价值选择以实现个人道德境界的提高、塑造大写的“人”。其境界之高、视野之宽远非以个人利益为最高目标、以个人本能和物质贪欲为进步动力的自由主义可比，从长远来看更有利于国家民族的长远发展及个人的自由发展。因此，作为现代新儒家代表的杜维明先生主张用中国传统文化的公私义利观去消解现代性的“自由主义（其中蕴涵个人主义）、经济主义、科学主义和人类中心主义”之毒以实现人类的可持续发展。②

当然，弘扬中国传统义利公私观绝不是复古。毕竟，儒家鄙视私利追求、重公抑私的主张的确在一定程度上抵制了个性发展，不利于保护个人权利，阻碍了中国近代的科技创新。因而，关键是如何在现实生活中践行个人与社会相对独立又相互依存的关系，既要使普通个人看到国家民族和社会群体在个人发展中的基础和支撑作用，又要鼓励个性发展和个人创新，允许奇思怪想甚至是胡思乱想。只有这样，才能使传统公私义利观适应当代社会的多元化要求，促进传统文化的继承与创新。

综上所述，当代话语体系建设是我国当前面临的一个艰巨但又必须努力攻关的系统文化工程。它是中国成为世界第二大经济体后与世界各国进行深层对话的现实需要，更是促进中华文化复兴、增强民族凝聚力的精神诉求。只有融合一切有利于我国社会稳定

① Fung Yu-Lan, *The Spirit of Chinese Philosophy*, Westport: Greenwood Press, 1970, p. 15.

② 杜维明：《现代性与物欲的释放》，2 页，北京，中国人民大学出版社，2009。

发展的思想资源，与古今中西各种思想进行交流与碰撞，才能避免西方马克思主义在个人与社会关系问题上的误区，才能冲破新自由主义营造的世界话语霸权，形成中国气派的包容开放、既有文化传承又有时代气息的当代话语体系。

增强中国外交话语权的对策思考

■ 凌胜利*

［**摘　要**］随着中国实力的不断增强，中国在国际体系的角色已由“参与者”转变为“建设者”。不过中国的实力和国际影响力并不相匹配，缩小两者之间的差距需要全面提升中国的国际话语权。在此之中，外交话语至关重要。由于文化差异、政治分歧、经济竞争等原因，外界对中国的误解颇多，疑虑重重，这严重地影响了中国国际形象的提升和国际影响力的增强。为了增信释疑，营造和平发展的有利外部环境，中国先后倡导新安全观、和平发展、和谐世界、新型大国关系、命运共同体等一系列外交理念，但总体效果相对有限。反思其原因，中国的外交话语权太弱是关键所在。为了改善中国外交理念的国际传播效果，进而提升中国的外交话语权，需要把握好说什么、为谁说、如何说三大问题。在国际体系改革和全球治理的新旧交替时期，中国应该抓住时机在国际社会发出自己的声音，提出一系列体现中国理念的外交新主张，抢抓国际体系改革和全球治理的话语权和道义制高点，力争将中国日益增强的国际影响力转化为国际制度性权力。

［**关键词**］外交话语；外交理念；国际话语权；国际影响

随着中国实力的不断增强，中国的国际地位将继续提升。日益强大的中国在国际社会中扮演何种角色、如何发挥作用是未来十年中国外交面临的重要课题。中国不仅需要

---

* 凌胜利，男，外交学院国际安全研究中心副主任，博士。在《世界经济与政治》《国际问题研究》《当代亚太》《外交评论》等核心刊物发表论文 30 余篇。主要研究方向是中国外交、国际安全与大国战略、美国外交。

基于物质实力多做国际贡献，还需考虑给世界提供何种思想和理念，进而能够在世界新秩序构建中取得有利地位，更好地承担起国际责任。在当前国际体系转型和全球治理改革的新旧交替时期，中国应该抓住时机，在国际社会不断发出自己的声音，提出一系列体现中国理念的新主张，抢抓国际体系转型和全球治理改革的话语权和道义制高点，力争将中国日益增强的国家实力转化为国际制度性权力，进而扩大国际影响，提升国际形象。

一、我国已提出的相关外交理念及其成效

近年来，作为国际体系、全球治理的参与者、建设者和贡献者，中国不断提出自己的新主张、新倡议、新理念，受到了国际社会的一定认可，也增强了中国的话语权、提升了中国的国际形象。冷战后，顺应日益变化的国际新形势、新格局、新问题，中国不断倡议推动国际格局多极化、促进国际关系民主化，得到了世界多数国家的认可与支持。

一是新安全观深得民心。针对冷战思维作祟，安全对抗不利的国际安全局势，中国有所创见地提出了新安全观，并与俄罗斯等国一道积极宣扬新安全观的理念、内涵与实施路径，为促进冷战后国际和平与地区稳定做出了积极贡献。① 新安全观以“互信、互利、平等、协作”为内容，主张共同安全、合作安全，强调既要维护本国安全，又要尊重别国安全，促进人类共同安全。新安全观的提出契合了冷战后全球化加速发展，各国相互依赖密切加深的现实，减少了旧有的结盟对抗安全观念对国际和平与稳定的负面影响。

二是和平发展增信释疑。针对外界对中国快速发展的猜忌与担忧，中国适时地提出了和平崛起、和平发展的新理念，有利于增信释疑、加深了解、促进互信。② 改革开放30多年来，中国经济持续快速增长，许多国家对中国的实力增强感到不适，“中国威胁论”不时响起。针对此种不利情况，中国开始主动向国际社会表达良好战略意图，阐述中国和平发展理念。中国认为，中国的发展不仅有利于自身，也有利于世界。中国奉行体系内发展的原则，是国际体系的建设者、贡献者而非颠覆者。③ 和平发展理念的提出有利于减少外界对中国的猜忌与担忧，起到了增信释疑的积极作用。

① 参见王勇：《论中国的新安全观》，载《世界经济与政治》，1999（1），42～45页。

② 参见戴秉国：《坚持走中国和平发展道路》，载《当代世界》，2010（12），5页。

③ 参见王帆、凌胜利：《中国的外交政策变强硬了吗？——如何理解中国新外交》，载《当代世界》，2013（3），25页。

三是和谐世界众望所归。随着中国对国际社会融入的不断加深，中国也不断肩负起负责任大国的世界使命，提出了“和谐世界”的重要理念，倡导“开放包容精神，尊重文明、宗教、价值观的多样性，尊重各国选择社会制度和发展模式的自主权，推动不同文明友好相处、平等对话、发展繁荣，共同构建一个和谐世界”①。和谐世界是世界各国人民的共同愿望。中国主张构建和谐世界，推动持久繁荣不仅表达了中国的心声，也是世界的心声。尽管当前世界各国因各种矛盾存在不和，但和谐世界的理念还是符合绝大多数人的理想诉求，是中国关于世界新秩序的重要主张，也给世界提供了一幅有关未来美好生活的华夏蓝图。②

四是包容发展兼济天下。在应对世界金融危机，促进国际体系转型方面，中国不仅表明了自己渐进改革的主张，还提出了新的发展观以飨世界，包含合作发展、协调发展、稳定发展、平衡发展四个方面。③ 针对南北差距不断拉大，世界发展不平衡持续加剧，国际政治经济制度改革势在必行的局面，中国主张平衡发展、包容性增长，为促进世界发展提供了新理念、新思路、新模式。与此同时，中国国内所积极倡导和大力推进的科学发展观是中国解决国内外困难的重要出路之一，也受到了国内外的肯定与赞赏。中国儒家思想主张“穷则独善其身、达则兼济天下”。发展强大的中国更有能力帮助其他国家实现共同发展，新的发展理念表明中国着力推动世界互利共赢、强弱相助、共同发展。

五是新型大国关系砥砺前行。随着中国实力的增长和国际影响力的不断提升，中国与世界的互动进入新的阶段。④ 作为新兴崛起大国，如何处理与传统大国之间的关系，是中国外交亟须解决的问题。回顾历史上的 15 次新兴大国崛起，其中有 11 次与既有大国发生了冲突与对抗。⑤ 中国不愿走“国强必霸”的老路，谋求实现和平发展。构建新型大国关系就是要摆脱崛起大国与传统大国间冲突对抗的历史宿命，为新时期大国关系的良好发展规划蓝图。构建中美新型大国关系意义重大：一是有助于中美两国超越历史上大国之间冲突对抗的“修昔底德陷阱”，打破“国强必霸”的历史规律。二是规划了新时期中美关系发展的蓝图。展望未来，中美关系更加深刻复杂，利益共识与矛盾分歧显著增加，新型大国关系提倡相互尊重，管控分歧，有利于促进中美良性互动。三是开启了中美共担大国责任的新篇章。中美共担责任并非“两国共治”，而是优势互补，各擅所长，共同为国际社会提供更多优质的公共产品，这不仅有利于中美两国，也惠及

---

① 参见王义桅：《“和谐世界”观的三重内涵》，载《教学与研究》，2007 (2)，68 页。

② 参见秦亚青：《和谐世界：中国外交新理念》，载《前线》，2006 (12)，30～32 页。

③ 《胡锦涛为促进世界经济均衡、协调、可持续发展提出四点建议》，见新华网，2008 - 07 - 09。

④ 参见杨洁篪：《新形势下中国外交理论和实践创新》，见中国外交部网站，2013 - 08 - 16。

⑤ 参见王毅：《如何构建中美新型大国关系——王毅外长在布鲁金斯学会的演讲》，见中国外交部网站，2013 - 09 - 21。

世界。

六是命运共同体凝聚世界。命运共同体是新时期中国对世界秩序的新思考，与和谐世界等理念一脉相承。面对世界经济的复杂形势和全球性问题日益增加，任何国家都不可能独善其身。“命运共同体”是近年来中国政府反复强调的关于人类社会的新理念。① 命运共同体是多层次的，涉及双边、次区域、周边、亚太乃至全球。目前，命运共同体在中国的对外交往中被反复倡导，受到了亚洲、非洲、拉美许多国家的高度赞赏。命运共同体强调天下一家，命运相连，反映了当前世界的现状和未来发展趋势。不过命运共同体的构建注定艰难，需要历经利益共同体、责任共同体、情感共同体等阶段。但作为一种理念，命运共同体无疑为人类思考未来提供了新的视角。

总而言之，随着中国实力的不断增强、国际地位的逐渐提升、全球影响的日益加大，中国对国际体系、全球治理的参与也渐趋积极，不断提出新主张、倡导新理念、宣扬新政策。就其成效而言，对于维持与延续我国和平发展的外部环境，宣扬我国政策主张起到一定的积极作用，但总体效果并未达到预期目的，甚至有许多理念主张被无意误解甚至曲意歪解，个中原因多元复杂，其中中国国际话语权较弱关系很大。

二、提升话语权为中国外交理念保驾护航

尽管中国提出了许多好的理念、主张，但国际社会反响并不积极，这与中国国际话语权较弱有很大关系。话语权是一种带有较强主观色彩的话语表达与权力运用，国际话语权则体现国家在国际社会的文化、意识形态、价值观的影响程度和力度，是国家软实力的重要体现。改革开放以来，我国硬实力显著增强，但软实力并未得到相应提升，甚至相较于之前的软硬实力对比效能下降，其中尤为关键的一点是对中国软实力的培植与运用亟待加强，从而逐步有效地提升中国国际话语权，让世界更多地倾听、理解、认可、接纳中国的新主张、新倡议、新理念等一系列中国声音，进而扩大中国的国际影响。要提升中国的国际话语权，必须解决好说什么、为谁说、如何说三大问题。

一是“说什么”。既需要契合中国文化底蕴与价值诉求，也需要兼顾世界基本规范与共同利益。令世界为之震撼动容的中国声音必然是建立在中国国家利益与国际利益相结合的基础上。为了规避大国孤独崛起的困境，中国的新理念绝不能一味地强调中国特色而曲高和寡，而应更多地用中国文化、中国视角、中国思维来诉说世界的共同利益、共同故事、共同命运，并通过中国的自身实践示范赢取世界关注，以此践行中国思想之

① 参见刘振民：《坚持合作共赢　携手打造亚洲命运共同体》，载《国际问题研究》，2014 (2)，1 页。

“己欲立而立人，己欲达而达人”的精髓。

二是“为谁说”。要求对中国的身份进行合理定位。目前中国处于多重身份交织的复杂状态，这既是机遇也是挑战。在不同场合恰到好处地运用中国的身份，可以更好地传递中国声音。作为一个处在不断发展中的发展型新兴大国，中国不仅需要站在广大发展中国家的立场为其仗义执言，还需要承担起大国应有的国际责任，与此同时也要当好新兴国家的典范，为推动国际体系转型和全球治理改革做出积极贡献。未来的中国国家定位应立足于中国是文明古国、友善之邦、负责任的有世界影响的强大发展中国家。国家定位确立了国家战略的着力点，有利于夯实战略基础。基于合理国家定位，中国也就确定了在不同问题上的国际阵营，进而也就明确了中国主张和中国理念所要争取的对象，这对于中国理念、主张的传播意义重大。

三是“如何说”。需要注重中国声音的有效传递。中国不要一味地为了争取听众而削足适履地生硬套用西方话语来传递中国的主张、理念，也不要为了凸显中国元素而偏执地标新立异。中国声音的传递应更多地通过多个国家共同提出而非中国单独表达，要不断巩固、发展国际统一战线，为中国政策主张的合法化提供支撑，这样既可加深相互理解、也能促进相互认同。中国声音的传播要注意受众的基本情况，基于受众制定传播路径将能更为有效地实现传播目标。当前中国的许多良好主张，由于主要是按照中国的思维、依靠中国的媒介进行传播，导致传播效果不佳。为了改善这一局面，中国可在传播路径、技术上有所改进。

总之，随着中国国际地位的不断上升，国际社会对中国的期许也不断加大，对中国的关注更是与日俱增，中国需要更加积极主动地向国际社会宣扬中国新主张、新理念、新政策，提升国际话语权尤为迫切。在具体政策实施上可以采取三条路径：一是加大中国媒体的国际语言报道力度，提升中国声音的国际知晓程度；二是支持中国智库更多地向国际社会发出中国声音；三是鼓励中国学者加强国际交流，加强中国国际关系学术期刊的英文版建设并实现全球互联共享。

三、中国外交理念的原则、领域、路径

1. 中国外交理念的基本原则

为了推动国际体系平稳转型，促进全球治理更加公平合理，中国理念主张应基于国家利益与国际利益平衡、制度建设与维护平衡、国际收益与责任平衡的原则，更加具有主体意识，不断强化建设者和完善者的地位。中国是谋求体系内崛起的大国，在提出任何理念主张时不能谋求否定打倒，而要寻求增益改革。从自身而言，中国的任何理念主

张都要强化中国的遵约意识和遵约责任，倡导既参与制度制定与改革，又严格遵守制度的相关规定。

2. 中国外交理念的问题领域

中国既要在改革旧有国际体系、国际治理制度上积极参与协调，更要高瞻远瞩地推动新问题领域的规则制定。作为负责任大国，在改革权力型、体系型的国际制度时，中国要当好参与者、协调者和建设者。作为新兴大国，在网络、极地、太空、气候变化、环境保护、公共卫生等国际制度尚不健全完善的新领域，中国需要积极作为，更多发挥建设者职能，抢占新制度先发优势。在地区制度建设中，中国要与日韩等地区重要国家共同努力，推动地区制度内聚力建设，提升制度效能，凸显地区制度优势。由于国际体系转型的渐进漫长，国际制度改革的曲折复杂，中国在提出相关理念主张时不宜过多争权谋利、锋芒毕露，警惕对权力结构触动较大而招致打压“围剿”。作为国际体系的强势后生和全球治理的稚嫩新手，中国需要在旧制度革新中跟进谋势，在新制度创建中抢先布局。

3. 中国外交理念的传播路径

中国在提出自身理念主张时是抽象化还是具体化，是单独提出还是与一些国家共同提出事关中国的理念主张，需要具体问题具体分析。目前，中国所提出的诸如“和谐世界”“和平发展”等新理念由于过于抽象而导致其国际效果不佳，而提出过于具体的理念主张又极易引发争议，因而中国在理念主张上应基于不同侧重点而选择抽象或具体的表达方式。具体而言，侧重于中国自身、中国利益时应采用较为具体的表达方式以促进政策透明化，让世界更好地了解中国的良性意图；在关注世界共同利益、平衡发展上应稍微模糊抽象，进而能够更多地引起世界共鸣。此外，中国应更多地联合一些国家共同提出新的理念主张，以免陷入独木难支的境地。和平共处五项原则之所以世界影响巨大，与中国和其他一些国家的共同倡导密不可分。一项理念主张、国际制度的合法化的关键不仅在于其对错，还在于其支持多寡。中国崛起目前面临的一个很大的问题便是孤独，容易出头冒尖，进而导致韬光养晦困难加大。无论是推进国际体系转型还是促进全球治理改革，中国都需要更多的朋友与伙伴。同时，考虑到国际制度的多领域、多层次、多渠道，利益分化组合千变万化，中国可以灵活地因时因地选择不同的朋友共同提出相关主张，既规避了孤独困境，也扩大了国际影响。

4. 中国外交理念的可能选择

目前，在国际体系转型和全球治理改革中，中国主要可提出一些较为抽象的主张，既表达中国声音的存在，也规避了过于具体而触动其他既得利益者。

一是倡导增益改革。无论是代表性改革还是功能性改革，只有推动改革总量的增长而非在现有基础上进行零和再分配，改革才有可能向前推行。增益改革追求共同发展、肯定二次分配，尽力兼顾效率与公平，在分配时尽量照顾广大发展中国家利益。

二是促进平衡发展。平衡发展要求国家利益与国际利益、权利与责任、发达国家与发展中国家、发展与稳定、参与和执行等多重平衡，同时以平衡求稳定，以稳定促发展。

三是主张发展安全。发展与安全是发展中国家的两大要务。针对西方国家对亚非发展中国家的干预加剧，中国与广大发展中国家在坚持主权原则的同时也要提出“发展安全”以应对。以发展求安全，以安全促发展，两者相辅相成。具体而言，要倡导发展是解决广大发展中国家国内外问题的根本动力，同时发展本身也是一个渐进过程，对于发展中存在的诸多问题要通过改革而非颠覆的方式予以解决。要承认发展与安全的差异性与阶段性，不同发展程度的国家对于发展和安全的需求程度存在差异。

四是推进公平世界。尊重多样差异，彰显公平正义，推进互利共赢，促进普惠发展。只有承认、尊重世界多样性的文明、宗教、发展模式，世界各国才可能平等地参与国际体系、全球治理。也只有平等参与、对话、合作，世界才有可能实现公平正义式发展，才能实现稳定与安全。

关于中国话语寻求国际话语权的思考
——学习《习近平治国理政》思想有感*

■ 张晓明**

［摘　要］在中国共产党带领全国人民共同努力下，我们先后解决了中国人的“挨打”问题、中国人的“挨饿”问题，现在中国面临的是“挨骂”的问题。如何在融涵历史、立足现实、着眼未来的基础上，提炼出解读中国实践、中国道路，具有中国风格、中国气派、中国特色的开放融通的中国话语，建构中国话语体系，增强中国在国际上的影响力和感召力，是我们面对的迫切问题。以习近平为总书记的党中央，在对世界文明优秀成果进行选择性汲取，对中国传统文化进行创造性转化的基础上，提出了诸如中国梦、中国道路、中国精神、中国力量、中国价值、命运共同体等具有感召力和影响力的创新性话语，而且身体力行地以这些创新性话语传播中国声音、讲述中国故事，在正确建构中国的世界观的基础上，引导形成世界的中国观，从而有效地回应了世界对中国的关切，为中国梦的实现营造了相对和平的环境。

［关键词］中国话语；国际话语权；中国世界观

进入新世纪以来，随着中国国力的不断提升，中国引起了世界的广泛关注，世界不

---

* 本文是2014年四川省教育厅人文社科重点课题“中国梦蕴含的价值理念及其对外传播研究”（项目批准号14SA0065）的阶段性成果。

** 张晓明，1978年生，男，山西运城人，南京大学哲学系在职博士后，博士毕业于中国人民大学；曾在复旦大学做过一年访问学者，现为西华师范大学马克思主义学院副教授、马克思主义中国化专业硕士生导师，主要从事马克思主义中国化与中国特色社会主义现代化研究。

仅关注中国取得成就的成功秘诀，而且关注中国解决问题的未来走向，更关注中国未来走向的世界意义。针对中国成就、中国问题、中国影响，出现了形形色色的“中国威胁论”“中国崩溃论”“中国黄祸论”等对中国不科学的误读和曲解。如何消除西方对中国的误解、增进西方对中国的了解和理解以及支持是我们迫切问题。习近平自履新以来，就如何在借鉴传统文化、汲取西方先进文明的基础上，打造中国的对外话语体系、增强中国的国际话语权提出了明确的主张，并身体力行，为我们传播中国声音、讲述中国故事、阐释中国特色提供了行动指南和实现途径。

一、习近平关于中国话语寻求国际话语权的论述

自党的十八大以来，习近平先后就“如何在学习借鉴人类文明成果的基础上，打造出能够解读中国实践、中国道路的，具有中国特色、中国风格、中国气派的开放融通的中国特色社会主义话语体系”这一理论命题与实践课题，做过很多次阐述。2012 年 11 月 15 日，习近平在十八届中央政治局常委同中外记者见面时就指出：记者朋友通过对十八大的报道，向世界传递了许多“中国声音”。① 那么，如何传递中国声音呢？2013 年 8 月 19 日，习近平在全国思想工作会议上的讲话中，进一步指出：“在全面对外开放的条件下做宣传思想工作，一项重要任务是引导人们更加全面客观地认识当代中国、看待外部世界……对世界形势发展变化，对世界上出现的新事物新情况，对各国出现的新思想新观点新知识，我们要加强宣传报道，以利于积极借鉴人类文明创造的有益成果。要精心做好对外宣传工作，创新对外宣传方式，着力打造融通中外的新概念新范畴新表述，讲好中国故事，传播好中国声音。”② 那么由谁来传播声音，传播中国声音的目的是什么呢？2013 年 10 月 21 日，习近平在欧美同学会成立一百周年庆祝大会上明确讲道：“希望广大留学人员充分发挥自身优势，加强内引外联、牵线搭桥，当好促进中外友好交流的民间大使，多用外国民众听得到、听得懂、听得进的途径和方式，讲好中国故事，传播好中国声音，让世界对中国多一分理解、多一分支持。”③ 以什么为载体、通过什么方式传递中国声音？2013 年 12 月 30 日，习近平在主持十八届中央政治局第十二次集体学习时的讲话中指出：“提高国家文化软实力，要努力传播当代中国价值理念。……中国梦的宣传和阐释，要与当代中国价值观念紧密结合起来。……提高国家文化软实力，要努力提高国家话语权。要加强国际传播能力建设，精心构建对外话语体

① 参见《习近平谈治国理政》，3 页，北京，外文出版社，2014。

② 参见《习近平谈治国理政》，155～156 页，北京，外文出版社，2014。

③ 参见《习近平谈治国理政》，60 页，北京，外文出版社，2014。

系，发挥好新兴媒体作用，增强对外话语的创造力、感召力、公信力，讲好中国故事，传播好中国声音，阐释好中国特色。”① 传递中国声音除了需要吸收西方先进文明成果以外，如何对待中国文化呢？2014 年 6 月 6 日，习近平在会见第七届世界华侨华人社团联谊代表大会时指出：“中华文化是中华儿女共同的精神基因。希望大家继续弘扬中华文化，不仅自己要从中汲取精神力量，而且要积极推动中外文明交流互鉴，讲好中国故事、传播好中国声音，促进中外民众相互了解，为实现中国梦营造良好环境。”②

从以上论述不难看出，习近平总书记不仅提出了全面开放的世界需要我们提高国家文化软实力、传播好中国声音、讲述好中国故事、阐释好中国特色，而且指出了传播好中国声音、阐释好中国特色、讲述好中国故事需要我们从中国传统文化中汲取力量，需要我们积极借鉴人类文明创造的有益成果，需要我们更新宣传方式、精心构建对外传播体系，用受众听得见、听得懂、听得进的语言进行对外传播，从而使世界在了解、理解中国的基础上支持中国，从而为中国梦的实现创造条件。

二、习近平身体力行地传播中国声音、阐释中国特色、讲述中国故事、践行中国价值

2013 年 3 月份以来，习近平总书记出访多国，以介绍中国国情、解读中国道路、阐释中国特色、传播中国价值为内容发表了多场主题演讲，获得国际社会高度评价，被外媒称之为“中国的魅力攻势”和“成功的公关活动”。

2013 年 1 月 8 日，习近平在主持十八届中央政治局第三次集体学习时就指出：“中国走和平发展道路，其他国家也都要走和平发展道路，只有各国都走和平发展道路，各国才能共同发展，国与国才能和平相处。”③ 那么如何走向和平与发展呢？2013 年 3 月 23 日，习近平在莫斯科国际关系学院的演讲中指出：“今天的人类比以往任何时候都更有条件朝着和平与发展的目标迈进，而合作共赢就是实现这一目标的现实途径。”④ 那么倡导和平与发展的中国提出的中国梦对世界来说意味着什么呢？2013 年 5 月，习近平在接受特立尼达和多巴哥、哥斯达黎加、墨西哥等拉美三国媒体联合书面采访时，在原来我们提出的实现中国梦必须坚持中国道路、必须弘扬中国精神、必须凝聚中国力量的基础上进一步指出：“实现中国梦，必须坚持和平发展。我们将始终不渝走和平发展道路，

---

① 参见《习近平谈治国理政》，161～162，北京，外文出版社，2014。

② 参见《习近平谈治国理政》，64 页，北京，外文出版社，2014。

③ 《习近平谈治国理政》，249 页，北京，外文出版社，2014。

④ 《习近平谈治国理政》，274 页，北京，外文出版社，2014。

始终不渝奉行互利共赢的开放战略，不仅致力于中国自身发展，也强调对世界的责任和贡献；不仅造福中国人民，而且造福世界人民。实现中国梦给世界带来的是和平，不是动荡；是机遇，不是威胁。”① 2013 年 6 月 7 日，习近平在同美国总统奥巴马共同会见记者时讲道：“中国梦要实现国家富强、民族振兴、人民幸福，是和平、发展、合作、共赢的梦，与包括美国梦在内的世界各国人民的美好梦想相通。”② 那么是什么原因使中国倡导世界与中国一道走和平发展的道路？2014 年 3 月 27 日，习近平在联合国教科文组织总部演讲中提到：“文明因交流而多彩，文明因互鉴而丰富。文明交流互鉴，是推动人类文明进步和世界和平发展的重要动力。”③ 2014 年 3 月 28 日，习近平在德国科尔伯基金会演讲中指出：“中国坚定不移走和平发展道路，既通过维护世界和平发展自己，又通过自身发展维护世界和平。走和平发展道路，是中国对国际社会关注中国发展走向的回应，更是中国人民对实现自身发展目标的自信和自觉。这种自信和自觉，来源于中华文明的深厚渊源，来源于对实现中国发展目标条件的认知，来源于对世界发展大势的把握。……中国走和平发展道路，不是权宜之计，更不是外交辞令，而是从历史、现实、未来的客观判断中得出的结论，是思想自信和实践自觉的有机统一。和平发展道路对中国有利、对世界有利，我们想不出任何理由不坚持这条被实践证明是走得通的道路。”④

从以上我们可以看出，习近平不仅提出中国的世界观，而且身体力行地培育和践行和平、发展、合作、共赢的中国世界观；不仅搞清楚什么是中国的世界观，而且指出了中国提出这样的世界观是基于对世界大势的把握、基于对中国道路的认知、源于中华文明的和平历史。也就是说走和平发展、合作共赢的道路，是大势所趋、人心所向。习近平总书记不仅提出了和平发展的中国世界观，还提出“发展是最大的安全”，倡导“共同、综合、合作、可持续的亚洲安全观”，以及中国“和”文化孕育着“天人合一的宇宙观、协和万邦的国际观、和而不同的社会观、人心和善的道德观”，以及世界命运共同体的理念。习近平不仅提出了传播中国声音、打造中国话语的命题，而且身体力行地去用能解读中国实践、中国道路的中国话语传播中国声音。习近平不仅在国内呼吁中国的世界观，而且到国际上呼吁，不仅希望海外留学人员呼吁，而且希望广大人民一起呼吁。因此，习近平总书记为我们呈现了一个打造中国话语、传播声音的路线图，这就是以国家领导人、专家学者、广大海内外中国儿女为主体，以国家富强、民族振兴、人民幸福、世界和谐为内容，以公民的爱国敬业诚信友善、社会的自由平等公正法治、国家

① 《习近平谈治国理政》，57 页，北京，外文出版社，2014。
② 《习近平谈治国理政》，279 页，北京，外文出版社，2014。
③ 《习近平谈治国理政》，258 页，北京：外文出版社，2014。
④ 《习近平谈治国理政》，265～267 页，北京，外文出版社，2014。

的富强民主文明和谐、世界的和平发展合作共赢为价值理念，以选择性汲取世界人类文明有益成果和创造性转化中国传统文化为前提，通过受众听得见、听得懂的方式传播中国声音、讲述中国故事、阐释中国特色，把中国话语的思想内涵、价值追求、历史地位和世界意义讲清楚、讲明白，增进国际社会对我们的了解。

三、中国话语争取国际话语权的过程就是中国如何看待资本主义、如何看待社会主义、如何看待世界、如何看待自己的认识过程

进入新世纪以来，相对于西方资本主义发达国家出现的经济发展“失调”、政治体制“失灵”、社会融合机制“失效”、思想道德“失范”等全方位的困境，出现了“中国这边风景独好”的景象。中国成为世界关注的焦点，世界不仅关注中国如何看待自己，而且关注中国如何看待自 2008 年 9 月以来以美国雷曼兄弟公司破产为标志，西方发达国家陷入的诸多危机和困境，还要关注中国如何看待世界。说到底就是中国特色社会主义资本主义观、中国特色社会主义社会主义观、中国特色社会主义世界观、中国特色社会主义中国观问题。

针对西方发达国家出现的由金融危机连带引起的政治危机、经济危机、社会危机、思想道德危机，通过运用马克思主义观点、立场和方法观察与思考资本主义，我们认为，一方面资本主义的确出现困境和危机，这些困境和危机也确实给资本主义以较大打击，同时，出现困境和危机的资本主义国家正在进行调整，并且仍具有较强的实力，生产力还有进一步释放的空间。但这并不能说明人类社会就终结于资本主义，马克思主义提出的“两个必然”就失效了，而是着眼于实际的思考。从终极意义上，资本主义被社会主义代替是大势所趋，从现在来看，在很长一段时间，资本主义的生产力还有进一步释放的空间，因此我们要正视这个现实，立足这个现实来坚持和发展中国特色社会主义，也就是要在选择性汲取和创造性转化“资本主义发达国家所创造的一切积极成果”的基础上坚持和发展中国特色社会主义。我们提出坚持和发展中国特色社会主义，说到底就是我们一定要着眼国际国内两个大局这个实际，统筹国内国际这两个大局来坚持和发展中国特色社会主义，也就是说，中国特色社会主义的提出是建立在我们经济文化比较落后这个实际基础之上，建立在资本主义还有进一步释放生产力空间这个实际基础之上。也就是说，我们要立足社会主义初级阶段实际、立足当代世界资本主义发展的实际来建设中国特色社会主义。也就是说，不管是我们的改革、还是我们的发展，都要受到社会主义和中国特色的约束，离开“社会主义”这个本质规定性，我们会走上“邪路”，

离开“中国实际”这个规定性，我们会走上“老路”。中国特色社会主义不是“顺着”资本主义国家走，也不是“顺着”传统社会主义国家走，不是“对着”资本主义道路走，也不是“对着”传统社会主义道路走，而是“接着”传统社会主义国家走，“接着”资本主义国家走。什么意思呢？就是对于传统社会主义我们不是全盘否定，而是像小平说的：“对的就坚持、不对的赶快改，新问题出来抓紧解决。”① 也就是说，我们是辩证地看、实事求是地办、与时俱进地干。就是对于资本主义发达国家也不是全盘否定，而是在学习借鉴基础上独立自主地走自己的路。也就是我们不是绕开资本主义建设社会主义，而是在驾驭资本逻辑的基础上建设社会主义，我们不是无视资本主义所创造的先进文明，而是结合中国的实际对于资本主义的文明成果进行选择性的吸收和创造性转化。

对于马恩所设想的共产主义、社会主义，我们不是原封不动地照搬，而是要把马克思主义基本原理与中国实际和时代特征相结合，实现马克思主义在中国的具体化，也就是我们需要的不是一般的马克思主义、一般的社会主义，而是结合中国实际的马克思主义、结合中国国情的社会主义。对于社会主义所具有的本质规定性，我们是要毫不动摇地坚持，与时俱进地发展。这个毫不动摇地坚持，不是口头上的坚持，而是实践当中的坚持；这个毫不动摇地坚持，不是字面意义上在文字上的坚持，而是着眼文字背后的归宿点和出发点的坚持，也就是要结合“为了谁、依靠谁、我是谁”的意义上的坚持。这个与时俱进地发展，不是离开原本的意义，天马行空、随心所欲地发展，而是在继承基础上的发展、坚持基础上的创新。也就是不管是坚持与发展，都有一个前提，就是对于马克思主义、社会主义一定要分层次地看，结合层次来坚持和发展，对于马克思主义与社会主义当中的内核、立场、方法要不动摇地坚持，对于马克思主义与社会主义当中的一些具体结论要与时俱进地发展。对于马克思主义与社会主义，我们不能苛求，马克思主义与社会主义，是行动指南、是理论向导，也就是说，它们只是为我们提供了看问题的角度、方法和立场，这种方法、立场离开我们的实践、离开我们的努力、离开我们的探索，是没有任何意义的。也就是只有在我们想改变这个世界、想认识这个世界、想发展、想建设，并且在实践当中产生问题的时候，回到马克思恩格斯当时的语境，看马克思恩格斯是如何思考问题、解决问题的，进而引发我们的思考，给我们以启发，进而有助于我们解决问题。如果离开马克思主义、社会主义当时的语境，机械地照搬马克思主义、社会主义的结论，是不会成功的。而马克思主义、社会主义的基本原理不是直接呈现出来的，而是需要我们从经典著作中去领会、去感悟，去找那种历史感，去总结那种方法论，去寻求那种政治立场。所以，马克思主义与社会主义的立场、原则和方法不会自动作用于人的实践，更不等于问题的解决，马克思主义立

① 《邓小平文选》，1版，第3卷，372页，北京，人民出版社，1993。

场、方法和原则也不会自动呈现，更不会理所当然地为我们所掌握，而是需要我们真学、真信、真懂、真用。

对于当今世界，我们认为和平与发展仍然是当今时代的主题，这是一个大的判断，但同时也会有局部战争，也会有地区冲突。这个和平与发展不仅是大势所趋，也是人心所向，但是这个大趋势不是离开人的主观努力的纯粹的客观，而是包含人心所向的大势所趋，即需要我们通过自己的发展去争取和平，通过自己的发展争取世界的发展。也就是说，这个和平是争取来的，不是通过战争争取的，而是通过发展争取的，这个发展不是通过革命争取的，而是通过发展争取的，也就是发展中的问题只有通过进一步发展来解决。这个能争取到和平的发展，能争取到更大发展的发展，一定不是把自己的快乐建立在别人的痛苦基础上的发展，一定不是没有任何价值约束的发展，而是全面的发展、以人为本的发展、全面协调可持续的发展、统筹兼顾的发展，是通过发展大家来实现大家都发展。也就是说这个发展是你好、我好、大家都好的发展，是通过全面改革实现的全面发展，是通过全面创新实现的全面发展。过去，当我们吃不饱饭的时候，我们说，发展是硬道理、改革是硬办法、稳定是硬任务，但是，现在我们已经吃饱饭了，解决了挨饿问题，就只能走科学发展才是硬道理、全面深化改革才是硬办法、动态稳定才是硬任务的道路了。不管是科学发展还是全面改革或动态稳定，都是在更多约束下有更高要求的发展改革与稳定，这个高要求、高约束，这个你好我好大家好的要求，这个只有更好才能体现出自己特色和优越性的发展，这个有序、动态、弹性的稳定，只能通过创新来实现，这个创新就是着眼实践基础上的理论创新带动实践创新和制度创新，也就是把成功的实践上升为理论，又以正确的理论指导新的实践，还把实践中已经见长效的方针政策及时上升为制度的过程。

对于中国自己来说，我们每次党代会都会提到十年以及五年，我们所取得的成就、我们所取得成就的原因，以及我们面临的问题，针对这些问题，我们解决的思路、指导思想和路径，也就是我们对于中国的认识不是要么完美无缺、要么一无是处，而是辩证具体地分清成就和问题。对于成就，我们不沾沾自喜；对于问题，我们不惊慌失措，而是坚持成功经验，吸取失败的教训。我们不仅看到我们在经济、政治、文化、社会、生态等方面取得的成就，而且看到在这些方面我们还需要进一步努力完善。我们不仅说，我们的综合国力、人民生活水平有了很大的提高，而且我们也指出，我们正处在而且将长期处于社会主义初级阶段这个最大国情没有变，人民日益增长的物质文化生活需要同落后的社会生产之间的矛盾没变，我们在世界上处于发展中大国的地位没有变。针对我们取得的成就，我们认为关键是我们坚持了共产党的领导，坚持了走社会主义道路，但是我们同时指出，要进一步通过对党的制度建设的改革加强和改进党的领导，提高党的执政能力。我们要进一步拓展中国特色社会主义道路、丰富中国中国特色社会主义理论体系、完善中国特色社会主义制度。我们认为改革没有完成时，只有进行时，同时我们的改革也是有方向、有立场、有原则的。针对我们的实际，我们提出了中国梦，但同时我们也指出，实现中国梦需要准备进行具有新的历史特点的伟大斗争，这场斗争，不是以阶级斗争为纲，而是我们共产党对自身的完善，是通过对我们经济体制、政治体制、文化体制、社会体制等体制的根本性变革，从而巩固和完善中国特色社会主义制度。

结语：我们每个中华儿女都是打造中国话语、增强国际话语权的当事者

沧海横流，方显英雄本色。当前，我们正处在一个伟大的变革时代，我们从来没有像今天这样离实现中华民族伟大复兴的“中国梦”如此之近，同时也必须准备进行具有许多新的历史特点的伟大斗争。在当今全球化多元、多样、多变的时代背景下，中国需要更多地了解世界，世界也需要更多地了解中国。我们每个人都要以高度的责任感承担起自己该承担的使命和责任，力所能及地、身体力行地向外界展示“中国历史底蕴深厚、各民族多元一体、文化多样和谐的文明大国形象，政治清明、经济发展、文化繁荣、社会稳定、人民团结、山河秀美的东方大国形象，坚持和平发展、促进共同发展、维护国际公平正义、为人类作出贡献的负责任大国形象，对外更加开放、更加具有亲和力、充满希望、充满活力的社会主义大国形象”①。塑造好中国的国家形象，努力提高中国国际话语权，讲述好中国故事、传播好中国声音、阐释好中国特色，为实现中国梦创造良好的国际氛围。

① 习近平：《建设社会主义文化强国 着力提高国家文化软实力》，见新华网，2013－12－31。

哲学大众化导向下对唯物史观理论话语体系的反思与拓展

■ 卢双喜*

［摘　要］唯物史观是马克思主义哲学中最精华、最原创、最有价值的理论部分，马克思主义哲学大众化的中心内容实质上是唯物史观的大众化。由于我国哲学界长期把“两对矛盾”原理看作唯物史观的核心理论，使得唯物史观的解释力大打折扣，旧的理论话语体系只能原则性地解释诸如革命和改革这些宏大的政治话题，却无法解释广大民众在日常现实生活中遇到的亟须解答的各种社会现象、问题和困惑，致使唯物史观的大众化进程遇到了难以逾越的障碍。本文试图以哲学大众化为价值导向，探索和构建以生产方式决定论为核心内容的新的唯物史观理论话语体系，这一理论话语体系不但更加忠实于马克思主义经典作家的本意，而且能够为唯物史观的大众化开拓一个全新的境界与更加宽阔的发展空间。

［关键词］大众化；唯物史观；拓展；生产方式

唯物史观是马克思主义哲学的核心理论和最有价值的部分，被恩格斯评价为马克思一生中两个最伟大的发现之一，自五四运动传入中国后，逐渐形成了中国特色的唯物史观理论话语体系，它以生产力和生产关系、经济基础与上层建筑“两对矛盾”的关系为核心内容，长期以来适应了政治精英们发起革命和倡导改革的需要，但是近年来随着马

* 卢双喜，1973年生，男，汉族，河南濮阳人，博士，云南大学马克思主义学院讲师，教研室主任，主要从事马克思主义基本理论研究，自2003年以来长期致力于探索一条马克思主义原理教学要贯彻邓小平同志提出的“学马列要精”“要管用”的道路，已经撰写并即将出版《马克思主义的精髓与现实》《唯物史观新视阈下中西价值观的比较》两本专著，发表论文30余篇。

克思主义大众化趋向的不断深入，该体系越来越凸显出较多的不适应。如何在大众化价值导向下构建唯物史观的新的理论话语体系是当前马克思主义哲学研究中一项至关紧要且极其迫切的任务和使命，本文试图提出新的构建原则和理论出路。

一、传统理论话语体系的理论缺陷与解读困境

唯物史观的经典理论话语体系是基于这样的一种逻辑层次：由于辩证唯物主义认为整个世界是存在（即物质）决定意识，因此作为世界基本领域之一的人类社会当然就体现为社会存在决定社会意识，社会存在有三个要素：地理环境、人口因素和生产方式，其中只有生产方式在人类社会中起到决定性作用。生产方式是生产力和生产关系的统一，生产力是其内容而生产关系是形式，所以生产力决定生产关系，进而决定社会中的其他一切领域，主要是政治、文化上层建筑领域。这样就形成了以“两对矛盾”为核心的唯物史观理论体系。笔者作为一名高校思想政治理论课教师，在十余年的授课实践中，无论是与学生进行理论探讨，还是在自身的教学感受中，都深深地感到以“两对矛盾”为核心的唯物史观经典解读范式存在着较大的不足和缺憾，主要表现在以下几点：

1. 该理论解释逻辑不够严谨，其中包含有不少破绽和缺陷。

第一，笔者对社会存在包括地理环境、人口因素和生产方式三个要素这个观点没有异议，然而社会存在既然包括三个要素，按照社会存在决定社会意识的基本原则，那很自然地就应该是三个要素共同决定社会意识，但是为什么却武断地说，其他的两个要素都不是决定性因素，如果谁要认为地理环境和人口因素是决定性因素就犯了自然主义决定论的错误？我们始终无法理解这两个要素为什么被无缘无故地取消了决定因素的资格。又为什么武断地认为三个要素中只有生产方式是决定力量呢？如果其余两个因素不是决定因素，那么它们在其中是处于什么地位、起到什么作用？如果说它们不是决定因素，岂不是和社会存在（因为社会存在中确实包含它们）决定社会意识这个大前提自相矛盾了吗？假如只有生产方式这一个决定因素的理论能够成立，那么该决定因素和其他两个非决定因素之间的关系又如何处置呢？但可惜的是，传统理论体系对这一系列相关的理论困惑却并未给出足以令人信服的答复。

第二，如果我们暂且承认生产方式是社会发展的决定力量，但是生产方式就必须而且只能被解释成生产力和生产关系的统一吗？长期以来，我们的马克思主义哲学理论界一见到生产方式这个词就不假思索地把它解读成生产力和生产关系的统一，但是平心而论，这个解释是值得商榷的。顾名思义，所谓生产方式，其本意应该是社会生产所实际采取的具体方式，比如牛拉犁、手推磨、机器大工业等，而生产力只是这些具体生产方

式的生产能力和效率，生产关系只是这些具体生产方式中人与人的关系，固然我们承认这两个方面是考察任何一种具体生产方式的最重要的两个属性，但它们也仅仅是生产方式中的两个重要的考察维度而已，凭什么只要一遇到生产方式就必须且只能把它解释成生产力和生产关系的统一呢？难道生产方式中只有这两个方面吗？显然不是，因为无论哪一种具体的生产方式，其内涵都是极其丰富的，除了人与人的关系，难道没有人与物的关系吗？难道就没有生产与自然、人文环境的关系吗？譬如一个箱子，箱子的功能无疑是为了盛装东西，箱子的容积固然是最重要的衡量角度，就像生产力是生产方式最重要的衡量角度一样。生产关系就类似于围绕箱子的物权形成的生产者、所有者、租赁者、承包者、使用者各方的人与人之间的关系，我们固然承认箱子的容积和物权关系是它的两个最重要的衡量角度，难道我们就可以不容置疑地说箱子就只能被界定为容积和物权的统一体吗？照这样说，箱子的重量、体积、材质等其他属性都可以一笔抹掉、视而不见吗？理论不彻底就难以令人信服，就使得人们在运用这一理论分析实际问题时往往显得底气不足。

2. 笔者认为“两对矛盾”的理论只做到了定性分析而缺乏定量研究，因而在指导分析现实问题时常常出现模棱两可、莫衷一是甚至天差地别的结果，造成该理论的现实操作性不强。就以生产力和生产关系的辩证关系原理为例，原理的大意是，起初某个社会在较低的生产力情况下，建立起一套与当时的生产力完全适合的生产关系体系，因为生产力是最活跃的因素，随着时间的推移生产力不断提高，这时不断提高的生产力就与原来落后的生产关系发生矛盾，在矛盾对立的尖锐程度不足够大时，尚不需要彻底推翻原有的生产关系体系，而只需要改革生产关系中不相适应的环节就可以了，如果通过小修小改还是不能从根本上解决问题，矛盾就会逐渐积累，一旦积累到足够尖锐，那就只能通过革命来彻底推翻原来的生产关系体系而另外重新组建一套新的生产关系体系了。原理是不错，可是一旦到了实际操作环节，一系列问题就接踵而至。比如我们说某种生产力水平低，依据是什么？怎么算作低、怎么算作高？生产力的高低有没有一个统一的衡量标准？较低的生产力要和较低的生产关系相配合，生产关系的高低又是用什么指标来衡量呢？我们能不能也像西方经济学那样搞出个生产力、生产关系在什么范围内是极低、较低、中等、较高、极高这样的分类，并设计出什么范围的生产力要与什么范围的生产关系相配合才能叫作基本适合，超出这个范围多大程度叫作基本不适合或者完全不适合？显然是没有。这就容易使人产生认识上的混乱，当社会处在某一个生产力时，其中一些人可能认为这时的生产力水平已经很高了，而另外一些人则可能认为还很低，到底该听谁的？别说是普通人之间会产生这样的分歧，即使是我们的领导人在遇到类似情况时也可能会产生很大分歧。比如新中国成立后不久，当时的国家领导人就认为，我们的生产力水平已经很高了，已经具备了向共产主义过渡的条件了，于是提出“共产主义是天堂、人民公社是桥梁”之类的提法。然而经过20年的发展之后，邓小平同志对20

世纪 70 年代末我国生产力水平的判定却是我们的生产力还处于社会主义初级阶段的水平，就是说还没有达到进入社会主义的最低门槛要求，这两个判断是何等的天壤之别呀！如果连在某个具体生产力是高是低的认识上都存在这样大的差距，那么怎么能指望这个理论对我们的社会实践具有多么大的指导价值呢？再进一步讲，生产力经过一段时间发展之后，原来的生产关系就不能适应生产力发展的需要，这时就要推行改革了，如果矛盾继续尖锐，就只能通过发动革命来解决。问题在于，我们怎样判断生产力和生产关系的这种不适应的程度是不是已经达到了应该采取改革加以解决的程度了呢？不适应达到多高的程度就该采取革命的方式来解决呢？这些都是未知数。而这些问题又都是很严肃的事情：矛盾达不到改革和革命的程度却急于改革和革命，或者矛盾已经达到了改革和革命的程度却迟迟不发动改革和革命，抑或实际上不适应性仅仅达到了改革的程度却错误地采取发动革命的方式来解决它，其造成的后果都是极其严重的。

3. 笔者认为该理论的政治色彩太浓，高高在上，脱离了普通人的现实生活。从对“两对矛盾”原理的分析可以看出，这两个原理主要是用来解释为什么要进行阶级斗争和革命以及为什么要进行经济、政治、文化等各领域的改革等问题，除此之外还能解释什么问题呢？似乎也很难再有针对性地解释别的社会问题了。而传统话语体系所能够解释的这些问题又都是宏观的重大的政治课题，是政治家和理论家们而非普通民众应该关注的问题。那么为什么会造成“两对矛盾”原理成为唯物史观的核心内容这一理论格局呢？我认为，因为我们的中国共产党自成立以来就担当起了阶级斗争和革命的使命，唯物史观的“两对矛盾”原理正好可以为其斗争实践提供最恰当最合理的理论解释，打下江山之后我们又进行社会主义建设、错误地发动“文化大革命”以及后来推行改革实践，“两对矛盾”理论又可以继续为我党提供强有力的理论支撑，所以，也很容易理解为什么我们党始终把“两对矛盾”的原理理解成唯物史观的核心和精髓，因为这是党在各个历史时期推动革命、建设和改革实践的需要。但对于普通老百姓来说，他们更多关注的是日常的生产和生活，他们更渴望能用唯物史观来帮助他们分析和解读自己在日常生活中所遇到、所关心的各类社会现象和社会问题，渴望能够从中找到合理解释乃至解决对策。“两对矛盾”的理论显然远远不能满足他们的这种心理和现实需求。

二、唯物史观的大众化价值取向以及新理论话语体系的拓展

（一）当今时代哲学大众化的新特点新要求

马克思主义大众化的基本内涵是指马克思主义基本原理由抽象到具体、由深奥到通

俗、由被少数人理解和掌握到被广大群众理解和掌握的过程，这既是马克思主义理论的本质属性和要求，也是我国推进社会主义现代化建设事业所必需的核心环节。一方面，如果马克思主义只被极少数理论工作者所垄断，不能武装群众，它就无法转化成物质的力量；如果马克思主义长期不能和生产、生活实践相结合，久而久之就会失去理论生命力和战斗力。另一方面，如果我国的社会主义现代化事业缺少时代化、大众化的马克思主义的指导，也是难以获得成功的。

要实现马克思主义大众化的关键是使马克思主义理论从精英化转向平民化、从政治化转向生活化，过去的哲学研究者一提到大众化就只是想到和注重单纯从形式上采用老百姓喜闻乐见的表达形式，这样做当然也有必要，但这是远远不够的。因为网络时代不是一个理论匮乏的时代，当今哲学大众化面对的大众不再是当年艾思奇写《大众哲学》时面对的那些对先进理论求之若渴的大众，当今时代各种新理论、新思想层出不穷，各种表达新思想的途径和方式也令人眼花缭乱，如网络、电影、电视、音频、视频等，生活在这种环境中的中国人越来越讲究实用，对各种哪怕再重要却对自己的现实生活作用不大的形而上的理论知识越来越不以为然，如果他们觉得某个理论对自己没有什么现实指导意义，理论工作者哪怕再怎么采用通俗易懂、喜闻乐见的形式都不好使，反之，如果他们觉得某个思想理论对自己很有用，不用理论工作者的硬性灌输和强迫他们都会主动去学。所以大众化首先应解决的是思想内容的实用性（但这不同于实用主义），而不是变幻出种种新花样来吸引大众的眼球。

（二）人类社会生产方式决定论的基本内容及其合理性

笔者经过长期研究和思考认为，在整个唯物史观理论系统中，最核心和最精髓的部分应该是生产方式是社会发展的决定性力量这一原理，而不是“两对矛盾”原理，我们完全可以把唯物史观概括为“人类社会的生产方式决定理论”。但是目前在唯物史观研究中存在的最遗憾的局面是：不少研究者对生产方式是社会发展的决定性因素这一原理越来越不屑一顾了。在笔者手头摆放的几个版本的马克思主义哲学原理教材中，哲学研究前辈陈先达先生主编的《马克思主义哲学原理》教材已经把这个原理彻底删掉了，人大版的《辩证唯物主义和历史唯物主义原理》（第四版）中也找不到这个原理的踪影了。[①] 笔者认为这是把唯物史观中最核心、最精髓的东西丢掉了。

笔者提出的唯物史观新的理论框架是：一个国家和社会的地理环境和人口因素共同决定着生产方式的选择，而生产方式是社会发展的唯一直接决定性力量，也就是

① 参见陈先达主编：《马克思主义哲学原理》，北京，中国人民大学出版社，2003；李秀林、王于、李淮春主编：《辩证唯物主义和历史唯物主义原理》，北京，中国人民大学出版社，1995。

说，生产方式是人类社会形成和发展的直接决定因素，而地理环境和人口因素是通过生产方式对社会发展起着间接决定的作用，地理环境对人类社会的作用不是可有可无的，特别是在人类社会发展的初期，地理环境的作用几乎是带有决定性意义的。这一新的理论阐释有以下特点和优点：第一，既坚定地捍卫了唯物史观中把生产方式当作人类社会发展的唯一直接决定性因素的核心思想，又坚决地维护了社会存在三要素共同决定社会意识的基本立场，完整地、立体地体现了社会存在对社会意识的决定性作用。第二，妥善地摆平了三要素之间的内在关联，生产方式是唯一的直接决定因素，地理环境和人口因素是间接决定因素，后两者无法直接决定社会领域，而只能通过生产方式间接影响社会生产生活中的各个领域。自然主义历史观的错误实质是把两要素的间接决定作用误以为是直接决定作用。第三，该理论对地理环境和人口因素所起的作用也给予了一个恰当的定位，这两个要素并非可有可无，而是至关重要的，它们也是决定性因素，具有不可替代的作用，只不过它们的决定作用不是直接的，而是需要通过影响社会生产而间接影响社会生活。通过这样的理论探索，我们就彻底地理清并弄懂了这个原理。这一理论探索不但解决了长期困扰唯物史观研究领域的一个理论难题，而且为每个人特别是搞人文社会科学的同志在进行学术研究时提供了一把非常实用的“金钥匙”。

三、重构唯物史观新理论话语体系的理论和现实意义

第一，这一理论最可能接近马克思主义经典作家的原意。为什么笔者提出整个唯物史观体系中最核心和最精髓的部分是生产方式是社会发展的决定性力量原理呢？原因有：首先，这一理论是唯物史观基本理论原则的直接推演。唯物史观的基本理论原则是社会存在决定社会意识，这没有任何疑问，这一理论原则由于太抽象、太宏大、太缺乏实用性，所以要对其进一步具体化，因为在社会存在的三大要素中生产方式是最核心的要素，所以很自然地就可以直接推演出人类社会发展是由生产方式所决定这一结论。也就是说人类社会的生产方式决定论是从社会历史观的基本问题这个最根本的理论仅仅向前直接推演一步就得到的，而不是经过七转八拐之后勉强推理出来的，因而具有很强的权威性和可信度。其次，这一原理所体现的精神实质与经典作家原创思想中的精神实质是完全吻合的。恩格斯曾经说过：“根据唯物史观，历史过程中的决定性因素**归根到底**是现实生活的生产和再生产。无论马克思或我都从来没有肯定过比这更多的东西。如果有人在这里加以歪曲，说经济因素是**唯一**决定性的因素，那么他就是把这个命题变成毫

无内容的、抽象的、荒诞无稽的空话。”① 这段阐述唯物史观核心观点的话已经表达得再清楚不过了，马克思主义经典作家的确是把社会生产及其方式放在了人类社会制度的唯一决定性因素的高度来看待的。马克思还有一段很有名的话：“手推磨产生的是封建主的社会，蒸汽磨产生的是工业资本家的社会。”② 这说明在马克思看来，一种特定的生产方式甚至可以决定一种特定的社会形态，足见在马克思眼里生产方式在人类社会中具有多么高的地位！因此我们把唯物史观简明地概括为人类社会的生产方式决定论，这样做是完全符合经典作家本意的。最后，我们提出该原理是唯物史观的核心和精髓，并没有否认“两对矛盾”原理的合理性和理论价值，实际上该原理已经把“两对矛盾”囊括进来了，也可以说“两对矛盾”的内容正是该原理的题中应有之义。因为生产方式是社会发展的决定力量，当然它就决定了社会的政治、文化等其他领域，而生产方式又是在生产劳动基础上的生产力和生产关系的有机统一，生产力决定生产关系并进而决定政治、文化等上层建筑。所以“两对矛盾”原理是生产方式原理的一个直接推论，肯定后者并不意味着否定了前者。

第二，使得马克思主义基本原理体系的逻辑关系更加合理和通顺，马克思主义理论中长期存在的某些悬而未决的理论困惑可以由此迎刃而解。邓小平在南方谈话中说：“其实马克思主义并不玄奥。马克思主义是很朴实的东西，很朴实的道理。”③ 笔者体会这段话的意思是，马克思主义不玄奥、很朴实的原因主要是两点：一是该理论解答的问题是绝大多数世人都关心的问题，也就是关于社会的前途命运和人类的最终归宿问题，二是马克思主义论证问题的逻辑思路不玄奥、很朴实。这个思路大致是三步：第一步，通过研究人类社会的发展史找到社会发展和制度更替的奥秘和决定力量，这就是生产方式，并通过研究这一决定力量中的基本矛盾，从而发现社会发展和更替的规律，这是唯物史观部分。第二步，利用唯物史观的理论成果，研究决定资本主义生死存亡的唯一因素——生产方式以及蕴含在其中的基本矛盾，并指出这一矛盾的未来趋势，从而找到资本主义灭亡的依据。第三步，按照规律勾勒出未来社会的蓝图。可见生产方式是马克思主义解答问题的关键和“题眼”，可是我国理论界长期忽视生产方式这个唯物史观中的最核心词汇，舍本逐末地把生产力和生产关系提高到极端重要甚至无以复加的地位，其实生产力和生产关系仅仅是生产方式的两个属性而已，是依附于生产方式的。生产方式才是破解人类社会的“金钥匙”和“法宝”，生产方式理论才是分析各类社会疑难的最有力武器和最实用的工具。

马克思主义政治经济学的研究对象是什么？这是政治经济学界长期争执的一桩公

---

① 《马克思恩格斯选集》，2版，第4卷，695～696页，北京，人民出版社，1995。

② 《马克思恩格斯选集》，2版，第1卷，142页，北京，人民出版社，1995。

③ 《邓小平文选》，1版，第3卷，382页，北京，人民出版社，1993。

案，至今也没有得到圆满解决。其实马克思在他最重要的著作《资本论》第一卷序言中已经明确地给予了回答："我要在本书研究的，是资本主义生产方式以及和它相适应的生产关系和交换关系。"① 只是因为中国学者们受到唯物史观原有理论话语体系的禁锢，一看到生产方式四个字就不假思索、理所当然地把它拆解成生产力和生产关系的综合，只要按照这一思路去做的人最终无论如何也无法自圆其说、无法顺利解读其中的意思，最后有的学者实在没招，就说这句话不是马克思的本意，或者说是译者的翻译与原作不符。笔者认为这其实既不是马克思的过错，也不是翻译者的过错，就是我们中国的学者们太教条了。按照我们的新理论话语体系解读，这个困惑就可以迎刃而解：生产方式就是生产方式，完全没必要也不应该非要把它拆解，因为只有生产方式才是马克思主义唯物史观理论中唯一的核心词汇。马克思在唯物史观中得到的核心结论就是一条：只有生产方式才是人类社会新旧更替的唯一决定性因素，所以政治经济学继承了这个结论，就是要通过研究资本主义采用的生产方式试图探索到该生产方式中的主要矛盾。道理就是这么简单和顺畅，我们中国的学者们是自己跟自己过不去，自己人为地给自己设了一个套子并亲自钻了进去，被套牢之后却怎么也拆解不开、钻不出来了。

第三，有强大的现实解释力。可以说，通过我们对唯物史观的理论重构之后，利用生产方式决定论的原理可以解释与普通百姓现实生活息息相关的一切领域、现象、问题等，只要是跟人类有关的事，只要是社会上存在的领域，不论是历史的还是现实的，不论是发生在经济、政治、文化哪个领域的，不论是历史上曾经发生的还是现实存在的，没有它解释不了的。笔者多年以来一直在研究生中进行实验，让他们用笔者传授的唯物史观的新理论话语体系解释中西文化中的种种差异和各类社会问题，内容涉及中西经济理财、政治法律制度、语言文化生活、社会风俗习惯等社会生活的几乎所有的方面，每次都能得到令人信服的解释，屡试不爽。

习近平总书记在 2013 年 8 月 19 日全国宣传思想工作会议上曾提出宣传思想工作的"四个讲清楚"任务，就是要讲清楚每个国家和民族的历史传统、文化积淀、基本国情不同，其发展道路必然有着自己的特色；讲清楚中华文化积淀着中华民族最深沉的精神追求，是中华民族生生不息、发展壮大的丰厚滋养；讲清楚中华优秀传统文化是中华民族的突出优势，是我们最深厚的文化软实力；讲清楚中国特色社会主义植根于中华文化沃土、反映中国人民意愿、适应中国和时代发展进步要求，有着深厚历史渊源和广泛现实基础。笔者认为自己通过此项研究就响应了习总书记的号召，利用本文提出的唯物史观新的理论话语体系具有的强大现实解释功能，对中西方在各个社会领域中的文化价值观全方位地加以对比分析，揭示其中的产生根源，使广大青年学生正确理解中西方的种

① 《马克思恩格斯选集》，2 版，第 2 卷，100 页，北京，人民出版社，1995。

种差异，深入理解中西方文化产生的自然环境、人文背景、社会根源以及各自的优缺点，正确对待老祖宗留给我们的文化遗产，杜绝各种历史虚无主义思潮的干扰，避免陷入类似“连月亮都是国外的圆”的种种厚西薄中的错误观念。这些思想都集中地体现在我即将出版的一部著作《唯物史观新视阈下中西价值观的比较》中，这是新理论话语体系指导现实生活的一个成功范例。

90后大学生的话语变化及高校意识形态话语体系建构

■ 曹和修*

[摘　要] 随着网络化、信息化的发展，90后大学生的话语发生了深刻的变化，呈现出多样化、娱乐化、网络化和随意化的特点，高校意识形态工作者必须正视这些变化，积极实现意识形态话语转换，通过创新高校意识形态话语内容和方式、构建高校意识形态话语机制、拓宽高校意识形态话语传播平台，切实掌握高校意识形态工作的领导权和主导权。

[关键词] 90后大学生；意识形态；话语建构

习近平同志强调，意识形态工作是党的一项极端重要的工作，必须牢牢掌握高校意识形态工作的领导权、话语权。高校意识形态工作既是党的意识形态工作的重要组成部分，又是党的意识形态工作的前沿阵地。因此，做好高校意识形态工作具有十分重要而深远的意义。而当前高校意识形态工作的主要对象绝大多数是90后大学生，他们已经成为大学校园的主色调，上升为高校意识形态工作的主群体。在全球化迅猛发展、互联网普及带来的多元文化影响下，90后大学生的思想、话语能力、价值取向也发生了急剧的变化，尤其是他们的话语呈现出多样化、娱乐化、网络化及随意化等特性，并逐步形成了一套他们独具特色的话语表达体系，使得高校意识形态的传统话语面临着严峻的挑战，对高校意识形态工作提出了新的要求。面对这些新情况，高校意识形态工作必须要

* 曹和修，1970年生，汉族，江西万载人，法学博士，肇庆学院思政部副教授，马克思主义基本原理专业。

有新思路，致力于提高意识形态工作的科学化水平，注重建构适合 90 后大学生话语特性的意识形态话语体系，从话语内容、话语机制和话语传播平台等方面入手，重新建构高校意识形态的崭新话语，以阐释好中国特色、讲好中国故事、传播好中国声音，使 90 后大学生能够真正认同、接受高校意识形态教育，从而内化于心、外化于行，使党能够牢牢掌握高校意识形态工作的领导权和主导权。

一、90 后大学生话语变化

90 后大学生出生于中国经济腾飞的时代，成长于中国改革开放巨大经济成就的环境中，享受着前所未有的物质生活条件，手机、电脑成为他们生活的必需品，通过手机、电脑网络互联带给他们海量信息，催生了他们思想的早熟，使他们对新鲜事物有自己独到的见解，看待问题观点深刻、逻辑严谨，并善于用自己的言语表达。同时，深受改革开放带来的多元文化影响，导致出现多元价值取向，这不断改变着他们的生活方式、思维方式，尤其是话语方式出现多样化、娱乐化、网络化及随意化的鲜明特征，必然给高校意识形态工作带来新的挑战。

第一，话语多样化明显。成长于全球化、网络化时代的 90 后大学生，深受特殊社会环境和家庭教育的影响，使其具有独特的思维模式和行为方式，其话语方式也必然深深打上全球化、网络化的烙印，呈现明显的话语多样化特点。事实上，随着全球化的推进，网络的普及与信息化的飞速发展，极大地开阔了 90 后大学生的视野，一个全新的世界呈现在他们面前，他们在这个全新的世界里如鱼得水。在这个世界，有各种各样全新的交流方式，有享用不尽的各种资源平台，创设了与现实世界完全不同的思维模式，甚至还能在其中畅享自己的虚拟生活。在这个世界，多样化的话语可以使他们更好更快地表达自己的情感，增强他们话语表达的趣味性，激发他们的创新激情。这些客观环境上的变化表现在 90 后大学生的现实生活中，使其话语表达出现了诸如手机话语、网络话语、校园话语、宿舍话语、博客话语、“火星文”等多种形式。而这些多样化的话语必然为各种意识形态的冲突提供更为广阔的舞台，带来高校意识形态的多样化，出现各种意识形态纷繁复杂相互交锋、激烈冲突的局面，使高校意识形态工作更加繁重和难以应对，极大削弱高校传统意识形态工作的实效性。

第二，话语娱乐色彩浓郁。随着经济社会的快速发展，时代语言也由严肃走向活泼，呈现出空前的宽容与多元，媒体语言、普通人的交流甚至社会心态变得越来越娱乐化，特别是随着网络的普及，人们上网交流的语言越来越新奇、有趣、幽默，并不断向社会文化领域全面蔓延。这些话语变化反映在 90 后大学生身上表现得尤为明显，他们对新鲜事物、新鲜话语特别敏感，并能迅速赋予它们全新的内涵，热衷于借用这些调侃、娱乐的话语表达自己的看法。诸如："有钱就是任性""顶你个肺""你家里人知道吗?""不作死就不会死""你妈妈喊你回家吃饭"等流行话语，在高校校园中表达得淋漓尽致，表现了 90 后大学生对社会、人生的复杂情感。当然，这些娱乐色彩浓郁的话语对于缓解 90 后大学生的学习、就业等各方面压力，带给他们交往的快乐起了积极作用。然而，这些不仅是娱乐玩笑且涵盖丰富心理学、行为学和社会学知识的话语却对他们意识形态的形成带来一定程度的负面影响，不可避免地会消减高校意识形态工作对他们的引导，导致他们对意识形态的淡化。因此，高校意识形态工作者必须深刻了解高校校园中的流行话语，掌握 90 后大学生的话语材料，全面分析他们意识形态的价值取向，才能更加有效地做好高校意识形态工作。

第三，话语网络化。当今时代，互联网迅速发展、普及，成长于信息化、网络化背景下的 90 后大学生，其思想、行为、话语体系都呈现出明显的网络化特征，形成了他们独有的网络话语，成为他们话语体系的重要组成部分。曾几何时，华中科技大学李培根校长的一番网络流行语的讲话，引来无数学子热烈追捧和转载，并且李培根被学子们亲切地称为"根叔"；"马上有财，马上有房，马上有对象……"，马年伊始，人们说得最多的一句话就是"马上有……"。可见，以网络技术为支撑、以网络文化为内容、以网络社会意识为内涵的网络化话语，深得 90 后大学生的喜爱，勇于创新的他们也承担起了更新传统话语体系的重任，一些网络热词内涵不断翻新，"杯具""洗具""范跑跑""被就业"等话语在网络上、校园中广为流传，并深深渗入他们的日常生活，成为他们相互交流、发表见解的重要工具。这些网络化话语的出现和使用，为 90 后大学生的话语体系注入了新鲜成分，也给高校意识形态工作提出了新的要求。高校意识形态工作者只有全面认识 90 后大学生话语网络化的特点，掌握其话语策略，才能不断优化大学生意识形态教育，构建新型的师生话语体系，从而拓宽高校意识形态教育途径，占领高校意识形态主阵地，牢牢掌握高校意识形态工作领导权和主导权。

第四，话语随意性强。普遍使用手机、电脑的 90 后大学生，他们通过网络的交流越来越多，他们使用的话语也无拘无束，超越了边界、国界和地域的界限，天南海北的话语、世界各地的方言、俗语、错别字、谐音等错综使用，话语随意性强成为 90 后大学生话语的又一特征。所谓随意性话语，就是话语形式不是按照正规的修辞确定的，而是基于双方对于话语内容的共享知识和体会，对话语形式进行创造性的使用，这必然使得话语秩序不明显、边界模糊。随意性话语作为 90 后大学生的一种新兴开放语言，大多来自于网络流行语和影视娱乐作品，如"有木有""伤不起""人家是纯爷们儿""不差钱儿""您瞧您的长相，也太随心所欲了"等等，这些来源广泛、形式多样、内容丰富的话语，利用标新立异的句式结构、多样化的修辞手法，既表达了大学生们复杂的情感诉求，又以幽默诙谐的语言增强了交流的趣味性，受到90后大学生的热捧。当然，这些随意性强的话语一定程度上增加了大学生们思想上的困惑，甚至对我国社会的主流意识形态带来冲击，与高校教育的政治话语形成矛盾和冲突，并最终弱化高校意识形态的吸引力和凝聚力。因此，加强对这些话语的研究、引导，也成为高校意识形态工作者的重要课题。

二、创新高校意识形态话语内容与方式

话语是特定社会语境中人与人之间从事沟通的具体言语行为，是我们了解真相、理解社会的重要手段，也是我们加强交流、增进共信的必经之路，其内容往往随着人类社会政治经济的发展而不断发展变化，不同时代有不同时代的话语内容，不同时代有不同时代的话语表达方式，高校意识形态话语当然也是这样。随着网络文化、信息技术的飞速发展，作为高校主体的90后大学生，他们的话语内容、形式都发生了深刻变化，其多样化、娱乐化、网络化和随意化趋势明显。因此，高校意识形态话语必然需要从内容上进行更新，以建构崭新的意识形态话语体系来适应90后大学生的话语需要，增强高校意识形态话语的亲和力和吸引力，提高高校意识形态工作的实效性。

首先，在高校意识形态话语内容上，我们必须坚持主流、引导大众，以校园的主流话语引导大学生。我们必须筛选一些既为90后大学生普遍接受又反映当代大学生现实和心理的话语，通过提升这些话语的学术内涵，赋予它们全新的生命和活力，并以这些话语引导大学生认同、接受主流意识形态。我们知道，随着中国改革开放的全面深入发展，90后大学生从小就伴随着科学技术、政治经济的脚步成长，他们充分享受着这些发展的成果，并从这些发展成果中获取了大量的信息，使他们养成了思维敏捷、喜欢标新立异的特性，他们以与父辈不同的视角、眼光看待社会生活，带来了他们不一样的世界观、人生观、价值观，带来了他们不一样的话语形式。基于此，我们的意识形态话语内容当然也要进行改变。而要实现这些改变，我们应该积极融入90后大学生的日常生活，在大学生的网络生活、校园生活中去掌握他们话语的特点，找寻他们普遍认同的话语内容，适应他们的网络沟通方式，敏锐地捕捉他们的思想、心理动态，把握他们行为的发展，凝练新的意识形态话语，适应并学会运用大学生网络话语开展有效的意识形态教育活动。同时，在具体的意识形态话语和范畴上也应有相应的调整，特别是一些不能反映当今社会转型的话语范畴，有必要重新进行调整，以形成意识形态教育具有支撑力的话语资源系统，创设与90后大学生话语一致的意识形态教育文本，全面反映社会生活的各种变化，以向90后大学生提供更多可以信赖和理解的话语，并运用各种话语方式真

正让他们听明白、理解透和真心信服。例如，在市场经济条件下，为维护市场主体的利益，应如何理解“为人民服务”；充分挖掘雷锋的资源，重新阐释市场经济条件下“学雷锋”的闪光点。在这里，我们过去提倡的“傻子精神”“钉子精神”显然对 90 后大学生缺乏吸引力和感召力，而从雷锋的人生轨迹来看，他的进取心、社交能力却仍能引起当代大学生的共鸣，这就需要我们运用新的话语来阐述，以实现我们意识形态教育的初衷。

其次，在高校意识形态话语方式上，要求我们对 90 后大学生进行意识形态教育时必须实现话语表达方式的转换，通俗地说就是在教育过程中实现真正意义上的“老话新说”，“居高临下地说”转换为“真诚平等地说”。我们知道，过去的意识形态教育更多是一种话语规范、固定的说教式、灌输式教育，而这种教育方式对思维活跃、独立性强的 90 后大学生来说，显然缺乏吸引力，自然使我们的意识形态教育步履维艰。要改变这种局面，我们必须转换意识形态话语方式，一方面，我们的意识形态话语方式必须结合 90 后大学生的话语特点，把过去的老话用新的表达方式说出来，甚至可以运用一些流行话语来表达我们的主流意识形态，使他们能够更好地理解和接受；另一方面，由于 90 后大学生的文化认同和文化空间的差异，在思想认识上改变了过去教育中的主客体关系，这就需要我们以真诚、平等的态度，因势利导、化解矛盾，以契合 90 后大学生的内心需求，充分尊重他们的话语权，即尊重他们的话语表达方式和心理接受习惯，运用他们惯用的话语体系，改变过去居高临下、一味灌输的教育方法，实现师生彼此之间平等交流和充分互动，达到调动广大学生学习的主动性和积极性的目的。这样，可以通过师生之间有效的互动纽带，对他们进行正确的意识形态引导。

总之，针对 90 后大学生的话语特点，高校意识形态话语必须要有新的内容、新的表达方式，只有通过真诚平等的表达方式，传输符合他们话语特点的崭新内容，我们才能更好地与学生融为一体，打开学生的心扉，实现心灵的沟通，才能使我们的意识形态教育事半功倍，切实提高高校意识形态工作的实效性。

三、构建高校意识形态话语机制

高校意识形态话语机制是高校意识形态工作中所必需的一种舆论导向、监督机制，是意识形态与大学生思想融合的方式，是掌握高校意识形态话语权的重要途径。新媒体境遇下，只有深刻认识思想传播规律，创新意识形态话语机制，实现高校意识形态话语与 90 后大学生话语的相互交流，才能真正掌握高校意识形态工作的领导权和主导权。因此，要增强高校意识形态的吸引力和凝聚力，必须注重高校意识形态话语机制的建构，从创新高校意识形态话语策略、优化高校意识形态话语环境、增强高校意识形态话语感染力三方面入手，积极构建高校意识形态崭新话语机制，提升高校意识形态话语的信服力和控制力。

首先，创新高校意识形态话语策略。高校过去的意识形态教育更多习惯于用固定的模式、固定的话语来灌输固定的思想，意识形态话语策略缺乏艺术性，使得高校意识形态话语无法跟上90后大学生话语变化速度，难以适应迅速变化的90后大学生话语体系，甚至缺乏对90后大学生个性特征、话语特点、心理需求的了解，导致高校意识形态话语与90后大学生话语难以有效沟通，进而出现话语差异，形成话语鸿沟，阻碍对高校大学生的正面教育和侧面引导，弱化了高校意识形态工作的实效性。因此，创新高校话语策略势在必行。一方面，高校意识形态工作者必须把握90后大学生话语的表达方式和接受习惯，关注学习他们的话语方式和话语特点，了解他们的个性特征、心理需求，摒弃高高在上的话语方式，以低调、谦谨态度赢得大学生的信任、理解和支持，为实现意识形态的有效引领奠定基础；另一方面，在阐述抽象、难懂的观点、主张时，尽量避免空洞说教，应善于运用90后大学生感兴趣的鲜活事实，使宣导的内容客观化，以符合大学生的接受心理，让话语力量自然流露出来，所说之话真正深入人心，取得“润物细无声”的实效。另外，还应注重话语方式生活化、平民化，用接近大学生生活的话语表达主流意识形态的要求，用深入浅出的方式阐述各种深奥的道理，切实让90后大学生乐意听、听得进、记得住。

其次，优化高校意识形态话语环境。话语是人类的一种生存状态。每个个体的话语组成了话语环境；而话语环境反过来制约、影响个体的话语，进而影响个体的思维。高校意识形态话语环境在长期传统灌输模式下，出现了话语固化、形式单一、政治色彩浓郁的特点，在这样的话语环境下，学生们往往容易出现少说为好、言多必失的担忧，对意识形态缺乏话语愿望，导致对意识形态出现“失语”现象。我们知道，90后大学生活动空间主要在校园，宿舍、课堂、食堂、网络等交错形成他们进行交流的话语环境，在这些话语环境中的话语内容深刻影响着他们的意识形态观。因此，优化校园环境、课堂环境及网络环境等这些话语形成的外部环境，有利于从整体上优化高校意识形态话语环境，提高高校意识形态工作的效果。这就要求高校意识形态工作者能够积极作为，转换意识形态话语方式，确保潜移默化地将意识形态话语渗透于校园话语、宿舍文化、网络话语中，并通过开展积极的校园文化活动，寓教于乐，运用各种交流平台，健全意识形态传播途径，丰富意识形态传播的形式与内涵，切实做好高校意识形态工作。

最后，强化高校意识形态话语监督。2014年11月14日，《辽宁日报》刊发一封公开信《老师，请不要这样讲中国》。信中呼吁高校教师应对社会主义中国有理论认同、政治认同、情感认同，不要在课堂上随意抹黑现实、丑化历史，引起舆论广泛而热烈的共鸣。这一事件充分说明强化高校意识形态话语监督显得非常紧迫，高校教师作为高校意识形态话语的传播者，其话语对大学生特别是 90 后大学生影响深刻，直接关系到他们的思想态度、价值取向和人格养成，直接关系到他们的意识形态养成，因此，高校教师在校园里、课堂上，应成为社会正能量的传递者，社会主义意识形态的捍卫者，其话语必须符合主流意识形态的要求，高校意识形态工作者在这方面应加强对教师的教育、监管，确保高校意识形态话语正面传输。同时，90 后大学生是接触网络最多的群体，必须加强对高校网络话语的监督、监控与监管力度，建立健全舆论预警监控机制，及时发现虚假信息、网络谣言、反动思潮，特别是对一些消极影响较大的不良话语，应及时删除或屏蔽，确保有效控制和减少负面言论可能带来的不良影响，积极提倡文明、健康、理性、公正、负责任的网络话语，为改善网络舆论生态、净化网络舆论空间营造良好氛围，为 90 后大学生提供全面、正确的导向。

四、拓宽高校意识形态话语传播平台

高校意识形态工作作为我国意识形态工作的重要组成部分，是我国意识形态传播的重要渠道，随着改革开放的深入发展，网络、信息技术突飞猛进，高校意识形态的传播途径和方式都发生了深刻的变化，特别是随着各种新媒体的出现，高校意识形态传播也遇到了前所未有的挑战。一方面，90 后大学生成为高校意识形态工作的主要对象，他们思维敏捷、个性独立，对新鲜事物有他们自己的见解，这给意识形态传播、接受带来了不小的阻力；另一方面，随着网络、信息技术的发展，各种新媒体出现，90 后大学生能够非常容易地通过不同渠道获取各种信息，这给意识形态传播管理带来了更大的难度。基于此，为推进高校意识形态工作发展，必须拓宽适应 90 后大学生话语特点的意识形态的话语传播平台，使意识形态话语真正能够在 90 后大学生中入脑入心。

首先，充分运用思想政治理论课教学平台作为高校意识形态话语传播的主渠道。思想政治理论课是高校意识形态教育的前沿阵地，高校必须高度重视思想政治理论课建设，使其成为高校意识形态话语传播的窗口。一方面，增强思想政治理论课话语的感染力。任何一种思想、一种理论都需要通过一定的话语来表达，而不同的话语表达实现的效果显然不一样，因此，作为高校意识形态话语直接传播者的教师，必须坚定信仰，掌握意识形态话语技巧，对我国主流意识形态真懂真信，运用集知识性、趣味性、娱乐性于一体的话语，为 90 后大学生解难释疑，通过渗透主流意识形态的思想理论、价值观念去影响、凝聚 90 后大学生，以增强教师话语感染力，充分发挥思想政治理论课意识形态话语传播的作用。另一方面，实现思想政治理论课教师话语表达的与时俱进，鼓励教师加强对90后大学生的话语特点的研究，掌握网络流行话语，结合理论教学，正确引导学生理解运用这些话语，对其中一些与传统意识形态话语相冲突的话语进行深入阐述，把学生引领到主流意识形态话语体系上来，以增强高校意识形态吸引力和凝聚力。

其次，综合运用各种传播平台，形成复合传播模式。意识形态话语的传播，既要保证传播渠道的畅通，又要有各种传播平台的综合运用。根据90后大学生的话语特点和学习习惯，我们必须通过复合传播模式创新意识形态传播方法、途径，提升传播艺术、技巧，为高校意识形态话语传播提供新的空间、载体，增强信息化、网络化条件下意识形态的影响力和感召力。这就要求高校意识形态工作者在利用好传统的意识形态传播平台，如党报党刊、广播、电视等的基础上，综合运用多种载体，着力构建集传统媒体和新兴媒体于一体的定位明确、特色鲜明、功能互补、覆盖广泛的意识形态话语传播新格局。事实上，随着网络等新兴媒体的出现，网络、手机等成为了90后大学生接受各种信息的主要渠道，网上论坛、新闻跟帖、聊天评论成为了他们学习、生活、娱乐的重要内容。因此，高校意识形态工作者必须充分利用校园各种既有的网站、论坛传播主流意识形态，又要运用好新兴的微博、微信、手机短信、手机报、手机刊、手机电视、手机网站、手机电台、电视、楼宇视频、网络数字电视、网络广播等多种传播载体，及时引导各级各类校园媒体认清责任、牢记使命，始终公正客观、生动翔实地传播高校主流意识形态话语，把高校意识形态的要求贯穿到90后大学生日常学习生活的全过程，努力提升高校意识形态话语魅力。

智库国际传播与对外话语体系构建

■ 王　眉*

[**摘　要**] 智库是国际传播背后的理论支撑和对外话语体系的基础，能够提供丰富的舆论储备并影响人们怎么想怎么说。与西方国家智库相比，目前中国智库数量不少，但具有国际影响力的屈指可数，国际传播能力和全球话语引领能力亟待提升，主要存在两方面问题：一是内容生产方面缺乏引领性概念和源发性观点，二是传播渠道方面不善于在国际上推销研究成果。因此，建议智库研究选题贴近现实需求，拓宽研究视野；树立国际传播观念，拓展传播渠道。

[**关键词**] 智库；国际传播；对外话语体系

在过去一段时间，我们说到提升国际传播能力似乎只是媒体的事，智库作为舆论产生的重要源头，其作用没有得到应有的重视。

2013 年 4 月，习近平总书记首次提出建设“中国特色新型智库”的目标。2013 年 11 月召开的十八届三中全会审议通过的《中共中央关于全面深化改革若干重大问题的决定》明确提出应“加强中国特色新型智库建设”。2015 年 1 月，中共中央办公厅、国务院办公厅印发了《关于加强中国特色新型智库建设的意见》。智库作为国际传播与对外话语体系构建中的重要一环，其作用终于得到应有的承认。但如何发挥我国智库的作用，使其成为全球话语的参与者乃至引领者，目前还处于探索阶段。

---

* 王眉，中国社会科学院美国研究所博士后、中国外文局对外传播研究中心副研究员、中国文化走出去协同创新中心研究员。

一、智库在国际传播与对外话语体系构建中的作用

具体来说，智库在国际传播与对外话语体系构建中的作用体现在以下几个方面：

（一）智库是国际传播背后的理论支撑和对外话语体系的基础

国际传播的主体包括政府、媒体、智库、组织、企业、个人等，传播的内容，即政府的决策和国家领导人的讲话，媒体、组织、企业和个人的观点等，源头大多在智库及其背后的专家、学者和思想家。没有智库及其背后的专家、学者和思想家支撑，国际传播和对外话语体系构建只能是无源之水。

新加坡国立大学东亚研究所所长、中国问题专家郑永年说，中国的外宣想把好的方面介绍给西方，但效果不好，问题主要在于没有自己的话语，借用别人的话又说不清楚。作为技术层面的外宣，现在经常忙于救火，比较被动，就是因为中国目前缺少一整套理论把自己说清楚。西方的对外宣传有很多理论在背后支撑，而且西方的整个体制和系统都在支撑外宣。中国的外宣缺少知识体系的支撑。①

作为产生思想的源头，智库就是国际传播背后的理论支撑，是对外话语体系的基础，这也是中国目前比较缺乏的一环。“中国也缺乏有影响力的智库将国家形象传播出去，海外主流媒体上很少听到中国智库的声音。在国际事务中中国的议程设置能力和话语权弱小，难以与活跃在全球政治经济社会诸多方面的西方智库相匹敌。”② 这样的结果是我们长期以来忙于对一个接一个所谓的国际议程做出被动的回应。

（二）智库提供丰富的舆论储备，能够影响人们怎么想

20 世纪 70 年代，美国传播学者马克斯韦尔·麦库姆斯（Maxwell McCombs）和唐纳德·肖（Donald Shaw）在前人基础上，提出了议程设置理论（the agenda-setting function）。他们通过对 1968 年美国总统选举期间媒体的选举报道对选民的影响所做的一项实证研究发现，新闻媒体对于公众舆论具有强大的议程设置能力：如果大众媒体突

① 参见王眉：《郑永年谈中国的对外传播：把中国模式解释好》，载《对外传播》，2011（1）。

② 肖锋：《中国需要智库，而不是翰林院》，载《新周刊》，2009（14），总第 303 期。

出报道某些议题，这些议题就会成为受众重点关注的对象。①

麦库姆斯和肖提出的议程设置理论至今仍然适用于媒体。该理论认为大众传播往往不能决定人们对某一事件或意见的具体看法，但可以通过提供信息和安排相关的议题来有效地左右人们关注哪些事实和意见及他们谈论的先后顺序。大众传播可能无法影响人们怎么想，却可以影响人们想什么。

媒体的一般性消息报道往往通过自己的记者采访来完成，当要表达观点时，由于记者的专业局限，则往往需要采访该领域的专家学者，引用专家学者的话，或者邀请专家学者撰稿。特别是针对某一特定领域的话题，记者往往不可能深入研究，而专家学者由于长期跟踪和研究，能够在短时间内提出自己的观点。更重要的是，相比于高校，智库的研究不是纯学术性质的，而是贴近当前政策导向、针对性和现实意义较强的研究，跟政府、媒体和大众关注的现实话题更加贴近。因此，当突发性事件发生时，能够提供丰富的舆论储备的智库，通常是媒体的首选，在影响人们怎么想方面发挥的作用巨大。

目前，中国开始掀起一股“智库热”。但是，我国智库在国际上的影响力还很小，与中国国力不相匹配。而且，无法否认的是，中国智库的影响力与西方发达国家智库还存在很大差距。因此，分析中国智库与西方发达国家智库的差距，研究借鉴西方发达国家智库在国际传播和构建对外话语体系方面的有益经验，将会给我国智库提升国际传播能力、构建对外话语体系一些有益的参考和启示。

二、西方智库国际传播与对外话语体系构建的经验

近些年来，一些西方知名智库已经不满足于对本国政府决策和舆论产生影响，更加重视国际传播和对外话语体系构建，谋求国际影响力和国际话语权。

（一）研究选题注重全球视野，设定国际议程

毋庸置疑，西方智库的研究都是站在维护本国国家利益的立场上。但是，随着全球化浪潮的进程加快，国际形势越来越错综复杂，智库的研究选题也很少能够只局限于本国，而是更加关注与本国国家利益密切相关的全球性问题的研究。除了传统的外交、军事等题目，一些事关全人类共同命运的全球性研究议题，如能源、环境保护、全球气候变化、可持续发展、消除贫困等问题正在成为西方智库研究的新热点。

---

① Maxwell E. McCombs and Donald L. Shaw, “The Agenda-Setting Function of Mass Media”, *Public Opinion Quarterly*, 1972, XXXVI, 2.

有“全球第一智库”之称的美国布鲁金斯学会原本是一家主要关注美国的智囊，但从布鲁金斯学会网站列出的当前正在研究的项目可以看出，它的研究选题涵盖了外交政策、经济、发展、治理和城市政策等各个方面的全球性问题，涉及区域也不限于美国，亚太、欧洲、拉丁美洲、中东、非洲、俄罗斯等都是它研究的热点区域。布鲁金斯学会约翰·桑顿中国中心主任李成（之前任研究主任）在谈到布鲁金斯学会在中国问题研究方面的优势时说：“我们的研究必须脱离美中关系的局限，要有全球的关怀和视野，为全球服务。”①

当然，西方智库研究的全球性问题是有选择、有策略的。比如，前几年中东是美国智库研究最关注的区域，这和当时中东出现局势变化有关，但更重要的是美国出于国家利益的考虑，希望利用中东国家出现的问题，加强美国在该地区的经济和战略利益。西方智库对中国选题的关注也是出于以下考虑：中国的崛起可能导致世界格局和利益的变化。特别是最近几年，美国智库对南海问题格外关注，主要是因为涉及到美国利益。而热衷于对中国政治、伊斯兰教运动、伊朗政治、俄罗斯政治、阿拉伯国家政治改革等的研究，则反映出西方国家一直关注它们认为与其价值观不同的国家，并希望发挥其在民主和价值观上的影响力。

由于西方国家的智库研究选题具有全球性，它们讨论的话题、设置的议程、提出的观点，通过各种渠道传播而产生了巨大的国际影响力。

（二）打造专业高端刊物推销成果，影响决策者和意见领袖

西方国家智库视其社会影响力的大小为生命线，而影响力大小在一定程度上取决于产品宣传和成果推广，它们决不会将研究成果束之高阁，而是努力推销。推销的途径有很多，包括：承担政府委托的课题，直接向委托人提出自己的对策建议；发表专题研究报告和著作；举办高层次的论坛和演讲活动；定期出版刊物，借助媒体宣传政策主张；出席国会听证会；等等。这些途径中尤其具有国际影响力的当属智库出版的刊物，例如战略与国际问题研究中心的《华盛顿季刊》、布鲁金斯学会的《布鲁金斯评论》、卡内基国际和平研究院（原称卡内基国际和平基金会）的《外交政策》、传统基金会的《政策评论》、尼克松中心的《国家利益》季刊等。这些刊物均为非大众刊物，专业性较强，作者主要是政府官员和知名学者，面向的读者也很高端，多为各个政府部门的决策者和各个领域的意见领袖，同时也为其他国家和地区决策者、意见领袖和媒体所关注。

以美国外交关系委员会的《外交》为例。《外交》自 1922 年创刊以来，已经成为美

---

① 蒋国鹏：《全球顶尖智库如何研究中国——专访布鲁金斯学会约翰·桑顿中国中心研究主任兼资深研究员李成》，载《环球》，2009（13）。

国对外事务的喉舌。《外交》是一个带有学术色彩的外交事务论坛，经常登载政府官员和著名学者关于国际问题的评论和政策建议，这些建议通过《外交》这个媒介平台被刊发后，往往产生巨大影响，进而被政策制定者采纳。乔治·凯南遏制苏联的战略构想、塞缪尔·亨廷顿的“文明的冲突”、佐利克将中国定位为“利益攸关方”“中美 G2 模式”等最早都是在《外交》中提出来的，产生了巨大的国际影响力。

（三）重视大众传播，将成果转化为影响国际舆论的资源

除了通过高端刊物影响决策者和意见领袖外，西方主要国家智库还非常重视面向大众的传播，这也是直接影响国际舆论的重要渠道。

西方主要国家几乎每个大型智库都设立了专门的公关部，负责与全世界各大媒体的沟通和联络。有些智库甚至设立了全天 24 小时开通的“媒体热线”。比如，美国外交关系委员会除去传统的各个项目小组和学术审核委员会，还有专门负责学术编辑、出版以及与媒体沟通的三个部门。而诸如《时代》《新闻周刊》《大西洋月刊》《福布斯》等媒体都是外交关系委员会的长期会员。

西方知名智库鼓励研究人员借助大众媒体，发表对国际问题的看法，引发公众关注，形成国际舆论，从而间接影响政府决策。相比媒体，智库长期跟踪研究某一领域，对该领域更有发言权。尤其是每当某一国际问题出现新变化或有新的热点事件发生时，那些长期跟踪研究相关问题的智库研究人员即成为媒体竞相采访的对象，他们的研究成果和观点通过大众媒体传播出去，转化为影响国际舆论的资源，能够产生巨大的影响力。

此外，西方主要国家智库还非常重视新媒体传播，几乎每个有影响的智库都有自己的网站，它们依靠这个平台宣传新思想、新观点，营造氛围，从而对公共政策施加独特的影响。比如，在布鲁金斯学会的网站上，不仅用户能看到文章、图片和视频并通过 Twitter、Facebook、LinkedIn、Google+、Reddit 等社交媒体分享，还提供购买智库成果电子书的亚马逊等平台的链接。

（四）通过国际论坛交流观点，形成主导性意见

西方知名智库经常举办各类专题会议，邀请国内外的政府高官和著名专家学者到会发表演讲，交流思想观点。这些智库举办的国际论坛一般是介于官方外交（“第一轨道”）与纯民间交流（“第三轨道”）之间的“第二轨道”。有些是“一轨半”的性质，即既有官方背景，也有非官方的学者背景，这样官方就可以倾听学者的意见，学者可以了

解官方的意见，而他们所说的并不代表任何法律性的结论。但是，出席的官员和学者都会有意识地通过非完全官方平台发表自己的看法，希望形成有利于己的主导性意见和建议，来影响本国或他国政府决策和舆论。

如每年在新加坡举行的“香格里拉对话”（正式名称为“亚洲安全会议”），虽然讨论的是亚洲问题，却是由英国伦敦国际战略研究所发起、英美智库联手合作的产物。至2015年，“香格里拉对话”已经连续举办14次，规模和影响日益扩大，已成为亚太地区开展防务外交的重要平台，同时也是亚太地区目前唯一能将各国防务部门高官聚集在一起讨论防务问题和区域安全合作问题的机制。

（五）实施本土化策略，向对象国输出政策主张

为了确立自身对全球性国际问题的发言权和影响力，西方国家的智库纷纷在对象国实施本土化策略，通过与对象国的研究机构合作设立分支机构，与对象国的研究人员合作开展研究，资助对象国学者开展研究，设立对象国语言网站等方式，积极向其他国家输出他们的学者、政策主张及管理模式，力求使自己的研究成果能够直接影响对象国的决策和舆论。

美国一系列举足轻重的智库不断在全球尤其是在亚洲扩张。早在1993年，卡内基国际和平研究院就成立了卡内基莫斯科中心，成员几乎全部都是俄罗斯人。2010年4月，卡内基国际和平研究院和清华大学合作成立清华—卡内基全球政策中心，由中国知名学者、清华大学当代国际关系研究院院长阎学通担任管理委员会主席，研究人员大部分为中国人。

2006年，布鲁金斯学会与清华大学联合创办了清华—布鲁金斯公共政策研究中心。在该中心的网页上，这样介绍它的定位：“清华—布鲁金斯中心致力于在中国经济社会变革及维系良好的中美关系等重要领域提供独立、高质量及有影响力的政策研究。清华—布鲁金斯中心以多种形式进行研究活动：为美中两国的学者对中国发展过程中所面临的经济社会问题提供前沿性研究和分析，接待访问研究员，并且组织研讨会、圆桌会议、大型国际会议等，为美中双方的专家学者和政策制定者提供一个加强对话与合作的国际化交流平台。……作为布鲁金斯学会的首个海外机构，清华—布鲁金斯中心引领布鲁金斯学会发展成为一个全球性的公共政策研究机构。”①

布鲁金斯学会约翰·桑顿中国中心主任李成说，布鲁金斯学会中国问题研究团队的很多人来自中国，这也体现了它的全球性，他们用美国人了解的语言解释中国的变化，

① 参见清华—布鲁金斯公共政策研究中心网站，http：//www.brookings.edu/zh-cn/about/centers/brookings-tsinghua/about。

同时也用中国人了解的语言解释美国的考虑。①

“战略专家们特别强调通过影响目标国家对形势的认识、判断来获得更大的国家利益。有美国学者甚至撰文称，当美国支持的某目标国家的独立思想者达到一定比例时，该国的舆论就会朝着美国预期的方向发展。”② 可以说，对其他国家而言，西方智库不仅影响世界的“某国观”，还希望影响某国的“世界观”。

三、中国智库国际传播和话语体系构建现状分析

目前，中国智库数量不少，但具有国际影响力的屈指可数，国际传播能力和全球话语引领能力更亟待提升。

（一）内容生产：缺乏引领性概念和源发性观点

“文明的冲突”“利益攸关方”“中美 G2 模式”“软实力”“巧实力”等这些引领全球话语的概念或战略名词，均由美国智库首先提出或推出。美国智库提出的概念通过国际主流媒体、国际研讨会等平台广泛传播而成为“国际议程”，它们提出的一些核心观点便以“国际社会的声音”出现，乃至于成为正确舆论导向，后来回应者即使反驳、提出异议也很难撼动这些观点已经牢牢占据的主导地位。美国卡内基国际和平基金会的资深高级研究员、曾任美国《外交》杂志主编长达 14 年的莫伊西斯·纳伊姆博士曾说：“近 5 年来几乎所有能引起全球性关注和辩论的主张和思想均产生于美国，而不是美国之外。”③

中国智库目前更多局限在对我国政策的解读、阐释，很少提出能够主导国际话语的概念和战略名词，只能在别人的框架下跟随讨论。比如，中国学者对于美国学者约瑟夫·奈（Joseph Nye）提出的“软实力”的研究热度一直很高。而面对国外智库层出不穷的“中国威胁论”“中国崩溃论”“中国责任论”等涉华论调，中国智库和媒体只能救火式地被动应对。针对“中国威胁论”，倒是 2006 年新加坡著名经济学家、南洋理工大学亚洲研究所所长陈光炎认为中国应该提议一个“中国贡献论”。④ 但中国智库学者似乎只是把“中国贡献论”看作是外界对于中国崛起的一种不同于西方视角的看法和比较正

① 参见蒋国鹏：《全球顶尖智库如何研究中国——专访布鲁金斯学会约翰·桑顿中国中心研究主任兼资深研究员李成》，载《环球》，2009（13）。

② 毕研韬：《提升中国形象的三大法门》，载《中国社会科学报》，2009-07-16。

③ 贺文萍：《不必盲从美国智库的忽悠》，载《环球时报》，2011-07-14。

④ 参见张永兴：《新加坡经济学家提出“中国贡献论”》，载《新华每日电讯》，2006-04-05。

面的评价，并没有更多地去研究、完善、发展其内容，推动它与“中国威胁论”“中国崩溃论”“中国责任论”等论调去抗衡，更不用说去影响国际涉华舆论了。迄今为止，“中国威胁论”及其变种仍然不绝于耳。

（二）传播渠道：不善于在国际上推销研究成果

与西方智库相比，目前我国多数智库仅仅满足于将成果上报给决策部门获得领导批示，还不太善于在国际上推销自己的研究成果，主要体现在以下几点：

一是不善于利用大众媒体将成果转化为影响国际舆论的资源。虽然越来越多的中国智库开始从幕后走到台前，专家学者更加频繁地接受媒体采访，但更多地还是局限于国内媒体，接受国际知名媒体采访或者在国际知名媒体上发表文章的还不多。而我国媒体的国际影响力又还有待进一步提高，因此，即使有一些高质量的智库成果，也难以转化为影响国际舆论的资源。

二是智库刊物、著作国际影响力有限。受语言等各种因素制约，中国目前还缺少类似西方知名智库那些具有国际影响力的智库刊物。在国外知名智库刊物直接用英语发表文章的中国专家学者也很少，目前只有北京大学国际关系学院教授、北京大学国际战略研究院院长王缉思等少数学者在《外交》等智库刊物上发表过文章。

此外，西方智库出版的一些著作从选题到营销，都有一套成熟的运作机制，出版后往往能够成为相关领域的畅销书，引领话题，影响舆论。比如，美国著名中国问题专家、布鲁金斯学会约翰·桑顿中心前主任李侃如（Kenneth Lieberthal），长期广泛地研究中国及亚洲事务，著述颇丰，主要包括：《美国情报界与外交政策：做出正确分析》《克服中美在气候变化合作中的障碍》《中国寻求能源安全：对美国政策的启示》《中国的决策：领导人、结构和过程》《中国能源部门的决策》《后毛泽东时代的官僚政治》《天津的革命和传统》《中美汽车业合作之路》等。这些著作不仅引发媒体关注，同时也对美国的对华政策产生影响。此外，他的《治理中国：从革命到改革》、与俞可平等中国知名学者合作的《中国的政治发展（中美学者的视角）》、与王缉思合作的《中美战略互疑：解析与应对》均出了中文版，反响不小。相比之下，有些中国智库的专家学者出版的著作在国内影响力还不错，但国际影响力较为有限，能在欧美国家出英文版著作的更是少之又少。

三是国际性论坛参与不够。随着中国的迅速发展，近些年国外智库掀起了“中国研究热”，经常会举办和中国相关的论坛，也希望中国的专家学者或政府官员参与研讨，但现实却是，这些论坛上中国面孔太少、中国声音太小。而在全球性问题的论坛研讨中，更是西方智库垄断话语。

此外，我国智库在吸引国外智库合作参与研究、在当地设立分支机构等方面均与西方智库有较大差距。

四、提升中国智库国际传播能力与构建对外话语体系的建议

缺乏具有国际影响力的智库，已经成为中国提升国际传播能力、构建对外话语体系的最大缺陷。壮大我国智库实力，是提升我国国际传播能力、构建对外话语体系、争取国际话语权最根本的一环。

（一）选题贴近现实需求，拓宽研究视野

目前，我国部分智库特别是高校中的智库，由于和政府决策部门沟通较少，有些研究选题和现实需求存在一定程度的脱节，纯学术研究较多。对此，建议政府部门加大信息公开力度，加强和智库之间的沟通，引导智库研究选题贴近现实需求。

此外，鉴于我国大部分智库把自己的研究选题局限于当前的国内事务，应引导和鼓励我国智库拓宽研究视野，不仅仅局限于中国，而是更加关注与本国密切相关的全球性、战略性、前瞻性问题的研究，如能源问题、环境保护问题、全球气候变化、可持续发展、反恐等，并力争在这些领域提出能够让其他国家争相讨论的理念、名词和观点。平时做好各类重点和热点话题的舆论储备，在突发事件发生之际，能够主动及时传播“中国声音”，引领话题，避免被动的、救火式的回应。

（二）树立国际传播观念，拓展传播渠道

可从政策上对智库加以引导，对国际传播效果好的智库予以各方面支持，使我国智库逐步树立国际传播观念，做到“研究”和“传播”并重。推动我国媒体特别是外宣媒体更多地翻译和报道智库适合向国际社会传播的研究成果，向国际社会发出中国智库的声音。支持多语种智库刊物、著作的出版和多语种智库网站、社交媒体账号的建立。鼓励我国智库专家学者在国际知名媒体和智库刊物上发表文章，接受采访等，增进海外智库对我国事务和立场的了解。营造宽松的政策环境，为国内外智库交流、研究搭建平台，鼓励我国智库积极举办和参与国际性论坛。

新中国少数民族文学总体研究的话语范型

■ 龚举善　龚小雨*

[摘　要] 新中国少数民族文学总体性研究在其60余年的探索、聚合过程中，逐步形成一套既兼顾社会历史语境又源自民族文学本体的行之有效的话语系统，其中诸如国家意识形态、爱国主义、民族身份、民间精神、现代性等话语方式，已经凝练成为使用频率极高的话语范型。依据马克思主义唯物史观的指导对之进行逻辑梳理、类型阐释和语境分析，既是系统总结当代少数民族文学理论研究话语形态的内在规定，也是持续推进新世纪少数民族文学创作及其学理阐发的必然要求。

[关键词] 民族文学；话语；身份

通俗地讲，“话语”（discourse）就是人们说出来的话或写出来的语言，一般指特定语境下人与人之间进行沟通的具体言语行为。话语方式就是说话或叙述的基本特征，一般体现为某一相对独立叙述系统中重要关键词的生成方式和表达效果。我们一方面强调少数民族文学总体研究中话语方式的重要性，同时也承认中国特别是新中国成立以来少数民族文学研究话语的相对自足性。所谓新中国少数民族文学总体性研究，即主要以新

* 龚举善，1964年生，男，湖北竹溪人，中南民族大学文学与新闻传播学院教授，文学博士，研究生导师。“湖北省跨世纪学术骨干”“湖北省新世纪高层次人才工程人选”，享受湖北省政府专项津贴，第四、第五届鲁迅文学奖评委。主要社会兼职有：中国作家协会会员，中国报告文学学会理事，全国报告文学理论研究会副会长兼秘书长，全国毛泽东文艺思想研究会常务理事兼副秘书长，中国新文学学会理事，中国文艺理论学会会员，中华美学学会会员，湖北省作家协会理论批评委员会委员，湖北省散文学会副会长，湖北省美学学会理事，湖北省文艺理论家协会理事，湖北省文艺学学会理事等。

中国成立以来少数民族文学整体为研究对象，而非针对某一族别、区域、文体或某些具体少数民族作家作品的局部研究。实践表明，对关乎新中国少数民族文学发生发展、学科建构及模式转换的核心概念、重要术语、基本原理和学术框架等方面的研究，已经取得重大进展。现有少数民族文学研究成果虽然还不够系统，但客观上初步形成了自身特点。为了总结新中国少数民族文学及其研究的基本经验，进而为构建少数民族文学理论研究体系提供必要参照，本文试以新中国特别是新时期以来少数民族文学总体性研究论文为主（兼及少量具有典型意义的个案性研究论文），从类型学角度切入，初步归结出几类代表性的少数民族文学及其研究的宏观话语范型，以便更为清晰地把握新中国少数民族文学总体研究的主导性言说方式。

国家意识形态话语

尊重国家总体文学的基本话语战略，追求少数民族文学研究的自主话语方式，最终形成相对独立并行之有效的民族文学研究的话语体系，这是新中国少数民族文学总体研究价值目标的有机内涵。基于此，在新中国少数民族文学总体研究的话语系统中，国家主流意识形态及其制导下的制度设计和道路选择常常被学者们优先考虑，因而拥有无可争辩的权力话语地位。支撑这种权力话语范型的核心概念主要有：国家利益、政党意识、社会主义等。

吕微的观点颇具代表性。他在对当代少数民族文学史进行研究后得出结论：在多数情况下，中国各少数民族文学史（又称“民族文学史”）的当代著述是反映了国家意识形态的政党—政府规划、反映特定民族自我意识的集体幻想以及写作者个人见解相统合的产物。其中，国家意识形态、民族自我意识与学者个人见解所占的比重以及三者之间的结合方式在不同历史时期有着不同的表现形式，这主要缘于国家意识形态对于学术领域的介入方式不同及其前后作用的力度发生了变化。① 基于此种判断，他将新中国少数民族文学研究总体地归于国家学术和现代民族国家方案之列。欧阳可惺在论及少数民族文学中的民族主义意识形态时，从另一向度印证了中华民族意识对于少数民族作家及相关研究者的深刻影响。他认为，经由把少数民族文学中的民族主义意识形态及其文学表现视为一个动态的、多民族国家的社会历史文化建构过程的产物，可有效影响乃至改变部分少数民族作家、批评家将追求简单的“纯粹”的民族主义作为终极价值目标的想

① 参见吕微：《中国少数民族文学史研究：国家学术与现代民族国家方案》，载《民族文学研究》，2000（4）。

法，进而可望在深层次的认识理解中认同和确立中华多民族大家庭的团结与和谐。① 毫无疑问，无论是社会主义政党意识形态、国家意识形态，还是社会主义民族意识形态，它们更多的时候在价值取向上趋向一致，并作为国家主流意识形态的形式左右着新中国少数民族文学及其研究的总体方向。

回族学者李鸿然在1984年撰文指出，我国当代少数民族文学客观上是在中国共产党领导下的当代社会历史情境下产生和发展起来的，其最为突出的本质是以共产主义思想为核心的社会主义文学。从其诞生的那天开始，当代少数民族文学就担负着为民族地区社会主义事业服务以及用共产主义思想教育和鼓舞各族人民群众的崇高使命。李鸿然认为，当代少数民族文学作为中国共产党所领导的社会主义事业的一个重要组成部分，尽管其发展过程中出现过波折和失误，然而就其演进主流来看，其社会主义性质和总体方向却始终没变。② 这种评价基本符合我国当代少数民族文学发展的实际。

刘大先不仅对社会主义国家意志之于少数民族文学的权威导向有清晰的论述，而且注意到市场经济时代“后社会主义”意识形态对于少数民族文学的显著影响。他认为，当代少数民族文学发生、发展和建构的总体进程，无不表明它是真正的社会主义文学不可或缺的组成部分，从根本上说它本身就是社会主义革命和建设的产物。“中国文学从1940年代具有多种可能性的文学生态，到新中国成立后逐渐趋于一致性，‘少数民族文学’正是在中国革命的社会主义历史进程中诞生的。新民主主义革命到社会主义改造，不仅是政治意识形态的诉求，同时也是少数民族自觉的历史选择，在这个充满辩证的过程中，少数民族文学遗产得以继承发扬、新型作家作品得以出现，并且在‘十七年’间形成了具有社会主义现实主义美学风格和少数民族独特文化意味的少数民族文学传统。”③ 此前，他曾论述过少数民族文学社会主义性质的客观性与法理性。在他眼中，新中国多民族文学的历史生成，主要基于两大原因：一是在冷战格局中出于团结盟友一致抗敌的需要，二是社会主义新中国新文化建设与发展的需要。二者合构，决定了中国共产党对包括少数民族文学在内的社会主义文化领导权的必然诉求与正确法理。这意味着，中国共产党人的终极理想并不仅仅限于民族独立，而且还在战略的高度上谋求新生的具有世界牵引力的新型人民共和国以及新兴的社会主义先进文化和一流文学。蔡翔也表述过类似的观点——中国共产党人在建立现代民族国家的过程中，最初的“革命历史”不但被逐步理想化、浪漫化、寓言化，而且也被高度地生活化、现实化、意识形态化，进而成为蕴含现代革命意识形态意味的“国家神话”。从这种意义上讲，政治大于

① 参见欧阳可惺：《民族主义意识形态与当代少数民族文学批评的介入理念》，载《新疆大学学报》（哲学·人文社会科学版），2011（3）。

② 参见李鸿然：《三十五年来的少数民族文学创作》，载《民族文学研究》，1984（4）。

③ 刘大先：《文学共和：作为社会主义文学的少数民族文学》，载《民族文学研究》，2014（1）。

族裔，国家重于民族，经济发展、社会进步、文化重塑、文学叙事都必须被纳入到现代民族国家建构的宏大逻辑框架之中。①

刘大先同时阐明了“后社会主义”时代少数民族文学的文化图景。他在《从差异性到再融合：后社会主义时代的各民族文学》② 一文中，将市场经济条件下的中国特色社会主义称之为“后社会主义”，并认为后社会主义语境下的少数民族文学更为丰富多彩、生动活泼。具体而言，后社会主义时代的少数民族文学打破了此前惯有的民族、地域、阶层、性别、认同，以驳杂而丰盈的姿色重新融汇在全球化、地方性、族群性的崭新环境中，体现出鲜明的重构特征和转型风向。总之，后社会主义时代的少数民族文学虽然仍是传统社会主义文学的发展形态，但观念更加前卫，写作更为灵活，表现更为多元，少数民族文学的生产力得到了相当程度的解放。

事实上，无论我们对新中国、新时期、后新时期的少数民族文学做出何种描述，少数民族文学以及由此而来的少数民族文学研究的“社会主义”性质和“中华民族”的归属都无可置疑，国家主流意识形态的强力作用也无法否认。正是在这种意义上，我们领略并认可了中国特色社会主义文学及其理论表述的权力话语地位。

爱国主义话语

爱国主义是中华民族伟大民族精神的集中体现和中华民族不断迈向复兴之路的鲜红旗帜。新中国少数民族文学及其研究过程中的爱国主义话语，直接缘于国家主流意识形态。一个显而易见的事实是，中华人民共和国成立以来，56 个民族“一家亲”的局面逐步形成，爱党、爱国、爱民、爱家成为包括少数民族文学在内的中国当代文学的基本主题。正是在这面大旗的召唤之下，研究者们常常自觉或不自觉地运用爱国主义思维来分析少数民族作家作品，并以此作为判断作家作品先进与否的重要尺度。

吴重阳、苏光文等老一辈学者尤为关注抗战文学大潮中少数民族文学的爱国主义表现。吴重阳在论及少数民族抗日题材的文学创作时指出，揭露日本帝国主义的侵略罪行与残暴特性，讴歌中国人民英勇反抗的英雄精神，构成现代少数民族作家创作的中心主题。这一主题，贯串于小说、诗歌、报告文学和戏剧作品等文学样式中。辩证地看，抗战题材源自抗战生活，而火热的抗战生活又铸就了诸如舒群、马加、端木蕻良、穆青、李乔、华山、陆地、萧乾等一大批反映抗战生活的优秀民族作家。苏光文在阐述老舍、沈从文、萧乾、端木蕻良、华山、陆地、郭基南、金剑啸、舒群等少数民族作家的抗战

① 参见蔡翔：《革命/叙述：中国社会主义文学—文化想象》，北京，北京大学出版社，2010。
② 参见刘大先：《从差异性到再融合：后社会主义时代的各民族文学》，载《南方文坛》，2013（3）。

文学时，将爱国主义视为其“中心话语”，并将抗日救亡的爱国主义内涵分为两大层次：一是表层的对于大智大勇和血洒沙场的献身行为的礼赞；二是深层次的生命意识、苦难意识、自省意识与批判意识。① 这种分析，不仅正视了抗战时期少数民族作家文学的独特作用，而且将少数民族抗日题材文学创作的价值关切上升到生命关怀和中华民族共同体的利益高度，因而拓展了我们的理解视野。由此可见，在国难当头的特殊历史时期，少数民族作家文学确实以其鲜明乃至强烈的民族感情丰富了中国抗战文学的爱国主义色彩。

晓雪在评价新时期以来少数民族文学创作状况时，同样突出了爱国主义主题。他认为，纵观新时期以来我国的少数民族文学创作，可以肯定，它一方面继承、发扬了新中国文学一以贯之的紧扣时代脉搏、高吟爱国主义颂歌的优良传统，同时又挣脱了“阶级斗争工具论”的藩篱，大胆创新，回归本体，基本上克服了公式化、概念化的弊端，相当程度上解放并发展了少数民族文学的生产力。② 他的观点旨在表明，爱国主义已经成为新中国少数民族文学的“优良传统”，只可继承，不能丢弃。

有的学者论述了新疆、西藏、内蒙古等区域性少数民族文学中所蕴含的爱国主义精神。艾光辉等认为，“新疆多民族文学在当代进程中彼此影响、相互促进，共同传承与发展了新疆优秀文化传统，形成了以爱国主义为精神内核、以民族团结为核心主题、以开拓进取为独特风骨、以历艰不屈为生命意志、以除旧布新为重要内涵、以追求壮美为美学个性、以多元一体为发展趋势的总体格局与显著特征”③。晁正蓉指出，爱国主义是维吾尔文学重要的组成部分，是维吾尔文学创作的中心话语。④ 艾比布拉·阿布都沙拉木详细梳理了新疆民间文学、古代文学和现当代文学诗作中的爱国主义脉络。他认为，新疆的少数民族史诗在其千百年口耳相传的过程中，积淀了丰富的文化内蕴，其中，强烈的爱国主义、崇高的英雄主义和豪迈的乐观主义永远闪耀着灿烂的光芒。罗艳在《当代少数民族文学中的“群”范畴研究》一文中，以维吾尔族文学为个案，对少数民族文学中的“群”范畴进行了探讨，认为民族团结是“群”范畴的“主题外延”，爱国主义是“群”范畴的“精神内核”，二者成为文学在扬弃传统文化的过程中自然形成的文化维系力。⑤ 艾美华在《少数民族文学中爱国精神的弘扬》一文中，总结了蒙古族文学创作中爱国主义精神的表现形态。⑥ 王柏青在《论清代满族文学中的爱国主义精神》一文中明确指出：“满族是一个有强烈爱国主义精神的民族，这种爱国主义在满族的文学作

① 参见苏光文：《爱国主义：1937—1945年中国少数民族文学的中心话语》，载《民族文学研究》，2000（1）。
② 参见晓雪：《走向新世纪的中国少数民族文学》，载《民族团结》，1995（3）。
③ 艾光辉等：《新疆多民族文学的传承与发展》，载《新闻爱好者》，2012（5）。
④ 参见晁正蓉：《新疆维吾尔文学爱国主义作品研究述评》，载《喀什师范学院学报》，2014（4）。
⑤ 参见罗艳：《当代少数民族文学中的“群”范畴研究》，载《新疆社会科学》，2011（4）。
⑥ 参见艾美华：《少数民族文学中爱国精神的弘扬》，载《新闻爱好者》，2012（4）。

品中也有鲜明的表露。主要表现在三个方面：其一，维护与歌颂‘大一统’局面，这是爱国主义产生与发展的基础；其二，热情赞扬中国历代爱国主义代表人物，坚持与发扬了这种传统精神；其三，在国家、民族危难之际，抒发了爱国主义的抗争思想与忧患意识。另外，在其他方面如表现英雄主义、关心社会现实、抨击腐败现象等，也都是爱国主义的反映。”①

需要指出的是，少数民族文学及其研究中的爱国主义话语常常与中华意识以及由此而来的民族融合紧密相关。正如曹顺庆所说，多民族融合不仅推动社会政治、经济的发展，而且刺激文化、文学的繁荣。究其实，历史上任何一次文学的繁荣都与多民族交流、融合相关，魏晋南北朝和盛唐时期的民族交往均带来文学的繁盛，元代戏曲也不例外。不仅是少数民族文学借鉴了汉民族文学的经验，而且少数民族民族文学内部也不断交融新生，汉民族文学同样可以参照少数民族文学的有益养分。② 这才是完整意义上的中华文学的“民族因素”。此外，我们还应认识到，与爱国主义相伴而行的，还有所谓“人民”话语。正是在这种意义上，爱国、爱族、爱民、爱家在社会主义民族大团结的政治语境下有机统一起来。

民族身份话语

这里所说的民族身份主要有两重含义：一是相关少数民族文学自含的民族意识；二是文学研究者在具体的理论批评过程中所持有的民族属性评价指标。前者是后者的基础，后者是对前者的发现、评判与强调。就新中国少数民族文学既有研究的总体状况来看，多数学者都能自觉乃至强烈关注少数民族文学的民族“身份”问题，并对部分少数民族文学民族性弱化之势表示忧虑。

王亚斌认为，全球化语境中的文化同质化趋向正把世界各地的民族文化纳入到一个更大的话语权力结构之中，其结果，各民族原有的民族意识和文化特性受到压制，造成各民族文化原质的“失真”。因此，应认真思考消除“影响的焦虑”的可行路径，切实维护少数民族文学的独特性与合法性，重构各少数民族文学与汉族文学的良性生态关系，以促进我国民族文学事业的共同繁荣。③ 阿牛木支也有类似看法。他说，民族性和地域性并非阻碍少数民族文学发展的绊脚石，恰恰相反，它是指引民族文学健康前行的

① 王柏青：《论清代满族文学中的爱国主义精神》，载《满族研究》，2006（4）。

② 参见曹顺庆：《三重话语霸权下的少数民族文学研究》，载《民族文学研究》，2005（3）。

③ 参见王亚斌：《论少数民族文学的身份建构》，载《滁州学院学报》，2008（4）。

航标。[①] 事实上，文学的民族性也是与时俱进、变动不居的。乌热尔图等说得好："任何一民族的生活都是一条流动的河流，无论创作者位于什么时空方位，他都要观察和思考一个运动着的生存现象，任何僵死的、固定的眼光都会给创作者带来不利的影响。所谓一个民族'初始的本真的生存状态'给人的感觉是一种文字上的假想，使人想到一条冰冻的河流。"[②]

在刘大先看来，少数民族文学和文学批评既要坚持其民族性在场身份，又不应拒绝现代化、全球化进程所带来的多民族文化交流交融的发展契机。换言之，少数民族作家在向着现代民族国家道路进发时，都将不可避免地融入到时代主潮之中。这并非国家权力话语的独断专行，而是文学发展演进规律的必然表现。少数民族文学确实具有并应当拥有自身的民族独特性，但假如一味以民族独特性阻碍其融入国家机体和全球视野，无疑将陷入另一种权力话语的泥淖。[③] 杨春风也赞同少数民族作家向现代社会主潮靠拢的姿态。他真诚呼吁有责任感的少数民族作家，既要深入木民族生活的沃土，又要以开放的眼光超越狭隘民族观的制约；既要尽力克服民族自卑心理，又要清醒摆脱文化自恋情结。[④] 只有这样，才能将传统与现代、个性与共性、存异与趋同、守正与创新有机结合起来，以创造少数民族文学及其理论批评更具阐释性的未来。

无论如何，全球化背景下少数民族文学民族身份的模糊化倾向对于中华文学生态的多样性来说毕竟不是什么好事。对此，朝戈金、李晓峰等表示忧虑。

朝戈金强调，民族属性是少数民族文学独特的身份征候，据此可望获取不同民族文学艺术的身份指纹，亦即一民族文学区别于他民族文学的记忆性符号。但是，不容否认，受现代社会情境的规定，各民族文学间的差异性正越来越小，趋同性正日益增强。就少数民族文学创作的现实状况而言，他的忧虑不无道理。李晓峰认为，当下的文学批评已经出现了较为严重的"失语"状态，其显著标志便是民族立场偏斜和民族身份模糊。他以张承志、扎西达娃、乌热尔图等作家作品为例，认为发现和阐释这些少数民族作家作品意义的批评者，多数出自非少数民族出身的主流批评界，这种"他者"批评不仅常常抱有居高临下的心态，而且每每有意无意地漠视少数民族文学的民族特性。[⑤] 面对此种局面，他建议应最大限度地消除对边缘文化的误读，构建自己独立的批评话语系统，追求自身独立的学理精神，并认为这是扩大少数民族文学的影响和繁荣少数民族文学的必然要求。

用发展的眼光看，在少数民族文学研究有关身份话语的建构中，确有必要进一步打

① 参见阿牛木支：《对新世纪民族文学表现形式的思考》，载《文艺报》，2010－10－20。

② 乌热尔图等：《关于少数民族文学的问答》，载《南方文坛》，1999（1）。

③ 参见刘大先：《中国现当代少数民族文学的语言与表述问题》，载《中国社会科学院研究生院学报》，2008（5）。

④ 参见杨春风：《中国当代少数民族文学的民族性辨析》，载《社会科学战线》，2008（11）。

⑤ 参见李晓峰：《中国当代少数民族文学创作与批评现状的思考》，载《民族文学研究》，2003（1）。

开新视野，吸纳新方法。这方面，结构主义、文化主义的“后民族”理论对我们具有启示意义。特别是在全球化、信息化、网络化背景下，少数民族文学的身份焦虑比以往任何时候都更为强烈，少数民族文学的族属意识、国家认同和世界向往之间的紧张关系正以日渐扩大的现实张力考验着当今学者的理解力、阐释力和调解力。

民间精神话语

“民间精神”一般是指与国家意志相对应的民众趣味，通常隐含现实性、自在性、大众性、底层性、通俗性等基本价值指向。这里所说的民间精神话语亦即少数民族文学研究过程中研究主体对于研究对象——少数民族文学现象所蕴含的现实性、自在性、大众性、底层性、通俗性诸因素的感应、彰显与召唤。

回溯中国文学发展历史，不难发现，对于民间现实立场的持守和民间自由精神的追求已经成为“文学传统”。汉族文学如此，少数民族文学更是如此。李长中在谈及少数民族文学与民间话语关系时认为，全面分析当代民族文学与其民间话语的内在关联，关注其过渡性文本形态的成因及艺术特征，并以此审视民族文学批评盲点，是确立批评的价值取向和理论视域的重要前提。

陈思和在其主编的《中国当代文学史教程》“多民族文学的民间精神”“理想主义与民间立场”等章节中，涉及包括少数民族文学在内的当代文学的民间精神问题。该教程强调：“在实际的文学创作中，‘民间’不是专指传统农村自然经济为基础的宗法社会，其意义也不在具体的创作题材和创作方法，‘民间’所涵盖的意义要广泛得多，它是指一种非权力形态也非知识分子的精英文化形态的文化视界和空间，渗透在作家的写作立场、价值取向、审美风格等方面。知识分子把自己隐藏在民间，用‘讲述老百姓的故事’作为认知世界的出发点，来表达原先难以表述的对时代的认识。”① 陈思和等还着重分析了老舍创作中的民间精神及其表现，认为老舍自60年代初开始创作的带有自传性质的《正红旗下》对满洲旗人的生活习气作了出色的表现，从而实现了由时代“共名”走向对民族民间风习的诗意渲染。②

当然，这种“共名”在“自名”化的表现过程中，并非总是愉快的。为此，老舍常以幽默方式乃至侠义精神来缓解艺术表现的矛盾和痛苦。高翠英认为，老舍的小说看似幽默，但字里行间却浸透着浓郁的民间气息和侠义精神。③ 这种以中国传统民间文化视

① 陈思和：《中国当代文学史教程》，363页，上海，复旦大学出版社，1999。

② 参见陈思和等：《多民族文学的民间精神》，载《中国文学研究》，2000（2）。

③ 参见高翠英：《趋向世俗的道德伦理叙事——老舍小说论》，载《胜利油田师范专科学校学报》，2005（4）。

角来探视老舍等少数民族作家作品中民间精神的尝试，一定程度上细化了少数民族文学的阐释方法。

王光东从文学史的角度，重新阐释了“民间”概念的基本内涵，认为中国现代文学中客观上存在着三种“民间”理念——启蒙文化视角下的民间观，政治意识形态的民间观，出自“民间”的民间观。在他看来，中国现代作家重新走向“民间”有着不容忽视的三大意义：一是丰富了文学作家的精神世界和情感系统；二是让我们更加明确地感受到“民间”对于新文学生成与发展的资源价值；三是为知识分子提供了精神滋养的文化土壤与未来发展的诸多可能性。他进而提出，源自民间的沈从文、老舍等实际上代表了中国现代知识分子与民间关系的“第四种类型”。其中，沈从文本着知识分子的民间立场，在美丽而纯朴的湘西描绘着“自由—自在”、相对活泼并体现着下层人生活情趣和态度的民间世界；老舍关心的则是民间自在的生存逻辑和自由不羁的生活愿景。① 关于沈从文《边城》的民间精神立场和民族无意识表现，彭建成、宋阜森、杨汉瑜等学者曾分别撰文评述，此处不赘。这似乎间接表明，少数民族文学与民间精神有着天然的价值关联。

除老舍、沈从文等老一辈经典作家外，学者们对张承志、栗原小荻、蔡测海等少数民族作家民间情怀的分析也值得关注。杨秀明以张承志的散文为研究对象，认为张承志的《致先生书》《再致先生》《鲁迅路口》和《文学的“惜别”》等作品通过个人阅读经验即“把握”对鲁迅文化理念的精神阐释，在日本情结、批判民族主义和世界主义、捍卫民间精神性信仰等方面都与鲁迅产生强烈共鸣。② 同时，少数民族网络文学的新民间精神也应引起我们的注意。网络文学在我国的兴起不过10余年，但它借助全球视野和现代化力量快速跟进，因而其总体发展节奏差不多与中国网络文学的集体步履保持了同步。网络文学创作主体的匿名性、个性化以及表达姿态的民间性、传达方式的灵活性、情感抒发的平民性等特征，毫无疑义地比传统纸质文学更加突出。也是在这种意义上，相关学者将其命名为“新民间文学”抑或“泛民间文学”。作为族裔化、地域化、民间化的个体书写行为，当代少数民族网络文学的个体性征十分显眼。同时，由于网络文学书写方式的互动性资质，造成人物主体和读者主体二者间的高度间性特征。由此判断，表面看来高度个人化的网络文学写作无疑兼有了集体书写、民间传播、大众接受的平民文学风采。不难预期，随着网络时代少数民族文学以及少数民族文学研究中民间意识的觉醒与新民间精神的倡导，少数民族文学的人民性与现代性将得到进一步强化。

---

① 参见王光东：《“民间”的现代价值——中国现代文学与民间文化形态》，载《中国社会科学》，2003（6）。

② 参见杨秀明：《民族历史观照中知识分子的“交集”——从张承志的散文看其对鲁迅的再阐释》，载《沈阳师范大学学报》，（社会科学版），2011（5）。

现代性话语

“现代性”似乎永远处在成长的路上，“进行时”成为其永不倦怠的时态选择，发展性、开放性、未来性、世界性是其关键指标。一般认为，现代性历程肇端于启蒙时代以来新的世界体系形成时期，指一种持续进步的、既合规律又合目的的关于社会发展的时间观念。现代性的功能在于，推进了民族国家的实践进程，催生了现代民族国家以自由、民主、平等为核心的价值理念。据此推论，对于“中华民族”“中华民族共同体”“中华人民共和国”等现代民族国家观念的价值认同以及由此而来的相关话语系统，是新中国少数民族文学及其研究活动现代性的突出表征。

毫无疑问，“现代性”对于包括少数民族文学在内的新中国文学事业极其重要，并明显成为新时期以来学术界阐释包括文学在内的各种文化现象的关键词。正因为如此，学者们不仅以现代性的眼光重审中国当代文学，而且常常从现代性的角度打量近代以降特别是五四以来的近现代文学道路。对当代少数民族文学理论批评而言，现代性作为一种价值取向和话语方式已被普遍采用，使我们在面对“当代少数民族文学研究”乃至“中国少数民族文学”时，有可能获取一种历史纵深感、总体宏阔感和潜在的世界对话性。

关于新中国少数民族文学的现代性表征，有关学者进行了认真检视。刘大先在《现代中国与少数民族文学》的“绪论”中指出，“在特定意义上来说，‘少数民族’与‘少数民族文学’都是‘现代中国’的产物（这当然并不是说它们在前现代中国作为自在物不存在，这是两个问题），与人类社会历史中一切观念性现实一样，当少数民族及其文学成为某种话语性、结构性的力量，它就具有主动性，与它从中诞生的那个母体交相映应互动。而在这样的讨论中，现代性的理论话语会作为一种隐伏的背景伏藏在本书叙述的始终”①。李胜清认为，“随着现代性规划的日益展开，当下中国从总体性上已经呈现出现代性的状态或现代性的发展诉求。作为总体社会生活不可或缺的有机部分，少数民族生活也相应地调整着自己的价值身份与姿态，以便生成一种契合于现代性的物质生活方式与社会基础。而作为这种现实生活的审美镜像，少数民族文学自然责无旁贷”②。陈祖君则将当代少数民族文学的现代性表征称之为“现代转型”。他认为，这一转型可以从现代文体的产生、作家队伍的形成、现代思想意识在少数民族文学作品中的弥漫、在不同历史时期和不同民族的不同表现、跃过中国现代文学发展所经历的各个阶段而直接

① 刘大先：《现代中国与少数民族文学》，2页，北京，中国社会科学出版社，2013。

② 李胜清：《当代少数民族文学的公共性意向发微》，载《民族文学研究》，2012（6）。

汇入当代文学发展的潮流等多个方面加以认识。① 此外，杨玉梅的《世纪初少数民族母语写作的时代性与民族性特色》、胡康华的《现代性与新疆当代多民族文学》、丁琪的《蒙古族生态小说中的科技想象》、李晓峰和李华戎的《现代性诉求、文化认同与文学资源的当代转换》、蒋芝芸的《略论中国现代少数民族文学的现代性》、杨毅的《少数民族文化遗产：消费时代的审美再生产》等论文，分别从不同角度论述了少数民族文学中的现代性表征。限于篇幅，此处不再详加介绍。

关于新中国少数民族文学达成民族国家现代化的路径，叶舒宪等学者依据人类学与后现代知识观发表了自己的看法。在叶舒宪看来，文化人类学无论是作为学科形态还是作为研究方法，其知识构型和认知性质都具有典型的后现代意味，表现出较为鲜明的非主流、非贵族化和非西方中心主义的文化倾向。这种文化倾向，对于破除西方知识的普适性、以另类视角重构少数族裔的地方性话语系统具有重要意义。这实际上也是一种本土发现和文化回归。② 徐新建认为，包括文学史在内的历史叙述同样可以成为文学研究对象，有如人类学以民族志方式所作的地域性和族群性书写一样。在这种情况下，人们所关注的不仅仅是曾经存在着怎样的历史真实，而是更为重视叙述者历史叙述的态度和方法，因为这些态度和方法很大程度上决定着历史的文学化和文学化的历史，其间必有叙述者的取舍和增删。③ 少数民族文学史的现代编写也不例外。透过他们的阐述，我们领略了新中国少数民族文学研究从民族、国家、世界等层面对于现代性阐释思维的推进之功。

少数民族文学的现代性追求带给当代文坛以怎样的影响，以及少数民族文学现代性阐释的功能如何，也是学者们关注的话题。张永刚以西南少数民族文学为例，正面肯定了这种现代性的积极功能。在《全球化时代西南边疆少数民族作家的文化认同与文学表达》及与人合撰的《现当代云南少数民族文学的历史演进》等文中，他阐述了西南少数民族文学的现代性、后现代性以及云南少数民族文学的现代化进程问题。刘大先在承认“现代性”的复杂性的前提下，认为20世纪80年代以来的中国文学在思想解放的潮流中普遍接受了启蒙现代性的指引。

有的学者对现代性乃至后现代性本身进行了反思。范潇兮等认为，以现代性为价值目标的主流文化形态日益侵袭我们的现实生活，各少数民族古老的传统文化正经受流行的现代文化的大面积渗透。④ 周景雷则批判地辨析了现代性所造成的现实异化问题。在他看来，现代性并非总是带给我们正面影响，它也存在着种种弊端。但这种种弊端并不

---

① 参见陈祖君：《论中国少数民族文学的现代转型》，载《宁夏社会科学》，2009（6）。

② 参见叶舒宪：《中国文化的构成与“少数民族文学”：人类学视角的后现代观照》，载《民族文学研究》，2009（2）。

③ 参见徐新建：《历史就是再表述——兼论民族、历史与国家叙事》，载《文艺理论研究》，2014（4）。

④ 参见范潇兮等：《民族文学研究：在双重挤压下突围》，载《西南民族大学学报（人文社会科学版）》，2010（2）。

一定表现在现代化或现代性本身，而是它所附带的现代体验或现代心理改变了传统的人与物的关系，亦即改变了人与自然的关系方式，特别是改变了人自身的关系状态。在此情形之下，“后现代”应运而生。作为现代性的“改写”程序，后现代主义力图对现代性进行消解和拆除，在对现代性“僭越”式姿态所导致的消极后果的批判中，与前者客观上构成了新的二元对立结构，后现代主义正是在这种二元对立的结构图式中获取其存在的合法性的。从这种意义上说，貌似激进的后现代主义实际上是传统现代主义的延伸和发展。① 关于包括少数民族文学在内的中国文学现代性的未来前景，杨义预设，中国文学现代性在21世纪的发展，首先应追求平等和深入的开放性，其次应对传统文学的内在精神进行深度的现代阐释，以图达成有效转化的文化绩效。② 唯其如此，方可再造新世纪少数民族文学研究事业的新辉煌。

事实正是如此。秉持开放、流动、多元的现代性观念，不仅符合现代性的内在本质规定，而且有助于推动少数民族文学及其理论研究的转型发展。正如朱德发、贾振勇所说，与其他物质生活乃至精神生活有所不同，文学形态的现代化与民族化，并非某种固化状态的能指对象，而是一个具有较强发散性、包孕性和开放性的所指系统。因此，现代性与民族性事实上处于双向作用、彼此影响、氤氲转换的动态过程之中，因而我们很难捕捉到二者高度结合的、一成不变的典型范例。③ 这表明，少数民族文学及其研究中的现代性话语将以更具包容性、前瞻性的姿态面向未来，或者说“现代性”永远处在成长的路上。

话语范型的生成及其相对稳定化、系统化，标志着相应学科的成熟程度。据此判断，新中国特别是新时期和新世纪以来，我国少数民族文学总体研究视野渐次开阔，方法不断更新，成果逐步丰赡，主流话语范型基本形成，当代少数民族文学批评以及建基其上的少数民族文学理论作为相对独立的文艺学科的条件也日趋成熟。历史而辩证地看，当代少数民族文学总体研究的话语范式源自新中国少数民族文学批评的具体实践，并在其发生发展过程中推动少数民族文学的持续繁荣，促进少数民族文学理论批评的纵深发展。但是，毋庸讳言，在这个过程中，少数民族文学总体研究的话语实践及范型建构还存在一些问题，诸如话语方式还有欠丰富，民族特色还不够鲜亮等。尤为重要的是，新中国少数民族文学总体研究的话语范式尽管与社会主义主流生活与国家意识形态保持同步，始终高举爱国主义伟大旗帜，并适当兼顾了少数民族文学创作的民族身份和民间精神，在发挥理论批评正能量、激发少数民族文学健康发展方面起到了无可替代的

① 参见张园：《20世纪中国文学现代性反思》，载《文艺评论》，2003（6）。

② 参见杨义：《关于中国文学现代性的世纪省思》，载《文艺研究》，1998（1）。

③ 参见朱德发等：《现代的民族性与民族的现代性——论中国现代文学的价值规范》，载《福建论坛》（文史哲版），2000（4）。

作用，然而，宏观地看，同期的少数民族文学总体研究对于少数民族文学集合体的艺术关注和形式创新等内部研究乏力，总结不足，呈现出“思想内容大于艺术形式”倾斜现象。发现并指出这一点，或许正是本文的潜在价值选择。这同时表明，在中华民族文学理论体系的未来建设旅程中，少数民族文学研究还拥有值得期许的继续拓展的空间。

论马克思主义中国化哲学用语与中国特色社会主义话语体系建设

——习近平系列重要讲话中的哲学用语推进中国特色社会主义话语体系建设探讨

■ 舒卫华　张卫平　李宪伦*

［摘　要］马克思主义中国化哲学用语作为一个观念新形态是中国特色社会主义话语体系的重要组成部分，提示着中国特色社会主义理论体系是马克思主义中国化哲学用语基本来源的同时，从中探寻和凝练马克思主义中国化哲学用语并用于教育说事，提升着开展中国特色社会主义理论体系宣传普及活动、推动当代中国马克思主义大众化的实效，从而推进着中国特色社会主义话语体系的发展。从习近平总书记系列重要讲话和党的领导人在各种场合的讲话中，探寻和凝练马克思主义中国化哲学用语，构建马克思主义中国化哲学用语新体系，是创新中国特色社会主义理论体系教育，推进中国特色社会主义话语体系建设进一步发展深化的有效路径。

［关键词］马克思主义中国化；哲学用语；中国特色社会主义话语体系；习近平系列重要讲话

---

* 舒卫华，1979年生，男，江西鄱阳人，重庆人文科技学院党委副书记、纪委书记；研究方向：高校党建与思想政治教育、应用心理学。张卫平，1964年生，女，山西新绛人，重庆人文科技学院党委书记、执行院长，教授，法学硕士；研究方向：高校党建与思想政治教育、高教管理。李宪伦，1954年生，男，回族，山东平度人，重庆应用技术职业学院党委副书记、副院长，教授，法学硕士；研究方向：思想政治教育学术话语理论、应用伦理学。

思想政治教育理论与实践表明，在开展中国特色社会主义理论体系宣传普及活动，推动中国特色社会主义理论体系进教材进课堂进头脑的教育过程中，积极使用马克思主义中国化哲学话语说事，提升着思想政治理论课教育实效的同时，推进着中国特色社会主义话语体系建设。因此，从习近平总书记系列重要讲话和党的领导人在各种场合的讲话中，探寻和凝练马克思主义中国化哲学用语，构建马克思主义中国化哲学用语新体系，推动中国特色社会主义理论体系新成果的教育实效，从而推进中国特色社会主义话语体系建设和进化，有着积极的理论探讨价值和实践应用意义。

一、马克思主义中国化哲学用语体系与中国特色社会主义话语体系的关系

（一）马克思主义中国化哲学用语的概念和内涵

1. 哲学用语的定义。哲学用语亦可简称为哲语，是指哲理性的语言和话语的使用。因此，哲学用语就是指哲学话语的使用，即：把哲学话语应用于说事和教育所形成的哲学语言，就是哲学用语（名词），亦即哲学用语就是哲学话语。由于哲学话语来源于广泛的大众化社会生活，是大众化社会生活现象与现实的形象比喻和真实写照，说明哲学话语和用语与大众化社会生活有着密切联系、比喻形象的对应关系，因此，从广义的定义和概念而言，哲学用语就是大众化社会生活哲学话语，亦即哲学视阈下的大众化社会生活话语就是哲学用语。同时，由于哲学话语在社会生活中得到广泛的使用，故哲学用语在不作研究和特殊说明的一般场合，通常被视为哲学话语（作为名词时）的同义语。诚然，哲学用语作为一个新概念和观念新形态，定义哲学用语要与对其内涵、特征、类别等概念的论证相联系，囿于本文的篇幅，故涉及哲学用语定义之外的概念不作探讨。

2. 马克思主义中国化哲学用语的概念。哲学用语主要来源于大众化社会生活，因此，哲学用语的范畴主要来源于大众化哲学用语。由于马克思主义制度在中国的传播，社会主义制度在中国的建立和中国特色社会主义的事业发展，马列主义、毛泽东哲学思想和哲学原理的运用，哲学用语的中国范畴又由大众化哲学用语发展为马克思主义哲学用语、马克思主义中国化哲学用语，并引领着马克思主义大众化哲学用语发展，以及推进着马克思主义中国化哲学用语中的“数字哲学”用语和“化字哲学”用语及其“子字哲学”用语等等社会生活常用的哲学话语发展。说明改革开放社会大环境下大众化社会生活的丰富性，决定了中国特色社会主义理论体系实施和马克思主义中国化进程中，马克思主义中国化哲学用语和马克思主义大众化哲学用语的丰富性，是中国特色社会主义

事业感召下创新马克思主义中国化哲学用语，进而丰富和推进中国特色社会主义话语体系建设的启示。

3. 马克思主义中国化哲学用语与马克思主义大众化哲学用语基本关系。马克思主义大众化哲学用语和马克思主义中国化哲学用语在大众化社会生活的传播、应用，形成了马克思主义大众化哲学话语。由于这些大众化哲学话语的经常使用，又反过来推进了马克思主义中国化哲学用语的创新发展。说明马克思主义中国化哲学用语和马克思主义大众化哲学用语是一对哲学关系，是马克思主义中国化理论指导马克思主义大众化社会实践的基本关系。

（二）中国特色社会主义理论体系是马克思主义中国化哲学用语的主要来源

中国特色社会主义理论体系是当代中国的马克思主义，是马克思主义中国化的最新成果①，提示着中国特色社会主义理论体系和话语体系是马克思主义中国化哲学用语的主要来源。因为，在着力推进中国特色社会主义理论体系与时俱进发展的当下，中国特色社会主义理论体系的发展推进着包括马克思主义中国化哲学用语在内的中国特色社会主义话语发展，加强中国特色社会主义理论体系建设，推进着包括马克思主义中国化哲学用语体系在内的中国特色社会主义话语体系建设，揭示并解释着推进中国特色社会主义理论体系最新成果的教育推广普及。在教育推广普及实践中，就会形成和产生大量的包括马克思主义中国化话语在内的中国特色社会主义理论体系的教育话语和教育哲学用语②，这些教育哲学用语既是中国特色社会主义理论体系话语，也是马克思主义中国化最新成果推广普及的哲学用语。由于思想政治教育是马克思主义中国化的有效推进载体③，这就使得思想政治教育在“开展中国特色社会主义理论体系宣传普及活动，推动当代中国话马克思主义大众化”④ 进程中的说事话语，成为中国特色社会主义理论体系教育话语的同时，其教育哲学用语就上升为马克思主义中国化哲学用语。这一方面说明中国特色社会主义话语体系和马克思主义中国化哲学用语体系是互相包容、共同发展的话语体系，另一方面也充分说明中国特色社会主义理论体系是马克思主义中国化哲学用语的主要来源，而且马克思主义中国化哲学用语是中国特色社会主义话语体系的重要组成部分。

---

① 参见胡锦涛：《高举中国特色社会主义伟大旗帜　为夺取全面建设小康社会新胜利而奋斗》，33 页，北京，人民出版社，2007。

② 参见百度百科，“教育哲学”词条。

③ 参见李宪伦：《思想政治教育和马克思主义中国化两个学科基本关系探究》，载《广西社会科学》，2012 (10)。

④ 参见胡锦涛：《高举中国特色社会主义伟大旗帜　为夺取全面建设小康社会新胜利而奋斗》，34 页，北京，人民出版社，2007。

（三）马克思主义中国化哲学用语是中国特色社会主义话语体系的重要组成和观念新形态

理论体系的发展必然产生观念新形态的基本关系显而易见地说明，马克思主义中国化哲学用语是中国特色社会主义话语体系的重要组成和观念新形态。因为，中国特色社会主义理论体系是包含邓小平理论、“三个代表”重要思想、科学发展观和习近平系列重要讲话在内的执政党指导思想与时俱进的话语理论体系。同时中国特色社会主义理论体系又是马克思主义中国化的最新成果，体现了马克思主义中国化进程中党的指导思想与时俱进和理论体系的发展，推进中国特色社会主义理论体系的话语发展，也就推进了马克思主义中国化的话语进程。而这一进程中产生的包括马克思主义中国化哲学用语在内的话语成果，既是中国特色社会主义理论体系的话语成果，也是马克思主义中国化进程的话语新成果。由于开展中国特色社会主义理论体系的宣传推广普及活动，推进着马克思主义中国化的发展进程，而马克思主义中国化进程又直接推进着中国特色社会主义理论体系和话语体系建设的与时俱进发展，这一进程所推动的马克思主义中国化哲学用语的产生发展，就是中国特色社会主义理论体系和话语体系建设的与时俱进发展。这说明中国特色社会主义理论体系的语言学范畴和话语体系是包含马克思主义中国化专业术语、成语、俗语（通俗化话语）等常规属性话语和边缘属性乃至非常规属性的哲学用语在内的话语体系。一方面，马克思主义中国化哲学用语和中国特色社会主义话语体系之间，是你中有我、我中有你的同生共长关系；另一方面，马克思主义中国化哲学用语体系是中国特色社会主义话语体系的重要组成部分，马克思主义中国化哲学用语是中国特色社会主义话语体系进化（即进一步发展深化，下同）的高级观念新形态。

二、马克思主义中国化哲学用语体系构建推进着中国特色社会主义话语体系建设和进化

（一）马克思主义中国化哲学用语体系构建是推进中国特色社会主义话语体系建设和进化的一条创新路径

马克思主义中国化哲学用语是中国特色社会主义话语体系的重要组成部分和观念新形态说明，马克思主义中国化哲学用语体系构建是推进中国特色社会主义话语体系

建设和进化的一条创新路径。因为，“20 世纪的哲学经历了语言学的转向，这一转向也在很大程度上影响了社会科学的发展”①。这启示着，中国特色社会主义理论体系和话语体系发展，必然需要推进其语境下的语言学和话语概念所催生的各种专业术语和成语、俗语等常规属性话语建设的发展，更需要推进其向老百姓日常社会生活喜闻乐见的、比喻形象的、通俗易懂的、易于接受且异曲同工的、哲理性的大众化社会生活话语（即哲学用语）建设的方向进化发展，这一进化发展方向就是包括思想政治教育边缘属性乃至非常规属性话语②在内的、中国特色社会主义话语体系中的马克思主义中国化哲学用语新体系建设方向。唯有推进和实现社会大众都能普遍接受的马克思主义中国化哲学用语，进而推动马克思主义大众化哲学用语的发展和运用，才能形成“大众认同、万众创新”式的话语局面，中国特色社会主义话语体系才能鲜活地、有生命力地发展壮大起来。有效地推进和实现中国特色社会主义话语体系向马克思主义中国化哲学用语体系方向的路径转换，既是当下推进中国特色社会主义话语体系建设的发展方向之一，也是推进中国特色社会主义话语体系建设和进化的一条创新路径。唯有如此，才能形成和有效实现“开展中国特色社会主义理论体系宣传普及活动，推动中国特色社会主义理论体系进教材进课堂进头脑”③，进而形成推动当代中国马克思主义大众化新局面。这就从马克思主义中国化理论指导马克思主义大众化社会实践的视角深刻说明，推进和实现马克思主义中国化哲学用语新体系的构建，不但做大了中国特色社会主义话语体系，还是推进中国特色社会主义话语体系建设和进化的一条创新路径。

（二）推进中国特色社会主义话语体系建设要向马克思主义中国化哲学用语体系方向转换

积极推进中国特色社会主义话语向马克思主义中国化哲学用语体系方向转换，从观念认识上说是马克思主义中国化哲学用语体系反过来推进中国特色社会主义话语体系建设的哲学过程。说明马克思主义中国化哲学用语体系的建设推进中国特色社会主义话语体系建设也是一个必然向自觉转化的过程。因为，一句话的马克思主义中国化哲学用语到话语体系构建过程，即一句话的马克思主义中国化哲学用语论证到其整个马克思主义

① ［英］乔纳森·波特、玛格丽特·韦斯雷尔：《话语和社会心理学》，4 页，北京，中国人民大学出版社，2006。

② 参见冯振萍、李宪伦：《思想政治教育边缘属性与非常规属性话语及其运用思维创新》，载《广西社会科学》，2009（8）。

③ 胡锦涛：《坚定不移沿着中国特色社会主义道路前进　为全面建成小康社会而奋斗》，31 页，北京，人民出版社，2012。

中国化哲学用语体系的构建及其词典编撰体系的完成，构成了中国特色社会主义话语体系建设进程中的重要组成部分，也是推进马克思主义中国化哲学用语向中国特色社会主义话语体系发展和转换的过程。成千上万例的马克思主义中国化语境下的、中国特色社会主义理论体系和思想政治教育哲学用语的充要性论证和举证，为马克思主义中国化哲学用语体系的构建打下话语论证基础的同时，也是马克思主义中国化哲学用语推进中国特色社会主义话语体系的发展进程。说明积极推进中国特色社会主义话语体系的建设，要向马克思主义中国化哲学用语体系构建的方向转换，完成马克思主义中国化哲学用语体系中的辞学体系和辞典编撰体系构建，就是由马克思主义中国化哲学用语的必然构建转向以中国特色社会主义理论体系为主体内容的话语体系自觉构建，这一马克思主义中国化哲学用语体系的构建过程，就是马克思主义中国化哲学用语体系的建设向中国特色社会主义话语体系建设的必然自觉转化过程。

（三）着力推进马克思主义中国化哲学用语发展，不断丰富中国特色社会主义话语体系宝库

马克思主义中国化哲学用语是中国特色社会主义话语体系进一步发展深化的观念新形态说明。着力推进马克思主义中国化哲学用语发展，不断丰富着中国特色社会主义话语体系宝库。因为，马克思主义中国化哲学用语蕴含着丰富的中国特色社会主义理论体系话语，提示着从中国特色社会主义理论体系指导下的马克思主义中国化和大众化社会生活中，提炼和推进马克思主义中国化哲学用语发展，发现和提炼马克思主义中国化哲学用语，从而构建其哲学用语新体系，要从党和国家主要领导人在各种场合的讲话中，特别是从习近平总书记系列重要讲话（含《习近平总书记系列重要讲话读本》《习近平谈治国理政》《习近平关于党风廉政建设和反腐败斗争论述摘编》《习近平关于全面依法治国论述摘编》等）的文本话语和说事话语中，凝练和构建马克思主义中国化哲学用语新体系。从以毛泽东、邓小平、江泽民为核心的党中央，到以胡锦涛、习近平为总书记的中央领导集体等党的五代领导人（简称为党的领导人，下同），在各种场合的讲话中有着大量和普遍的马克思主义中国化哲学用语的存在（见下一论题的论证举例），这些马克思主义中国化哲学用语既是马克思主义基本原理同中国具体实践相结合的产物，也是中国特色社会主义话语体系的宝库。说明要推进和实现马克思主义中国化，从而推进中国特色社会主义理论体系进化发展，要着力推进马克思主义中国化哲学用语发展，并在完善马克思主义中国化哲学用语新体系的构建进程中，不断丰富和发展中国特色社会主义话语体系宝库。

三、完成马克思主义中国化哲学用语体系构建，推进中国特色社会主义话语体系发展

（一）党的领导人各种场合的讲话和论著中有着普遍的马克思主义中国化哲学用语存在

毛泽东思想是“中国化的马克思主义”①，是马克思主义中国化的第一个重大理论成果，而中国特色社会主义理论体系是马克思主义中国化的最新成果。新中国成立至今，党的领导人在领导中华民族推翻帝国主义、封建主义、官僚资本主义统治并取得国家政权，带领人民进行社会主义革命和建设，推进中国特色社会主义改革开放，为实现中华民族伟大复兴“两个百年目标”而奋斗的进程中，形成了党的领导人的马克思主义中国化哲学思想，充分说明党的领导人在各种场合的说事话语中，有着大量的马克思主义中国化哲学用语运用存在。例如：毛泽东哲学思想和哲学用语充分体现在《人的正确思想是从哪里来的?》《论十大关系》等丰富的哲学论著和在各种场合的讲话中；邓小平哲学思想特别是关于社会主义本质理论、社会主义市场经济理论等的丰富哲学论述和话语，充分地体现在邓小平在各种场合的讲话和《邓小平文选》中；江泽民同志关于社会主义市场经济改革的诸多论述和“三个代表”重要思想，蕴含丰富的党建理论以及与社会主义市场经济条件下改革开放实践相统一的哲学思想和哲学用语；胡锦涛同志代表全党提出全面协调、统筹兼顾和可持续的科学发展观战略指导思想和哲学用语，充分证明科学发展观就是推进中国特色社会主义事业全面发展的哲学观。从毛泽东到习近平等党的领导人在各种场合的讲话和著作文本中，有着大量丰富的马克思主义中国化哲学用语存在，这既是党的指导思想与时俱进的发展要求，也是中国共产党哲学观和马克思主义中国化哲学用语不断深化发展的必然到话语自觉的结果。

（二）从习近平总书记系列重要讲话中探寻和提炼马克思主义中国化哲学用语

通过认真研读和思考习近平总书记系列重要讲话（以下简称“系列重要讲话”），我们就会发现“系列重要讲话”中蕴含着大量的马克思主义中国化哲学用语及其哲学观念

① 《刘少奇选集》，上卷，335页，北京，人民出版社，1981。

形态。例如：习总书记在北京大学师生座谈会上讲话指出："抓好这一时期的价值观养成十分重要。这就像穿衣服扣扣子一样，如果第一颗扣子扣错了，剩余的扣子都会扣错。人生的扣子从一开始就要扣好"①。其中，"人生的扣子从一开始就要扣好"，既是"扣扣子定律"，也是开展思想政治教育的马克思主义中国化哲学用语。又如：反腐败既要打"老虎"，也要打"苍蝇"，"老虎苍蝇一起打"就是加强党风廉政建设和反腐败斗争的哲学用语。再如："把权力关进制度的笼子里"，"照镜子、正衣冠、洗洗澡、治治病"，"对作风之弊、行为之垢，来一次大排查、大检修、大扫除"，"以抓铁有痕、踏石留印的精神"把党的群众路线教育实践活动抓好，"只有织密群众监督之网，开启全天候探照灯，才能让'隐身人'无处藏身"②，"反腐败只有进行时没有完成时"，"作风建设永远在路上"，等等，就是开展党的群众路线教育实践活动和加强党的作风建设的哲学用语；"不能让党纪法规成为'橡皮泥'、'稻草人'"③，就是依法治国和依规治党制度建设的哲学用语。"系列重要讲话"体现以习近平为总书记的党中央领导集体，带领全党和全国各族人民为全面贯彻党的十八大战略目标和任务，推进和实现中华民族伟大复兴"中国梦"的内涵要求，其中蕴含着丰富的马克思主义中国化哲学用语。从"系列重要讲话"和习近平在各种场合的讲话（包括各种已经出版的书籍文本）中探寻和提炼马克思主义中国化哲学用语，完成相应的哲学用语作为一个名词和词条（即词条）的论证、举证，就可为编撰《马克思主义中国化哲学用语词典》（暂定名）词条论证，从而打下构建马克思主义中国化哲学用语新体系的基础。

（三）完善马克思主义中国化哲学用语体系构建，推进中国特色社会主义话语体系发展

推进中国特色社会主义话语体系发展，要不断完善作为其重要组成部分的马克思主义中国化哲学用语体系构建，并在开展中国特色社会主义理论体系宣传普及活动中积极引用马克思主义中国化哲学用语，以提升中国特色社会主义理论体系和话语体系的教育说事实效，进而在不断丰富中国特色社会主义话语体系宝库的同时，推进中国特色社会主义话语体系的充分发展。因此，从党的领导人在各种场合的讲话中，探寻和提炼马克思主义中国化哲学用语，要把党的主要领导人自建国以来在各种场合的讲话（含各领导人的文选、著作、重要讲话、资料文献、党的文件和报刊及相关书籍、教材等），经过

① 习近平：《青年要自觉践行社会主义核心价值观》，载《人民日报》，2014-05-05。

② 习近平：《在党的群众路线教育实践活动总结大会上的讲话》，载《人民日报》，2014-10-09。

③ 习近平：《在省部级主要领导干部学习贯彻十八届四中全会精神，全面推进依法治国专题研讨班上的讲话》，载《人民日报》，2015-02-03。

探寻、凝练、抽象和概括，归纳出其哲学用语，各形成一句马克思主义中国化哲学用语的论证、举证，把众多的论证完整的词条进一步按词条分类和词典编撰规范要求进行加工，从而完成《马克思主义中国化哲学用语词典》编撰，这是马克思主义中国化哲学用语体系构建初步完成的基本标志。同时，在马克思主义中国化最新成果的宣传普及活动和教育说事实践中，不断探寻新词条的凝练论证，充实和完善作为工具书的《马克思主义中国化哲学用语词典》，为进一步完善马克思主义中国化哲学用语体系构建打下词典文本基础，使马克思主义中国化哲学用语作为观念新形态和中国特色社会主义话语体系的重要组成部分，推进和丰富中国特色社会主义话语体系的时代发展。

提升国家软实力是中国特色新型智库建设的核心任务

——论增强中国的国际话语权

■ 丁开杰*

[摘　要] 新世纪以来，党中央国务院高度重视中国特色新型智库建设，并且将其上升到了国家战略层面。国际经验表明，智库建设是国家软实力的重要象征，它在全球化时代的核心任务是提升国家的软实力，尤其是增强国家的话语权。当前，提高中国的国际话语权，对打破西方话语霸权，更好地建构中国国家形象、维护国家利益具有重要的时代意义。但是现实情况表明，中国是智库大国，却不是智库强国，中国智库在服务决策和影响国际关系方面仍存在许多不足。我国新型智库的建设亟须在国际交流和合作中进一步增强国家的话语权。具体的举措包括解放思想，用创新的精神做好研究；从我国实际出发，推进机制创新，发扬兼容并包、改革创新精神，建立完善适应国家治理需要的中国特色新型智库体制机制；加强能力建设，以更加开放、更富效率的新思维，全面提升智库服务国家治理的专业化水平；此外，优化人才队伍，建立并完善合作、开放、竞争的人才机制，打造中国智库人才队伍。

[关键词] 软实力；话语权；中国特色；智库

* 丁开杰，博士，中央编译局世界发展战略研究部经济发展研究处处长，研究员。英国剑桥大学应用经济学系访问学者。兼任中国社会组织促进会专家委员、北京大学中国政府创新研究中心研究员。

一、中国特色新型智库建设已经成为国家战略

进入新世纪以来，党中央国务院高度重视智库建设。2012年6月2日，李长春同志《在马克思主义理论研究和建设工程工作会议上的讲话》中就代表以胡锦涛同志为总书记的党中央明确提出："如何在学习借鉴人类文明成果的基础上，用中国的理论研究和话语体系解读中国实践、中国道路，不断概括出理论联系实际的、科学的、开放融通的新概念、新范畴、新表述，打造具有中国特色、中国风格、中国气派的哲学社会科学学术话语体系，是理论界和学术界面临的重大而紧迫的时代课题。"

党的十八大之后，我国更是进入了建设中国特色智库的新阶段①，新一届中央领导集体继续高度重视智库建设，对智库建设提出了新要求、新定位和新方向。在2012年中央经济工作会议上，习近平总书记指出，要健全决策咨询机制，按照服务决策、适度超前的原则，建设高质量智库。2013年4月15日，习近平总书记对加强我国特色新型智库建设更是做出了历届中央领导人最为明确、内涵最为丰富的一次重要批示。此后，十八届三中全会的《决定》进一步明确指出"加强中国特色新型智库建设，建立健全决策咨询制度"，是中国特色协商民主的重要内容之一。必须认识到，深化中国特色新型智库的目标、任务和运作模式，已经成为加强中国特色新型智库建设的重要方向，成为中国的国家治理体系和治理能力实现现代化的重要内容之一。

二、智库建设是国家软实力的重要象征

一般而言，智库主要从内向和外向两个维度在一国发展中发挥作用。在内向维度，智库主要为本国决策层提供战略咨询辅助决策，为本国民众如何看待外部世界和重要战略问题提供信息和观点等；在外向维度，智库主要通过影响外国公众和决策层来服务本国战略，通过智库外交加强国际交流与合作等等发挥作用。智库在国际上的影响力和话语权既是其对外发挥作用的重要内容和方式，也是评价其综合价值的重要尺度。② 智库可以凭借国际影响力和话语权设置战略议程，设计和引领国际议题的走势，影响国际行为体和国际公众对某项战略议程的认知理解和重视程度，进而服务本国政治；还可以凭借国际影响力和话语权引领国际思潮，制定理论范式，将全球主流思想归纳到自己的框

① 参见胡鞍钢：《建设中国特色新型智库：实践与总结》，载《上海行政学院学报》，2014（2）。

② 参见吕正韬、赵书文：《提升中国智库的国际影响力和话语权》，载《对外传播》，2014（5）。

架中来，使自己成为全球思想的主导者。①

高水平、国际化的智库建设既是一个国家软实力和国际话语权的重要象征，也是政府决策科学化、民主化的重要保障。② 从国家治理的角度看，智库拓展了社会多元力量参政议政的渠道，提高了决策的科学化、民主化水平，在国外被称为继立法、行政、司法和媒体之外的“第五种权力”。从社会发展角度看，智库的发展水平一定程度上反映了一个社会的开放水平、知识精英的活跃程度和一国的文化软实力。③ 智库的建设和发展水平正在逐渐成为国家治理体系的重要组成部分，已经成为影响世界政治力量格局和经济秩序持续发生重大变化的软实力。④

作为世界第二大经济体，我国目前的智库数量仅次于美国。在历年《全球智库报告》中可以看到，中国的智库总数不断上升，已经达到 429 家，仅次于美国 1 830 家。与此同时，我国进入顶级智库前 150 位的智库也逐年增多。⑤ 因此，从数量上看，我国是一个智库大国。但是另一方面，从质量上看，我国智库发展尚处于初期阶段，智库的水平和发挥的决策咨询作用远未满足决策的需要和期望，我国仍不是智库强国。突出表现在如下方面：一是机构数量众多但实力不强，智库无法提供具有前瞻性和时效性的产品；二是研究资源分散、低水平重复现象严重；三是研究内容碎片化、针对性不强、“管用”性不够，与中国决策体系的聚合力还不强；四是智库缺乏合理的人才构成和内部分工⑥；五是对外交流不足，难以形成有效的政府、社会和国际影响力，国际影响力和话语权欠缺。在中国文化中大量充斥着西方的话语，基本上是借用西方的理论话语，而没有自己的话语，或者说没有属于自己的一套文化（包括哲学、文学理论、历史理论等）表达、沟通（交流）和解读的理论和方法。

之所以存在以上不足，既与我国智库建设长期没有被提上战略高度有关，也与具体策略不符合智库发展规律有关。一是我国智库发展的宏观制度环境不完善，智库在公共政策决策中定位不明确，法律上、制度上缺乏明确定位。二是我国对智库建设缺乏统筹规划，智库机构体系多元，管理体制属地化、部门化，各为其主，各自作战，相互交流、合作与竞争的程度十分有限，工作职能和定位各不相同，从而不可避免地造成我国各类智库机构小而多，整体实力不强。三是我国智库管理体制和运行机制上不适应智库的发展需要。四是长期以来，我国智库以官方智库为主，数量众多的官方智库服务对象

---

① 参见吕正韬、赵书文：《提升中国智库的国际影响力和话语权》，载《对外传播》，2014（5）。

② 参见朱瑞博、刘芸：《智库影响力的国际经验与我国智库运行机制》，载《重庆社会科学》，2012（3）。

③ 参见李国强：《对“加强中国特色新型智库建设”的认识和探索》，载《中国行政管理》，2014（5）。

④ 参见李国强：《对“加强中国特色新型智库建设”的认识和探索》，载《中国行政管理》，2014（5）。

⑤ 参见王健：《论中国智库发展的现状、问题及改革重点》，载《新疆师范大学学报》（哲学社会科学版），2015（4）。

⑥ 参见王健：《论中国智库发展的现状、问题及改革重点》，载《新疆师范大学学报》（哲学社会科学版），2015（4）。

单一，存在公共性不足问题。这些问题的存在均表明我国新型智库建设亟须通过改革创新、国际拓展，达到更好服务决策，提升国家话语权的目的。

三、国际话语权是国家软实力的重要组成部分

理论研究表明，话语是表达思想、理论、观点和各种情感的工具，是一种关于语言表达和交流的社会实践活动，是一个沟通“自我”与“他者”的社会性的关系概念。但是话语绝非中立无私的，话语与权力不可分，真正的权力是通过“话语”来实现的。可以说，“话语”不仅是施展权力的工具，还是掌握权力的关键。法国哲学家福柯早在20世纪70年代就发表文章《话语的秩序》，指出“话语就是人们斗争的手段和目的。话语是权力，人通过话语赋予自己以权力”①。

从内容上看，话语权主要包括“谁在说”“说什么”“怎么说”和“效果如何”等维度。而现代意义上的“话语权”所强调的不仅仅是说话和发言的资格，主要是指关系国家生死存亡的意识形态主导权。因此，话语权实际上是强权国家经济、军事硬实力的一种投射和反映，本质上还是一种硬实力。同国内政治一样，国际关系也必然表现为为国家利益而争夺的权力政治关系。国际话语权“就是主权国家通过正式外交、媒体传播、民间交流等渠道，将蕴含一定文化理念、价值观念和意识形态等因素的话语渗透到国际社会中，使其他国家愿意接受并认同的能力”。

寻求新的话语权建构资源，以使它建立在人们之间自觉自愿的认同之上，而不是建立在强权政治基础之上，已成为后物质主义时代世界各国建构国际话语权，争夺国际关系主导权的当务之急。从话语与权力结合的角度看，在国际社会中存在所谓的“真理”——霸权话语，它们由掌握话语霸权的国家制造并在国际社会广为传播，而其他国家的话语则受到霸权话语的排斥和压制。西方国家凭借强大实力在国际社会中占据优势话语地位，美国甚至把持着话语霸权，从而可以制造出在国际社会中通行的“真理”——霸权话语。而非西方国家则明显处于从属和弱势话语地位，其话语要么附和霸权话语，要么微弱得很。

此外，主流话语的权力和权威性，与无形的文化软实力资源之间存在着直接的因果关系。约瑟夫·奈说过：“软实力的获得靠的是一个国家思想的吸引力或者是确立某种程度上能体现别国意愿的政治导向的能力”。国际话语权在本质上属于“软权力”范畴。② 话语权在当代也必须以文化的先进性和真理性为内容依托。

① 转引自张国祚：《关于“话语权”的几点思考》，载《求是》，2009（9）。

② 参见王啸：《国际话语权与中国国际形象的塑造》，载《国际关系学院学报》，2010（6）。

从中国的角度看，增强国际话语权是外交的努力方向之一，并且业已成为中国国际战略的重要内容。自1978年以来，30多年的改革开放造就了“中国模式”或“北京经验”。毫无疑问，“中国模式”是在广泛吸收借鉴西方发达国家经济和社会发展的成功经验的基础上，结合中国实际创造出来的，是在中国广大民意和老百姓的聪明才智基础上，结合领导核心的智慧创造出来的。它开创了在不同于西方的社会制度下发展经济、改善民生的途径，突破和改写了西方经典理论，创造了中国人的奇迹。全世界都在关注、讨论中国的和平发展。但是在关于中国的各种话语中，既有赞叹肯定的声音，也不乏怀疑敌视的言论，后者又以“中国威胁论”为代表，极大地损害了中国的国际形象，恶化了中国发展的国际舆论环境。因此，在中国化和中国道路取得积极进展的同时，迫切需要形成与之相适应的中国话语体系，提升中国的国际话语权。①

四、在智库的国际交流和对话中提升我国话语权

话语权不是天赋，也不是自封的，更不是靠别人恩赐的，而是要靠自己争取来的。一个国家为了拥有话语权，一般必须具备三个条件。首先是要有实力。国家话语权与国家的实力消长密切相关。国家实力越强，越容易拥有话语权。其次是要有队伍。任何国家要想增强自己的软实力，增强话语权，必须加强话语队伍即意识形态工作队伍的建设。最后是要有平台。在信息传媒越来越发达的今天，话语权的平台已经多样化，除了报纸、杂志、图书、电台等传统媒体外，互联网和手机短信、微信等新兴媒体已经成为非常重要的话语平台。许多发达国家都制定了互联网和手机网络发展战略。在此意义上，中国特色新型智库建设需要从充实话语内容、扩展对话平台、区分话语对象等方面入手，增强我国的国际话语权，包括弘扬中华文化精髓，充实有吸引力的话语内容，强化国际制度参与能力，扩大国际对话交流平台，完善“中国模式”，构建“和谐世界”，增强对不同对象的话语感召力。

2015年，党中央在《关于加强中国特色新型智库建设的意见》（以下简称《意见》）中明确提出，要深化五项改革，即：深化组织管理体制改革；深化研究体制改革；深化经费管理制度改革；深化成果评价和应用转化机制改革；深化国际交流合作机制改革。这五项改革的一个核心就是推进中国特色新型智库的国际化。建设中国特色新型智库，需要有世界眼光、理论根基和学术自觉，需要了解世界主要发达国家及新兴经济体国家智库发展概况、运行机制和管理方式，借鉴国外优秀智库建设的有益经验，遵循智库建

① 参见郭建宁：《打造与中国道路相适应的话语体系》，载《学术前沿》，2012（9）（下）。

设的一般规律。一是我国智库要加快国际化步伐，更多地设置和主导一些全球性的议程，如达沃斯论坛等；在一些中国具有影响力的全球问题和国际感兴趣的中国议题上率先突破，逐步扩大国内智库在国际舞台上的话语权①。在当代中国研究领域，主动积极参与全球智库的国际合作与国际竞争。二是通过与国际智库开展合作研究，熟悉并借鉴国际智库运作方式和政策话语模式。三是要建构一批国际合作的平台，培养一支具有国际对话能力的智库人才队伍。四是积极开展“二轨外交”和公共外交，在双边和多边外交事务中发挥重要作用，成为幕后推动中国外交的“助推器”。②最后特别重要的一点是，新型智库必须重视“拳头产品”和“智库品牌”建设。从国际经验看，国际智库大都非常重视打造“拳头产品”和树立“智库品牌”，以此将智库研究成果对外输出，既包括一些特色研究项目，也包括一些有重大影响的学术刊物。智库定期出版自己的刊物，有的智库还将学术期刊提升到与所在机构同等重要的地位，努力打造学术精品和“思想载体”，不断强化智库的品牌形象。许多高级智库会通过组织峰会、论坛、研讨会等形式，就国际政治、经济方面的热点和重点问题组织政府官员、商界人士、媒体进行交流，从而增强公共传播效果，提高自身话语权和影响力。而高级智库学术委员会的成员，几乎每天都会接受几个采访，不断向外界进行舆论输出。③

借鉴国际智库建设的经验，结合中国实际来看，在今后一段时间，我国新型智库建设至少需要从如下方面着力：首先要解放思想，用创新的精神做好研究，这是建设新型智库的重要条件。其次要从我国实际出发，符合我国政治制度特点，遵循我国决策咨询工作规律，推进机制创新，发扬兼容并包、改革创新精神，建立完善适应国家治理需要的中国特色新型智库体制机制，包括创新运营机制，培育智库独立精神，创新科研组织机制，提高成果质量，创新成果评价机制，加强成果推介与共享。我们一定要在用好传统媒体的同时，始终把握新兴媒体业态的发展前沿，以确保我国话语权平台能不断占领技术制高点。三是要加强能力建设，以更加开放、更富效率的新思维，全面提升智库服务国家治理的专业化水平，包括提高综合研判和战略谋划的能力，提升数据信息监测、采集和分析的能力，提高应用对策研究的快速反应能力。四是优化人才队伍，建立完善合作、开放、竞争的人才机制，打造中国智库人才队伍，包括牢固树立人才资源是智库第一资源的意识，优化人才结构，提高智库人才政策开放度；创新人才培养管理机制，坚持开门办智库；加强社会主义核心价值观教育，增强研究人员职业操守。④ 在西方的学术话语对中国的社科研究不断形成巨大冲击的社会现实面前，国家要不断加大对哲学

① 参见赵志芳：《从智库大国走向智库强国》，载《中国经济时报》，2014-09-15。

② 参见王健：《论中国智库发展的现状、问题及改革重点》，载《新疆师范大学学报》（哲学社会科学版），2015（4）。

③ 参见曹伟：《揭秘美国智库：“最强大脑”如何影响世界》，载《小康》，2015（10）。

④ 参见占学识：《智库在国家治理中的使命担当?》，载《政策》，2014（12）。

社会科学文化研究的资金投入和人才队伍建设力度。知识分子也要以高度的文化自觉精神，主动、积极地参加当代中国的思想文化建设进程，在坚守学术文化价值的中国风格、中国气派的同时，勇于创新，大胆开拓，不断提升中国现代人文与科学文化理性的研究和建设力度。

德国媒体网络版报道中的中国国家形象构建

——基于对2013—2015年德国《明镜》《时代》《南德意志报》网络版关于"中国全面深化改革"报道的分析*

■ 唐 婧**

[摘 要] 通过研究国外媒体网络平台对中国政治信息的反馈来研究中国国家形象是互联网时代政治传播领域重要的课题。本文主要分析《明镜》周刊、《时代》周报、《南德意志报》网络版中2013年11月至2015年关于中国全面深化改革的报道内容，尝试回答两个问题，即三大媒体是如何报道中国全面深化改革的，这些报道所形成的中国形象是怎样的。对报道内容的分析重点是关注层面和关注点的选择以及报道的倾向性，对由此产生的中国形象分析则侧重特征和原因分析，并探讨在新形势下对外政治传播的方法。

[关键词] 对外政治传播；德国媒体网络版；全面深化改革；中国国家形象

一、政治传播视野中的中国形象及研究方案设计

中国跨文化传播、国际关系等领域对中国形象的研究一直方兴未艾，而在政治传播

* 该项目由2014年度中共中央编译局哲学社会科学研究项目资助，项目类别为青年项目，项目编号为14C01。

** 唐婧，女，就职于中央编译局文献部德文处，主要研究方向为跨文化传播。

视野下，国家形象传播主体是多元的，比如政府、社会组织、企业和个人都可以是国家形象传播的主体，“表现在外部特征上就是多元性、多侧面、丰富性、双向性、互动性等”①。这就决定了通过研究国外媒体对中国政治信息的反馈来研究中国国家形象是政治传播范畴中不可缺少的组成部分。特别是在新媒体使整个世界日益紧密联系的今天，中国形象是在自我和外界的不断互动中被塑造起来的。那么哪些因素影响着西方对中国形象的认识？这决定了中国形象在西方的现状。周宁认为：“中国形象包含着三层含义：一是西方对现实中国在一定程度上的认知和想象，二是西方对中西关系的自我体认、焦虑与期望，三是对西方文化自我认同的隐喻性表达”②。从中国形象在西方传播的内部因素来看，是中国的国家理念和国家建设实践，这种实践的主体小到每个个体，大到政府，用通俗的话来讲，就是我们怎么建设我们的国家，又怎么用世界的语言来讲中国的故事。从中国形象在西方传播的外部因素来看，宏观因素是当今世界的资本主义体系和这一体系带来的世界经济、政治、文化结构和格局。而在这一大背景之下，不同的民族国家间的政治价值观、思维方式等构成了微观因素。正是由于这些差异导致了中国形象成为西方自我认同中的“他者”，中国这种“他者”的形象表现在清朝之前是一个神秘的东方国度，充满着乌托邦式的想象，而在这之后，中国的形象变得越来越意识形态化，特别是“从20世纪90年代以来，西方媒体对中国的报道一般有四种角度：中国崩溃论、中国妖魔论、中国威胁论与中国崛起论”。那么现如今，中国正在大力推动全面深化改革，政治、经济、社会等各个层面都有新举措、新变化，西方的中国形象是否也会有变化呢？本文选取德国三大媒体的网络版，将“中国全面深化改革”的报道作为研究对象，尝试给出一个可信的答案。

本文的主要分析内容为《明镜》周刊、《时代》周报、《南德意志报》网络版中2013年11月至2015年的关于中国全面深化改革的报道内容。主要回答两个问题，即三大媒体是如何报道中国全面深化改革的，这些报道所形成的中国形象是怎样的。对报道内容的分析重点是关注层面和关注点的选择以及报道的倾向性，对由此产生的中国形象分析则侧重特征和原因分析。之所以选择《明镜》周刊、《时代》周报、《南德意志报》网络版作为研究对象，首先是因为这三大媒体在德国是属于受众面比较广的报纸和期刊，它们的网络版自然也成为在德国关注度比较高的网络媒体；其次，《时代》周报以学术性和语言精致而著称，深受受过高等教育人群的喜爱，《明镜》周刊语言风格比较尖锐，在德国也是受众比较广泛的周刊之一，《南德意志报》是德国最大的跨地区性日报。因此，通过这三大网络媒体来了解它们对中国全面深化改革的报道，可以得到一个相对可信和全面的结果。而选择2013年11月1日至2015年4月30日作为取样的时间段，原

① 李彦冰：《政治传播视野中的中国国家形象构建》，5页，北京，中国社会科学出版社，2014。
② 周宁：《跨文化研究：以中国形象为方法》，22页，北京，商务印书馆，2011。

因在于中共十八届三中全会于2013年11月9日至12日召开，正式提出全面深化改革重大问题。也正是从这时起，德国媒体对中国全面深化改革的关注度变大。在这个时间段内的相关报道和评述具有直接性，相关报道也更为集中。在取样时，我们对取样内容进行了一定的限定，也就是收集相关报道时我们对搜索关键词的设定。由于我们研究的报道内容主要围绕“中国全面深化改革”这个主题，所以搜索的关键词设定为“中国、改革”（China，Reform），然后在搜索结果中除去与中国全面深化改革关系不大或无关的报道。

二、研究结果

（一）关注层面定量分析

2013年11月9日，中国共产党十八届三中全会通过《中共中央关于全面深化改革若干重大问题的决议》，决议指出，今后要对经济体制、政治体制、文化体制、社会体制、生态文明体制进行一系列改革。改革的内容包括基本经济制度、现代市场体系、转变政府职能、财税体制、城乡发展一体化体制机制、开放型经济、法治中国、文化体制机制、社会事业、生态文明制度、国防军队等。经过对上述三个德国媒体网络版对中国全面深化改革报道的搜索、分析和整理，报道的内容可以归为政治、经济、社会、环境、军事、文化六个层面，与我国提出全面深化改革的层面基本吻合。在取样的时间段内，《明镜》周刊对中国全面深化改革的报道评论共18篇，《时代》周报27篇，《南德意志报》17篇，根据每一媒体对不同层面的报道数，统计数据可见下表①：

	《明镜》周刊		《时代》周报		《南德意志报》		总篇数	所占比例
	篇数	所占比例	篇数	所占比例	篇数	所占比例		
政治层面	6	24%	12	35.3%	12	38.7%	30	33.3%
经济层面	12	48%	11	32.4%	6	19.4%	29	32.2%
社会层面	2	8%	10	29.4%	5	16.1%	17	18.9%
环境层面	1	4%	1	2.9%	5	16.1%	7	7.8%
军事层面	3	12%	—	—	3	9.7%	6	6.7%
文化层面	1	4%	—	—	—	—	1	1.1%
总篇数	25	—	34	—	31	—	90	—

从统计数据可知，政治和经济层面是三大媒体关注的重点，不论是从所占各大媒体

① 由于有的报道同时涉及多个层面，因此不同层面报道数之和大于上文统计的总报道数。

报道的比例，还是从占总篇数比例来看，都是最高的。社会层面从总体上而言是第三大关注点，当然，各大媒体也有个体差异。环境、军事和文化层面的报道由于每个媒体的受众等因素的差异，在篇数上显现出多样性，比如《明镜》周刊中军事层面的报道达到12％，甚至比社会层面的报道更高，而《时代》周报中没有涉及军事层面的报道。

（二）对各层面的报道内容和倾向

由于报道中关注的各个层面的深化改革涉及许多更细化的关注点，而这些关注点更能直接地反映这些媒体的关注重点，因此，分析这些关注点可以更好地回答这三大媒体是如何报道中国全面深化改革的这个问题。而通过对报道倾向性的分析，则可以更进一步地回答如何报道和形成了怎样的中国形象这两个问题。报道的倾向性可以分为正面报道、负面报道和中性报道。“止面报道是指在一篇文章中主要报道积极的事件或一个事件中积极的一面，负面报道是指主要报道消极的事件或一个事件中消极的一面，中性报道是指客观陈述，全面观察。”①

1.《明镜》周刊对各层面的报道内容和倾向

截止到2015年4月30日，《明镜》周刊对中国全面深化改革的报道评论中涉及政治层面改革的报道评论6篇，经济层面12篇，社会层面2篇，环境层面1篇，军事层面3篇，文化层面1篇。

对政治层面的报道评论中，主要的关注点有反腐、依法治国、习主席的个人风格、劳教制度改革等，其中4篇为负面报道，2篇为中性报道。负面报道提及中国劳教制度的废止并没有从实质上改变中国的民主情况，刑讯依然会持续下去，在中国一些所谓人权主义者被逮捕，政治氛围与经济改革正好背道而驰等。中性报道主要围绕中国政府和军队中反腐力度加大，但也会遇到更大阻力，政治改革是深化各层面改革的重要一环而法治是关键等内容展开。

经济层面依然是《明镜》周刊最为关心的层面，主要关注点为中国深化经济改革所具备的外在条件、改革的方向、经济结构改革所带来的成效和对西方经济的影响等，其中仅有1篇为负面报道，10篇为中性，1篇为正面。负面报道依然是担心随着中国经济实力的强大，中国企业将更多地参与收购西方企业，特别在科技、消费品、金融和房地产领域，对德国本土经济造成威胁。中性报道主要围绕中国深化经济改革所具备的外在条件，比如服务型政府的建设、户口制度的改革为农民工进城就业提供了更大可能等；

① 贾文键：《德国〈明镜〉周刊（2006—2007年）中的中国形象》，载《国际论坛》，2008（4），62～67页。

深化改革的方向，给予市场更大的发挥空间，比如向国外机构、企业更大程度地开放贷款市场，人民币汇率自由化加速，利率也将更自由化，经济结构调整的核心即打破利益集团和思想固化的藩篱，建立现代税收制度，能源、电信和金融等领域将更多地向市场开放；改革所能带来的红利，比如创造更多的就业岗位等。正面报道引用了法兰克福经济学校中国问题专家和 Mercator 中国研究中心主任对中国深化经济改革的赞扬，认为中小私有银行将被允许进入中国金融领域，价格更多地由市场决定，制定和建立更透明的汇率政策、财政和税收体系，私有企业将被鼓励参与国有企业改革，等等，都是中国向前迈出的勇敢步伐，“是自 1978 年改革开放以来最全面、具体和雄心勃勃的党的决议”，而中国不断增长的国内消费也会为德国企业带来更多的出口机会。

社会层面的 2 篇报道的关注重点均为中国计划生育政策的放松，两篇报道均为中性但不免有隐晦的负面色彩，认为放松该政策是中国改变老龄化趋势和防止选择性堕胎的需要，但有关强制引产、绝育的报道还经常会出现，并且中国人口众多，经济、社会、资源和环境压力大的现状并没有发生变化。

环境层面的 1 篇中性报道的关注点为中国采取有力措施治理雾霾和其他环境污染问题。军事层面的 3 篇中性报道主要聚焦中国近两年的军费开支，认为其增速比经济增速还高，并与俄罗斯在月球和火星探测研究上深入合作。文化层面的 1 篇中性报道涉及中国对外国游戏的进口将制定更为严格而详细的规定。

2.《时代》周报对各层面的报道内容和倾向

截止到 2015 年 4 月 30 日，《时代》周报对中国全面深化改革的报道评论中关于政治层面改革的报道 12 篇，经济层面 11 篇，社会层面 10 篇，环境层面 1 篇。

关于政治层面改革的报道评论主题依然主要是民主、人权、依法治国、反腐、废除劳教制度、对死刑量刑的改革等，其中负面报道 6 篇，中性报道 6 篇，负面报道提及十八届三中全会政治改革措施并不显著，法院、检察院由党来领导，并非像西方那样实现公检法的独立性，劳教制度的废止不代表严苛刑罚的结束，因而“中国梦是富裕之梦而非自由之梦”。提及反腐方面，认为过去党内腐败问题严重，而今反腐力度加大，但是党内阻力依然强大，因此出现各种矛盾和让步。中性报道谈及中国法治进程不断向前迈进，废止劳动改教制度、改革死刑的量刑标准、成立国家安全委员会和全面深化改革领导小组、反腐力度加大等，对这些改革举措更多的是描述性报道。

经济层面的报道评论正面报道 3 篇、负面报道 3 篇和中性报道 5 篇，差距不大，报道内容涵盖不同性质企业的同等待遇问题、国有企业改革、市场主体地位、金融领域自由化、农民置地置业贷款的便捷性等。正面报道主要集中在对深化经济层面改革举措的褒扬上，市场将在资源配置中扮演更为重要的角色，更多竞争，更少国家控制，更多国内消费，更少出口，更多服务业，更少重工业。更多为农民谋利益，便利他们贷款、置地、置业，产生更多中产阶级人群。更少大型国有企业，虽然改革阻力来自于党、政府部门与企业之间的紧密联系，但是改革目标依然是经济自由化。负面报道主要涉及中德经济关系受中国国内审查制度等因素影响较大，中国政府对经济的控制过多，但中国经济增长变缓的重要原因是过去过度发展重工业和过度偏重外贸等。中性报道主要涵盖对中国经济增长放缓原因的讨论，一方面是国企和城镇债务不断增长，房地产泡沫、影子银行等不断膨胀，另一方面是经济结构改革也会使经济增长暂时性地放缓。同时也提到，中国经济增长虽然放缓，特别是房地产市场，但中国经济将侧重于国内市场和服务业，而出口、机械和环境污染型工业将被弱化，目标是实现可持续的增长。

社会层面的关注点比较广泛，涉及社会福利体系、医患关系、城市化、计划生育政策的松动、知识产权保护等，其中正面报道为2篇，负面报道为3篇，中性报道为5篇。正面报道中提到“根据国际劳工组织的数据显示，只有27%的世界居民享有全面的社会保障，73%的世界居民部分享有或者并不享有社会保障”，而“中国可以成为这方面发展的教材，它几乎实现了普遍的养老保险，并提高职工的工资”，同时，中国知识产权保护方面也得到改善，一方面政府严肃处理商品仿制问题，另一方面，国内生产者自身不断创新并保护自己的创意。负面报道主要关注中国的医患关系比较紧张，医院中频繁出现暴力伤医事件，大医院中甚至有警察驻扎保护，同时中国医院收受红包问题严重，过度医疗问题凸显等。中性报道提及中国计划生育政策兼有利弊，在为经济增长带来益处的同时，造成了人口的过度老龄化、人口性别比例不平衡等问题，同时也提到中国在过去的城镇化进程中造成了贫富差距拉大，农民工在城市找不到固定工作、得不到医疗保障，也得不到相应的教育机会等问题，而如今政府将放宽计划生育政策，鼓励人们在中小型城市落户，给予农民工更多住房、教育和社会保障方面的优惠，改革的举措是积极的。

3.《南德意志报》对各层面的报道内容和倾向

截止到2015年4月30日，《南德意志报》对中国全面深化改革的报道和评论中政治层面报道12篇，经济层面6篇，社会层面5篇，环境层面5篇，军事层面3篇。

政治层面的报道主要关注十二届人大三次会议、废止劳教制度、十八届三中全会、反腐、群众路线教育、依法治国等，其中负面报道7篇，中性报道5篇。负面报道主要提及在十二届人大三次会议新闻发布会上，外国记者的提问要经过挑选，被认为是“不民主、不自由”的表现；废止劳教制度只不过是政府对国内民众不断上涨的不满情绪和国际舆论的回应；中国的依法治国与西方的法治有着本质的区别，中国追求高效的法庭判决，法治的目的是为了避免社会的不安定和方便统治，并引用总部位于柏林的 Mercator 中国研究中心的评述“加强司法作为统治工具的作用”，虽然在法治层面的一系列改革已经开始，比如废止劳教制度和减少死刑数量，但是中国每年判处死刑的人数仍然是世界基他国家的总和；反腐和群众路线运动并非出自中国的法律，而出自毛泽东的“红皮书”。因此，该报立脚点是，中国现今还没有真正意义上的政治改革，缺少政治改革只注重经济改革并不能使社会财富公平地再分配，因而经济改革也会缺少新的能量。中性报道主要谈到废止劳教制度和减少死刑的使用会改善中国的人权现状，中国从 90 年代就开始谈法治国家，在立法上有了很大进步，但是困难在于如何将这些法律付诸实践。并提出在法治实践中需要反地方官僚主义，一方面要使法官和检察官职业化，另一方面要实现法院、检察院财政直接由省级管理，而不再依赖地方财政。

经济层面的报道关注点主要有中国的经济增速、经济结构调整、房地产市场、市场在资源配置中的地位等，其中中性报道 5 篇、负面报道 1 篇。中性报道主要提及中国的经济发展现状，比如经济增速放缓、房地产市场供过于求、出口市场疲软等，也提及中国深化经济改革所做的努力，比如寻求经济增长方式的转变、让市场在资源配置中扮演决定性的角色等，认为中国应该在经济增长和经济结构调整之间寻找平衡。负面报道重点在中国经济发展中出现的问题，比如一些乡镇和国有企业不断增长的债务、房地产泡沫、影子银行、不可靠的放贷和理财产品等，认为中国决策者没有在发展和改革之间找到平衡。

社会层面的报道关注中国的医疗、住房、教育、收入分配、食品安全、治安和计划生育政策的放宽等方面，最受关注的点是计划生育政策的放宽。社会层面报道共有 4 篇中性报道，1 篇负面报道。中性报道突出计划生育政策的放宽是一件积极的事，因为计划生育政策带来一些弊端，比如性别比例不协调、人口老龄化严重等。负面报道放大了这些弊端，认为虽然政策放宽了，但本质没有变，人们生育和选择的权利依然受控制。

环境层面的报道共有 5 篇，均为中性报道，主要提及政府的环境保护和治理政策，认为中国在环境立法方面已经大有改善，如修改《环保法》，煤炭作为能源不再得到鼓励，但是环保法律的落实还是一个亟须解决的问题。又如新环保部长的上任，最严厉的环保违法处罚规则出台，中国环境状况的改善是值得期待的。

军事层面的报道关注点在于中国的军备开支上，中国 2014 年军备开支同比增长 12%，2015 年军备开支预算同比增长 10.1%，认为中国军备增长明显，引邻邦担忧。虽然这三篇报道均为中性报道，但通过比较隐晦的方式表达了对中国军事力量增强的担忧。

为了更直观地了解以及分析这三大媒体对不同层面报道的倾向性，笔者统计了三大媒体正面、负面和中性报道在各个层面报道中所占的比例，见下表：

	《明镜》周刊			《时代》周报			《南德意志报》		
	正面	负面	中性	正面	负面	中性	正面	负面	中性
政治层面	—	66.7%	33.3%	—	50%	50%	—	58.3%	41.7%
经济层面	8.3%	8.3%	83.3%	27.3%	27.3%	45.5%	—	16.7%	83.3%
社会层面	—	—	100%	20%	30%	50%	—	20%	80%
环境层面	—	—	100%	—	100%	—	—	—	100%
军事层面	—	—	100%	—	—	—	—	—	100%
文化层面	—	—	100%	—	—	—	—	—	—

从上表中数据可以看出，三大媒体对全面深化政治层面改革的报道以负面报道为主，而经济、社会、环境、军事和文化层面深化改革的报道以中性报道为主，在经济、社会层面正面报道也占据了一定的比例。从各倾向性报道占各媒体所有报道的比例而言，中性报道占《明镜》周刊所有报道的76%、《时代》周报所有报道的47%、《南德意志报》所有报道的71%，由此可见，中性报道是居主导地位的。

三、中国形象分析与对策

在分析了三大媒体的网络版的关注点和报道倾向之后，我们可以从中发现一些共性的点，这也成为我们探究在新形势下西方中国形象的基础。而中国形象在很大程度上又是西方自我价值观和思维方式的一种体现，如何与“中国形象”恰当地相处，成为一个需要认真回答的问题。

（一）市场大于一切

我们可以看到三大媒体对中国深化经济改革是举双手欢迎的，在多篇报道中都对中国进一步发展自由经济、让市场发挥更大的资源配置作用表示赞许，而对所谓“中国政府过多干预国内经济”持负面态度。由于看到中国深化经济改革中与西方经济发展模式的共性，并且也将为德国企业发展带来更多的市场机遇，因此，我们听到的声音是肯定的。当然，我们也从中看到了中国经济在世界经济中的重要性，看到了中国政府在向世界介绍中国全面深化改革方面的努力。但是这些报道用“市场大于一切”的标准去衡量中国经济层面的改革是否显得太单薄了一些？在西方经济史上除了亚当·斯密、哈耶克，也还有凯恩斯，更何况每个国家的经济现状和具体问题都不一样，用一个标准去评判整个世界是否苍白了一些？

（二）“他者”形象凸显“自我”

在谈到中国深化政治层面改革时，三大媒体都不约而同地将“民主、自由、人权”作为衡量中国政治改革的核心标准。于是，在看到中国废除劳教制度，加强依法治国，加强反腐工作时，它们的声音是“这依然没有摆脱严苛的刑罚，这是方便统治的工具，这存在很大的妥协”。究其原因，在于我们的政治体制不同，我们的民主和自由与在这些媒体中无限放大的西方的“民主”和“自由”表现形式不同。在这些媒体的报道中，与西方拥有不同政治价值观的国家是“他者”，当不同的政治价值观相互遭遇的时候，“在道德和价值领域西方世界具有强大的自我肯定的能力”，它们“依靠强大的技术、资本、军事和制度的优势将自身的优势已经强加给了其他世界”①，因此它们强调这种差异，试图凸显自身价值观的无限优越性。而它们也看到中国在完善自身政治体系的过程中一方面有独立于西方自由、民主和人权的自身的特点，比如强调走有中国特色的社会主义法治道路，另一方面不断显示出中国特色政治体系的优越性，让西方感受到自身的政治价值观正在受到所谓“中国模式”的侵蚀和威胁，这就又回到了“中国崛起论”和“中国威胁论”的怪圈中去，但立足点依然是强化西方的自我中心地位。

（三）“客观中性”外衣下的主观导向

在新闻报道中我们熟知的标准之一就是客观中性，而经过上文中的统计我们也可以看到中性报道占《明镜》周刊所有报道的76%、《时代》周报的47%、《南德意志报》的71%，中性报道是居主导地位的，特别是在经济、社会、环境、军事和文化层面。比如在社会层面中计划生育政策的放宽、改善医患关系、城市化的加速发展。军事层面中，中国近两年军备开支的增加，看似大多是客观性的描述，但报道引用一些专家、组织机构的评述来间接隐晦地表达对中国“人权”的批评和对中国军事实力增强的担忧，这就与西方强调“自由、民主和人权”的价值观一脉相承。在环境方面则强调法律法规的落实，并认为中国环境情况的改善是值得期待的。

（四）用温度塑造形象

每个国家、每个群体、每个媒介直至每个个体看待同一件事物的视角是不同的，

---

① 李彦冰：《政治传播视野中的中国国家形象构建》，172页，北京，中国社会科学出版社，2014。

"认知心理学告诉我们，人们总是通过大脑里现有的思维框架（由意识形态和价值观念设定）去理解每日大量涌现的具体新事物，普通人如此，新闻记者也如此"①。更何况每个国家的国家利益和立场都是不同的。我们可以理解中西方在评价标准上的种种差异，但是作为我们自身，应该如何讲好中国故事，这是塑造中国形象的关键点。笔者在很多关于中国对外传播的研究中看到，学者们认为造成如今国际舆论"西强我弱"局面的一个重要原因是中国方面在重大新闻事件报道上的缺席，中国在主动外宣方面的声音不够响亮。而如今我们选择把握好外宣的主动权，如何发声成为首要问题。在如今网络化的世界里，我们应该充分利用网络发布平台的时效性和互动性，"政府要积极转变话语方式，避免单向度的大众传播，充分考虑传播对象的生活、心情和社群状态，增加传播话语的亲和力、吸引力"② 同时，我们在挑选对外传播内容时，在坚持自身主体性的同时应更多考虑受众的接受能力。在内容确定的情况下，传播方式可以实现多样性，传播语言可以实现趣味性，加强与受众的互动。有温度有血有肉的对外传播方式才更能入人心，更能达到"润物细无声"的效果。

四、小结

《明镜》周刊、《时代》周报和《南德意志报》的网络版关于"中国全面深化改革"的报道涉及经济、政治、社会、环境、军事和文化等各个层面，同时在遵循西方价值观和思维方式之下，通过文章的表达风格、引用他述等方式将读者的注意力引导到已经设置的方向。作为对外宣传的主体，我们应该应用好网络平台的时效性和互动性，把握好对外传播的时机和内容，用有温度的方式传播好中国声音。而进一步研究德国受众对德国媒体关于中国报道的反馈，对我们更好地把握对外传播的方法具有重要的意义。

附录（按报道时间排序）

《明镜》周刊

"Mehr Konsum"（《更多消费》），http：//www. spiegel. de/spiegel/print/d-120780558.

① 孙有中：《解码中国形象——〈纽约时报〉和〈泰晤士报〉中国报道比较（1993—2002）》，337 页，北京，世界知识出版社，2009。

② 陈叶军：《有温度的政治传播话语才能入耳入心》，载《中国社会科学报》，2014－10－15.

html.（2013/11/11）

“Parteitag der KP：Wie China einen neuen Super-Boom entfachen kann”（《共产党代表大会：中国如何创造新的经济大腾飞》），http：//www. spiegel. de/wirtschaft/soziales/die-knackpunkte-von-chinas-wirtschaftsreform-a-932934. html.（2013/11/12）

“Mehr Markt，weniger Staat-wie Peking umsteuert”（《更多市场，更少国家——北京如何转向》），http：// www. manager-magazin. de/politik/weltwirtschaft/a-933348. html.（2013/11/13）

“KP-Beschlüsse in Peking：Deutsche Wirtschaft feiert Chinas Reformversprechen”（《北京的共产党决议：德国经济界欢迎中国的改革承诺》），http：//www. spiegel. de/wirtschaft/soziales/china-deutsche-wirtschaft-lobt-reformversprechen-a-933911. html.（2013/11/15）

“Reformvorschlag：Chinas Führung erwägt Zwei-Kind-Politik”（《改革建议：中国领导层考虑二孩政策》），http：//www. spiegel. de/politik/ausland/chinas-fuehrung-erwaegt-abschaffung-von-ein-kind-politik-a-934405. html.（2013/11/19）

“Reformpolitik：China schafft Umerziehungslager offiziell ab”（《改革政策：中国正式废止劳教制度》），http：// www. spiegel. de/politik/ausland/umerziehungslager-und-ein-kind-politik-in-china-reformen-gebilligt-a-940810. html.（2013/12/25）

“Reformdebatte：Chinas Botschafter hält Wirtschaftsmodell für unhaltbar”（《改革讨论：大使认为现有经济模式是亟待改进的》），http：//www. spiegel. de/wirtschaft/soziales/chinas-botschafter-haelt-wirtschaftsmodell-fuer-unhaltbar-a-941031. html.（2013/12/27）

“Chinesische Träume”（《中国梦》），http：//www. spiegel. de/spiegel/print/d-124381320. html.（2014/1/13）

“Neue Zensurrichtlinien：China will Konsolenspiele zensieren”（《新的审查方针：中国将对电脑游戏进行审查》），http：//www. spiegel. de/netzwelt/games/china-will-konsolenspiele-zensieren-a-943469. html.（2014/1/14）

“China hofft auf Wachstum und rüstet auf”（《中国期待增长并加强军备》），http：// www. manager-magazin. de/politik/artikel/china-volkskongress-ueber-militaeretat-reformen-umweltverschmutzung-a-956997. html.（2014/3/5）

“Schwächelndes Wachstum：China verspricht rasche Reform des Finanzsektors”（《减缓的增长：中国承诺对金融领域的快速改革》），http：//www. spiegel. de/wirtschaft/soziales/china-verspricht-die-grosse-finanzreform-a-957993. html.（2014/3/11）

“China will Anleihemarkt offenbar stärker öffnen”（《中国将更大开放信贷市场》），http：// www. manager-magazin. de/finanzen/alternativegeldanlage/china-will-anleihemarkt-offenbar-staerker-oeffnen-a-965213. html.（2014/4/18）

“Währung：China verzögert offenbar Liberalisierung des Yuan”（《货币：中国明显推迟人民币自由化》），http：//www. spiegel. de/wirtschaft/soziales/yuan-in-china-liberalisierung-des-renminbi-von-peking-verzoegert-a-985037. html.（2014/8/7）

“China verhängt Rekordstrafe gegen zwölf japanische Autozulieferer”（《中国对十二个日本汽车配件供应商开出史上最高罚单》），http：//www. manager-magazin. de/unternehmen/autoindustrie/china-verhaengt-rekordstrafe-gegen-zwoelf-japanische-autozulieferer-a-987049. html.（2014/8/20）

“Der letzte Kaiser”（《最后一个皇帝》），http：//www. spiegel. de/spiegel/print/d-130223343. html.（2014/11/10）

“Neue Raumfahrtallianz：Russland und China gegen den Rest der Welt”（《新的航天联盟：俄罗斯和中国应对世界的其他国家》），http：//www. spiegel. de/wissenschaft/weltall/russland-und-china-bilden-raumfahrt-allianz-gegen-den-rest-der-welt-a-1008850. html.（2014/12/26）

“Die chinesischen Global Player von morgen”（《中国是明天的世界玩家》），http：// www. manager-magazin. de/politik/weltwirtschaft/china-investitionen-beteiligungen-und-uebernahmen-a-1017877. html.（2015/2/11）

“Appell beim Volkskongress：Regierungschef stimmt Chinesen auf härtere Zeiten ein”（《人民代表大会上的呼吁：总理提醒中国人更艰难的时期》），http：//www. spiegel. de/politik/ausland/tagung-beendet-volkskongress-bekraeftigt-neue-staatsdoktrin-a-1023598. html.（2015/3/15）

《时代》周报

“Herr Xi verkündet seine Agenda”（《习先生宣布他的议程》），http：//www. zeit. de/politik/ausland/2013-11/china-drittes-plenum-aufgaben.（2013/11/8）

“Chinas Problem mit der Mobilität”（《中国流动性问题》），http：//blog. zeit. de/china/2013/11/08/chinas-problem-mit-der-mobilitat/.（2013/11/8）

“Pekinger Zauberei”（《北京的魔术》），http：//www. zeit. de/2013/47/china-reformen-demografie.（2013/11/14）

“Chinas zweite historische Reform”（《中国的第二次历史改革》），http：//blog. zeit. de/china/2013/11/13/chinas-zweite-historische-reform/.（2013/11/13）

“China will Ein-Kind-Politik lockern und Umerziehungslager abschaffen”（《中国将放宽计划生育政策并废除劳教制度》），http：//www. zeit. de/politik/ausland/2013-11/

china-ein-kind-politik-lockerung.（2013/11/15）

“Xi Jinping setzt ein Zeichen”（《习近平发出了一个信号》），http：//www. zeit. de/politik/ausland/2013-11/china-arbeitslager-justiz-reform.（2013/11/15）

“Der wirtschaftliche Nutzen von Chinas Zwei-Kind-Politik”（《中国二孩政策的经济功用》），http：// blog. zeit. de/china/2013/11/16/der-wirtschaftliche-nutzen-von-chinas-zwei-kind-politik/.（2013/11/16）

“Vom Imitator zum Innovator”（《从模仿者到创造者》），http：//blog. zeit. de/china/2013/11/20/vom-imitator-zum-innovator/.（2013/11/20）

“China ernst nehmen”（《认真对待中国》），http：//www. zeit. de/politik/ausland/2013-11/china-reformen-zk-bedeutung.（2013/11/21）

“Chinas Regierung will Privatwirtschaft stärken”（《中国政府将更多支持私有经济》），http：// www. zeit. de/politik/ausland/2013-11/china-kommunistische-partei-wirtschaftsreformen.（2013/11/21）

“Chinesischer Botschafter：Unser Wirtschaftsmodell ist auf Dauer nicht zu halten”（《中国大使：“我们的经济模式不是长久可持续的”》），http：//www. zeit. de/politik/ausland/2013-12/china-botschafter-interview.（2013/12/27）

“Reformpaket：China schafft Arbeitslager offiziell ab”（《改革一揽子计划：中国正式废止劳教制度》），http：// www. zeit. de/politik/ausland/2013-12/china-arbeitslager-familienpolitik.（2013/12/28）

“Konjunktur：Chinas Wachstum schwach wie seit 15 Jahren nicht”（《经济发展趋势：15 年来中国经济增长最慢的时刻》），http：//www. zeit. de/wirtschaft/2014-01/china-wirtschaftswachstum-konjunktur? commentstart=9＃comments.（2014/1/20）

“China wollte zu schnell zu viel”（《中国想要的太快太多》），http：//blog. zeit. de/china/2014/01/20/chinas-wachstum-schwachelt-gut-so/.（2014/1/20）

“China：Aufbruch auf der Seidenstraße”（《中国：在丝绸之路上启程》），http：//www. zeit. de/2014/05/sonderwirtschaftszone-seidenstrasse-china.（2014/2/3）

“China-ein Hort der Stabilität?”（《中国——一个稳定的港湾?》），http：//blog. zeit. de/china/2014/02/05/china-ein-hort-der-stabilitat/.（2014/2/5）

“Volkskongress：China rüstet kräftig auf”（《人民代表大会：中国增强军备》），http：//www. zeit. de/politik/2014-03/china-volkskongress-militaer? commentstart=17＃comments.（2014/3/5）

“China öffnet seine Städte für die Bauern”（《中国向农民开放城市》），http：//blog. zeit. de/china/2014/03/21/china-offnet-seine-stadte-fur-die-bauern/.（2014/3/21）

"Bleibt China stabil?"（《中国稳定吗?》），http：//www. zeit. de/2014/14/china-praesident-xi-jinping-deutschlandbesuch.（2014/3/28）

"Deutschland und China wollen Investitionsabkommen"（《德国和中国想要签订投资协定》），http：// www. zeit. de/politik/deutschland/2014-03/Staatsbesuch-Xi-China-Deutschland-Gauck-Menschenrechte? commentstart＝41＃comments.（2014/3/28）

"China setzt auf die staatliche Krankenversicherung"（《中国致力于国家医疗保险》），http：//blog. zeit. de/china/2015/04/01/medizin-gesundheit-krankenversicherung/.（2014/4/1）

"Marsch ins Vergessen"（《向遗忘前进》），http：//www. zeit. de/2014/20/china-kp-tiananmen-platz.（2014/5/8）

"Internationale Arbeitsorganisation：Drei Viertel der Erdbewohner haben keinen sozialen Schutz"（《国际劳工组织：四分之三的世界居民不享有社会保障》），http：//www. zeit. de/wirtschaft/2014-06/finanzkrise-armut-sozialabbau-ilo-bericht.（2014/6/3）

"Zensur，der Wirtschaft zuliebe"（《审查：为了经济》），http：//blog. zeit. de/china/2014/07/08/unternehmer-forderten-zensur-deutscher-medien/comment-page-4/＃comments.（2014/7/8）

"Die Kanzlerin und der Spion"（《总理和间谍》），http：//www. zeit. de/2014/29/bnd-affaere-usa-spionage.（2014/7/10）

"Wird Chinas Reformkurs gebremst?"（《中国的改革方针会受到阻碍吗?》），http：//blog. zeit. de/china/2014/09/26/china-droht-neuer-zentralbankchef/.（2014/9/26）

"Chinas Wirtschaft wächst erheblich schwächer"（《中国经济增长显著放缓》），http：//www. zeit. de/wirtschaft/2015-04/china-konjunktur-wachstum.（2015/4/15）

《南德意志报》

"Das verflixte dritte Plenum"（《艰难的三中全会》），http：//www. sueddeutsche. de/politik/parteikongress-in-china-das-verflixte-dritte-plenum-1. 1813373.（2013/11/8）

"Mehr Macht dem Markt"（《给予市场更多权力》），http：//www. sueddeutsche. de/politik/reformen-in-china-mehr-macht-dem-markt-1. 1817167.（2013/11/13）

"China will Ein-Kind-Politik lockern"（《中国将放松计划生育政策》），http：//www. sueddeutsche. de/politik/reformen-in-der-volksrepublik-china-will-ein-kind-politik-lockern-1. 1819500.（2013/11/15）

"Aktivisten warnen Westen vor Naivität gegenüber China"（《积极分子告诫西方不

要对中国太天真》)，http：//www. sueddeutsche. de/politik/reformen-unter-xi-jingping-aktivisten-warnen-westen-vor-naivitaet-gegenueber-china-1. 1820235.（2013/11/16）

“China lockert Ein-Kind-Politik”（《中国放松计划生育政策》)，http：//www. sueddeutsche. de/politik/beschluesse-in-peking-china-lockert-ein-kind-politik-und-schafft-umerziehungslager-ab-1. 1852203.（2013/12/28）

“Chinas Wirtschaft wächst immer langsamer”（《中国经济增长越来越缓慢》)，http：//www. sueddeutsche. de/wirtschaft/konjunktur-chinas-wirtschaft-waechst-immer- langsamer-1. 1866799.（2014/1/20）

“China pumpt Milliarden ins Militär”（《中国投入武装力量数十亿》)，http：//www. sueddeutsche. de/politik/nationaler-volkskongress-in-peking-china-pumpt-milliarden-ins-militaer-1. 1904670.（2014/3/5）

“Gauck lobt Chinas Reformwillen und mahnt Rechtsstaatlichkeit an”（《高克赞许中国的改革意愿并敦促法治国家建设》)，http：//www. sueddeutsche. de/politik/praesident-xi-in-berlin-gauck-lobt-chinas-reformwillen-und-mahnt-rechtsstaatlichkeit-an-1. 1923977.（2014/3/28）

“Freundlich，aber distanziert”（《友好，但有距离》)，http：//www. sueddeutsche. de/politik/chinas-praesident-xi-bei-bundespraesident-gauck-freundlich-aber-distanziert-1. 1924324.（2014/3/28）

“Rückfall in dunkelste Ieiten”（《倒退到最黑暗的时期》)，http：//www. sueddeutsche. de/politik/chinas-staatspraesident-in-deutschland-ein-kotau-bringt-keinen-respekt-1. 1923598.（2014/3/28）

“Chinas grüne Iukunft”（《中国的绿色未来》)，http：//www. sueddeutsche. de/wissen/umweltschutz-chinas-gruene-zukunft-1. 2000545-2.（2014/6/17）

“Mit Rechtsstaatlichkeit nichts am Hut”（《并不喜欢法治国家》)，http：//www. sueddeutsche. de/politik/china-und-die-kommunistische-partei-mit-rechtsstaatlichkeit-nichts-am-hut-1. 2182502.（2014/11/21）

“Zeitenwende im Wirtschafts-Wunderland”（《经济奇迹国家中的时代转折》)，http：//www. sueddeutsche. de/wirtschaft/konjunktur-in-china-zeitenwende-im-wirtschafts-wunderland-1. 2312385.（2015/1/20）

“China will langsamer wachsen”（《中国将更缓慢地增长》)，http：//www. sueddeutsche. de/politik/plenarsitzung-des-volkskongresses-china-will-langsamer-wachsen-1. 2378810.（2015/3/5）

“Die Schmerzen werden noch heftiger”（《痛苦将更剧烈》)，http：//www. sueddeutsche. de/politik/volkskongress-in-peking-chinas-militaerausgaben-sollen-deutlich-steigen-1. 2393861.

(2015/3/15)

"Gegen Smog und Dissidenten" (《治理雾霾和持不同政见者》), http://www.sueddeutsche.de/politik/chinas-neue-umweltpolitik-gegen-smog-und-dissidenten-1.2394173. (2015/3/16)

翻译目的论视野下的“中国梦”论述摘编翻译策略

——以第二章、第七章为例

■ 吕可丁*

［摘　要］目的论是一种以读者为中心的翻译理论①，发展于上世纪 70 年代的德国。该理论认为，翻译作品的信息传递和交际效果有赖于接受者的教育、社会文化和心理背景，译者要依据不同的接受者群体选择不同的翻译策略。这一理论在中央政治文献的翻译中同样适用。本文结合目的论，在对目标读者前期调研的基础上，论述《习近平关于实现中华民族伟大复兴的中国梦论述摘编》阿文版重点章节的翻译策略。

［关键词］目的论；中国梦；翻译策略

一、翻译目的论与中央文献翻译

目的论是一种以读者为中心的翻译理论②，被认为是现代功能翻译理论的核心。目的论最初的倡导者是赖斯，她于 1971 年首次提出将翻译行为要达到的目的纳入翻译研

---

* 吕可丁，女，中央编译局中央文献翻译部阿文处中级翻译，副主任科员。主要研究方向为国家形象、中央文献翻译。

① 参见金朋荪：《大学英语翻译与理论实践》，武汉，华中科技大学出版社，2009。

② 参见金朋荪：《大学英语翻译与理论实践》，武汉，华中科技大学出版社，2009。

究之中（Katherine Reiss，1971）。1978年，赖斯的学生费米尔进一步摆脱了以原语为中心的等值论的束缚，提出以文本目的为翻译活动的第一准则，创立了功能派的奠基理论——目的论。该学派认为，决定翻译目的最重要的因素之一就是受众，翻译是在“目的语境中为某种目的及目标受众而生产的语篇”（Vermeer，1989）。因此，翻译所采取的策略，很大程度上受到译本接受者的制约，这要求译者要依据不同的接受者群体选择不同的翻译策略。

对于中央文献翻译而言，由于其题材的特殊性，决定了目标读者不会太广泛。中央文献翻译的目的主要是宣传阐明政府的立场、政策和原则，捍卫其政治信仰和价值观，改变国际社会对政策或政治话语的误判与误读，促进良好国家形象的形成。它的题材主要集中在联合公报、备忘录、政府报告、领导人讲话等政治性文献，一般是会议、新闻发布会、集会等场合发表的正式材料，其功能目的在于阐明政府正当处理国内外重大事件的态度和立场。因此，相比于拥有广大受众的文学翻译，中央文献翻译对读者是有要求的。它的主要受众定位在具有相关知识背景的学者、政治家群体，而媒体从业者出于撰写社论和进行相关报道的工作性质，也是中央文献译本的受众群体之一。

依据翻译目的论的观点，翻译作品的信息传递和交际效果有赖于接受者的教育、社会文化和心理背景。这一点在对外政治文献的翻译中尤为突出。政治文献的翻译，其实质是向异域意识形态输入本土价值体系的过程，由于读者固有习惯影响力的作用，这一过程往往会遇到很大阻力。而了解接受者的心理、文化背景，则有助于译者选择合适的翻译策略，最大限度地抵消这一阻力。对于中央文献的受众来说，他们普遍接受过国内高等教育，不乏国外的留学和工作经历，总体上拥有良好的教育及社会文化背景。而心理背景由于其个性化和复杂性，则需要进行实际的调查研究。这也成为我们着手翻译之前需要进行的准备工作。

二、阿拉伯学者对“中国梦”的一些主观性解读

2014年初，笔者所在的中央文献翻译部开始着手《习近平关于实现中华民族伟大复兴的中国梦论述摘编》的多语种翻译。这是我们第一次系统对外翻译习近平总书记关于中国梦的重要论述，得到了上级单位、领导和同事们的高度重视。为了更好地完成翻译任务，笔者在翻译期间，对阿文译本的目标受众（阿拉伯国家学者及媒体人）进行了前期调研。以阿拉伯主要媒体为载体，输入“中国梦”关键词，搜索以“中国梦”为主题的文章并进行文本分析，了解目标读者对“中国梦”的解读与看法。“中国梦”概念的提出，具有国家话语的属性，然而由于其并不是完全精确的话语表达，带有较多的主观

意愿，使得不同历史、文化背景下的人们有不同的理解。文本分析的结果显示，总体上，阿拉伯学者、媒体人对“中国梦”保持认同，并认为“中国梦不是电子世界中的虚拟梦想”，而是“真切实在的梦，是可以实现的梦”。但这其中，仍存在一些主观性的解读甚至误读，归纳如下：

（一）“中国梦”是国家的梦，但不一定是每个中国人的梦

“中国梦”是国家梦，这在阿拉伯学者中有一定的共识。科威特大学政治学教授穆罕默德·萨利姆认为，国家的梦想，在中国就表现为由国家领导人推动的中国梦，即中华民族的伟大复兴。① 埃及前驻华大使、中国学学者穆罕默德·加拉尔博士认为，“‘中国梦’是国家为了让更多的中国人过上好日子，包括改善人们的居住环境和经济条件，增加人民的收入，完善医疗保障体系，让更多的孩子接受更好的教育等”②。然而同时他也提出了自己的疑问：“中国梦的范围是什么？是中国人个人的梦？是集体的梦？是各个民族的梦？还是整个国家的梦？”③ 而阿拉伯著名作家穆斯塔法·阿巴迪更是在《金字塔报》发表文章，写道：“中国人最乐于说道的词是国家、国家、国家。人民群众（不论是两人还是百万人），都不能替整个社会发声，并且，社会也不需要任何声音。”④

（二）“中国梦”是“强国梦”，但也可能是“霸权梦”

2013年4月19日，阿联酋的《海湾报》转载克莱蒙特学院中国教授的文章《中国梦》⑤，沙特《利雅得报》2014年4月14日发表文章《北大教授（付志明）发表“中国梦和实现途径”的演讲》⑥，两篇文章中均强调了“中国梦”是实现中华民族伟大复兴的强国梦。然而与此同时，阿拉伯媒体也发出了一些不同的声音。《阿曼日报》发表阿拉伯作家伊梅尔·艾明的文章《“中国梦”——通过军事演习，中国要在地中海做什么？》⑦，作者开篇即提出犀利问题：“中国是打算从非洲和中东开始其新的世界单极化时

① 参见季明等：《“中国梦”的“世界回响”》，载《新华每日电讯》，2013-03-26。

② 穆罕默德·加拉尔：《“中国梦”国际论坛》，载巴林《祖国报》，2014-01-11。

③ 穆罕默德·加拉尔：《“中国梦”国际论坛》，载巴林《祖国报》，2014-01-11。

④ 穆斯塔法·阿巴迪：《中国梦》，载 埃及《金字塔报》，2013-12-29。

⑤ 参见潘名新：《中国梦的世界》，见 http://a1.161616.info/browse.php? u=%20%20Oi8vd3d3LmFsa2hhbGVlai5hZS9zdHVkaWVzYW5kb3BpbmlvbnMvcGFnZS83YzdiMzRlZS01ZmQzLTQ0YjMtYmU5OC05Mzc4MjAxYjFmODc%3D&b=13，2013-04-19。

⑥ 参见穆罕默德·哈姆扎伊：《北大教授（付志明）发表“中国梦和实现途径”主题演讲》，见 http://a1.161616.info/browse.php? u=%20%20Oi8vd3d3LmFscml5YWRoLmNvbS85MjY4NzA%3D&b=13，2014-04-14。

⑦ 伊梅尔·艾明：《“中国梦”——通过军事演习，中国要在地中海做什么？》，载阿曼《阿曼日报》，2014-01。

代么?”随后，作者引用美国《外交政策》杂志的评论称：“中国在历史上相当长时间里，阐明了其对他国内政的态度。但在过去一年即将结束时，这样的政策有序地改变。中国用它从未采用过的方式走进国际舞台，而这些方式包括给反抗极端组织战争提供资金和军事力量援助。”

阿拉伯学者和媒体人关于“中国梦”的认知，既有客观积极的部分，也有主观甚至误读的观点。他们在肯定“中国梦”是国家梦、强国梦的同时，又对“中国梦”是否涉及霸权扩张、是否牺牲国民个人利益表示了担忧。这在一定程度上，代表着该读者群体对于“中国梦”的心理背景。

三、“中国梦”论述摘编重点章节的翻译策略

翻译策略是翻译活动中为实现特定的翻译目的所依据的原则和所采纳的方案的集合。[①] 和翻译方法相比，翻译策略更加关注宏观层面的语篇风格。翻译目的论认为，翻译策略的选择与目标受众是分不开的，受众的教育、社会文化背景以及心理背景决定了翻译策略的差别。“中国梦”论述摘编阿语译本的目标受众，集中在阿拉伯学者及媒体人群体。他们拥有良好的教育及文化背景，精通母语阿拉伯语的使用，对译本文字的通顺性及可读性有较高的要求。而这部分读者关于“中国梦”的心理背景，则表现为在总体积极的基础上，对“中国梦”的人民大众性及包容性表示怀疑。因而，从读者的特点出发，我们把翻译策略的选择标准，定位在两个方面，即是否符合目的语习惯（阿拉伯语用语习惯）以及是否有利于正确阐释“中国梦”的人民大众性及包容性，避免目标读者的误读。

《习近平关于实现中华民族伟大复兴的中国梦论述摘编》全书共分为八个专题，内容包括民族、政治、宗教、经济、文化等多个领域。这其中，第二章“中国梦归根到底是人民的梦”和第七章“中国梦是和平、发展、合作、共赢的梦”，因为涉及阿拉伯读者容易产生误读的敏感问题，故被译者标识为重点章节。下文将以第二章及第七章的翻译策略为内容，进行论述。

（一）第二章翻译策略——直译为主

中国梦是国家的梦、集体的梦，也是人民的幸福梦，是每个中国人的个人梦。这是

① 参见熊兵：《翻译研究中的概念混淆——以“翻译策略”、“翻译方法”和“翻译技巧”为例》，载《中国翻译》，2014（3），82～88页。

第二章论述的核心内容，也是阿拉伯读者关于““中国梦’到底是谁的梦”问题的有力解答。从语言风格出发，第二章的论述多选自领导人正式会议的讲话，语言风格呈现出典型的政论文特点——逻辑严谨、观点突出，语言结构紧凑、长句层次明晰。这些特点与阿拉伯文讲逻辑、重修辞、偏好长句的风格吻合。在翻译过程中只需对原文进行适当的调整，就可以使译文符合阿拉伯用语习惯，阅读起来朗朗上口，更加突出章节的主题。因此，译者选取“直译”作为该章节的主要翻译策略，以充分论证中国梦的人民大众属性。

所谓直译，是既保持原文内容且保持原文形式的翻译（冯庆华，1997：44)。在第二章中，出现了很多涉及国家方针、政策的语句，这些语句中不乏具有中国特色的政治术语，如“人民当家作主”“依法治国”“富强民主文明和谐的社会主义现代化”，等等，这些语句看似简单易懂，但因为涉及到国家的方针、政策，不可随意更改删减。在翻译时更不能只求意义相同，而擅自更改短语的搭配顺序。译者在处理这些“重量级”语句时采取了非常审慎的态度，除了保证忠实传达原文内容以外，还尽可能让译文的形式与原文相符。并且，如果有些术语在之前的中央文献中出现过，则在保持正确性的前提下使用“旧提法”。这样做是为了保证政策术语的一致性和权威性，避免第二次创造。比如，“坚持党的领导、人民当家作主、依法治国有机统一”“发展是硬道理”“建设服务政府、责任政府、法治政府、廉洁政府”等，译者均采用了十八大报告或历年政府工作报告的译法。

除了政策术语多，长句在第二章中也频频出现，有些甚至独立成段。由于这些句子逻辑明晰、分层合理，因此，译者只是按照阿文的用语习惯进行轻微改动，如添加阿文连接词、删减中文重复用词等。比如“我们要随时随刻倾听人民呼声、回应人民期待，保证人民平等参与、平等发展权利，维护社会公平正义，在学有所教、劳有所得、病有所医、老有所养、住有所居上持续取得新进展，不断实现好、维护好、发展好最广大人民根本利益，使发展成果更多更公平惠及全体人民，在经济社会不断发展的基础上，朝着共同富裕方向稳步前进”。译者最终敲定的译文是：

عليناأننصغيبجديةوفيكلوقتمنالأوقاتإلىأصواتالشعبوأننستجيبلتطلعاته،وأننعمللضمانحقوقالشعبفيالمشاركةوالتنميةالمتساويتين،و
حمايةالعدالةوالإنصافالاجتماعين،ومواصلةتحقيقتقدمجديدلكييكونلكلطالبمعلم،لكلعاملمكسب،لكلداءدواء،لكلمسنعيل،لكلساكنمسك
ن،ومواصلةتحقيقالمصالحالجوهريةللغالبيةالساحقةمنأبناءالشعبوحمايتهاوتنميتهالتكوننتائجالتنميةفيصالحأبناءالشعببقدرأكبروإن
صافأكثر،وأننتقدمبخطواتثابتةنحوالرخاءالمشتركعلىأساسالتنميةالاقتصاديةوالاجتماعيةالمطردة.

不仅保留了原文的句子内容和结构，甚至保留了原文的排比修辞。由于排比修辞也是阿文中常常出现的修辞法，因此，读者不但不觉得累赘，反倒会觉得朗朗上口，更符合阿语的用语习惯。

（二）第七章翻译策略——意译为主

同样属于阿拉伯受众容易出现认知偏差的重点章节，第七章“中国梦是和平、发展、合作、共赢的梦”则涉及了阿拉伯读者所关心的“中国梦”是否是“称霸梦”的问题。与第二章不同的是，第七章的论述来源以领导层内部会议或接受媒体采访的讲话为主，语言风格较为灵活——短句多、俗语多、口语化的词语多。通览全文，还不乏“君子一言，驷马难追”“相互补台，好戏连台”等涉及中国文化意象的表达。这种情况下，如果一味坚持直译，则很可能令读者感到晦涩难懂，更不要提完整表达文本的中心思想了。因此，译者在保持译文口语化的风格基础上，采取了“意译”为主的翻译策略。

所谓意译，就是保持原文内容但不保持原文形式的翻译。当译文的语言与原文的语言在许多情况下并不拥有同样的形式来体现相同的内容时，一般采取意译（冯庆华，1997：44）。对那些需要结合中国文化背景才能理解的语言表达、结构松散的口语化表述，译者需要进行重新整合，并结合阿拉伯读者的文化背景，或选择对等的谚语替换，或进行补充说明，或适当改变句子结构。这样的策略使译文更加符合目的语习惯，使第七章的主题——“中国梦”的包容性能够最大程度地为阿拉伯读者所了解、认同。比如，“君子一言，驷马难追”，译者采用了同义替换的方法，译为：

الأفعالتصدقالأقوال

即“行动证明言语”。虽然从字面看，与原文风马牛不相及，但两者要表达的内容却是相同的。同样类似的还有“我们说话是算数的，时间已经证明中国是说到做到的”：

"لوننتراجععنأقوالنا،يحيثبرهنتالممارساتالماضيةعلىأنالصينفعلتماقالت".

这里，译者将“算数”翻译为“说出的话不会收回”。

除了同义替换之外，译者还对一些口语化句子的翻译进行了灵活处理，发挥了创造性，添加了适当的语气词和短句。比如，“现在，国际上有人担心，中国发展起来后会不会也搞霸权主义、欺负别人。这种担心完全没有必要”，处理这样的句子，译者结合阿语的语言习惯采取了适当加词的方法。译为“我们说，这种担心完全没有必要”，这不仅更加完整地表达了中文句子的含义，也进一步强调了中国的立场。

需要指出的是，不论直译还是意译，都是翻译策略的一种，不是非此即彼，而是相辅相成。但不管采用什么策略，都不应该忽略翻译目标受众在翻译目的中的决定作用，因为翻译的目的是针对某一特定读者群体的，这种目的的实现程度是由读者来体验的。

略谈中国特色新型智库在我国对外话语体系建设中的核心作用

■ 闫 健*

［摘 要］中央《关于加强中国特色新型智库建设的意见》为中国特色新型智库在我国对外话语体系建设中发挥更大作用提供了新的契机。我国现有对外话语体系建设和对外话语传播中存在诸多突出问题，主要表现在：缺乏强有力的对外话语塑造能力；缺乏有效的对外话语传播能力；缺乏高水平的对外话语传播人才；缺乏适应于对外话语传播体系建设的体制机制。正在建设中的中国特色新型智库理应在我国对外话语体系建设和对外话语传播中扮演更为重要和积极的角色。

［关键词］智库；话语体系；传播

2015年1月20日，中共中央办公厅和国务院办公厅联合下发了《关于加强中国特色新型智库建设的意见》（以下简称《意见》）。《意见》明确指出："中国特色新型智库是国家软实力的重要组成部分……在国际舞台上发出中国声音，迫切需要发挥中国特色新型智库在公共外交和文化互鉴中的重要作用，不断增强我国的国际影响力和国际话语权。"

智库是一国对外话语体系建设的重要载体，亦是一国对外话语的核心传播者。从世界近现代史来看，一国的综合国力愈是发展，则其构建对外话语体系的需求也就愈迫

* 闫健，中央编译局全球治理与发展战略研究中心主任助理，政治学博士。

切，进而，建设高水平智库的重任便愈难以回避。改革开放以来，我国的综合国力发展取得了举世瞩目的成就，我国目前已经是仅次于美国的全球第二大经济体。随着经济的崛起，世界各国对于我国的疑虑和猜忌也不断增加，因此，我国迫切需要构建起自身的对外话语体系，以平息各国疑虑，为我国“继续深化改革”的伟大实践创造一个良好的国际舆论环境。

改革开放以来，我国对外话语体系建设取得了长足的进展，这尤其体现在我们较为成功地实现了从“革命话语”向“改革话语”的转变。然而，不可否认的是，与我国日益提升的综合国力和国际地位相比，我国对外话语体系的建设仍呈现出明显滞后的状况，十分不利于良好国际舆论环境的形成。简而言之，我国现今对外话语体系建设中仍存在以下突出问题：

首先，缺乏强有力的对外话语塑造能力。这既体现为我们在应对全球性问题方面缺乏应有的研究分析能力和提出方案能力，也表现为我们无法就我国发生的重大事件提出为国际社会所接受的传播话语。换言之，在塑造国际话语方面，我们缺乏创造力、分析力、影响力和说服力。这种状况已经严重影响到我国对外话语体系的构建并引起了中央的高度关注。

其次，缺乏有效的对外话语传播能力。事实上，即便我们能够塑造一些重要的国际话语，但是，传播能力的低下却使得我们难以将这些话语有效地传递给国际社会。例如，我国人文社会科学领域的很多作品被翻译为外文出版，然而，这些出版社大都是国内的出版社，它们既缺乏出版外文著作的经验和能力，也缺乏有效的国际出版渠道，因此，这些出版物的影响力便被大大限制了。更好的方式应当是直接与国外有影响力的出版社合作，以此来扩大出版物的国际影响力。

再次，缺乏高水平的对外话语传播人才。高水平的对外话语传播对于传播者自身的素质提出了较高要求：一方面，传播者必须对于话语自身的逻辑和出现背景拥有清晰的理解，此为对外话语传播的前提；另一方面，传播者还必须拥有较高的外语表达能力，否则，即便“武艺再高强”，也是“英雄无用武之地”。然而，国内的现实情况却是，同时具备这两种素质的传播人才几乎凤毛麟角。更常见的情况是，懂理论的不懂外语，懂外语的不懂理论。高水平对外话语传播人才的缺乏已经严重影响了我国对外话语的传播效力。

最后，缺乏适应于对外话语传播体系建设的体制机制。高水平对外话语传播人才的缺乏，其根本原因在于缺乏有效的体制机制。在现有体制下，各类专业人才（包括“对外话语传播人才”）缺乏晋升的专业通道，无法体现出其个人价值。例如，重要外事部门的高级翻译可能只是“副处长”，但和他平级的其他众多“副处长们”却并不具备对外话语传播的能力，在这种情况下，这些对外传播人才的个人价值何在呢？他的专业技能的价值又体现在什么地方？不仅如此，在很多情况下，这些“专业人才”不仅在管理上，甚至在业务上，还要听从“非专业的”上级领导的管理，这显然极不利于对外话语传播人才的成长。

中央关于“建设有国际影响力的高端智库”战略的出台，势必使得我国各类智库在对外话语传播体系建设方面担负更为重要的使命。这也就意味着，为了提升智库在对外话语传播方面的效力，我们必须要遵循智库建设和对外传播方面的一般性规律，有的放矢，未雨绸缪，方可收到成效。

首先，中国特色新型智库必须具备一般智库所必备的相对独立性。智库在对外话语体系建设和对外话语传播方面的独特效力恰恰源自于其相对于政府的独立性。因此，智库并不是政府的组成部分，否则，智库的对外传播势必会被人误认为是政府自身的传播，反而失去了其应有的传播效力。正因如此，如何保持中国特色新型智库的相对独立性是深刻影响我国对外话语体系建设和对外话语传播效力的重大课题。

其次，中国特色新型智库必须掌握国际通行的传播话语。对外传播，究其本意，便是将自身意欲表达的信息传递给受众的过程。因此，对外传播的效力很大程度上取决于所传递的信息能够打动受众的能力。我国对外话语传播的受众是国际社会。尽管所谓的“国际社会”是一个很笼统的概念，但这并不妨碍存在一些能够影响国际社会主流的通行的传播话语。在这方面，中国特色新型智库应当积极学习这些国际通行的传播话语，为我所用，这能极大地提高我们向国际社会传播中国声音的效力。

再次，新型的智库人才理应成为我国对外话语体系建设的生力军。如前所述，对外话语传播对于传播者提出了很高的要求，而中国特色新型智库作为我国对外话语体系建设和对外话语传播的重要载体，必须在培育新型智库人才方面承担起更多的责任。在中央“建设有国际影响力的高端智库”战略的总体部署下，我们要加大力气改革既有的体制机制安排，为新型智库人才的成长提供良好的制度环境。在这方面，《意见》提出了如下明确要求：“深化智库人才岗位聘用、职称评定等人事管理制度改革，完善以品德、能力和贡献为导向的人才评价机制和激励政策。探索有利于智库人才发挥作用的多种分配方式，建立健全与岗位职责、工作业绩、实际贡献紧密联系的薪酬制度”。

最后，中国特色新型智库应当利用自身优势，扩大国际交流，吸引更多的国际人士加入到我国对外话语体系的建设和传播中来。在对外话语传播方面，传播的效力常常因传播者的身份冲突而大打折扣。这也就意味着，为了提高对外话语传播的效力，我们应当尽可能地发挥国际人士的作用，他们的外部视角有助于提升对外话语传播的公正性和有效性。在这方面，中国特色新型智库应当利用自身在国际交流方面的优势，增进与各个国际机构和知名专家的交流。同时，这也要求我们简化智库外事活动的审批环节，扩大对国际智库和国际知名专家的开放度，保持更强的自信心。只有这样，中国特色新型智库才能在我国对外话语体系建设中发挥更大、更为重要的作用。

对融通中外话语体系建设的几点考虑

——《求是》英译体会

■ 贾毓玲*

[摘　要] 如何通过翻译使中国特色的词语表述更加融通中外，是翻译工作者必须面对和研究的新课题。本文依据翻译实践的体验，以《求是》英文版最新翻译为实例，从创造创新、文化差异、还原性翻译、内外宣有别等角度，探讨翻译工作者如何在有限的权限内、在忠实原文精神实质的基础上，尽可能地通过创建准确地道的外语表述，来消除理解障碍，淡化负面影响，提高译文通透性，加强受众接受度，提升政治理论话语体系对外传播效果。

[关键词] 外宣翻译；消除障碍；淡化负面；融通中外；策略方法

习近平总书记在2013年8月全国宣传思想工作会议上提出要“加强话语体系建设，着力打造融通中外的新概念新范畴新表述”。习总书记的这个要求让从事外宣翻译的中外同事们深受鼓舞，认识到以融通中外为导向的政治话语重建与创新，会极大提高外宣翻译文本的可译度，提升外宣翻译工作的可操作性，减少外宣翻译由于文本的内宣特色太浓而面临的巨大挑战。但是，融通中外新概念新表述的创建艰难而复杂，外宣文本中不适合外宣或难以用外文表达清楚的表述仍比比皆是，外宣文章的选编和改写往往流于形式，外宣翻译所面临的种种困境需下大力气加以改善。

* 贾毓玲，中央编译局资深翻译，天津外国语大学中央文献翻译研究基地研究员，《求是》英文版定稿人。研究方向：翻译实践与技巧。

诚然，中国政治话语体系多年形成的套路和说法改起来绝非一蹴即就，中国人讲中国的事情也不可能完全没有“中国特色”，政治话语体系的创建应该融通中外，但绝不能为了迎合外人而去中国化。在继续期盼外宣文本创建单位能够真正树立受众意识、对要翻译的文本进行有针对性的选编和有实质意义的改写的同时，我们翻译工作者还得面对现实，在不能绕开现有政治话语范式的情况下，努力探索和研究在翻译有限的权限内，尽可能地通过创建准确流畅地道的外语表述，来消除理解障碍，减少宣传味道，淡化负面影响，提高译文通透性，加强受众接受度，提升政治理论话语体系对外传播效果。

本文通过介绍《求是》英文版若干重要新词语新提法的英文译法及其翻译过程中的一些思考，从创造创新、文化差异、还原性翻译、内外宣有别等角度，来探讨中央编译局《求是》翻译处中外翻译工作者为使中国特色新概念新范畴新表述的译文更加融通中外所做的努力。

一、重要概念的翻译要体现完整性

新概念新范畴新表述的提出，往往代表着党和国家大政方针的与时俱进与创新，《求是》作为党刊，它的官方译文也要通过创新来体现出这种新变化和新高度。党的十八大把中国特色社会主义事业总体布局从四位一体扩展为五位一体，即经济建设、政治建设、文化建设、社会建设、生态文明建设，“五位一体”随即成为一个独立的概念，出现在《求是》等党政文献中。中国特色社会主义事业总体布局历经三位一体、四位一体的内容扩展，但直到党的十八大之后，“五位一体总体布局”作为一个独立概念才反复出现，来强调中国特色社会主义建设的整体性和协同性。如果我们的译文只是在传统译文有关政治、经济、文化、社会建设的基础上，简单地增加第五个方面，即 the overall plan for promoting economic，political，cultural，social，and ecological progress，那么“五位一体”作为一个独立的概念就没有译出，译文的总体布局就会缺少高度。《求是》英文版译者在解读领会十八大政治报告相关文章的基础上，将“中国特色社会主义事业五位一体总体布局”译为“the five-pronged approach to building socialism with Chinese characteristics”，five-pronged，一把餐叉的五个齿，来说明总体布局包含了五个方面的内容；approach 指中国特色社会主义建设的思路和方法，a five-pronged approach 表明五个方面要齐头并进，不可偏废。数字＋pronged＋中心词，是英文常用搭配，如 a three-pronged investigation（从三方面进行的调查）；数字＋pronged approach 更是英语常用搭配。“五位一体总体布局”译为 a five-pronged approach，可以说达到了中英文形式和意思的完全对等，并且作为一个整体性的概念译文，可以拆分组合，用于党和国家事业建设总体部署的方方面面，如“五位一体改革”（the five-pronged approach to China's reform），“五位一体现代化建设”（the five-pronged approach to China's modernization）。作为重要概念的规范译文，China's five-pronged approach 必将产生良好的国际传播效果。

十八大报告还首次把“生态文明建设”纳入中国特色社会主义事业“五位一体”总体布局，“生态文明”作为执政理念由此上升为国家战略，“生态文明”的译文也需要随着中文范畴的变化而改变。过去我们常把“生态文明建设”的译法与经济、政治、文化、社会建设的译文做相同处理，译作“promote ecological progress”（促进生态进步），“文明”省去不译。但是当“生态文明”与“工业文明”相对而言，上升为一个独立的概念时，还保留 ecological progress（生态进步）的译法就高度不够，因为任何大小的进步都可以是 progress，而“生态文明”的建设有总体要求、重点任务和方法路径，表明中国将进入一个经济发展、生态良好的新的建设时期，这时“生态文明”的译文就要体现概念的独立性和完整性，就得采用过去几年一直不敢用的搭配 ecological civilization 才够高度。

二、重要表述的翻译要注意文化差异

翻译不仅仅是两种语言的转换，文字背后的文化差异是翻译所必须注意和考虑的。尤其是一些比喻性意象，由于中西方历史文化和风土人情的不同，往往会引起完全不同的联想。“老虎”“苍蝇”一起打，作为中国反腐的口号，它的译文也格外引人注意。“打老虎”在中国传统文化中是“为民除害”的壮举，我们有“一二三四五，上山打老虎”的歌谣，有“武松打虎”的故事，中共重拳出手“打虎”反腐，这个比喻形象鲜明，具有浓厚的民族色彩，一经提出更是家喻户晓、深入人心。但是，在西方文化中“打虎”并非大众化的比喻，尤其在老虎已成为濒危动物的今天，“打虎”如果直译成“beat the tigers”，就会太暴力，环保人士看了会很不舒服，作为惩戒腐败的比喻也会让人费解。基于文化差异的考虑，《求是》英文版早在 2013 年翻译中纪委有关文章时，把“老虎”“苍蝇”一起打，译为“not only cage the tigers but also swat the flies”，意思是“既关老虎又拍苍蝇”，这个译文保留了“老虎”和“苍蝇”的意象，但避开了“打”字，cage the tigers 作为一个比喻，读者经过联想可了解其意而不致产生误解，把贪污腐化分子都关起来也符合事实。现在国内媒体对这个表述多直译为“crack down on both the tigers and the flies”，但 crack down 只能用作打击犯罪，从文法上讲英文并没有 crack down on tigers这样的动宾搭配。国外媒体对中国“老虎”“苍蝇”一起打的反腐报道有“hunt the tigers and the flies”的译法，hunt the tigers（猎虎），很好很生动，但hunt the flies（猎蝇）就不靠谱了。

三、重要提法的还原性翻译要注意词义本质上的区别

中国现代政治经济话语体系中有不少词汇是从西方吸收引进的，中译外时译文采用还原翻译，既准确又专业，如《求是》英文版译文中“人口红利”（demographic dividend）、“社会保障网”（social safety net）、“人口抚养比”（dependency ratio）等，都是对英文原有表述的还原。“新常态”虽然是“习式热词”，但也完全可以借用经济学新常态还原翻译为the new normal。

有的重要新词语新表述严格来讲虽然不属于还原翻译，但也可以在英文中找到意思相对应的表述，来忠实传达原文的修辞风格。例如习近平总书记说，“要打破一亩三分地的思维定式”，《求是》英文版译为“break away from a silo mentality”（打破谷仓思维），中英两种表述都与农业有关，都指克服农民意识、打破人为藩篱、树立合作态度，译文和原文虽是两个不同的比喻但意思完全对等。再如，“改革进入深水区”，《求是》英文版译文“China has entered the deep end of its reform”，“thc deep end”（游泳池深水区），要游进去面临巨大挑战，“改革深水区”，改革的实施需要攻坚克难，中英文意思很贴切，形式也对等，是不可多得的形神兼顾的直译。再比如，“改革只有进行时、没有完成时”，《求是》英文版译文“China's reform is an ongoing cause, like a verb that has a progressive tense but not a perfect one”，译文将中文的暗喻变为英文的明喻，比喻功能更加明显，虽然是直译但也不会造成很大的理解障碍。但是，如果去掉这个比喻，“改革只有进行时、没有完成时”只译作“China's reform is an ongoing cause”，译文就会分量不够，因为很多事情都可以是一项持续进行的事业。而且，在不影响理解的前提下，译文保留原有比喻，从而对原文进行原汁原味的呈现，也是翻译所应该力求做到的。当然在遇到“法制建设只有现在时、没有完成时”“保障人权只有现在时、没有完成时”等相同表述时，我们完全可以灵活处理，意译为“There can never be an end to…”等。

这里需要强调的是，还原性翻译以其貌合神离，有时会为翻译设下陷阱。“底线思维”是习总书记讲话中有关中国对外政策的重大战略，指处理外交事务要朝最好的方向努力，但也要做最坏的打算，强调中国决不会放弃国家正当利益，绝不能牺牲国家核心利益。“底线思维”与“bottom-line thinking”长得很像，国内媒体也不乏这样的译文，

但 the bottom line 的主要意思指的是“账本底线”，企业是亏是盈看看账本底端的结算线就会一目了然。那些只顾逐利不顾社会责任的企业，常被批评为 bottom-line thinking。如果把贯穿新时期中国外交思想的“底线思维”照猫画虎地译为 bottom-line thinking，就会使人产生中国利益至上、舍义取利的负面印象，恰巧迎合了国际上指责中国是一个不负责任的国家的论调。《求是》译者在仔细研究多处“底线思维”所处语境的基础上，提出了“the worst-case-scenarios”（最坏的情况）的译法，如：把“要有底线思维，处理问题既要朝好的方向努力，也要做最坏的打算”，译为“We must always approach our work with worst-case scenarios in mind，working for the best but preparing for the worst”。

同样，“最大公约数”这个表述，能不能做还原翻译，也要看上下文。英文短语“the greatest common divisor”是一个含有消极负面意义的表述，指迫不得已把各方捆绑在一起的东西。“改革的最大公约数”指凝聚共识，减少分歧，在翻译时是可以做还原翻译的。“中美关系的最大公约数”，指求同存异、寻找合作共赢的利益汇合点，还原翻译也是可以直接拿来用的。但是，在翻译“核心价值观是我们的最大公约数”“中国梦是我们的最大公约数”等褒义表述时，译文就不能简单还原，试想有哪一个中国人会反对国家富强、民族复兴呢？显然 the greatest common divisor 在正面褒义的语境中做还原翻译会与原文精神不符，这时候要根据上下文做灵活处理，《求是》英文版就有 the common aspirations，the common ground，the widest possible consensus 等多种译法。

四、重要表达的翻译要格外注意对外宣传的负面影响

中国政治话语体系的对外传播最大的问题之一就是宣传味太浓。正如新华社对外新闻编辑部主任严文斌在其《政治话语传播的难点及突破建议》一文中所说：“政治传播最重要的就是对内动员、对外阐释。在对外传播中，如果把对内动员的东西不加过滤地进行传播，不但起不到正面效果，相反还可能在海外助长中国威胁论”。在翻译中如何淡化和减少生硬甚至强加的宣传味道，是外宣翻译的一个难题。例如：《求是》中文版2014年15期《学好强军理论、干好强军事业》一文中有“建设什么样的军队、怎样建设军队，打什么仗、怎样打仗”的表述。这个句子套用了“什么是社会主义、怎样建设社会主义”“什么是小康社会、怎样建设小康社会”的句式，用于内宣和动员朗朗上口，是完全可以的。但在《求是》英文版相同文章的翻译中，如果我们将“打什么仗、怎样打仗”按照原文直接译作“What war will China fight and how will we fight it?”就会让外人觉得中国想打谁就打谁、想怎么打就怎么打，这与我国和平崛起的承诺是背道而驰

的，只会助长“中国威胁论”。为了避免或减少负面影响，《求是》译文做了迂回处理：“What war will China be called upon to fight and how should this war be fought?”译文通过增加词汇“be called upon”，说明要打的仗是必须打的，就像抗战一样，译文后半部分使用被动语态也显得更加客观。译文不像原文那样直截了当，表达更加迂回委婉，这样翻译对外传播的负面影响会少一些、传播效果会好一些。

《求是》英文版类似这样通过翻译对原文进行美化处理的例子还很多，中央编译局《求是》翻译处中外翻译工作者为减少理解障碍、淡化原文负面影响、加强读者对译文的接受度，做出了许多艰难但卓有成效的尝试。但是，译者这样做有时候感到很纠结，就是在中文没有贬义、没有负面的情况下，译者有没有权限去做译文的美化处理？而且，面对通篇话语“以我为主”生硬强势的宣传味，翻译能进行迂回处理的余地又有多少？正如外交部翻译室外语专家陈明明在其《如何在党政文件翻译中构建融通中外的新概念新范畴新表述》一文中指出的那样：“翻译能改变的非常少，能做的只是在忠实原文的基础上尽可能做一些技术上的表述，消除一些障碍。在余地不大的情况下，在忠实原文不漏不减的情况下，尽可能用准确的英文表述，加强外国人的接受度；但同时也要认识到，让外国人对我们党政文件的表述完全满意并接受是不可能的，也是不现实的。”

外宣是一个系统工程，外宣效果好坏首先取决于外宣文本的创建，取决于选篇是否适合外宣，内容口吻是否能为外国受众接受，编辑是否针对西方读者阅读习惯对文章进行了实质性的改写。中国故事用中文讲好了才可能翻译好，中国政治话语体系的创建融通中外了，它的翻译才有融通中外的前提条件，才能通过翻译环节为外国受众所了解所接受。

译之道，贵以专

——浅谈中央文献翻译与对外传播

■ 蒋明炜*

［摘　要］中央文献翻译是一种独特的存在。如何用简约的语言将中央文献中深厚的思想内涵、深刻的执政理念、深邃的治国智慧传达给世界，并尊重目标语国受众的思维和语言习惯，用流畅的外国语言讲述生动的中国故事，是中央文献翻译者面临的巨大挑战。本文立足于2014年完成的习近平主席几部重要论述的翻译实践透过粗略的梳理，探讨这一领域“是什么”“为什么”“怎么做”的问题，对翻译行为进行回溯分析，理性地认识此种翻译工作的内容、特质、方法和价值，并尝试对译作的传播进行延伸思考，探索如何透过语言介质展现一个真实自信、务实开放的中国形象，追求理想的译介效果，推动中国思想走向世界、影响世界。

［关键词］中央文献对外翻译；对外传播

一、引言

中央文献翻译，不同于文学翻译、新闻翻译、科技翻译等，在种类丰富的翻译领域

---

* 蒋明炜，女，中央编译局文献翻译室法文处处长，副译审，主要从事人代会、党代会文件和国家领导人选集、重要讲话等中央文献的中译外工作。

中可谓自成一派，有其独特的语体风格、表述方式、逻辑架构、思想内涵。

2014年，我们先后承担了《习近平关于实现中华民族伟大复兴的中国梦论述摘编》（以下简称《中国梦》）、《习近平关于全面深化改革论述摘编》（以下简称《深化改革》）、《中国共产党第十八届中央委员会第四次全体会议文件汇编》等中央文献翻译工作。两本论述摘编以主题突出、层次分明的方式浓缩呈现出中国实现民族复兴的美好愿景，以及全面推进改革的力度和决心，而四中全会的文件则是以法治国家为目标，以司法为切入点，以改革为主线，进行了纵向透彻的剖析。这类中央文献少了些政策性，增添了专业性和对于事物的论证，文字更具跨度和生命力，凸显出中国领导人的语言风格，也展现出中国式的思维方式和工作方法。当然，也对译者提出了全新的挑战。

中央文献的对外翻译是党和政府十分重视的外宣阵地，从其传播的主体、内容、途径、受众和效果来说，也都独具特色。做好中央文献的对外翻译和传播，对于塑造国家形象、传播思想理念、构建中国影响力具有不可估量的作用。本文将结合三个文献的翻译实践，管中窥豹，粗浅地谈一谈对于中央文献翻译的理解，以及对中央文献对外传播的想法。

二、为什么译?

从社会学的视角考察翻译活动，是不能脱离“制度化”的。翻译制度化与国家对翻译的政治诉求关联密切，中央文献翻译与国家的政治生活密不可分。我们在日常工作中接触到的中央文献主要有党和政府一些重要会议的报告和决定，党和国家领导人的著作、文集、文献资料以及在一些重要场合的讲话、演讲等。内容多涉及国家的大政方针，国家领导人的施政理念，以及各项工作的部署开展。在此意义上，我们所从事的翻译活动已经不局限于“个体”“机构”“市场”，而是关涉民族的、政权的、国家的、语言共同体的利益，可被纳入国家政治和文化体制当中，成为国家文化生产的一部分。

当前，世界各国普遍把加强对外传播作为增强国家文化软实力的重要手段，纷纷积极行动传递价值理念、塑造国家形象、扩大文化影响。做好中央文献的对外翻译，便是将国家领导集体的治国理念进行有效的译介，来积极回应国际社会的关切，有针对性地做好对外宣传和阐释工作。十八大以来，新一届国家领导集体就采取了一系列务实、硬朗、深刻的治国举措，不回避现实问题，不浮夸做样子，彰显出中国领导人的自信和工作决心。他们的讲话个性鲜明，从思想意识、理论方法，到实践措施，将中国的问题阐释得深入透彻、机理明晰。在外部环境的推动和自发意识的引领下，中央文献的对外翻译与传播更为密集，主题也更加凸显。

中央文献译员就是这样一个从事着与国家政治生活息息相关的重要工作又默默无闻的独特群体，“中央军”也好，“国家队”也罢，就是要借助翻译生产这项有形的物质工作载体，将党和国家无形的思想政念向世界广泛传播，形成影响力，获取认同感。

三、怎样译?

解决了翻译主体的问题，接下来，我将结合以下几点谈一谈如何根据翻译内容做好翻译工作。

（一） 可译性， 不可译性?

德国著名语言学家洪堡（Wilhelm von Humboldt，1767—1835）曾写道：“所有翻译都只不过是试图完成一项无法完成的任务”①。看到这样的表述，真有种他乡遇故知的感觉。自打从事中译外的那天起，我们不就是在百般的纠结与苦恼中与一项又一项不可能完成的任务固执地角逐吗?

通过十多年的工作实践，我感受到，所谓“可译”，是原语中的所有语义信息均可在目标语中找到对等表达，实现等值转换，或进行描述阐释；所谓“不可译”，是很难将属于原语文化的精神内涵和意识思维原原本本地移植到目标语中，以及透过文字的表象，将隐藏其间的逻辑线条准确无误地厘清并描画出来。中央文献的语言特点是政治色彩浓厚，语言看似平实，但措辞造句十分精准考究，字字有深意，句句有内涵。面对这样的文字，译者首先要做到的就是理解到位，这不仅包括准确把握每一个术语的含义、整句的结构，还需要在例如无主句、缺少连词、语义层叠等情况下挖掘出隐含在词、句、段之间的逻辑关系。

在此基础上，习主席的讲话又增添了几分个人立场、态度、方法和感情的表达。有贤人圣哲的至理名言，也有民间百姓的俏皮俗语；有严谨的分析、科学的论述，也有形象的比喻、深入浅出的道理；可以高屋建瓴，也可以很接地气。这样的文字富有表现力，不刻板而独具魅力，展现出中国领导人的思想观点、能力水平、领导艺术和技巧。那些高度凝练、极富感召力的文字读来痛快，在翻译中则变为一个个难啃的“硬骨头”。我想从以下几个方面举例说明我们在翻译中遵循的思路和原则：

---

① 转引自谢天振：《译介学导论》，33页，北京，北京大学出版社，2007。

1. 比喻

形象化的语言往往能够带给读者极强的画面感，一个简单的、生活化的比喻便能够准确传递出作者的意图，让读者毫无障碍地理解并接受。对于这类文字，我们会力争在译文中保持原汁原味，以期让读者心领神会。举例如下：

原文：不能这边搭台、那边拆台，而应该相互补台、好戏连台。（《中国梦》，中文版 70 页）

译文：Construireunescène pendant qu'unautre la démolit，cela ne mène à rien：cequ'ilfaut，c'ests'entraider et monter ensemble de bonnespièces.（法文版 88 页）

说明：译文中保留了“舞台”“剧作”等形象，但不刻板于此，将“相互补台”处理为“互相帮助”。

原文：网络安全和信息化是一体之两翼、驱动之双轮。（《深化改革》，中文版 101 页）

译文：La sécurité de la Toile etl'informatisationsontcomme les deuxailes d'un oiseau et les deuxrouesmotricesd'unevoiture.（法文版 162 页）

说明：译文处理为“就像鸟儿的双翼和汽车的一对驱动轮”。

此外，把应对难以解决的问题和困难重重的境地比喻为“敢于啃硬骨头，敢于涉险滩”（ronger les osdurset défier les bas-fondsdangereux）；把稳扎稳打的工作作风比喻为“钉钉子”（enfoncer un clou）；把没有理想信念比喻为“精神‘缺钙’”（l'équivalentsur le plan moral d' un manque de calcium sur le plan physique）；把触碰一些人的利益比喻为触动“奶酪”（toucher au fromage de certainespersonnes）；把应付改革的风浪比喻为“识得水性”（être de bonsnageurs）；把加强对权力运行的制约和监督比喻为“把权力关进制度的笼子”（enfermer le pouvoirdans la cage institutionnelle），等等。在这些语句中，我们也都保留了形象化的比喻。

2. 套用专业术语

习主席在讲话中借用的术语涉及体育、医学、物理、化学、数学等多个领域，生动的概念化文字能够有效地替代描述性文字，高效、精准地传达作者的想法，让读者一目了然。我们在译文中，也倾向于直接引入外文术语，保持高度浓缩和形象逼真的效果。举例如下：

原文：加大政府职能转变力度……从“越位点”退出，把“缺位点”补上。（《深化改革》，中文版 55 页）

译文：La redéfinition des fonctions de l'État doit être intensifiée. [···] En termes de football, le gouvernement doit abandonner les positions de hors-jeu et combler les trous de sa défense.（法文版 87 页）

说明：译文中直接采用了足球领域“越位点”和“缺位点”的术语，但前面添加了“按照足球术语的说法”作为铺垫。

原文：改革也要辨证施治，既要养血润燥、化瘀行血，又要固本培元、壮筋续骨，使各项改革发挥最大效能。(《深化改革》，中文版 32 页）

译文：Il faut également mener les réformes d'une manière dialectique, d'une part en nourrissant le sang, en remédiant *à* la stase sanguine et en activant la circulation du sang, et d'autre part, en renfor ant l'énergie essentielle et en fortifiant les os et les muscles, afin de faire pleinement valoir le röle de toutes les réformes.（法文版 52 页）

说明：此句中大量使用了中医术语，来形容如何通过改革使社会肌体有如人体血脉通畅、筋骨强壮一般，健康稳固、良性循环，迸发活力。译文中采用了直译，让外国读者通过联想，轻而易举地把握作者所描述的状态。

类似的情况还有“把准改革脉搏……开好改革药方”（discerner les pouls de la réforme..., prescrire le bon remède pour ses maux)、“化学反应”（réactions chimiques)、“共振效果”（résonances)、“耦合性”（couplage)、“一加一大于二的效果”（résultat du type 1＋1＞2)，等等，译文中也都直接引入了法文术语或符号，并视情况添加引号。

3. 成语

成语简明扼要，表意生动，背后往往浓缩了故事和道理。翻译时多根据情况灵活处理。举例如下：

原文：不要盲人摸象，以偏概全。(《深化改革》，中文版 144、150 页）

译文：(1) ...en évitant de prendre la partie pour le tout et de se focalisersur un seul point.（法文版 237 页）

(2) ...en évitant de prendre la partie pour le tout, de laisser les arbresocculter la forêt.（法文版 246 页）

说明：两处分别译作：(1) 不要以部分代替整体，以点盖面；(2) 不要以部分代替整体，以树木掩盖森林。均采用意译。

原文：这方面，我们也要讲究瓜熟蒂落、水到渠成。(《深化改革》，中文版 73 页）

译文：Dans ce domaine, nous devons laisser les choses se faire naturellement, comme disent les proverbes le fruit mûr tombe de lui-même et le canal se forme de lui-même *à* l'arrivée de l'eau.（法文版 115 页）

说明：译文处理为：成熟的果实会自然掉落，水到之处渠自成型。此处两个成语均采用直译。

4. 俗语

俗语的语言生动活泼，简明易懂，适当准确地使用，能够为文章增加亮点和亲和力。翻译中，也应该尽量保留本色。例如：

原文：需要“明知山有虎，偏向虎山行”的勇气。（《深化改革》，中文版 13、40 页）

译文：（1）…，il nous fautagir avec le courage d'un homme prêt à s'enfoncerdansdes montagnesinfestées de tigres.（法文版 19 页）

（2）Nous devonsavoir le courage proverbial de l'hommeque le danger des tigres ne peut dissuader d'allerdans les montagnes.（法文版 63 页）

说明：两处分别译为：（1）要有如深入老虎出没的山林之人那般的勇气；（2）要像谚语中所说的，即使林中老虎出没，也不能阻挡勇敢者前进的脚步。此两处基本为直译。

原文：这种挂羊头卖狗肉的事不能干。（《深化改革》，中文版 64 页）

译文：Ce genre de tour de passe-passe est *à* proscrire.（法文版 100 页）

说明：译文中将“挂羊头卖狗肉的事”处理为：耍花招，名不副实的事情。此处采用意译。

5. 辩证句

中文善用辩证的思维，逻辑严密，读来流畅，而转换成法文时，却很难做到简单明晰。因为中、西方的思维模式并不相同：中国人凡事喜欢说得圆满，照顾周全；而西方人则更显直接，力求表述准确，滴水不漏。鉴于两种思维模式的区别，处理这类“正反说”的辩证句并不容易。举例如下：

原文：解放思想的过程就是统一思想的过程，解放思想的目的是为了更好统一思想。（《深化改革》，中文版 38 页）

译文：L' émancipation de la pensée est un processus d' unification de la pensée；on émancipe sa pensée pour mieux unifier la pensée.（法文版 60 页）

原文：“稳”也好，“改”也好，是辩证统一、互为条件的。一静一动，静要有

定力，动要有秩序，关键是把握好这两者之间的度。（《深化改革》，中文版 49 页）

译文：La stabilité et la réforme forment une unité dialectique et se conditionnent mutuellement. Il faut, d'un côté, avoir de la fermeté pour maintenir la stabilité, et de l'autre, mettre méthodiquement en oeuvre la réforme. L'essentiel est de doser habilement les efforts déployés dans ces deux domaines.（法文版 60 页）

在处理辩证句时，我们往往会借助连词、标点符号（如冒号、分号）、代词等多种手段，力争恰当地体现出各要素之间的关联，同时尽量避免重复。

以上所列，仅为翻译之浩瀚汪洋中几朵小小的浪花。追求准确、传神的译文虽为不易，但我以为，一切皆可译，也必须译。我们没有挑选抛弃、回避难点、绕开问题的权利，即便有文化背景、思想认识和意识形态的差异，也要努力寻找共通性，想尽办法以极简之文字表达深邃之内涵。我想，只要舍得付出时间和辛苦，就终会拨开迷雾，找到能够贴合的一种译文。这，是译者的责任。

（二）技术，抑或艺术

翻译是个技术活儿。既是技术，就是理性的、严谨的、科学的。首先，译者需要具备良好的专业素养，小到词汇的选择、词句的搭配、冠词的使用，大到句段关系的把握，都要恰当地运用平时积累起来的知识、经验、技巧和手段。其次，有严格统一的质量标准，不是拿本字典就可以做到的，也不是可以根据个人风格自由发挥的。在翻译过程中，我们往往要搜集大量资料以扫清概念术语上的障碍，咨询专家学者以避免理解上的偏差，和外国专家反复讨论以确保表述符合译入语的习惯，逐级审核以把控全文的文本风格、语句流畅和中文到外文的等值转换。最后，有严密的工作流程和质量监控体系。各程序之间环环相扣，各人员之间既分工明确，又紧密配合。从中文理解的准确，外文选词搭配的合理，通篇语体风格的统一，到文字排版、规格体例的规范等，都容不得丝毫马虎。

翻译也是门艺术。美的，首先是真实的、自然的、舒服的。每一个翻译成果都是独一无二的，不能靠简单的复制和拼接，而是要用心去雕琢。17、18 世纪英国著名翻译理论家约翰·德莱顿（John Dryden，1631—1700）曾写道："翻译是艺术，要求在保留原作的特点和不失真的前提下，尽一切可能使译作迷人，做到美的相似。"① 所以，翻译也要遵循一定的美学原理。在日常工作中，我们常常在以"吹毛求疵"的眼光道道把关，用精益求精的态度层层打磨，以手工匠极致的耐性精雕细琢，在这个意义上，我们的"作品"至少也是

① 转引自谢天振：《译介为导论》，30 页，北京，北京大学出版社，2007。

奔着艺术品的方向努力着了！如果读者能够拥有舒适的阅读感受，获取有价值的信息，便是对我们工作的褒奖了！

翻译工作的前提是技术处理，而后期则是艺术加工。查询资料，细抠字眼就好比技术准备，首先要有技术驾驭能力，有扎实的基本功；精心打磨，遣词造句则是艺术的升华，即成品的成色，取决于工匠的技艺、投入、心思和艺术鉴赏力。做个不恰当的比喻，翻译好比刺绣：懂技术，于刺绣而言就是能够针脚细密，恰到好处，于翻译而言即理解到位，等值转换；懂艺术，于刺绣是具有巧妙的构思、整体的把握，于翻译则是架构合理，风格恰当，读来春风拂面。

（三）等量，抑或等值？

古罗马著名的翻译家西塞罗（Marcus Tullirs Cicero，前106—前43）曾提出："不应当像数钱币一样把原文词语一个个'数'给读者，而是应当把原文的'重量''称'给读者。"[①] 换言之，在翻译中没有必要字当句对，而是应保留原作的"思想和形式"，保留语言总的风格和力量。从原语中拆分出的词汇模块在经过两种文化间的"屏风"时，会在目标语中幻化为诸多形状并不规则、图案也未必完整的拼图色块。词、句、段落之间，不能机械地进行整齐的叠加，而要找到那些能够将它们拼接得天衣无缝的"中间色块"，填补两种语言文字差异性的留白。

法国文学社会学家罗贝尔·埃斯卡皮（Robert Escarpit，1918—2000）在《文学社会学》中指出：翻译总是"一种创造性的叛逆"[②]。套用到中央文献翻译，也有某种共通性。原语表述的内容不增不减，是为忠实；敢于将原语的信息推翻了重建，是为"叛逆"。所谓"叛逆"，就是要首先突破原语的束缚，打散句子的结构框架、跳出思维模式的约束，而获取其中的有效信息、思想内核，再放入译入国文化语境当中，重组再现。翻译的过程好比一个人的成长，叛逆期绝非终点，或永久延续，而只是其中绕不开的一个过程。度过叛逆，终归是要以更加成熟的心态审视原文的，即在那根无形绳索的牵引下，带着重塑的自我回到原语。

此外，原作者、译者、读者在理解上可能产生的偏差，也是翻译"创造性叛逆"的一部分。正如英国学者乔治·斯坦纳（George Steiner，1929—）提出的"理解也是翻译"[③]，要做到透彻的理解，是永无止境的，译者唯有付出努力，以期无限接近著者的思

---

① 参见西塞罗：《论最优秀的演说家》。转引自谭载喜：《西方翻译简史》（增订本），19页，北京，商务印书馆，2004。

② 参见埃斯卡皮：《文学社会学》，第7章，合肥，安徽文艺出版社，1987。

③ 参见Steiner，*After Babel — Aspects of Language and Translation*。转引自谢天振：《译介学导论》，39页，北京，北京大学出版社，2007。

想。相比而言，中央文献翻译要求的忠实度还要更高。

倘若文学翻译容许一定的发挥和再创作，甚至有些优秀的译作经过译者的加工达到了超越原作的境界，那么，在中央文献翻译工作中，忠实则是译者必须坚守的底线。原作者的意思是不可侵犯的，有时可以补充完整，但任何时候都不可更改。“叛逆”，是不囿于中文词汇、语句、结构等表面的制约，跳出有形的词句，去捕捉隐含的思想内意。或许，译文中找不到原文的一一对应，但意思已经分毫不差，一目了然了。

（四）理论之于实践

翻译的理论研究不一而足，有关于“直译”与“意译”的讨论、“异化”与“归化”的区分、可译与不可译的争论、“语境对等”或“功能对等”的主张、“叛逆性翻译”的观点等，从多个角度对于翻译的风格、原则、标准进行着探索。面对林林总总的翻译理论，我常常感到迷失，它们看上去“很美”，却仿佛总是看得见却抓不着。古往今来，针对翻译理论是否有用的争论未曾停息，仅靠较高的纯理论水平似乎并不能拿出优秀高明的译作。

然而，翻译活动若仅限于实践，则少了一些内核的挖掘。我以为，在实践的基础之上进行翻译研究，是对翻译活动的思省、整理、提炼，能够形成一根隐形的细绳，将如散乱珍珠般的实践经验串联成一个有机的整体，从而指导实践，并帮助我们重新认识实践（理论具有认识功能）。那些规律性、指导性的总结并不是用来照搬的，而是在思考的过程中将翻译活动体系化，研究和探讨翻译技巧，总结实践的体会和经验，并努力提升到理论层面，让译者能够驾着实践的船，撑起理论的帆，启程远航！

简言之，做好中央文献翻译，靠的是译者们过硬的基本功、高度的责任心、科学的工作流程、严格的质量把关、反复的推敲打磨、团队的向心合力等，缺一不可。

四、对外传播

翻译是跨文化的传播行为。传播力决定影响力，话语权决定主动权，在纷繁复杂的世界舞台上，扮演好中国的角色，唱出中国的音符，刻不容缓。做好对外传播，是一项内外兼修的工程，既要拥有自信，勇敢地发声，主动地宣介，又要积极拓宽对外宣传的规模、渠道、技术和影响。让世界感受中国的脉搏，让中国影响世界的发展。

（一）内在自信，话语有力

拥有了由内而外的自信心，才能不迎合、不做作、不生搬硬套；才能发好中国的声音，不变调，讲好中国的故事，不走样；才能勇敢地面对质疑和偏见，坚持宣传中国的政治主张、治国理念、责任意识，努力构建独立于西方世界的具有中国特色的社会主义话语体系。例如：在翻译“社会主义法治国家”（État de droitsocialiste），“国家治理体系和治理能力现代化”（la modernisation du fonctionnement de l’État et de sacapacité de gouverner）等概念时，我们就尽量与国际接轨，同时保持中国特色。

（二）拓宽传播途径

曾经，我们默默无闻，坐着冷板凳，等着“行家”不辞辛苦到“巷子深处”来寻觅“美酒”；如今，我们跟上时代的步伐，把集体精心打磨的作品主动向外推介；未来，我们还要继续冲破束缚，敞开心扉，大胆拓展国际交流平台，主动同文化传播的领域和机构建立联系，在文化大外宣的背景之下，努力做好中外思想沟通的“中间人”、文化交往的“摆渡者”。

（三）关注译介效果

译介学认为，通过翻译促使中国思想“走出去”不是简单的文字转换，翻译文本的产生只是传播的开始，在它之前有译什么的问题，在它之后还有交流、影响、接受、传播的问题。翻译文本能够进入异域阅读层面，赢得行家的承认和读者的反响才能产生译介效果，而译介效果是衡量翻译行为成败的重要标准。通过对译介效果的反馈和研究，能够帮助我们及时校准、改进工作。

（四）不断审视翻译活动

译入语的语言、文学、文化环境影响着翻译活动。翻译不是停留在表层的语言转换，而是要置身于一个宏大的文化语境中去。我们应当跳出狭隘的单纯的语言转换层面，站在文化交往、政治互通的高度审视并对待翻译活动，从译作传播的效果回望翻译活动，形成实践——理论——实践的循环格局，以期提升中央文献翻译的水准。

（五）重视译者的话语权

中央文献著作翻译完成后，译者往往就隐身而退了。在翻译作品上，译者有时会以集体的形式出现，有时，则只字不提。可是，译者的劳动何尝不是译作的一部分呢，译者的能力、水平、自信心、影响力，也直接关联着译作的传播。因此，作为译者，对于自身，我们需要修炼精湛的技艺、翻译的自信；对于外界，我们需要获取充分的尊重、理解和重视。

五、结语

做好中央文献翻译，需要有对于翻译事业的专一，扎实的基本功和过硬的专业素养，心无旁骛、潜心琢磨的专注，以及不放过任何问题、细致入微的专心。

翻译“好比戴着脚镣在绳索上跳舞”无比形象地描述出译者的孤独，以及译者如何忍耐痛苦，呈现美妙，将沉重与美好结合。中央文献翻译则好比踩着钢丝的跳舞，对于精准度的要求更高，对于艺术发挥的容忍度更小。无论面对怎样的翻译任务，中央文献翻译的标准唯有准确、通顺、简洁。

“翻译是精神产品”① 中央文献翻译与国家政治和文化生活息息相关。“优秀的翻译”能给读者以原作读者同样的感受。优秀的译作，能够有效地促进信息互通、思想交流，能对原语和目标语的语言及文化发展做出贡献。

作为中央文献译员，我们应该做的，就是一边反思，一边创新，不仅成为一名优秀的翻译实践者，还要努力成长为一名见高识远的翻译学者。

---

① 季羡林：《季羡林谈翻译》，17 页，北京，当代中国出版社，2009。

浅谈日文文献翻译的标准

——以《习近平关于全面深化改革论述摘编》为例

■ 赵蓬蓬*

[摘　要] 党的十八大以来，习近平总书记在改革发展稳定、内政外交国防、治党治国治军等诸多领域，表现出高超非凡的领导才干和领导艺术，凸显了其个性鲜明的领导风格及特点，并在不同场合发表了大大小小百余次重要讲话，形成了其独特的富有个性的语言风格，充满了语言魅力。他善于用讲故事、用群众语言深入浅出、解惑释疑，善于用谈心式的语气娓娓道来，善于用高度概括的话语提纲挈领。这种语言风格和特点，极具吸引力、感染力、感召力，如何能将这种语言风格翻得传神，这对我们的翻译工作提出了高难挑战。而如何把握好翻译的标准，对于讲好中国故事、传播好中国声音具有指导意义。我有幸作为译者参与了《习近平关于全面深化改革论述摘编》一书的翻译，就此书做一些理论分析。

[关键词] 善译；信；达；雅；语体语域；忠实性

一、引言

关于翻译的标准之争，一直以来见仁见智。日本学者米原万里曾著有俄罗斯语翻译

---

* 赵蓬蓬，男，中央编译局文献部日文处二级翻译，毕业于首都师范大学日语系。先后参加过2005—2015年历届全国人民代表大会文件、纪念辛亥革命100周年大会文件、《江泽民文选》、《中国共产党历史》、《习近平关于实现中华民族伟大复兴的中国梦论述摘编》、《习近平关于全面深化改革论述摘编》、十八届四中全会会议文件等重要文献的翻译工作。

随笔集《虚伪的美女还是贞淑的丑女》一书，书名对于翻译的标准的比喻很有意思。可以说追求原文的忠实性和追求译文的可读性，有时会成为鱼和熊掌不可兼得的选择，此外，口译和笔译、诗歌和文学、文献和科技等各种翻译题材，我想要求也不尽一致。

但针对文献翻译，清末维新人士马建忠（1845—1900）早在光绪二十年（1894 年），就在其《拟设翻译书院议》中提出了“善译”比较贴切的标准。马建忠指出要做到“善译”，必须能够具有自如驾驭“所译者与所以译者两国之文字”的能力，并且“一书到手，经营反复，确知其意旨之所在，而又摹写其神情，仿佛其语气”，才能做到“善译”。如果能够对原文理解到心悟神解的程度，翻译起来就自然能够振笔而书，译文就自然能够成为“善译”了，效果达到“无毫发出入于其间，夫而后能使阅者所得之益，与观原文无异”。马建忠的“善译”，一言以蔽之，即是“信”。从内容意旨到风格效果无所不信，较诸严复的“信、达、雅”则更具高度抽象的概括力，使“直译”“意译”和“信、达、雅”得到了统一。如果说“直译”是为了“信”而“意译”是为了“达”的话，那么，既然译者已经“确知其意旨之所在，而又摹写其神情，仿佛其语气”，并达到了“心悟神解”的程度，“信”自然就不会成为问题；既然译者已经“考彼此文孳生之源，同异之故，所有相当之实义，委曲推究”，又“审其音声之高下，析起其字句之繁简，尽其文体之变态，及其义理精深奥折之所由然”，则“达”自然也不会成为问题。同时，以译者能够“摹写其神情，仿佛其语气”为前提，原文“雅”，“译成之文”则定然不会“俗”，反之，原文“俗”，“译成之文”也定然不会“雅”。

马建忠的“善译”无疑就是翻译的最高境界，无论是尤金·奈达提出的“等效”，还是傅雷主张的“神似”，抑或是钱锺书倡导的“化境”，以及茅盾提到的“意境”，均未跳出“善译”的圈子。钱锺书说过，“文学翻译的最高理想可以说是‘化’。把作品从一国文字转变成另一国文字，既不能因语文习惯的差异而露出生硬牵强的痕迹，又能完全保存原作的风味，那就算得入于‘化境’”。

然而，在实际翻译活动中如果采用“善译”作为标准去衡量译文，可以断言，没有任何译文能够达标。因为正如钱锺书曾经指出的，“彻底和全部的‘化’是不可实现的理想”。虽然高标准是为了严要求，但是既然“法乎其上”最终也只是“仅得其中”，那么与其取法“不可实现的理想”，毋宁提出切实具体的要求作为翻译的基本原则。

二、文献翻译的基本原则

（一）信守原文的内容意旨

本来，与各种外文相比较而言，中文具有概括性、综合性、模糊性（多义性、含蓄性、暗示性）等特点。著名文学翻译家傅雷先生在《论文学翻译》中说："东方人与西方人之思想方式有基本分歧，吾人重综合，重暗示，重含蓄；西方人则重分析，重归纳，细微曲折，挖掘唯恐不尽，描写唯恐不周……愚对译事看法实极简单：重神似不重形似；译文为纯粹之中文，无生硬拗口之病，又须朗朗上口，求音节和谐。"这是一个文学翻译大家从长期实践中体会出来的对于翻译工作的基本要求。他说的是文学翻译，而且是外译中，但关于中外思维方式不同、中外语言特点差异，以及对译文的要求，都是翻译工作普遍涉及的核心问题。特别在中央文献翻译工作中，最基本的要求是吃透原文，不能望文生义，通过理论学习、查阅资料，力求做到理解正确无误。举例如下：

1. 原文：面对复杂形势和各种风险考验，我们要有冒的勇气、闯的劲头。

《在中共十八届三中全会第二次全体会议上的讲话》(2013年11月12日)

译文：複雑な情勢やさまざまなリスク・試練を前にして、われわれは困難に立ち向かう勇気、突き進む意気込みを持つべきである。

「中国共産党十八期三中総第二回全体会議における談話」(二〇一三年十一月十二日)

说明："冒"和"闯"非常口语化，我们可以理解为奋勇向前，冲破阻碍。在这个理解的基础上表达为"困難に立ち向かう勇気""突き進む意気込み"可以说是非常得体的。

2. 原文：改革也要辨证施治，既要养血润燥、化瘀行血，又要固本培元、壮筋续骨，使各项改革发挥最大效能。

《在广东考察工作时的讲话》(2012年12月7日至11日)

译文：改革も中医学のように「弁証論治（病人の体全体の状態を総合的に診断して治療方針を決める方法論）」が必要である。血液や水分を増やして血のめぐりをよくしたり、内臓を健康にして丈夫な筋骨の形成を促したりするやり方を見習って、各改革の効果を最大限に発揮させなければならない。

「広東省を視察した際の談話」(二〇一二年十二月七～十一日)

说明：养血润燥、化瘀行血、固本培元、壮筋续骨等都是中医术语，对于国人来说耳熟能详。以此来比喻改革，既体现了总书记的睿智，又利于老百姓理解。做翻译工作时，就不但要保持这种富于表现的风格，还要加以说明，以照顾到外国读者。

（二）遵从译语的语言习惯

日本也是一个历史悠久的邻邦，和中国一衣带水，自古就有剪不断的历史联系。日本作为受汉文化影响巨大的国家，在语言上有着很多汉字和中文词汇。但是由于文化不同，有的中文表达并不能找到贴切的现有译法，只能灵活处理。总的要求是要处理得当，不能文字搬家，不伦不类，让人读了感觉一头雾水。应站在政治文化交流的高度，注重强化对翻译对象国家的相关背景、政治生态环境、历史文化知识的学习，养成在特定的语境中有针对性地理解和处理文字的习惯，而不是局限于原文的语言表达形态，否则将会因文化差异而导致读者的理解偏差。

1. 原文：面对这样的严峻形势，邓小平同志一针见血地指出："如果现在再不实行改革，我们的现代化事业和社会主义事业就会被葬送。"振聋发聩啊！

《在广东考察工作时的讲话》(2012 年 12 月 7 日至 11 日)

译文：こうした厳しい事態を前にして、鄧小平同志はずばりとこう指摘した。「いまなお、改革を断行しないなら、われわれの現代化と社会主義の事業はご破算になるにちがいない」。まさにずしりと響く言葉ではないか。

「広東省を視察した際の談話」(二〇一二年十二月七～十一日)

说明："一针见血""葬送""振聋发聩"的翻译就不可能在日语中找到对应的词汇，因而采用了日文固有的用法，语义既贴切、用得又地道。这是翻译的较高境界。

2. 原文：要充分论证，加强理论研究和顶层设计，增强改革的系统性，明确改革的路线图，防止零敲碎打，防止来回折腾"翻烧饼"。

《在中央军事委员会常务会议上的讲话》(2013 年 6 月 28 日)

译文：十分に論証を行い、理論研究とトップダウン設計を強化し、改革の系統性を高め、改革のロードマップを明確にして、ばらばらに統一性なく進めたり、ころころ方針を変えたりするのを防止しなければならない。

中央軍事委員会常務会議における談話(二〇一三年六月二十八日)

说明："翻烧饼"如果直译的话，肯定是不知所云。所以干脆舍弃"翻烧饼"的比喻，用口语化的表达方式将其具体含义表述出来更容易理解，也符合原文作为讲话的风格。

(三) 切合原文的语体语域

切合原文的语体语域也就是在译文中达到第三个境界"雅"。这个境界是一般译者很难达到的，要求不仅要在忠实原文的基础上，做到遵从原文的用语习惯，更甚是要切合原文作者的语风。原文作者习惯用什么样的修饰方式、什么样的句式、什么样的表达方法等，在译文中都要遵从或者尽量遵从，这也就是译者在完成译文后必须校对译文，对于一篇文章中的相同专业词汇进行统一，还应对原文的语体语域进行统一。特别是在原文内容太多，一个译者不能独立完成的情况下，更是要做到这一点。我们文献部的翻译工作方式是集体翻译，每人负责一部分，尤其重视统一的工作。"雅"更深一层的意思就是要将一般性语言经过修饰，使译文变得华丽又不失原文的旨意。但是中央文献属于严肃严谨的公文类型体裁，在修辞上要把握沉稳大气庄重的文风，不宜过于卖弄华丽词藻，正所谓"过犹不及"，把握得恰到好处，才是真正的成熟。

1. 原文：我们的先人早就提出了"天行健，君子以自强不息"的思想，强调要"苟日新，日日新，又日新"。在激烈的国际竞争中前行，就如同逆水行舟，不进则退。改革是由问题倒逼而产生，又在不断解决问题中而深化。我们强调，改革开放只有进行时、没有完成时。中国已经进入改革的深水区，需要解决的都是难啃的硬骨头，这个时候需要"明知山有虎，偏向虎山行"的勇气，不断把改革推向前进。

《在布鲁日欧洲学院的演讲》（2014 年 4 月 1 日），载《人民日报》，2014－04－02

译文：われわれの先人はとうの昔から「天行健けんなり、君子もって自強して息やまず（天の運行は揺らぐことなくしっかりと続いていく。そのように、立派な人というのは自分から努め励んで怠らない）」という思想を唱え、「苟まことに日に新たにせば、日日に新たに、又また日に新たなり（もしひとたび新しくしたら、そのあとも日々新しくして、さらにまた新しくする）」ということの必要性を強調していた。激しい国際競争の中で前進するのは、まさに流れに逆らって舟を進めるのと同じであり、進まなければ押し戻されてしまう。改革は、問題があるから生まれるのであり、しかも問題を絶えず解決していく中で深まるのである。われわれは、改革開放には進行形あるのみで、これで終わりということはない、と強調している。中国はすでに改革の深水区に差し掛かっており、解決を要する問題は噛み砕くのが難しい硬い骨のような難題ばかりである。いま必要なのは、「山に虎がいるとはっきり分かっていても、あえてその虎山に向かっていく」勇気をもって、絶えず改革を前へと推し進めていくことである。

「ブルージュ・ヨーロッパ大学院大学における講演」（二〇一四年四月一日）二〇一四年四月二日付『人民日報』に掲載

说明：古文的翻译是一大难点。由于日本十分注重中国典籍的学习，一般来说可以从文献资料中找到译文。但也有踏破铁鞋无觅处的时候，我们一般依赖水平较高的日本专家予以翻译，再加以解释说明，尽量做到既切合原文的语体语域，又简洁明了，易于理解。

2. 原文：百里不同风，千里不同俗。一个国家选择什么样的治理体系，是由这个国家的历史传承、文化传统、经济社会发展水平决定的，是由这个国家的人民决定的。

如果不顾国情照抄照搬别人的制度模式，就会画虎不成反类犬，不仅不能解决任何实际问题，而且还会因水土不服造成严重后果。

《在省部级主要领导干部学习贯彻十八届三中全会精神全面深化改革专题研讨班上的讲话》(2014 年 2 月 17 日)

译文：所変われば品変わるという言葉のように、ある国がどのような統治体系を選ぶかは、その国の歴史の伝承、文化伝統、経済・社会の発展水準によって、その国の人々によって決められるものである。

もし自国の国情を顧みずに他の国の制度・モデルをそのまま引き写すなら、「虎を画きて狗に類す（真似ばかりしていると悪い結果を招く）」ということになってしまい、いかなる実際問題も解決することはできないだけでなく、自国の実情になじまないためにゆゆしき結果をまねく恐れもある。

「十八期三中総の精神学習・貫徹と改革の全面的深化をテーマとした省・部レベル主要指導幹部セミナーにおける談話」（二〇一四年二月十七日）

说明："百里不同风，千里不同俗"的译文为"所変われば品変わる"，难得找到意思贴切的日文表达，这是上善之策。但是如何能够做到呢？这对译者提出了较高要求。加强外文的表现力，可以说是对译者素质的整体考验。我想没有什么捷径，只能是活到老学到老，不断提高外文修养。

三、结论

习近平总书记的重要论述是中央文献翻译工作的重要内容。习近平总书记在全国宣传思想工作会议上指出，要精心做好对外宣传工作，创新对外宣传方式，着力打造融通中外的新概念新范畴新表述，讲好中国故事，传播好中国声音。对我们的翻译工作提出很高要求。

文献翻译工作者，要加强学习，深刻领会总书记的语言风格，不断提升业务修养，才能把总书记的语言原汁原味地表现出来。特别是如何把握好翻译标准更对翻译工作有着指导作用。

中央文献的翻译不同于文学翻译和科技翻译，应该首先注意正确传达原文含义，毫无疑问地把忠实性放在第一位，杜绝理解偏差，本着尽量不添不减的原则和极为严谨的态度，避免像文学翻译那样过度灵活发挥，保持实事求是，在平实大气的语言风格的基础上兼顾可读性，就是要能够融通中外，引导外国读者到我们的话语体系中来。我们传播的概念范畴表述既要符合中国国情，有鲜明的中国特色；又要与国外习惯的话语体系、表述方式相对接，易于为国际社会所理解和接受。只有这样才能讲好中国故事、传播好中国声音。

浅谈中央文献翻译中的直译与意译
——以《习近平关于全面深化改革论述摘编》俄译本为例

■ 肖德强*

［摘　要］中央文献文本中经常引用大量蕴含中国传统文化、富有中国特色以及体现领导人独特语言风格和特点的俗语、成语、谚语、典故等，由于语言结构、表达方式、文化、国情等方面的差异，将它们准确转换为目的语是一大挑战。如何翻译好中央文献，向世界准确传递中国声音？本文仅尝试从直译与意译的角度对《习近平关于全面深化改革论述摘编》翻译过程中遇到的一些典型译例做一小结，以期共同讨论。

［关键词］中央文献；直译；意译

长期以来，直译与意译一直是翻译理论界的一个热点话题，对二者如何定义，孰优孰劣，也是莫衷一是。也有观点认为，翻译本没有所谓的直译与意译之分，例如巴金先生在《一点感想》一文中说："我觉得翻译的方法只有一种，并没有直译和意译的分别，好的翻译应该都是'直译'，也都是'意译'"。本文目的不是讨论直译与意译到底哪一种方法更好，哪一种方法更有效，更能准确表达原文意思，而是结合中央文献文本语言的特点，通过具体的翻译实例，分析、比较两种翻译方法在实践过程中的运用，展现译者的思考、取舍过程，以此探索如何更好完成中央文献翻译这项任务，从而更好地讲好中国故事，传播好中国声音，充分发挥中央文献翻译在对外话语体系建设中的基础性

* 肖德强，男，副译审，中央编译局文献部俄文处副处长。

作用。

中央文献翻译的主要内容之一就是把党和国家领导人的著作翻译成外文，而每个领导人讲话风格都不尽相同，都有自己的特点。本文主要是以《习近平关于全面深化改革论述摘编》的俄译本为例，所以，我们首先来分析一下习总书记的讲话风格和语言特点。2013 年 12 月 9 日《学习时报》刊发的署名文秀的文章《习近平讲话的语言风格及特点》对习近平总书记的语言风格和特点进行了非常到位的概括和总结。文章认为，“习近平总书记的讲话：善于用讲故事、举事例、摆事实的方式同频共振、凝聚共识；善于用大白话、大实话和群众语言深入浅出、解惑释疑；善于用聊天式、谈心式的语气娓娓道来、触及心灵；善于用极其凝练、高度概括的话语提纲挈领、大开大合；善于用问题开刀，拿现象作靶开诚布公、振聋发聩；善于用古今中外的优秀文化元素广征博引、纵横捭阖；善于用诗一般的语言抒发大情怀、展现真性情；善于用可亲可敬、平易和蔼又从容淡定、沉稳大气的肢体语言和语态眉宇传神、灵动善融”。

我们不难看出，习近平总书记的讲话既善于阐释大道理，也善于把握小细节，这种语言风格和特点，充满吸引力、感染力、感召力。但是，如此具有独特个性的语言风格对译者来说却是个很大的挑战。如何才能既保持源语言特点，又能让外国读者看懂；既要保留源语言中所传达出的中国特色，又要符合目的语的表达习惯。这要求译者在准确理解和把握原文的基础上，灵活运用各种翻译方法，找到贴切的译文表述。下面我们就结合具体的翻译实例来分析一下直译和意译在翻译过程中的运用。

一、直译法

根据翻译过程中的实例，笔者总结了五种直译的情况。

（一）有些词在目的语中能够找到完全对等的表达方式，这种情况下毫无疑问应该用直译。这是最常见、也是最简单的一种翻译方法，比如说“中国”就是“Китай”，“中国共产党”就译为“Коммунистическая партия Китая”，　“社会主义”就译为“социализм”，等等。当然，这里像“共产党”“社会主义”等词本身就是舶来词，更容易对等翻译。此类例子在翻译文本中比比皆是，此处不再赘述。

（二）当原文表述中使用了比较明显的比喻句式，比如“……就像……”“……若……”，“形象地说……”等，这种情况下可以直接采用直译的方式，与原文结构一致，也能保持原文的修辞色彩。例如以下两个例句。

1. “治大国若烹小鲜。”

参考译文：《Управление великой державой подобно приготовлению ухи из мелкой рыбешки》.

2. 形象地说，这一带一路，就是要再为我们这只大鹏插上两只翅膀，建设好了，大鹏就可以飞得更高更远。

参考译文：Реализация двух этих проектов，образно говоря，даст нашей странеэтой великой птице Пэн-двакрыла，с помощью которых она взлетит еще выше и улетит еще дальше.

这两个例句在翻译时完全保留了原文的结构，让目的语受众同样能够感受到讲话人语言的生动性和感染力。

（三）汉语中经常会借助一些俗语、成语、谚语或者诗词名句等达到表达既言简意赅又形象生动的效果。这类词句的翻译虽然不能直接在目的语中找到完全对应的表达方式，但是采取直译的方法既能保证原文的生动形象，也不影响受众理解。所以我们常常采取完全直译的方式。例如：

1. 把权力关进制度的笼子里，首先要建好笼子。

参考译文：Но для того，чтобы можно было засадить власть в《институциональнуюклетку》，прежде всего нужна сама эта клетка.

2. 改革面临的矛盾越多、难度越大，越要坚定与时俱进、攻坚克难的信心，越要有进取意识、进取精神、进取毅力，越要有“明知山有虎，偏向虎山行”的勇气。

参考译文：Чем больше противоречий и трудностей встает перед реформами，тем с более крепкой уверенностью надо шагать в ногу со временем и преодолевать все и всякие труд ности，тем с большей сознательностью надо рваться вперед，проявлять предприимчивость и твердую волю，тем важнее обладать той смелостью，когда《хорошо знают，что в горах водятся тигры，но все равно идут туда》.

3. 也不要以土地改革、城乡一体化之名，行增加城镇建设用地之实，这种挂羊头卖狗肉的事不能干。

参考译文：В то же время нельзя под предлогом земельной реформы и интеграции города и деревни увеличивать земельные участки под городское строительство，то есть продавать，как говорится，собачье мясо，вывешивая баранью голову.

4. 要从纷繁复杂的事物表象中把准改革脉搏，在众说纷纭中开好改革药方，没有很强的战略定力是不行的。

参考译文：Без весьма твердой стратегической решимости нам не удалось бы точно нащупать пульс реформ по сложным признакам вещей и явлений，найти рецепт реформирования среди разнообразных мнений.

5. 磨刀不误砍柴工。这些工作要做，不要怕耽误工夫，事缓则圆。

参考译文：Заточка топора，как говорится，не задерживает рубку дров. На эту работу не надо жалеть время. Разумная неторопливость поможет успешно справиться с делом.

上述几个句子中的“制度的笼子”“明知山有虎，偏向虎山行”“挂羊头卖狗肉”“改革脉搏”“改革药方”“磨刀不误砍柴工”等采取直译的方式既容易为目的语受众所理解，而且在上下文中也能较好发挥这些俗语、谚语或成语本身比较形象生动的作用。

（四）具体语境下的直译

有些词语如果离开上下文语境直译，可能很难理解，但如果上下文已经对其进行了解释，就可以直译，或者我们在翻译时，适当加以补充就可以将其内在含义表达明确，也就是翻译理论中常说的补偿翻译法。如以下例句所示：

1. 同时，要学会弹钢琴，把握好各项改革任务的关联性和耦合性，避免畸轻畸重、顾此失彼，避免各行其是、相互掣肘。

参考译文：В то же время умение соотносить и связывать друг с другом задачи реформ-чему необходимо научиться-сравнимо с умением《играть на фортепьяно》. Однако не следует впадать в крайности，а тем более заботиться об одном в ущерб другому. Недопустимо，чтобы каждый поступал по-своему усмотрению，но и нельзя огульно чинить препятствия друг другу.

2. 中国改革经过三十多年，已经进入深水区，可以说，容易的、皆大欢喜的改革已经完成了，好吃的肉都吃掉了，剩下的都是难啃的硬骨头。

参考译文：Сейчас，через 30 с лишним лет после своего начала，китайские реформы вступили в зону глубоководья. Можно сказать，все легко осуществимое и всех радующее уже завершено，мясо без костей，как говорится，уже съедено，остались одни кости，которые трудно обгладывать.

3. 我们的政策举措出台之前必须经过反复论证和科学评估，力求切合实际、行之有效、行之久远，不能随便“翻烧饼”。

参考译文：Перед спуском установок и принятием мер необходимо их снова и снова обосновывать и научно оценивать，стремясь к тому，чтобы все они смыкались с реальностью，были эффективными и долговременными. Их нельзя все время переворачивать，как лепешки на сковороде.

上面三个例子中出现的翻译难点“弹钢琴”“好吃的肉都吃掉了，剩下的都是难啃的硬骨头”和“翻烧饼”如果脱离上下文语境，那么选择直译恐怕就很难理解，但是置于上面几个句子中，其前后文本身就是对它们的解释，所以直译之后不仅没有造成理解困难，反而使整个译句显得更加形象生动。

4. 在这场世界新军事革命的大潮中，谁思想保守、固步自封，谁就会错失宝贵机遇，陷于战略被动。我们必须到中流击水。

参考译文：В бушующих волнах новой мировой военной революции все，кто страдают идейной косностью и довольствуются достигнутым，могут упустить драгоценный шанс и в стратегическом смысле оказаться в зависимом положении. Мы обязаны смелее《плыть в самой середине стремительного течения，преодолевая встречный ветер и волны》.

“到中流击水”是毛泽东《沁园春·长沙》中的一句，原文是“曾记否，到中流击水，浪遏飞舟!”诗词大意是“还记得吗？那时我们在江水深急的地方游泳，那激起的浪花几乎挡住了疾驰而来的船只”。习总书记此处引用这句话是要表明改革国防和军队的勇气和决心。为了便于目的语受众理解，我们在直译的时候采用了补偿法，补充了一句“преодолевая встречный ветер и волны”，既让句子内容更完整，便于读者理解原文，也充分表达出了诗句所蕴含的深刻意义。

（五）一些带有鲜明中国特色的，能够明确表达中央领导集体治国理政理念和思路的词句，或者是党和国家重大政治举措、领导人重要论断中的点睛之笔，笔者认为应该直译。例如：

1. 我国改革已进入攻坚期和深水区，需要解决的问题十分繁重。

参考译文：Наши реформы уже вступили в период штурма высот и в зону глубоководья，проблемы，ждущие своего разрешения，чрезвычайно сложны.

2. 打铁还需自身硬。

参考译文：Чтобы ковать железо，самому надо быть крепким.

3. 对看得还不那么准、又必须取得突破的改革，可以先进行试点，摸着石头过河。

参考译文：Что же касается тех реформ，насчет необходимости которых пока еще нет полной уверенности，но в которых нужно совершить прорыв，то здесь допустимо сначала развертывать пилотные проекты，то есть，как говорится，переходить речку на ощупь по камням.

以上句子中这些形象的词语、俗语，我们都采取了直译的方式。这是因为，笔者认为，中央文献翻译之所以不同于一般题材文本的翻译，除了其语言特点之外，还在于中央文献翻译肩负着一项特殊的使命，那就是要把中国共产党理论创新的历程与成果、中国经济社会全面发展的成效与经验，准确而清晰地展现在世界面前。所以，我们既要用目的语受众听得懂的语言，传播中国声音，讲好中国故事，也要引导目的语受众，善于发展、创造出能准确无误表达中国共产党执政理念，展现中国特色的术语，让对方接受，从而树立中央文献翻译的权威性。

二、意译

鉴于中外文字表达方式的差异，语言的形式与内容、句子的表层结构与深层意义有时不统一；另一方面，中外文化历史背景不同，造成了不同的思维方式和不同的语言表达形式。所以很多情况下，直译无法让国外读者理解，甚至会造成误解，从而影响外宣效果。因此，在中央文献翻译过程中，我们经常要选择意译的方式。这里所说的意译，就是在忠实原文内容的前提下，摆脱原文结构的束缚，使译文符合目的语的规范，便于外国读者理解和接受。本文简单总结出以下几种情况。

（一）当直译表达不准确或者不贴切时

1. 解放思想是前提，是解放和发展社会生产力、解放和增强社会活力的总开关。

参考译文：Раскрепощение сознания-это предпосылка，основной ключ к раскрепощению и развитию общественных производительных сил，раскрепощения и наращивания жизненных сил общества.

2. 如果没有自己的精神独立性，那政治、思想、文化、制度等方面的独立性就会被釜底抽薪。

参考译文：Ведь если утрачена духовная независимость，то и другие аспекты，такие как политика，идеология，культура，институты，могут полностью лишиться своей независимости.

3. 只要全军统一意志，敢于啃硬骨头，敢于涉险滩，就没有过不去的火焰山。

参考译文：Стоиттолькоармииобъединитьволю，смело《разгрызатькрепкиеорешки》иотважно《переправлятьсячерезопасныемели》，токакбытяжелоэтонибыло，трудност-иперестанутказатьсянеодолимыми.

4. 一是要抓重点，抓住人民最关心最直接最现实的利益问题，抓住最需要关心的人群，多做雪中送炭的事情。

参考译文：Во-первых，необходимо взяться за основное，то есть за наиболее актуальные проблемы реализации интересов，более всего заботящие народ и напрямую его затрагивающие，за решение проблем более всего нуждающихся в заботе людей，полнееоказывать им помощь в самую трудную минуту.

上面例句中的“总开关”“硬骨头”“火焰山”“釜底抽薪”“雪中送炭”如果直译为“главный рубильник”“крепкиекости”“огненная гора”“вытаскивать дрова из-подкотла”“во время снегопада послать уголь”，从词义上来说非常符合中文意思，但是放在句子中

就显得不够贴切，不太符合目的语的表达方式。而选择意译的方式则显然会使行文更流畅，表达更准确。

（二）当直译偏离原文逻辑或意思，或者不符合外文逻辑时

“偏离”原文逻辑有时候是中文表述的问题。中文有时候为了力求简洁喜欢用四字成语或者叠词，从而达到上下文对仗工整、朗朗上口的目的，但这种情况容易导致句子表达不够严谨，或者意思不明确。例如下面这两个句子。

1. 同时，我国人多地少、能源资源紧缺、生态环境恶化，这些因素决定了我们需要更多利用国际资源。

参考译文：Вместе с тем население в Китае огромно，а пахотных земель не хватает，энергетических ресурсов недостает，экология ухудшается. Уже сами по себе эти факторы предопределяют необходимость более активного использования международных ресурсов.

“我国人多地少”是在政治文献中经常见到的一句话，也是我们平常说到我国国情时经常说的，很多人会直译为“население в Китае огромно，а земель мало”，很明显背离了原文意思。大家都知道中国国土面积有 960 多万平方公里，位居世界第三，不能说мало。当然这里说的是耕地面积，但即使耕地面积的绝对数量也不少，只是人均少。所以处理成“пахотных земель не хватает”就能避免引起误解。

2. 着力解决影响司法公正、制约司法能力的深层次问题，破解体制性、机制性、保障性障碍。

参考译文：Специально разрешать те глубинные проблемы，которые отрицательно сказываются на справедливости и дееспособности правосудия，а также снимать как институционально-структурные препятствия，так и препятствия，порождаемые отсутствием соответствующих гарантий.

中文中有很多类似“体制性……、机制性……”等等的表述，在翻译时不能简单地采取“形容词＋名词”的形式，例如这里的“保障性障碍”如果译为“гарантированныепрепятствия”是讲不通的，其实际意思应该是缺乏相关保障造成的障碍。

还有一种情况就是，直译不符合外文逻辑，比如下面这个句子：

3. 有句话说得好，没有比人更高的山，没有比脚更长的路。

参考译文：Народная мудрость гласит：нет такой горы，на вершину которой не взобрался бы человек，нет такой дороги，которая бы не сохранила следов человеческих ног.

如果直译为“Неттакойгоры，котораявышечеловека，неттакойдороги，котораядлиннее-человеческихног”，按照目的语的逻辑是完全讲不通的，会让受众产生疑惑或误解，所

以必须通过意译的方式把原文蕴含的哲理表达出来。

（三）由于历史文化的差异，有些典故、俗语找不到对应的目的语，这种情况下只能意译。例如：

1. 研究、思考、确定全面深化改革的思路和重大举措，刻舟求剑不行，闭门造车不行，异想天开更不行，必须进行全面深入的调查研究。

参考译文：Рассматривать，обдумывать и намечать пути и наиболее важные меры всестороннего углубления реформ необходимо на основе всестороннего и углубленного обследования и изучения，здесь нельзя действовать по мертвому шаблону，в отрыве от действительности，а тем более предаваться пустым，неосуществимым мечтам.

2. 不能叶公好龙！要以抓铁有痕、踏石留印的劲头，做到言必信、行必果。

参考译文：Дух реформ не допускает расхождения слов с делом！Мы должны держать слово и доводить начатое до конца，обладая сильным духом，как говорится，《должны и на железе оставлять вмятины，и в камень впечатать свой след》.

3. 不能把一个地方环境搞得一塌糊涂，然后拍拍屁股走人，官还照当，不负任何责任。

参考译文：Нельзя допускать，когда человек，нанесший в том или ином месте серьезный ущерб окружающей среде，принимая невинный вид，получает другую должность и не несет никакой ответственности.

4. 要重点加强新型作战力量建设，限期把老旧装备数量压下来，为新型作战力量腾笼换鸟。

参考译文：Для того，чтобы старые армейские формирования были замещены боевыми частями нового типа，необходимо во главу угла поставить создание вооруженных сил нового типа и уменьшение количества старого и устаревшего вооружения и снаряжения в установленные сроки.

以上例句中类似“刻舟求剑”“闭门造车”“叶公好龙”等典故和“拍屁股走人”“腾笼换鸟”这样的俗语，完全是中国文化中所特有的表达方式，必须熟悉相关的历史文化背景才能正确理解其含义，这种情况下如果采用直译法，那么目的语受众是无法理解的，所以只能采取意译的方式。

当然，不管是哪一种翻译方法，最基本的原则就是既要准确表达原文意思，又要让读者看懂，也就是要符合目的语表达习惯，否则，翻译得再美也没有意义。每一个职业译者都知道，好的翻译终归是直译与意译的结合，二者相辅相成，不能截然分开。同时也要注意，直译不是死译，如果不分青红皂白，全部都逐字逐句地翻译，那么既是对源语言的歪曲，目的语也将会不知所云，一塌糊涂。同样，意译也不是乱译，如果脱离了对源语言的理解，一味追求行文的飘逸和美感，置原文意思于不顾，那么，既是对原作者的不尊重，也是对受众的不负责任。只有充分考虑到不同国家、不同民族之间社会习俗、思维方式、价值理念、生活习惯等方面的差异，考虑到不同语言之间语言结构和表达方式的不同，根据具体情况，直译和意译两种方法结合使用，才能讲好中国故事，传播好中国声音，并且要让世界接受中国的声音，要让世界清楚什么是有中国特色的社会主义，深刻理解中国道路的本质和内涵，了解中国新一届中央领导集体治国理政的理念和思路。只有这样，世界才会明白，我们的中国梦并不是称霸世界的梦，我们所要进行的全面建成小康社会、全面社会改革、全面依法治国、全面从严治党都是为了国家的发展和民族的振兴，最终都是为了人民过上幸福美好的生活。一个强大的中国，只会为世界的和平与发展做出更大的贡献。

社会主义中国需要什么样的公平正义

■ 林进平*

［摘　要］社会主义中国所需要的公平正义是契合当今时代精神与中国实际的公平正义，是体现马克思主义理论特色的公平正义，是适应社会主义市场经济发展的公平正义，是中国民众能够接纳的公平正义，是有具体制度支持的公平正义。

［关键词］社会主义；中国；市场经济；公平正义

"实现社会公平正义是中国共产党人的一贯主张，是发展中国特色社会主义的重大任务"。"公平""正义"历来是中国共产党人的追求与使命。新中国成立前，中国共产党人为谋求国家、民族的独立和人民的正义事业而奉献了一切；新中国成立后，中国共产党人为谋求中国在世界中的公平地位、民族的团结富强、人民的安居乐业，探索走上了一条追求公平正义的中国特色社会主义道路，公平正义也经党的十七大、十八大、十八届三中全会明确为社会主义中国的核心价值诉求。

一、契合当今时代精神与中国实际的公平正义

正义在于合乎人性。但正如人性在不同的时代有着不同的诠释一样，不同时代、不

* 林进平，中央编译局研究员，从事马克思哲学、西方政治哲学研究，发表论文、译文60多篇，专著有《马克思的"正义"解读》，译著有艾伦·布坎南的《马克思与正义：对自由主义的激进批判》等。

同文化传统的人们对正义也有着不同的理解。

在资本主义之前的时代，亚里士多德、西塞罗等思想家们认为人依存于社会之中，人生来就是政治动物[①]，国家是人们的生活栖息地，也是人们的精神家园。做一个正义的人就是为国家从事符合他本性的职业和工作，获取他所应得，并从中体现做人的尊严。在这样的时代，“天下兴亡，匹夫有责”“不为良相，就为良医”“修身、齐家、治国、平天下”是人们的人生指南和座右铭。正义在这样的时代表现为一种“责任的正义”和神圣的家国情怀。

在资本主义时代，人被赋予不同于前资本主义时代的特性，“个人”被认为是真正的人，国家、社会被认为是一种外在于人的“人造物”。做一个“真正的人”就是做一个免受国家、社会或他人侵犯的人，一个拥有私有财产、自由、平等的人。自由、平等和私有财产等也被视为人与生俱来的基本权利。也因此，“正义在于合乎人性”就被演绎为“正义在于合乎人的基本权利”，并进而推演出“没有自由就没有正义，没有平等就没有正义，没有私有财产就没有正义”等诸多论断。然而，近代这种被马克思视为“三位一体”的正义在其实质上却是以私有财产为基础，是有产者的正义。自由、平等都只是相对于有产者而言，那对于“除了自身，别无他物”的无产者来说，只能是一张难以兑现的空头支票。这样的正义不可能是弱者也能分享的正义，更不可能是一种公平的正义。

对于这样的正义，社会主义思想家们有过种种的剖析和解决方案，但大都认为问题出在私有财产和人性的堕落上，比如，像圣西门、傅立叶和欧文等空想社会主义者乃至到后来的蒲鲁东和魏特林等人大都认为应该拯救人性，并基于道德、法或人道的立场要求对私有财产进行合理分配，以避免社会不平等的恶化，或通过国家对私有财产进行重新调节。但在马克思恩格斯看来，空想社会主义者确实“诊断”出了资本主义社会的不平等和罪恶的私有财产根源，但对于如何解决资本主义社会的不正义问题，却开错了“药方”。在马恩看来，解决问题的关键不在于如何分配私有财产，也不在于消灭分配财产，而在于那种使私有财产成为正义基础的社会生产方式和社会秩序，因而他们主张结束资本主义的生产方式及其赖以建立的社会秩序。

社会主义思想家对资本主义社会不正义的诊断和思考无疑启迪了资本主义思想家的反思。当代自由主义思想家罗尔斯等人就试图通过限制私有财产和利己主义的作用，倡导程序正义，确保弱势群体的利益的方式来实现社会的“公平正义”。

由此看来，中国共产党提出的“公平正义”在理论渊源上直接接续了社会主义思想家的思考，彰显着当今的时代精神。

---

① 能独处者不是神就是野兽。在这个时代，并不存在真正意义的个人观念。

公平正义契合当今中国的社会实际。这是马克思主义在当下中国的具体运用，它不是从某种教条出发，而是从当今的中国实际出发。

这一实际就是中国经过30多年的改革开放和推行“效率优先，兼顾公平”的发展理念，经济和社会发展水平已经发生了日新月异的变化，中国GDP于2010年起稳居世界第2位。中国经济稳固、迅猛地发展为中国推出“公平正义”提供了条件。要推行“公平正义”就必须把中国经济这一块“蛋糕”做大，“蛋糕”太小，推行公平正义，不仅意义不大，而且容易扼杀人的创造性，导致蛋糕难以做大。这是中国在改革开放之初，并没有过度强调公平的一个考虑。但在经过30多年的追求“效率优先，兼顾公平”之后，中国的“蛋糕”做大了，却发现“有人拿得太多，有人拿得太少；有人拿了不该拿的，不该拿的人拿了；有人拿得不合程序：自己切蛋糕，自己先拿”等问题（即中国社会出现了较为严重的城乡差距、贫富差距加大及权力腐败等问题）出现之后，再不推行公平正义就会错失良机。公平正义问题适宜公平正义来解决。因此，中国共产党在十七大适时地推出公平正义的发展理念，可以说是应时势所需，但好的理念还要有相应的制度支撑，施行开来才有效，而这一工作在党的十八大，特别是党的十八届三中全会得到了充分、全面的施行。

二、社会主义中国的公平正义的可能的理论特性

社会主义中国的公平正义是合乎马克思主义精神的正义，是与社会主义市场经济相适应的正义，是扎根于中国大地、有利于提高道德文化水平、增强民族凝聚力的正义，是中国民众能够接纳的正义。

（一）中国特色社会主义公平正义观是一种合乎马克思主义的正义

这充分地体现在如下几个方面：

（1）强调生存的优先性。生存权是生命的基础，具有优先于自由权与平等权的地位。如果连生存都无法确保，“自由”和“平等”等都会是奢侈的要求，正所谓“皮之不存，毛将焉附”。因而，生存权在裁断制度的正义与否中，常常具有“一票否决”的地位，因它是一个人保持最低人性尊严和价值的底线保障。对此，习近平总书记2013年12月23日至24日在北京举行的农村工作会议中指出，“解决好吃饭问题，始终是治国理政的头等大事”。

（2）把生产置于基础性地位。马克思主义认为，正义作为一种价值观的要求，是从

属于社会的经济发展的，社会进步的真正基础并不是正义，而是社会经济的发展。特定社会的经济状况往往规定了特定社会的政治制度和价值观念。作为社会经济状况的基本因素的社会生产更是具有基础性意义。生产既是人把自己与动物区分开来的标志①，又是人类赖以生存与发展的基本条件②。正是基于对生产的基础性地位的认识，确保和发挥生产的基础性地位，在党的十八大和十八届三中全会中得到再次重申，肯定了劳动者的地位和作用。

（3）重视分配正义，但更为注重制约分配正义的条件。分配正义问题是现代正义论者探讨的一个核心问题，也是当代中国社会最为引人注目和热议的一个正义问题。不过，对于历史唯物主义者来说，分配正义更多的不是一个分配本身的问题，即正义论者所理解的关于权利和义务如何分配的问题，而是一个分配正义赖以产生并使其成为必要的问题。因此，探讨中国的分配正义问题有必要探讨分配正义何以可能的前提、条件或背景等制约因素，因为正是这样的一些制约因素规约了分配正义问题的产生、解决，使分配正义凸显为一个亟待解决的问题。换句话说，公平正义的内容远不只是物质财富的分配，还包括政治、社会、文化、教育、司法等其他内容。要全面维护和实现社会的公平正义，除了缩小收入差距，扩大社会保障，维持基本的经济公平外，还必须从法律、制度、政策上努力营造公平正义的社会环境，保证全体社会成员能够比较平等地享有教育、医疗、福利、就业、参与社会政治生活和接受法律保护等权利。这一点，我们透过党的十八大和十八届三中全会对这些背景因素的强调也可以看出。

（4）把权力关进制度的笼子。权力因素对于分配正义来说较为复杂，一方面，权力本身的分配就是分配正义所直接探讨的对象；另一方面，权力因素也是导致其他分配不正义的根源之一。对分配正义的诉求，必然要求国家从整体上进行资源、制度和权力等方面的综合调配，这意味着分配正义存在着对权力和制度的路径依赖，要发挥分配正义就必然要强化权力的作用，但是，如果权力缺乏必要的制约，那分配正义所依赖的权力就极有可能成为分配不正义的又一个根源，并反过来强化分配不正义。为此，要使权力因素在分配中发挥合适的调配作用，就必须对权力进行制度约束或观念洗礼，而在市场经济背景下，它主要依赖于制度规约，要求制度相对于权力来说，要有一种刚性。习近平总书记形象地表述为“把权力关进制度的笼子”，严防“牛栏装猫”。

（5）警惕权利意识所隐含的利己主义，倡导责任意识。在马克思看来，权利“不是建立在人与人结合起来的基础上，而是建立在人与人分离的基础上”，它无非是“分离的权利，是狭隘的、封闭在自身的个人的权利”③。因此，权利就不宜被推崇为一种至上

① 参见《马克思恩格斯全集》，中文1版，第3卷，24页，北京，人民出版社，1960。
② 参见《马克思恩格斯全集》，中文1版，第3卷，31～32页，北京，人民出版社，1960。
③ 《马克思恩格斯全集》，中文1版，第1卷，438页，北京，人民出版社，1956。

性的价值，特别是对于处在社会转型期，需要整合社会各方力量，以达致社会和谐的当下中国。毕竟如马志尼所说，权利理论“不能使我们在构成国家的一切因素之间建立牢固和持久的睦邻关系”①。考虑到权利理论的这种特性，中国特色社会主义的公平正义在充分尊重人们的正当权益的同时，应注重引导人们树立一种和睦团结的精神和责任意识。

（二）社会主义中国的公平正义是适应社会主义市场经济发展的正义

中国所诉求的正义必须与中国正在建立的社会主义市场经济相适应。就此而论，市场经济对于中国所应诉求的正义无疑提出了这样的要求：（1）必须崇尚规则和契约的精神。这是因为规则、契约是正义赖以产生的源泉，不崇尚规则、契约，正义无从产生，个人、群体和社会的所有就无从确保，社会秩序也无从规约。（2）崇尚知识、人才，尊重人的“自我所有”，做到“前程为人才开放”。人的“自我所有”既包括人的“内在所有”（生命、天赋及其能力等），也包括人的“外在所有”（个人所能占有的一切）。就社会主义市场经济来看，人的“内在所有”是社会主义市场经济所应该特别尊崇的，因为只有尊崇人的“内在所有”，人的个性和创造性才能得到发展，才能为市场经济和社会提供生生不息的活力，从而塑造一种追求内在价值的精神导向。（3）中国所诉求的正义对社会主义市场经济具有平衡作用。诚然，中国所诉求的正义必须适应社会主义市场经济的发展，但是，这样的一种适应并不在于亦步亦趋，而在于其对市场经济具有“服务”和“医治”的作用，以确保市场经济的健康发育与成长。因为，就市场经济的本性来说，它容易导向异化、剥削和两极分化；且在把人的“内在所有”与人所拥有的私有财产等而视之时，不可避免带来对人自身的内在价值的贬低，即将人降低到物的水平。特别是在一个“万般皆商品，唯有赚钱高”的泛商品化的社会之中，人遭受剥削与奴役，人的生命和尊严遭受漠视甚或践踏常常在所难免。因此，可以推想，作为市场经济所要求的正义就要避免市场经济的那种“疯狂”特性，捍卫人的生存权与尊严。

（三）社会主义中国的公平正义是扎根于中国大地，有利于提高人们道德文化水平、增强民族凝聚力的正义

不同的时代有着不同的正义观念，奴隶社会有着奴隶社会的正义观念，资本主义社会有资本主义社会的正义观念②，一个社会究竟该持有何种正义观念，在其归根结底的

---

① ［意］马志尼：《论人的责任》，49页，北京，商务印书馆，1995。
② 参见《马克思恩格斯全集》，中文1版，第25卷上，379页，北京，人民出版社，1974。

意义上，受制于特定社会的生产方式和道德文化水平。“权利永远不能超出社会的经济结构以及由经济结构所制约的社会的文化的发展。”① 因此，就当下中国所选择的市场经济结构和中国所置身于其中的全球化的市场经济结构来看，“机会平等”应是中国正义的一个价值诉求。不过，如从道德文化的视角来看，当下中国所追求的并不限于“机会平等”，特别是形式的“机会平等”，而是进一步追求实质的“机会平等”，即公平的机会平等。因为，从中国的文化传统来看，追求结果平等可以说是中国文化传统的一种情结，尽管此一“情结”已被全球化的“机会平等”的理念所冲击和消解，但它在现实社会中依然有一种乌托邦式的吸引力。考虑到当下中国的生产力水平，“结果平等”还不宜推崇，因它容易挫伤当代中国尚需呵护的竞争精神和创造力，也容易导向“平均主义”的迷途。因此，从中国的现实处境和文化传统等综合因素来看，当下中国在正义上的追求应是确保形式的机会平等，追求实质的机会平等。这是对个人内在价值的尊重，也是力图做到“人尽其才，才尽其用”，给社会提供生生不息的动力和创造力，并带动整个社会的发展。这就要求社会的可欲资源（包括职业、职务、地位、权力和名望等，即社会的基本善）尽可能地处于开放和流动状态，以便为人才提供一个公平竞争的机会。应该说，当下中国社会的开放性和流动性，相较于计划经济时代，已取得了令世人瞩目的发展，但如从市场经济的完备性和现代社会的要求来说，社会的开放性与流动性还有待提高，因为一些体制性的壁垒和由地域、习俗和人情等世俗要素所构筑成的壁垒还不同程度地存在着，“机会平等”由于受到诸多根深蒂固的因素的制约，还未能得到充分的发展。社会上的基本善还受权力、金钱、人情等因素的制约，未能向所有人开放，某些职业、职务和地位，尚不是个人凭借自身的禀赋和能力所能获得，而是要依赖于个人自身的禀赋和能力之外的社会因素（如权力、金钱和人情等）方能取得。这极大地削弱了人才的流动与机会平等的实现。由于权力、金钱和人情这些外在因素的阻隔，中国的城乡之间、体制内外之间、行业之间、单位之间的人员流动乏力，不同程度地存在着利益集团的权力分割与行业发展的行会化、地方化现象。这不仅阻碍了机会平等的实现，也破坏了社会正义的诉求。因此，为培育和捍卫机会平等，就必须破除权力、金钱、地域与人情等因素所构筑起来的各种“壁垒”，畅通人才流通渠道。我想，这也是我们所诉求的正义的内涵之一。

（四）社会主义中国的公平正义是中国民众能够接纳的正义

从民众接纳程度的视角来看，我们所诉求的正义必须体现对人的生存权和人的尊严

① 《马克思恩格斯全集》，中文1版，第19卷，22页，北京，人民出版社，1963。

的尊崇与捍卫。近代政治哲学相较于古典政治哲学有一个鲜明的特点，就是强调合乎正义的政制必须立基于人性、人的需要，特别是人的生命的自我保全这一基础之上。当代社会思想家们所主张的基于民众的合法性理念和承认的政治等，所延续和彰显的也是这一理念。因而，是否体现对人的生命的尊重，是否合乎人性、合乎人权、合乎人的理性需要，成了裁断政制是否具有正义性、合法性的标准。

在现代社会，一个广为接受的政治理念是，合乎民众的权利或满足民生需要的政制才能赢得民众的认可，才有基于民众的合法性。民众权利的满足与否与满足程度成为衡量政治系统合法性的一个基准。诚然，民众权利应包括现代民主社会所确认的自由、民主、平等等政治权利，但对于推行市场经济的社会主义中国来说，更为重视生存权与发展权，特别是生存权，它是人权制度的安全屏障，是一个人保持最低人性尊严和价值的底线保障①，因为“一个人只有在生存权获得基本保障的前提下，才能生成对自由权、平等权、发展权的欲求……才能展开对自由权、平等权、发展权的建设。如是，国家方能获得必要的合法性、正当性基础”②。因此，基于生存权是裁断正义的最低尺度，基于“民以食为天”的素朴的民族认知，满足人的生存权的合理需要和尊重人的生命尊严也是社会主义中国的正义诉求必须坚守的一条底线。

（五）社会主义中国的公平正义是有具体制度支持的正义

要实现社会的公平正义，就需要将其内化在具体制度之中，并成为当代中国的一种社会风尚，否则公平正义就仅仅停留于理念层面，而无法对社会进行有效的引导与整合。这可以从十八届三中全会《中共中央关于全面深化改革若干重大问题的决定》对政府、经济制度、公共事业、分配制度和民主政治制度等方面的要求看出。

比如，就政府与市场方面，《决定》要求“大幅度减少政府对资源的直接配置，推动资源配置依据市场规则、市场价格、市场竞争实现效益最大化和效率最优化。政府的职责和作用主要是保持宏观经济稳定，加强和优化公共服务，保障公平竞争，加强市场监管，维护市场秩序，推动可持续发展，促进共同富裕，弥补市场失灵”。这看似“有所为”与“有所不为”的辩证统一，但又何曾不是政府应该如何合理作为，以促进社会公平正义、增进人民福祉的问题。一方面要让市场充分地发挥资源配置的作用，让前途为人才开放，“让一切劳动、知识、技术、管理、资本的活力竞相迸发，让一切创造社会财富的源泉充分涌流”；另一方面又要求“让发展成果更多更公平惠及全体人民”。

在分配导向上，要求“保护合法收入，调节过高收入，清理规范隐性收入，取缔非

① 参见徐显明主编：《人权研究》，第二卷，170页，济南，山东人民出版社，2002。

② 参见徐显明主编：《人权研究》，第二卷，174～175页，济南，山东人民出版社，2002。

法收入，增加低收入者收入，扩大中等收入者比重，努力缩小城乡、区域、行业收入分配差距，逐步形成橄榄型分配格局”。

在公共事业、公共服务方面，则要求“推进基本公共服务均等化”，要让教育、医疗、社会保障成为消除“天然不平等”的公共福利。

而为了让公平正义能够深入民心，能够成为一种社会风尚，就需要在很多方面做出努力。在政治方面，加强社会主义民主政治制度建设；在法制方面，推进法治中国建设；在权力运作方面，强化权力运行制约和监督体系；在社会风尚方面，营造一种公平正义的社会风气，以及加强公民的素质教育等。所有这些都有利于让民众感受到公平正义，从而树立起对制度与法的敬畏，培育民众的归属感和认同感。

政治词汇与中国经典
——以《习近平关于实现中华民族伟大复兴的中国梦论述摘编》为例

■ O. B. 米古诺娃*

［摘　要］译者对翻译工作基本内涵的理解是决定其译文成功与否的重要条件之一。与普通的口语翻译不同，社会政治、哲学和人文领域的翻译具有自己的特点，需要经过一个复杂的语言编码转换过程。当译文涉及到国家领导人的讲话或文章时，翻译会展现出特殊的敏感性。在领导人的各种讲话和报告中常会引用一些古语、诗词、成语等，这也使译者的责任更加重大。在现代的社会政治演说中，根据特定语境的需要常会使用各种词汇手法，其中就包括借助古语的表现力和传统的威信。本文结合习近平总书记在不同的论述和讲话中引用的古诗文的翻译实践，阐述了现代社会政治文本中处理古文翻译需要特别注意的若干问题。

［关键词］古语翻译；中国文化；翻译对应

对翻译本质的理解常同翻译的等值性和一致性问题直接或间接相关。等值翻译是译者追求的主要目标，因此，译者对翻译工作基本内涵的理解是决定其译文成功与否的重要条件之一。翻译的等值性问题属于语言哲学和语言学理论范畴，即文本的可译性问题。任何一种翻译首先都是语言符号的转换，只是在表达同一含义时不同语言使用的方

* O. B. 米古诺娃，哲学博士，中央编译局文献翻译部专家。

法各异。与普通的口语翻译不同，社会政治、哲学和人文领域的翻译具有自己的特点，需要经过一个复杂的语言编码转换过程，著名俄罗斯语言学家罗曼·雅各布森（1896—1982）曾经将其定义为“跨语言的创造性换位”。这一特点决定了我们要以十分审慎的态度来对待这一类型的翻译。

大家都知道，译文是作为原文的一种替代，但我们并不是时刻都能意识到，在新的语言环境下译文就等同于原作，译文充分代表了原文。人们会将译文当作原创的作品来阅读，对译文的评价当然也不仅限于内容，也会关注原文的作者本身。

当译文涉及到国家领导人的讲话或文章时，翻译会展现出特殊的敏感性。由于这些内容会受到国际社会的高度关注，因此翻译中的含义、语言和修辞的一致性问题也显得更加尖锐，译者所肩负的是沉甸甸的责任。

在领导人的各种讲话和报告中常会引用一些古语、诗词、成语等，这也使译者的责任更加重大。

引用的惯例有其原因所在，古文更具魅力和吸引力，它语言鲜活、富于表现力。用古代经典的词句来表达新的思想，可以使语言更有说服力，并带有千年文化积淀的威信。同样，俗语成语由于其特有的形象性和画面感也会增强语言的表现力，强化所要表达的含义，使行文具有更丰富的感情色彩，且通俗易懂，为更多的人所接受。社会政论性文章的特点在于，它不是简单地向听众传达信息，而是要去感化他们，唤起其认同感。要具备使人信服的能力，仅靠逻辑和论据是不够的，语言或文章的内部结构特点、为吸引并掌控注意力而使用的一些特殊手法也起到了重要作用。

因此在现代的社会政治演说中，根据特定语境的需要常会使用各种词汇手法，其中就包括借助古语的表现力和传统的威信。习近平主席以及其他国家领导人就经常在各种讲话和文章中使用这种手法。

要特别关注党和国家领导人各种文件中的古语和成语翻译，原因就在于此。翻译实践表明，译者常会在这类翻译中遇到一些困难，习近平主席相关论述的翻译中此类问题就占有很大的比重。

首先，用数据说话，这里不做精确统计，且大致看一下习近平同志在《关于实现中华民族伟大复兴的中国梦论述摘编》中引用的频率。大部分引文来自历史古籍，其中《尚书》4处，《汉书》4处，《晋书》3处，《论语》3处，《孟子》和《庄子》各2处。此外，还分别从《诗经》《周易》《道德经》《吕氏春秋》《孙子兵法》《国语》《三国志》等国学经典著作中引用了一两处，引文总数达25处。

另外，还引用了很多中国古代著名活动家、政治家、将领、诗人、文学家和艺术家的诗词，如王充（27—97）、李白（701—762）、孙樵（卒于855或867）、范仲淹（989—1052）、刘斧（卒于1073年）、欧阳修（1007—1072）、苏洵（1009—1066）、陆游（1125—1210）等。

应该说，我们研究的这份资料里不仅有直接引用的古文，还有很多成语。其中，出自公元前的引文和成语一共有 34 项，出自新纪元开始以后的有 19 项。

在统计这些引文和成语的时候，我们发现一个有趣的现象：大部分的直接和间接引文都来自儒家，虽然也有一些是来自道家、佛家、法家等其他学派，还有小部分是不属于特定流派，但是反映了中国传统智慧的观点。

毫无疑问，在翻译现代社会学论文和政论文中的文言文和成语，特别是诠释它们的含义时，要求译员必须具备一定的翻译经验和中国文化知识，具备较高的人文知识素养对防止过于狭隘片面地理解原文尤为重要。语言学家的翻译作品之所以经常逊色于历史学家或者哲学家的翻译，正是因为学语言的人往往拘泥于语法关系本身，而研究历史的人能够结合事件的前后背景，懂哲学的人则比较精通方法论、概念体系和逻辑联系，因此，后两者就会做出完全不同的译文，经常是对原文很随意自由的、带有主观色彩的释义和翻译。必须承认，翻译成语这类文本时，总是存在译员理解上的主观因素，而理解上细小的偏差都可能导致译文扭曲了原文的本意。

我们通过一个小例子来直观地解释一下。“心心相印”——习近平在接受印度尼西亚和马来西亚媒体联合采访时（2013 年 10 月）曾多次使用这个成语。我们目前的俄文译法是“жить одними мыслями”（直译是“用相同的思维生活”），在习总书记讲话的特定上下文背景下看，这个译法完全恰当地表达了这个成语的含义。但是如果我们翻开词典会发现有着另外的译法：“сердце сердцу весть подает”，“жить душа в душу”。那么问题来了，哪一个是正确的呢？哪种方案更加准确呢？

要回答这个问题，首先必须吃透“心心相印”的原意。通过查找，我们发现这个词起源于佛经，即《六祖坛经》。接下来我们必须要了解《六祖坛经》出现的社会文化背景，它是不同于印度佛教的中国佛教正式形成的标志。专家学者认为，《六祖坛经》是“中国佛教禅宗派别的一部重要宗教经典著作”。在这之前，只有释迦牟尼本人的及其弟子的语录才能被称之为经书。六祖惠能大师的言论集被尊为圣经并被收入佛经汇编——印度三藏圣典之中。正是因为《六祖坛经》的出现，中国佛教才获得了其独一无二的特性，中国伟大的灵性导师也才得到了与印度古典伟大的灵性导师一样、甚至更高的认同。

在原本《六祖坛经》中，我们找到了习近平所引四字成语中的两个字——心印，原文是“吾传佛心印，安敢违于佛经”，其俄语译文为“Я передаю печать сознания Будды，как же посмею противоречить буддийским сутрам？”

由此，我们得出结论，成语“心心相印”具有多重含义；应该用另外一种更合理的方案来替代看似正确的译文“жить одними мыслями”，在这种翻译方案中，经过译者更深度的转换，会体现出：要像六祖惠能大师一样，遵照经书行事，坚守原则。

现在，我想结合后面的例句谈一下在现代社会政治文本中处理古文翻译需要特别注意的几点问题：

1. 在当代政治文本中，古文被赋予了新的意义（古为今用）。

举例说明：

1.1 引自《习近平关于实现中华民族伟大复兴的中国梦论述摘编》：

原文：

古人所说的"先天下之忧而忧，后天下之乐而乐"的政治抱负，"位卑未敢忘忧国""苟利国家生死以，岂因祸福避趋之"的报国情怀，"富贵不能淫，贫贱不能移，威武不能屈"的浩然正气……都体现了中华民族的优秀传统文化和民族精神。①

译文：

…их благородный дух справедливости，описанный строками "не соблазнить ни богатством，ни почестями，не поколебать ни нуждой，ни унижениями，не сломить ни угрозой，ни силой"； … все это воплощает в себе замечательную традиционную культуру китайской нации и ее национальный дух.

"富贵不能淫，贫贱不能移，威武不能屈"出自《孟子·滕文公下》："富贵不能淫，贫贱不能移，威武不能屈，此之谓大丈夫"（译文：Не развращаться при богатстве и знатности，не изменять своим принципам в бедности и ничтожестве и не преклоняться пред силою-вот что составляет великого мужа）。

不难发现，原文所言是君子的品质与品德，讲话中正是引用此意。由此想到，孟子思想的现代意义在于：每个人都应具备上述的品质，而不仅仅是"君子"。

1.2 引自《习近平关于实现中华民族伟大复兴的中国梦论述摘编》：

原文：

中国人自古就主张和而不同。我们希望，国与国之间、不同文明之间能够平等交流、相互借鉴、共同进步。②

译文：

С древности китайцы исповедуют принцип "достижения согласия при наличии разногласий". Мы надеемся，что между государствами，между различными цивилизациями может быть установлен равноправный обмен，что они могут учиться друг у друга и сообща продвигаться вперед.

---

① 《在中央党校建校80周年庆祝大会暨2013年春季学期开学典礼上的讲话》（2013年3月1日）。

② 《在接受金砖国家媒体联合采访时的答问》（2013年3月19日）。

“和而不同”出自《论语·子路》：“君子和而不同，小人同而不合”（译文：Благородный муж [стремится к] единению через разномыслие，но не [стремится к единению] через послушание/*тун*. Маленький человек [стремится к единению] через послушание，но не [стремится] к единению через разномыслие）。

上述例子中谈及君子所固有的品质适用于每个人，以及国家的相互关系方面。

1.3 引自《习近平关于实现中华民族伟大复兴的中国梦论述摘编》：

原文：

千里之行，始于足下。我们国家的发展前景十分光明，但道路不可能一帆风顺，蓝图不可能一蹴而就，梦想不可能一夜成真。①

译文：

Путь в тысячу ли начинается с первого шага. У нашей страны блестящие перспективы，однако не бывает，чтобы в пути всегда дул попутный ветер，чтобы планы осуществлялись одним махом，а мечты сбывались за ночь. Любой замысел в мире осуществим только при упорных усилиях. И чем более прекрасного будущего мы желаем，тем более упорных и самоотверженных усилий потребуется от нас.

“一蹴而就”出自苏洵的《上田枢密书》：“天下之学者，孰不欲一蹴而造圣人之域”（译文：Кто из ученых мужей Поднебесной не жаждал как по мановению волшебной палочки сотворить свою область совершенномудрия）。

上述例子中宋朝著名学者及文学家所言之道理，在当今适用于每个人。

2. 古诗体的运用及诗句的翻译对应问题。

讲话文稿中会引用大量丰富的诗词，为此，译者要以虔诚的态度待对中国的传统文化“文字”，它是语言，特别是诗歌语言的核心。在中国，作诗的不仅仅是诗人，那些无意于语言文字创作的人们——国家政要、军事首长、艺术家也在作。要强调的是，社会政治演讲中的诗歌翻译对译者来说是相当难的一件事，这要求译者具备某些作诗的天赋。中俄诗歌格律的根本性差别是其翻译的主要绊脚石之一。所以，诗歌的翻译并不常见。要强调的是，习近平引用的诗体属于我们这个时代。下面的例子说明诗歌翻译要进行必要的特别处理。

2.1 引自《习近平关于实现中华民族伟大复兴的中国梦论述摘编》：

原文：

我们就是要有这样的道路自信、理论自信、制度自信，真正做到“千磨万击还

① 《在同全国劳动模范代表座谈时的讲话》(2013 年 4 月 28 日)。

坚劲，任尔东西南北风”。①

译文：

У нас должна быть именно такая уверенность в своем пути，в своей теории и в своем строе，нам действительно нужно “после тысячи невзгод оставаться стойкими и под шквальным ветром не клонить главы”.

“千磨万击还坚劲，任尔东西南北风”出自郑燮的《竹石》。

2.2 引自《习近平关于实现中华民族伟大复兴的中国梦论述摘编》：

原文：

古人所说的“先天下之忧而忧，后天下之乐而乐”的政治抱负……“苟利国家生死以，岂因祸福避趋之”的报国情怀……都体现了中华民族的优秀传统文化和民族精神。

译文：

Политические устремления，высказанные древними в таких строках，как “первыми думать о горестях Поднебесной и последними-о радостях для себя”；“сделаю все ради исполнения долга перед страной，даже если это будет стоить жизни，либо навлечет другие несчастья”；…все это воплощает в себе замечательную традиционную культуру китайской нации и ее национальный дух.

“先天下之忧而忧，后天下之乐而乐”出自范仲淹的《岳阳楼记》。

我的翻译：

Опередить других в своих раздумьях
о бедах и несчастиях Отчизны，
И радости предаться лишь тогда，
когда последний житель Поднебесной счастлив.

“苟利国家生死以，岂因祸福避趋之”出自林则徐的《赴戍登程口占示家人》。

我的翻译：

Во благо Родины святой
отдать без промедленья жизнь!
Как можно только счастия приход
встречать с улыбкой，
А от беды нагрянувшей
бежать стремглав?

① 《在新进中央委员会的委员、候补委员学习贯彻党的十八大精神研讨班上的讲话》（2013年1月5日）。

3. 引用古文中出现的中国文化及中国哲学所特有的概念及其翻译问题。

举例说明：

3.1 这里不再论述改革开放以来有关中国特色社会主义的一些关键词，如实事求是、以德治国、以人为本、小康、和谐等，实际上，这些词均源于（孔子）儒家思想。

3.2 引自《习近平关于实现中华民族伟大复兴的中国梦论述摘编》：

原文：

"君子一言，驷马难追"。我们说话是算数的，实践已经证明中国是说到做到的。①

译文：

"Благородный муж даст слово-и на борзом коне не забрать обратно". Мы верны своему слову, и об этом красноречиво свидетельствует практика: слова Китая не расходятся с делом.

"君子一言，驷马难追"出自《论语·颜渊》："棘子成曰：'君子质而已矣，何以文为？'子贡曰：'惜乎，夫子之说君子也！驷不及舌。文犹质也，质犹文也。虎豹之鞟犹犬羊之鞟。'"（译文：Цзи Цзычэнь сказал:

— Для благородного мужа важна его сущность, зачем ему *вэнь* культура?

Цзы Гун ответил:

— К сожалению, Вы ошиблись в оценке благородного мужа, а слетевшее с языка слово не догонит и четверка коней. Сущность и *вэнь*-культура одинаково важны [для благородного мужа]. Сняв шерсть, шкуру барса или тигра не отличишь от голой шкуры собаки или овцы）。

君子，这属中国哲学的范畴，是俄罗斯哲学中所没有的，也没有任何相近意义的词，所以，翻译中采用俄文音译方式。

3.3 引自《习近平关于实现中华民族伟大复兴的中国梦论述摘编》：

原文：

劳动创造了中华民族，造就了中华民族的辉煌历史，也必将创造出中华民族的光明未来。"一勤天下无难事"。②

译文：

Труд не только создал китайскую нацию и ее блистательную историю, он сотворит и ее светлое будущее. "Для того, кто упорно трудится, нет неодолимых трудностей".

① 《在接受金砖国家媒体联合采访时的答问》（2013年3月19日）。

② 《在同全国劳动模范代表座谈时的讲话》（2013年4月28日）。

政治家、军事家、文学家曾国藩说过："天下古今之庸人，皆以一'惰'字致败。"以勤治惰，以勤治庸，不管是修身自律，还是为人处世，一勤天下无难事。(译文：Всех бездарностей в Поднебесной с древнейших времен до наших дней приводит к поражению леность. Упорно справляться с леностью，упорно управлять косностью，равно как в собственном совершенствовании，так и в управлении миром. Если упорно трудишься，то в Поднебесной трудных дел нет)。

天下，中国专有的概念。

4. 最好避免直译的几种情况（翻译的转换问题）。

举例说明：

引自《习近平关于实现中华民族伟大复兴的中国梦论述摘编》：

原文：

古人所说的"位卑未敢忘忧国"…… 都体现了中华民族的优秀传统文化和民族精神。①

译文：

… их патриотические чувства，выраженные в строках "несмотря на низкое социальное положение，не могу не беспокоиться за судьбы страны"，… все это воплощает в себе замечательную традиционную культуру китайской нации и ее национальный дух.

我的翻译：

Лишившись почестей，наград и званий，

Отчизны боль я позабыть не смею.

"位卑未敢忘忧国"出自陆游的《病起书怀》。

这里，采用直译的方法，"位卑"直译为"社会地位低微"。但诗歌作者事实上出身名门望族。陆游竭力影响国家政局，他上书朝廷，呼吁北伐，陈述战争之战略、策略，这引起当权者的愤恨，由此被贬职，移居至远离国都之地。这种背景下该怎样翻译"位卑"？很清楚，直译并不能反映出总体境况。

5. 掌握文化背景的必要性。

引自《人民对美好生活的向往，就是我们的奋斗目标 》（2012年11月15日）：

原文：

每个人的工作时间是有限的，但全心全意为人民服务是无限的。责任重于泰

① 《在中央党校建校80周年庆祝大会暨2013年春季学期开学典礼上的讲话》（2013年3月1日）。

山，事业任重道远。

译文：

Рабочее время каждого человека，отведенное на работу，ограничено，но душа и сердце，отданные служению народу，не знают пределов. Ответственность велика，как гора Тайшань，ноша эта тяжела，и путь долог.

“重于泰山”出自司马迁的《报任少卿书》：“人固有一死，或重于泰山，或轻于鸿毛”（译文：Все люди в свое время умирают，но смерть некоторых людей тяжелее，чем гора Тайшань，а некоторых-легче гусиного перышка）。

这些就是想与大家分享交流的话题，但我知道，翻译话题是无穷尽的。

“中国梦”话语的经典理论追述

■ 黄相怀　张晓琴*

［摘　要］习总书记在多个场合、多次提及“中国梦”。“中国梦”内涵丰富，是对未来社会的美好构想和设计，而这与马克思主义经典作家对未来社会的设想一脉相承。“中国梦”与马克思主义经典作家对未来社会的设想具有内在的密不可分的联系，它具有深厚的马克思主义理论渊源，是马克思主义中国化的又一新的理论创新成果。本文围绕“马克思主义经典作家对未来社会的构想与中国梦”这一主题，从多个维度出发探讨并寻找“中国梦”可以从马克思主义经典作家对未来社会的构想中获得的启示，进而指导现实。

［关键词］中国梦；未来社会；马克思主义经典作家

马克思主义经典作家对未来社会的构想是迄今为止人类最美好的梦想。中国梦与马克思主义经典作家对未来社会的构想具有内在的密不可分的联系，它具有深厚的马克思主义理论渊源，是马克思主义中国化又一新的理论创新成果。

一、马克思主义经典作家对未来社会的构想为中国梦提供了未来愿景

马克思最显著的贡献在于超越时代地提出了共产主义的伟大构想，在其看来，共产

* 黄相怀，中央党校科研部协作处处长，副研究员。张晓琴，中央党校科研部主任科员，实习研究员。

主义是同历史上任何一种社会形态都有着本质不同的、全新的社会制度，正如《共产党宣言》中所讲的：“共产主义革命就是同传统的所有制关系实行最彻底的决裂”①。在他的描述里，那是一个“全社会消灭了阶级”“人人平等”“自由劳动”“按需分配”、真正自由而全面发展的社会。可以说，马克思为全世界人民构思了一个美好的未来社会之“梦”——一个世界大同之梦。回首历史，在尝试了“洋务运动”“维新变法”“辛亥革命”之后，这个世界大同之梦在中国得到广泛传播，成为近代以来中国共产党领导中国人民浴血奋战、竭力拼搏的信仰性指引，它被中国人民所选择、接受进而演化成为中国的“梦”。

总结历史，我们可以看到，马克思主义中国化的过程其实就是一个由“共产主义美好愿景”激励和指导“中国梦”不断前行的过程。毛泽东领导的中国共产党人以马克思主义为指导，实现了民族独立和人民解放，率先找到了“中国梦”的实现路径，也使马克思共产主义的美好愿景在中华大地得以展开；十一届三中全会后，邓小平从理论上回答了中国社会主义的发展道路、发展阶段、根本任务等一系列基本问题，提出“三步走”战略，迈开改革开放新步伐，使“中国梦”更加具体化、更有中国特色，也使马克思共产主义的美好愿景在中华大地更显现出勃勃生机；十三届四中全会以后，“三个代表”重要思想的形成以及新“三步走”发展战略的提出，掀开了“中国梦”社会主义现代化建设的新篇章；进入新世纪，科学发展观的诞生则标志着“中国梦”走上了全面协调、可持续发展的实现道路。习总书记明确提出“中国梦”，已经是不同的历史时期、不同的发展阶段、不同的现实条件，但从延续性来看，“中国梦”依然是中国共产党领导的中国人民实现共产主义的理想之梦；从归属来看，“中国梦”始终是共产主义这一关于未来社会设想的“世界梦”的重要组成，“世界梦”包含着“中国梦”；从现实情况来看，中国特色社会主义事业正稳步向前推进，成绩卓然，共产主义这一未来社会伟大设想可否实现，从世界范围来看极有可能将首先从“中国梦”这里得到验证。

二、马克思主义经典作家对未来社会的设想为中国梦提供了根本遵循

从马克思主义经典作家对未来社会的设想中，我们可以总结出未来社会的本质，以及实现这种本质要求的根本所在。首先，在马克思主义经典作家那里，未来社会在本质上是和谐公正的。它消灭了分工，“任何人都没有特殊的活动范围，而是都可以在任何部

① 《马克思恩格斯选集》，2版，第1卷，293页，北京，人民出版社，1995。

门内发展”①；它从根本上改变了所有制，“共产党人可以把自己的理论概括为一句话：消灭私有制”②；它维护的是多数人的利益，是“人民群众剥夺少数掠夺者”③。可见，共产主义社会将变革一切缺乏公平正义的元素，实现和谐公正。其次，关于如何实现这种社会，马克思又强调了其根本所在，揭示了社会和谐程度与生产力发展状况之间的关系。事实上，将对未来社会的设想建立在唯物史观的基础之上，以生产力的发展作为衡量幸福社会的基本尺度，是马克思主义经典作家与空想社会主义者的“唯心主义”的本质性区别之一。马克思主义唯物史观强调，人类社会发展的最终决定力量来自于生产力。“手推磨产生的是封建主的社会，蒸汽磨产生的是工业资本家的社会。”④“无论哪一个社会形态，在它所能容纳的全部生产力发挥出来以前，是决不会灭亡的；而新的更高的生产关系，在它的物质存在条件在旧社会的胎胞里成熟以前，是决不会出现的。”⑤ 生产力决定生产关系，经济基础决定上层建筑，二者之间由不适应到适应，循环之下推动着人类社会不断呈现出由低级到高级、由野蛮到文明的发展态势。可以说，生产力是一切社会变革和发展的根本动力，是社会进步的最终物质根源。

总结中国的革命史、建设史，可以看到中国在每个阶段的“中国梦”的践行中都以发展生产、实现和谐公正为根本遵循。中国共产党从诞生之日起就以追求和实现发展与公正为己任，社会主义制度的建立本身就是促进发展、实现和谐公正的良好制度的基础和开端。毛泽东也非常重视生产力的问题，他认为，在近代中国的国情和经济发展不平衡的状况，只有在完成解放生产力的前提下，才能谈得上发展生产力的问题。邓小平将社会主义本质概括为“解放生产力，发展生产力，消灭剥削，消除两极分化，最终达到共同富裕”⑥。“三个代表”重要思想中首先提到的便是“先进生产力”的发展要求，同时强调必须“要始终代表中国最广大人民的根本利益”，正是体现了社会公正这一要素。科学发展观的提出，即以发展为第一要义，又以“以人为本”为核心，强调全面协调可持续的发展和统筹兼顾，发展与公正并重。关于“中国梦”，习近平在十二届全国人大一次会议闭幕会上诠释道：“实现中华民族伟大复兴的中国梦，就是要实现国家富强、民族振兴、人民幸福……”在这里，首先提到“国富民强”，正是体现了“中国梦”以唯物史观为基础，以生产力决定生产关系这一客观规律为依据，以大力发展生产力、强化经济基础建设作为推动“中国梦”实现的重要前提。同时，习近平表示，要“努力解决群众的生产生活困难，坚定不移走共同富裕的道路，”可见，以生产力的发展、社会的

---

① 《马克思恩格斯选集》，2版，第1卷，85页，北京，人民出版社，1995。
② 《马克思恩格斯选集》，2版，第1卷，286页，北京，人民出版社，1995。
③ 《马克思恩格斯选集》，2版，第2卷，269页，北京，人民出版社，1995。
④ 《马克思恩格斯选集》，2版，第1卷，142页，北京，人民出版社，1995。
⑤ 《马克思恩格斯选集》，2版，第2卷，33页，北京，人民出版社，1995。
⑥ 《邓小平文选》，1版，第3卷，373页，北京，人民出版社，1993。

和谐公正为建设中国特色社会主义之要义，是“中国梦”从马克思主义那里获得的规律，是各个阶段的“中国梦”一脉相承的内在联系，更是“梦”得以实现的根本遵循。

三、马克思主义经典作家对未来社会的设想为中国梦提供了价值导向

马克思主义是关于人类解放道路的理论，在历史发展中注重“人”这一因素，是马克思主义经典作家的重要价值思想。

首先，是关于“人的主体作用”。“主观能动性”是马克思主义哲学中的特有词汇，而马克思主义的“群众史观”更是对“人的主体作用”的深刻概括。马克思在《神圣家族》中写道：“历史上的活动和思想都是‘群众’的思想和活动”①，在他看来，生产力与两个基本要素有关，一个是人，一个是生产资料，人是活的而生产资料是死的，没有人的主观能动性，要实现生产资料的增值是不可能的。因此，马克思主义认为，人才对经济社会发展的创造性贡献，决定了人才是最活跃的先进生产力。马克思在《共产党宣言》中指出：“无产阶级的运动是绝大多数人的、为绝大多数人谋利益的独立的运动。”②实现共产主义，就是要依靠作为大多数的无产阶级。关于这一点，毛泽东也曾指出：“人民，只有人民，才是创造世界历史的动力”③，进而概括出“一切为了群众，一切依靠群众”的“群众路线”。

其次，是关于“人的幸福”。对于未来社会，马恩提出两个衡量尺度，除了“生产力”这一客体尺度，还有“人的发展”这一主体尺度。在马恩所设想的未来社会里，“代替那些存在着阶级和阶级对立的资产阶级旧社会的，将是这样一个联合体，在那里，每个人的自由发展是一切人自由发展的条件”④。同时，马恩还指出：“要不是每一个人都得到解放，社会本身也不能得到解放。”⑤ 这些理论中饱含着一种普世情怀，体现着未来社会的“人本”特点。

在“中国梦”的丰富内涵中，“人”无疑也是最关键的因素，充分体现了与马克思主义一脉相承的价值思想。

首先，“中国梦”的实现强调“人的主体作用”。习近平指出，“中国梦归根到底是人民的梦，必须紧紧依靠人民来实现”。显而易见，“中国梦”的生成是以马克思主义的

---

① 《马克思恩格斯文集》，第一卷，286 页，北京，人民出版社，2009。
② 《马克思恩格斯选集》，2 版，第 1 卷，283 页，北京，人民出版社，1995。
③ 《毛泽东选集》，2 版，第 3 卷，1031 页，北京，人民出版社，1991。
④ 《马克思恩格斯选集》，2 版，第 1 卷，294 页，北京，人民出版社，1995。
⑤ 《马克思恩格斯选集》，2 版，第 3 卷，644 页，北京，人民出版社，1995。

“群众史观”为理论基础的。在这里，“中国梦”同样承认人民创造历史、人民群众是英雄，梦想的实现要紧紧依靠人民，要充分发挥人民群众的主体作用。正如习近平所提出的实现中国梦的三个“必须”其中之一，即“实现中国梦必须凝聚中国力量”，“全国各族人民一定要牢记使命，心往一处想，劲往一处使，用13亿人的智慧和力量汇集起不可战胜的磅礴力量”。

其次，“人的幸福”在“中国梦”这里更是得到充分体现。“中国梦”的主旨是实现国家富强、民族复兴和人民幸福。从整体上说，中国梦是国家富强、民族振兴；从个体上说，中国梦就是生活幸福、人生出彩。也就是说，“中国梦”不仅是民族的梦，同时也是每个中国人的梦，是人民自己的幸福梦。这可谓深得马克思主义关于未来社会的幸福论述之精髓。“人们奋斗所争取的一切，都同他们的利益有关。”① “中国梦”的实现要依靠民众，前提和目的就必须是“为了民众”。社会中的个人有自己的“住房梦”“收入梦”等，这并不被“中国梦”所排斥和压制，而是作为共同理想的具体化表现。它不仅是宏观的国家民族追求的体现，也是微观的个人生活需求的表达。在新一届中央政治局常委同中外记者见面时习近平讲道：“我们的人民热爱生活，期盼有更好的教育、更稳定的工作、更满意的收入、更可靠的社会保障、更高水平的医疗卫生服务、更舒适的居住条件、更优美的环境，期盼孩子们能成长得更好、工作得更好、生活得更好。人民对美好生活的向往，就是我们的奋斗目标。”这更是从人民对幸福的各种具体诉求上更加亲和地论述了“中国梦”，它把“国家梦”与“个人梦”融合起来，在关切国家民族共同利益的同时，也满足个体的现实诉求，真正实现了“以人为本”。“中国梦”如此得人心，原因就在于站在了人民的立场上。这是“中国梦”的重要价值理想，我们要突出和坚持这样的价值理想，因为从历史来看，它是经得起检验的。

四、马克思主义经典作家对未来社会的设想为中国梦提供了科学方法

美好梦想如何转化为现实才是重中之重，如何把“中国梦”付诸实践需要更多的方法性设计。某种意义上，中国共产党的历史就是一部为了实现“中国梦”而不断探索、不断实践，并在实践中不断推进马克思主义中国化的历史。在马克思主义经典作家那里，我们可以得到更多的科学方法的指导。恩格斯说：“马克思的整个世界观不是教义，而是方法。它提供的不是现成的教条，而是进一步研究的出发点和供这种研究使用的

① 《马克思恩格斯全集》，中文1版，第1卷，82页，北京，人民出版社，1956。

方法。”①

第一，“中国梦”的实现需要坚持一切从实际出发，遵循规律，实事求是。马克思在《德意志意识形态》中曾指出：“共产主义对我们来说不是应当确立的**状况**，不是现实应当与之相适应的**理想**。我们所称为共产主义的是那种消灭现存状况的**现实的**运动。这个运动的条件是由现有的前提产生的。”② 马克思主义经典作家对未来社会的设想不是从主观愿望出发，而是从实际出发建立在对旧世界的批判基础之上的，是对社会发展一般规律的科学揭示，它为我们提供的是一种“一切从实际出发”的科学方法，“我们不想教条式地预料未来，而只是希望在批判旧世界中发现新世界”③，“我们对未来非资本主义社会区别于现代社会的特征的看法，是从历史事实和发展过程中得出的确切结论；不结合这些事实和过程去加以阐明，就没有任何理论价值和实际价值。”④“中国梦”的提出本身就是从新时期的发展实际出发，其实现同样需要坚持一切从实际出发，实事求是地设计梦想实现的路线和途径、解决实际发展中面临的各种问题。在马克思主义经典作家那里得到实现“中国梦”的科学方法的指导才是真正意义所在。

第二，“中国梦”的实现需要坚持理论联系实际，避免设定单纯的理论框架。马克思主义经典作家关于未来社会的设想是一种基于历史研究所做出的一种理论性推演，在当时的历史条件下这些理论不可能对“什么是社会主义，怎样建设社会主义”做出详细的说明，这种说明即使存在，也只能是停留在理论阶段，甚至成为“空想”。正如空想社会主义者从主观愿望出发为未来社会所设计的那个细致详尽的规划图，恩格斯在《社会主义从空想到科学的发展》中就说过，这样的蓝图“越是制定得详尽周密，就越是要陷入纯粹的幻想”⑤。因此，不同时代、不同民族国家在社会主义实践中不能机械遵循马克思主义经典作家关于未来社会的设想理论，而是要结合自己的时代特点和具体实践，既强调理论联系，又强调创新发展。正如列宁所说：“马克思主义者从马克思的理论中，无疑地只是借用了宝贵的方法，没有这种方法，就不能阐明社会关系，所以他们在评判自己对社会关系的估计时，完全不是以抽象公式之类的胡说为标准，而是以这种估计是否正确和是否同现实相符合为标准的。”⑥“中国梦”提出“国家富强、民族振兴、人民幸福”，却并不对其设定过多的条框性描述，这里面有个人的“梦”、国家的“梦”、民族的“梦”，甚至世界的“梦”，都需要在实践中由身临其境的人民勾勒并实践。正如习近平提出的实现中国梦的三个“必须”之一，即“必须走中国道路”。

---

① 《马克思恩格斯选集》，2版，第4卷，742页，北京，人民出版社，1995。
② 《马克思恩格斯选集》，2版，第1卷，87页，北京，人民出版社，1995。
③ 《马克思恩格斯全集》，中文1版，第1卷，416页，北京，人民出版社，1956。
④ 《马克思恩格斯选集》，2版，第4卷，676页，北京，人民出版社，1995。
⑤ 《马克思恩格斯选集》，2版，第3卷，724页，北京，人民出版社，1995。
⑥ 《列宁选集》，3版，第1卷，60页，北京，人民出版社，1995。

第三，“中国梦”的实现需要有“实干兴邦”的精神。马克思强调：“批判的武器当然不能代替武器的批判，物质力量只能用物质力量来摧毁。”① “哲学家们只是用不同的方式**解释**世界，而问题在于**改变**世界。”② “中国梦”是一种共同理想的实际运动，其根于现实，又必须要成为现实，否则就只能停留在“梦中”状态，“空谈误国，实干兴邦”③，实现中国梦，关键在于付诸中国特色社会主义实践。脱离实践，任何美“梦”都不过是“南柯一梦”。邓小平说过：“世界上的事情都是干出来的，不干，半点马克思主义都没有。”④ 关于这一点，列宁也有论述：“我们并不苛求马克思或马克思主义者知道走向社会主义的道路上的一切具体情况。这是痴想。我们只知道这条道路的方向，我们只知道引导走这条道路的是什么样的阶级力量；至于在实践中具体如何走，那只能在千百万人开始行动以后由千百万人的经验来表明。”⑤ “中国梦”是我们的追求目标和共同理想，我们要激发行动，在梦想与实践之间建立牢固的纽带，让梦想具有实际意义、成为现实。

回顾整个马克思主义的中国化进程，从毛泽东思想到邓小平理论、“三个代表”重要思想、科学发展观，每个阶段都始终肩负着实现“中国梦”的历史重任。而“中国梦”的提出再次为马克思主义中国化增添了丰富内容，赋予其新的民族使命。“中国梦”的提法本身就是一种话语创新，是对意识形态话语进行创造性转换，是关于社会主义共同理想的“贴近生活、贴近实际、贴近群众”的生动易懂的表达。“中国梦”表达了中华民族万众一心、努力奋斗的共同理想，体现了马克思主义和中华民族目标指向的高度融合统一。习近平强调：“这个梦想，凝聚了几代中国人的夙愿，体现了中华民族和中国人民的整体利益，是每一个中华儿女的共同期盼。历史告诉我们，每个人的前途命运都与国家和民族的前途命运紧密相连。国家好，民族好，大家才会好。实现中华民族伟大复兴是一项光荣而艰巨的事业，需要一代又一代中国人共同为之努力。”而且强调“定当不负重托，不辱使命”，即肩负起“对民族的责任”“对人民的责任”“对党的责任”。我们看到了政府的决心和态度，也看到了让人民群众共享人生出彩、共享梦想成真、共享同祖国和时代一起成长与进步的机会，我们始终应该相信“中国梦”是国家梦，也是个人梦，在我们的共同奋斗下，美梦必然成真。

---

① 《马克思恩格斯全集》，中文1版，第1卷，460页，北京，人民出版社，1956。
② 《马克思恩格斯选集》，2版，第1卷，61页，北京，人民出版社，1995。
③ 《十五大以来重要文献选编》(中)，1585页，北京，人民出版社，2001。
④ 《十六大以来重要文献选编》(下)，874页，北京，中央文献出版社，2008。
⑤ 《列宁全集》，中文2版，第32卷，111页，北京，人民出版社，1985。

超越西方“宪政”话语

■ 刘晨光*

［摘　要］本文从“文明—情境论”的视野出发，首先考察了近现代中国情境中的西方“宪政”话语，然后在西方基督教自由主义“文明—情境”中重点对英美宪政的起源、实质、特征等问题进行解析。本文认为，西方宪政自身远不够好，且西方宪政的好并不一定适合中国。置身在中国数千年文明传统和近代以来革命传统的“文明—情境”中，中国应该也能够发展出足以超越西方“宪政”话语的社会主义法治理论，应该也能够建设成足以超越西方宪政模式的社会主义法治体系。

［关键词］西方宪政；基督教自由主义；文明—情境论；社会主义法治

走中国特色社会主义法治道路，核心要义是坚持党的领导，坚持中国特色社会主义制度，贯彻中国特色社会主义法治理论。中国特色社会主义法治理论是中国特色社会主义法治体系的理论指导和学理支撑，是全面推进依法治国的行动指南。在西方“宪政”话语仍然具有一定影响的情况下，加强中国特色社会主义法治理论建设的一大任务，就是要在深入理解西方“宪政”话语的基础上超越西方“宪政”话语。

一、中国情境中的西方“宪政”话语

我们要从中国情境中的西方“宪政”话语说起。自从西方“宪政”话语进入中国情

* 刘晨光，中共中央党校科学社会主义教研部副教授，复旦大学政治学博士，中心大学哲学博士后。主要研究领域：社会主义理论、中国政治发展、中西政治哲学。著有《自由的开端：美国立政治哲学》等。

境，它就在中国知识界不断掀起争辩之潮，各方对“宪政”往往有相当不同的理解，有时还针锋相对。

最近的实例是2013年初兴起的关于“中国梦”是否“宪政梦”的争论。习总书记上任伊始提出“中国梦”概念，它是对中国特色社会主义共同理想的通俗表达，是对中华民族伟大复兴理想的简练陈述，很快得到全社会的普遍认可。然而，有媒体在2013年新年贺词中把“中国梦”解释为“宪政梦”，因此引发了激烈的争论。其中核心问题在于，“宪政”到底是不是独属西方所有？是不是西方为了搞和平演变而有意对外传播的“普世价值”？应该如何正确对待流行的“宪政”话语？中国是否应该像西方一样搞“宪政”？如果答案是否定的，为什么？

要回答这些问题，不妨先大概看看西方“宪政”话语进入中国情境的传播史和中国对西方“宪政”话语的接受理解史。西方“宪政”话语传入中国始于清末，特别在甲午战后，朝野许多人士把日本战胜归因于明治维新，因此促使朝廷举行“预备立宪”，以建立君主立宪政体。且不论清廷立宪心意的真假，由此可见当时对“宪政”的理解至少有两个特点：首先，“宪政”意味着君主立宪政体；其次，“宪政”往往被认为可带来国家的强盛，或者说，清廷的衰弱被认为与没有仿照西方或日本实行“宪政”有关。

我们知道，中国近代失败屈辱史的开端，是在鸦片战争中首遭英国的欺凌，而英国就是世人眼中最典型的君主立宪政体，加上在普法战争中获胜、有称霸欧陆之势的德国也是君主立宪政体，所以日本的政府体制改革某种程度上就是向英国、德国学习的结果。清王朝既有的制度基础就是君主制，故而“预备立宪”时把英、德、日的君主立宪政体视为宪政典型就很好理解了。但随着反清革命情绪的高涨，共和主义思想也很快传布开来，在辛亥革命建立民国之后，美国和法国的共和主义宪政模式便逐渐取代英、德、日的君主立宪模式。尤其随着20世纪初美国势力在国际政治中的扩展及其影响的增强，美国宪政模式在中华民国政制转型中颇受瞩目。

当然，从清末到民国的宪政改革最终都以失败告终。究其原因，最主要的一条就是，所有的“宪政”实验几乎注定都只是形式主义的，对于当时中国迫切需要解决的根本问题无济于事。当时中国的根本任务是什么？答曰：反帝反封建，建立统一独立的国家政权。就此而言，论者把“宪政”与“富强”联系起来有足够的道理，因为不管是哪家的、什么形式的“宪政”，只要能给中国带来富强，就具有在当时中国存在和生长的充足正当性。无论是严复还是梁启超，对此都有明显的自觉。尤其是严复，他本对于英国式宪政的自由理念领悟颇深，但在话语译介中，还是认为“群体自由”比“个人自由”更重要。而像胡适那样忠于或溺于自由主义理念的民国知识分子，自然只能够对一直以来都不以“个人自由”为终极关怀的“坏政治”耿耿于怀。

近代中国宪政的研究者常常正确指出的一点是，宪政在近代中国可能压根儿就只是

“器”（工具理性），而非“道”（价值理性）。这倒不是因为国人对于“宪政”的本义没有确解或故意曲解，而只是因为国人不能无视或歪曲中国自身的真正需要。应该承认，现代意义上的“宪政”发源自西方，但也正是因此，“宪政”话语在传入中国、展开实验之时，定会面临跨文化传播必然发生的正常变异。“宪政”话语在中国情境中所具有的真实意义，将不仅取决于它在西方情境中的原初意义，更取决于中国人在接受和使用它时，出于中国自身的客观现实需要而赋予它的新意义。这倒不是说，人们可以随意定义“宪政”的内涵，而无视其原初意义的基本约束，而是说，“宪政”在进入新的情境后若要获得生长壮大，必然得经历在与新土壤的化合反应后生成新的意义，且其在新情境整体结构中的地位与功能都将随之发生变化。

拿学界众所周知的毛泽东对“宪政”的理解来讲，如果不考虑他说话时的情境和用意，那就只能得出他根本不懂西方“宪政”精义的结论。孤立出来看，他为宪政下的定义非常简单：“宪政是什么呢？就是民主的政治。”① 如果认为这才是“宪政”放之四海而皆准的标准化定义，那就错了。正如孔子对“仁”“义”的解释总是因应不同语境而有多种发明，毛泽东对于“宪政”的定义也是根据当时中国具体情境的需要而来。《新民主主义的宪政》这一讲话标题其实已经把对“宪政”的理解限定在了“新民主主义”这一语境，因此毛泽东一开始就先讲了中国新民主主义革命的任务。

“中国缺少的东西固然很多，但是主要的就是少了两件东西：一件是独立，一件是民主。……把独立和民主合起来，就是民主的抗日，或叫抗日的民主。没有民主，抗日是要失败的。没有民主，抗日就抗不下去。有了民主，则抗他十年八年，我们也一定会胜利。”② 毛泽东的“宪政”定义正是紧接着这段话而来。在这里，民主似乎也只是实现民族独立的工具，但由于没有民主，独立也是不可能的，而有了民主，独立就是一定能实现的，所以民主也就具有了“道”的价值。那么“民主”又是什么呢？对毛泽东思想稍有了解的人都知道，同样源自西方的“民主”话语在中国共产党的词典中，与发动民众、组织民众的群众路线和建立针对具体敌人的灵活统一战线密切相关。因此，毛泽东才说：“什么是新民主主义的宪政呢？就是几个革命阶级联合起来对于汉奸反动派的专政。”③

在这里，我们首先看到的是毛泽东对于中国革命的深刻理解，其次是他出于中国革命的实际需要而对“宪政”话语所作的匠心独运的转义。由此展现的一个根本原则是：不是要使中国革命实践适应西方“宪政”话语的需要，而是要使西方“宪政”话语适应中国革命实践的需要。如果说“宪政”不只是“器”还是“道”的话，那这就是宪政的

---

① 《毛泽东选集》，2 版，第 2 卷，732 页，北京，人民出版社，1991。

② 《毛泽东选集》，2 版，第 2 卷，732 页，北京，人民出版社，1991。

③ 《毛泽东选集》，2 版，第 2 卷，733 页，北京，人民出版社，1991。

中国之道。

回到2013年的争论。这场争论可谓至今余波未消。虽然对于西方“宪政”的鼓吹之潮受到了抑制，但有些人的“宪政”情结恐怕一时难以完全破除。事实上，自从1990年代以来，西方特别是美国的自由主义宪政制度，就被中国学界特别是法学界、经济学界的许多人给模式化、神圣化了。这种可以称为“西化教条主义”的东西既然由来已久、影响深广，自然也不是倏忽之间就可从人心尽去。但同时我们要注意的是，对于这种教条主义的批判往往容易陷入另一种教条主义，那就是以抽象僵硬的具有原教旨意味的“阶级”话语应对西方“宪政”话语，通过简单粗暴地为西方“宪政”话语贴上“资产阶级”的定性标签，而不容置疑地一棒子打死。就其根本言，这两种教条主义恰可谓相反相成，固执其中一端，只能起到强化另一端的作用，却达不到交流与说服的目的，更无助于真正超越西方“宪政”话语，进行中国特色社会主义法治理论的话语创新。

二、西方“宪政”话语的前世今生

要超越西方“宪政”话语，必须准确理解西方“宪政”话语，而对于西方“宪政”话语的准确理解，必须超越“普世价值论”和“阶级定性论”两种流行的刻板论调，走向比较文明视野下的“情境论”。如果说“普世价值论”出于西方中心主义的傲慢，那么“阶级定性论”则出于教条马克思主义的偷懒，二者共同的特征是僵化固执。“普世价值论”与“阶级定性论”并非全无道理，但只有偏狭的有限的道理，且只有在“文明—情境论”的视野下，其道理才可能获得较好的理解。

正如西方“宪政”话语进入中国情境会发生转义一样，脱离西方情境也不可能很好地理解西方“宪政”话语的本义。但这是否意味着“宪政”独属西方所有，并导致一种庸俗的特殊主义或相对主义呢？答案是否定的。特殊主义与普遍主义、相对主义与绝对主义只是一体两面，正如怀疑论与独断论本是两面一体。“文明—情境论”视野中的西方“宪政”话语，既是特殊的，又是普遍的——其所应对的人类共同生活中的根本政治法律问题是普遍的，而其所提供的一套答案却是特殊的，既源于西方特殊的文明—情境，又只适用于西方特殊的文明—情境。进而言之，即便同属西方的大文明—情境，但在不同国家的小文明—情境中，西方不同国家的“宪政”话语和实践仍有所不同。因此，从“文明—情境论”出发来理解西方“宪政”话语，必然要对西方“宪政”话语的前世今生进行具体的历史的分析。

当下中国学界中把西方“宪政”视为普世价值的人，往往以英美宪政为典范，常常流露出羡慕嫉妒恨的情感。英美宪政自有其价值所在，但问题在于，把英美宪政简单化为一些抽象教义，反而可能遮蔽其真正精义，错失真正理解和学习英美宪政的可能。而且，美国宪政与英国宪政虽因存在一定程度的继承关系而具有某些共同的特征，但二者的区别仍具有实质意义。当然，二者之所以成为现代宪政的典范，很大程度上与两国自近世以来先后成为世界霸权国有关。那些正确指出乃至尖锐批评严复纠结在自由与富强之间的人，为什么会有意无意地忽视英美宪政同样面临此一抉择呢？只是由于两国特殊而幸运的地缘位置，它们的国家安全更少地受到外敌威胁罢了，它们因此也更容易葆有和享受自由的赐福，进而形成具有自身特色的宪政文化传统。

拿英国来说。英国是现代政治文明的发端者，被誉为现代政治制度的“博物馆”，举凡宪政制度、议会制度、内阁制度、政党制度、文官制度等，几乎所有的现代政治制度都可在英国找到原型。然而，只有明了英国历史的独特脉络，才可能对包括宪政制度在内的英国政制有精确的理解。“宪政”（constitutionism），又称为“立宪主义”，最初在英国所具有的实质含义乃是“王在法下”，即人们常说的“君主立宪”——君主权力要受到宪法或宪法性法律的约束。就此而言，“宪政”的实质确为“限政”，即对最高政治权力的限制。换言之，法律才是最大的王者。不过，英国宪政的形成绝不是某种宪政观念的产物，而是包括封建贵族和资产阶级在内的各种势力，在数百上千年的时间里与国王进行持续斗争的结果。

其中关键是对“自由”和“权利”的捍卫，在英国历史中并非某种形而上学的观念主张，而是意味着具体阶级特别是贵族对于自身特权和世袭权利的实际主张，所针对的乃是国王大权，所追求的乃是免受国王专断任性权力的侵犯。英国的幸运不仅源于其岛国位置提供的安全保障，还有其贵族阶级由于“玫瑰战争”自相残杀而不似法国贵族那样强大，所以英国王权也就不似法国王权那样专制集中，英国也就没有成为一个所谓的“绝对主义国家”。当然，英国史上并非没有渴望并追求专制权力的国王，但那顶多只意味着“治理权”即通常所说的行政权的集中，而在审判权领域，国王必须尊重英国悠久的习惯法和普通法传统，不能肆意胡为，这样也就为历史中形成的各种“权利”和“自由”提供了一定的保障。到了资产阶级完成“光荣革命”后，随着议会主权的形成，国王所保有的权力就比较有限了，君主立宪制才最终确立起来。立法权和行政权的分离以及君主权力的虚化，结果是内阁制度的确立，此时英国宪政的重心，则由对君主权力的限制转向对内阁权力以及后来更广泛的民权运动的限制。

美国宪政与英国宪政多有大不同处，择其要者有四。其一，虽然美国《独立宣言》对英国王权严厉指责，但当时对殖民地政策应负主要责任的实为英国议会及内阁，而美国立宪成立的新国家是一个共和国而非君主国，美国宪政对权力的限制主要针对的也是议会。其二，美国宪政所立足的主要理论基石是自然权利论和社会契约论，是以洛克式政治哲学建国的首例典范，而洛克虽为英国人，但英国宪政却主要是历史形成而非理论建构的，英国宪政所保护的各种“权利”亦是历史权利而非自然权利。其三，即便美国宪政的形成离不开殖民地时期源自英国的历史、文化和法律遗产，但英国是一个有着甚久统一君主制传统的历史国家，美国在联邦成立之前从来不是一个统一国家，故而美国立宪的首要目的并非限权而是集权，即把十三块各自独立的殖民地联合为一个统一的政治共同体。其四，美国宪政的限权方案也是通过分权制衡形成一种“混合政制”，但英国宪政中的分权主要源于阶级斗争，特别是封建贵族与君主、资产阶级与君主以及后来的资产阶级与无产阶级的斗争，因此其“混合政制”具有古典特征，而美国宪政由于是民主共和主义的，所以其“混合政制”不再以阶级为基础，而是共和政制下立法、行政、司法不同分支的分立与制衡。

当然，美国宪政与英国宪政也有相似之处。比如美国宪政对英国普通法传统的继承，使得英美法系同为一支；美国远离欧陆内斗，近邻无强国，特别在欧洲帝国主义势力撤出之后，美国享有像英国海岛一样优越的地理位置，且由于大洋阻隔，易守难攻，其国家安全环境更佳，国内自由更有保障；美国宪政建立最初并未设想会形成两党制，美国政党制度和英国政党制度一样都是政治斗争和历史演进的产物。除了法律、地理、政党制度之外，最重要的是，美国宪政和英国宪政在宗教渊源以及阶级性质方面也具有相似性，而这正构成西方“宪政”最具本质性的共同特征。

我们一般熟知的阶级分析法，是把西方宪政定性为“资产阶级性质”。从历史上看，西方宪政的演化至少应是从封建社会后期开始，源于封建贵族与君主的斗争，不过从其成熟期来看，西方宪政确实定型于资产阶级革命之后，主要服务于资本主义的发展和资产阶级的利益。只是因为具体国情和历史传统的不同，保留君主的国家一开始往往实行的是君主立宪，而没有君主或废除君主的国家则实行更为激进、更具革命性的共和主义宪政，也就是后来所说的“宪政民主”。

今日把西方宪政奉为制度模板、视为“普世价值”者，往往把“宪政民主”和“自由民主”混用，乃至等同视之，其实不无道理。因为在资产阶级取得政权、资本主义国家稳定发展之后，形式化的抽象平等的“个人自由”被视为宪政的根本目标，为了防止民主政治中“多数人的暴政”，宪政的基本功能也被认为是对民主的限制和对自由的保障。而究其实质，在资本主义社会中，宪政要保护的“个人自由”或“个人权利”，最根本的就是霍布斯政治哲学所声张的生命权和洛克政治哲学所声张的财产权。尤其是私人财产权，乃是资本主义社会运行和扩张的真正权利基础，在它的引领和规定之下，生命存在的目的就是竭力获取财富和享受财富带来的种种快乐。所以，理所当然，“个人自由”或“个人权利”也便主要是富人或资本家的自由或权利。而西方宪政所要限制的“民主”、所要防止的“多数人的暴政”，便是与其相对的穷人或无产者的自由或权利。实际上，无论是在洛克还是在联邦党人那里，即便前者更为直白、后者更为含蓄，革命权也都是人民最后的保留权利，但在资本主义法权秩序巩固之后，掌权的资产阶级必然会把人民的抗争或革命视为“多数人的暴政”。

“个人自由”或“个人权利”扎根于西方犹太—基督教的深厚宗教背景中。在前基督教的西方古典世界，城邦共同体是西方人的集体家园，个人主义只是某些哲学流派的孤僻倾向，根本有悖于古典共和主义的主流传统。基督教一方面使一神教传统进入西方文明，使人类政治世界最高主权者之上多出一个超越的上帝，神圣权威要高于世俗权威；另一方面使原属于政治共同体的成员成为直接孤独面对上帝的赤裸裸的原子式个人，后世自然状态理论中的抽象个人即渊源于此，他被去除了一切偶性，是绝对“自由”的。正是在此基础上诞生了现代自然法理论，它与古典自然法理论的最大不同即在于，后者突出了真正自然正当的秩序高于人类政治法律世界，前者则使人类政治法律世界隶属于并服务于人人所赋有（被神赐予）的抽象平等的自然权利。现代宪政之所以对政治权威构成约束或限制，正是因为它置身于这一渊源自基督教的“高级法”或“根本法”传统中，它为人类政治法律世界提供了目的，并对其构成了规制。值得注意的是，个人被赋予的自由或权利中，虽然从后世看最根本的是财产权，但一开始首要的就是宗教信仰的自由或权利。逐渐世俗化的个人主义自然权利论具有神圣的宗教起源，同样世俗化的社会契约论实际上也渊源自犹太—基督教的“约法”传统。

把西方“宪政”话语放置在西方基督教文明传统中，并不意味着“文明决定论”，却印证了“文明—情境论”，即基督教文明传统虽不一定必然孕育出西方宪政，但西方宪政离开了基督教文明传统这一情境，却必不可能成为西方宪政。总之，基督教这一“文明—情境”是西方宪政的必要条件。当然，也有西方法学家试图对西方宪政的生成作纯粹世俗化的解释，比如麦基文在《宪政古今》中就特别强调西方宪政的罗马渊源，认为罗马法律传统中出现的“法律至上”观念以及治理权和审判权的分离主张，对于后来英国宪政以及现代宪政本身影响深远，并且他还认为这是西方宪政最可宝贵的地方。无疑，对于审判权与治理权的区分，显示了英国宪政中的贵族院和美国宪政中的最高法院所享有的审判权对于宪政的关键作用。但同时麦基文一再强调，这绝不意味着要削弱治理权，毋宁说，强大的治理权和对其构成一定约束的独立审判权对于宪政同样重要。麦基文在20世纪中期断言，即便在民主化的趋势下，人民取代了国王，法律与意志之间的平衡仍是政治实践的核心问题，而宪政包括的两个基本要素，仍是法律对专断权力的限制和政府对民众全面的政治责任。

反观今天的西方“宪政”，尤其是被神话化的美国宪政，它在言辞和形式上高扬“个人自由”“个人权利”和“选举民主”，同时它也在言辞和形式上高扬“法治”和“程序正义”，但政府对民众的政治责任的实际履行情况，事实上却很不尽如人意。那些一提到“宪政”就想到美国宪政，一提到“美国宪政”就想到三权分立、两党制、议会民主、违宪审查、联邦制的人，应该注意到弗朗西斯·福山对于美国宪政的致命缺陷——否决制（vetocracy）——的批评。所谓“否决制”的基本特征，就是我们常说的内斗内行、精于扯皮，成事不足、败事有余。对照下福山在新书《政治秩序的起源》中提出的优良政治制度三要素，除了“法治”为其所长之外，被视为现代政制形式之典范的西方“宪政”，无论在“强大有效的国家”方面还是在“回应民众要求的可问责民主”方面，表现得都很差劲。而这两方面的核心要义，就是麦基文所说的政府对民众的全面政治责任，它也正是治理权的职责所在。缺乏能力与责任的“宪政”，即便“法治”做得再好，所剩的除了是形式而已，还能是别的什么吗？

三、社会主义法治理论对西方“宪政”话语的超越

通过对西方“宪政”话语做“文明—情境论”的简要考察，我们可以看到，那些对西方“宪政”抱有宗教般迷恋态度的人，基本上是以对它的误解或想象为基础。那种把西方宪政简化为抽象教条的人，反而只能加倍降低西方宪政的价值。把“宪政”仅仅理解为“限政”不仅是偏狭的，而且根本不符合实情。西方宪政所具有的普遍性的价值，体现在它所回应的人类社会政治治理的基本问题，即麦基文所说的治理权和审判权、意志与法律的平衡问题，福山所说的国家能力、政府责任和法治的统一问题。但由于西方宪政根植于犹太—基督教“文明—情境”之中，成熟定型于资产阶级革命完成之后，它内在所具有的宗教品格和外在所反映的阶级实质都是独特的。且不论它是否值得学习，别的“文明—情境”中的国家大概想学也学不来，除非首先改造自身的“文明—情境”。

当然，我们应该以一颗平常心看待西方宪政，既不掩其美，亦不饰其丑。我们应该同时辨明其优点和不足。那种对西方宪政的简单化、模式化理解过于低级，尤为我们所不取。西方宪政既不是有些人说的“普世价值”，也不是有些人说的“和平演变”手段。我们之所以不能东施效颦般步西方宪政之后尘，首先是因为西方宪政自身不够好，其次是因为西方宪政的好并不一定适合我们。归根结底，置身于中国数千年文明传统和近代以来革命传统的“文明—情境”中，我们应该也能够发展出足以超越西方“宪政”话语的中国特色社会主义法治理论，我们应该也能够建设成足以超越西方“宪政”模式的中国特色社会主义法治体系。

社会主义法治理论对西方“宪政”话语的超越，主要体现在以下几个方面：

首先，社会主义法治理论不是对西方“宪政”话语的全盘否定，而是借鉴吸收了西方“宪政”话语的合理内核。西方“宪政”的精义是防止任性专断的权力胡作非为，所以西方“宪政”往往表现为一系列以“限政”或“限权”为宗旨的制度设计，而西方

“宪政”话语也主要围绕着如何规制国家和政府的权力展开。简言之，其合理内核就是使政治权力运行规范化，建立一种“规范政治”。习近平总书记所说的“把权力关进制度的笼子里”，其着眼点即在于此，而我们要建设的法治国家和法治政府，实质上也就是要使国家和政府权力的运行严格遵循法治轨道，更加规范化、制度化。当然，借鉴吸收西方“宪政”话语的合理内核，绝不意味着要照搬西方宪政制度的既定模式。其一，不宜像西方“宪政”话语那样只是一味强调分权制衡，而要看到权力的分工配合更加重要；其二，即便是吸纳分权制衡思想，也只能从中国政治的实际出发进行制度设计，而不能直接复制两党制、两院制、联邦制、司法独立等西方宪政模式。

其次，社会主义法治理论在根本上是为了服务和发展人民民主，而西方“宪政”话语在根本上是为了服务和发展自由民主。无论是何种形式的法治或宪政，都服务于一定的政治目的。社会主义国家实行人民民主专政，规定了国家的根本性质与目的。建设社会主义法治的根本目的是为了更好地发展人民民主，而西方实行“宪政”的根本目的，是为了更好地发展自由民主，限制人民民主。社会主义法治与西方宪政的根本区别，正在于人民民主与自由民主的目的论差异。人民民主旨在保证最广大人民群众当家做主的实际权利，不仅从法律形式上规定了公民享有平等的权利与自由，而且注重从经济、社会、文化等各方面积极创造条件予以保障，促进人与社会的全面进步；自由民主虽然在抽象意义上把人的权利与自由普遍化，但人们享有的权利与自由往往流于形式，且局限于政治领域，不注重从经济社会层面予以实质的保障，因此最终只能服务于少数资本家和富人的利益，不可能超越以私有制为基础的资本主义秩序。社会主义法治之实既然不同于西方宪政，因此也不必采用西方“宪政”之名。社会主义法治若采用西方“宪政”之名，则难免以名害实，无以表现社会主义法治对西方“宪政”的超越。

再次，社会主义法治理论最本质的特征是坚持党的领导，党的领导和依法治国的关系类似于西方“宪政”话语中主权者与宪制结构的关系。从其词源来看，西方“宪政”（constitution）的本源意思是指一个政治体的基本制度构成，特别是政治权力结构，颇似古典的“政制”（regime）观念，因此又常称为“宪制”。在现代语境下，一个国家的基本政治权力结构即是由这个国家的宪法及宪法性法律规定。因此，即便就西方政治文明传统内部而言，也应该超越对于“宪政”的偏狭化、教条化理解。事实上，无论是古代的“宪政”还是现代的“宪政”，所面临的最基本问题是一个政治体的主权者与这个政治体的宪制结构的关系问题。在君主制下，这一问题的实质是君主与宪制结构的关系问题；在民主制下，这一问题的实质是人民或人民代表与宪制结构的关系问题。无论是英国的君主立宪制或议会内阁制，还是美国的国会政体或总统制，都要面临这一最基本的问题。在中国政治权力结构中，中国共产党占据领导地位。在人民主权的大前提下，党实际上担任人民的“常在代表”，代表人民行使主权。发展人民民主，离不开党的领导；建设社会主义法治国家，同样离不开党的领导。党领导人民制定法律，同时在法律范围内活动。法律并非一成不变，党领导人民根据形势的变化和实际的需要而修订、废止法律，或制定新的法律。党的领导与依法治国的关系，堪比主权者与宪制结构的关系。

复次，由上可知，社会主义法治及其理论的建设必须在坚持党的领导、人民民主和依法治国三位一体基本框架下展开。中国特色社会主义政治文明建设，同样以民主和法治为基本价值导向，但与西方资本主义制度下的“自由民主”和“宪政”有根本不同。四项基本原则是中国的立国之本，是在中国宪法序言中明确予以表达的中国宪制结构的价值基础，规定了中国发展民主和建设法治的方向和路径。其中，坚持中国共产党的领导和走社会主义道路对于中国政治发展具有最现实也最根本的规定性。党的宗旨是为人民服务，社会主义的前途是实现人民的真正解放和社会的全面进步，正是在此基础上，中国政治发展才有超越西方“宪政”这一政治文明形态的可能性。而其实质，就是中国共产党领导下的人民民主与依法治国的辩证统一。发展社会主义法治，建设社会主义法治理论，不能够脱离这一基本框架孤立地进行。只有在深刻理解了中国特色社会主义政治发展道路的前提下，才可能把握中国法治建设的要义。

又次，社会主义法治理论更加注重治理权的积极作用，更加注重党的执政能力建设以及国家能力建设和政府责任建设，归根结底是为了提供一种更优良的国家治理之道。西方“宪政”的“限权”思维建立在“性恶论”的基础上，对于防止权力任性专断很有必要，但是把政府与国家权力仅仅视为“必要的恶”，必然致使权力更加难以成为“积极的善”。实际上，在西方“宪政”话语陷入教条自由主义的桎梏之前，治理权的重要性一直都得到承认。英国宪政最初是建立在强大王权的基础上，否则就谈不上对王权的限制；美国宪政的初衷也是为了建立统一国家，首先赋予联邦政府有效权力，其次才是对其进行限制。对于中国这样一个有着悠久历史传统、复杂地理环境、多元民族与文化、广土众民的超大型国家而言，因为时刻面临着各种内外问题与挑战，有效的治理权尤为重要。建设社会主义法治，归根结底是为了提供一种更加优良有效的国家治理之道，需要放在推进国家治理体系与治理能力现代化的广大视野中来审视。因此，社会主义法治理论应该注重党的执政能力建设，特别是通过法治方式治国理政的能力建设；应该注重国家能力建设，以适应和保障改革发展稳定各项事业的进步；应该注重政府责任建设，以积极回应和满足人民群众的实际需求。

最后，社会主义法治理论立足于中国古典文明传统与近现代革命传统，广泛吸收借鉴人类法治文明优良成果，一定会超越西方“宪政”话语，对人类社会发展做出更大贡献。中国古典文明传统奉行“儒表法里”的治理之道，在“法治”建设方面积累下宝贵的经验与智慧。当然，中国古典法家思想是为君主制度服务的，“法治”内涵也不同于现代法治，但在治理治理者尤其是严肃吏治方面，对于社会主义法治建设仍有很大借鉴价值。中国古典文明传统主张“德主刑辅”、重视道德教化，尤其是“为政以德”的政治哲学对执政者的道德人格提出高标准严要求，对于社会主义法治建设仍极具启迪。社会主义法治理论也要重视法治与德治的有机互补，重视执政党能力建设与党性教育的齐头并进。近现代革命传统，特别是中共领导的社会主义革命，则为社会主义法治建设提供了高远的视野，那就是要超越西方“宪政”的狭隘目的论，致力于社会解放和人类解放的崇高事业。因此，社会主义法治理论在接纳了自由、权利、平等、民主等价值的同时，力避仅仅使其停留在法律形式层面，而是强调法治文明建设是一项系统工程，要建立在人和社会的全面进步基础之上，并致力于人和社会的全面进步。社会主义革命同样具有伦理内涵，社会主义法治理论也应服务于塑造更好的人和建设更好的社会，而非为法治而法治。在这样的社会主义法治理论指导下，中国的社会主义法治建设可以为人类社会发展提供更佳的可能，做出更大的贡献。

“司法独立”的中西之辨

■ 石 伟*

司法独立是现代法治的一项重要内容。作为一种话语，它不同于“公民社会”那样的理论性概念。在理论之外，它还具有很强的制度实践特征。在不同的语境中，司法独立会呈现出不同的理论指向和制度设计。在西方，“司法独立”（judicial independence）源于对王权的抗争，有着符合西方政体结构、历史传统以及社会文化的制度根源。在中国，司法独立以“独立行使审判权”和“独立行使检察权”的表述出现，与“一切权力属于人民”的政体制度紧密相关。当前，面对全面推进依法治国的历史任务，如何明辨“司法独立”在中西语境中话语源流与实践运用的异同，具有重大的意义。

一、西方语境中的“司法独立”

作为现代化的先驱，以英美为代表的西方国家在制度理念方面创造了许多新兴话语。“司法独立”就是其中典型的一个。在特定的思想语境和制度语境中，“司法独立”话语兴起并经过了数百年的流变，形成了符合西方实际的具体理念和配套制度。

（一）“司法独立”的缘起

从世界范围来看，英国是世界上最早确立“司法独立”的国家。这个确立的过程与普通法的传统有关，背后体现的是外在阶层对王权的抗争。

---

* 石伟，山东聊城人，法学博士，中共中央党校副编审。

1066年诺曼登陆之后，英国的王权一度十分强大。表现在司法领域，就是王室在司法管辖权上的巨大优势。在诺曼时期，英国并没有专门的司法机关，国王主要靠一个立法、行政、司法、咨询等多种职能合一的机构——御前会议来审理较重大的案件。随着案件的增多，御前会议逐渐分化出一些职能部门，分类负责一些案件，其中比较重要的是财税法庭（Court of Exchequer）、皇家民事法庭（Court of Common Pleas）以及派往各地的巡回法庭。与御前会议一样，这些分离出来的机构也是综合性的，司法与行政等职能并不分离。① 这样综合性的管理机构，既是司法的，也是行政的，甚至还是立法的。

可以看到，英国王室一开始是依靠这种综合性的部门来管理国家的。然而，外在阶层的存在使得王室独揽大权的愿望无法实现。首先，是教会依然有相当大的影响力，贝克特与亨利二世的争斗就充分体现了其对王室的强大制约作用；其次，“分封建制”的权力结构使得分封各地的贵族对全国最大的领主（国王）形成牵制，客观上也为分权提供了可能。最后，更重要的是，普通法传统中的“遵循先例”原则催生了法律职业团体，为实现司法机关的独立提供了必要的人力资源。这三个方面的因素，带动了承担司法职能的综合性部门的继续分化，直至专事司法的普通法法院的出现。这标志着对王权的抗争达到了一个高潮，也标志着司法权的独立性越来越明晰。

真正确立“司法独立”制度的是1688年的《权利法案》和1701年的《王位继承法》。前者正式废除了国王任意干涉司法的法律赦免权和中止权，后者则对法官的终身制和薪俸做了相关规定。值得注意的是，这样的“司法独立”仅仅适用于英国本土。在北美地区，国王仍然拥有干涉司法的权力。很有力的一个证据就是，美国独立战争一个很重要的因素就是英王恣意干涉司法从而损害了北美地区民众财产和自由。② 这直接促成了美国国父们在设计本国政体架构时很注意司法的独立性。尤其是，汉密尔顿对司法独立就做出了极为明确精到的论述，从人事与薪资等方面推进了法官独立。③

这一时期，很多思想家为“司法独立”提供了重要的理论支援。英国思想家约翰·洛克在《政府论》中提出国家权力分为立法权、行政权和外交权，虽然没有明确地凸显司法权，但却暗含着分权的思想。在他看来，分权的实质就在于保障民众的权利和限制权力的恣意。④ 之后，法国思想家孟德斯鸠系统地提出了“三权分立”的思想，将国家权力分为立法权、行政权和司法权，提出三权应当分立，任何两种或者三种权力的结合都意味着专制暴政的到来和民众权利自由的丧失。⑤ 这些分权理念的提出，最终为“司法独立”话语的形成与传播奠定了坚实的思想基础。

---

① 参见李红海：《普通法的历史解读——从梅特兰开始》，120页，北京，清华大学出版社，2003。

② 参见廖海：《美国司法独立争论的历史考察》，载《法律科学》，1999（1）。

③ 参见［美］汉密尔顿、杰伊、麦迪逊：《联邦党人文集》，390～396页，北京，商务印书馆，1995。

④ 参见［英］洛克：《政府论》，236～238页，北京，中国社会科学出版社，2009。

⑤ 参见［法］孟德斯鸠：《论法的精神》（上册），156页，北京，商务印书馆，1997。

（二）“司法独立”的西方特质

事实上，在“司法独立”的具体制度设计上，“西方”并不是一个完全合一的主体。以英国、法国为代表的西欧诸国，虽然接受了权力分立理念，但是在“人民主权”的影响下大部分仍坚持“议会至上”的原则，在“司法独立”上并不绝对。而美国则在权力分立方面更加彻底，坚定地贯彻了三权分立理念，在“司法独立”上走向了极致。① 尽管如此，我们在观察西方不同国家的“司法独立”话语时，仍然能够找到一些共同特质。

第一，司法权的独立。尽管西方国家有的坚持议会至上，有的坚持三权分立，但是从根本的权力配置上说司法独立根源于权力分立理论，即司法权与立法权、行政权相分离，实际上就是司法权独立于立法权和行政权，后两种权力不能干预司法。这是基于人性恶的考量，其认为国家权力可以分为几个部分，只有这样才能避免专断和侵犯公民的权利，而司法独立正是在这种政治制度下的一种必然表现。② 比较典型的是，美国《联邦宪法》第三条第一款明确规定“合众国之司法权属于最高法院及国会随时设置之下级法院”，这一规定明确将国家司法权赋予国家司法机关，其他任何机关不具有司法权。

第二，司法机关的独立。在西方国家，司法机关一般专指法院，司法机关的独立意味着法院的独立。法院的独立主要是：对外，法院作为一个整体独立于其他任何国家机关、团体以及个人；对内，上下级法院之间保持独立，不受干涉。比如，德国的法院分为普通法院、行政法院和宪法法院，各自受理事项不同，相互独立。法国的法院存在司法法院和行政法院两套组织体系，它们相互分立，其司法法院又分为三级——初审法院、上诉法院和最高法院，相互之间也相互分立。

第三，司法人员的独立。司法人员的独立主要是法官的独立。在西方国家中，对法官的独立规定比较多，也比较细致：法官独立办案约束、严格的法官任用制、法官的终身制、法官的高薪制、法官的豁免权，等等。比如，在英国，法官独立审判，只服从法律；法官在任职期间的报酬和其他职务条件受到法律保障，任何机关不得对其做出不利的变更。再比如，在法国，法官选任采用十分严格的任命制，最高法院法官和上诉法院院长由最高司法委员会提出任命的建议案，由总统任命，其他法官则由司法部长直接任命。还比如，法国的法官终身任职，要想对法官进行免职、撤换或者是强令退休，必须要有可对其进行弹劾的罪状并要经过法定的程序。法官待遇比照文官，但实际上要稍高于同级别的文官，法官任职期间不得减少薪金，达到一定年龄可以退休并享受全薪待

① 参见王英津、刘海滨：《司法独立的由来及其在我国的实现》，载《学术探索》，2005（2）。

② 参见支振锋：《司法独立的制度实践：经验考察与理论再思》，载《法制与社会发展》，2013（5）。

遇。这些对法官保障的制度设计，相当于为法官设立了一道“隔离墙”，保证其能够尽可能独立地办理各种案件，不受干扰。

二、“司法独立”在中国

在迈向现代法治的道路上，中国是个后来者和追赶者。在“司法独立”方面，中国一边兼顾着既有的司法传统和社会现实，另一边始终在不断学习其他国家的已有经验。

（一）清末和民国时期“司法独立”的移植与排异

“司法独立”在中国甫一出现，就是直接移植西方司法制度的结果。第一次鸦片战争以后，官方或者知识界对纯粹西方的“器物”和“制度”开始被动地重视。作为“制度”的重要方面，三权分立以及衍生出的“司法独立”开始进入中国人的视野。首先接触到它的是一些具有留洋经历的人。黄遵宪在其《日本国志》一书中就主张“奉主权以保民智，分官权以保民生”，认为“惟分其权于举国之臣民，君主垂拱仰成，乃可为万世不坠之业”。这里，虽然没有明确地提出司法独立，但已经将分权理论介绍到了中国，这在一定程度上意味着司法独立思想的萌芽。维新变法时期，康有为建议要在君主立宪制前提下实行三权分立，谋求“司法独立”。① 在随后的清末预备立宪中，依据三权分立推行“司法独立”得到沈家本、黄瑞麟、吴钫等很多官吏的推崇。然而，在君主专制不改变的情况下，清末的司法独立实质上是“联想型”的。这种“联想型”的主要表现就是改革者一味地要完全照搬西方的司法独立制度设计，但却没有真正地估计到中国的社会现实，最终司法改革的结果只能是徒具外形而实质未变。②

进入民国，《中华民国临时约法》对司法独立有明确的规定，第 51 条规定“法官独立审判，不受上级官厅之干涉”，第 52 条规定“法官在任中不得减俸或转职，非依法律受刑罚宣告，或应免职之惩戒处分，不得解职。惩戒条规，以法律定之”。北洋政府时期，“司法独立”在纸面上延续了既有的规定，呈现出一种“形式上”的独立。然而，到了南京国民政府时期，尽管有如吴经熊、张知本、傅秉常等法学家强调“司法独立”的重要意义，但司法实践中“司法党化”大行其道，用党义来补充法律漏洞、用党义来解释抽象的法律、甚至可以用党义来宣布法律的无效等干预“司法独立”的情况开始出

---

① 参见郭志祥：《清末和民国时期的司法独立研究》（上），载《环球法律评论》，2002 年春季号。

② 参见韩秀桃：《近代中国对司法独立的价值追求与现实依归》，载《中国法学》，2003（4）。

现，连“形式上”的司法独立都不复存在了。[①] 总的来看，民国时期“司法独立”的现实与清末基本一致，都遇到了直接移植西方制度设计的强烈排异难题。西方“司法独立”的理想遇到中国司法传统与社会现实时，各种艰险和障碍层出不穷。“变法革新”打破了旧有的政治制度框架，但新的政治秩序并没有良性形成。

（二）新中国的“独立行使审判权”和“独立行使检察权”

尽管认同司法机关独立行使职权，但是中国共产党从来没有在法律文本中使用过“司法独立”的话语。这一传统可以追溯到建国前的革命根据地时期。例如，1939 年 4 月颁布的《陕甘宁边区高等法院组织条例》规定：“边区高等法院独立行使司法权。”1946 年 4 月通过的《陕甘宁边区宪法原则》规定：“各级司法机关独立行使职权，除服从法律外，不受任何干涉。”

新中国成立后，1954 年《宪法》第 78 条规定：“人民法院独立进行审判，只服从法律。”第 83 条规定：“地方各级人民检察院独立行使职权，不受地方国家机关的干涉。”1982 年《宪法》作了部分补充，第 126 条规定：“人民法院依照法律规定独立行使审判权，不受行政机关、社会团体和个人的干涉。”第 131 条规定：“人民检察院依照法律规定独立行使检察权，不受行政机关、社会团体和个人的干涉。”法院、检察院依法独立行使职权，重新确定为我国的一项宪法原则。1983 年修订后的《人民法院组织法》和颁布的三大诉讼法，都做出了与 1982 年《宪法》上述规定相同的规定。在中国的语境中，“司法独立”的理念是通过“独立行使审判权”和“独立行使检察权”来表述的。

（三）中西语境中“司法独立”的异同

在中国和西方的语境中，“司法独立”作为一种与司法实践联系密切的政治话语，其在思想内涵上有同有异。相同点主要在于：两者都在宪法中规定司法权专属于特定的司法机关，其他任何机关和个人不具有司法权。在西方，司法权属于法院；在我国，司法权属于检察院和法院。另外，两者均注重对个案处理独立性的保护，均强调司法机关只服从法律，不受法外的行政机关、舆论等的影响。但总的来看，这些主要是司法程序中技术意义上的相同点。

相比而言，两种语境中的“司法独立”的不同点则是根本性的。由于中西政体结构差异，两者的设立依据、独立主体、独立范围都存在本质不同。

---

① 参见韩秀桃：《民国元年的司法争论及其启示——以审理姚荣泽案件为个案》，载《法学家》，2003（2）。

首先，在设立依据方面。我国是社会主义国家，国家的一切权力都属于人民，由人民代表大会及其常务委员会行使。司法机关由立法机关产生并对其负责，在实质的权力关系上两者不是平等制衡的分权关系。司法机关要受到人民代表大会（立法机关）的监督。显然，中国语境中的“司法独立”是相对的。另外，司法机关和其他国家机关一样，要接受中国共产党的领导，这是题中应有之义。西方国家的国家权力可以分为立法权、行政权和司法权，这三种权力相互制衡、相互分立。虽然在不同国家三种权力的位阶有所差异，但司法独立都是基于权力分立的理论予以划分。

其次，在独立主体方面。在我国，上下级法院之间的关系是指导与被指导的关系，上下级检察院之间的关系是领导与被领导的关系。特有的法律体系和司法人员遴选机制决定了中国的司法机关和司法人员要受外部监督，而非西方国家专注强调法官个人的独立。

最后，在独立范围方面。我国是法院、检察院独立于行政机关，我国的司法审查仅限于针对行政机关的具体行政行为，而不包括抽象行政行为。虽然法院可以撤销违法的行政行为，但却没有权力宣布违宪的立法行为无效。因为在我国，法院不具备对立法的司法审查职能，而西方国家的法院很多都具有立法的司法审查职能。

三、基于世界范围内司法运行实况的反思

通过上述分析，我们可以发现，似乎西方语境中的“司法独立”在独立程度上要强于我国。这种事实很容易让普通民众认为我们的司法制度似乎远远落后于西方国家。由此，呼吁从根本上改变我们的政体结构，学习西方权力分立体制，比照西方建立“司法独立”制度，成为一些学者开出的“药方”。然而，这样的“药方”真的有效吗？在世界范围内，一些关于司法运行的实况给我们提供了答案。

20 世纪六七十年代，拉美地区在国际援助下通过“法律与发展运动”进行司法改革；20 世纪八九十年代后苏联时期，前苏联各加盟共和国在“华盛顿共识”的激励下，试图为推进市场经济转型而进行的司法改革；亚太地区近年来开展了“法治复兴”的运动，其中司法改革成为促进人权保护、实现善治和减少贫困的重要手段。① 这些司法改革计划几乎都照搬了西方的权力分立体制，大大强化了“司法独立”的力度。然而，改革后的司法运行的效果怎么样呢？

事实上，很多国家，虽然已经比照西方建立起了“司法独立”制度，但实际上运作

---

① 参见支振锋：《司法独立的制度实践：经验考察与理论再思》，载《法制与社会发展》，2013 (5)。

并不理想。根据世界经济论坛发布的《全球竞争力报告（2012—2013）》对司法独立和司法效率的排名，印度司法独立为第 45 名，司法效率为第 59 名（简称为“45/59”，下同），俄罗斯为 122/124，波兰为 50/111，匈牙利为 72/117，捷克为 75/115，斯洛伐克为 115/140。另外，在国家法治指标方面，在 2011 年度 GDP 前 10 名的大型经济体中，得分最高的巴西为 0.01，最低的俄罗斯仅为－0.78，印度为－0.1。而其他 6 个发达国家中，除意大利得分最低为 0.41 外，分数最高的为英国的 1.67，日本也有 1.27。而在人口最多的前 20 个国家，同样是法治指标，2011 年度得分最高的依然是老牌发达国家日本，转型国家除巴西的 0.01 和土耳其的 0.08 外，其他统统为负值。①

通过这些数据，我们不难发现，单纯模仿西方建立司法独立制度的国家，尤其是第三世界国家，其司法运行状况很难令人满意。在司法实践中，司法腐败严重、司法效率低下、诉讼费用过高、案件拖延时间长等都成为常态。相比而言，饱受西方“不民主”责备的新加坡和香港，司法独立就做得很好，法治指数都比较高。

“橘生淮南则为橘，生于淮北则为枳”，古人的这句话，可以给我们很大的启示。一项制度的良性运转，需要符合其生存的政体结构、历史传统以及社会文化。尽管在西方语境中运行“司法独立”有很多经验值得借鉴，但是中国有自己特有的国情。“一个国家实行什么样的司法制度，归根到底是由这个国家的国情决定的。评价一个国家的司法制度，关键看是否符合国情、能否解决本国实际问题”。因此，我们要积极走中国特色的“独立行使审判权”和“独立行使检察权”之路，决不能照搬照抄外国模式。

① 参见支振锋：《司法独立的制度实践：经验考察与理论再思》，载《法制与社会发展》，2013（5）。

现代西方民主的话语叙事：建构和解构

■ 孙培军*

［摘　要］现代西方民主有其独特的话语叙事，在美好理想、制度设计和实际运转中的民主呈现出“貌合神离”之状。通过对理想中的民主进行“定量”和“定性”建构，发现理想中的民主与设计中的民主相差甚远，早已形神分离。设计中的民主与自由、宪政、共和等政治价值追求的关系是复杂多变的，在制度安排上是偏好竞选的，民主的“名”和“实”在量化上也众说纷纭，这些都反映了设计中的民主与实际运转中的民主迥然不同。通过对选举制度、议会制度和政党制度的解构分析，可以发现西方民主的三大支柱被选举异化、行政集权和政党衰落所腐蚀，今天运转中的西方民主处于危机和转型之中。

［关键词］理想中的民主；设计中的民主；运转中的民主

综观古今西方政治思想史和实践史，可以得出一个基本判断：西方民主既是一种价值追求，又是一种政体模式。这是西方建构民主话语叙事和我们解构西方民主话语叙事的一条主线。这一主线体现和综合了“西方民主从哪儿来”“西方民主是什么”“西方民主怎么了”这三个关键节点，包括了建构和解构民主必须涉猎的重点：民主的历史（古典到近现代）、民主的原则（人民主权、竞选、分权制衡、司法独立）、民主的实现形式（直接抑或间接）、民主的分类（程序民主、实质民主、精英民主、多元民主）、民主的

* 孙培军，中央党校政法教研部讲师，复旦大学政治学博士，研究方向为中国政治、政治学理论。

制度（选举制度、议会制度和政党制度）、民主的量化（如何判断民主与否和民主好坏）。

一、西方民主从哪儿来

人人谈民主，首先要弄清楚民主从何而来，民主之前是个什么样的玩意儿。原初或本源的民主发端古希腊，以雅典城邦民主为代表，其内涵很简单，就是“人民的统治”，人民是所有的公民，统治是直接统治，所有公民都直接参与到城邦的决策和管理，这是一种最原始的直接民主。与今日不同，在古典时期，柏拉图、亚里士多德等先贤是不看好民主的，很多近现代思想家也对民主持批评和审慎的态度。民主仅仅是诸多政体中的一种，而且是被一些人反感的那一种，不被认为是治国理政的良好制度和方法。当下，我们憧憬古典民主美好愿景的同时，要看到它具有历史局限性，“民”不是所有人而仅仅是“公民”，所谓的“所有公民”仅占城邦人数的很少比重，所谓的“直接”在形式上是被限定在小国寡民内的抽签，在内容上不具备今天所言的西方民主的选举、议员和政党等核心要素。所以说，今天的西方民主起源于古典民主，但其性质、形式和内容都随历史而不断变动。

二、西方民主是什么

西方民主是价值和政体的有机统一。民主是一种价值追求，是诸多核心政治价值的一个指标，体现了人们追求良好政治生活的一种目的。同时，民主又是一种政体，是一种国家形态的制度安排，是治国理政的一种手段。因不同的历史、社会、文化情境，民主在价值和政体之间偏好迥异。

（一）作为价值的民主

在当今西方乃至世界，“民主”这个词语已经被“加冕”为好的价值和理念，民主是个好东西。这种价值论或目的论的西方民主被普遍认为与“自由”“宪政”“共和”等正面词语联系在一起，所以，一般意义的西方民主变成了“自由民主”“宪政（共和）民主”。不过，这些前缀词传递的信息是它们与民主有很大冲突性的，是为了限制民主的而非并列和递进的。

1. 自由与民主

“自由民主”防范民主对个人权利的可能侵犯。早在古典时期，民主理论家认为民主是个“坏东西”，近现代西方民主理论家特别强调个人自由，自由不必然和民主是一致的，民主造成的“多数人的暴政”就是对自由最明显的侵犯。自由将民主拆解为对“民”和“主”的限制，预设了哪些人是“民”，“民”怎么去“主”。换言之，自由民主是与激进民主相对应的，其中，激进民主的典型是“直接民主”（所有人直接统治），“直接民主”又与“间接民主”对应，“间接民主”的典型是“代议民主”（由代理人间接进行统治）。在自由民主与激进民主、直接民主与间接民主的对应关系中，西方自由民主就体现为代议（制）民主、议会民主。这同时也反映了所谓的“左、中、右”政治光谱，民主往往被贴上了意识形态的标签，如左派民主观、中间派民主观和右派民主观。

2. 宪政（共和）与民主

这里暂不对“宪政”和“共和”分别解释和区分其内涵，着重强调“宪政（共和）民主”在于突出西方宪政（共和）民主的特殊之处，即这种民主的目的是要对任何权力特别是最高权力进行监督和制约。为此，有了任期制、违宪审查、司法独立等制度和程序来规训民主，不让“任性的权力”在个人（特别是最高领导人）和组织手里肆意乱为，哪怕是为了保证结果的正义也不能亵渎程序的正义。其中，最重要的私人权益就是财产权，即保护私有财产神圣不可侵犯，私人领域和公共领域必须泾渭分明。因此，加上“宪政”“共和”这样的修饰词实际上是对民主可能滑向极端的担心和不信任，西方民主在程序民主和实质民主之间往往选择了程序民主，侧重程序上的政治民主，而非实质上的经济民主，成为一种保护型民主。

（二）作为政体的民主

西方政治思想史一个突出的特点就是古今政治思想家都在极力探求哪一种政体是最好的。而民主作为一种政体形式发展至今，与它最直接相关的手段就是“选举”，所以现代西方民主几乎与“选举民主”是同义词。从古典到近现代一路走来的西方民主，现如今最通俗的定义是采取自由、公开、竞争性的选举（特别是最高领导人的选举）的一套国家制度。这是西方判定一个国家和地区是否民主的最核心标准。

事实上，选举民主体现在选举前、选举中和选举后全过程中，其中“选举中”长期备受瞩目，因为“谁选”“选谁”“怎么选”等选举进行式环节最简单清晰地反映了民主。

随着历史的发展，精英和利益集团在选举进行式中独占鳌头，精英民主制、多元民主制随之应运而生。这些类型的选举民主，其最核心特征就是竞选，正所谓“没有竞争性的选举不是选举，没有差额的竞选不是竞选”。为了实现竞选，西方民主政治在制度上设计出选举制度、议会制度和政党制度这三大支柱，举例而言，美国政治制度中的总统制、两党（院）竞争制、三权分立制将竞选贯穿始终。这样，民主变成了“选主”和“为民做主”，成为政治授权和合法性的一种手段，民主的适用范围被局限于此。

（三）民主的量化：民主的“名”和“实”

有学者非常形象生动地概括了作为价值和政体的民主的前世今生：“今天我们看到的所谓‘民主’都是经过改头换面的民主、去功能化的民主。经过‘自由’、‘宪政’、‘代议’、‘选举’、‘多元’一刀刀阉割之后，民主已从难以驾驭的烈马变成了温顺的小羊；穷人已没法利用它来实现最想实现的目标，他们甚至不再知道自己最想实现的目标是什么；富人也没必要害怕这种‘鸟笼民主’，鸟笼内外依然是他们的天地。对有产阶级而言，既有唬人的‘民主’之名，又无可怕的‘民主’之实，这种玩意儿不是‘好东西’又是什么?”①有鉴于此，为了弄清楚民主的“名”和“实”，越来越多的学者开始关注民主的量化问题。

现代西方民主经历了漫长的历史发展，呈现出不同的民主形式和模式。近几十年来，西方学者、学术机构、国家组织试图寻找这些不同之处的相似、相同之处，总结出民主的通行标准，这就是把民主量化的问题。西方学者一方面对民主进行“泛化测量”，认为法律条件、中产阶级、市民社会、社会资本、公民文化等是民主的必要条件和指标；另一方面，欧美现代社会科学对民主进行“精细化测量”，试图建立分门别类的统计指标，这种“数学化、统计化、模型化”的尝试起始于二战结束后，仅在1954—1965年间，总共有2 080项不同的民主指数问世。此后，民主测量逐渐形成了一些流行类型，如自由之家关于政治权利和公民自由的等级量表、经济学人情报社的民主指数、万哈宁民主指数、全球晴雨表调查、社会政治量表。②

这些指数的概念化和操作化各有差异，但万变不离其宗，民主的量化是要对民主的“名”和“实”进行测量：“名”是对民主“定性”，通过一系列指标体系建构民主模板，测量某种模式是不是民主、民主程度如何；“实”是对民主“定量”，通过这些指标来测量民主的质量，测量民主实行的效果，进而也可以为民主转型和巩固提供参考，即哪些

① 王绍光：《民主四讲》，69～70页，北京，生活·读书·新知三联书店，2008。

② 这些指数只是一部分，关于其他指数的详细介绍和评议，可参见肃草：《西方民主测量的局限性和迷惑性：概述与分析》，载《国外社会科学》，2013 (6)。

条件影响一个国家或地区是否在走向民主、哪些条件决定民主实行的好坏。

三、西方民主怎么了

无论是在西方本土还是在其他国家，越来越多的人不禁发问：在今天，西方民主怎么了？民主政治在大行其道之外的景象是：很多西方国家陷入民主的危机和失灵，往昔美好的福利国家陷入税赋困境，欧美很多国家陷入政权更迭频繁和社会动荡不安的“拉美化”泥潭，欧洲主权国家陷入债务危机。合法性危机和治理危机此起彼伏，老牌民主国家陷入经济衰退和政治衰败，新兴民主国家的民主转型和巩固不成功和不成熟，实行了竞争性选举的俄罗斯、伊朗和委内瑞拉出现“民主的回潮”，中亚国家进入既没有达成西方式民主又没有回到传统威权主义的“灰色地带”。

危机引发深思：西方民主的危机是因为先天不足还是后天变异造成的？是哪些因素使得民主没能在国家治理中发挥良好的作用？民主是只停留在治国理政的技术层面，还是需要延伸到每个人的生活当中？作为治理手段的民主是否和能否走向生活方式的民主？我们可以从西方民主的选举、议会和政党这三大支柱来审视民主的危机。

（一）选举异化

选举不是表面那么热闹和简单的，今日的选举民主已不是那么美好和有效，人们对选举的“获得感”和“效能感”都大打折扣。

1. 选举的阶级性

“谁选”“选谁”和“怎么选”不仅仅是一种程序和技术，在这些“选举进行式动作”开始之前，已经有了行动的理念和先导，其背后的蕴意是阶级性和经济性的。选举民主的阶级性是一直存在的，精英和大众的分梳、穷人和富人的博弈、中产阶级的无力、利益集团的垄断利益，所有这些都反映了民主必然具有“贵族”和“寡头”色彩。选举民主标榜的直选、普选、平等、公开的程序民主性无法掩饰和弥补自由民主的实质阶级性。

2. 选举的经济性

在西方，政治献金、金融财团往往决定着选举的结果，金钱操纵着民主。2010 年 1 月，在“联合公民诉联邦选举委员会”（ citizens united v. FEC）案中，美国最高法院以

“最高捐款属于言论自由的一种”为由，判定政府不得限制企业、工会投资选举宣传，取消了个人与企业向独立支出的政治行动委员会捐款的上限，令人大跌眼镜。这就是西方追求的民主金钱化而非金钱民主化的赤裸写照。民主政治堕落为政治营销，政治掮客、黑金政治、民粹主义、特殊利益集团、贿选拉票、筹钱推销在政治市场上大行其道。选举民主变成金钱民主，宪政民主变成“宪财民主”，

3. 政治冷漠

《经济学人》2014 年 3 月发表了题为《西方民主病在哪儿?》的报道，发达国家的党员数量持续下降，现在英国人仅仅 1%参加政党，而 1950 年的数字是 20%。选民数量也在下降，一项针对 49 个民主国家的研究显示，选民数量在过去 30 多年时间里下降了 10 个百分点。2012 年针对 7 个欧洲国家的调查显示，逾半数选民“根本不信任政府”。Yougov 公司针对英国选民的调查表明，62%的受访者认为“政客永远在撒谎”。这些数字表明，西方国家投票率日渐下降，民众陷入政治冷漠之中。冷冰冰的数字宣告了主动参与的公民文化已烟消云散，留下的更多是动员式参与和冷漠。

4. 选举后的治理

西方开始反思选举政治不能局限于“选举中”的凑热闹，“选举完了”不是万事大吉的，而对“选举前”和“选举后”越来越重视。选举仅仅是民主过程的一个环节，选举必须充分展现作为价值和政体的民主。这也关系到民主的质量，选举后怎么办，也即民主国家选了人之后，这些人怎么治理国家、把国家治理得怎么样。西方选举的异化，一方面因为选举自身的先天不足，如选举的理念和原则、选举的技术操作（选票设计、选区划分、投票规则），另一方面因为外在的参与民主、协商民主、网络民主对选举民主的挑战。

（二）行政集权

传统意义彰显议会至上的代议民主已名不副实，行政已日渐超越立法，西方民主已变成“行政集权民主制”，行政权力不断膨胀，引发了一系列问题。

1. 行政与立法的关系

尽管西方有三权分立、司法独立等广受好评的举措，但现代西方民主逐渐呈现行政集权的趋势。在行政、立法和司法的关系上，行政权力往往很强势，无论从政府首脑还是从行政部门的权限来看，国家权力结构由议会至上变为行政主导，政治的核心议题从

立法领域转向公共行政领域，由参与选举转向参与决策，“议会民主”实际上已经成为“行政民主”。美国知名民调机构盖洛普（Gallup）公司在 2014 年 6 月下旬进行了一项民意调查，结果显示，对于三权分立的机构，美国人的信任程度可谓创下了“历史新低”，美国国会支持率在 2014 年仅为 7%，创下 41 年来的最低纪录。[①]在这种情境下，科层制下的行政部门及其人员将权力集中在自己手里，又转化到行政首长手中，随之而来的是行政权力的不断膨胀，权力腐败在所难免。近年来，西方政府的各种丑闻就是很好的证明。

2. 行政自身

耐人寻味的是，一方面行政权力不断积聚，另一方面现行的民主体制难以选出优秀的行政人员，特别是领导人的选任令人失望。以美国为例，拥有帝王般权力的总统的选举现在沦为程序化、表演化和金钱化的选举，总统仅仅是通过电视、公关等政治竞选运动而被推上宝座的，与其能力大小关系甚小。备受诟病的小布什总统仅八年就把处于巅峰状态的美国带入深谷就是例证。在许多实行内阁制的国家，政府则像走马灯一般更迭频繁，日本三年换五任首相就是其所谓真实民主的一幕。此外，工作的单位本是最重要和时间最长的民主场所，但其民主状况也堪忧，科层下的官僚制难以承担这种使命。越来越多的学者在反思公共决策的科学化和民主化，强调引入公民和社会组织进行协商对话，破除特殊利益集团的困扰。

（三）政党衰落

现代政治是政党政治，然而，今日的西方，政党这个载体在国家、政党和社会这三维关系中的地位和作用面临着与日俱增的压力和挑战。

1. 反对政治

在忠诚—反对政治的对垒中，西方政党政治的反对功效日渐衰退。不论是两党制还是多党制逐渐暴露出相互拆台、效率低下、陷入党政、缺少共识等弊端，“轮流坐庄”恶化为“轮流分赃”。这种反对政治在西方之外也举步维艰，泰国、孟加拉国的反对党抵制大选、拒绝接受选举结果。而美国已成为政治僵局的代名词，国家如此痴迷于党派之争，致使过去一段时间濒临债务违约的悬崖边缘。尤其是在欧美发达国家，政党与国家之间的关系日益密切，主流政党结成政治卡特尔垄断国家权力，党的基层组织涣散无

① 参见《美国民调：美国国会支持率创 41 年最低纪录》，见 http：//msn.people.com.cn/n/2014/0622/c242548-25183026.html，2014－06－22/2014－09－30。

力，党员数量不断下降，无论他们怎么宣称自身为全方位党，但“政党卡特尔化”的趋势不断加强，政党本源上也是作为社会组织存在的，却被嵌入到国家机器中，政党政治化和国家化了。

2. 功能弱化

政党本是国家和社会之间的桥梁，承载着利益表达和综合、精英招募、决策、教育等功能。放眼西方，政党吸引民众的传统伎俩已无济于事，在意识形态、组织结构、党员招募、活动经费、党内法律法规等方面都处于转型和调适之中，其功能要么发挥不力，要么处于虚置，政党难以真正运转起来。老牌政党魅力大减，一些昔日默默无闻的激进政党初露峥嵘，例如法国的“国民阵线”，在大选中的得票率之高令人刮目相看，勒庞的极右倾向主张让政治观察家们忧心忡忡。与此相对应地，人们不再必须借助政党这个桥梁参与传统常规政治，对后者形成冲击的是一些非常态的参与手段，像欧洲希腊和西班牙的社会运动、美国的“占领华尔街”运动，激进化、非常规政治蚕食着政党政治的领地。

结　语

我们要清醒地认识到现代西方民主的话语叙事是什么样的故事，对它的“名”和“实”进行建构和解构。西方民主是历史的、具体的，“从过去哪儿而来”“今天是什么样子”“以后会怎么样”是三位一体的。现代西方民主是经历 2500 多年从古希腊和古罗马经由近现代西欧和北美发展而来的，必须用历史的眼光进行具体审视。今天的西方民主有一个历史发展的过程，一直存在历史合理性和历史局限性的博弈，经历了从少到多、从坏到好、从单一到繁多的过程，在不同的历史阶段的政治、经济、社会和文化原因，其偏好和侧重点都是不同的。今天的民主不单纯是抽象的概念、理论和方法，而是活生生的、具体的制度、生活，是要付诸实践操作和检验测量的。追问“西方民主怎么了”，不管西方民主自认为是历史的终结，还是陷入危机和困境，可以得出的启示和经验是：那种盲目信从抽象理想状态的民主是不可取的，一方面，西方民主从理想变成现实本身就不是尽善尽美的，同时，西方民主本身就不是铁板一块的，放之四海皆准的指标少之又少，西方民主更是一种实践的民主，它已经出现了一些危机和弊端，必须在各具优劣的制度、体制和机制上试错、纠正和成熟。

中国语境下的公民社会概念

■ 唐爱军*

[摘　要]“公民社会”概念起源于西方，并在不同的社会历史发展阶段，显示出不同的内涵。中国学者对公民社会概念的理解、公民社会的理论分析乃至运用，在不同时期有着不同的理论呈现。不同学者、不同民众对公民社会概念的理解重点是不同的。但总的来说，大致存在二分法和三分法这两个理解框架。我们需要深入到具体语境把握公民社会的含义，特别是要警惕西方借助于“公民社会”的普世话语进行的意识形态渗透。

[关键词] 公民社会；意识形态；当代中国

黑格尔说过，“熟知并非真知”，“公民社会”在中国可能就遭遇到这样的命运。在当代学术或社会语境中，“civil society”常常被译为“公民社会”，但在近现代西方其长期被译为“市民社会”。在当代中国，“civil society”一般有三个译名：“市民社会”“公民社会”“民间社会”。不同的译名，反映了学者不同的理论倾向。这也导致了人们很难清晰地把握“公民社会”概念的内涵。准确把握“公民社会”概念的含义及其“中国运用”，首先还是要回到这个概念的原初语境及其理论变迁中。

* 唐爱军，江苏东台人，哲学博士，中央党校马克思主义学院副教授。

一、西方公民社会概念演变史

“公民社会”概念起源于西方，并在不同的社会历史发展阶段，显示出不同的内涵。从较为宏观的角度看，公民社会概念的历史演变过程大致可分为三个阶段：

1. 与自然状态对立的古代公民社会概念

在古代，公民社会是一个与自然状态、野蛮状态相对应的概念，它与“文明社会”同义。古希腊先哲亚里士多德在《政治学》中就谈及“公民社会”，他将其理解为城邦社会或共同体。城邦是由平等和自由的公民组成的政治共同体，它是比家庭、部落更具道德性、文明性的共同体。公元前1世纪，古罗马学者西塞罗正式提出了 civilissocietas 概念，用其表示一种不同于部落和乡村的城市文明的生活状态。14世纪以后，civilissocietas 越来越频繁地被欧洲人使用，表示从封建体制外生长出来的、不同于野蛮人的城市商业文明。直到近代早期，诸如洛克、卢梭等大思想家还是沿用这一概念，将公民社会理解为与自然状态相对应的政治共同体或文明共同体。

2. 基于国家—社会二分法框架的近代公民社会概念

到了近代，随着商业经济的发展，西方思想家越来越意识到社会日益成为一个独立领域，国家与社会的一体化结构被打破。许多思想家放弃了将公民社会等同于“文明社会”“政治共同体”和“国家”等概念的观点，建立在国家与社会二分法基础上的公民社会观成为近代西方思想界特别是政治思想界的主流。并且，在二分法框架下，公民社会概念往往被表述为“市民社会”。

黑格尔是第一个坚持国家与社会二元区分的思想家。他指出，市民社会（即公民社会）“是各个成员作为独立的单个人的联合”。与代表普遍利益的国家不同，市民社会是代表私人特殊利益的。黑格尔具体规定了市民社会包含三个环节：第一，需要体系。通过个人劳动以及通过其他人的劳动和他人需要的满足、来使自己的需要得到满足。第二，司法。依靠法律来维持市民个人需要的满足、人身和财产的保障。第三，警察和同业公会。维护特殊利益、公共福利，维持社会秩序。此外，黑格尔坚持国家高于市民社会，市民社会最终要过渡到国家，离开了国家，市民社会是不可能健康发展的。

黑格尔的市民社会概念在马克思那里得到批判性继承。马克思批判了黑格尔的唯心主义，指出了不是国家决定市民社会，而是市民社会决定国家。但与黑格尔相似，马克思仍然继承了市民社会与国家区分的二分法。当然，黑格尔主要是从特殊利益与普遍利益的差异去理解这一二分法，马克思主要是从“经济基础”与“政治上层建筑”的关系去理解的。

3. 基于国家—市场—社会三分法框架的现代公民社会概念

进入20世纪，特别是80年代以来，西方社会结构发生了重大变化，公共领域特别是社会组织得到了蓬勃发展。西方学者对于公民社会的认识也发生了较大变化。人们开始用国家—市场—社会三分法来重新界定公民社会，它被描述为经济领域中的市场系统、政治领域中的权力系统之外的社会和文化领域即“第三领域”。西方学者将经济活动从公民社会分离出去，更多地是从文化、意识形态和公共领域等角度（非经济角度）来界定公民社会。我们可以以葛兰西、哈贝马斯为例，简单论述一下。

葛兰西把公民社会（马克思主义传统中一般使用“市民社会”表述）从经济领域“移植”到上层建筑领域。针对发达资本主义国家的政权结构，他提出了“国家＝政治社会＋市民社会”的著名论断。上层建筑有两个方面：一是政治社会即国家、政府等政治活动领域；二是市民社会即文化和意识形态领域。市民社会既包括政党、工会、学校、教会等民间社会组织所代表的社会舆论领域，也包括学术团体、新闻媒介等代表的意识形态领域。哈贝马斯将“公共领域”和“生活世界”概念引入到公民社会的讨论中，对现代公民社会理论的形成做出了重要的贡献。哈贝马斯继承了黑格尔和马克思的观点，认为公民社会是随着市场经济的发展而形成的，是独立于政治国家的私人自主领域。哈贝马斯的独特之处在于，他指出公民社会由两个不同的部分构成：一是以私人占有制和资本主义为基础的市场体系，包括劳动力市场、资本市场和商品市场及其控制机制；二是由个人组成的，独立于政治国家的社会文化体系，即“公共领域”，它包括教会、文化团体和学会，还包括了独立的传媒、运动和娱乐协会、辩论俱乐部、市民论坛和市民协会，此外还包括职业团体、政治党派、工会和其他组织等。哈贝马斯认为公民社会的第二个部分即公共领域构成了公民社会的主体。由此，哈贝马斯主要是在“公共领域”意义上研究公民社会的。在哈贝马斯看来，考察现代公民社会，本质上就是考察公共领域。公共领域首先具有“公共性”，它与私人领域相区别，公共领域说到底是公共舆论领域，讨论的是关于集体和国家的普遍问题；其次，公共领域具有“独立性”，独立表达公众意见，与公共权力和国家权力相抗衡，至少是不受后者干预；第三，公共领域具有“开放性”，每个人都可以进入到公共领域，表达自己的意见、看法。此外，哈贝马斯还利用“生活世界”概念来说明公共领域和公民社会。哈贝马斯指出，在晚期资本主义，整个社会日益发展成为一个庞大的系统。它包括两大部分：一是以资本原则为导向的资本主义经济理性系统，二是以权力原则为导向的现代国家官僚系统。它们都按照工具理性原则发展，两者不断合并为一个工具理性系统，并将资本原则和权力原则渗透到整个社会之中，导致了生活世界的殖民化。而生活世界就是不同于经济系统和政治系统的公共领域即公民社会。我们可以看出，哈贝马斯放弃了两分法，而是在“市场—国家—社会”的三分法中理解公民社会（公共领域）。公民社会是既独立于经济系统，又独立于政治系统的“第三者”。

二、中国学者对公民社会概念的理解与运用

20 世纪 90 年代以来，公民社会越来越受到中国知识界甚至政界的关注，人们希望通过这一纯粹的西方概念，为中国的现代化发展道路、国家与社会关系的建构提供思想资源。就中国内地的研究情况而言，中国学者对公民社会概念的理解、公民社会的理论分析乃至运用，大致可分为两个阶段：

第一阶段主要是从 1992 年到 20 世纪末。这一阶段，中文文献较多地使用“市民社会”概念，学者们主要关注的是它在西方语境中的概念内涵及其历史演变，并讨论这一西方概念在中国的适用性问题，并且特别关注中国的市场经济发展前途及其建构路径问题。1992 年，邓正来、景跃进发表的《建构中国的市民社会》一文是中国公民社会研究的滥觞。其中，邓正来也成为中国内地公民社会研究的重要代表人物。2000 年之前，他的相关理论研究主导了国人对公民社会概念的理解与运用。邓正来主要是立足于西方社会的国家—社会的两分法来理解“市民社会”（公民社会）概念。他从下面几个维度去理解市民社会概念：(1) 市民社会是以市场经济甚或私有产权为基础的；(2) 市民社会的内在联系是内生于市场经济的平等自治的契约性关系；(3) 市民社会遵循法治原则；(4) 市民社会奉行自治原则；(5) 市民社会通过公共传媒表达其意见和在公共空间交换意见；(6) 市民社会内部的民主发展进程。[①] 可以看出，邓正来主要还是立足于西方二分法来理解市民社会或公民社会概念，这也代表了当时中国思想界的普遍认识。当时人们之所以采用二分法理解，主要与当时的社会经济发展背景相关。20 世纪 90 年代初，中国正值市场经济起步、经济体制改革的阶段，需要打破传统的国家与社会一体化的结构，使社会从国家过多的干涉中“独立”出来，个体从单位和国家的高度管理中“解放”出来。基于二分法的市民社会概念充分契合了这一现实诉求，因为它直接显示为脱离国家之外的独立的私人领域。市民社会领域是经济活动领域，但在中国，它主要表现为体制外的经济活动领域，体制内的经济不属于市民社会范畴，因为它还直接依附于国家和政治权力，中国学者还是将其归属于“国家”。此外，市民社会的主体是由独立的

---

① 参见邓正来：《中国发展研究的检视——兼论中国市民社会研究》，载《中国社会科学季刊》（香港），1994（总 8）。

个人、群体、社团和利益集团构成的，不包括具有“国家政治人”身份的公职人员、执政党组织、军人和警察，也不包括纯粹的农民。市民社会最为重要的主体是企业家阶层和知识分子。

在这一阶段，中国知识界虽然基本上接受了西方二分法理解框架，但在国家与社会的关系上，提出了中国化的独特观点。西方社会常常将公民社会与国家对立起来，认为两者存在不可调和的矛盾。绝大多数中国学者并不认为国家与社会是非此即彼的对立关系，而是认为两者应当是“良性互动”的。一方面是国家对于市民社会的积极作用：(1) 为市民社会的独立存在提供必要的制度和法律保障。(2) 当市民社会产生自身无法解决的矛盾和冲突的时候，国家进行必要的干预和调节。(3) 国家可以为市民社会活动提供普遍性的原则。另一方面是市民社会对于国家的积极作用：(1) 市民社会具有制衡国家的力量，可保障民众和社会的自由，避免国家的非法干预和侵犯。(2) 市民社会的发展培育了多元的利益集团、不同的利益群体，为民主政治建设奠定基础。

第二阶段起始于2000年左右，现在仍在不断拓展进程中。如果说，中国学者第一阶段主要使用的是“市民社会”译名的话，那么，第二阶段主要是用“公民社会”表述。译名的外在变化，反映了学者对公民社会概念理解上的差异。2000年以来，关于社团、“NGO”、第三部门的文献中，“公民社会”使用的频率越来越高。2008年5月12日，汶川大地震之后，中国社会的志愿服务、慈善活动使得社会组织、公民社会等从知识界进入到大众视野中，北京奥运会、上海世博会等大型活动中都广泛存在着志愿者、民间组织活动、公民社会参与等现象。从此之后，公民社会概念不再仅是少数学者关注的纯粹理论对象了，而是变成妇孺皆知的大众词汇，其对当代中国政治发展和日常社会生活的影响力越来越大。2008年底，甚至有学者发布了《中国公民社会发展蓝皮书2008》①，他们指出中国已经迈进公民社会。

在该阶段，中国知识界主要是基于西方的三分法框架，把握公民社会的概念的，并且它越来越多地取代了“市民社会”概念。俞可平、何增科等人对中国语境下的“公民社会”概念做出了一系列的解释和论证。“按照社会三分法的逻辑，我们可以把公民社会当作国家或政府系统以及市场或企业系统之外的所有民间组织或民间关系的总和，它是官方政治领域和市场经济领域之外的民间公共领域。”② 一般认为，公民社会主要包括了四个重要的要素：一是私人领域；二是社会组织；三是公共领域；四是社会运动。还有人认为公民社会应该包括这样一系列内容：公民意识的觉醒；公民社会组织的发展；公民社会与政府的互动；公民的利益表达和权利维护；公民对公共事务的参与；公民社会

① 高丙中、袁瑞军：《中国公民社会发展蓝皮书2008》，北京，北京大学出版社，2008。

② 俞可平：《中国公民社会研究的若干问题》，载《中共中央党校学报》，2007 (6)。

的自助、自救、自律、自治。① 尽管现代意义上的公民社会含有多方面的要素，但中国学者最普遍重视的还是公民社会的主体即民间组织或非政府组织，把它们看作是公民社会的关键要素。在三分法框架中，社会分为三个系统。一是国家系统，其主体是政府组织，主要角色是官员；二是市场系统，其主体是企业，主要角色是企业家；三是公民社会系统，其主体是民间社会，主要角色是公民。所谓民间组织是指有着共同利益追求的公民自愿组成的非营利性社团，它具有非政府性、非营利性、相对独立性、自愿性等特征。

不同学者、民众对公民社会概念的理解重点是不同的。但总的来说，大致存在二分法和三分法这两个理解框架。并且，在当下，基于国家—市场—社会框架中的公民社会概念，无论是在理论界，还是在社会舆论、民众日常生活层面都占主导地位。

三、围绕公民社会的争论

公民社会是一个舶来品，国内学者以及其他民众围绕它展开了一系列激烈的争论。从主要的认知和价值倾向来看，可以分为两派：一是对西方公民社会理论持肯定态度，并强调其对中国现代化建设、公民社会建构的积极作用；二是对西方公民社会理论持否定态度，重在揭示其背后的意识形态意图。

1. 肯定公民社会的理论价值，在实践上，积极“培育”中国的公民社会

无论是坚持二分法的邓正来，还是坚持三分法的俞可平、何增科等人，都对西方公民社会理论持肯定态度，认为公民社会既是推进中国现代化发展的思想资源，又是有效认识中国现代化的解释模式。在他们看来，公民社会的基本取向是这样的：立足国家与社会的分野，通过民主参与、社会运动、自主结社等方式，对国家政治决策进行积极影响，为提升公民的自由发展、公民素质等提供空间。

持积极观点的人指出，虽然公民社会起源西方发达国家，但它是人类现代化发展过程的普遍产物，是市场经济发展到一定阶段的必然结果。随着社会主义市场经济不断发展，中国也必然会出现公民社会，事实上，当代中国已经形成或正在形成中国式公民社会。中国现代化要进一步有序推进，就需要主动吸收西方公民社会的思想资源和实践资源，积极“培育”中国公民社会。对于公民社会之于中国现代化发展的积极作用，大多数人强调其推进政治现代化、民主治理等方面的影响。具体讲来，有下面几个积极影

① 参见李景鹏：《中国公民社会成长中的若干问题》，载《社会科学》，2012 (1)。

响：（1）公民社会的兴起奠定了基层民主特别是社会自治的组织基础；（2）公民社会特别是其中的社会组织是沟通政府与公民的有效桥梁；（3）专业化的社会组织可以影响政府决策，也可“倒逼”政府自身改革；（4）公民社会拓展了民众的政治参与渠道，增强了政府的政治合法性和认同感；（5）公民社会对政府行为进行有效的制约、制衡。

2. 指出公民社会概念含糊不清，破除新自由主义所建构的公民社会神话

一些学者对公民社会持彻底批判态度，最有代表性的人物就是王绍光。他认为“公民社会”概念是含糊不清的，并且缺乏事实根据。他提出，要破除“公民社会”的种种神话：（1）同质的神话（公民社会是平等竞争的整体，不存在利益差别和阶级差别）；（2）圣洁的神话（社会组织完全是爱心、正义的象征）；（3）独立的神话（不受权力和金钱支配的自主性）；（4）国家与社会对立的神话；（5）民主动力的神话。[①] 总之，公民社会是新自由主义编造的神话，它肯定不适合于中国。王绍光的观点虽然在思想界不占主导地位，但这一观点对政界、一些体制内的学者产生了很大影响。相当一部分政府官员、学者提出，要全面认识当代西方“公民社会”的价值理念和理论实质，要警惕“公民社会”的意识形态本质——自由主义或新自由主义；强调个人自由权利至上、价值多元的自由主义意识形态与马克思主义意识形态、社会主义核心价值是冲突的甚至是完全对立的。甚至一些人提出，要警惕国内外反社会主义势力把“公民社会”作为实现西化分化战略图谋的策略目标和手段。

① 参见王绍光：《“公民社会”vs.“人民社会”——“公民社会”：新自由主义编造的粗糙神话》，载《人民论坛》，2013（22）。

“新闻自由”话语在中国的使用

■ 郑 寰[*]

［摘 要］通过回顾和展现新闻自由概念在近现代中国的传播和转化过程，本文讨论了“新闻自由”话语的个人主义传统和群体主义传统，如何在中国近代历史中的交锋对话，并塑造当下的问题意识。本文力图在更广大的社会和文化的框架下来研究“新闻自由”概念的使用，展现文本与其社会条件、意识形态和权力关系之间的联系。本文认为，在新的传播环境下，文化、民族、政治、宗教等话题对国家对新闻的管制带来系统性的挑战。尤其是，在阶级自由的话语淡化后，如何消解普适性的价值观带来的冲击，是摆在政府面前的一个难题。

［关键词］新闻自由；出版权；意识形态；新闻管制

英文中的新闻自由（freedom of press），一般可以翻译为出版自由、新闻自由、报刊自由。在新中国成立以后，新闻、出版逐渐分离，因此出现了概念外延的扩张。[①] 从广义来看，新闻自由是言论自由（freedom of speech）的外部延伸，其相关词汇包括媒介自由、传播自由、表达自由、思想自由。从狭义来看，新闻自由则指的是对新近发生

* 郑寰，中共中央党校党的建设教研部讲师，政治学博士。

① 也有学者提出，“新闻自由”不是科学的用语，“新闻自由”的说法于理不通，它不符合现代汉语的构词习惯。世界各国（包括中国）的宪法都只有“言论、出版自由”而没有“新闻自由”。而且，“新闻自由”一词有多重含义，可以作多种解释，简单地把“新闻自由”列作公民权利会带来混乱。因此，“新闻自由”不是科学的用语。而“出版自由”虽有宪法和法律作依据，但“出版”一词不能涵盖广播、电视、互联网等新的传播媒介，因此笔者建议使用“新闻出版自由”这个变通的说法。

的事实报道的自由，主要包括自由采访、自由报道、自由出版报纸和自由批评。

本文分析“新闻自由”话语在中国的使用情况，以此讨论国家、社会和传媒之间的关系；采用批判性话语分析方法，在更广大的社会和文化的框架下来研究“新闻自由”概念的使用，力图展现文本与其社会条件、意识形态和权力关系之间的联系。①回顾近百年中国公共舆论史，“新闻自由”观念的使用主要有两个传统。

一、“新闻自由”的个人主义传统

中文的“出版自由”一词最早出现在清末。早期中国学界使用新闻自由概念主要指的是言论和出版自由，主要翻译自西文和日文，将出版自由塑造为一种民众与生俱来的天赋权利。实际上，新闻自由观并非看起来那么普适，即便在欧洲国家也是异类。“新闻自由”从“特殊性”发展到“普适性”走过了一个漫长复杂的过程。在18世纪中期，英国哲学家大卫·休谟曾对英国新闻自由的独特性表示惊诧。② 他在对比了同时代的法国、西班牙等国家以后，不由得讶异到：“没有什么比我们这个国家中人们所享有的极端新闻自由更易使外国人感到吃惊了。我们可以任意向公众报道一切，并可公开指责国王及其大臣们所采取的每项措施。……这种自由是别的任何政府，不论是共和制的或是君主制的政府所不容许的，即使在荷兰和威尼斯都是不容许的，那里比法国和西班牙限制更严。”为此，他提出一个问题：“为什么唯独大不列颠享有这种特权？为什么这个王国内存在这么多的新闻自由，超过了任何其他政府所容许的限度？”他坦言：“也必须承认：无限的新闻自由也是这种混合体制的政府的伴生弊病；不过我们对此很难，也许不可能提出什么补救办法。”在休谟看来，新闻自由乃是由于英国特有混合体制所衍生出来的，是在特定历史环境下从英国的社会土壤生长出来的社会现象。

作为个人权利观念的“新闻自由”主要是在救亡图存的背景下引入中国的，充满了对西方世界的想象。甲午战败后，《清议报》在1900年刊登了日本佐藤马之丞的来稿《论新政新学可以存国之理》，提出“固以万机决于公议。而其开通之原点，尤在出版自由、言论自由。故苟关于全国之利害得失，纵全国之人上下而论议之”。1902年，梁启超在《新民丛报》发表《敬告我同业诸君》，将出版自由作为“四大自由”之一，四大自由“谓思想自由言论自由行为自由出版自由”，“西人恒有言曰，言论自由，出版自

① 例如，批判话语分析就对种族主义的修辞、新工党的话语、新资本主义的修辞进行更为总体的研究。

② 由英国发源的新闻自由对欧美国家政治文化产生了重要影响。1644年，英国哲学家弥尔顿发表了《论出版自由》的演说，在人类历史上首次提出了“出版自由”的口号。他认为“出版自由”是人与生俱来的权利，“是一切自由中最重要的自由”。弥尔顿将出版自由和人权联系起来，从近代自然法理论上捍卫了出版自由。一些学者指出：“从弥尔顿这种思想出发，形成了现代关于‘观点的公开市场’以及‘自我修正过程’的概念。”

由，为一切自由之保障。诚以此两自由苟失坠，则行政之权限万不能立”。

伴随着民权意识的觉醒，新闻自由作为一项权利逐渐深入人心。辛亥以后，向政府要言论出版自由成为学生运动的重要主题。“向政府要求集会言论出版自由不受限制。如这一条要求办不到，宁肯饿死狱中，决议不回。”在新文化运动中，《新青年》《少年中国》等杂志都主张“力争人民言论集会结社出版自由”。1918 年北京大学新闻学研究会的成立标志着我国新闻教育和新闻学研究的发端。1920 年 8 月，胡适和陈独秀等人在北京共同发起《争自由宣言》，要求北洋政府废止专制法令，保障人民有言论、集会、结社、出版等自由。英美学者戴雪、杜威、罗素等人的著作也被翻译过来，有关出版自由的观点逐渐深入人心。

新闻自由的内容是报道自由、采访自由、传播自由、发布自由。这几种自由在二战之前，大多统括在言论自由里面。在 1930 年代以后，“新闻自由”才作为一个专有词汇出现在报刊中，标志着中国相对独立的新闻行业已经逐步形成，从原来的传统报馆走向专门新闻报道。张季鸾在办《大公报》时提出了“不党、不卖、不私、不盲”的“四不”方针，具体在实行中体现为“立意至公、存心至诚、忠于主张、勇于发表”的言论信条。张季鸾明确提出：“中国报人本来以英美式的自由主义为理想，是自由职业者的一门。其信仰是言论自由，而职业独立。对政治，贵敢言，对新闻，贵争快，从消极的说，是反统制，反干涉。”当时的《报学杂志》《世界知识》《新闻类编》等报刊都专门刊登了讨论新闻自由的文章。

更重要的是，1944 年，美国新闻界 357 家报纸主笔组成的“美国报纸主笔协会”召开大会，发起了新闻自由运动，主张超越一国的新闻自由，将国际新闻自由签署为国家义务。美联社社长肯特·古伯特提出：“意见不同、思想不同、目的不同的情形永远不会消灭，因为差异一旦消灭，也就是说进步终止。”中国新闻学会在第三届年会上通过了响应新闻自由运动的决议。① 中国的“新闻自由运动”以国民党党报《中央日报》为主导，国共两党所管辖的党报和民营报纸纷纷响应。国民党中央日报社社长马星野发表了《言论与诽谤》《中国言论界的自由传统》《出版自由论》《新闻自由与世界和平》等，整理了《新闻自由论》等小册子，系统地介绍了新闻自由思潮的起源和新闻自由运动的概况。

中国共产党也曾利用新闻自由的利器，积极响应新闻自由运动，与国民党政权进行合法斗争。《新华日报》大声疾呼，争取新闻自由之保障，连篇累牍地报道了各个国家取消新闻检查制度的情况，敦促国民党政权放弃新闻检查。同时，《大公报》《观察》等民营报刊也代表中间立场，积极呼吁新闻自由。认为“新闻自由这几个字浅浅看来，只

① 1951 年，国际新闻学会提出衡量新闻自由的四条标准，包括：（1）自由采访；（2）自由通讯；（3）自由出版报纸；（4）自由批评。

是为新闻记者谋便利、求保障，其实是为人类世界保障和平，是民主政治的精髓”。自由运动初期取到了良好的效果。在国际舆论的压力下，1945 年 10 月 1 日，国民党政府宣布取消了新闻检查制度。围绕参加国际新闻公约，新闻界积极响应，提出“中国参加国际新闻公约，正是一个很好的机会在国内发起一个研究新闻自由的运动，使一般政府与人民，尤其是报人与读者对新闻自由有正确的认识”。联合国大会 1948 年通过的《世界人权宣言》，特别是该宣言第十九条规定：“人人有权享有主张和发表意见的自由；此项权利包括持有主张而不受干涉的自由，和通过任何媒介和不论国界寻求、接受和传递消息和思想的自由。”但是，随着统治压力的增大，国民党又试图通过修改《出版法》，采取立法方式重新管制新闻媒体。于是引起了社会舆论的反弹。《观察》的主笔储安平撰写了《评出版法修正草案》等文章，提出：“在根本上，我们反对另设《出版法》来约束出版事业。”1948 年，国民党政府依据《出版法》查封了南京的《新民报》，党内舆论也开始转弯，新闻自由运动在中国遭遇了重挫。

可以看到，“新闻自由”作为一种权利话语逐渐引入中国，是和特定的历史传统、国际格局以及民权意识的觉醒相联系的。个人主义新闻自由观建基于近代自然法和契约论的理论基础上，强调权威来自于民众的授予，而新闻自由是民众权利的具体延伸。在新中国建立之前，“新闻自由”的概念和反帝国主义、反封建、反专制、反独裁、反法西斯主义等话语糅合在一起，强调新闻自由是天赋的个人权利，认为新闻自由具有监督政府权力、防止权力滥用、保护公民自由的功能。但是，这种嫁接过来的新闻自由是舶来品，在传播过程中与中国的民情、文化、政治秩序发生了激烈的冲突。

二、“新闻自由”的群体主义传统

新闻自由的另一个传统是群体主义的传统，这种传统更加强调政府权威的自洽性、历史传统的特殊性，对何为公共利益、何为社会禁忌都与个人主义的新闻自由观有着较大的区别。群体主义的新闻自由观是以群体为本位的，这包括共同体的文化、习俗、宗教、政治的诸多禁忌。这一传统否认存在抽象的、普适的，适用于任何社会、任何国家的新闻自由。新闻自由概念传播进入中国的过程中，与既有的政治秩序产生了持续的紧张关系，这引起一些思想家的反思。

首先，抽象的新闻自由与政府秩序之间存在矛盾。正如前文所述，个人主义新闻自由观是历史的产物，而且与英美式自由主义的兴起紧密相关。在实践中，“新闻自由”常常是以反政府、反权威、反体制甚至是反社会的革命姿态出现。例如，康有为就对出版自由的所谓普通性提出了质疑，他在《政论集》中写道：“今各国宪法，所号为言论自由、宗教自由、迁徙自由、出版自由者，亦所谓一事之自由，而非普通之自由矣。”更何况“其言论出版之自由，尚有法律之限制，文部之检定。即以美之宽大，其得罪政府而无据者，且下狱终身，或至杀”。他还认为，在人类现实社会生活中是不存在所谓的完全意义上的自由的，因为“人道以合群为义，以合群为强”。《国际新闻通信事业的组织》一文则写道：“吾人要不得仅仅根据言论出版自由等等抽象的理论，一概抹杀，置而不论也。”当知识分子以新闻自由为理由挑战政府权威之时，往往被政府机构以法律、暴力、经济等手段加以压制。1903年，上海租界爆发的《苏报》案是中国近代新闻史上第一个因言论罪被政府告上法庭的报案。《苏报》是上海租界反清革命的重要舆论阵地，言论激烈，号召反清排满。该报被清廷关闭，章太炎、邹容等被审判入狱，被指控为“大逆不道、谋为不轨”。此后，国民党当局也对言论进行了严格管制，1936年11月通过的《出版法》第四章就规定了六项限制：1. 破坏国民党或违反党义者；2. 意图颠覆政府或损害国家利益者；3. 破坏公共秩序者；4. 妨害善良风俗者；5. 关于禁止公开诉讼事件之辩论者；6. 在必要时关于政治军事外交地方治安事项。这六项限制，如果用广义的解释，任何重要新闻，都在不能登载之列。国民党三中全会后，新闻政策有所缓和，制定了新出版法，但政府对新闻界加以节制的原则并没有改变。

其次，抽象的新闻自由与爱国主义、民族主义之间存在矛盾。对抽象新闻自由观念的另一支主要反对力量是民族主义的力量。尤其在涉及到一些敏感国际议题的时候，新闻自由就会触及到它的边界。1925年爆发的《晨报》事件标志着新闻自由与民族主义的情绪出现了矛盾。北洋时期，宪法研究会的机关报《晨报》主张实行宪政。1925年，《晨报副刊》发表了《苏俄何以是我们的敌人》，引发了“对俄问题”的大讨论。国民政府当时正在采取“联俄”的方针，而《晨报》所发文章十有八九都是反对苏俄的，因此惹怒了左翼学生和群众，“自命争自由的民众”捣毁并焚烧了晨报馆。胡适和陈独秀在晨报馆被烧上发生了冲突，凸显出中国知识分子对“新闻自由”的不同观点。陈独秀问胡适：你认为晨报馆不该烧吗？胡适则回复了一封长信，坚持捍卫自由的观点：“异乎我者未必即非，而同乎我者未必即是；今日众人之所是未必即是，而众人之所非未必真非。”“我怕的是这种不容忍的风气造成之后，这个社会要变成一个更残忍更惨酷的社会，我们爱自由争自由的人怕没有立足容身之地了。”在这里，一旦新闻自由触及到民族主义和爱国主义等敏感题目的时候，民众往往因为情感的原因会对反对的意见格外愤慨，因此，在新闻自由和文化习俗之间也存在着紧张关系。

最后，抽象新闻自由观与阶级观的冲突。在新闻自由的讨论上，列宁创立了一种以阶级自由为核心的新闻思想。十月革命成功后，列宁从人人自由的思想，转到阶级自由的思想，特别强调要区分哪个阶级的出版自由。十月革命胜利后第三天，列宁就签署了《关于出版问题的法令》，特别指出：“特别是在新政权，工农政权刚刚巩固的危急时刻，不能把这个武器完全留在敌人手里，在这种时刻，其危险不亚于炮弹和机关枪。”1945年，《中苏文化》杂志刊登了苏联学者巴尔梯斯基与美联社肯特·古柏特的公开辩论。因为古柏特在二战以后说，世界上十分之九的国家一定都拥护自由新闻的原则，只是苏联和中国例外。巴尔梯斯基提出，苏联将确定不移地维持最广泛的新闻自由。他提出：“我们不明白，为什么法国、意大利、南斯拉夫，或是其他任何欧洲国家，必得从大西洋那一边输进它的新闻自由的模范。”“我们必须承认，任何国家没有一个报纸或是新闻社不是被管制和指导的。因此，论点不是在执行或不执行管制与指导，而是在谁执行，怎样执行，以及为着谁的利益。”

中国共产党受到苏俄新闻学说的深刻影响。[①] 1943年9月1日，陆定一的《我们对于新闻学的基本观点》在《解放日报》发表，对新闻自由进行辩证唯物主义的论述，批判国民党的法西斯主义的新闻观，强调自由无不带有阶级的属性，新闻自由也是从属于统治阶级的。新中国成立后，为了巩固新生的社会主义政权。在1952年底完全取消了私营报纸，新闻媒介基本上被理解为“党的新闻事业”。在反右运动后，新闻自由话语的使用主要是批判性的，以揭开“自由世界”所谓的伪自由为宗旨，强调没有抽象的无阶级自由。例如，1960年，中国人民大学新闻系等专门组织了国外学者的“批判资产阶级新闻学资料”系列丛书。翻译了法国学者杰克·凯赛尔的《一种自由的死亡：新闻的技术与政治》，日本学者小野秀雄的《新闻学原理》，美国学者威士里·克拉尔克的《明日新闻事业》、卡斯伯·约斯特的《新闻学原理》、纳尔逊·克劳福德的《新闻伦理学》，等等。新闻自由主要呈现为阶级分析的话语。相当长的时间内，讨论中呈现为无产阶级新闻自由和资产阶级新闻自由的对立，而无产阶级的新闻自由是更高级的自由。

由此可以看到，政府权威、宗教习俗、文化传统、民族习惯、阶级立场都共同对新闻自由的边界产生了限定。近百年来，这种群体主义的新闻自由传统强调新闻报道的责任、界限，主张一种负责任的新闻自由观。尤其是，共产主义运动在和英美等高扬国际新闻自由的论战中，发展出一套关于阶级自由的论述，并且对资本主义新闻自由的虚伪进行了批判，提供了另外一种更具有普适性的话语。

三、两种新闻自由观的交锋

回顾新闻自由的观念史，可以看到个人主义和群体主义两种不同的传统。可以说，

① 马克思1842年所写的《评普鲁士最近的书报检查令》和《第六届莱茵省议会的辩论》两篇论文，对普鲁士的书报检查制度进行了透彻的批判。马克思认为书报检查制度是出版发行前的秘密评判或“官方的批评”，其标准就是“凡是政府的命令都是真理”。参见《马克思恩格斯全集》，中文1版，第1卷，3、9页，北京，人民出版社，1956。

数百年中国公共舆论的历史恰恰是一部两种新闻自由观对撞的历史。两种传统交锋对话，共同构成了中国人对公共与私人边界的想象。前者强调抽象的，普适性的，作为公民个人权利的自由；后者强调具体的，特殊性的，作为群体权利的自由。前者强调新闻自由对政府权力的监督功能，而后者强调政府对新闻自由的控制的正当性。新的时期，随着电视广播互联网技术的普及，两种新闻自由观的传统交锋碰撞出现了空前的混杂，其政治性也越来越强。

（一）阶级话语的淡化与新闻自由的新定义

改革开放以后，阶级话语开始逐渐淡化，“社会主义新闻自由”和“资本主义新闻自由”的二元分类逐渐被放弃。越来越多的研究者开始借助新的分析工具来进行研究，不再满足于批判资本主义新闻自由的虚伪性和欺骗性，对新闻自由的理解变得更加多元。

从上世纪 80 年代起，学者们开始重新讨论新闻自由的问题。如胡绩伟提出要对新闻自由做出新定义，“新闻自由就是我国宪法规定的言论出版自由、从事政治活动和社会活动的自由以及进行科学研究、文学艺术创作和其他文化活动等等自由通过新闻工具的运用和实施”。并且，在 80 年代政改的大背景下，新闻立法的问题被提出，认为“人民的种种民主权利的切实行使与新闻自由的真正实现密切相关”。胡绩伟撰写了《新闻立法是一项重要的新闻改革》，张友渔提出了《希望大家关心新闻立法》，一些知识分子，如方励之、刘宾雁对新闻报刊的喉舌论进行了批评，一度产生了极大的社会影响。

1989 年政治风波后，一些文章开始批判资产阶级新闻自由观点。例如仇学平针锋相对地撰写了《评胡绩伟新闻自由的几个观点》，姚文华撰写了《新闻自由也是社会主义好》《论社会主义新闻自由规律》。赵水福提出要划清资产阶级新闻自由与社会主义新闻自由的界限，张源正、史延春提出社会主义新闻自由也存在初级阶段，不应该照搬资本主义高级阶段的做法，提出“在阶级社会中，新闻自由也是有阶级性”等观点。相对系统的著作是丰纯高撰写的专著《社会主义新闻自由》，尝试厘清社会主义新闻自由的规律。但是，可以看到，这些批评还是在既有的阶级分析框架内来研究新闻自由。此外，可以观察到，90 年代后，关于新闻自由研究总的特点是跳出了“资产阶级”“无产阶级”的框框，更多的研究者从学科建设角度来深入研究新闻自由本身的规律；开始注重从国别、从历史来具体地研究新闻自由。在阶级话语式微后，新的话语没有出现，新闻自由的概念被“去政治化”了。

（二）新闻自由概念的双重轨迹

90年代，随着社会主义市场经济的推进，有关新闻自由的讨论又重新浮出水面。有学者提出重新研究马克思主义的新闻自由观，如展江撰写了《马克思主义新闻自由观再探》，金伟写了《马克思主义新闻自由观及其当代价值》，重新激活马克思的革命传统。也有学者直接要接续个人主义的新闻自由观，如王健壮的《凯撒不爱我：追寻新闻人的自由传统与典范》，张育仁的《自由的历险：中国自由主义新闻思想史》，孙旭培的《自由与法框架下的新闻改革》。大量学者对弥尔顿、杰斐逊、胡适等个人主义的新闻自由观进行研究，把马克思和列宁的新闻观点对立起来，对精英主义新闻自由观和无产阶级新闻自由观提出了批评。

新闻自由以“舆论监督”“媒体监督”等概念出现在舆论上。尤其是，展江等学者从2001年开始，连续主办“新世纪新闻舆论监督研讨会”，到2013年共召开了十二届研讨会。展江和张金玺主编了《新闻舆论监督与全球政治文明：一种公民社会的进路》，他们认为：舆论监督的本质在于，它是现代社会公民行使自身权利，对权力运作尤其是权力滥用导致的腐败进行监督的一种直接民主形式，是公共领域的一个重要功能。这部分学者借助国内学者提供的公民社会理论，突出强调了新闻舆论的反腐败功能。“政治民主化是新闻事业发达的基本前提，没有民主政治就没有新闻事业。”政治文明离不开健康的新闻舆论，其中必然包括人民群众通过新闻媒体对政治过程尤其是政府的决策和施政过程的监督。公民社会需要普及公民教育和媒介素养，通过媒体这个纽带和教育工具，让越来越多的群众具有公共道德感和参政意识，这是现代国家的成功经验。舆论监督所代行的主要是公民所享有的法律权利中的表达权利、政治权利中的反对权利，所维护的则是所有的公民权利。舆论监督、新闻自由再次成为热点话题。

但是，这一时期大多数学者对新闻自由概念的使用还是出于研究的角度，大多数对新闻自由的研究还是国外新闻研究为主，对国外新闻自由的复杂性也理解得更深，不少学者尝试从更历史、更理性的角度来看待政府、媒体、公民之间的关系。

尤其是针对美国新闻自由的研究居多，如赵刚的《公开与公平的博弈：美国最高法院如何平衡新闻自由和审判公正》、邱小平的《表达自由：美国宪法第一修正案研究》、吴秋余的《表达自由视野下的新闻侵权研究：以美国宪法第一修正案为参照》、马凌的《共和与自由：美国近代新闻史研究》、张健的《自由的逻辑：进步时代美国新闻业的转型》、梁晓君的《美国新闻传媒和美国对外政策：兼论传媒与政府的关系》、陈伟的《辛普森比窦娥还冤吗?》、李浙的《论美国媒体与美国对外政策的关系：以CNN为例》、廖文亮的《畸变的新闻自由：美国新闻自由与民主政治的另一种视角》、蒋立新的《美国媒体服务于国家意识形态战略：关于美国媒体对科索沃报道的分析》、刘国瑛的《新闻传媒：制衡美国的第四权力?》，等等。并且，有学者还系统翻译出版了海曼·韦斯廷的《最佳方案：公平报道的美国经验》、泽勒尼的《传播法：自由、禁制与现代传媒》、埃文斯的《底线：默多克与泰晤士报之争背后的新闻自由》、迈克尔·帕伦蒂的《美国的新闻自由》、盖里·罗斯的《谁来监管泄密者？国家安全与新闻自由的冲突》、欧文·费斯的《言论自由的反讽》等著作。也有学者开始研究传媒企业本身，尤其是跨国资本力量内在机制，如刘笑盈的《窃听门真相：默多克传媒帝国透视》、王梦影的《初探泰晤士报驻华记者柯乐洪涉华传播 1881—1905》，等等。还有部分学者研究了不同于英美的新闻自由传统，如黄文涛的《试论新加坡对驻新外国媒体的管理》等，更多强调政府对新闻自由的管制方法。可以看出，对新闻自由的研究更加深入，对新闻自由的理性思考变得越来越多。

并且，越来越多的学者更加直接地面对中国新闻改革中的现实问题，不再简单地从弘扬新闻自由或者贬斥新闻自由的角度来研究问题。除了新闻学传播学界外，不少法学、社会学、政治学学者也开始关注新闻自由问题。国内学者相继出版了一系列高质量的研究作品，包括陈力丹的《自由与责任：国际社会新闻自律研究》、郑文明的《诽谤的法律规制：兼论媒体诽谤》、刘静的《论司法独立与媒体监督在刑事诉讼中的冲突与平衡》、王峰的《表达自由及其界限》、卞建林的《传媒与司法》、赵峰的《论新闻监督司法活动的制度设计》。

（三）互联网时代的来临与新闻自由的滥用

近十年来，我国的新闻事业发展面临着极为严峻的挑战，突出表现为互联网科技发展和国际形势发生的一系列重大变化。2008 年以来，国内外发生的一系列事件导致新闻自由、出版言论自由的边界在哪里重新激起了公众的讨论，成为极富政治性的讨论议题。

一是互联网的时代已经来临，新闻自由的意涵出现根本变化。近十年来，互联网技术的迅猛发展，使得新闻传播的范围已经大大超出了传统的书报和电视广播，“人人可以发布新闻”的自媒体传播方式也深深改变了新闻自由的含义。尤其是 2009 年以来，微博和微信平台陆续建立，随着智能手机的普及，用户规模已经呈几何级的增长。涉及到宗教、政治、民族、文化、道德等的敏感议题屡屡挑战着政府管控的边界。如果没有法治方式进行约束，社会的秩序可能出现问题。

在新闻报道上，近年来出现了很多打着新闻监督、新闻自由旗号的案例，名义上都是为争取民众的权利。但是，新闻行业也并非道德净土。目前我国的网络新闻从业人员超过 300 万人，比传统媒体的从业人员要多得多。在缺乏有效管制，尤其是缺乏新闻行业自律的情况下，新闻报道的规矩实际上没有立起来。在这样的情况下，新闻自由的概念被滥用已经出现苗头。例如，21 世纪传媒集团、21 世纪网敲诈勒索，对政府或者企业进行威胁，滥用媒体的权力。一些黑记者、假记者败坏了新闻行业的风气，"给钱就不报，不给钱就报"，打着反腐败、维权等旗号扰乱社会秩序，抹黑政府的形象。

尤其是没有节制的新闻自由干预司法的现象尤为突出，威胁到法治社会的建设。一些地方政府甚至不以为怪。有的媒体热炒司法案件，有的报道偏激、非理性，上来就骂，给法官的公平审判带来很大的压力。近年来发生的李昌奎案、药家鑫案、黄静案、邓玉娇案、李天一案、黄洋案，都不难看到网络舆论对司法独立的干预已经初露端倪，在司法权威性没有深入人心的中国，如何平衡新闻自由与法治建设之间的关系尤其值得思考。新闻自由如果被不加节制地滥用，成为了民众宣泄情绪的工具，就有可能阻碍社会的发展与进步。

二是美国等大国大打"新闻自由"牌，企图以此遏制中国崛起。在后冷战时代，美国的战略中心逐渐转移到亚太，中国成为美国的战略"假想敌"。国际新闻自由话语权牢牢掌握在美国等大国手中，世界新闻自由的指标测量被无国界记者、自由之家（Freedom House）等所谓的非政府组织掌握。无国界记者组织通过测量国家对电视台和广播台的垄断，以及媒体审查和自我审查的程度、外国记者入境报道等数据来判断新闻自由的一般情况，每年对各国新闻自由程度进行监测。保护摄影记者协会（CPJ）通过追踪记者的案例，利用互联网对部分国家对新闻记者的管制进行跟踪。自由之家研究更一般性的政治和经济问题，通过研究新闻自由来对自由指标进行测量。有关新闻自由最知名的指数是世界新闻自由指数，该指数通过所谓人权观察和研究者的记录、对记者和媒体工作者的问卷调查收集材料，将中国、伊朗、叙利亚、朝鲜等国列为新闻最不自由的国家，以此对中国政府施压。通过这些指标，美国就占据了道德制高点，以此为借口来遏制中国崛起，对我国在新闻事业发展上做出的贡献完全视而不见。

西方一些国家利用"新闻自由"概念的反共主义传统根深蒂固。尤其是英美等国近年来在香港、新疆、西藏等问题上资助支持反对力量，利用互联网新技术来干预中国内政，已经成为众所周知的事实。例如，奥运会的议题操纵、围绕香港《基本法》第 27 条的游行示威、2014 年香港"占中"运动。在国际上，也有 2012 年中亚北非的"茉莉花革命"，以及 2014 年的乌克兰危机、2014 年的叙利亚危机等。我们看到，一些所谓自由民主的国家，挥舞着新闻自由的大棒，策动"2.0 革命"。然而，自相矛盾之处在于，随着斯诺登的"棱镜门"事件、英国窃听 G20 丑闻的浮现，所谓"新闻自由在英与生俱来"让人们认清了西方部分国家伪自由的面目，给这些天天高喊"新闻自由"的国家造成了严重的信用危机。"新闻自由"作为意识形态工具被蒙上了灰尘。

在新的时期，新闻自由的概念已经远远偏离其原有内涵。在新的传播环境下，文化、民族、政治、宗教等话题给国家对新闻的管制带来系统性的挑战。尤其是，在阶级自由的话语淡化后，如何找到新的路子，去消解普适性的价值观带来的冲击，是摆在政府面前的一个难题。从实践角度来说，在目前新闻行业规范、新闻自律极不完善的情况下，如何通过法治来给新闻自由这匹野马套上缰绳，形成一种健康的舆论生态，是亟待解决的难题。

文化强国的话语逻辑

——从文化强国看习近平总书记话语建构的基本维度

■ 张　城　冯鹏志*

[摘　要] 伴随改革开放后中国经济的快速发展，政治影响力的持续提升，“经济中国”与“政治中国”的形象已然树立。不仅于此，中国是有五千年辉煌历史的文明古国、文化大国，当前更迫切的任务是重塑“文化中国”之历史形象。因此，党的十八大后，以习近平同志为总书记的新一届党中央把不断提升国家文化软实力，建设“社会主义文化强国”作为治国理政的一项重要工作。本文立足于“文化强国”的话语逻辑，从古今、中西、理论、实践和战略五个维度，系统学习阐释习近平总书记关于文化建设的重要思想。

[关键词] 文化强国；话语逻辑；文化软实力

话语是时代的产物，也是塑造时代特征、引导社会发展方向的强大精神文化力量。党的十八大以来，习近平总书记关于文化强国建设的一系列重要论述，不仅鲜明地表达了当代中国发展的价值追求和文化志向，也以其独具特色的话语表述逻辑创造性地开启了当代中国话语体系建设的历史进程。换句话说，如果说长期以来在西方的文化话语建构中，中国不是作为改革开放前的“政治中国”就是作为改革开放后的“经济中国”的话，那么，经由习近平总书记所开启的当代中国的文化强国话语实践，必将在一个全球

* 孙城，中央党校文史部讲师，博士；冯鹏志，中共党校文史部主任，教授。

化的时代强有力地论证和呈现当代中国作为一个特殊的文明体之不可遮蔽的、独特的文化权利与责任，并由此对西方的话语体系构成强有力的回应与纠偏。

一、文化强国的古今逻辑

中华民族在漫长的历史进程中，历经地域之间的频繁流动、各民族的互相交往融合和文化的涵容创造与扩展，形成了多元一体的整体文化格局，造就了具有高度文化认同且极富生命力的民族精神。为此，梁漱溟先生曾经从文化比较的角度精辟地指出：中国文化不仅有悠久的历史，而且更是已经形成极强的个性，它独自创生非从他受，自成体系与他者差异甚大，自古及今绵延独存，同化能力极强，影响力既远且大，具有高度的妥当性与调和性。

就此而论，当代中国的文化强国，首先要表达的就是对中国作为一个绵延数千年的文明古国和文化大国的明确认知，以及对由此生发出来的浩荡充盈的中华文脉及其独特个性的自觉承续。这是立足于历史发展的脉络必然要展现出来的文化强国的基本逻辑，也是文化强国的历史性的呈现。相反，如果对本民族文化和历史持一种历史虚无主义立场，从而抛弃传统、舍弃个性，则既势必丢掉根本，也必然会在话语上自绝民族的精神命脉。

当前，历史虚无主义与文化虚无主义思潮在社会上蔓延，且颇有市场。这一类的思潮企图通过解构民族历史，颠覆文化传统，否认革命正当性，诋毁国家发展成就，消解主流意识形态。于此，我们当然要保持警觉，但也不必惊慌失措，因为只要立足于文化强国的话语逻辑，就不仅能看清其在方法论上的根本性缺陷，也能识别其作为文化泡沫的本质，从而在神清智明的前提下对症下药、逐一驳斥，从而以正视听。

早在数十年前，钱穆先生就有言道："对其本国已往历史有一种温情与敬意者，至少不会对其本国历史抱一种偏激的虚无主义……亦至少不会感到现在我们是站在已往历史最高之顶点……而将我们当身种种罪恶与弱点，一切诿卸于古人。"因此，所谓文化强国的古今逻辑，其实质就是要珍惜承继有深厚民族历史底蕴的沉甸甸的文化传统，拒绝并走出虚无主义的认识误区和观念讹误，从而让当代中国不断提升国家文化软实力、实现"社会主义文化强国"的历史进程，能够始终葆有一个中国人自有的文化传统的根基，并在对这一传统本身的创造性诠释中能够始终切近当代中国人的现实生活与价值创造。

二、文化强国的中西逻辑

近代以来，随着大洋航道的开通和资本主义商品经济的崛起，中西文化开始发生大规模的正面接触乃至碰撞。然而，正如历史学家许倬云先生曾经指出的那样，近代中西的遭遇颇为吊诡，即欧洲伴随文艺复兴、宗教改革、工业革命后逐渐由衰而盛，中国则历经汉唐后由盛而衰。这样的一种历史境遇，无疑在很大程度上影响乃至决定了中国文化在近代的命运，即所谓“在近代四五百年的接触中，中国的衰世碰到了欧洲的盛世，就不免有招架无力之感”。

然而，正如任何一种文化都必然要在自身历史的脉络中生成和变迁一样，文化的历史命运也必然要在确认和把握自身主体性的基础上去自觉面对和改变。由此我们看到，当西方历史学家斯宾格勒在《西方的没落》中指出，中国在经历了两百年委屈后，已经开始蓄积了转化再起的强大动力，“情况可能就倒过来了，中国要从衰势回头的时候，欧美却从盛况转向衰退”时，梁启超先生也在观览了经第一次世界大战而破败不堪的欧洲后发出了真切的感叹：“大海对岸那边有好几万万人，愁着物质文明破产，哀哀欲绝的喊救命，等着你来超拔他。”可见，具有自身独特的文化主体性的当代中国，怎么可以期盼一颗正在走向没落的“西洋文明”的种子，能够在中国长出硕壮之果实?!

实际上，早在上个世纪，许多中国思想家就已经对文化建设的主体性问题进行了严肃而深入的思考。比如，梁漱溟先生就认为，中国人不应盲目追寻西洋道路，而必须于世界发展潮流中建构中国道路，在他看来，“要中国人学走近代西方个人权利本位的立国之道，这于其几千年伦理义务本位的社会人生，恰为前后全不接气的文章。倒是迈越乎此，而向上提高直接为人类社会未来文化辟造新局，方有自己的出路”。而张君劢先生也指出：“居今之世之最大责任，厥在对于今后世界新文化之贡献。吾国人而诚能发奋为之，则新文化桌上，必容吾国人占一席。”这实际上就提醒我们：解决中国的问题，只能在中国大地上探寻适合自己的道路和办法。由是而论，所谓建设文化强国，就是要立足中国本土的历史文化资源，又努力地抓住时代所提供的新机遇，从而既为中国文化的发展和复兴开辟新空间，又为世界文化的发展开辟新机缘。这是文化强国的社会性与民族性的呈现。

三、文化强国的理论逻辑

中国自古以来都以文明国家的形象展示于世，是名副其实的以华夏为凝聚中心、以天下为文化情怀的文明礼仪之邦。文化立国可谓延续在中国历史深处的长久根脉和基本观念。于此，梁漱溟先生曾经明言，中国人向来“是以天下观念代替国家观念的。他念念只祝望‘天下太平’，从来不曾想什么‘国家富强’”。而《当中国统治世界》的作者马丁·雅克也明确指出：“中国本质上是一个文明国家，其身份认同感源自作为文明国家的悠久历史。……世界上有许多种文明，比如西方文明，但中国属于唯一的文明国家。”

然而，进入17世纪以来，随着威斯特伐利亚体系在西欧的诞生和确立，“民族国家”不仅作为一种全新的国家形态，而且作为一种崭新的国家建构和文化建构理念在坚船利炮的支撑下得以突现，既对近代以来的世界格局产生了深远的影响，也给中国和中国文化的命运带来了重大的改变。

的确，环顾当今的世界格局，传统的帝国形态已经不复存在，不断涌现的“民族国家”及其互动关系正在主宰着世界历史的形成与变动。这就正如英国历史学家霍布斯鲍姆所言，“若想一窥近两世纪以降的地球历史，则非从‘民族’以及衍生自民族的种种概念入手不可”。然而，也正是在这样的中西遭遇和世界格局中，面对亡国灭种的深重危机，为了救亡图存之需要，近代中国被迫接受了“民族主义”的西方话语，进而被迫以“民族国家”身份跻身于新世界体系。于此，美国历史学家列文森敏锐地指出，“近代中国思想史的大部分时期，是一个使‘天下’成为‘国家’的过程”。而美国汉学家白鲁恂更是直言不讳：“中国不是一个民族国家，是一种文明，而伪装成一个国家。”

一般而言，面对国家形态和理念从古代帝国体制走向近代民族国家的现代化进程，非西方的后发现代化国家大致有三种选择：一是尽弃本国传统全盘西化；二是基于原教旨主义态度，为了反西化而反现代化；三是追求现代化但拒绝西化。最后一种类型在现代化过程中又可分为两阶段：早期阶段，在西化过程中促进了现代化；进入成熟阶段后，则因经济发展到一定程度必然会产生一种“去西方化”和复兴“本土文化”的要求。显然，从历史的事实来看，中国的发展无疑属于第三种类型，即首先“屹立世界民族之林”，进而获得生存与发展之机会。

可以看到，伴随1949年新中国的成立和社会主义制度的建立，而后又经历了30多年改革开放，中华民族不仅实现了“屹立世界民族之林”之目标，时至今日更是作为举足轻重的大国，以我们独立走出的中国道路，向世界展示着远非“政治中国”或“经济中国”的话语所能涵括的中国形象。因此，当代中国的文化强国，其实质也就必然是要在努力实现经济社会全面发展的基础之上，以更加开阔的文化自觉和价值选择，去展现中国作为一个“文明国家”的国家形象和话语表达。从某种意义上说，这即是文化强国的理论自觉性和超越性的呈现。

四、文化强国的实践逻辑

当今世界，文化话语的建构与表达不仅在一国经济社会发展中的作用愈益凸显，在综合国力竞争中的地位也更加关键。然而客观地看，直至当前，中国不仅在文化建设话语体系的层面仍处于守势，更有甚者，正如郑永年先生所言，“整个知识群体，无论是官方知识分子还是社会知识分子，处于思想被殖民的状态”。

的确，从某种意义上可以说，自近代中西碰面以来，中国不仅在积贫积弱的基础上经历了落后就要挨打的历史命运，也在挨打的过程中陷入了渐渐失去文化自信，进而在很大程度上自觉不自觉地放弃对自身文化话语权进行自觉主动建构与把握的历史境遇。对于此，列文森曾经指出，近代以来中西文化交往的过程中，“西方给予中国的是改变了它的语言，而中国给予西方的是丰富了它的词汇”。显然，一边是改变语言，一边是丰富词汇，这二者当然不在一个同样的等量级上。

然而，用西方的话语逻辑来解释中国，于西方来说是其文化霸权扩张的“自然”，于中国来说却是在特定历史遭遇中对西方的一种“迁就”，就其实质而言，这不仅远非真正意义上的不同文化之间的平等对话，也是在话语建设上放弃或无视自身文化建设实践的主体性、创造性乃至普遍性的表现。因此，立足于当代中国改革开放和现代化建设的实践，文化强国所要追求和凸显的话语逻辑，就绝不能只是停留在历史自觉、比较自觉和理论自觉的层面，而是还要更深入一步，把文化强国的话语建设进一步推向实践自觉的层面，从而以当代中国人所走出来的中国道路及其不断完善和推进为基础、根本和展开。这也是文化强国的实践性和创造性的呈现。

习近平总书记曾经指出：进入 21 世纪以来的当代中国，“比历史上任何时期都更接近实现中华民族伟大复兴的目标，比历史上任何时期都更有信心、更有能力实现这个目标”；“站立在 960 万平方公里的广袤土地上，吸吮着中华民族漫长奋斗积累的文化养分，拥有 13 亿中国人民聚合的磅礴之力，我们走自己的路，具有无比广阔的舞台，具有无比深厚的历史底蕴，具有无比强大的前进定力”。在我们看来，不论是目标和信心，还是舞台、底蕴和定力，落实到实践的层面，正是要求当代中国的文化强国实践能够以文明为基本分析单位，并以一种全新的文明思维在以下三个方面创造性地走出更为坚定而自信的步伐。

文明思维坚持“和而不同”的文化发展立场。“和而不同”是中国古人在文化问题上确立起来的一种伟大智慧，其最深刻的含义和启发，就是要在文化建设中区分普遍与特殊的基础上，立足于特定的历史时期和社会发展的不同阶段与水平，既保持与整个世界的协调性与建设性，又坚守当代中国作为文化强国实践主体的独立与个性。尤其是在面对目前西方话语体系包括在某种情况下某种舆论话语抢占了话语权的情况下，和而不同的文化立场既要拒绝“以同代和”，也应避免“因不同而不和”，从而始终牢牢把握住中华民族对于自身文化发展和话语建设的主动权、主导权。

文明思维追求“合作共赢”的文化发展目标。相比于资本主义长期以来所推行的自由主义和冷战思维，追求合作共赢无疑是中国道路的本质及其对未来世界文化交往的独特贡献。改革开放以来的30多年，是中国以前所未有的气魄和力度融入全球化的时期，也是中国道路把“最终实现共同富裕”这一社会主义的本质不断带入世界经济政治秩序的过程。而今天中国所拥有的全球化的现实成就，很大程度上正是在这一理念引导下坚持改革开放的成果。显然，这一对社会主义本质的重大判断和实践，不仅体现着当代中国人的文化建设智慧，也在很大程度上建构着西方人对于中国道路的认识与判断。由此我们坚信，以“人民对美好生活的追求就是我们的奋斗目标”为核心的中国梦的提出以及它所揭示出来的全球化时代的中国现实，不仅将为当代中国的文化强国确定实践坐标，也必将引导着中华文化的复兴。

文明思维扩展“交流互鉴”的文明发展原则。当代中国的文化强国实践，不仅需要为中国道路的不断展开和深化提供合理而稳定的价值追求和发展导向，而且其自身也必须在一个与人类文明发展相适应的更为广阔的历史时空中，形成自身稳定而合理的价值理念，由此才能够显示并具有实践的合理性。正是在这里我们看到，中国的历史、中国的文化以及中国道路的形成与延续，不仅是我们民族和文明的基本价值的展开、实现和扩展过程，也是始终追求实现不同文明之间以“交流互鉴”为原则的历史互动过程。这一基本原则不是作为现代以来西方价值和文化话语的补充，而是其本身就是一种历经数千年延绵不断而又自成体系的、具有普遍性的规范体系和价值导向。因此，所谓当代中国的文化强国实践，就是要在延续、光大和传播这一基本原则的过程中，为身处全球化时代的文明交往提供一种具有历史合理性和永续生命力的文化选择。

编后记

为深入贯彻落实党的十八大和十八届三中、四中全会精神，贯彻落实习近平总书记系列重要讲话精神，着力推进中国特色高校哲学社会科学话语体系建设，全国哲学社会科学话语体系建设协调会议办公室于 2015 年 10 月在北京召开“第二届全国哲学社会科学话语体系建设理论研讨会”。中国社科院、中央外宣办、教育部、中央党校、国家行政学院、中央文献研究室、中央党史研究室、中央编译局、中国外文局等协调会议成员单位出席了本届研讨会。

此次会议由教育部承办，由中国人民大学协办，面向全国进行征文，以文入会。会议共征集到近两百篇论文，经过专家严格评审，从中遴选出 70 余篇论文与会。与会论文高举中国特色社会主义伟大旗帜，以马克思列宁主义、毛泽东思想、邓小平理论、“三个代表”重要思想、科学发展观为指导，深入贯彻习近平总书记系列重要讲话精神，围绕构建体现中国特色、中国风格、中国气派的哲学社会科学话语体系展开深入研讨。为了展示此次会议的丰硕成果，现将 70 余篇入选论文结集出版，以飨读者。

本论文集也是教育部哲学社会科学研究重大课题攻关项目“哲学社会科学学术话语体系创新研究”（14JZD049）的成果之一。

编者
2016 年 12 月

图书在版编目（CIP）数据

第二届全国哲学社会科学话语体系建设理论研讨会论文集/全国哲学社会科学话语体系建设协调会议办公室编．—北京：中国人民大学出版社，2017.5

ISBN 978-7-300-23945-3

Ⅰ.①第… Ⅱ.①全… Ⅲ.①哲学社会科学—文集 Ⅳ.①C53

中国版本图书馆 CIP 数据核字（2017）第 016807 号

第二届全国哲学社会科学话语体系建设理论研讨会论文集

全国哲学社会科学话语体系建设协调会议办公室　编

Di-er Jie Quanguo Zhexue Shehui Kexue Huayu Tixi Jianshe Lilun Yantaohui Lunwenji

---

出版发行　中国人民大学出版社

社　　址　北京中关村大街 31 号　　**邮政编码**　100080

电　　话　010－62511242（总编室）　010－62511770（质管部）

010－82501766（邮购部）　010－62514148（门市部）

010－62515195（发行公司）　010－62515275（盗版举报）

网　　址　http://www.crup.com.cn

http://www.ttrnet.com（人大教研网）

经　　销　新华书店

印　　刷　北京玺诚印务有限公司

规　　格　185mm×260mm　16 开本　　**版　　次**　2017 年 5 月第 1 版

印　　张　42.25 插页 2　　**印　　次**　2017 年 5 月第 1 次印刷

字　　数　834 000　　**定　　价**　128.00 元（上、下）

版权所有　侵权必究　　印装差错　负责调换